História da Filosofia

Dados Internacionais de Catalogação na Publicação (CIP)
(Câmara Brasileira do Livro, SP, Brasil)

História da Filosofia / Jean-François Pradeau [prefácio] ; tradução de James Bastos Arêas e Noéli Correia de Melo Sobrinho. 2. ed. – Petrópolis : Vozes; Rio de Janeiro : PUC-Rio, 2011.

Título original : Histoire de la philosophie
Vários autores

5ª reimpressão, 2021.

ISBN 978-85-8006-041-6 (Puc-Rio)
ISBN 978-85-326-4155-7 (Vozes)

1. Filosofia – História I. Pradeau, Jean-François.

I. Título.

11-05116   CDD-109

Índices para catálogo sistemático:
1. Filosofia : História   109

Organizador
JEAN-FRANÇOIS PRADEAU

História da Filosofia

Tradução de
James Bastos Arêas e
Noéli Correia de Melo Sobrinho

© Éditions du Seuil, 2009

Tradução realizada a partir do original em francês intitulado *Histoire de la Philosophie*

Direitos de publicação em língua portuguesa – Brasil 2011, Editora Vozes Ltda.
Rua Frei Luís, 100
25689-900 Petrópolis, RJ
www.vozes.com.br
Brasil

Todos os direitos reservados. Nenhuma parte desta obra poderá ser reproduzida ou transmitida por qualquer forma e/ou quaisquer meios (eletrônico ou mecânico, incluindo fotocópia e gravação) ou arquivada em qualquer sistema ou banco de dados sem permissão escrita da editora.

CONSELHO EDITORIAL

Diretor
Gilberto Gonçalves Garcia

Editores
Aline dos Santos Carneiro
Edrian Josué Pasini
Marilac Loraine Oleniki
Welder Lancieri Marchini

Conselheiros
Francisco Morás
Ludovico Garmus
Teobaldo Heidemann
Volney J. Berkenbrock

Secretário executivo
João Batista Kreuch

© Editora PUC-Rio
Rua Marquês de S. Vicente, 225
Casa da Editora PUC-Rio/
Projeto Comunicar – Gávea
CEP: 22451-900 Rio de Janeiro – RJ
Tel.: (21) 3527-1838/1760
Site: www.puc-rio.br/editorapucrio
Editorial: edpucrio@puc-rio.br

Reitor
Pe. Josafá Carlos de Siqueira, S.J.

Vice-reitor
Pe. Álvaro Mendonça Pimentel, S.J.

Vice-reitor para Assuntos Acadêmicos
Prof. José Ricardo Bergmann

Vice-reitor para Assuntos Administrativos
Prof. Luiz Carlos Scavarda do Carmo

Vice-reitor para Assuntos Comunitários
Prof. Augusto Luiz Duarte Lopes Sampaio

Vice-reitor para Assuntos de Desenvolvimento
Prof. Sergio Bruni

Decanos
Prof. Júlio Cesar Valladão Diniz (CTCH)
Prof. Luiz Roberto A. Cunha (CCS)
Prof. Luiz Alencar Reis da Silva Mello (CTC)
Prof. Hilton Augusto Koch (CCBM)

Conselho Gestor Editora PUC-Rio
Augusto Sampaio, Danilo Marcondes, Felipe Gomberg, Hilton Augusto Koch, José Ricardo Bergmann, Júlio Diniz, Luiz Alencar Reis da Silva Mello, Luiz Roberto Cunha e Sergio Bruni.

Editoração: Elaine Mayworm
Diagramação: Victor Mauricio Bello
Capa: Felipe Souza | Aspectos

ISBN 978-85-326-4155-7 (Brasil)
ISBN 978-2-02-085697-3 (França)

Editado conforme o novo acordo ortográfico.

Este livro foi composto e impresso pela Editora Vozes Ltda.

NOTA SOBRE A TRADUÇÃO

Esta nota sobre a tradução tem como objetivo esclarecer os leitores quanto aos procedimentos que foram realizados no trabalho de tradução e externar nossos agradecimentos aos nossos colaboradores.

O livro *História da Filosofia* é uma obra coletiva, incluindo autores e textos independentes; por isso exclui o problema da homogeneidade terminológica que seria exigida por uma obra individual e sistemática; mas, de qualquer maneira, procuramos sempre manter idêntica a tradução das palavras e especialmente dos conceitos que nele aparecem.

Em primeiro lugar, identificamos todos os nomes dos autores citados nos textos, com sua datação própria de nascimento e morte, para situá-los historicamente; por exemplo: Spinoza (1632-1677). Além das notas dos próprios autores, que foram mantidas, incluímos notas explicativas a respeito de determinados termos, expressões e conceitos específicos e também para indicar a existência de publicação em português das obras citadas no corpo do texto [N.T.]; ou seja, obras que podem estar ao alcance de leitores de língua portuguesa. Mantivemos as palavras citadas em língua diferente do francês e traduzimo-las em seguida para o português; por exemplo, *esse est percipi* (ser é ser percebido). Traduzimos os títulos das obras citadas em francês, inglês, alemão e latim no corpo do texto.

Finalmente, agradecemos a valiosa colaboração de Thiago de Abreu e Lima Florencio (doutorando em Literatura, Cultura e Contemporaneidade na PUC-Rio) e de Veronica Damasceno (Profa.-substituta do Departamento de Filosofia da Uerj e pós-doutoranda em Filosofia pela Unicamp).

Os tradutores:
James Bastos Arêas*
Noéli Correia de Melo Sobrinho**

---

*Doutor em Filosofia pela PUC-Rio; professor-adjunto do Departamento de Filosofia da Uerj, da Ucam-Centro e da Facha.

**Doutor em Filosofia pela PUC-Rio; professor-adjunto do Departamento de Ciências Sociais da Uerj e da Facha.

Sumário

Prefácio, 11
Jean-François Pradeau

1 O nascimento da Filosofia, 13
Catherine Osborne

2 Platão, 32
Luc Brisson

3 Aristóteles, 44
Enrico Berti

4 Os saberes e as ciências na cidade grega, 58
Mario Vegetti

5 O atomismo antigo, 74
Pierre-Marie Morel

6 O estoicismo, 80
Brad Inwood

7 O ceticismo antigo, 89
Thomas Bénatouïl

8 A filosofia imperial: século I a.C.-século II d.C., 95
Pierluigi Donini

9 Plotino, 104
Alessandro Linguiti

10 O neoplatonismo de Proclus, 112
Carlos Steel

11 A herança da filosofia grega no cristianismo antigo grego e latino – A importância da tradição platônica, 120
Salvatore Lillal

12 Damasco e Bagdá, 130
Richard Taylor

13 Averróis/Ibn Rushd, 143
Richard Taylor

14 Filosofia política e teologia na Idade Média, 149
Alain de Libera

15 Tomás de Aquino, 163
Cryille Michon

16 John Duns Scoto, 168
Dominique Demange

17 Guilherme de Ockham, 173
Joël Biard

18 O mundo e o poema – Continuidade e transformação da filosofia no Renascimento, 178
Miguel Angel Granada

19 Thomas Hobbes, 192
Dominique Weber

20 René Descartes, 199
Emanuela Scribano

21 As reformas, 212
Luisa Simonutti

22 Blaise Pascal, 226
Christian Lazzeri

23 Baruch Spinoza, 233
Paolo Cristofolini

24 John Locke, 243
Laurent Jaffro

25 Nicolas Malebranche, 251
Jean-Christoph Bardout

26 A ciência da natureza humana – Consciência, razão, afeto na Idade Clássica, 257
Frédéric Brahami

27 Gottfried Wilhelm Leibniz, 271
Carole Maigné

28 George Berkeley, 282
Richard Glauser

29 A filosofia natural no século XVII: Galileu, Huygens, Newton, 291
Fabien Chareix

30 David Hume, 307
Wayne Waxman

31 Jean-Jacques Rousseau, 321
Bruno Bernardi

32 Immanuel Kant, 328
Alain Renault

33 A economia política, 339
Arnaud Berthoud

34 Iena: Pós-kantismo e Romantismo, 348
Jérôme Lèbre

35 Georg Wilhelm Friedrich Hegel, 356
Jean-François Kervégan

36 Arthur Schopenhauer, 368
Peter Welsen

37 John Stuart Mill, 373
John Skorupski

38 Søren Kierkegaard, 379
Rainer Thurnher

39 Friedrich Nietzsche, 387
Giuliano Campioni

40 A ciência da sociedade, 398
Pierre-Yves Quiviger

41 Edmund Husserl, 412
Rudolf Bernet

42 O empirismo filosófico francês: Biran, Bergson, Deleuze, 422
Arnaud Bouaniche

43 A alma desnudada: da psicologia à psicanálise, 432
Jean-Marie Vaysse

44 Martin Heidegger e seus herdeiros, 446
Theodore Kisiel

45 Ludwig Wittgenstein, 458
Peter Hacker

46 Jean-Paul Sartre, 469
Philippe Cabestan

47 Maurice Merleau-Ponty, 476
Étienne Bimbenet

48 Pesquisas epistemológicas, 483
Denis Vernant

49 Michel Foucault, 490
Frédéric Gros

50 Filosofia política: poder e democracia, 498
Catherine Colliot-Thélène

51 As filosofias do vivo, 513
Thierry Hoquet

52 Neurociências e pesquisas cognitivas – Seria o cérebro piloto do navio do espírito?, 524
Pascal Engel

53 As descobertas filosóficas negativas da física contemporânea, 533
Jean-Marc Lévy-Leblond e Élie During

54 As etapas da filosofia matemática contemporânea, 549
Frédéric Patras

Referências, 563

Índice onomástico, 595

Índice analítico, 609

Prefácio

Jean-François Pradeau *

Se há uma história da filosofia, no singular, sua unidade não repousa, contudo, nem sobre a identidade e a permanência das teses e argumentos, nem em mais alto grau sobre a perpetuação de um único gênero literário no curso dos séculos. Os filósofos, desde o século VI a.C. até hoje, não disseram a mesma coisa. O poema de Lucrécio (94-50 a.C.), os aforismos de Nietzsche (1844-1900), os diálogos de Platão (428-348 a.C.) ou as meditações de Wittgenstein (1889-1951) não foram redigidos na mesma língua porque não estavam destinados a um mesmo leitor e não tinham os mesmos objetos.

Em troca, todos os objetos da tradição filosófica encontram, a seu modo, em sua língua e com as ferramentas de seu tempo, as mesmas questões. Questões sobre as quais Michel Foucault (1926-1984) pôde dizer que a filosofia as "problematizava", retornando para elas sem cessar à medida de sua história, retomando-as com novo frescor para tomá-las como problemas que podem ser resolvidos de outro modo, segundo as urgências, as exigências e os meios de sua época.

Os cinquenta e quatro capítulos que são reunidos aqui cronologicamente são de dois tipos, conforme eles apresentem um filósofo e sua obra, ou ainda se examinam de maneira sintética o desenvolvimento de uma questão ou de um saber dele apresentando, então, em um contexto histórico dado, obras de diferentes autores. Essas sínteses derivam da história das ideias, e mais exatamente de uma história contextual das ideias. Elas observam a maneira pela qual a filosofia pode responder às questões de seu tempo, confrontada que fora com a emergência de saberes novos ou ainda com subversões políticas ou religiosas, sobre as quais lhe cabia dimensionar, que retornam, que voltam a exigir medidas, ao mesmo tempo em que cabia aos filósofos tomar parte nos debates e nas reflexões que eram estranhas à filosofia. O conhecimento desse contexto e o resgate desses debates são hoje indispensáveis para a com-

---

*Professor de Filosofia. Universidade de Lyon III.

preensão daquilo que foi a história da filosofia e a maneira muito particular como ela foi buscada ao entrar em contato com saberes e ciências, por meio dos quais, no entanto, e com eles se misturando, e ela procurou defini-los e pensá-los.

A filosofia nunca disse a mesma coisa, certamente, mas ela fala sempre da mesma coisa: da realidade e do conhecimento que podemos dela ter; do sentido de nossa existência e da maneira como podemos conduzi-la.

Essa *História* coletiva reuniu contribuições de dez nacionalidades distintas, dentre os melhores especialistas de uma tradição filosófica que foi buscada e terá amanhã o futuro do qual sua história é a condição.

1
O NASCIMENTO DA FILOSOFIA

Catherine Osborne *

Quando?

A tradição quer que a filosofia ocidental tenha iniciado nos anos 580 a.C., com um homem denominado Tales. É Aristóteles (384-322) quem está, sem dúvida, na origem desta tradição[1] e, no entanto, o próprio Aristóteles não concordaria com a ausência de uma "busca pela sabedoria" antes de Tales. Existem diferentes formas de sabedoria, nem todas filosóficas. O próprio Tales, como veremos, tinha outros objetos de interesse.

Os historiadores da filosofia seguem frequentemente Aristóteles e começam com Tales, e nós faremos o mesmo. Essas histórias procuram igualmente elementos precursores da filosofia na poesia arcaica ou nas culturas vizinhas, mas estrangeiras à cultura grega. Faremos a esse respeito algumas observações.

Onde?

Tales viveu em Mileto, uma cidade costeira da Ásia Menor onde se cruzavam rotas comerciais vindas das ilhas do Mar Egeu, da Grécia Continental, do Egito e do Oriente Médio. Anaximandro (610-547 a.C.) e Anaxímenes (588-524 a.C.) viveram igualmente em Mileto, de modo que, se os filósofos "milésios" foram os verdadeiros pioneiros da filosofia, então ela começa em Mileto.

Em seus inícios, a filosofia segue uma espantosa geografia. Grupos de pensadores aparecem na Jônia – em Mileto, Éfeso, Samos ou Cólofon –, depois outros a oeste, nas cidades costeiras do sul da Itália e da Sicília. Alguns pensadores, como Pitágoras, emigraram com toda evidência do leste para o oeste, de modo que os grupos não são inteiramente isolados, mas seus estilos de pensamento dão testemunho de importantes diferenças. Essas diferenças permitem distinguir o que os historiadores

---

* Professora de Filosofia. Universidade de East Anglia (Norwich)

1. Por exemplo, em seu tratado *Du ciel* (*Do céu*) 294a, p. 28-31.

da filosofia de inspiração hegeliana dos séculos XIX e XX denominam os momentos "dóricos" e "jônios" da filosofia.

Nessa época o interior da Grécia parece ter permanecido inculto, até a chegada em Atenas de Anaxágoras, na metade do século V. Atenas era então igualmente a referência dos sofistas, ainda que eles ministrassem seu ensino em outras cidades, satisfazendo assim as necessidades de uma rede de comunidades políticas cada vez mais complexas.

De onde?

A filosofia caiu do céu? Ou uma atividade mais antiga abriu-lhe o caminho? Trata-se de um fenômeno exclusivamente grego, ou ela foi adaptada de descobertas que os gregos teriam furtivamente retirado de culturas que lhe eram estranhas? Eis algumas questões que podem dar lugar a diversas controvérsias relativas a eventuais desvios culturais. Admitindo que os gregos tenham realizado algo de extraordinário, de que se trata exatamente? Em que a filosofia contribuiu para a cultura ocidental?

Para detectar eventuais influências não gregas, convém voltarmo-nos em direção às culturas com as quais as cidades jônias tinham o costume de negociar, tais como o Egito, a Babilônia (atual Iraque) ou a Fenícia (a leste do mediterrâneo). Essas prestigiosas culturas antigas produziram a faísca de onde nasceu o fogo da filosofia ocidental?

Um dos fatores determinantes nesta área poderia ser a invenção da escrita alfabética, em substituição aos hieróglifos ou à escrita silábica? A escrita silábica chegou à Grécia no século VII a.C. A escrita teria podido induzir o desenvolvimento da filosofia, porque ela permite aos leitores se confrontarem de modo crítico com os pensamentos que outros expuseram, mas também porque as leis escritas tornam possível a existência de instituições legais no seio das quais os debates nos tribunais substituíram os julgamentos de um soberano autocrata. Todavia, antes da escrita existiram leis e regras orais, frequentemente diversificadas, que se recitavam de memória. Da mesma maneira, os antigos filósofos ensinavam oralmente, escreviam pouco ou absolutamente nada. A filosofia em seus inícios deriva, quanto ao essencial, de um gênero poético que poderíamos denominar didático, oriundo das sociedades orais. Isso faria da filosofia herdeira da transmissão oral das narrativas, desenvolvidas em uma sociedade anterior à escrita.

Sem dúvida a diversidade cultural e religiosa é, a seu modo, fator de mudança. Há toda razão para acreditar que os gregos, ao navegarem ao encontro de outras línguas, de deuses estrangeiros, de normas morais diferentes, vestuários ou costumes espantosos, encontrassem aí a ocasião para se interrogar sobre seus próprios

O nascimento da Filosofia 15

costumes. Xenófanes (século VI a.C.) já lançara o argumento da variedade das representações dos deuses para desacreditar o antropomorfismo religioso[2]. Encontramos entre historiadores como Hecateu e Heródoto uma fascinação semelhante pela diversidade cultural.

Algumas civilizações do Oriente Próximo consignaram por escrito dados astronômicos e desenvolveram pesquisas matemáticas. Tales serviu-se dos dados astronômicos da Babilônia para predizer um eclipse solar? Anaximandro teria recorrido aos cálculos egípcios ou babilônios quando apresentou hipóteses sobre o tamanho do universo?

Podemos supor que assim tenha sido. Mas mesmo que essa hipótese esteja correta, os dados tomados de empréstimo seriam somente o material de partida do filósofo. Tal hipótese não estabelece, contudo, que outras culturas antigas tenham se consagrado à filosofia antes de transmiti-la aos gregos. Mas se essas culturas dispunham das matemáticas, de arquivos astronômicos, da escrita e da experiência de um certo relativismo cultural, por que elas não propuseram as questões que caracterizam os inícios da filosofia? Por que elas não procuraram o *porquê*? O nascimento da *filosofia* parece exigir outras explicações.

Além da influência de outras culturas, é preciso considerar a herança da cultura grega, essencialmente oral, e de difícil reconstrução. Precisamos mencionar de uma parte a tradição épica, Homero, Hesíodo e os mitos tradicionais dos deuses olímpicos; e de outra o conjunto razoavelmente desconhecido daquilo que diz respeito às religiões de mistérios, à poesia órfica e aos cultos ctônicos.

Por exemplo, podemos comparar a representação pré-socrática do mundo àquela da epopeia homérica. Em Homero[3], a terra é um disco achatado que pende da cúpula celeste; as terras habitadas são rodeadas pelo Rio Oceano[4]. O sol nasce a partir do Oceano e atravessa o céu durante o dia, antes de mergulhar à noite no mar do Oeste[5]. Os tremores de terra e o arco-íris são um reflexo das emoções divinas. Sob a Terra se encontra o reino das sombras que é a morada de Hades, onde vivem os mortos. Hesíodo (século VII) especifica algumas das suas dimensões quando explica que é preciso nove dias para uma bigorna de bronze cair do céu sobre a terra, e nove outros para atingir o Tártaro a partir da Terra[6].

---

2. XENÓFANES, frag. 16.

3. Há em português várias traduções das obras de Homero: *Ilíada* [São Paulo: Ediouro, 2000 (Tradução de Carlos Alberto Nunes). São Paulo: Arx, 2003 (Tradução de Haroldo de Campos)]. • *Odisseia*. São Paulo: Ediouro, 1997 [Tradução de Carlos Alberto Nunes] [N.T.].

4. HOMERO. *Ilíada*, XXI, p. 194-197.

5. Ibid., VII, p. 422.

6. HESÍODO. *Teogonia*, p. 720-725.

A *Teogonia* de Hesíodo[7] descreve a origem dos deuses e do *cosmos*, atribuindo-a, essencialmente, a um duplo processo: 1) a relação sexual de duas divindades engendra uma nova entidade; em seguida, 2) rejeitando-as, ela se apodera violentamente do poder paternal. É tentador pensar que tais mitos serviram ao mesmo tempo de inspiração e meta para os primeiros filósofos, que teriam substituído os caprichos divinos pelas explicações naturais do processo cósmico. Mesmo admitindo que a hipótese comportasse sua parte de verdade, os filósofos não descrevem, na maioria dos casos, as causas naturais como "divinas". Será que eles simplesmente substituíram a "separação" ou a "emergência" a partir de elementos primeiros pelo "nascimento" tal como os descrevem os mitos antigos?

Os mitos órficos se interessavam pelo destino da alma humana. Nós os conhecemos mal, pois os dados textuais muitas vezes faltam e aqueles de que dispomos são difíceis de datar. No entanto, eles lançam alguma luz sobre a concepção pitagórica da reencarnação e sobre as imagens que emprega Parmênides. Como sempre, os filósofos herdaram temas próprios da mitologia local, antes de usá-los e de neles explorar a metafísica implícita.

Quem?

Antes de Platão (428-348 a.C.), os pensadores de primeira ordem que mencionaremos são vinte. No século VI, Tales, Anaximandro e Anaxímenes, Pitágoras, Xenófanes; em torno de 500 a.C., Parmênides e Heráclito; no século V, os antigos pitagóricos, dentre os quais Filolau, Zenão de Eleia (± 495-430 a.C.) e Melisso (discípulos de Parmênides), Empédocles (± 495/490-435/430 a.C.), Anaxágoras, os dois atomistas Leucipo (± 490/460-420 a.C.) e Demócrito (± 460-370 a.C.), assim como Diógenes de Apolônia, em seguida os principais sofistas como Protágoras, Górgias, Pródicos, Hípias e Antífon. Esta lista segue, em geral, a cronologia, mas esses pensadores podem ser reagrupados de diversas maneiras. Propomos um esboço de seu pensamento, e os apresentaremos segundo diferentes temas.

Como conhecemos?

Reconstituir a obra dos filósofos pré-socráticos não é uma tarefa fácil. Não há praticamente deles nenhum texto completo. Em vez disso, temos que confiar nas apresentações (os "testemunhos") que encontramos em autores muitas vezes posteriores vários séculos, bem como em citações que figuram nesses textos. Essas citações, que denominamos "fragmentos", são frequentemente coletadas por editores moder-

---

7. Há uma publicação em português desta obra: HESÍODO. *Teogonia* – A origem dos deuses. São Paulo: Iluminuras, 1992 [Estudo e tradução de Jaa Torrano] [N.T.].

O nascimento da Filosofia   17

nos, que tentam reconstituir o aspecto das obras originais dispondo os fragmentos em uma determinada ordem. Nesta área, a edição mais autorizada é a de Diels-Kranz (doravante denominada DK), que contém ao mesmo tempo os testemunhos e os fragmentos de todos os pensadores pré-socráticos. As edições mais recentes seguem em geral o mesmo caminho. Elas deviam inspirar muitas dúvidas quanto à pertinência e à exatidão da reconstrução que eles propõem das teses dos autores antigos.

Uma terceira fonte nos é oferecida pela descoberta fortuita de papiros, como aqueles de Afrodísias e de Herculano. Tais textos são em geral cópias romanas, muitas vezes em péssimas condições, que portam erros de seis séculos ou mais de transmissão; contudo, às vezes, eles nos ensinam algo de novo.

Cosmologia

Admitimos comumente que a filosofia começa com questões cosmológicas relativas à origem e à composição material do mundo, assim como a seu funcionamento. É a Tales que devemos a famosa iniciativa de ter assim começado afirmando que a água era o princípio elementar de todas as coisas, e que a Terra flutuava sobre a água[8]. No entanto, desde os tempos de Aristóteles ninguém compreendia o que Tales teria exatamente querido dizer, nem o que ele tinha exatamente dito, nem quais palavras ele havia empregado.

Mas Tales se interessava igualmente por outras questões. Ele se exprimiu sobre a natureza da vida ou da alma[9], e os geômetras ulteriores lhe atribuíram a paternidade de cinco teoremas, dos quais ele fez talvez uso para fins práticos, por exemplo, para calcular a distância entre os navios no mar[10]. Encontramos em Heródoto algumas narrativas sobre ele – como ele permitiu às tropas atravessar o Rio Thalys sem qualquer ponte, ou como ele advertiu aos jônios sobre o risco de um eclipse solar antes de uma batalha[11]. Tales era conhecido por sua sabedoria política[12] e pela habilidade de investimentos fun-

---

8. ARISTÓTELES. *Métaphysique*, A, 3.983b, p. 18-27. Há uma publicação em português desta obra em dois volumes: ARISTÓTELES. *Metafísica*. São Paulo: Loyola, 2002 [Tradução de Giovanni Reale] [N.T.].

9. ARISTÓTELES. *Da Alma*, 405a, p. 19-21. Há uma publicação em português desta obra: ARISTÓTELES. *De Anima*. São Paulo: Ed. 34, 2006 [Apresentação, tradução e notas de Maria Cecília Gomes dos Reis] [N.T.].

10. PROCLUS. *Commentaire aux éléments d'Euclide*, 352, p. 14-18 [DK 11A20]. Cf. 157.10; 250.20; 299.1.

11. HÉRODOTE, 175 [DK 11A16], 174 [DK 11A5]. Há uma publicação em português desta obra: HERÓDOTO. *História – O relato da guerra entre gregos e persas*. São Paulo: Ediouro, 2001 [Tradução de J. Brito Broca com estudo crítico de Vitor Azevedo] [N.T.].

12. Ibid., I 170. • *Diogène Laërce*, I, p. 24. Há uma publicação em português desta obra: *Diógenes Laértios – Vidas e doutrinas dos filósofos ilustres*. Brasília: UnB, 1977 [Tradução, introdução e notas de Mário da Gama Kury] [N.T.].

dados sobre a previsão de um excelente ano de colheita de azeitonas[13]. Essa variedade de interesses vai bem além daquilo que denominamos "filosofia" hoje; mas é verdade que a definição daquilo que deriva da filosofia se restringiu desde a Antiguidade.

A contribuição de Anaximandro para a cosmologia inclui a tese segundo a qual a matéria do mundo se desenvolve a partir de um material indeterminado, em direção ao qual ele acaba por retornar. Esse material primeiro é o "ilimitado" (*apeiron*, aquilo que é sem limite ou indefinido), o que significa, parece, não se tratar nem da água (como pensara Tales) nem de nenhuma outra matéria conhecida, mas de algo que é absolutamente desprovido de toda qualidade[14]. Outro ponto importante: Anaximandro admitia que as coisas vem a ser e desaparecem de maneira sucessiva. Uma frase que descreve esse equilíbrio parece ter sobrevivido nos mesmos termos que Anaximandro empregara:

> As coisas que dão nascimento às realidades são também aquelas em direção às quais elas serão destruídas, segundo o que deve ser; pois elas alternam justiça e castigo, umas às outras, por sua injustiça, segundo a ordem do tempo[15].

Anaximandro emprega aqui imagens de preferência inabituais e arcaicas para sugerir que, lá onde um elemento ganha terreno por algum tempo em que outro se retira, um "castigo" terá lugar em um momento oportuno, quando o segundo retornará e o primeiro será destruído, por uma duração de tempo igual.

O que Anaximandro diz da forma do cosmo é notável para sua época. A Terra é sempre plana, no centro do universo, mas ela é agora um pequeno cilindro espesso, dotado de duas superfícies achatadas: nosso lado não é o único "topo"[16]. Com uma cúpula do céu em cada extremidade, ela forma uma esfera no centro de rodas que transportam o Sol, a Lua e as estrelas. Em vez de se perguntar sobre o que sustenta a Terra, Anaximandro observa que aquilo que se encontra a igual distância de seu entorno não tem razão alguma de se deslocar para um lado ou para outro, de modo que a questão "Por que ela não cai?" está mal colocada. O equilíbrio é a chave da física, bem como da química.

---

13. DIOGÈNE LAËRCE, I, p. 24. • SIMPLICIUS. *Commentaire sur la* Physique *d'Aristote*, 24.13 [DK 12A9].

14. SIMPLICIUS. *Commentaire sur la* Physique *d'Aristote*, 24.13 [DK 12A9].

15. DK 12B1. A tradução proposta pela autora admite inúmeras variações. Entre elas podemos citar: a Coleção Os Pensadores. *Os pré-socráticos*. São Paulo: Abril, 1973 [Seleção de textos e supervisão de José Cavalcante de Souza; tradução de José Cavalcante de Souza et al.]. • *Os filósofos pré-socráticos*. Lisboa: Calouste Gulbenkian, 1994 [Tradução de G.S. Kirk, J.E. Raven e M. Schofield], onde se lê: "[...] uma outra natureza apeiron, de que provêm todos os céus e mundos neles contidos. E a fonte da geração das coisas que existem é aquela em que a destruição também se verifica "segundo a necessidade; pois pagam castigo e retribuição umas às outras pela sua injustiça, de acordo com o decreto do Tempo". [N.T.].

16. HIPPOLYTE. *Réfutation de toutes les heresies*, I.6.3 [DK 12A11].

O nascimento da Filosofia   19

Em torno da Terra, os círculos concêntricos são como rodas de carroça. Dos jatos de fogo que surgem dos orifícios dos cilindros escuros aparecem o Sol, a Lua e as estrelas. Dando aos diâmetros medidas que são múltiplos exatos de uma mesma medida (neste caso, a espessura da terra[17]), Anaximandro adota o princípio científico segundo o qual a natureza tem uma significação matemática, de modo que as teorias cosmológicas são demonstradas pelas matemáticas e não pela observação.

Depois de Anaximandro, Anaxímenes parece bem menos sofisticado; sua terra é um disco, mas dotado de um único "topo", o nosso, recoberto pela cúpula do céu. O Sol e as estrelas percorrem a cúpula do céu girando a seu redor, mas eles não passam por baixo do solo[18]. Ele recusa a tese de Anaximandro segundo a qual a Terra se manteria sem qualquer suporte, para afirmar que ela "flutua no ar", pois é plana. Trata-se de uma ingenuidade? Talvez não, se compreendermos que "flutuar no ar" (*epocheisthai*) significa que, se uma corrente de ar vem de baixo, o disco plano que é a Terra não poderá contrariar o vento[19]. Além disso, a corrente de ar que circunda as extremidades da Terra muda de posição os outros discos, aqueles do Sol, da Lua e dos astros, projetando-os através da cúpula celeste como as folhas voam ao vento.

Para Anaxímenes, o ar é o elemento primeiro. Os outros materiais são, segundo ele, formas de ar de diferentes densidades. Quando o ar se condensa, ele produz inicialmente neblina, em seguida a água, a terra e as pedras sólidas. O ar rarefeito origina o fogo[20]. Do ponto de vista metafísico, trata-se de uma doutrina econômica. Os sólidos, os líquidos e os gases só se distinguem em densidade, ou seja, do ponto de vista físico e não pela composição química. As mudanças de densidade resultam do aquecimento ou do resfriamento físicos, sem que nenhum outro elemento além do ar seja exigido[21]. Parece que ele sustentara em apoio à sua teoria que podemos expirar um sopro frio através dos lábios pressionados, e um sopro quente através da boca mais aberta[22]. Encontramos aqui elementos de observação científica apoiando sua hipótese, bem como um recurso a efeitos suscetíveis de observação.

As teses cosmológicas de Xenófanes, Parmênides, Heráclito e Empédocles serão mencionadas mais adiante, no momento em que apresentarmos suas teses metafísicas e psicológicas. A cosmologia torna-se um objeto completo no século V, com Anaxágoras, os atomistas e Diógenes de Apolônia.

---

17. Ibid., I.6.5 [DK 12A11].

18. Ibid., I.7.6 [DK 13A7].

19. DK 13A20.

20. SIMPLICIUS, *Commentaire sur la* Physique *d'Aristote*, 24.26 [DK 13A5].

21. HIPPOLYTE. *Réfutation de toutes les hérésies*, I.7 [DK 13A7].

22. PLUTARCO. *Le principe du froid*, 7, 947F [DK 13B1].

Anaxágoras partilha com os mais célebres atomistas, Leucipo e Demócrito, a ideia segundo a qual existe uma pluralidade de elementos primeiros permanentes. Os três reduzem, além disso, todas as mudanças observáveis ao movimento desses elementos constitutivos microscópicos, demasiado pequenos para serem percebidos. Mas enquanto Anaxágoras considerava que os elementos primeiros eram indefinidamente divisíveis, de modo que não existe limite para a pequenez de uma gota de água, os atomistas, por sua vez, viam-nos como elementos corporais indivisíveis. Combinações variadas desses átomos (que são de diferentes tipos) explicam a variedade dos compostos que percebemos. Esse resumo só restitui, contudo, um parentesco entre Anaxágoras e os atomistas. Devemos considerar mais atentamente aquilo que Anaxágoras se propunha realizar. Um de seus objetivos foi claramente dar uma explicação à mudança química que respeite o velho ditado segundo o qual "nada vem do nada"[23]. Anaxágoras explica que, em toda mudança aparente, o material de origem, que parece puro, é na realidade uma mistura, de maneira que, no material ao qual a mudança dá lugar, na realidade essa mistura já estava presente: ela só faz aparecer, como quando um copo de água evapora e deixa um depósito de calcário. Uma mesma explicação pode ser dada a todo tipo de mudança: Anaxágoras sustenta que *tudo*, até o depósito calcário deixado no fundo do copo, contém minúsculas combinações de *todos* os tipos de materiais.

A fim de explicar como o mundo nasceu de uma primeira mistura, Anaxágoras a denomina o "Intelecto", uma forma de inteligência ordenadora que é a única realidade que não pode ser um composto[24]. O "Intelecto" parece igualmente designar a inteligência inerente a cada coisa viva[25].

Essas teses podem ser diferenciadas das de Leucipo e de Demócrito. A cosmologia deles dispensa todo recurso a um intelecto divino; em vez disso, os átomos deslocam-se aleatoriamente no vazio. Os átomos não têm, parece-lhes, nenhum movimento natural, eles ricocheteiam de alguma forma uns sobre os outros, suscitando assim novos movimentos[26]. Além disso, um turbilhão faz com que estruturas cósmicas se formem em alguns lugares do espaço: não simplesmente para formar esse mundo aqui, mas uma multidão de mundos possíveis[27]. Algumas dessas proposições foram retomadas pelos epicuristas na época helenística e inspiraram tanto cientistas quanto filósofos no início da Modernidade.

---

23. DK 59B17.

24. DK 59B1, B12.

25. DK 59B11, B12.

26. SIMPLICIUS. *Commentaire sur la* Physique *d'Aristote*, 42.10 [DK 68A47].

27. DIOGÈNE LAËRCE. *Vies*, 9, 31 [DK 67A1].

O nascimento da Filosofia

Diógenes de Apolônia rejeita esse mecanismo causal e a separação da matéria e do intelecto. Ele concebeu um princípio que é ao mesmo tempo ar e inteligência, um princípio material inteligente que explica o universo material, a origem da vida ou mesmo da razão pela qual os seres dotados de inteligência respiram. As mudanças que afetam a inteligência são devidas às variações de temperatura. Trata-se de uma teoria cosmológica que se apoia sobre uma filosofia do intelecto[28].

Metafísica, epistemologia e teologia

Dois índices assinalam o aparecimento da metafísica: 1) a distinção entre a "realidade" e a aparência, e 2) a concepção de um ser incorporal. A concepção de um deus onipotente aparece igualmente durante o período pré-socrático.

Devemos começar por Xenófanes, cuja longa existência cobre quase todo o século VI. A maior parte de sua contribuição centra-se na teologia e na epistemologia. Em teoria, ele fez a crítica das representações antropomórficas dos deuses, e sustentou a existência de uma divindade única que não tem necessidade de olhos para ver ou de corpo para realizar seus projetos. Ao contrário, como diz Xenófanes:

> Ele permanece sempre no mesmo lugar, inteiramente imóvel.
> Não lhe convém mover-se de um lugar para outro.
> Mas, sem esforço, ele põe tudo em movimento, pelo simples pensamento de seu intelecto[29].

Em outro lugar, no fragmento 34, Xenófanes se interessa por aquilo que nós, humanos, podemos conhecer. Ele distingue o que denomina *dokos* ou "conjectura" daquilo que ele estima ser o "conhecimento" (*oide, iedôs, iden*): sobre alguns assuntos, nenhum ser humano pode ter conhecimento. Por si só, o fragmento 34 diz exatamente o que nós não podemos conhecer. Tratar-se-ia de *tudo* ou simplesmente sobre os objetos aos quais se dirigiram a obra de Xenófanes (tratava-se talvez da natureza dos deuses e a origem do mundo)?

De qualquer maneira, Xenófanes introduziu um toque de ceticismo, e mesmo certa forma de humildade intelectual, no discurso filosófico. Ele inaugura uma tradição de questionamento sobre o *como* do conhecimento, bem como sobre a maneira pela qual podemos provar o que nós pensamos conhecer. A distinção que ele introduz entre a conjectura e a opinião correta[30] prefigura uma distinção que nós iremos encontrar em breve em Parmênides.

---

28. DK 64B5.

29. DK 21B26 e tb. B18.

30. DK 21B35 e tb. B18.

Nosso próximo metafísico é Pitágoras, cujo nome é célebre, mas a propósito do qual nós, enfim, quase nada sabemos. Ele foi contemporâneo de Anaxímenes e de Xenófanes, nascido em Samos em torno de 570 a.C., mas é em Crotona, no Sul da Itália, que ele passa a maior parte de sua vida[31].

As tradições relativas à sua pessoa e ao seu ensino são diversas. Elas mencionam inicialmente um ensino místico e práticas cultuais, sobre as quais voltaremos adiante; em seguida, um engajamento e atividades políticas em Crotona, que lembra o parágrafo 9; por fim, a prática das ciências exatas, notadamente as matemáticas, a astronomia e a harmônica, de que falaremos aqui. A maior parte das fontes antigas é relativa ao ensino místico, e o ponto de vista mais comumente compartilhado sustenta que esta é a única coisa que podemos atribuir com certeza a Pitágoras[32]. No entanto, parece que Pitágoras estava interessado nas matemáticas da harmonia musical, e que dedicou um culto especial ao número 10 e ao triângulo dos números 1, 2, 3, 4 (cuja soma é dez). Ele tinha um nome técnico (o *Tetraktys*); seus discípulos deviam prestar juramento diante desse número (ou diante de Pitágoras que o transmitia a eles)[33]. Atribuímos aos pitagóricos das gerações seguintes o desenvolvimento de uma pesquisa matemática e científica. O principal dentre eles é Filolau, um pitagórico do século V a.C., sobre o qual possuímos informações um pouco mais numerosas. Um dos temas que ele aborda é o do ilimitado. Segundo Filolau, o mundo é estruturado pelo agenciamento de "limitantes", que impõe um limite ao "ilimitado". Segundo alguns intérpretes, essa teoria prefigura uma parte das teses que serão defendidas por Platão sobre a forma e a matéria[34]. Os trabalhos de Filolau sobre o número, a geometria, a harmônica mostram as premissas de uma guinada metafísica que vai ter uma influência determinante sobre as gerações seguintes[35].

Parmênides e Heráclito foram ambos ativos em torno de 500 a.C.; Heráclito em Éfeso, na costa da Ásia Menor, e Parmênides em Eleia, no Sul da Itália. Associamos Parmênides à tese segundo a qual só existe uma única realidade (monismo) que não muda jamais. Heráclito é, por outro lado, associado àquele que

---

31. JAMBLIQUE. *Vie de Pythagore*, p. 248-249 [DK 14.16].

32. BURKERT, W. *Weisheit und Wissenschaft* – Studien zu Pythagoras, Philolaos und Platon. Nuremberg: H. Carl. Cf. a tradução inglesa de E.L. Minar: *Lore and Science Pythagoreanism*. Cambridge: Harvard University Press, 1972.

33. SEXTUS EMPIRICUS. *Contre les savants*, 7. 94-96. • HIPPOLYTE. *Réfutation de toutes les heresies*, VI.23.

34. HUFFMAN, C. *Philolaus of Croton*. Cambridge: Cambridge University Press, 1993.

35. Há em português sobre Pitágoras e o pitagorismo o interessante livro: *Mattéi, Jean-François. Pitágoras e os pitagóricos*. São Paulo: Paulus, 2000 [Tradução de Constança M. Cesar] [N.T.].

O nascimento da Filosofia

postula a existência de uma mudança permanente, pois "tudo flui", "a unidade dos contrários" sendo aquilo que sustenta o mundo. Essas asserções filosóficas de Parmênides e Heráclito parecem tão distantes quanto os lugares em que elas foram pronunciadas, mas ambas são teses metafísicas relativas à natureza fundamental da realidade e à da possibilidade da mudança. Não sabemos com certeza se Parmênides e Heráclito conheciam suas respectivas obras, nem se polemizaram um contra o outro[36].

Os dois autores se distinguem por seu estilo. Parmênides escreve em hexâmetros (que na época era a norma dos escritos épicos e didáticos), mas ele inventa um vocabulário novo para exprimir a necessidade lógica e dar força a seus argumentos. O estilo de Heráclito é muito diferente. Ele é feito de sentenças misteriosas, das quais muitas são sem dúvida voluntariamente ambíguas. Alguns fragmentos do poema de Parmênides foram conservados, cerca de trinta versos que pertenciam evidentemente a um mesmo argumento. Do livro de Heráclito, conservamos uma grande quantidade de extratos truncados, principalmente sob a forma de uma única frase, algumas vezes desprovida de qualquer verbo. Nada se assemelhando a um argumento construído. É tentador pensar que, uma vez introduzido por Parmênides, o hábito de expor argumentos teria se imposto consequentemente a todos os pensadores; talvez por essa razão os filósofos de tradição analítica estimam na maioria dos casos que Heráclito, na medida em que parece ignorar a necessidade da argumentação, viveu antes de Parmênides. Contrariamente, os filósofos da Europa Continental não consideram que a reflexão filosófica deva revestir-se de uma única forma. De modo que lhes parece plausível que Heráclito tenha conhecido a obra de Parmênides sem, entretanto, conceder que verdadeiras provas sejam o critério de uma boa teoria. Pois a filosofia poderia muito bem nos *mostrar* dessa maneira coisas que de outro modo permaneceriam desconhecidas ou, para utilizar os termos de Heráclito, ela poderia nos revelar o *logos*, ou seja, a estrutura racional do mundo, por meio de sentenças bem cinzeladas.

A obra de Parmênides[37] contava três partes, das quais as duas primeiras foram as melhores conservadas. A introdução[38] descreve um jovem levado pelo encontro

---

36. Cf. GRAHAM, D.W. Heraclitus and Parmenides. In: CASTON, V. & GRAHAM, D.W. (orgs.). *Presocratic Philosophy*: Essays in Honour of Alexander Mourelatos. Aldershot: Ashgate, 2002. • NEHAMAS, A. "Parmenidean Being/Heraclitean Fire". In: CASTON, V. & GRAHAM, D.W. (orgs.). *Presocratic Philosophy...* Op. cit. • OSBORNE, C. Was there an Eleatic Revolution? In: OSBORNE, C. & GOLDHILL, S. *Rethinking Revolutions*. Cambridge: Cambridge University Press, 2006.

37. Há várias traduções do poema *Sobre a natureza*, de Parmênides, em português: *Pré-socráticos*. São Paulo: Abril, 1985 [Coleção Os Pensadores – Tradução de José C. de Souza]. • BORNHEIM, G.A. (org.). *Os filósofos pré-socráticos*. São Paulo: Cultrix, 1977. • *Parmênides*: Da natureza. São Paulo: Loyola, 2002 [Tradução de José T. Santos] [N.T.].

38. Em B1.

de uma deusa para além das portas da noite e do dia. No resto do poema, o jovem relata as palavras da deusa. A significação dos elementos mitológicos, dentre os quais a revelação divina, tem sido objeto de interpretações.

A segunda parte ("Caminho da verdade") é a mais célebre. A deusa afirma que uma determinada "via de pesquisa" é a única que conduz à verdade. Essa via faz da afirmação "é" a única premissa apropriada de investigação que conduz à verdade, e que toda outra premissa formulada negativamente ("não é") conduz a um impasse. Enunciados do tipo "é e não é" parecem conduzir "a contrapelo"[39], talvez porque cada progresso em direção à verdade que autoriza a forma positiva se encontra anulada pela forma negativa. Essa tese repousa sem dúvida sobre a ideia de que a verdade é *o que é*, enquanto que a falsidade é *o que não é*. Para dizer a verdade devemos então dizer o que *é*, não o que *não é*.

Afirmando que não podemos nem pensar o que *não é*, nem dele falar, e que "nada" não pode nunca existir, a deusa de Parmênides sugere que a realidade é algo imutável, sem início nem fim, sem passado nem futuro. Podemos ser levados a duvidar dessas conclusões, mas a deusa exige que julguemos esses *argumentos* por meio da razão; aqui, pelo menos, é a leitura óbvia a que ela convida o jovem a fazer: "julgar pela razão um argumento acometido por múltiplas controvérsias"[40].

Como resultado deste monismo incontestável, a terceira parte do poema ("Caminho da opinião") tem algo de espantoso. A deusa "concluiu, diz ela, sua explicação digna de confiança da verdade", e o jovem deve doravante descobrir a opinião dos mortais. Mas por quê? A deusa prossegue privilegiando uma narrativa complexa, cujo estilo é o das cosmologias antigas, invocando então um par de princípios denominado o "fogo" e a "noite". Essa narrativa repousa sobre alguns progressos científicos, como a descoberta de que a Lua reflete a luz solar[41]. Por que Parmênides expõe essa cosmologia se ela não corresponde à verdade? Trata-se da melhor explicação possível do mundo da sensação? Mas, então, como ela se relaciona com a "verdade" da realidade imutável? Parmênides dá somente raros detalhes de sua cosmologia, e a maior parte dos intérpretes sustentam que o discurso "Caminho da verdade" permanece sua maior contribuição para a Filosofia. Os argumentos contra a mudança e a multiplicidade que encontramos no "Caminho da verdade" tiveram, com efeito, uma influência considerável, em Platão e para além dele, encorajando a distinção entre a "realidade" metafísica e o mundo físico das

---

39. B6.9.

40. B7.5.

41. B14.

O nascimento da Filosofia

"aparências". Voltando a Heráclito[42], mencionamos brevemente as teses já evocadas (o fluxo universal, a unidade dos contrários, a ordem subjacente à mudança). O tema do fluxo aparece nas célebres fórmulas sobre o rio. Elas foram conservadas por diferentes autores:

> a) Não se pode entrar duas vezes no mesmo rio, segundo Heráclito, e não se pode também apreender no mesmo estado uma realidade mortal. As mudanças vivas e rápidas dispersam seus elementos, reunindo-os a seguir novamente; ou de preferência, nem de novo, nem mais tarde, pois é simultaneamente que ela se constitui e se desfaz, aparece e desaparece[43].

> b) Sobre aqueles que entram nos mesmos rios escoam sempre outras e novas águas[44].

> c) Entramos e não entramos nos mesmos rios. Somos e não somos[45].

Podemos ler essas sentenças como observações sobre os rios e o fluxo permanente de suas novas águas, mas também como proposições sobre o fluxo permanente que, na natureza, faz com que as coisas e as pessoas não estejam nunca no mesmo estado, ainda que nós as olhemos como sendo as "mesmas". Além disso, devemos tanto pensar que é falso dizer que elas são "as mesmas" quanto admitir que o "mesmo" não implique a mesma constituição física.

Se aceitarmos a segunda interpretação, podemos dizer que um rio exige um fluxo constante de novas águas. É isso que significa ser um rio. E se isso é igualmente verdadeiro para a natureza, então o "mundo" será um meio dinâmico no seio do qual as coisas têm lugar. No entanto, esses acontecimentos não teriam lugar ao acaso nem de maneira caótica: tudo, assim como a água do rio, obedece a regras, escoando em um sentido e mudando de curso segundo certa medida, assim como os processos da natureza e da linguagem obedecem a regras. Existem meios pelos quais reconhecemos os "mesmos" objetos: essas leis são determinantes para compreender o mundo. Tal é o sistema (ou *logos*) que, segundo Heráclito, aparece claramente àqueles que o

---

42. Há várias traduções das sentenças de Heráclito em português. Cf. *Pré-socráticos*. São Paulo: Abril, 1985 [Coleção Os Pensadores – Tradução de José C. de Souza]. • BORNHEIM, G.A. (org.). *Os filósofos pré-socráticos*. São Paulo: Cultrix, 1977. • *Heráclito*: fragmentos contextualizados. Rio de Janeiro: Difel, 2002 [Tradução, apresentação e comentários de Alexandre Costa] [N.T.].

43. DK 22B91.

44. DK 22B12.

45. DK 22B49a.

procuram, mas que permanece ignorado para aqueles que estão demasiado adorme-cidos para percebê-lo[46].

O *logos* pode igualmente ser a ligação entre os contrários. Os contrários são men-cionados em várias sentenças heraclíticas:

> O caminho que sobe e o caminho que desce são um e o mesmo[47].

> A água do mar é a mais pura e a mais impura; para os peixes, potável e salutar, para os homens, impotável e mortal[48].

> Hesíodo é o mestre de quase todos; acreditavam que ele sabia a maioria das coisas, ao passo que ele não sabia sequer distinguir o dia e a noite; pois são um[49].

> A doença torna a saúde agradável e boa; a fome, a saciedade; a fadiga, o re-pouso[50].

Cada uma dessas sentenças indica como os contrários estão ligados, sem que, no entanto, possamos discernir claramente o que determina ou estrutura o conjun-to desses contrários. Desse modo, conservamos mais de uma centena de sentenças obscuras que não seguem nem análises nem explicações elaboradas, de modo que é difícil reconstituir com certeza a doutrina de Heráclito.

Por ocasião das duas gerações seguintes, a pesquisa metafísica se enriquece com a contribuição de dois discípulos de Parmênides, Zenão de Eleia e Melisso de Samos. Ambos adotam a escolha de Parmênides em favor da razão, mas Zenão se distingue no modo pelo qual ele demonstra uma hipótese provando a impossibilidade de seu contrário. Assim, para provar que o espaço e o tempo não podem ser cindidos, ele procura dividi-los e mostra o absurdo dos resultados então atingidos.

Eis aqui a virada que adquire seu primeiro paradoxo sobre o movimento. Ima-ginemos um corredor na linha de partida de um estádio. Ele pode atingir a linha de chegada? Não, jamais, afirma Zenão. Eis por que: antes de atingir a linha de chegada, ele deve percorrer a metade do caminho; a seguir, após ter percorrido a metade da

---

46. DK 22B1.

47. DK 22B60.

48. DK 22B61.

49. DK 22B57.

50. DK 22B110.

O nascimento da Filosofia

distância restante (ou seja, os três quartos da distância total), ele deve em seguida cobrir a metade da distância residual, e assim segue-se indefinidamente. Ele não cessa, portanto, de atravessar a metade da distância restante, e lhe restará sempre por percorrer a outra metade.

Esse paradoxo pressupõe que a pista de corrida pode ser dividida indefinidamente em porções cada vez menores. O conjunto do percurso é então concebido como uma série infinita de distâncias cada vez mais curtas, e, já que não existe nenhuma distância última, a tarefa parece sem fim. Se admitirmos que o espaço é infinitamente divisível (pelo menos em teoria), como resolver o enigma de Zenão?

Existe um meio de resolver parcialmente a dificuldade observando que o tempo é também infinitamente divisível. Se o corredor corre sempre à mesma velocidade, ele percorrerá as distâncias cada vez mais curtas em um tempo cada vez mais breve; quanto menores forem as distâncias restantes, mais rapidamente elas serão atravessadas. Pois o tempo necessário ao percurso do conjunto do curso não se torna mais longo somente pelo fato de nós o termos dividido em pequenas partes.

Zenão apresenta diferentes argumentos do mesmo tipo. Eles são concebidos a fim de dissipar nossa crença no fato de que o espaço e o tempo podem ser facilmente divididos em segmentos, que existem em número finito ou infinito, e de nos obrigar a admitir, seguindo Parmênides, que a multiplicidade é impossível. Podemos pensar que os matemáticos modernos resolveram esses paradoxos, mas a possibilidade de completar uma série infinita de tarefas permanece, não obstante, difícil de conceber e mesmo irracional.

Melisso se propunha também a demonstrar que a realidade é permanente, imutável e indivisível. Diferentemente de Parmênides, para quem a realidade era eterna e finita, Melisso afirma que ela dura no tempo e que ela é de grandeza ilimitada[51]. O argumento que ele desenvolve contra a confiança que temos nos sentidos, do mesmo modo que na razão, mostra que eles são falsos; é inovador e sofisticado[52].

Devemos concluir esta seção observando que o atomista Demócrito, do qual evocamos a cosmologia, consagra ao conhecimento um considerável número de observações importantes. Ele estima que o conhecimento racional prevaleça sobre a percepção sensorial, explicando que a experiência dos sentidos permanece subjetiva e tributária do estado do corpo e de seu meio ambiente. Ele reconhece, entretanto, que essa crítica dos sentidos se condena a si mesma, já que a razão tem necessidade do apoio dos sentidos para afirmar que eles não são confiáveis[53].

---

51. Em B2.

52. B8.

53. Os textos principais são DK 68B8, B9, B11 e B125.

A alma e o intelecto

A investigação acerca da natureza da alma e do intelecto começa com Tales. Ele pensava (segundo Aristóteles) que "tudo está pleno de deuses" e que o imã tem uma alma[54]. A segunda afirmação sugere que a alma é uma aptidão para mover coisas por si mesmas, mas ela nada nos diz sobre a psicologia da alma humana.

Com o pitagorismo, a alma torna-se o lugar do "si". Encontramos menção à reencarnação como doutrina pitagórica em Xenófanes, Empédocles e Íon de Quios[55], assim como em duas passagens de Heródoto[56]. Duas outras menções obscuras em Heráclito tratam, neste caso, do essencial das fontes antigas sobre Pitágoras[57]. A reencarnação figura igualmente em primeiro lugar, no século V, em Empédocles. Empédocles instituiu os quatro elementos[58], movidos pelo amor e pelo ódio[59], bem como a ideia de seleção natural[60]. Ele é, com efeito, o autor de uma narrativa cosmológica, mas essa narrativa está ligada a outra que trata da causa intencional e das escolhas que fazem os *seres inteligentes*. A alternância do "amor" e do "ódio" não é somente uma metáfora. Em Empédocles, os "elementos" são também *deuses* ou *espíritos* (*daimones*), que experimentam a atração e a repulsão uns pelos outros, ou seja, que amam ou odeiam. Uma passagem célebre descreve os espíritos exilados longe do deus e condenados a errar pelo mundo, encarnados em diferentes meios elementares, durante trinta mil temporadas. Esse exílio é a punição de um crime, talvez o assassinato[61]. Isso está de acordo com a maneira pela qual Empédocles condena o sacrifício e o consumo da carne, considerados como pecados, porque os animais são a reencarnação de entes queridos[62].

---

54. ARISTOTE, *De l'âme*, 405a19. • DIOGÈNE LAËRCE, I 27. Há uma publicacção em português desta obra: ARISTÓTELES. *De anima*: Livros I, II e III. São Paulo: Ed. 34, 2006 [Apresentação, tradução e notas de Maria Cecília G. dos Reis] [N.T.].

55. DK 21 B7, 31B129, 36B4.

56. HÉRODOTE, II, 123 e IV, 95 [DK 14.1 e 14.2]. Há uma publicação em português desta obra: HERÓDOTO. *História*. Brasília: UnB, 1988 [Tradução, introdução e notas de Mário da Gama Kury] [N.T.].

57. DK 22B40, 22B129.

58. DK 31 B6, 31B21.

59. DK 31 B17.

60. DK 31 B57-61. • ARISTOTE, *Physique*, 198B29. • SIMPLICIUS. *Commentaire sur la* Physique d'Aristote, 371.33. Há uma publicação em português desta obra: ARISTÓTELES. *Física I e II*. Campinas: Unicamp, 2009 [Tradução de Lucas Angioni] [N.T.].

61. DK 31B115.

62. DK 31B136 e B137.

O nascimento da Filosofia   29

As obras de Empédocles reúnem análises científicas (sobre a sensação e a respiração, por exemplo) e explicações profundamente religiosas (sobre nosso lugar no mundo e os meios de obter nossa salvação).

A questão de saber se o conjunto desse ensino pertence a um único poema ou a dois (um científico, outro moral ou religioso) foi sempre objeto de discussão. Esta controvérsia foi reavivada pela descoberta, nos anos de 1990, de um papiro fragmentário o qual trouxe elementos novos àqueles que nos ofereceriam até então duas tradições distintas de testemunhos antigos[63].

Concluiremos esta seção lembrando a existência das teses de Anaxágoras e de Diógenes de Apolônia sobre o papel cósmico da alma, bem como a contribuição de Demócrito em favor de uma explicação materialista da percepção e do conhecimento.

O pensamento político e ético

Diz-se frequentemente que a ética foi inventada por Sócrates, mas é preciso fazer justiça aos pré-socráticos. A maneira pela qual é preciso viver era já um objeto de estudos para Pitágoras, cuja *hetaireia* foi, durante pelo menos vinte anos, o primeiro partido político em Crotona. Segundo a tradição, os pitagóricos renunciaram à vida política após o incêndio de seu quartel-general em torno de 500 a.C.[64]; mas ao longo do século VI, parece que os governantes de Crotona teriam sido aqueles que tinham adotado o "modo de vida pitagórico".

Sem dúvida, pode-se abraçar esse "modo de vida" em graus distintos. Mais tarde, distinguem-se duas maneiras de ser pitagórico: segundo Jamblique, podia-se pertencer aos *acousmatici* ou aos *mathematici*[65]. O critério de distinção era o estudo das matemáticas e das ciências exatas, que era reservado aos *mathematici*. Os *acousmatici* adotavam uma atitude devota em relação ao discurso de Pitágoras, e recitavam uma lista de fórmulas obscuras, bem como instruções, dentre as quais: "não mexa no fogo com uma faca", "apague a marca da panela nas cinzas"; "não use anel", "cuspa em seus restos de cabelos ou unhas"[66]; ou ainda enigmas do tipo: "Questão: quais são as Ilhas dos Bem-aventurados? Resposta: o Sol e a Lua"; "Q.: o que é o mais justo? R.: oferecer um sacrifício"; Q.: qual é a coisa mais sábia? R.: o número"[67]. O papel dessas fórmulas não era muito claro na época na qual nossas fontes as consignaram. Alguns

---

63. MARTIN, A. & PRIMAVESI, O. *L'Empédocle de Strasboug*: Introduction, édition et commentaire. Paris: Belin/De Gruyter, 1999.

64. JAMBLIQUE. *Vie de Pythagore*, 248.8-251.3 [DK 14A6].

65. Ibid., 81-86 [DK 18.2; 58C4].

66. Extraits de Jamblique. *Protreptique*, 21 [DK58C6].

67. Extraits de Jamblique. *Vie de Pythagore*, 82 [DK 58C4].

autores falam a esse respeito de "*symbola*" ou de penhor, que talvez servissem como senha, permitindo aos membros de uma mesma sociedade secreta se reconhecerem. Uma dessas fórmulas é aquela que pronuncia a famosa interdição de consumir favas ou plantas leguminosas. Desde a Antiguidade se interrogou se era preciso entender essa interdição literalmente ou se se tratava de uma forma de proibição sexual, ou talvez ainda de uma prevenção contrária à atividade política[68]. Como vimos, os argumentos de Empédocles sobre a reencarnação, contra o consumo de carne e favas, são de mentalidade semelhante[69]. É uma tradição completamente diferente que aparece nos fragmentos éticos que circulam sob o nome de Demócrito. Esses textos definem a vida boa como um estado de quietude da alma, cuja realidade é material, afetada por átomos que a circundam[70]. Demócrito antecipa desse modo a pesquisa sobre "tranquilidade", a partir de prazeres moderados, que reencontraremos entre os atomistas posteriores da escola de Epicuro. Alguns intérpretes localizam aqui uma semelhança entre Demócrito e Sócrates, notadamente porque ambos sustentam que é vantajoso ser bom[71], mas são argumentos que restam alusivos em Demócrito, talvez porque nossas fontes permanecem fragmentárias.

A época dos principais sofistas, que recobre igualmente o período durante o qual viveu o verdadeiro Sócrates, é inicialmente e antes de tudo aquela do debate ético. Os sofistas eram professores itinerantes, que ofereciam suas lições privadas aos jovens que se preparavam para realizar uma carreira política ou profissional. Uma de suas missões era de ensinar a seus alunos como triunfar nos debates, de sorte que os mestres como Górgias e Pródicos registravam o domínio da linguagem em seus programas de ensino. O debate sobre os costumes e a natureza (*nomos* contra *physis*) que se desenvolve na obra de Protágoras, de Antífon, o sofista, e em alguns personagens que retrata Platão (Cálicles e Trasímaco), era de ordem metaética: A moral não é tão somente uma convenção humana? Deve-se viver conforme a ela? Deve-se, ao contrário, seguir as leis da natureza?

Os sofistas pertencem a uma época de intensa atividade intelectual e cultural. Temas familiares aparecem na tragédia (notadamente em Sófocles), na comédia e na *História da Guerra do Peloponeso* de Tucídides[72]. Parece que, na segunda metade do século V, a Filosofia estava bem nascida e que ela exercia então uma influência con-

---

68. DIOGÈNE LAËRCE, Vies, VIII 4-5 [DK14.8].

69. DK 31B141.

70. DK 68B189, B191 e B235.

71. DK 68B31 e B187.

72. Há uma publicação em português desta obra: TUCÍDIDES. *História da Guerra do Peloponeso*. Brasília: UnB, 1982 [Tradução do grego, introdução e notas de Mário da Gama Kury] [N.T.].

O nascimento da Filosofia

siderável sobre a vida intelectual, cultural e política das cidades gregas, em particular em Atenas. É fácil compreender como, em tal contexto, os sofistas podiam ganhar sua vida ensinando filosofia aos jovens ávidos de ideias inovadoras, mas também como o povo ateniense podia se inquietar com a maneira pela qual esse livre pensar era suscetível de corromper os costumes e as condutas dos jovens. Esta inquietude está no coração das *Nuvens*[73], a comédia de Aristófanes; ela é o princípio da condenação por impiedade de Anaxágoras, em torno de 450, e sem dúvida do processo e posterior execução de Sócrates, em 399.

Eis, não sem ironia, o reverso da medalha que saúda a maneira pela qual a Filosofia atingiu sua maturidade, e pela qual ela exerce doravante uma influência real sobre as pessoas comuns.

---

73. Há uma publicação em português desta obra: ARISTÓFANES. *As nuvens.* Rio de Janeiro: Zahar, 1995 [Tradução do grego, introdução e notas de Mário da Gama Kury] [N.T.].

2
PLATÃO

*Luc Brisson**

Platão (428-348 a.C.), que pertencia a uma família ateniense de alta linhagem, é antes de tudo um escritor que ainda hoje se lê com prazer. Seus inícios se constituíram pela narração, sob a forma de diálogos, e para conservá-los na memória, dos episódios da vida e da morte de seu mestre Sócrates (469-399 a.C.), esse personagem inclassificável que, além de Platão, atraiu em torno de si personagens tão diferentes como foram Alcebíades (450-404 a.C.), Xenofonte (± 430-355 a.C.) e Antístenes (± 445-365 a.C.).

Para compreender o Oráculo de Delfos, que tinha respondido negativamente esta questão: "Existe alguém mais sábio do que Sócrates?", Sócrates percorre as ruas de Atenas e refuta todos aqueles que pretendem possuir algum saber: políticos, poetas ou artistas. Esta prática apresenta um desenvolvimento lógico determinado: quem responde defende uma tese; em seguida, Sócrates faz com que este que responde concorde com um dado número de proposições que contradizem a tese colocada anteriormente. E como o verdadeiro saber exige que se diga sempre a mesma coisa sobre os mesmos objetos, aquele que tem a respeito de um determinado objeto propostas contraditórias denuncia sua ignorância. É muito provavelmente o descontentamento dos notáveis de Atenas que explica o processo e a condenação à morte, em 399 a.C., de um Sócrates que, por sua vez, considerava esta vergonha como salutar, na medida em que lhe permitia denunciar os falsos saberes que esta ou aquela alma tinha admitido. Mas, a cada diálogo, o pensamento de Platão se aprofundava e deixava aflorar um novo modo de pensamento, que ele, Platão, é o primeiro a chamar de "filosofia".

Platão defende uma doutrina filosófica que se caracteriza por uma dupla subversão. Primeira: As coisas percebidas pelos sentidos, no meio das quais vivemos, são

---

* Diretor de pesquisa. CNRS, UPR 76.

Platão   33

somente imagens, imagens de realidades inteligíveis separadas ou Formas, que são os
modelos das coisas sensíveis e constituem a realidade verdadeira; diferentemente das
coisas sensíveis, as Formas possuem em si seu próprio princípio de existência. Segunda subversão: O homem não se reduz a seu corpo, e sua verdadeira identidade coincide com o que designamos com o termo "alma". Este último dá conta não somente
no homem, mas também no universo, de todo movimento material (crescimento,
locomoção etc.), ou imaterial (sentimentos, percepção sensível, conhecimento intelectual etc.). Foi esta dupla subversão que, ao longo de toda a história da Filosofia,
permitiu definir a especificidade do platonismo, e aquilo que dá conta das posições
de Platão no domínio da epistemologia, da ética e da política.

O inteligível

Platão propôs a hipótese da existência de realidades inteligíveis, ao mesmo tempo distintas das coisas sensíveis e relacionadas com elas. Não se trata, nesse caso, de
um gesto paradoxal com a intenção de fazer crer que era possível a um pequeno número de privilegiados se restringir a um além ideal; ela explica que este mundo, onde
tudo não para de mudar, apresenta, no entanto, muita permanência e estabilidade,
de modo que o homem possa conhecê-lo, falar dele e nele agir. Convencido de que
esta estabilidade e esta permanência não poderiam se encontrar no sensível, Platão
estabeleceu que devia existir uma realidade de uma outra espécie que responderia
a estas exigências, e que explicaria por que, em toda essa mudança, algo não muda.

A hipótese da existência de Formas separadas das coisas sensíveis é bastante admitida nos diálogos, a partir de *Fédon*[1] principalmente. Ela constitui mesmo o objeto
de uma prova que se apoia na distinção intelecto/opinião[2]. Quando se distingue no
ser humano duas faculdades cognitivas distintas é preciso antes admitir a existência
de seus objetos respectivos, que devem pertencer a níveis de realidade separados: o
sensível e o inteligível. As coisas sensíveis devem, porém, manter uma relação com
as formas inteligíveis que orientam a ação do homem, asseguram a organização da
cidade e se situam mesmo, de acordo com o *Timeu*, no princípio do universo. Esta
relação é assimilada a uma imitação, pois o sensível mantém com o inteligível uma
relação de cópia com o modelo. No quadro desta relação, o inteligível faz o papel de
causa e, o sensível, o papel de efeito. Por conseguinte, a relação entre sensível e inteligível não é simétrica, pois o sensível depende do inteligível que existe em si para a

---

1. 100c-d. Há uma publicação em português desta obra: PLATÃO. Fedão (ou: Sobre a alma. Gênero
moral). In: NUNES, B. (org.). *Diálogos de Platão*. Belém: Edufpa [Tradução do grego de Carlos Alberto
Nunes] [N.T.].

2. *Timée*, 51d 3-e6. Há uma publicação em português desta obra: PLATÃO. Timeu. In: NUNES, B. *Diálogos de Platão*. Op. cit. [N.T.].

sua existência e para a sua constituição. Somente o reconhecimento desta assimetria, indissociável de uma separação radical entre o sensível e o inteligível, permite escapar das consequências do argumento do "terceiro homem", que implicava a existência de um termo que englobaria o sensível e o inteligível, e assim, ininterruptamente, até o infinito.

Já que são imagens dele, as coisas sensíveis devem ser semelhantes às formas inteligíveis. Mas a noção de semelhança tem uma dupla face; ela implica ao mesmo tempo a conformidade e a disparidade. No *Timeu*, é a intervenção do demiurgo que assegura a conformidade das coisas sensíveis com as Formas de que elas participam; e é o *khorá* ou "meio espacial" que dá conta de sua disparidade em relação às Formas. Todas as coisas sensíveis, que são feitas delas, aí aparecem múltiplas e distintas e nisso se transformam[3]. Se Timeu pode dizer do *khorá* que "ele participa do inteligível de uma maneira particularmente desconcertante", isto não significa que haja uma forma inteligível do *khorá*, mas que este apresenta muitos aspectos que pertencem ao inteligível: ele é um princípio, ele é imutável, ele não é perceptível pelos sentidos etc. No *Timeu*, Platão distingue, portanto, não mais dois, mas três gêneros: além das formas inteligíveis e das coisas sensíveis, ele evoca a existência do *khorá*, em que se encontram as coisas sensíveis e a partir do qual elas são constituídas[4].

A alma

Na tradição que Platão conheceu e que remonta pelo menos até a *Ilíada*[5] e a *Odisseia*[6], a questão da "interioridade" humana se transforma, mas não de maneira radical. Ela passa do corpo para uma entidade quase corporal sempre atrelada a um elemento corporal. Esta entidade quase corporal é a alma, que se encontra no interior do corpo segundo duas modalidades: como seu motor ou como seu hóspede provisório. O interessante da posição de Platão se deve ao fato de que, em sua representação da alma, estes dois modelos se encontram associados. O modelo da alma presa ao corpo que ela anima do interior se impõe em todo lugar em que se fala de ser vivo, enquanto que o modelo do hóspede temporário de um corpo aparece quando

---

3. Ibid., 52c-2-d1.

4. Ibid., 51e6-52c1.

5. Há várias publicações desta obra em português: HOMERO. *Ilíada*. 2 vols. São Paulo: Arx [bilíngue – Tradução de Haroldo de Campos; introdução e organização de Trajano Vieira]. • HOMERO. *Ilíada*. Lisboa: Livros Cotovia, 2005 [Tradução de Frederico Lourenço] [N.T.].

6. Há várias publicações desta obra em português: HOMERO. *Odisseia*. São Paulo: Edusp, 2000 [Coleção Ars Poetica – Tradução de Odorico Mendes]. • HOMERO. *Odisseia*. Lisboa: Livros Cotovia [Tradução de Frederico Lourenço]. • HOMERO. *Odisseia*. 3 vols. Porto Alegre: L&PM, 2007 [Tradução de Donaldo Schüler] [N.T.].

Platão

se acha evocada a reencarnação. Também convém situar esta posição num contexto filosófico determinado.

A alma, definida como "fonte e princípio do movimento de tudo que se move"[7], pode ser associada a um corpo que ela anima e a quem ela atribui um movimento espontâneo, estabelecendo assim uma oposição entre o vivo e o não vivo. Além disso, ela é invisível porque se situa num nível intermediário entre o sensível e o inteligível, como Platão deixa entender nas duas passagens do *Timeu*, no qual aparece descrita a mistura de onde todas as coisas saíram: a alma do mundo, as almas dos deuses, dos demônios, dos homens e dos animais[8]. E, como o invisível e o imaterial andam juntos, compreende-se que a alma possa exercer esta atividade imaterial que é o conhecimento, quer se trate de perceber as coisas sensíveis ou de compreender as realidades inteligíveis.

Por outro lado, a alma não se reduz a um processo ou a uma atividade; ela é uma entidade autônoma que, como hóspede provisório de um corpo, tem uma personalidade e uma história. É preciso, portanto, levar a sério a "descrição" da mistura que coloca em movimento o demiurgo no *Timeu*[9] e de onde a alma do mundo e a alma dos outros seres vivos provêm, pois, para que um sistema retributivo como este que Platão propõe seja possível, é preciso antes que uma entidade autônoma subsista depois da morte, quando a alma se separa do corpo, e que esta entidade passe de um corpo a outro, em função da qualidade da sua existência anterior num corpo.

Para Platão, portanto, é a alma o que há de mais precioso no homem – principalmente quando ela exerce sua função mais elevada –, que permite *definir* aquilo que é verdadeiramente isto ou aquilo no homem. Porém, o corpo mantém relações muito fortes com a alma, da qual ele ilustra a qualidade.

Os corpos

Como o corpo no qual a alma vive foi fabricado? Quando se julga que uma cosmologia deve propor uma representação simples, porém coerente e rigorosa do universo, cujas propriedades aparecem como sendo as consequências deduzidas logicamente de uma totalidade limitada de pressupostos, então, o *Timeu* de Platão representa uma verdadeira cosmologia, a primeira levada a cabo com o auxílio da linguagem comum, como é o caso em Aristóteles (384-322 a.C.), por exemplo.

---

7. *Phèdre*, 245c-d. Há uma publicação em português desta obra: PLATÃO. *Fedro*. Lisboa: Ed. 70, 1988 [N.T.].

8. *Timée*, 35a-b e 41d.

9. Ibid., 35a-b.

36 *História da Filosofia*

Ao se conformar com uma opinião tradicional que remonta provavelmente a Empédocles (495/490-435/430 a.C.) e que iria se perpetuar até o século XVIII, Platão considera como um dado estabelecido que o corpo do universo foi fabricado exclusivamente a partir de quatro elementos: o fogo, o ar, a água e a terra[10]. Mas ele vai muito mais longe. Por um lado, ele avança um argumento matemático para justificar o número desses elementos. Por outro lado, ele está consciente de dar prova de uma grande originalidade[11], ao estabelecer uma correspondência entre esses elementos e os quatro poliedros regulares, quer dizer, ao transportar para termos matemáticos o conjunto da realidade psíquica e as mudanças que a afetam.

De fato, ele associa o fogo ao tetraedro, o ar ao octaedro, a água ao icosaedro e a terra ao cubo. Esses quatro poliedros são por sua vez construídos a partir de dois tipos de superfícies, que resultam assim de dois tipos de triângulos retângulos: o triângulo retângulo isósceles, que é a metade de um triângulo equilátero de lado x. Esses dois triângulos retângulos elementares entram na construção de dois tipos de superfície, o quadrado e o triângulo equilátero: um quadrado resulta da reunião de quatro triângulos retângulos isósceles[12]; e um triângulo equilátero da reunião de seis triângulos retângulos escalenos[13]. Os triângulos equiláteros servem para construir esses três poliedros regulares que são o tetraedro[14], o octaedro[15] e o icosaedro[16], associados respectivamente ao fogo, ao ar e à água. Por outro lado, seis quadrados servem para constituir o cubo[17] unido à terra. Todas as propriedades dos poliedros aos quais estão associados os quatro elementos permitem explicar matematicamente a transformação dos três primeiros elementos entre si.

No corpo do mundo, que apresenta o aspecto de uma gigantesca esfera – visto que, como cópia de um original perfeito, este corpo deve ter também a forma mais perfeita e, portanto, mais simétrica –, os elementos se repartem em quatro camadas concêntricas entre as quais há mudança: o fogo se encontra na periferia, depois vem o ar, a água e a terra no centro. Entre os corpos, alguns podem se mover a partir de si mesmos – estes são os seres vivos –, outros não. No número dos seres vivos, deve-

---

10. Ibid., 56b-c.

11. Ibid., 53e.

12. Ibid., 55b.

13. Ibid., 54d-e.

14. Ibid., 54c-55a, quatro triângulos equiláteros.

15. Ibid., 55s., oito triângulos equiláteros.

16. Ibid., 55a-b, vinte triângulos equiláteros.

17. Ibid., 55b-c, seis quadrados.

Platão 37

se contar os deuses, portanto, o mundo, os demônios, os homens, os animais e as plantas. É no anel ocupado pelo fogo que se encontram os corpos celestes regidos por um sistema astronômico[18], que apresenta uma simplicidade surpreendente, pois ele se funda exclusivamente em movimentos circulares cuja regularidade é determinada por três tipos de relações matemáticas: geométrica, aritmética e harmônica. A extraordinária complexidade dos movimentos que afetam todos os corpos celestes se encontra reduzida a dois elementos de natureza matemática: o círculo e a relação matemática. E, naturalmente, é o movimento da esfera do mundo em torno de si mesma que explica todos os movimentos que dão conta das mudanças entre os elementos que passam de uma camada concêntrica para outra e se transformam às vezes inclusive uns nos outros: a água em ar, o ar em fogo e vice-versa.

A epistemologia

A divisão de natureza ontológica entre os modelos que constituem a realidade verdadeira e as cópias que somente comportam uma realidade derivada carrega consigo uma distinção estritamente paralela no nível do conhecimento e do discurso, como fica comprovado quando se lê o *Timeu*, onde o intelecto, que tem como objeto as formas inteligíveis, é oposto à opinião verdadeira, que tem como objeto as coisas sensíveis percebidas pelo corpo[19]. E esta oposição de natureza epistemológica e argumentativa se vê ainda substituída por outra, de ordem sociológica: "[na opinião verdadeira] todos os homens participam, é preciso dizer, enquanto que na intelecção são os deuses [que participam] e, entre os homens, uma pequena classe somente"[20]. Toda essa pequena classe de homens é evidentemente aquela dos filósofos.

Este paralelo entre realidade, conhecimento e discurso é ilustrado na *República*[21] por meio de uma linha:

	a	a'	b	b'
Modo de conhecimento	*conjuntura*	*crença*	*pensamento*	*intelecto*
Objetos conhecidos	*imagem, sombra, aparência*	*seres vivos e objetos fabricados*	*noções-nomes*	*formas inteligíveis*
	A		B	

---

18. Ibid., 38c-39c.

19. Ibid., 51d-e.

20. Ibid., 51e.

21. Há uma publicação desta obra em português: PLATÃO. *A república*. Lisboa: Calouste Gulbenkian, 1987 [Introdução, tradução e notas de Maria Helena da Rocha Pereira] [N.T.].

A linha comporta duas seções principais: uma representando aquilo que deriva dos sentidos, a outra aquilo que deriva do intelecto.

A descrição da seção inferior da linha[22], aquela que corresponde ao sensível e, portanto, à sensação, abrange por sua vez duas partes: uma representa as coisas sensíveis e a outra as imagens destas coisas. Estas duas realidades, que fazem intervir a noção de clareza visual, somente se distinguem, portanto, por seu estatuto ontológico: de um lado, as coisas sensíveis e, do outro, suas imagens. Mas, enquanto a parte mais baixa da seção inferior (imagens, reflexos etc.) é descrita de forma bastante exaustiva, a outra parte não constitui objeto de um inventário completo; somente são levados em consideração os seres vivos e os produtos artesanais fabricados pelo homem.

A seção superior da linha comporta também duas partes, uma correspondendo ao domínio das matemáticas, às quais se liga o pensamento discursivo (*dianoia*), e a outra ao domínio das Formas que são objeto do intelecto (*nous*). O domínio do pensamento discursivo (*dianoia*) equivale ao domínio da dedução considerada como um sistema formal axiomatizado. A partir de proposições consideradas como válidas *a priori*, procura-se deduzir, aplicando as regras da inferência, pouco numerosas e admitidas por todos, as proposições verdadeiras chamadas "teoremas". Ainda que não se possa atribuir um estatuto particular às realidades matemáticas ou geométricas enquanto tais, é forçoso admitir que seu estudo permite à alma elevar-se do sensível ao inteligível, pois a estrutura geométrica dos elementos e as relações matemáticas que elas mantêm mutuamente permitem assegurar a presença do inteligível no sensível. Por sua vez, as Formas são objetos da dialética que, a partir de processos de reunião, eleva-se, primeiro, de Forma em Forma, para o Bem, depois, por intermédio do processo de divisão, desce de Forma em Forma para chegar a uma definição que permanece no domínio do inteligível[23]. A dialética, assim compreendida, descreve, portanto, as relações que as Formas mantêm entre si; ela permite de alguma maneira traçar a cartografia do domínio do inteligível. E ela suscita a evidência de que, quando a atividade intuitiva do intelecto (*nous*) se liga às Formas e finalmente ao Bem, ela serve de fundamento do processo dedutivo. Ainda que permaneça impossível definir o que é uma Forma para Platão, chega-se, no entanto, por esse caminho, a discernir que papel lhe é atribuído.

A ética

Nessa perspectiva, é a sua alma e não o seu corpo que constitui o que há de mais importante para o homem; a alma é aquilo que um homem possui como próprio. É

---

22. *République*, VI, 509c-510a.

23. Ibid., VI, 511b-c.

Platão 39

por sua alma, que lhe traz como efeito uma certa imortalidade, que o homem pode ser assimilado a um deus, uma característica totalmente estranha à tradição grega anterior, fundada na oposição entre mortais (homens) e imortais (deuses). É este princípio que irá governar a ética e a política em Platão.

Quando se considera a moral como um sistema de comportamentos admitidos e incentivados numa sociedade, pode-se definir a ética como a avaliação racional da moral. Esta definição supõe, portanto, que, nesta sociedade, alguns comportamentos são admitidos e incentivados e outros proibidos e condenados; este sistema implica a ideia de sanção. Por que adotar este comportamento admitido ou, ao contrário, abster-se de outro que é condenado? Porque ele resultará para o agente, cujo objetivo é atingir a excelência (*aretê*), uma vantagem ou inconveniente num dado plano. A avaliação e a sanção não são, no entanto, evidentes, pois elas implicam uma representação prévia do que seja um ser humano.

É para dar conta da relação desta alma imortal com um corpo destrutível que Platão, a partir da *República*, distingue na alma três espécies, em que a primeira é imortal em si, enquanto que as duas outras não gozam da imortalidade, senão na condição de que o corpo que elas regem seja indestrutível. A espécie imortal da alma, o intelecto (*nous*), contempla as realidades inteligíveis de que as coisas sensíveis são somente as imagens. Por intermédio dela, o homem se parece com um deus, ou melhor, com um *daimon*. As duas outras espécies somente são imortais sob certas condições. Trata-se, por um lado, do entusiasmo (*thumos*) que permite ao ser vivo mortal se defender e, por outro, do apetite (*epithumia*) que lhe permite assegurar a sua manutenção na vida e sua reprodução. Enquanto que, no caso dos deuses – de corpo indestrutível –, elas podem ser ditas imortais, aquelas duas espécies são declaradas mortais quando se encontram associadas às funções que permitem assegurar a sobrevivência do corpo sensível, ao qual a alma está provisoriamente atrelada.

Mas, tal como o corpo que ela move, a alma do ser humano pode ser objeto de desregramentos que não lhe convêm: mesmo que ela conheça o bem, ela não chega a se conformar com ele. Estes desregramentos devem, portanto, ter causas exteriores. Estas causas são duas: o mau funcionamento do corpo[24] e as más instituições que trazem como efeito uma má educação[25].

Não se pode evitar as doenças da alma ou curá-las, a não ser quando se aplica o duplo princípio seguinte. Instaurar uma justa proporção entre um corpo e uma alma que serão conciliados na prática, tomando como modelo não somente os movimentos da alma do mundo, mas também os movimentos do corpo. E velar no interior da alma para a manutenção de uma justa proporção entre suas partes, dando sistematicamente preeminência

---

24. *Timée*, 86b-87a.

25. Ibid., 87a-b.

ao intelecto[26]. O problema da responsabilidade da alma não pode ser adequadamente resolvido, na medida em que não se encontra em Platão uma vontade de fruição, diante da razão, com uma autonomia verdadeira. Este problema, não obstante, permanece colocado, pois o *Timeu* termina com a descrição de um sistema retributivo que supõe uma culpa real e, portanto, a consideração de alguma responsabilidade[27].

Diferentemente das almas dos deuses e dos demônios, toda alma humana é suscetível de atravessar o corpo de seres vivos diferentes, homem, mulher ou animal, em função da qualidade de suas vidas anteriores. Para evitar decair ou para subir na escala dos seres vivos, o ser humano deve guardar uma justa proporção entre seu corpo e sua alma: este é o objetivo da educação. O intelecto deve também permanecer dominante na alma. Porém, como este intelecto é somente um resíduo da alma do mundo, a contemplação das revoluções dos corpos celestes trará para ele não somente a ciência, mas um modelo de bom funcionamento[28].

Por conseguinte, a contemplação do universo sensível constitui um dado prévio indispensável para a contemplação das formas inteligíveis, a única coisa que permite determinar o valor moral de uma existência humana. Platão retoma aí uma convicção de Sócrates que está fundada em dois postulados[29]: 1) O mal e o erro são indissociáveis; o reino do bem coincide com o reino da verdade, que se instala quando, no homem, domina o movimento do círculo do mesmo que é o lugar do conhecimento racional. 2) O desejo segue necessariamente o pensamento; eis por que é impossível desejar outra coisa que não seja o bem que se impõe à razão. Esta posição, também colocada na boca de Sócrates por Xenofonte (430-355 a.C.)[30], encontra-se em muitas passagens dos diálogos[31]. Para lutar contra o mal que o homem não pode cometer a seu bel-prazer e que em última análise resulta da ignorância, a melhor arma é a educação dispensada pela cidade boa.

A política

Para os contemporâneos, a política consiste em gerir os conflitos que nascem necessariamente numa comunidade onde os grupos consideram como bons objetivos diferentes. Platão também quer simplesmente eliminar o conflito (*stasis*) na cidade.

---

26. Ibid., 87c-89d.

27. Ibid., 90e-92c.

28. Ibid., 89d-90d.

29. Ibid., 86d-e.

30. *Mémorables*, III, 94 e IV, 6, 6.

31. *Apologie de Socrate*, 26a. • *Protagoras*, 345c-e, 358c-d. • *Gorgias*, 467c-468c, 509e. • *Ménon*, 77b-78b. • *République*, II, 358c, 366c-d, IX, 589c. • *Sophiste*, 230a. • Tb. as *Lois*, V, 731c, 734b, IX, 860d.

Platão 41

A causa do mal na cidade, quer dizer, a causa de todo conflito, externo ou interno, é a competição (*agon*) que move a inveja e o ciúme (*phthonos*) e que chega à cobiça (*pleonexia*), quer dizer, o desejo de ter cada vez mais. Externamente, isto leva a cidade a querer incessantemente aumentar seu território, fazendo guerras repetidas. Internamente, isto conduz cada cidadão a querer aumentar seu domínio (*oikos*), usurpando para si os outros ou simplesmente se apoderando dele pela astúcia ou pela violência: daí a guerra civil.

Para fazer que desapareça todo conflito, Platão ataca o que é sua causa última, ou seja, a família no sentido amplo do termo, o *oikos*, que recobre ao mesmo tempo uma população e um território no qual vive esta família com seus bens. Na *República*, Platão proíbe os guardiães – quer dizer, aqueles que devem manter a lei e a ordem e fornecer os dirigentes que são também filósofos – de possuírem qualquer bem. E, fundamentalmente, ele recomenda para este grupo funcional a comunidade de mulheres e de filhos. Assim, uma família não poderia acumular riquezas, transmitindo-as de geração em geração. Enfim, os dirigentes saídos deste grupo seriam escolhidos não em função das suas riquezas ou do seu poder, mas em função do seu saber.

Visto que a ética e a política se fundam em última análise na ciência, entendida como conhecimento da realidade inteligível, as constituições propostas na *República* e nas *Leis*[32] insistem na necessidade de uma educação dirigida não somente aos dirigentes, mas também aos cidadãos. Não se trata de subordinar os esforços de uma cidade à criação de uma casta de intelectuais que se contentam com seguir seus estudos, mas de utilizar a ciência adquirida pelos melhores para modelar o corpo e a alma dos outros cidadãos; eis por que, na *República*, obriga-se àqueles que saíram da caverna (segundo a célebre comparação que descreve o homem não ainda educado com um prisioneiro aguilhoado no fundo da caverna) que para ela retornem. Nessa perspectiva, pode-se dizer que a política é a prática de cuja ciência a teoria se faz. O que Platão repete na *República*, no *Político*[33] e nas *Leis* não é outra coisa senão esta dupla necessidade: colocar à cabeça da cidade governantes sábios, que teriam, além disso, como objetivo modelar o corpo e a alma dos outros cidadãos. E isto em função da ciência que é a sua e que deve dirigir todas as outras, impondo regras estritas aos dois fundamentos da educação: o exercício físico (*gymnastikê*) e a cultura (*mousikê*), que asseguram o desenvolvimento harmonioso das duas partes de todo ser.

É para alcançar este objetivo que, no final do livro III da *República*, Platão propõe uma organização na qual os indivíduos se repartem em grupos funcionais hierarqui-

---

32. Há uma publicação em português desta obra: PLATÃO. *As leis*. São Paulo: Edipro, 1999 [*Epinomis* Clássicos – Tradução de Edson Bini] [N.T.].

33. Há uma publicação em português desta obra: PLATÃO. *Político*. São Paulo: Abril [Coleção Os Pensadores – Tradução de Jorge Paleikat e João Cruz Costa] [N.T.].

zados, segundo a predominância neles desta ou daquela espécie de alma: intelecto, entusiasmo ou apetite. O grupo mais numeroso, encarregado de assegurar a produção da alimentação e das riquezas, é composto de agricultores e artesãos. Este grupo é protegido pelos guardiões, os guerreiros encarregados de velar pela manutenção da ordem interna e externa da cidade. Na medida em que não podem possuir nem bens nem dinheiro, os guardiões estão completamente separados dos produtores que, em troca da proteção que recebem deles, devem alimentá-los e assegurar sua manutenção. É nesse grupo funcional que é escolhido um pequeno número de indivíduos destinados a uma educação superior e ao governo da cidade.

Nas *Leis* encontramos o mesmo projeto, mas num quadro mais coercitivo ainda, já que as parcelas (*kleroi*) não são possuídas, mas administradas pelos cidadãos. A maneira como todos os cidadãos, liberados do trabalho e do negócio, participam da vida cívica, distingue as *Leis* da *República*. Aqui, Platão não separa os cidadãos em grupos funcionais: ele opta pela distinção de quatro classes censitárias, que reagrupam os cidadãos de acordo com seu patrimônio. Com esta precisão notável, de que a riqueza e a pobreza não podem exceder certos limites: o cidadão mais pobre não deveria jamais ter menos que a fruição de uma das 5.040 parcelas do solo cívico, e o mais rico, nunca mais de quatro vezes o valor de uma parcela[34].

No primeiro livro das *Leis* encontramos uma definição da lei como decreto comum da cidade (*dogma poleos*), uma decisão tomada pela cidade na sequência de um cálculo racional e que diz respeito a estes sentimentos que são a confiança ou o temor, que se explica respectivamente pela expectativa de dores e penas[35]. Esta definição, que subordina a moderação e mesmo a coragem à razão, encontra seu fundamento nesta outra definição da lei como "distribuição do intelecto" (*ten tou nou dianomen*), que atribui ao legislador uma dupla tarefa. Estabelecer uma ordem proporcional entre as faculdades na alma do indivíduo, o que significa fazer reinar o intelecto, e fazer do cidadão um ser racional que sabe se dominar diante do prazer e da dor, diante da confiança ou do temor, e isto principalmente a partir da educação. Estabelecer uma ordem proporcional entre os cidadãos, assegurando o reino dos mais merecedores e mais virtuosos, quer dizer, aqueles que fazem o melhor uso da faculdade mais elevada da sua alma, o intelecto (*nous*), sobre aqueles que o são menos, reservando para eles as honras e as magistraturas. Porém, a legislação das *Leis* se distingue de todos os outros códigos de leis gregos que nos chegaram por um traço essencial, descrito no livro IV: cada texto de lei, que compreende a formulação da lei propriamente dita e um inventário de penas merecidas por aquele que não se sub-

---

34. *Leis*, V, 744a-d.

35. Ibid., 644c-d.

Platão

metesse, é precedido por um preâmbulo destinado a convencer cada cidadão, cujo comportamento tivesse sido previamente modelado nesse sentido, de obedecer à lei sem inclusive pensar nela. Porém, estes preâmbulos são, por um lado, mitos e, por outro lado, exortações retóricas que fazem intervir o elogio e a censura, no entanto, com uma exceção juntamente: o segundo livro, que desenvolve uma demonstração destinada a convencer os jovens ateus que não foram convencidos nem pelos mitos nem pelas exortações retóricas.

Ainda que ela tenha como auxiliar o mito, que desempenha um papel essencial no domínio da ética e no domínio da política, definitivamente é a lei que na cidade adquire o principal papel. Mas a lei escrita depende também de um princípio superior, o intelecto (*nous*), representado na cidade pelo Colégio de Vigília e agindo no universo como alma do mundo, que dá regularidade e permanência à marcha dos corpos celestes. É, por outro lado, por esta ancoragem na cosmologia que a ética e a política se unem. O homem, a cidade e o mundo constituem uma totalidade comum, sobre a qual intervém uma alma cuja atividade superior é guiada pela contemplação da realidade verdadeira.

Em 387 a.C., no retorno de sua primeira viagem pela Magna Grécia (Itália do Sul) e pela Sicília – onde ele se dirigiu à corte de Denys o Antigo, tirano de Siracusa, e tomou conhecimento de Dion –, Platão estabeleceu com seus próprios recursos a sua Escola, a Academia, no parque do herói Academos. A Academia, que teve como primeiros chefes Espeusipo (393-339 a.C.) e Xenócrates (396-314 a.C.) depois da morte de Platão, conheceu rapidamente um grande sucesso e entrou logo em conflito com a escola de Isócrates (436-338 a.C.), onde principalmente era ensinada a retórica. Com Arcésilas de Pitane (± 315-241 a.C.), que sucedeu Crates (368/365-288/285 a.C.) em 268/264, a Academia se tornou uma "Nova Academia". O epíteto "novo" se justifica por muitas razões. Aí se recomenda a suspensão universal do julgamento por oposição ao dogmatismo estoico, e o ensino aí permanece essencialmente oral, tomando o exemplo de Sócrates. No início do Império fez-se sentir nos platônicos a necessidade de um pensamento liberto da interpretação estoica e aristotélica que Cícero (106-43 a.C.) tinha conhecido, e mais religiosa, centrada nos meios dados à alma humana de elevar-se a uma outra ordem, aquela do Deus cujas Formas são os pensamentos que organizam a matéria. E com Plotino (205-270), que instaura o Um para-além do ser, quer dizer, para-além do intelecto e do inteligível, é inaugurada a última corrente de interpretação da doutrina platônica, o neoplatonismo, que durará até 529. Durante quase um milênio, os textos de Platão foram lidos, recopiados, meditados e cuidadosamente transmitidos por pessoas de alta cultura; é isto que explica a excepcional qualidade dos nossos manuscritos dos diálogos e a imensa difusão do pensamento platônico.

3
ARISTÓTELES

Enrico Berti *

Aristóteles nasceu em Estagira, no norte da Grécia, em 384 a.C. Seu pai, Nicômaco, era médico de Amintas III, rei da Macedônia (389-369 a.C.). Em 367, com dezessete anos de idade, Aristóteles entra na Academia de Platão (428-348 a.C.), em Atenas, e aí ficou durante vinte anos. Estes foram os anos durante os quais ele escreveu os diálogos (hoje perdidos), baseados no modelo dos diálogos platônicos; os mais célebres são o *Eudemo*, sobre a imortalidade da alma, o *Protréptico*, um discurso de defesa da filosofia, e o diálogo *Sobre a filosofia*, um estudo dos primeiros princípios de *todas as coisas*. Ele escreveu também um tratado Sobre o bem, que expunha a doutrina dos princípios que Platão tinha apresentado oralmente na Academia, assim como um tratado *Sobre as ideias*, que retomava a doutrina platônica das Ideias, fazendo também a sua crítica. Somente restam fragmentos destas obras, compostos de citações ou de retomadas de autores mais tardios. É provável que Aristóteles tenha dado, na Academia, cursos de retórica e de dialética, dos quais encontramos vestígios nas partes mais antigas das obras conservadas.

Com a morte de Platão, ele deixou a Academia e se dirigiu para Assos, cidade grega da Ásia Menor, onde foi hóspede de Hermias, senhor de Atarneus, e se casou com a sobrinha Pítias, em honra de quem ele redigiu o *Hino à virtude*. Dois anos mais tarde, ele se dirigiu para Mytilene, na ilha de Lesbos, onde se dedicou, com seu discípulo Teofrasto (372-287 a.C.), a pesquisas sobre os animais. Em 343 a.C. foi chamado pelo Rei Felipe II (382-336 a.C.) da Macedônia para ser preceptor do seu filho Alexandre (356-323 a.C.), para quem ele escreveu os diálogos *Sobre o reino*, assim como *Alexandre ou a propósito das colônias*, duas obras perdidas. É provável que ele tenha obtido, dos reis da Macedônia, privilégios em favor da cidade de Atenas; foi por isso que os atenienses erigiram mais tarde uma coluna em sua honra.

---

* Professor de Filosofia. Universidade de Pádua.

Aristóteles 45

Com a morte de Felipe, quando Alexandre decidiu sua expedição contra a Pérsia, que lhe valeu o título de Alexandre o Grande, Aristóteles retornou a Atenas (334 a.C.), onde fundou uma escola instalada no jardim consagrado a Apolo Lício e que por isso se chamou Liceu; nesses lugares se encontrava também um espaço onde deambular, que se chamava *peripatos*, o que permitiu mais tarde empregar a denominação de escola "peripatética". Em sua escola, Aristóteles deu cursos de dialética, de física, de filosofia primeira, de ciência política, de retórica e de poética; é preciso também acrescentar que ele esteve na origem de uma compilação de 158 constituições e de obras que reuniam outros materiais. Em 323 a.C., com a notícia da morte de Alexandre na Pérsia, Aristóteles foi acusado de insultar as crenças religiosas e, para escapar de um processo, ele deixou Atenas e se dirigiu para Chalcis, na ilha de Eubeia, onde morreu em 322 a.C.

Aristóteles não publicou, ele próprio, os textos de seus cursos; eles só foram editados mais tarde, na segunda metade do século I a.C., por Andronicus de Rhodes, provavelmente em Roma. Estes textos constituem o *corpus aristotelicum*, e nos chegaram através da tradição manuscrita.

Este *corpus* compreende as seguintes obras[1]:

- de lógica (*Categorias, Sobre a interpretação, Primeiras analíticas, Segundas analíticas, Tópicos, Refutações sofísticas*);
- de física (*Sobre a alma, Sobre o céu, Sobre a geração e a corrupção, Meteorológicas*)
- de psicologia (*Sobre a alma, Pequenos tratados de história natural*);
- de biologia (*História dos animais, Sobre o movimento dos animais, Sobre o andar dos animais, As partes dos animais, Sobre a geração dos animais*);
- de filosofia primeira (*Metafísica*);
- de ética (*Ética a Nicômaco, Ética a Eudemo, Grande moral*).

É preciso ainda acrescentar as seguintes obras: *Política, Retórica* e *Poética*.

Enfim, convém mencionar a *Constituição de Atenas*, que nos chegou num papiro e cujo autor é Aristóteles.

Lógica e dialética

Aristóteles é considerado como o inventor da lógica, compreendida como a ciência que estuda as leis do pensamento (*logos*). Este é, de fato, o nome que foi dado à doutrina que ele expôs nas obras que a tradição reuniu na compilação intitulada

---

1. Encontramos em português as seguintes publicações: ARISTÓTELES. *Tópicos; Dos argumentos sofísticos; Metafísica* (Livros I e II); *Ética a Nicômaco; Poética*. São Paulo: Abril, 1973 [Coleção Os Pensadores]. • ARISTÓTELES. *Política*. Brasília: UnB, 1988 [Tradução, introdução e notas de Mário da Gama Kury]. • ARISTÓTELES. *De Anima* (Livros I, II, III). Rio de Janeiro: Ed. 34, 2006 [Tradução de Maria Cecília Gomes dos Reis] [N.T].

Organon, quer dizer, "instrumento", considerando que a lógica é um instrumento utilizado pelas diferentes ciências. Como sua primeira obra, o tratado das *Categorias* distingue as realidades que existem em si mesmas, por exemplo, o homem, daquelas que existem em outras realidades, como o branco; ele chama as primeiras de "substâncias" e as segundas de "acidentes". Entre as substâncias, Aristóteles distingue em seguida as "substâncias primeiras", que são objetos individuais, por exemplo, um homem dado, das "substâncias segundas", que são as espécies universais de que fazem parte estas espécies, como, por exemplo, o animal. As espécies e os gêneros são os "predicados" dos indivíduos, no sentido de que eles indicam suas características gerais. As substâncias primeiras são a condição da existência de todas as coisas, quer se trate de substâncias segundas ou de acidentes. Elas não têm nem contrário, nem graus, mas, em momentos diferentes, elas podem acolher acidentes contrários. Na categoria dos acidentes há também os indivíduos (por exemplo, um determinado branco) e os universais (por exemplo, o branco em geral ou a cor). Enquanto as substâncias pertencem ao gênero supremo chamado justamente de "substância" (*ousia*), os acidentes abrangem nove outros gêneros que são: a quantidade, a qualidade, a relação, o lugar, o momento, a posição, a posse, a ação e a paixão. Estes dez gêneros supremos são chamados de "categorias", quer dizer, tipos de predicados.

No tratado *Sobre a enunciação* (*De interpretatione*), Aristóteles afirma que as palavras, que formam a linguagem, são signos convencionais dos conceitos, ou, mais geralmente, eles são os conteúdos do espírito, sendo estes, por sua vez, as imagens das coisas: entre a linguagem, o pensamento e a realidade há, portanto, uma relação de significação. As palavras principais são os nomes e os verbos; sua reunião constitui a proposição ou o *logos* (o nome que tem a função de sujeito e o verbo que tem a função de predicado). A proposição pode enunciar um estado de coisas ou ser somente expressão, como é o caso da pedra. A proposição enunciativa pode ser uma afirmação, quando ela relaciona duas palavras, ou uma negação, quando ela as separa. Além disso, ela pode ser verdadeira ou falsa: ela é verdadeira quando relaciona as palavras que indicam as coisas realmente relacionadas ou quando ela separa as palavras que indicam as coisas realmente separadas; a proposição é falsa quando ela estabelece o contrário. A afirmação e a negação do mesmo predicado a propósito do mesmo sujeito constituem uma contradição: ambas ao mesmo tempo não podem ser verdadeiras (princípio de não contradição), mas é necessário que uma das duas seja verdadeira e a outra falsa (princípio do terceiro excluído). As proposições podem também ser universais, quando elas têm um objeto universal (por exemplo, todos os homens), ou particulares, quando têm um objeto particular (por exemplo, um determinado homem).

Nas *Primeiras analíticas*, Aristóteles expõe a famosa descoberta do "silogismo" (dedução): trata-se de um raciocínio segundo o qual duas proposições universais, chamadas de "premissas", conduzem necessariamente a uma terceira proposição que se chama "conclusão". Por exemplo: se todos os homens são mortais (premissa maior, quer dizer, a mais universal) e se todos os atenienses são homens (premissa menor), então, todos os atenienses são mortais (conclusão). Vê-se que as duas premissas têm um termo em comum, qualificado de "meio", que ocupa – no esquema mais simples – a função de predicado na premissa maior e a função de sujeito na premissa menor. Os dois outros termos, qualificados de "extremos", constituem a conclusão. Quando as premissas são particulares e a conclusão geral, não se trata mais de uma dedução, mas de uma indução (*epagogé*); no entanto, nesse caso, a conclusão não decorre necessariamente das premissas.

Nas *Segundas analíticas*, Aristóteles examina um tipo particular de silogismo chamado de silogismo científico ou demonstração. Este é o caso quando as premissas são verdadeiras e quando uma conclusão dela deriva necessariamente: esta conclusão é imprescindivelmente verdadeira. Quando as premissas da demonstração são primeiras (não sendo a conclusão de outras demonstrações), elas são chamadas então de "princípios". Os princípios são de duas espécies: particulares, quando dizem respeito às realidades de natureza particular, constituindo o objeto de uma ciência particular (por exemplo, os números no caso da aritmética e as grandezas no caso da geometria). Os princípios podem também ser gerais, quando dizem respeito a diversas espécies de objetos (por exemplo, o princípio segundo o qual "subtraindo partes iguais de objetos iguais se obtém objetos iguais"). Estes princípios são chamados também de "axiomas". Os princípios comuns a todas as ciências são o princípio da não contradição e o princípio do terceiro excluído. Pode-se também demonstrar uma tese deduzindo de premissas verdadeiras uma conclusão que contradita a proposição inversa daquela que se quer demonstrar. Nesse caso, trata-se de uma demonstração pelo absurdo.

Nos *Tópicos*, Aristóteles ilustra um outro tipo de silogismo que ele chama de silogismo dialético; suas premissas são "endoxais" (*endoxa*), quer dizer, admitidas por todos, ou pela maioria, ou pelos especialistas, ou pela maior parte deles. Estas premissas não são verdadeiras em todos os casos, mas na maioria deles. O silogismo dialético é chamado assim porque é o tipo de argumento que se emprega nas discussões dialéticas, quando dois interlocutores debatem sobre uma questão e quando um deles se esforça para refutar a tese defendida pelo outro. A refutação é um silogismo dialético, cuja conclusão contradita uma tese determinada. Em geral, aquele que se opõe a uma tese tem em vista, a partir de questões adequadas, obter de seu interlocutor que ele admita as premissas endoxais, a partir das quais ele pode deduzir a conclusão que tem em vista. Os meios de obter estas premissas são os "lugares" (*topoi*, daí o título do tratado), quer dizer, os tipos de argumentação que cada um admite. Enfim, nas *Refutações sofísticas*, Aristóteles ensina a desmascarar as refutações aparentemente justas (visando em particular aquelas que não se apoiam nos silogismos dialéticos, mas nos silogismos erísticos ou sofísticos, quer dizer, que parecem derivar de premissas endoxais ou que têm a aparência de silogismos), quando na realidade admitem apenas um artifício (por exemplo, uma homonímia).

Física e cosmologia

De acordo com Aristóteles, a primeira forma de conhecimento do homem é a percepção dos objetos sensíveis, de onde se extrai a lembrança, e é graças a um conjunto de lembranças do mesmo objeto que a experiência se constitui. Trata-se aí do conhecimento do "que", quer dizer, do estado mesmo das coisas. Quanto à ciência, ou filosofia, ela é o conhecimento do "porquê", quer dizer, das razões pelas quais as coisas se encontram num determinado estado, necessariamente, ou na maioria dos casos.

O primeiro objeto ou conjunto de objetos que Aristóteles buscou conhecer foi a natureza (*physis*), quer dizer, o conjunto dos corpos em devir que apresentam uma evolução totalmente autônoma; aliás, é isto o que distingue as produções da atividade humana, quer dizer, os objetos artificiais. Aristóteles sustenta que os objetos podem derivar de quatro categorias de causas: as causas motrizes (o que produz a transformação de um objeto), as causas materiais (a matéria – *hylé* – de que um objeto é constituído), as causas formais (a forma – *eidos* ou *morphé* – que estrutura um objeto), e as causas finais (a finalidade – *telos* – em vista da qual um objeto existe ou se transforma).

Na *Física*, Aristóteles mostra que é possível determinar as causas da natureza e, por conseguinte, alcançar uma ciência da natureza, que é justamente a física. As causas materiais dos objetos naturais são, em última análise, os quatro elementos dos corpos terrestres: a água, o ar, a terra e o fogo, associados de várias maneiras segundo as formas dos objetos de que eles constituem a matéria. As causas formais são precisamente estas formas, ou, ainda, a maneira segundo a qual os elementos estão aí misturados; no caso dos corpos vivos (plantas e animais), a forma é a sua alma, quer dizer, sua capacidade de viver. As causas finais são, para os seres inanimados, seu "lugar natural" (a terra para os corpos pesados, o céu para os corpos leves); para os seres animados, as causas finais são sua realização completa e sua reprodução. As causas motrizes imediatas dos corpos naturais são diferentes, de acordo com o tipo de transformação por que eles passam, e Aristóteles deles distingue quatro: o movimento local ou translação, a alteração, o aumento e a diminuição, a geração e a corrupção.

Aristóteles

Geralmente, a causa destas transformações é a própria natureza, enquanto princípio interno do movimento e do repouso; mas, por sua vez, a natureza está submetida à ação motriz desencadeada pelo movimento dos céus (principalmente do sol, que determina a sucessão das estações e, por conseguinte, a alternância do calor e do frio).

No tratado *Sobre o céu* (*De caelo*), Aristóteles explica que os céus são esferas concêntricas, no centro das quais se encontra a esfera terrestre; sua matéria é um elemento diferente dos elementos terrestres, graças ao qual eles não conhecem nem geração nem corrupção, mas permanecem eternos: o éter, que não conhece nem geração nem corrupção, é por isso eterno.

Cada céu se desloca de acordo com um movimento circular, voltando para si mesmo e deslocando em sua rotação os diversos planetas que estão ligados a ele. O movimento aparentemente irregular dos planetas se explica – segundo a hipótese do astrônomo Eudoxo de Cnido (± 408-355 a.C.), adotado e corrigido por Aristóteles – como resultado dos movimentos de grupos de esferas, unidas por seus polos, mas girando em torno de eixos diferentes. É preciso também acrescentar que todos os céus estão englobados numa esfera extrema, que contém todo o universo; ela carrega em sua rotação todos os outros céus e receberá mais tarde o nome de esfera das estrelas fixas. Cada movimento de rotação, definido como eterno, requer necessariamente uma causa motriz que possui em si mesma uma potência infinita, não se beneficiando de qualquer intervenção externa, e, portanto, sendo ela própria imóvel: esta é a razão por que existem tantos motores imóveis (quer dizer, substâncias imateriais exteriores aos próprios céus) quanto há céus. O motor imóvel da esfera extrema é o primeiro motor imóvel; é ele que põe em movimento todo o universo, graças à esfera das estrelas fixas.

Toda transformação supõe um substrato, quer dizer, uma matéria subjacente, que passa de um estado sem forma (estado de "privação") a um estado em que ela possui uma, quer se trate de um lugar (movimento local ou translação), ou de uma qualidade (alteração), de uma dimensão (aumento e diminuição), ou ainda da forma de uma nova substância (geração e corrupção). Aristóteles chama de "potência" (*dynamis*) – em outras palavras, a capacidade de assumir uma forma determinada – a condição na qual se encontra o substrato sem forma; ele chama de "ato" (*energeia* ou *entelekheia*) sua condição quando ela tomou uma forma; é por isso que a mudança se define também como a atualização (passagem ao ato) de uma potência.

A matéria é constituída, em última análise, pelos quatro elementos terrestres; estes, por sua vez, transformam-se e passam de um estado a outro: a água se transforma em ar sob o efeito do calor (evaporação), ou em gelo, que é sólido como a terra, sob o efeito do frio (congelamento), e a terra se transforma em fogo sob a ação do calor (combustão). Estas transformações significam que existe uma matéria comum aos quatro elementos terrestres, que pode ser chamada de "matéria primeira", que não pode, no entanto, existir fora desses elementos. Ao contrário, não existe forma única à qual prender todas as outras, nem finalidade única para a qual tenderia todo ser.

Todo ser tende a realizar completamente sua própria forma. Aristóteles tem, portanto, uma concepção global da natureza que se pode qualificar de finalista, ou de teleológica; mas esta concepção corresponde a um finalismo particular, que não resulta da ação de uma inteligência externa e que não implica uma finalidade única e exterior; pelo contrário, este finalismo é devido à ação de um princípio inconsciente e interno, tal como a natureza justamente: é este finalismo que se manifesta na tendência dos indivíduos vivos de se alimentarem e se reproduzirem, assegurando assim a perpetuação infinita de sua espécie.

Psicologia e zoologia

A parte da natureza mais estudada por Aristóteles é aquela que diz respeito aos seres vivos, plantas, animais e homens. Estes seres têm em comum uma alma (*psykhé*), o que explica por que esta ciência da alma (que chamamos hoje de psicologia) faz parte da física; Aristóteles a estuda no tratado *Sobre a alma* (*De anima*). Para ele, a alma não é uma entidade separada do corpo vivo; ela é a capacidade mesma de viver própria de um corpo, em outras palavras, sua forma de estar vivo; ela é o "ato primeiro" de sua potencialidade de ser vivo, no sentido de que ela a possui efetivamente. A vida se realiza de acordo com os diferentes níveis de atividade (chamada mais tarde de "ato segundo"); esses níveis são, para as plantas, a nutrição e a reprodução; aos quais é preciso acrescentar para os animais o movimento e a percepção; enfim, para os homens, eles compreendem também o pensamento e suas atividades conexas. Portanto, encontramos três categorias de alma: vegetativa, sensitiva e intelectiva. No entanto, a categoria superior contém sempre, potencialmente, a categoria inferior; é por isso que há somente uma única alma em cada ser vivo, vegetativa nas plantas, nutritiva nos animais (mas incluindo as funções da alma vegetativa), intelectiva nos homens (mas incluindo as funções da alma vegetativa e as funções da alma sensitiva).

Os seres vivos têm em comum a reprodução que expressa a tendência de cada um de deixar depois de si um outro ser semelhante a ele, assegurando assim a perpetuação da espécie. Nos seres animados em geral, sub-humanos e humanos, a percepção (*aisthesis*), ou conhecimento sensível, é a primeira forma de conhecimento possível; ela consiste na atualização da capacidade de perceber (própria de todos os órgãos dos sentidos) e, simultaneamente, da possibilidade de ser percebido (própria do objeto sensível). Esta atualização resulta da ação de uma causa já atuante, como, por exemplo, a luz para a visão ou a vibração do ar para a audição. Graças a ela, o órgão do sentido concernido assume a forma do objeto, mas não a sua matéria. É pela percepção e graças à imaginação (*phantasia*) que se forma a imagem (*phantasma*), conservada na memória como lembrança. Nos seres humanos, é pela imagem, ou pela lembrança, que o intelecto (*nous*) assume a forma inteligível do objeto que aí está contido e do qual ele se apropria, no sentido de que ele o integra como forma própria, evidentemente, sem matéria. É por isso que a alma intelectiva é o lugar de todas as formas inteligíveis.

Nesse caso também, a capacidade de se apropriar de uma forma, quer dizer, a intelecção, é simultaneamente a atualização da faculdade que permite compreender – própria do intelecto (por esta razão, qualificado de potencial ou passivo) – e a atualização da faculdade de ser compreendido – própria da forma. Aí também a atualização deve resultar de uma causa já atuante, que Aristóteles chama de intelecto ativo, ou produtivo; e exatamente porque este intelecto é sempre atuante, ele aparece separado da alma intelectiva, ou eterna. No entanto, Aristóteles fala muito pouco a esse respeito para que se possa compreender se este objeto é individual ou se, como tal, ele implica a imortalidade da alma intelectiva de cada homem.

À capacidade de conhecer a alma acrescenta-se sua capacidade de desejar, ou o desejo (*orexis*), que tem como objeto um bem que pode ser sensível, quer dizer, particular, ou inteligível, quer dizer, universal. Quando um bem inteligível é reconhecido como tal pelo intelecto, o desejo desse bem toma o nome de "vontade"; esse desejo leva o homem a se apropriar desse bem pela ação (*praxis*), daí o qualificativo de "prático" que se dá ao intelecto, nesse caso.

Aristóteles concedeu uma atenção particular aos animais; ele descreveu a anatomia e a fisiologia de mais ou menos quinhentos deles, na *História dos animais*, estudando as partes de seu corpo na obra *Sobre as partes dos animais* e sua reprodução em *Sobre a geração dos animais*. Estas pesquisas lhe valeram sua consideração como pai da zoologia (embora ele julgue que esta faça parte da física). De acordo com suas particularidades anatômicas e fisiológicas, Aristóteles classificou os animais em duas categorias, aqueles que têm sangue e aqueles que não têm, e diferencia, entre os "sanguíneos", os vivíparos e os ovíparos. Em seu estudo das partes do corpo, ele distingue as partes homogêneas (como os tecidos) e as partes heterogêneas (como os órgãos) e analisa as funções de cada órgão. O tipo de explicação que ele adota mais frequentemente é o tipo finalista: um tecido é feito para um órgão, um órgão para uma função e uma função para a vida do organismo, globalmente compreendido. Para compreender a anatomia e a fisiologia dos animais, Aristóteles utiliza muitas vezes a analogia, observando que órgãos diferentes têm a mesma função em animais diferentes (por exemplo, os pulmões nos mamíferos e as brânquias nos peixes).

Quanto à reprodução animal, Aristóteles considera que ela resulta da transmissão da alma (quer dizer, da forma) pelo parente macho e da matéria (quer dizer, do sangue menstrual) pelo parente fêmea. O vetor da forma é o que o filósofo chama de *pneuma* (sopro), contido no sêmen, que transmite ao ser engendrado o calor vital e que, por uma sucessão de impulsos mecânicos, leva a matéria do embrião a se organizar de maneira a poder instalar os órgãos. Estes se formam, um após o outro, começando pelo coração, de acordo com um processo que se chamará mais tarde de "epigênese", segundo um plano preestabelecido e organizado pela forma. O termo e o objetivo de todo processo é o indivíduo integralmente formado.

"Filosofia primeira" ou metafísica

Na *Metafísica* – título dado à obra pelos editores para significar que ele aparece depois das obras sobre a física – Aristóteles apresenta sua "filosofia primeira", chamada assim porque ela busca as causas primeiras de toda realidade (*Metafísica*, A). O método próprio desta ciência é o aporético; ele consiste em formular as "aporias" (problemas), considerar para cada uma delas hipóteses de soluções contraditórias, estudar as consequências dessas hipóteses e reter aquelas que resistem mais às objeções (*Metafísica*, B). Para que a "filosofia primeira" conserve sua unidade e se distinga das outras ciências, Aristóteles faz observar que todas as causas aqui examinadas são aquelas do ser considerado enquanto ser, quer dizer, de maneira universal, enquanto que as outras ciências examinam as causas ou os princípios de uma espécie particular de ser. O ser enquanto ser (quer dizer, todos os seres) está submetido aos princípios de todas as demonstrações, o princípio da não contradição e também o princípio do terceiro excluído e, por conseguinte, é tarefa da filosofia primeira submetê-los a exame. Esses dois princípios não podem ser demonstrados, mas podem ser sustentados por intermédio da refutação de suas negações (*Metafísica*, Γ).

A palavra "ser" é empregada de acordo com múltiplas acepções; na medida em que aquela da substância (*ousia*) se apresenta como sendo a primeira, todas as outras se estabelecem em relação a ela. Isto significa que qualquer objeto é qualificado como ser, ou porque é substância, ou porque tem uma relação com a substância. Além disso, a filosofia primeira terá como tarefa procurar as causas primeiras das substâncias, e como algumas delas (os corpos celestes) são consideradas como divinas, suas causas serão divinas com muito mais razão; daí o nome de ciência "teológica" (*Metafísica*, E) dado à "filosofia primeira".

Do ponto de vista da causa material, a causa das substâncias é a matéria sensível, ou seja, os quatro elementos para os corpos terrestres, e o éter para os corpos celestes. Aristóteles fala também de uma matéria inteligível que poderia ser o espaço, assim como da matéria dos objetos das matemáticas, que não são, no entanto, substâncias (embora elas o sejam para Platão). Do ponto de vista da causa formal, a causa das substâncias é a forma de cada uma delas, quer dizer, sua essência, expressa como tal

Aristóteles 53

por sua definição. Razão pela qual Aristóteles chama a forma de "substância primeira", de acordo com uma concepção diferente daquela das *Categorias*, quer dizer, enquanto causa da substância. No caso das substâncias vivas, ela é a alma, e ela é também a causa final das substâncias, visto que cada uma delas tende a realizar plenamente sua forma e a exercer as funções de que ela é o princípio (*Metafísica*, Z). Aristóteles considera que a matéria e a forma são uma única e só coisa com a potência e o ato, pois a transformação não é senão a passagem da matéria, que possui a forma como potência, à posse da forma como ato (*Metafísica*, H). Por conseguinte, para o indivíduo, a potência precede o ato (por exemplo, o sêmen precede o indivíduo adulto); ao contrário, sendo dado que a transformação requer uma causa motriz já atuante, para a espécie, o ato precede a potência (por exemplo, o genitor precede o gerado) (*Metafísica*, Θ). O Um e o múltiplo, o Um e a Díade indefinida, não são, portanto, os princípios de todas as coisas, como sustentam os platônicos. De fato, para Aristóteles, o Um é somente uma unidade de medida ou um predicado tão universal quanto o ser (*Metafísica*, I).

Enfim, do ponto de vista da causa motriz, as causas das substâncias são os diversos motores terrestres, ou os genitores ("É o Pelée[2] que é o princípio de Aquiles, é teu pai que é o teu não princípio"), mas também os corpos celestes, o sol em particular, cujo calor torna possível a vida na terra. É preciso ainda acrescentar que os motores das esferas que deslocam os corpos celestes são suas causas motrizes e que, para produzir um movimento eterno, estes motores devem atuar permanentemente (ser somente ato), quer dizer, permanecer imóveis; a maneira como esses motores imóveis colocam em movimento cada esfera não é clara: a interpretação tradicional, de acordo com a qual eles colocam em movimento porque são objetos de amor e, portanto, de imitação, é de origem platônica. Como a única atividade que não implica movimento é o pensamento, os motores imóveis são substâncias que pensam e eles são, portanto, seres vivos, eternos e completamente felizes, em outras palavras, são os deuses. O primeiro deles, ou seja, o motor das estrelas fixas, como não tem nada acima de si em que pensar, só pensa em si mesmo, quer dizer, ele é "pensamento do pensamento". Ele é também o bem supremo, que coloca em movimento todo o universo, tal como um general ordena um exército, ou como um senhor organiza toda a sua casa, ou como um rei governa seu reino (*Metafísica*, Λ). Para Aristóteles, somente as substâncias imóveis existem, enquanto que as Ideias reconhecidas por Platão não existem enquanto substâncias, sendo os universais somente predicados; as entidades matemáticas, que os platônicos avaliam como sendo substâncias, só existem nos corpos, de que eles constituem os aspectos quantitativos, tal como os

---

2. Pelée: monte onde se situa um vulcão, em Saint Pierre na Martinica [N.T.].

limites (*Metafísica*, M). Os princípios de todas as coisas não são, portanto, o Um e a Díade infinita, mas a matéria e a forma (quer dizer, a potência e o ato), assim como os motores imóveis, quer dizer, o ato puro (*Metafísica*, N).

Ética e política

A física e a "filosofia primeira" são ciências "teóricas", pois elas têm como fim o conhecimento puro (*theoria*), tal como as matemáticas, mas Aristóteles considera que há também as ciências práticas, tendo como objetivo a ação (*praxis*), a ação justa, o bem. Como o bem de um indivíduo é uma parte do bem da cidade (*polis*), a ciência – ou filosofia – prática que abrange todas elas é a "ciência política", apresentada, uma parte, nas *Éticas* (*a Nicômaco* e *a Eudemo*), tendo como objeto aqui o bem do indivíduo, e outra parte na *Política*, tendo como objeto aqui o bem da família e da cidade. A ciência daquilo que é o bem para a família se chama também ciência econômica (de *oikia*, "casa" ou "família"), mas a obra consagrada a este objeto no *corpus aristotelicum*, ou seja, a *Econômica*, é provavelmente apócrifa. Para Aristóteles, o bem supremo, tanto para o indivíduo quanto para a cidade, é a felicidade (*eudaimonia*); ela se define pela realização, da melhor maneira possível, das capacidades próprias do homem, que as exerce com virtude (*aretê*), em outras palavras, em seu mais alto nível. Estas virtudes são dianoéticas e éticas, visto que, de fato, o homem não é somente feito de razão (*dianoia*), mas possui também outras capacidades que formam seu caráter (*ethos*), quando são realizadas em seu melhor nível.

As virtudes éticas se acham também no justo centro entre duas faltas opostas, determinado pela razão: por exemplo, a coragem é o justo meio entre a covardia e a temeridade, a moderação é o justo meio entre o excesso e a insensibilidade, a generosidade se situa entre a avareza e a prodigalidade, e assim por diante. Entre as virtudes éticas, a justiça tem uma importância particular, pois ela diz respeito às relações entre as pessoas. Quando se trata de distribuir as honras ou os poderes, a justiça (o justo meio), ela deve saber estabelecer uma proporção entre as honras e os méritos (justiça distributiva); mas quando se trata de trocar as vantagens e as penalidades, ela deve repartir a atribuição dessas coisas respeitando a igualdade (justiça comutativa).

As virtudes dianoéticas são a perfeição da razão "científica" (ou teórica), quer dizer, a sabedoria (*sophia*), que une o intelecto (*nous*), como conhecimento dos princípios, e a ciência (*episteme*), como capacidade de demonstrar a partir dos princípios; elas compreendem também a perfeição da razão prática e "calculadora", ou a prudência (*phronesis*), capacidade de decidir justamente, de escolher a boa maneira de agir, para si mesmo, para sua família e para sua cidade. A prudência é superior à arte (*tekhnê*), considerada como capacidade de produzir bens, porque a ação é superior à produção (*poiesis*), a finalidade da produção não se encontra nela, mas no objeto

Aristóteles

produzido. No entanto, a prudência é inferior à sabedoria, que é a virtude da melhor parte do homem; para alcançar a sabedoria, é então a prudência que indica quais ações devem ser praticadas e quais devem ser excluídas.

De acordo com Aristóteles, a felicidade abrange assim o prazer; este não é o bem supremo, mas, sendo a felicidade definida como o exercício da atividade perfeita, o prazer decorre de sua realização; ele abrange também a amizade, que é ela própria uma virtude, quando este sentimento aproxima pessoas de qualidade. Porém, mesmo na hipótese de que fossem reunidas todas as qualidades, às quais se acrescentariam algumas vantagens, como a saúde, uma certa comodidade, um físico agradável, uma boa família e bons amigos, Aristóteles considera que a felicidade reside essencialmente na vida teórica, quer dizer, numa vida totalmente consagrada à pesquisa, ao estudo, às atividades que têm como fim o conhecimento. Este tipo de vida, de fato, é uma finalidade em si; ela é autossuficiente e semelhante àquela vida que levam os deuses. Alguns especialistas consideram que Aristóteles limita a felicidade à vida teórica; outros sustentam que ele aí inclui a prática de todas as virtudes. Na realidade, a vida teórica não seria possível sem as outras virtudes. Além disso, Aristóteles julga que a pessoa que leva uma vida assim, ou seja, o filósofo, deve também mostrar aos políticos a maneira de realizar o bem para a cidade e definir para ela a melhor constituição; e isto confirma que somente este tipo de vida engloba o conjunto das virtudes.

A cidade é a sociedade perfeita, quer dizer, autossuficiente e que não tem por fim a vida material dos cidadãos (que é o objetivo da família), mas o objetivo de lhes dar a possibilidade de viver bem, a felicidade, em suma. Ela envolve a família, a sociedade natural, que compreende marido e mulher, pais e filhos, senhor e escravos. A cidade também é uma sociedade natural porque o homem é por natureza um "animal político", no sentido de que ele é feito para viver na *polis*. O signo desta natureza política do homem é que ele possui a palavra (*logos*), graças à qual pode discutir com os outros a propósito do que é útil e do que é justo. No entanto, sua "natureza" não é definida pelo seu nascimento, mas pelo seu fim, sua realização, quer dizer, a felicidade. E o homem não pode alcançar a felicidade senão na cidade.

Na família estão reunidas as condições necessárias à vida material, aí incluída a presença de escravos, inevitavelmente, visto que "as lançadeiras não tecem todas sozinhas", e a aquisição de riquezas, chamada "crematística". Todos os que são escravos não o são por natureza; ao contrário, são escravos aqueles que não chegam a prover suas necessidades por si mesmos; é por isso que eles devem ter um senhor. Todas as riquezas não são naturais, mas são naturais todas aquelas que são necessárias à satisfação das necessidades. É na cidade, como sociedade de homens livres e iguais, que se deve viver plenamente e bem. Para alcançar isto é preciso dar-se uma boa constituição, quer dizer, uma boa organização dos ofícios públicos, ou, ainda, um governo instituído como deve ser. Quando Aristóteles examina as seis constituições tradicionais, as três que são boas (monarquia, aristocracia e *politeia*) e as três que são pervertidas (a tirania, a oligarquia e a democracia), ele expressa sua preferência pela *politeia*, para a qual ele não dispõe de um nome particular, o que fez que ela fosse mencionada no vocábulo geral de "constituição" (*politeia*); esta lhe parece ser a forma mais adequada a uma sociedade de homens livres e iguais. De fato, a *politeia* é definida como sendo o justo meio entre duas perversões opostas, a oligarquia e a democracia; é por isso que ela toma o nome de constituição "intermediária", na qual é a classe média que exerce o poder. Mas, sendo dado que todos não podem simultaneamente governar e ser governados, é justo que todos governem e sejam governados alternadamente, colocando-se a serviço dos outros quando governam, e se beneficiando dos serviços dos outros quando são governados. Assim, a cidade pode assegurar a cada um a possibilidade de dedicar um período de sua vida às atividades que são um fim em si, como a música, a poesia e a filosofia.

Retórica e política

As duas últimas obras do *corpus aristotelicum*, a *Retórica* e a *Política*, são dedicadas à apresentação de duas "artes" (ou técnicas), respectivamente, a arte de construir discursos convincentes e a arte de escrever poesia.

A retórica ensina a buscar os instrumentos de convencimento (*pisteis*) de tipo técnico, em outras palavras, as argumentações. É por isso que ela é simétrica, de maneira "especular" (*antistrophos*), à dialética, uma técnica de argumentação geral com a qual ela tem em comum argumentar sobre tudo, partindo de pontos de vista opostos; ela se diferencia da outra quando se dirige a uma audiência que permanece muda, mas não julga menos por isso. Aristóteles distingue três tipos de argumentações retóricas: aquelas que são deliberativas (tendo em vista convencer uma assembleia política e debater sobre uma decisão tomada), aquelas que são judiciárias (tendo em vista defender ou acusar uma pessoa culpável), e aquelas que ele qualifica de epidícticas (tendo em vista celebrar ou censurar uma personalidade pública).

Aristóteles chama de "entimema" (*enthymema*) a argumentação retórica, talvez porque ela atue também no coração (*thumos*); ele a define como um silogismo, uma dedução que deriva de premissas prováveis (*eikota*), quer dizer, compartilhadas pela audiência, como os *endoxa*, que não são válidos em todos os casos, mas somente na maioria deles. O tipo de argumentação pode também partir de "signos"; quando esses "signos" são necessários e certos, eles são então "provas"; caso contrário, eles só estabeleceriam uma probabilidade. A entimema deve também ser mais sucinta do que o silogismo didático, devendo passar em silêncio as premissas mais evidentes,

Aristóteles 57

para não cansar o auditório. Além disso, a arte retórica ensina a levar em conta os fatores de convencimento, tais como o caráter (*ethos*) do orador, que deve ser uma pessoa confiável, ou ainda as paixões (*pathê*) do auditório, que o fazem inclinar a favor deste ou daquele julgamento. É por isso que Aristóteles considera a arte retórica como um "ramo" da ciência política, que tem justamente como objeto os caracteres e as paixões. Enfim, o filósofo assinala a importância da elocução (*lexis*), da maneira de falar e do estilo do orador.

Para Aristóteles, a poesia é *mimesis*, o que não significa imitação passiva, mas representação, capacidade de fazer viver uma ficção como se ela fosse real. Ela pode tomar como objeto personagens nobres e, nesse caso, trata-se de poesia épica ou trágica; no caso de personagens não nobres, trata-se de poesia cômica. A poesia épica e a tragédia se diferenciam da seguinte maneira: a primeira somente fornece a narração dos fatos, ao passo que a segunda os representa de forma dramática. Esta última característica remete assim à comédia. A *Poética* dá uma célebre definição da tragédia, dizendo que ela consiste na "imitação de uma ação que forma um todo, é grave e apresenta uma certa nobreza, segundo uma forma não narrativa, mas dramática, e que, pela via da compaixão e do terror, permite a purificação das paixões semelhantes". O elemento mais importante aqui é a ideia de "purificação" (*katharsis*), que parece libertar as paixões, tais como a compaixão e o terror dos elementos dolorosos que estes sentimentos apresentam na vida real, fazendo de maneira que eles se tornem agradáveis. O prazer associado a esta imitação é, como sempre para Aristóteles, o prazer do conhecer, quer dizer, do aprender. Enquanto a catarse produzida pelo canto educa os jovens nas virtudes éticas (como está dito na *Política*), a catarse produzida pela tragédia educa os adultos nas virtudes dianoéticas, quer dizer, na prudência.

Se a catarse é a finalidade inclusive da tragédia, o elemento mais importante desta é o "mito" (a história representada); se deve propor fatos que podem se reproduzir, seja provavelmente, seja necessariamente, quer dizer, mais frequentemente e sempre. É por isso que Aristóteles diz que a poesia é mais "filosófica" do que a história, sendo mais capaz de conduzir para o conhecimento; de fato, a história faz a narração de casos particulares, enquanto que a poesia, representando o provável, faz conhecer o universal. Na *Poética*, Aristóteles ilustra também os outros elementos da tragédia e da poesia épica (catástrofes, casos imprevistos, revelações, intrigas e desenlaces, caracteres etc.), mas ele não estuda tão profundamente a comédia, talvez porque o segundo livro da obra – hoje perdido – lhe fora consagrado.

4

Os saberes e as ciências na cidade grega

Mario Vegetti *

Arqueologia do saber científico

Quando e como o pensamento científico nasceu na Grécia? Uma tendência historiográfica bastante disseminada descobre as origens dele no novo olhar que os pensadores sobre a natureza[1] trouxeram – Aristóteles (384-322 a.C.) irá chamá-los justamente de *physiogoi* – nos séculos VI e V a.C., entre os quais os miletianos: Tales (624/625-556/558 a.C.), mas principalmente Anaximandro (610-547 a.C.) e Anaxímenes (588-524 a.C.), Heráclito (± 540-470 a.C.) e, mais tarde, Anaxágoras (± 500-428 a.C.) e Demócrito (± 460-370 a.C.). Apesar de seu profundo enraizamento na tradição mitológica e da escolha de uma linguagem poética, ou seja, oracular, suas hipóteses cosmogônicas e cosmológicas ambiciosas abriram certamente a via para uma compreensão da natureza de tipo racional; no entanto, estas hipóteses permanecem muito distantes do que chamamos hoje de "ciência", seja no sentido amplo ou no sentido estrito.

De forma paradoxal, o pensamento de um filósofo como Empédocles (495/490-435/430 a.C.), fortemente caracterizado por traços místicos e mágicos, marca uma orientação muito mais significativa nessa direção: sua concepção de uma natureza material composta de quatro elementos (ou "raízes": terra, água, fogo, ar) terá uma influência decisiva na física de Aristóteles e, por intermédio dela, em grande parte da física antiga. Mas é evidente que também Empédocles permanece ainda muito longe de uma forma de pensamento científico, no que diz respeito ao fundamento e ao método.

---

* Professor de Filosofia. Universidade de Pavia.

1. Há uma interessante publicação em português: KIRK, G.S. & RAVEN, J.E. *Os filósofos pré-socráticos.* 3. ed. Lisboa: Calouste Gulbenkian, 1990 [Tradução de Carlos Alberto Loro Fonseca, Beatriz Rodrigues e Maria Adelaide Pegado]. Essa obra traz textos bilíngues selecionados de alguns desses autores [N.T.].

Os saberes e as ciências na cidade grega

Na origem dos saberes de tipo matemático se encontram, em primeiro lugar, as especulações numerológicas atribuídas a Pitágoras (570/571-496/497 a.C.), que atingem seus píncaros entre os séculos V e IV a.C., na obra de Philolaos de Crotona (± 460/470-400 a.C.). A fonte desse interesse pitagórico é mais de ordem místico-religiosa do que matemática. A descoberta dos números irracionais, considerada como um escândalo inadmissível, e o axioma da indivisibilidade do um (princípio intangível da realidade) constituem um verdadeiro obstáculo epistemológico para toda a aritmética antiga.

Por outro lado, a lógica da escola de Eleia contribuiu para a construção da racionalidade matemática, principalmente com a demonstração por absurdo, utilizada por Zenão (± 495-430 a.C.), que consistia em provar a verdade de uma proposição demonstrando a falsidade de seu contrário. É nesse tipo de prova que se funda um dos métodos mais elaborados da geometria grega, a "exaustão", empregada por Eudoxo (± 390-338 a.C.) e mais tarde por Arquimedes (287-212 a.C.). Mas os instrumentos lógicos dos Eleatas estão mais propensos a estabelecer a impossibilidade do saber científico (principalmente sustentando nossa incapacidade de pensar o múltiplo e o movimento) do que propriamente fundá-lo.

As referências epistemológicas do século IV a.C.: Platão e Aristóteles

As grandes filosofias do século IV – de Platão (428-348 a.C.) e de Aristóteles (384-322 a.C.) – forneceram os elementos epistemológicos básicos que irão orientar por muito tempo o processo de formação dos saberes científicos; elas determinam de fato uma reflexão aprofundada sobre as origens recentes desses saberes.

Platão atribui uma posição privilegiada aos saberes matemáticos e, em primeiro lugar, à geometria; eles os coloca imediatamente depois da dialética filosófica, que permanece como "o ápice das ciências"[2]. Este privilégio se explica pelas propriedades de abstração e de conceituação que Platão atribui aos processos matemáticos, que parecem, portanto, capazes de conduzir o espírito a se distanciar progressivamente dos conhecimentos empíricos (inevitavelmente instáveis e subjetivos), para se aproximar do conhecimento dos objetos noéticos, invariantes e suscetíveis de um saber verdadeiro e durável (ideias ou Formas). Platão formula um princípio que acompanhou as ciências matemáticas quase até nossos dias: sua função é a "descoberta" das propriedades dos objetos ideais dotados de uma existência autônoma, mas não a "construção" desses objetos. Platão, portanto, desempenhou um papel de "arquiteto" em relação ao conjunto dos saberes matemáticos.

---

2. *République*, VII, 534e. Há uma publicação desta obra em português: PLATÃO. *A república*. Lisboa: Calouste Gulbenkian, 1987 [Introdução, tradução e notas de Maria Helena da Rocha Pereira] [N.T.].

De fato, por um lado, a epistemologia platônica atua poderosamente para fortalecer o rigor conceitual, antiempírico dos procedimentos de demonstração matemáticos, e sua extensão à astronomia. Por outro lado, ela atua como uma espécie de obstáculo epistemológico ao desenvolvimento das matemáticas gregas, proibindo o recurso aos procedimentos instrumentais de construção geométrica, à observação empírica em astronomia e, em geral, mostrando-se hostil a qualquer simplificação prática das matemáticas.

Convém também observar a ambiguidade da posição de Platão contrária a um saber nascente que tinha desempenhado um importante papel cultural no século V: a medicina. Se a medicina ocupa, de acordo com Platão, a posição mais baixa na hierarquia dos saberes, pois é pouco suscetível de ser matematizada, ao contrário da arquitetura, ele vê não obstante nela um modelo ético-político de grande valor, que oferece o exemplo de uma técnica racional eficaz, de um saber-poder bom e atuante no interesse de seus subordinados (as doenças), mais do que para seu próprio interesse: sob esse ângulo, a medicina prefigura o modelo de um poder filosófico fundado no saber e capaz de agir para o bem da cidade, em vez de oprimi-la como fazem os tiranos.

O trabalho epistemológico de Aristóteles se apresenta de maneira mais homogênea e seu poder de orientação é aí reforçado. Nas *Analíticas*, o filósofo dá uma formalização definitiva às normas de construção do saber teórico, definindo-o como um sistema de axiomas e deduções; esta nova orientação normativa contribui para transformar de maneira definitiva a ciência geométrica nascente num conjunto teoremático compacto; a transformação é completada e terminada por volta do final do século IV, graças à maior obra de Euclides (± 330-260 a.C.), os *Elementos*[3].

Por outro lado, Aristóteles refuta o primado exclusivo que Platão atribui aos saberes matemáticos. As ciências da natureza se beneficiam, segundo ele, de um duplo privilégio: seus objetos possuem o caráter ontológico de "substâncias" (*ousiai*), quer dizer, são dotados de uma existência autônoma, plena e inteira, e os processos do mundo vivo são organizados de maneira finalista, ou seja, têm em vista realizar um *telos* imanente. Os saberes correspondentes estabelecem o primado da explicação teleológica, que é mais satisfatória, de acordo com Aristóteles, e melhor também para revelar a ordem "divina" que opera na *physis*[4]. Mas Aristóteles tem em vista ainda criar uma nova ciência dos seres vivos, como testemunha a quantidade de tratados consagrados a este objeto.

---

3. Há uma publicação em português desta obra: EUCLIDES. *Os elementos*. São Paulo: Edusp, 2009 [Tradução direta do grego de Irineu Bicudo] [N.T.].

4. *Parties des animaux*, I, 5.

Os saberes e as ciências na cidade grega

O nascimento dos saberes científicos

Apesar da importância das ideias dos antigos pensadores da natureza (os *physiologoi*), na fase de gestação dos saberes, e da influência determinante das grandes epistemologias em seu processo de formação, é preciso considerar que não se pode verdadeiramente falar de ciência, senão quando uma série de condições são historicamente verificadas. Elas podem ser resumidas da seguinte maneira:

1) Quando os domínios do conhecimento e das competências técnicas ultrapassam o limiar da escrita e dão lugar ao estabelecimento de textos que são propostos à discussão pública e constituem uma base para um crescimento cumulativo dos conhecimentos, criando o embrião de uma "bibliografia" especializada. É isto que se produz, na metade do século V a.C., na medicina, na arquitetura, na geometria, na astronomia calendária (a zoologia e a botânica deverão esperar o século IV e, a mecânica, o século III a.C.).

2) Quando, em função das técnicas (*technai*) e dos saberes presentes numa comunidade de cidadãos (*polis*), constituem-se grupos profissionais publicamente identificáveis – como aquele de Asclepíades (± 124/129-40 a.C.) para a medicina –, as comunidades científicas embrionárias, espontâneas e autorreguladas – como as comunidades matemáticas –, ou os grupos que conduzem as atividades de pesquisa especializadas no interior de escolas filosóficas – como na geometria e na astronomia da Academia de Platão ou na zoologia e na botânica no Liceu de Aristóteles – e que se dotam de uma literatura própria, sistemática e mesmo historiográfica.

3) Enfim, quando os conhecimentos elaborados e tornados públicos são defendidos de acordo com um comentário racional, publicamente controlável e transmissível pelo ensino, fundado em observações, experiências e confrontações com teses opostas.

De um ponto de vista cronológico, o primeiro saber que respondeu, pelo menos em parte, a estas condições foi a medicina (que será integrada mais tarde às ciências da vida), e é por isso que ela ocupa aqui o primeiro lugar.

A medicina e as ciências dos seres vivos

a) *As origens e o Corpus hipocrático*

Desde sempre a sociedade grega conhecia as práticas que tinham em vista tratar e curar. Encontramos vários testemunhos disso nos poemas homéricos; na *Ilíada*[5], evoca-se dois guerreiros cirurgiões, Podalirius e Machaon. Na *Odisseia*[6], o médico

---

5. Há várias publicações desta obra em português: HOMERO. *Ilíada*. 2 vols. São Paulo: Arx, 2003 [bilíngue – Tradução de Haroldo de Campos; introdução e organização de Trajano Vieira]. • HOMERO. *Ilíada*. Lisboa: Livros Cotovia [Tradução de Frederico Lourenço] [N.T.].

6. Há várias publicações desta obra em português: HOMERO. *Odisseia*. São Paulo: Edusp, 2000 [Coleção Ars Poetica – Tradução de Odorico Mendes]. • HOMERO. *Odisseia*. Lisboa: Livros Cotovia, 2003 [Tradução de Frederico Lourenço]. • HOMERO. *Odisseia*. 3 vols. Porto Alegre: L&PM, 2007 [Tradução de Donaldo Schüler] [N.T.].

tem um estatuto mais modesto: trata-se de um artesão itinerante, como o adivinho ou o marceneiro, que passa de cidade em cidade para oferecer seus serviços aos doentes[7]. A formação desses primeiros médicos era totalmente produto de sua própria iniciativa: a arte era transmitida oralmente de pai para filho, de mestre para aprendiz. Esta situação vai perdurar sem mudança significativa ao longo de toda a Antiguidade. Não se deve esquecer, de fato, que a sociedade grega e também a sociedade romana não conheceram nem faculdades de medicina, nem hospitais ou instituições públicas capazes de garantir a formação de médicos, nem uma legislação que pudesse regular suas atividades. Qualquer um que tivesse esse desejo podia, portanto, pretender-se médico. Esta situação, por mais surpreendente que possa parecer, tinha consequências negativas, mas também positivas.

As primeiras são evidentes: o exercício da medicina estava disponível para todos, aí incluídas pessoas sem qualquer competência, charlatães e impostores, com os riscos que isto comportava para quem procurava por eles. Mas os aspectos positivos compensavam os aspectos negativos. Para que se pudessem distinguir dos seus concorrentes, os médicos profissionais deviam mostrar que possuíam uma preparação científica rigorosa, estudando a medicina ao longo de toda a sua vida; eles estavam, além disso, decididos a se dotarem de um código moral preciso, quer dizer, de uma "deontologia" médica. Um outro efeito positivo da ausência de regulamentação oficial era a total liberdade de pesquisa de que se beneficiava a medicina antiga. Na cultura egípcia, esta profissão era minuciosamente enquadrada como um sacerdócio particular e qualquer transgressão das normas estabelecidas para sempre podia mesmo ser punida com a morte. Os médicos gregos e romanos não conheceram nada disso e permaneceram livres para tratar explorando novas vias, para elaborar teorias discutindo-as entre si e para somente julgar a validade delas de acordo com a força da argumentação e a eficácia terapêutica.

Por volta da metade do século V, assistiu-se, porém, a uma mudança radical no domínio da elaboração e da transmissão do saber médico. Grupos de médicos, que trabalhavam em Cnide e principalmente em Cós – onde dominava a autoridade do fundador, o grande Hipócrates (460-377 a.C.) –, começaram a colocar por escrito os conhecimentos acumulados até então. Assim, constituiu-se uma compilação de escritos médicos que foram atribuídos mais tarde ao próprio Hipócrates, daí seu nome de *Corpus hipocrático*, embora não saibamos quais as partes que ele próprio redigiu. Para o exercício e o ensino da medicina, esses escritos constituíram uma referência mais segura e mais homogênea do que as noções transmitidas antes oralmente e de mestre para aprendiz. Na mesma época, uma associação profissional (ou "corpora-

---

7. *Odyssée*, XVII, verso 381ss.

Os saberes e as ciências na cidade grega   63

ção") de médicos se formou e tomou o nome de Asclepíades, segundo Asclépios, a divindade mais capaz de oferecer a cura.

Os escritos médicos podem ser repartidos em dois grupos principais. O primeiro grupo de textos deriva da função dos manuais, memoriais para o uso de médicos em viagem e distantes do seu mestre: trata-se, portanto, de compilações de casos clínicos exemplares, de resumos que têm como objeto os sintomas e os diagnósticos aferentes, de indicações terapêuticas. Ao contrário, o segundo grupo abrange os textos que derivam daquilo que se poderia chamar de propaganda e eram destinados a defender o prestígio e a eficácia da arte médica nascente junto a um público culto e junto a pacientes potenciais, contestando as capacidades práticas rivais, tanto para trazer a cura quanto para conhecer a natureza humana.

b) *O saber médico como modelo cultural*

A medicina "hipocrática" exerceu rapidamente um imenso impacto cultural, conferindo a ela um prestígio admirável ao longo de toda a segunda metade do século V. Ela se apresentava como um saber competente e eficaz no domínio mais importante da vida dos homens, aquele da saúde e da doença. Tratava-se de um conhecimento totalmente baseado em procedimentos e métodos racionais, publicamente controláveis (ao contrário da magia) e transmissíveis por meio do ensino; tratava-se também de uma profissão que dava a si mesma um código moral.

Num primeiro momento, a autopropaganda da medicina se vestiu de um estilo enfático, proclamando uma infalibilidade terapêutica sem qualquer relação com a possibilidade de vencer as doenças[8]. No entanto, diante da evidência de fracassos terapêuticos repetidos – o mais ruidoso se manifestando na ocasião da peste que se abateu sobre Atenas em 430-429 a.C., anos durante os quais a medicina permaneceu impotente diante dos efeitos catastróficos da epidemia –, os médicos precisaram adotar uma atitude mais prudente.

Por um lado, eles renunciaram à tese segundo a qual a medicina tinha já descoberto tudo e insistiram mais sobre o método novo que iria permitir, "num longo período", concluir a realização desta ciência (esta é a tese do importante texto metodológico intitulado *A antiga medicina*). Por outro lado, os médicos projetam para diante seu engajamento profissional e moral, assim como seu esforço para se encarregar de toda a vida do paciente, antes e durante a doença. É preciso considerar esta passagem fundamental do texto hipocrático das *Epidemias*: "Descrever o passado, compreender o presente, prever o futuro: esta é a tarefa. Tratar as doenças com dois

---

8. Pode-se ler esta proclamação num dos textos mais antigos do *Corpus hipocrático*, "Des lieux dans l'homme", cap. 46.

objetivos, ser eficaz ou não prejudicar. Os três elementos fundamentais da arte são a doença, o doente e o médico. O médico é o ministro da arte: é preciso que o doente lute contra o mal junto com o médico".

c) *O saber dos médicos "hipocráticos"*

Se é verdade que em seu início a medicina constituiu um modelo muito sedutor para a cultura de seu tempo, tanto pelo rigor de seus métodos quanto por sua postura moral, como avaliar seus verdadeiros conteúdos científicos e seus procedimentos terapêuticos?

Para responder esta questão, é preciso antes de tudo observar que o saber médico da época hipocrática (séculos V e IV a.C.) permanecia submetido a uma dupla carência. Em primeiro lugar, os médicos não dispunham de qualquer conhecimento anatômico e fisiológico; em suma, eles não sabiam nem como eram feitos nem como funcionavam os órgãos internos do corpo, e estas lacunas somente foram preenchidas no século III a.C. Em segundo lugar, eles não dispunham de qualquer remédio farmacológico de tipo "químico", semelhante a estes que conhecemos, e não podiam fazer nada senão recorrer a extratos ou decocções de origem vegetal (plantas curativas) ou, mais raramente, animal – aos quais convém acrescentar as intervenções cirúrgicas, como a amputação das partes infectadas ou a cauterização das feridas.

Esta dupla carência ajuda a compreender a estruturação particular da medicina hipocrática. Os médicos conheciam os elementos que entravam no organismo (alimentos, venenos, ar inspirado). Eles supunham que no interior do corpo – uma espécie de "caixa preta" para a fisiologia hipocrática – se produzia um fenômeno de "cocção" desses elementos, transformando-os em fluidos orgânicos essenciais, os "humores". Esses humores podiam ser observados em sua saída do corpo: tratava-se principalmente do sangue (visível na ocasião de hemorragias ou de ferimentos), da frieza (mucos ou catarro), e da bílis amarela ou negra (presentes na urina e nos excrementos). Numa pessoa com boa saúde, esses humores eram de quantidade equilibrada, misturavam-se bem e não eram tóxicos. Ao contrário, no caso de doença, o organismo não chegava a transformar (a "cozer") de maneira apropriada os elementos que entravam; além disso, à saída do corpo, eles apresentavam quantidades excessivas e desequilibradas (as doenças dos aparelhos respiratório e digestivo eram então as principais patologias da medicina hipocrática).

A doença era provocada por inúmeros fatores: a estação, o clima, a idade, o tipo de alimentação e o modo de vida do paciente. O meio (o ar respirado e a água bebida) tinha uma importância particular no desenvolvimento das patologias individuais ou coletivas, assim como testemunha o importante texto sobre *Ares, águas, lugares*, destinado ao médico itinerante e que constitui o texto mais antigo de medicina ambiental e etnográfica.

Os saberes e as ciências na cidade grega

Para prevenir a doença ou para tratá-la uma vez declarada, o médico hipocrático devia, então, agir sobre os elementos que entravam no organismo, estabelecendo em primeiro lugar um regime alimentar muito preciso. Em seguida, ele podia melhorar a capacidade de funcionamento do próprio corpo, recorrendo a uma combinação de exercícios físicos, banhos e geralmente hábitos de vida. Foi assim que a medicina se constituiu como uma totalidade que tinha em vista tratar com atenção a forma mesma de viver do paciente, antes, durante e depois da doença, encarregando-se de toda a sua existência. A orientação higiênica, profilática e dietética predominou na medicina antiga durante séculos e constituiu a parte mais eficaz (aí se juntando ainda os preparos vegetais purgativos, depurativos ou adstringentes). Além desta atenção particular ao regime dos seus pacientes, os médicos hipocráticos desenvolveram uma outra competência excepcional, o prognóstico. Graças à observação dos "sinais" ou sintomas (a aparência do paciente, seus suores ou seus excrementos, seu comportamento), eles estavam em condições de prever, com uma incrível precisão, a evolução da doença (não se deve esquecer que se tratava frequentemente de acessos de febre parecidos com a malária).

Estabelecer um prognóstico exato era importante, pois não somente serviria para fornecer as bases sobre as quais apoiar a intervenção terapêutica; a previsão da evolução da doença serviria, assim, caso ela se verificasse, para ganhar a confiança do doente e de seu entorno, atestando que o médico era realmente um homem de arte e não meramente um charlatão. Sete séculos depois, Galiano (218-268), a quem suas capacidades de previsão valeram sua acusação de feitiçaria pelos rivais ciumentos, respondeu simplesmente: "Não há nenhuma feitiçaria; mas estudei o *Prognóstico* de Hipócrates".

d) *A revolução anatômica e a medicina helenística*

No início do século III a.C., uma mudança radical se produziu na história da medicina antiga: a descoberta da anatomia interna do corpo e dos grandes processos fisiológicos que derivam dele. Esta mudança, que fazia progredir os conhecimentos da época de Hipócrates de maneira decisiva, tornou-se possível por dois fatores convergentes, ainda que muito diferentes.

O primeiro deles se refere à zoologia aristotélica, exposta nos grandes tratados *História dos animais*, *Partes dos animais*, *Geração dos animais* e em outros textos menores. Como fundador desta nova ciência, Aristóteles recorreu sistematicamente e pela primeira vez à dissecação do corpo dos animais; ele descobriu assim a forma e a função dos órgãos internos. Cérebro, pulmões, coração, fígado, veias, músculos e ossos se encontravam agora colocados no centro da investigação biológica, no lugar dos "humores" que dominavam na fisiologia hipocrática. Ainda que Aristóteles tivesse limitado suas observações aos animais, ele tinha assim mostrado que a anatomia era a principal via de acesso para a compreensão da estrutura e das funções dos órgãos e que a medicina não podia mais escapar ao estudo desse campo de investigação. Além disso, seu axioma teleológico, de acordo com o qual todo processo e toda estrutura do mundo vivo podem e devem ser explicados fazendo referência à sua função própria, constituía o fundamento de uma fisiologia nova.

O segundo fator de mudança foi de natureza institucional. No início do século III a.C., o rei do Egito Ptolomeu fundou em sua capital, Alexandria, duas grandes instituições culturais: a Biblioteca, onde foram reunidos progressivamente todos os livros antigos (aí incluídos os textos médicos atribuídos a Hipócrates), e o Museu, onde os maiores eruditos do mundo grego eram convidados a residir, para conduzir livremente suas pesquisas custeadas pelo rei.

Foi justamente no Museu que os grandes médicos do século III, Herófilo (335-280 a.C.) e Erasístrato (310-250 a.C.), puderam realizar suas revolucionárias pesquisas anatômicas. Nesse lugar, eles dispunham do tempo e dos meios necessários para se dedicarem aos estudos; além disso, o rei os autorizava a dissecação de cadáveres humanos (proibida até então), assim como a vivissecção dos corpos dos criminosos condenados à morte.

Tudo isso permitiu responder ao desafio lançado à medicina por Aristóteles e chegar a descobertas que em muitos aspectos superavam o próprio mestre. Pode-se estabelecer assim a lista destas descobertas mais importantes:

1) Descobriu-se o sistema nervoso central, com seus dois subsistemas, sensorial e motor, que ligam ao cérebro os órgãos dos sentidos e o sistema de tendões e músculos. Assim, o cérebro era reconhecido como o órgão central da sensação e do movimento, em seguida, de todos os processos psicofisiológicos, aí incluído o pensamento (embora Aristóteles atribuísse essas funções ao coração).

2) Reconheceu-se a diferença entre as artérias e as veias, assim como as relações entre cada sistema e os diferentes ventrículos do coração, ao qual era atribuída a função de "bomba" para a circulação do sangue no organismo.

3) Descobriu-se que a pulsação (o pulso) era importante para fazer um diagnóstico; fabricou-se os instrumentos para medir a temperatura do corpo (termômetros).

No entanto, é preciso dizer que, para tratar as doenças tradicionais, a medicina da época helenística não introduziu inovações essenciais em relação às velhas terapias hipocráticas. Profilaxia, higiene, dieta, regime, observação de sintomas para estabelecer um prognóstico permaneceram no centro das práticas terapêuticas e não foram em nada influenciados pelas novas descobertas anatômicas e fisiológicas. Foi assim que se estabeleceu uma ruptura entre o nível teórico do saber médico, revolucionado pelas notícias vindas de Alexandria, e o nível prático que permanecia na tradição hipocrática, mais ou menos não abalada.

Os saberes e as ciências na cidade grega 67

e) *As escolas de medicina*

A partir do século III esta fratura suscitou o nascimento de diferentes escolas ou correntes ("seitas"). Para seguir a orientação dada pelas descobertas de Herófilo e Erasístrato viu-se formar a corrente dos "dogmáticos" (ou racionalistas). Estes sustentavam que os sintomas visíveis (externos) se explicavam por causas invisíveis (internas), reveladas pela anatomia; assim, os cuidados deviam dizer respeito a estas causas e não mais aos sintomas. A anatomia e a fisiologia eram, portanto, partes integrantes da formação do médico, tornando-a muito mais longa, mais difícil e seguramente mais custosa.

Contra os dogmáticos racionalistas se opunha a corrente da medicina "empírica", fundada por Philino de Cós no século III. De acordo com esta corrente, a prática médica somente devia se apoiar na experiência, sem jamais dever recorrer à explicação pelas causas ou ao estudo anatômico. A experiência – a do médico e principalmente aquela contida nos textos da tradição hipocrática – bastava para saber que remédios convinham em resposta a este ou aquele conjunto de sintomas.

Enfim, entre os romanos, no século I a.C., uma terceira tendência se formou, aquela dos médicos "metódicos", fundada por Themison e dirigida no século seguinte por Thessalius. Esses médicos eram radicalmente hostis a qualquer tradição médica que, segundo eles, tinha confundido inutilmente os conhecimentos necessários para sua formação. Era possível preparar um bom médico em seis meses, o que devia permitir responder à demanda crescente das grandes metrópoles do Império. De fato, segundo eles, podia-se reduzir todas as doenças a dois estados do organismo: o estado de "constipação" (daí, por exemplo, as tosses secas, as anemias, a própria constipação intestinal), ou estado de "relaxamento" ou de "fluidez" (responsável pelas bronquites, diarreias, hemorragias).

f) *Galiano ou a transformação da medicina*

A existência de "seitas" rivais continuava um escândalo para Galiano, o maior médico e um dos eruditos mais importantes do século II d.C.

O projeto ao qual Galiano dedicou sua imensa produção científica era transformar os saberes da medicina num único sistema, homogêneo, coerente e unificado, baseado no modelo da geometria euclidiana. Sempre se devia poder remontar dos sintomas visíveis a suas causas, que se encontravam nas estruturas anatômicas e na composição material dos corpos; em seguida, podia-se deduzir do conhecimento das causas as indicações apropriadas para o diagnóstico, o prognóstico e a terapia das doenças. Os dois pilares sobre os quais se apoiava a estruturação do novo saber eram a razão (quer dizer, o conhecimento teórico dos corpos e das causas e a capacidade de deduzir delas uma demonstração certa) e a experiência (o conhecimento efetivo dos sintomas, da evolução das doenças e da eficácia dos remédios). Sem a experiência, a razão permaneceria apenas abstrata e vazia, incapaz de saber "o que fazer"; sem a razão, a experiência chegaria a uma prática incapaz de compreender o "porquê" de suas próprias operações. Galiano considerava que uma medicina unificada constituiria, ao mesmo tempo, uma ciência da natureza poderosa, capaz de superar as discussões estéreis entre as escolas filosóficas, e um saber terapêutico em condições de indicar de maneira indiscutível os meios de tratar e curar as doenças. Graças a este método, a medicina retomaria, finalmente, seu prestígio social e cultural e seu nível de saber exemplar, posição perdida depois da época gloriosa de Hipócrates.

O saber médico elaborado por Galiani estava organizado de acordo com um sistema de vários níveis. Segundo ele, os tecidos dos corpos são constituídos por quatro elementos da física aristotélica, afetados pelas "qualidades" correspondentes: água/líquido, terra/seco, fogo/calor, ar/frio. Esses elementos-qualidades e os "humores" que derivam deles (impassibilidade, bílis amarela e negra, sangue) dão lugar às misturas ("temperamentos"), de acordo com proporções variáveis. Existe um único temperamento ótimo, perfeitamente equilibrado, e oito tipos derivados, de acordo com a predominância de um elemento ou de um par de elementos, por exemplo, a bílis negra para a melancolia. Esta teoria obteve um grande sucesso, estendendo-se ao domínio psicológico. Para Galiano, seu conhecimento é indispensável para tomar medidas profiláticas (cada temperamento requer um regime dietético diferente, de acordo com as estações do ano), assim como para o diagnóstico e a terapia das doenças que procedem de cada um deles. De fato, as doenças derivam habitualmente de causas externas (o clima, a alimentação etc.), mas suas consequências variam de acordo com o temperamento próprio de cada doente.

Depois do nível da composição dos corpos e dos tecidos de acordo com os elementos e os humores, encontra-se o nível dos órgãos que deriva do saber anatômico e fisiológico ao qual Galiano dedicou várias obras maiores (*Procedimentos anatômicos*, *Sobre o uso das partes do corpo humano*, *Sobre os dogmas de Hipócrates e de Platão*). Nesse domínio, a finalidade natural aparece muito claramente (de acordo com os princípios do finalismo aristotélico e estoico), junto com a ordem providencial que rege a natureza, adaptando perfeitamente os órgãos às funções.

A psicofisiologia de Galiano apresenta também um interesse filosófico. Depois do *Timeu*[9], ele situa o lugar da alma racional no cérebro, da alma irascível no coração, da alma delirante no fígado. A relação entre o corpo e a alma corresponde à relação existente entre o órgão e a função: assim, a visão é a função do olho, a inteli-

---

9. Há uma publicação em português desta obra: PLATÃO. Timeu. In: NUNES, B. (org.). *Diálogos de Platão*. Belém: Edufpa [Tradução do grego de Carlos Alberto Nunes] [N.T.].

Os saberes e as ciências na cidade grega 69

gência e a moral são a função do cérebro, a emoção é a função do coração e o desejo é a função do fígado.

Mas, levando adiante o raciocínio, pode-se dizer, por exemplo, que a idiotia e a loucura são consequências de lesões ou deformações do cérebro, exatamente como a cegueira é uma consequência de doenças do olho. Portanto, se os desvios intelectuais e morais dependem de doenças orgânicas, seu tratamento não cabe mais ao educador, ao filósofo ou ao moralista, mas exclusivamente ao médico. Em *As faculdades da alma que seguem os temperamentos do corpo*, Galiano pretende que o médico poderá intervir tratando dos órgãos e, com eles, de suas funções; com este método, ele poderia melhorar a inteligência e o sentido moral do paciente.

No entanto, outras doenças, resultantes do desenvolvimento do embrião, são congênitas e, em consequência disso, não podem ser curadas. Nestes casos de diagnóstico funesto, o médico só pode condenar à morte o indivíduo anormal, não porque ele seria responsável por qualquer ação má, mas porque ele é perigoso para a sociedade (*As faculdades da alma*, cap. 11). Estes textos de Galiano desenvolvem uma argumentação rigorosa, mas que conduz a consequências inquietantes e dificilmente aceitáveis; aqui, a medicina antiga chega a reivindicar o direito de pronunciar diagnósticos que se transformam em sentenças sem apelação. Por outro lado, existe aí uma consequência última do controle exercido sobre o modo de vida previamente reivindicado pela medicina hipocrática. O projeto de Galiano de transformação da medicina é lançado para um extremo: dar à medicina a função de controlar a saúde moral e intelectual da sociedade; assim estabelecida em bases científicas, esta função devia tomar o lugar que a filosofia reivindicava tradicionalmente.

Galiano tinha total consciência, no final do século II da nossa era, de ter atingido uma posição terminal. Ele percebia os sinais de uma crise iminente da sociedade e da cultura, uma crise que seu pensamento refletia. Nisso, ele foi um bom profeta: o declínio da sociedade imperial vinha junto com o declínio das ciências e em particular da medicina, que não conheceu mais desenvolvimento significativo a partir do século III da nossa era.

As matemáticas e a astronomia

Galiano contava que o filósofo Aristipo (± 435-356 a.C.), tendo naufragado ao largo de Siracusa, ficou tranquilo ao ver na areia da praia o desenho de uma figura geométrica, um sinal de que ele tinha chegado a pessoas que conheciam esta ciência, portanto, aos gregos e não aos bárbaros. Quando pensamos no que os gregos nos transmitiram como herança, vemos imediatamente nas matemáticas – e particularmente na extraordinária construção da geometria contida nos *Elementos* de Euclides (360-295 a.C.), elaborados entre o final do século IV e no início do século III a.C. –

uma espécie de modelo da racionalidade produzida por esta cultura, assim como a codificação durável da concepção ocidental do espaço. Mas as matemáticas gregas não derivaram sempre de um "sistema" euclidiano, ou seja, de um conjunto organizado de axiomas e de deduções perfeitamente homogêneo e coerente. No decorrer dos séculos anteriores à grande sistematização produzida por Euclides, um saber muito diferente tinha se desenvolvido, fundando-se mais nos problemas do que nos teoremas. Ele era principalmente muito menos sistemático, no sentido de que os princípios utilizados tinham uma função limitada, "local" e não universal, tal como os princípios de Euclides. Os raros testemunhos relativos à geometria pré-euclidiana parecem remeter a procedimentos nos quais as proposições que exerciam a função de princípios para a solução de um dado problema podiam perder esta capacidade de resolver um outro problema. Parece que esta maneira de proceder "por problemas" constitui a característica dos *Elementos* de Hipócrates de Chios (século V a.C.).

As premissas decisivas quanto à elaboração por Euclides dos axiomas da geometria não avançaram senão no curso do século IV a.C.; elas decorriam da reflexão conduzida na Academia de Platão e mais tarde da epistemologia de Aristóteles, quer ela fosse estritamente matemática ou de ordem metodológica.

Do ponto de vista epistemológico, o elemento mais importante da reflexão aristotélica consistia em se interrogar sobre a diferença entre a forma dedutiva necessária ao método matemático e o caráter mais intuitivo das premissas, que são os princípios que fornecem as bases das deduções. Este sistema axiomático-dedutivo está fundado na identificação de alguns axiomas fundamentais, a partir dos quais se é levado a deduzir necessariamente uma série de consequências complexas e ligadas umas às outras. O esquema dos *Elementos* de Euclides reproduz a estrutura teorizada por Aristóteles, principalmente nas *Segundas analíticas*.

A Academia de Platão, por sua vez, fornece à axiomatização matemática um conteúdo, mas também uma contribuição formal – a metodologia. Devemos a Eudoxo de Cnido (± 390-338 a.C.) a formulação do primeiro modelo de astronomia matemática e várias contribuições fundamentais para a geometria. Sua teoria das proporções demonstrava que o domínio das relações entre grandezas é mais vasto do que aquele entre números; ela oferecia, entre outras, uma solução satisfatória à questão da relação entre o lado e a diagonal de um quadrado, que parecia, porém, irracional em termos numéricos (visto que não se pode exprimir esta relação com o auxílio de números inteiros). Era assim que Eudoxo subordinava a aritmética à geometria e construía para esta última uma forte estrutura axiomática.

Foi, no entanto, Euclides que, com seus *Elementos*, transformou definitivamente o saber geométrico numa cadeia de deduções rigorosas, na qual uma sequência homogênea de teoremas podia se desenvolver a partir de um conjunto dado de definições e de axiomas, considerados *a priori* como indemonstráveis. A partir de Euclides, a geometria se apresenta como um saber cumulativo, capaz de integrar os adendos sem que fossem colocadas em questão a coerência e a estruturação globais da disciplina; no século III a.C., por exemplo, a teoria das curvas cônicas de Apolônio de Perga (262-190 a.C.) e as descobertas de Arquimedes em geometria, em estática e em mecânica, ampliaram o edifício construído por Euclides, sem danificar, contudo, seus fundamentos.

A astronomia matemática

A astronomia merece um lugar à parte numa exposição sobre a história das matemáticas gregas, principalmente porque as reflexões manifestadas na Academia desempenharam um papel decisivo na sistematização da disciplina. Platão tinha estabelecido o quadro das normas gerais no interior do qual uma astronomia com vocação científica devia se desenvolver. Tratava-se de princípios ligados à visão de conjunto que o filósofo tinha elaborado, apoiando-se particularmente nas reflexões conduzidas pelos meios pitagóricos. Mas o ponto mais importante é que Platão parece ter estabelecido as bases do que se chama "o universo de duas esferas", ou seja, a imagem do cosmos que dominará ininterruptamente durante quase dois milênios – até a publicação em 1543 de *As revoluções das órbitas celestes* de Copérnico[10] (1473-1543).

O modelo cosmológico antigo propunha duas esferas fundamentais: uma, no centro do universo, era constituída pela Terra imóvel – na época antiga, somente Aristarco de Samos (310-230 a.C.), no século III a.C., propôs um modelo que colocava o Sol na posição central; a outra, situada nos confins do cosmos, era constituída pela esfera das estrelas fixas. A estrutura e o movimento – quer eles fossem globais ou limitados a cada um dos astros – do universo não podiam ser pensados senão de acordo com este esquema de conjunto, que permaneceu sendo o quadro cosmológico de referência de todo pensamento antigo (embora se conhecesse vários modelos cinemáticos).

Admitido já que os astros são substâncias eternas e imutáveis, seus movimentos só podem ser circulares (sendo o círculo a figura perfeita), regulares e uniformes, em outras palavras, racionais. Porém, a observação revela uma série de comportamentos desviantes dos astros e dos planetas que não respeitam os princípios filosóficos. Pode-se dizer que toda a astronomia antiga, atravessada por diferentes modelos de explicação, é marcada por esforços que tinham em vista ligar a irregularidade aparente dos movimentos planetários à combinação de uma série de movimentos em

---

10. Há uma publicação em português desta obra: COPÉRNICO, N. *As revoluções dos orbes celestes.* 2. ed. Lisboa: Calouste Gulbenkian, 1996 [N.T.].

que cada um deles apresenta as características da circularidade, da regularidade e da uniformidade estabelecidas por Platão. A orientação geral da astronomia matemática antiga é dada por um testemunho do neoplatonismo, Simplicius (século IV da nossa era), que afirmava que a intenção de Platão era de "salvar os fenômenos", nesse caso, buscando os movimentos uniformes e ordenados que fossem capazes de explicar as anomalias aparentes dos movimentos dos astros.

Mas quais eram estas anomalias? Tratava-se, por exemplo, do movimento anual do Sol no círculo eclíptico (o círculo maior que o Sol percorre num ano); ora, esse movimento não é uniforme, porém, mais rápido ou mais lento de acordo com a passagem percorrida. Tratava-se também das retrogradações que afetam a revolução de todos os planetas em torno da Terra (elas interrompem seu movimento para o leste para dar marcha a ré para o oeste, depois elas se dirigem novamente para o leste).

Eudoxo propôs um modelo matemático complexo que tinha em vista integrar cada um desses movimentos irregulares na estrutura de vários movimentos, que eram eles próprios circulares, regulares e ordenados. Ele levantou a hipótese de que cada planeta era movido por uma série de esferas (mais ou menos numerosas de acordo com a complexidade do movimento aparente), tendo o mesmo centro que a Terra (daí seu nome "sistema de esferas homocêntricas"). Este filósofo imaginava que o planeta se encontrava na esfera mais interna de um dado sistema, e que seu movimento era determinado pelo agenciamento dos movimentos de conjunto dessas esferas concêntricas; além disso, cada uma delas apresentava uma inclinação diferente, o que permitia explicar que o movimento do planeta assumia também diferentes inclinações; em consequência, seu movimento aparente era dado pela resultante dos movimentos (circulares e regulares) das esferas ligadas à esfera à qual este planeta pertence. O modelo de Eudoxo se definia somente como hipótese matemática. Aristóteles retomou este modelo, dando, no entanto, uma coerência física às esferas, afirmando que elas são constituídas por éter (a "quinta essência", uma matéria invisível e incorruptível).

O sistema eudoxiano das esferas homocêntricas foi substituído (ou melhor, acompanhado) por outros modelos que tiveram mais êxito em explicar certas anomalias dos movimentos planetários. Foi provavelmente por Apolônio de Perga e Hiparco de Niceia (190-126 a.C.) que se impôs um outro modelo astronômico, fundado em excêntricos e epiciclos. O modelo excêntrico imaginava que um planeta (por exemplo, o Sol, considerado como um planeta pela astronomia antiga) se deslocava de acordo com um círculo e de maneira uniforme em torno de um centro que não era a Terra, mas um ponto excêntrico, situado na proximidade dele; assim, era possível explicar como este planeta podia se encontrar mais próximo ou mais distante da Terra, girando numa órbita perfeitamente circular.

Os saberes e as ciências na cidade grega 73

O modelo dos epiciclos trazia a hipótese de que um planeta se deslocava (de acordo com um movimento circular e uniforme) num círculo de pequena dimensão, chamado epiciclo, cujo centro se deslocava (sempre de acordo com um movimento circular e uniforme) num círculo mais vasto (o círculo deferente), tendo como centro a Terra ou um ponto excêntrico em relação a ela. Não somente esse sistema permitia explicar o movimento retrógrado dos planetas, tornando-o facilmente compreensível, mas também representar de maneira visível a distância maior ou menor que separava um planeta de um observador terrestre.

Todas as explicações foram reunidas e se tornaram objeto de uma sistematização definitiva no século II da nossa era, na obra grandiosa de Ptolomeu (± 90-168), a *Composição matemática* (*Syntaxis mathematikê*). Este escrito era conhecido com o título árabe de *Almagesta*; junto com os *Elementos* de Euclides, ele constituirá durante muito tempo a herança mais importante do pensamento matemático grego, extraordinário pela amplitude de suas observações e de suas medidas e por sua capacidade de estabelecê-las de acordo com modelos geométricos rigorosos. Mas se poderia dizer também que foi o sucesso mesmo da obra de Ptolomeu que iria constituir uma espécie de obstáculo epistemológico, pois, pelo menos até Copérnico, ele provocou o abandono e o esquecimento da hipótese heliocêntrica formulada por Aristarco.

5

O ATOMISMO ANTIGO

Pierre-Marie Morel *

O atomismo antigo lança seu voo na Grécia do século V antes da nossa era. Seus principais representantes são, sucessivamente, Demócrito (± 460-360 a.C.) e Epicuro (341-270 a.C.). Um e outro sustentam que os componentes últimos da matéria são corpúsculos indivisíveis, em movimento num vazio infinito. Todos os corpos compostos são constituídos destas entidades "átomos", quer dizer, "indivisíveis", de acordo com o significado do adjetivo grego *atomos*. Tomado literalmente, o atomismo é, portanto, em primeiro lugar, uma doutrina física. No entanto, seus defensores desenvolvem também teses relativas à teoria do conhecimento e à ética. A teoria dos átomos e do vazio é, por conseguinte, o núcleo de um pensamento que tem como vocação dar conta de todos os aspectos do real e da existência humana.

Demócrito de Abdera encarnou o primeiro atomismo, a quem é preciso associar também Leucipo (± 490/460-420 a.C.), que foi provavelmente seu mestre, mas cuja contribuição doutrinária é difícil de circunscrever. Conhecemos a filosofia dos primeiros atomistas a partir de testemunhos antigos, dentre os quais alguns resgatam alguns fragmentos que, na maioria das vezes, dizem respeito à moral. Os princípios da filosofia natural epicurista decorrem diretamente do atomismo abderiano. Sob a inspiração de Epicuro, fundador de uma das mais importantes escolas do período helenístico – o Jardim –, o atomismo, tal como o tinha definido Demócrito, gozou de uma sorte tanto mais inesperada, que Platão (428-348 a.C.) não cita Demócrito em lugar nenhum e Aristóteles (384-322 a.C.) formula contra ele críticas radicais. Epicuro dirige, por sua vez, fortes objeções contra o Abderiano, mas conserva o essencial da sua teoria dos átomos. Autor de um vasto tratado intitulado *Sobre a natureza* (*Peri physeos*), do qual somente nos restou alguns fragmentos, Epicuro resumiu

---

* Professor de Filosofia. Escola Normal Superior – LSH, Lyon.

O atomismo antigo   75

o essencial de sua filosofia em cartas e sentenças[1], que nos foram conservadas. Depois dele, a doutrina não sofrerá uma evolução maior. Ela será, no entanto, enriquecida, principalmente com o epicurismo romano, do qual Lucrécio (século I a.C.), autor do longo poema *Sobre a natureza das coisas* (*De rerum natura*), é a principal figura. Diógenes de Oenoanda (século II a.C.), autor de uma imponente inscrição mural situada no sul da atual Turquia, é o último representante conhecido do atomismo antigo.

Para Demócrito e Leucipo, o átomo não é um ponto matemático, mas um poliedro. Em princípio, sendo fisicamente indivisível, ele é sem partes separáveis. Os epicuristas, por sua vez, afirmam a existência de partes últimas do átomo – as *minimae partes* lucrecianas –, que equivalem às suas unidades de medida. Elas são, no entanto, inseparáveis do átomo e, por causa disso, incapazes de produzir por si mesmas os movimentos e as agregações[2].

Contra o monismo de Parmênides (530-460 a.C.) e dos eleatas em geral, Demócrito quer dar conta do movimento, o que o leva a colocar a existência do vazio (*kenon*), intervalo ilimitado necessário ao movimento dos átomos. Assim, o ser dos átomos ou o "algo" (*den*) se opõe ao vazio entendido como não ser ou "não algo" (*meden*). Por conseguinte, contra Parmênides também, é preciso admitir que o não ser não é absolutamente nada, pois ele *é* menos que o ser[3]. Os epicuristas sustentam a dualidade átomos-vazio, mesmo quando concebem o vazio como um meio espacial mais do que como um simples intervalo vago entre os corpos.

A partir desse par de princípios, os átomos e o vazio, os atomistas tinham em vista uma combinação ilimitada, capaz de dar conta de todas as modificações dos corpos compostos. Seus princípios são muito simples: os átomos são ilimitados em número e se movem incessantemente e em todos os sentidos no vazio; eles possuem um número ilimitado de formas; eles constituem os corpos compostos por simples agregação e as diferenças das formas atômicas determinam as propriedades dos compostos; os mundos são em número ilimitado e nascem ou morrem sob o efeito unicamente dos movimentos atômicos. No plano cosmogônico e cosmológico, os atomistas pleiteiam, portanto, uma imanência radical: nenhuma inteligência organizadora, nenhuma providência é convocada para justificar a existência dos mundos. Demócrito julga que um único princípio está na origem de todas as coisas: a

---

1. O livro X das *Vidas e doutrinas dos filósofos* de Diógenes Laércio reproduz a *Carta a Heródoto*, sobre a física, a *Carta a Pitócles*, sobre os meteoros, a *Carta a Meneceu*, sobre a ética, e quarenta máximas morais, as *Máximas capitais*, às quais é preciso acrescentar as *Sentenças vaticanas*.

2. ÉPICURE. *Lettre à Hérodote*, p. 59. • Lucrèce. *De la nature des choses*, I, p. 599-634.

3. Cf., p. ex., ARISTOTE. *Métaphysique*, A, 4, 985b5-9 (DK 67A 6). • PLUTARQUE. *Contre Colotès*, 1108F (DK 68B156].

Necessidade (*anankê*)[4]. A fecundidade explicativa desta teoria se traduz por uma multiplicidade de pesquisas especializadas nos diferentes domínios da filosofia natural. Epicuro, ao afirmar a necessidade de conhecer os princípios da física, coloca em questão a utilidade das ciências positivas particulares, considerando que elas não são necessárias à ausência de perturbação (*ataraxia*), o único estado da alma que leva à felicidade[5].

Epicuro e Lucrécio, ainda que retomem o essencial da teoria abderiana dos átomos e do vazio, corrigem-na em dois pontos importantes. Por um lado, as formas e as grandezas de átomos não são em número absolutamente ilimitado[6]; por outro lado, o movimento atômico deve ser explicado mais precisamente. Para Epicuro, o peso próprio do átomo é a causa de seu movimento para baixo, os choques apenas modificam a trajetória[7]. Além disso, os epicuristas pretendem justificar ao mesmo tempo a potência organizadora da natureza e a liberdade de agir. Para fazer isso, eles introduzem um princípio de variação e de indeterminação no movimento atômico, princípio que tem como efeito suscitar choques de átomos e, por intermédio disso, as agregações, mas também subtrair os movimentos deliberados à hegemonia da Necessidade, quer dizer, ao determinismo. Assim, Lucrécio – como talvez Epicuro antes dele – supõe que a queda dos átomos é acompanhada de um desvio (*clinamen*) ínfimo. Este explica, por um lado, a gênese espontânea das combinações corporais e, por outro lado, a possibilidade do ato livre[8].

Além disso, os epicuristas modificam essencialmente a maneira de conceber a relação entre os átomos e os compostos. Estes últimos não são mais, como em Demócrito, substratos precários de qualidades sensíveis ilusórias, mas existentes de pleno direito. Demócrito afirma, de fato, que somente existem realmente, ou como verdade, os átomos e o vazio, tudo mais – e principalmente as propriedades perceptíveis dos compostos – é apenas o produto das nossas crenças ou das nossas convenções[9]. Assim, os epicuristas classificam os átomos e os compostos unicamente na categoria do "corpo": "Entre os corpos, uns são os compostos, outros aquilo de que os compostos são feitos"[10]. A diferença entre átomos e compostos não é mais uma distinção

---

4. Cf. DIOGÈNE LAËRCE, IX, 45 (DK 68A1]. • LEUCIPE, DK 67B 2.

5. *Lettre à Hérodote*, p. 78-81.

6. Ibid., p. 42-43. • *De la nature des choses*, II, p. 496-499.

7. *Lettre à Hérodote*, p. 61. • *De la nature des choses*, II, p. 84-85.

8. *De la nature des choses*, II, p. 184-293.

9. Cf., p. ex., SEXTUS EMPIRICUS. *Contre lês savants*, VII, 135 (DK 68B9).

10. *Lettre à Hérodote*, p. 40-41; comparar com *De la nature des choses*, I, p. 493-484.

O atomismo antigo 77

ontológica, mas uma diferença funcional no interior de uma mesma categoria física. Lucrécio insiste, por outro lado, na função imediatamente produtora do átomo: os átomos não são somente a "matéria" (*materies; materia*) de que as coisas são feitas; eles são também os "princípios primeiros das coisas" (*primordia rerum*), os "corpos primeiros" (*corpora prima*), as "sementes das coisas" (*semina rerum*), ou os "princípios geradores" (*genitalia rerum*). Nesse sentido, para o atomista epicurista, a categoria fundamental da filosofia natural não é mais o átomo, e sim o corpo.

As divergências entre o atomismo abderiano e o atomismo epicurista são mais fortes ainda no plano da teoria do conhecimento. Demócrito, sustentando que as qualidades sensíveis não têm outra existência senão convencional, e que somente os átomos e o vazio existem realmente, é levado a adotar em relação ao testemunho dos sentidos uma atitude paradoxal. Enquanto este último é necessário às atividades humanas em geral, mas também, no domínio filosófico e científico, ao conhecimento dos fenômenos naturais, unicamente a razão tem acesso aos princípios – os átomos e o vazio – que, de fato, são imperceptíveis. Ao juízo racional e "legítimo" que os compreende, opõe-se o juízo "ilegítimo" do pseudoconhecimento sensível[11]. Alguns fragmentos do abderiano extraem desse paradoxo uma consequência extrema, uma forma de pré-ceticismo que não poupa nem os sentidos nem a razão; foi por isso que esta frase ficou famosa: "Não sabemos nada realmente, pois a verdade está no fundo do poço"[12].

A teoria epicurista do conhecimento se funda num "cânone", um conjunto de regras ou doutrina dos critérios de verdade[13], que rompe claramente com o racionalismo crítico de Demócrito. Para Epicuro, a sensação, longe de ser fonte de erro ou de ilusão, é nosso primeiro critério de conhecimento e o primeiro critério de verdade, porque os outros conhecimentos derivam dela. Toda sensação é por si mesma portadora de uma verdade irredutível, sendo ela a única que pode expressá-la. Assim, Lucrécio defende a infalibilidade dos sentidos, mostrando que nenhuma sensação particular, como a visão ou o olfato, pode ser refutada por uma outra sensação particular: a visão não pode ser corrigida pela audição, a audição pelo tato, o tato pelo gosto, pois cada sentido tem um poder particular e separado[14]. Quanto à razão, ela é extraída da sensação e não pode, portanto, refutá-la, pois ela se destruiria ao pretender refutar sua própria origem[15]. É preciso admitir que o erro provém de um outro

---

11. Cf. p. ex., SEXTUS EMPIRICUS. *Contre les savants*, VII, p. 138-139 (DK 68B11).

12. Apud DIOGÈNE LAËRCE, IX, 72 (DK 68B117).

13. Cf. DIOGÈNE LAËRCE, X, p. 31-34. • SEXTUS EMPIRICUS. *Contre les savants*, VII, p. 203-216.

14. *De la nature des choses*, p. IV, 486-490.

15. Ibid., IV, p. 483-485. Cf. tb. DIOGÈNE LAËRCE, X, p. 32.

movimento psíquico, distinto da sensação. Se vejo como redonda, ao longe, uma torre quadrada, não é a própria sensação que me engana, mas a opinião que formo na ocasião da sensação[16]. É preciso que nós, para compreendermos isto, retornemos à física. Cada corpo composto emite finas películas, simulacros, que reproduzem a forma e a tornam perceptível. Porém, pode ser que os simulacros da torre quadrada que eu vejo ao longe me tragam a imagem de uma torre redonda por causa da erosão que seu fluxo sofre atravessando o ar numa longa distância. Não obstante, a imagem finalmente recebida é uma imagem real: ela é a presença efetiva daquilo que emana do objeto visado. A sensação em si mesma não é, portanto, falsa, pois é verdade, quando percebo a torre redonda, que a percebo redonda, ainda que ela seja em si mesma de forma cúbica. O erro provém, portanto, daquilo que é "acrescentado pela opinião" (*prosdoxazomenon*) e que não foi, por conseguinte, objeto de uma verificação[17].

Os outros critérios estão diretamente ligados à sensação. Diógenes Laércio (X, 31) acrescenta que, de acordo com o *Cânone* de Epicuro, os critérios da verdade são as sensações e as afecções (*pathos*). Estas revelam o prazer e a dor (X, 34), como uma espécie de sentido interno.

As afecções não são somente os indicadores das nossas disposições internas – indicadores pelos quais sentimos que sofremos ou que experimentamos prazer –, mas também critérios de ação, quer dizer, signos evidentes daquilo de que se deve fugir ou perseguir. Elas desempenham, portanto, um papel central na ética epicurista. De fato, a palavra-chave de Epicuro é que "o prazer é o princípio e o fim da vida feliz". Os homens procuram naturalmente a vida feliz, que tem por finalidade "a saúde do corpo e a ausência de perturbação (*ataraxia*) na alma"[18].

A ausência de perturbação não é outra coisa senão o outro lado do próprio prazer. Este é, portanto, o fim da vida feliz, nosso bem primeiro e "conatural" (*sungenikon* ou *symphuton*)[19]. Somente se aprecia, no entanto, os verdadeiros prazeres quando se sabe julgar com prudência (*phronesis*) que prazeres e que desprazeres podem resultar desta ou daquela ação[20]. A felicidade epicurista é, portanto, uma questão de disciplina, de cálculo e de razão. Ela não se encontra no puro impulso afetivo ou na satisfação imediata de qualquer desejo. Somente participam diretamente da felicidade os desejos naturais e necessários, como a filosofia e a amizade, em oposição aos desejos vãos, como o desejo de fazer crescer suas próprias riquezas. Não é surpreendente,

---

16. *De la nature des choses*, IV, p. 353-363. Cf. SEXTUS EMPIRICUS. *Contre les savants*, VII, p. 208-209.

17. *Lettre à Hérodote*, p. 50.

18. *Lettre à Ménécée*, p. 128.

19. Ibid., p. 129.

20. Ibid., p. 129-130.

O atomismo antigo

portanto, que a ética epicurista seja uma ética erudita, instruída particularmente pelas lições da filosofia natural. Eis aí um ponto que os fragmentos éticos de Demócrito, que dão relevância à alegria que busca a tranquilidade ou o equilíbrio da alma (*euthumiê*), apenas fazem sugerir. Para Epicuro, a filosofia natural demarca os limites do que nos pertence, ensinando que o que está para além não deve ser temido. O caso da morte mostra isso muito bem: a alma é corpórea, composta de átomos, de maneira que suas funções dependem da proporção desses átomos no agregado que ela forma com o corpo. Ela não sobrevive, portanto, à morte do corpo e não experimentamos mais qualquer sensação, uma vez ultrapassado este limite. Sabendo que a morte é um cessar da sensação e que nenhum "eu" subsiste quando não se pode mais sentir, sabemos, por antecipação, que não seremos contemporâneos da nossa própria morte. Esta não é, portanto, "nada para nós", não vivenciamos dela qualquer dor; logo, ela não deve mais ser temida[21]. Assim, conhecendo a natureza – mortal – da alma e sabendo, por outro lado, que os deuses não se preocupam absolutamente com os assuntos do mundo, libertamo-nos da perturbação que engendra o medo da morte e dos castigos infernais.

21. Ibid., p. 124-127.

6

O ESTOICISMO

Brad Inwood *

O movimento intelectual que se conhece com o nome de estoicismo nasceu no final do século IV a.C. em Atenas[1]. Em seu começo, ele se restringiu à atividade filosófica do fundador da escola, ou seja, Zenão (± 334-262 a.C.), originário de Citium, na ilha de Chipre. Seduzido pela leitura das "obras socráticas", ele foi para Atenas a fim de aprofundar seus conhecimentos. Ele sentiu um verdadeiro choque com a leitura pública de algumas partes do livro II das *Memoráveis* de Xenofonte (430-355 a.C.) e perguntou onde poderia encontrar homens como o Sócrates (469-399 a.C.) que se acabava de descrever. Crates de Tebas (368/365-288/255 a.C.), filósofo cínico renomado, foi-lhe designado. Levado por seu entusiasmo socrático, Zenão se devotou aos ideais da filosofia cínica: ele tomou a decisão de viver "em conformidade com a natureza" e de repensar as convenções da sociedade civil a partir de seus fundamentos[2]. Somente muito mais tarde, depois de pesquisas aprofundadas em vários domínios da filosofia, foi que Zenão fundou uma escola que se comprometia na via de uma ciência universal. Esta ciência compreendia a física, aí incluídas a cosmologia e a teologia, a análise dos modos formais de raciocínio e da epistemologia, assim como uma determinada abordagem da ética e da política, onde se sustenta valores civis ao mesmo tempo em que se repensava seus fundamentos. Esta escola exerceu influência durante pelo menos meio milênio, e obtève sucesso na transição do ambiente cultural grego para o romano, atraindo para si as simpatias de pensadores saídos de meios sociais extremamente variados, desde o intelectual de carreira até o amador culto,

---

* Professor de Filosofia e Estudos Clássicos. Universidade de Toronto.

1. Cf. caps. 1 (D. Sedley) e 2 (C. Gill) da obra *The Cambridge Companion to the Stoics* (Cambridge: Cambridge University Press, 2003), para mais precisão no que diz respeito à história desta escola.

2. DIOGÈNE LAËRCE, VII, p. 2-3.

O estoicismo   81

desde o antigo trabalhador e o escravo até os membros da elite romana em seu
nível hierárquico mais elevado.

Porém, em seu começo, a escola era pequena. Na realidade, os primeiros discípulos
de Zenão foram chamados mais de "zenonistas" do que de "estoicos"[3], enquanto que os
discípulos de Epicuro (341-270 a.C.) foram desde o início chamados de "epicuristas";
mas o movimento fundado por Zenão sobreviveu ao seu fundador e adquiriu uma identidade independente. Os filósofos que escolheram seguir Zenão em vida formavam um
conjunto heteróclito. Alguns eram, por exemplo, encarregados da tarefa frequentemente
ingrata de conselheiros políticos (Perseu de Citium, por exemplo, mantinha ligações es-
treitas com a corte de Antígona da Macedônia e Spherus de Borysthena frequentava a
corte de Ptolomeu em Alexandria, sendo o conselheiro de Cleômene de Esparta; esses
dois filósofos apresentaram no conjunto uma concepção pró-espartana da organização
política). Outros discípulos de Zenão foram menos fiéis aos princípios filosóficos de seu
mestre, como Dioniso de Heracleia (± 397-343 a.C.) que, depois de ter estudado junto
com muitos mestres antes de Zenão, acabou por abandonar suas doutrinas em favor do
hedonismo, recusando particularmente a ideia segundo a qual a dor é um indiferente[4].

Os mais célebres discípulos de Zenão foram incontestavelmente Cleante de Assos
(331/330-225/220 a.C.) e Ariston de Quios (± 300-? a.C.), dois rivais cujas interpretações da herança zenoniana diferiam sensivelmente. Como Herillus de Cartago, Ariston
pensava que o coração das doutrinas da escola era a ética num sentido muito preciso,
quer dizer, uma ética socrática de inspiração cínica. Cleanto, ao contrário, afirmava
que a escola devia considerar a física, a teologia, mas também a epistemologia e a lógica
como objetos de estudo da mesma importância da ética. Ele se esforçou para encontrar
uma combinação satisfatória entre estes domínios de estudos que iria caracterizar a
escola. Não é, portanto, de admirar que Ariston se tenha distanciado da escola estoica
para libertar seu próprio ensino. Seus discípulos eram chamados de "aristonianos", mas
eles não foram muitos, e a influência da escola de Ariston não durou[5].

Cleanto permaneceu à cabeça da escola quando da morte de Zenão em 262/261
a.C., durante trinta e dois anos até sua própria morte em 230/229 a.C.[6] Seu discípulo Crisipo de Soles (281/278-208/205 a.C.) assumiu as teses de Cleanto (± 331-232
a.C.) a propósito da tradição estoica e as desenvolveu. Depois de um período em
que ele ministrou seu ensino de maneira autônoma[7], Crisipo reacendeu a chama da

---

3. Ibid., VII, p. 5.

4. Ibid., VII, p. 37.

5. Ibid., VII, p. 61.

6. Ibid., VII, p. 176.

7. Ibid., VII, p. 179.

escola. Ele se preocupava em permanecer fora da política, diferentemente dos primeiros estoicos; ele era, por outro lado, vigorosamente contrário à interpretação aristoniana do estoicismo. Sua atividade filosófica consistiu em enriquecer e consolidar a ideia que Cleanto tinha sobre a doutrina da escola, para sustentá-la contra seus adversários, tanto de dentro quanto de fora da instituição. Ele é conhecido por ter defendido com entusiasmo a concepção zenonista da epistemologia estoica (que mistura uma crença na possibilidade de um saber inabalável com posições materialistas e empiristas) contra a Academia cética (cf. infra). Sua importância na história da escola se resume muito bem ao que disse dela um anônimo: "Se Crisipo não existisse, o Pórtico não existiria"[8]; são também seus discípulos Zenão de Tarso (século II a.C.) e Diógenes da Babilônia (± 230-150/140 a.C.), que assumiram a chefia da escola, depois do discípulo de Diógenes, Antipater de Tarso (397-319 a.C.)[9]. A versão do estoicismo de Crisipo, ela mesma no fio direto da versão de Cleanto, estava certa de se tornar canônica e foram suas teses que dominaram a escola durante gerações.

Mas este embargo sobre a "ortodoxia" (conceito sempre delicado quando se aplica a um movimento filosófico em pleno desenvolvimento) não durou eternamente. Com Panetius (185-110/109 a.C.) e Posidonius (± 135-51 a.C.), o espírito da doutrina da escola se ampliou. Estes dois scolarques[10] estavam prestes a colocar em questão alguns aspectos da ortodoxia nos domínios da ética e da física e a abrir a escola não somente aos argumentos e às teorias de seus rivais contemporâneos, mas também à influência dos gigantes da filosofia do século IV a.C., Platão (428-348 a.C.) e Aristóteles (384-322 a.C.). Muito diferente, sem dúvida, era a abordagem de Antipater de Tarso, que afirmava que Platão subscrevia uma posição estoica, por menos que ela fosse interpretada "corretamente"[11]. A doutrina estoica tomou mais amplitude com o desaparecimento das grandes escolas em Atenas, na sequência das desordens políticas e militares da guerra de Mithridates (134-63 a.C.), que terminou com a pilhagem da cidade pelo general romano Sila (± 138-78 a.C.) em 86 a.C. – acontecimento de importância maior na história da escola, embora a partir da metade do século II a.C. ela já tivesse começado a se estender geograficamente, particularmente em Rhodes.

---

8. Ibid., VII, p. 183.

9. Cf. *Der Neue Pauly, s.v.* "Chrysippus", para mais detalhes.

10. Scolarch: termo usado para designar a figura de um diretor ou um reitor de uma escola de filosofia na Grécia Antiga [N.T.].

11. *Stoicorum veterum fragmenta* (daqui por diante *SVF*), textos organizados por VON ARNIM, J. Stuttgart: Teubner, 1978. ANTIPATER, p. 56.

O estoicismo 83

Esta emancipação em relação à tradição levou os estoicos a se inclinarem mais sobre os aspectos cínicos da doutrina do primeiro período. Nos séculos I e II a.C., Musonius Rufus (± 20/30-101), Sêneca (4 a.C.-65 d.C.), Epiteto (55-135) e Dion Crisóstomo (± 40-120) seguiram, pelo menos durante um certo tempo, um curso mais restrito, no qual a ética ocupava o primeiro plano. Eles veem como questão a ideia diretriz de Crisipo, segundo a qual as três partes da filosofia são essenciais na vida filosófica e estão intimamente ligadas umas às outras. É bastante natural que o imperador romano Marco Aurélio (121-180), cujo diário intelectual não é obra de um filósofo profissional, esteja mais preocupado com a ética, e que ele tenha dado prova de uma grande abertura de espírito quanto à maneira como ela se enraizava na física. A influência do estoicismo na cultura – entendida no sentido amplo – dos séculos I e II foi profunda e extensa, ainda que pareça ter imperceptivelmente declinado em seguida, exceto nos círculos filosóficos, particularmente nos platônicos. O médico-filósofo Galiano (218-268) se opôs à escola estoica para defender o platonismo.

Durante o primeiro período do Império, alguns mestres estoicos continuaram com sua atividade, apesar do desaparecimento institucional da escola ateniense; muitos tratados estoicos bastante escolares foram escritos durante esse período. Cornatus, no século I da nossa era, escreveu um tratado de teologia, Hierócles deixou um longo tratado, *Elementos de ética*, e Cleomede abordou a astronomia numa perspectiva estoica. A obra do peripatético Alexandre de Aphrodise (± 150-215) nos ensina que o estoico Philopator continuou suas pesquisas sobre a causalidade física e sobre o determinismo, questões que estavam no centro dos trabalhos de Crisipo. A criação de uma cadeira de filosofia estoica em Roma pelo imperador Adriano (76-138) – ao lado de cadeiras que contemplavam o platonismo, o aristotelismo e o epicurismo – marcou certamente o reconhecimento da importância de uma filosofia institucionalizada pela educação e pela vida social da elite romana, mas não permitiu que estancasse o lento e longo declínio da escola.

Filosofia

Ainda que as doutrinas da escola tenham evoluído consideravelmente durante os quinhentos anos de sua existência, a versão mais acabada e mais influente do estoicismo permanece seguramente aquela de Crisipo e dos seus discípulos. É cômodo, tanto para nós quanto para os próprios estoicos, apresentar a filosofia do Pórtico distinguindo três "partes": a lógica, a física e a ética. Esta divisão que remonta ao platônico Xenócrates (± 396-314 a.C.) está longe de ser rígida. Para Zenão, trata-se na realidade de uma divisão do discurso sobre a filosofia mais do que de uma divisão da própria filosofia[12]; outros filósofos (como Sêneca na *Carta 89*) afirmam com insistência que a filosofia em seu conjunto é una, e que a divisão em partes é certamente útil, mas totalmente artificial. Podem existir divergências entre os estoicos quanto à ordem de apreensão destas partes. De acordo com eles, esta ordem é em certa medida o efeito de uma convenção; testemunha disso é a necessidade de entrecruzar os temas próprios a cada uma das partes no ensino[13]. Sabe-se que os estoicos empregavam muitas analogias para descrever a relação das partes da filosofia entre si e em relação com o todo, e a maioria delas implica uma concepção holista e orgânica da filosofia. A única imagem que tende a fazer de uma parte da filosofia um elemento autônomo é aquela que compara a lógica com um tapume que cerca um campo cultivado, no qual a ética designa os frutos que aí crescem, a física as árvores que os carrega ou a terra que produz a colheita. A partir desta imagem, a física aparece em relação íntima e direta com a ética da qual ela recolhe os benefícios (a física é então a árvore que carrega as olivas, ou, antes, a terra onde cresce o trigo), enquanto que a lógica é o instrumento de proteção que parece separado desses benefícios. Não se pode certamente conceber que existam olivas sem oliveiras, nem trigo sem terra adequada e cultivada para esse efeito. Mas a colheita pode ser protegida de muitas maneiras (muros de pedra, arame farpado, cães de guarda ou jardineiros, cercamento numa ilhota), o que implica uma determinada contingência quanto ao papel da lógica no seio da filosofia. Mas, em outras analogias, a lógica em seu papel de proteção é muito mais solidária com aquilo que ela defende: ela é a casca do ovo, ou, antes, os ossos e os tendões do corpo animal[14].

Física

A física estoica é profundamente influenciada pelo *Timeu*[15] de Platão e pela cosmologia de Aristóteles. O *cosmos* é uno, é um todo finito, composto pelos quatro elementos fundamentais da matéria (a terra, o ar, o fogo e a água) e seus compostos. (Os estoicos consideram que existem dois princípios nos elementos: um princípio ativo divino e um princípio inerte, sem qualidade e passivo; mas estes dois fatores ou princípios não são jamais separados um do outro nos corpos.) A exemplo de Platão, os estoicos pensam que o *cosmos* é um ser vivo. No entanto, sua alma não é incorpó-

---

12. DIOGÈNE LAËRCE, VII, p. 39.

13. Ibid., VII, p. 40.

14. Ibid., p. 39-40.

15. Há uma publicação em português desta obra: PLATÃO. Timeu. In: NUNES, B. (org.). *Diálogos de Platão*. Belém: Edufpa [Tradução do grego de Carlos Alberto Nunes] [N.T.].

rea: ela é feita de *pneuma*, uma espécie de sopro composto de ar e de fogo (embora sua natureza seja controvertida no seio da escola). O *cosmos* é de fato um todo físico, onde não há nem vazio no interior (embora o *cosmos* seja cercado por um espaço vazio infinito), nem entidades causais eficientes incorpóreas. A causa da unidade do *cosmos*, de acordo com os estoicos, é uma solução alternativa à teoria aristotélica do lugar natural. Eles se afastam de Platão e de Aristóteles, considerando que os corpos celestes fazem parte de um mesmo sistema corporal (não há separação entre os mundos sublunar e supralunar, também não existem almas divinas incorpóreas em movimento no universo). Enquanto Platão pensa, ao que parece, que existe um deus-artesão que criou o *cosmos*, e Aristóteles refuta a tese da fabricação do mundo e prefere a tese da existência eterna do universo, os estoicos sustentam a ideia de que há ciclos de criação e de destruição do universo, sob a influência de uma entidade ativa divina, Zeus, responsável tanto pelo fim eventual do *cosmos* numa conflagração ígnea quanto por sua regeneração a partir do fogo, passando por uma zona úmida, até o reaparecimento dos quatro elementos conhecidos do *cosmos*.

No sistema estoico, todo acontecimento é causado e determinado por uma cadeia racional e providencial de causas e efeitos, que se reproduz naturalmente a cada ciclo de criação e destruição do *cosmos*. Somente os corpos podem ser causas ou efeitos. Existem também os incorpóreos no sistema estoico: o vazio, o espaço, o tempo, os "exprimíveis" (*lekta*), o conteúdo intelectual do discurso e do pensamento. Mas a alma, o espírito e deus são entidades causais que interagem com outros corpos; por conseguinte, eles são de natureza material, quer dizer, feitos do *pneuma* anteriormente mencionado. A alma humana perfeita é indiscernível, tanto física quanto moralmente, do ser divino. O determinismo causal que caracteriza este sistema físico suscita críticas de seus adversários, mas Crisipo e outros estoicos tiveram sucesso em mostrar que a forma do determinismo que eles defendiam não excluía a responsabilidade moral e a possibilidade de cada um se tornar melhor, como sua própria teoria ética pressupõe.

Ética

No domínio da ética, os estoicos sustentam uma forma de eudemonismo: o objetivo da vida humana é a realização do fim (*telos*) que lhe é próprio. Este fim consiste em viver em conformidade com a natureza (a nossa natureza e a natureza do *cosmos*; compreende-se então a importância da ideia segundo a qual nossa natureza é idêntica à potência divina que estrutura o mundo natural). A vida completamente conforme à razão é a única vida virtuosa e feliz, e o melhor guia para levar esta vida perfeita e divina, de acordo com Crisipo, é a compreensão dos acontecimentos que ocorrem na natureza. A vontade cínica de seguir a natureza mais do que as convenções se torna, nos estoicos eminentes, o esforço de viver em conformidade com esta ordem própria ao *cosmos* regido pela providência. O ideal da vida humana racional que se encontra no *Timeu* implica também que a vida humana e suas atividades se inspiram nos modelos do *cosmos* (o homem imita o modelo circular perfeito dos corpos divinos), mas é aqui que a semelhança se detém. Na corrente dominante do estoicismo, o ideal de vida é muito mais naturalista e é orientado também tanto para a ação quanto para a contemplação. Os estoicos da corrente aristoniana parecem mais socráticos do que platônicos nesse ponto; para praticar a virtude, afirmam eles, o homem não tem necessidade de estabelecer uma teoria física elaborada. Todos os estoicos estão, no entanto, de acordo em afirmar que a virtude humana designa o estado ideal da alma racional unificada; eles subscrevem nesse sentido o ideal socrático do *Protágoras* ou do *Fédon*[16], mais do que o modelo platônico ou aristotélico da harmonização das "partes" da alma entre si, cada uma tendo uma função própria e se comportando de maneira quase autônoma.

Viver de acordo com a natureza significa, por conseguinte, ter uma vida ativa, ter um ideal moral de autogoverno e se esforçar para alcançá-lo. Os meios da educação moral que os estoicos conservam parecem estar inspirados em Aristóteles: tornamo-nos corajosos ao realizar ações corajosas, ainda que, à primeira vista, a maioria das ações corajosas não atinja o ideal procurado. O fato de os estoicos considerarem a virtude como um ideal os coloca diante de uma série de paradoxos sobre o progresso moral (*prokopé*): o fato, por exemplo, de que os erros morais são "equivalentes" e que ninguém é verdadeiramente feliz antes de ter atingido a "perfeição" no domínio da moral. Encontramos o mesmo absolutismo paradoxal na psicologia moral dos estoicos: sendo dado que a alma humana é uma (não existem partes irracionais para controlar, trata-se somente de perfazer o exercício de sua razão), a única maneira de preservar sua liberdade contra as perturbações devastadoras e dolorosas que se chamam paixões (*pathê*) consiste em erradicar pura e simplesmente qualquer erro e qualquer forma de fraqueza moral. Somente o "sábio" pode atingir esse estado; infelizmente os modelos a imitar são, em todo caso, muito pouco numerosos, e Sócrates é a única figura de sábio que não se presta à controvérsia. Estas consequências paradoxais da teoria moral expuseram os estoicos a muitas críticas que se valem do "senso comum" na Antiguidade, mas muitos pensavam que as aspirações descritas na teoria moral estoica constituíam um poderoso aguilhão para aperfeiçoar o caráter, o pensamento e a ação; isto engajaria pelo menos os indivíduos na via, que eles jamais tomariam emprestada de si mesmos, desta vida estável e racional, sobre a qual os estoicos pensavam que era o horizonte natural da vida de cada um.

---

16. Há uma publicação em português desta obra: PLATÃO. Fedão (ou: Sobre a alma. Gênero moral]. In: NUNES, B. (org.). *Diálogos de Platão*. Belém: Edufpa [Tradução do grego de Carlos Alberto Nunes] [N.T.].

Lógica e teoria do conhecimento

A lógica ocupa um lugar considerável no estoicismo: ela inclui tanto a retórica quanto a dialética (que recorta o problema do conhecimento adquirido por meio de conversas, sob a forma de questões e respostas breves). A retórica estoica é célebre por sua austeridade e sua maneira de convencer sem fazer apelo às emoções. A dialética diz respeito ao conhecimento do que é verdadeiro, falso ou nem verdadeiro nem falso. Sobre esse ponto, se deve reconhecer a força extraordinária e a novidade dos avanços estoicos. Eles consistem numa análise adequada das inferências, dos paradoxos e das ambiguidades que ocupavam a frente da cena no século IV nos megáricos, em Aristóteles e em alguns outros. Os estoicos desenvolvem uma teoria semântica complexa, fundada no conceito de exprimível (*lekton*), e são os primeiros a se interessar pelo conteúdo dos enunciados e dos pensamentos enquanto tais (contrariamente a Aristóteles e a Platão, para quem o sentido da proposição reside na predicação de uma propriedade). Assim, para conduzir a análise formal das inferências válidas (a lógica no sentido restrito do termo), os estoicos e particularmente Crisipo desenvolvem uma lógica proposicional fundada no reconhecimento de cinco formas elementares de inferência válida, que eles chamam de "indemonstráveis".

I.
Se o primeiro, então o segundo.
O primeiro
portanto, o segundo.

II.
Se o primeiro, então o segundo.
Não o segundo
portanto, não o primeiro.

III.
Não o primeiro e o segundo.
Logo, o primeiro
portanto, não o segundo.

IV.
Ou o primeiro, ou o segundo.
Logo, o primeiro
portanto, não o segundo.

V.

Ou o primeiro, ou o segundo.

Logo, não o segundo

portanto, o primeiro.

Com a ajuda desses indemonstráveis e de alguns outros princípios lógicos e metalógicos, os estoicos pretendem poder analisar todas as outras formas de inferências válidas e provar sua validade. Sua análise dos enunciados não assertóricos, dos sofismas e de sua solução, assim como de certos paradoxos, como aquele do mentiroso, constitui uma contribuição maior à história da lógica, capaz de rivalizar com os trabalhos pioneiros de Aristóteles nas *Analíticas*, nos *Tópicos* e nas *Refutações sofísticas*.

Os estoicos se servem, além disso, da lógica como de um instrumento de defesa nas discussões. Na medida em que os estoicos acreditam na confiabilidade das percepções sensíveis, e que o conteúdo da percepção pode constituir um fundamento sólido para a formação de conceitos e de inferências, é crucial mostrar a seus adversários (em geral, aos acadêmicos, durante o período cético da escola) que existe pelo menos um tipo de percepção sensível confiável. Houve um debate em torno do que se chama de representação compreensível (*phantasia kataleptikê*) no início do século III a.C., que se prolongou até Cícero (106-43 a.C.), sem que se possa, porém, reconhecer claramente um vencedor. Os estoicos permaneceram convencidos de que existem percepções sensíveis confiáveis, que contêm seu próprio critério de verdade e que representam as coisas tais como elas são na realidade. Quando os sentidos fornecem uma representação, pode-se, bem entendido, examiná-la minuciosamente antes de declará-la verdadeira e dar a ela seu assentimento. A objeção cética consiste sumariamente em afirmar que se pode sempre encontrar e imaginar uma representação errada, indiscernível, de uma representação confiável, de maneira que sua verdade não pode jamais ser asseverada com certeza. Os detalhes desta polêmica derivam mais da história do ceticismo, mas as objeções céticas designam os pontos confiáveis que caracterizam as teorias representacionistas da percepção sensível.

O estoicismo exerceu uma influência considerável, desde sua fundação até o final da Antiguidade, de maneira direta (principalmente no período helenístico e no início do Império Romano), produzindo imitadores ou adversários. Somente se começa a tomar a medida da influência exercida pelo estoicismo na renovação do platonismo, do século I a.C. até Simplicius (490-560) no século VI. O estoicismo suscitou algumas retomadas de interesse nos séculos seguintes, e sua influência é ainda tangível nos filósofos modernos.

7

O CETICISMO ANTIGO

Thomas Bénatouïl *

Sextus Empiricus (160-210), o único cético antigo de quem conservamos livros, abre seus *Esboços pirrônicos* com uma distinção entre três tipos de filósofos: os dogmáticos, que pretendem ter descoberto o verdadeiro; os acadêmicos, que afirmam que é impossível descobri-lo; e os "céticos", que ainda o buscam. Este último qualificativo vem de *skepsis*, que significa "observação", "exame", "investigação". Ele é aqui definido em oposição ao conhecimento da verdade e à negação de toda verdade. Esta segunda oposição, surpreendente do ponto de vista da ideia moderna e contemporânea do ceticismo, testemunha uma rivalidade entre os filósofos pirrônicos, dentre os quais Sextus Empiricus é o último representante conhecido, e a Nova Academia. Se os primeiros são os únicos a se dizerem "céticos", as duas escolas pretendem colocar em questão de maneira radical a crença na verdade de suas opiniões, sustentadas pela grande maioria dos filósofos e dos homens, ainda que elas possam ser ambas consideradas como céticas no sentido amplo do termo que prevalece hoje em dia. A esta primeira disparidade problemática do ceticismo antigo se juntam as diversidades e as evoluções internas a cada uma das duas correntes.

Pirron e Timon

Pirron de Élis (± 365-275 a.C.) é tradicionalmente considerado como o primeiro verdadeiro cético da história da filosofia. Esta tese histórica coloca, no entanto, dois problemas. Em primeiro lugar, pode-se encontrar muitos argumentos céticos em autores anteriores, como Heráclito (± 540-470 a.C.), Xenófanes (± 570-460 a.C.), Parmênides (± 530-460 a.C.) e Zenão de Eleia (± 495-430 a.C.), Protágoras (± 480-410 a.C.) e Górgias (± 485-380 a.C.), Sócrates (± 469-399 a.C.), Demócrito (± 460-370 a.C.), e mesmo Platão (428-348 a.C.). A maioria deles foi, aliás, invocada pelos

---

* Mestre de conferências de Filosofia. Universidade de Nancy II.

pirrônicos ou pelos acadêmicos como sendo os precursores de sua própria filosofia. Mas os primeiros julgavam Pirron o mais radical de seus predecessores. Quando nos inclinamos sobre a única testemunha confiável e precisa de que dispomos, no que diz respeito à filosofia de Pirron, descobrimos, no entanto, um pensamento muito diferente do ceticismo, tal como se viu a partir de Descartes (1596-1650).

De acordo com seu primeiro discípulo, Timon de Phlionte (± 325-235 a.C.), Pirron tinha declarado que "as coisas são também indiferentes, instáveis e indecidíveis, ainda que nem as nossas sensações nem as nossas opiniões digam o verdadeiro ou o falso, ainda que não seja necessário lhes dar confiança, mas ser sem opinião, sem inclinação e inabalável, dizendo também, a propósito de cada uma delas, não que ela seja ou que ela não seja, ou, ao mesmo tempo, que ela é e não é, ou que nem ela é nem ela não é"[1]. Por um lado, o questionamento dos nossos conhecimentos é aqui deduzido da indeterminação das coisas, enquanto que o ceticismo começa geralmente pela crítica de nossas percepções e crenças. Por outro lado, Pirron não se contenta em duvidar de sua objetividade, mas pretende se eximir totalmente dela em proveito de uma dissolução de toda determinação. A propósito do ser, de seu conhecimento e do discurso, Pirron parece assim assumir posições próximas das posições que Aristóteles (384-322 a.C.) atribui àqueles que negam o princípio de contradição, o que ele julga absurdo[2].

De acordo com Timon, estas posições terminam, primeiramente, na *aphasia*, quer dizer, no silêncio ou num emprego novo da língua que não implica qualquer determinação, em seguida, na ausência de perturbação (*ataraxia*). Como todos os filósofos antigos, Pirron pretendia, de fato, levar uma vida de acordo com suas posições e nela encontrar a felicidade. Sua filosofia da indistinção se aplicava não somente às propriedades, mas também (e talvez principalmente) aos valores – positivos ou negativos, utilitários, estéticos ou morais – que as coisas e as ações possuem para a totalidade dos homens. Por conseguinte, a Pirron não repugnava realizar as tarefas reputadas como vis e ele se esforçava para permanecer indiferente aos acontecimentos ou às pessoas à sua volta, e mesmo insensível à dor, inspirando-se talvez nos sábios indianos que ele tinha encontrado quando acompanhou Alexandre, o Grande (356-323 a.C.), em suas campanhas[3].

Pirron não escreveu nada, foi seu discípulo Timon que se encarregou de fazer conhecer ou defender seu pensamento e principalmente sua vida, elogiados por Timon

---

1. EUSÈBE. *Préparation évangélique*, XIV, 18, p. 1-5 [texto 1 F. In: LONG, A. & SEDLEY, D. *Les philosophes hellénistiques*. Paris: Flammarion, 2001, tomo 1].

2. *Métephysique*, Γ, 4, 1008a30-34.

3. DIOGÈNE LAËRCE. *Vies et doctrines des philosophes illustres*, IX, p. 66-67 e 61-62.

O ceticismo antigo   91

como superiores à de todos os outros homens por sua lucidez e sua tranquilidade perfeitas. Timon parece, além disso, ter sido levado a criticar e a zombar de todos os filósofos do passado e de sua época, conferindo assim ao pirronismo sua dimensão grandemente polêmica e sua ambição de ultrapassar todos os filósofos existentes, reduzidos a produtos ilusórios da vaidade humana[4].

A Nova Academia

Apesar dos talentos satíricos de Timon, o pirronismo não parece ter exercido muita influência durante dois séculos. Pouco depois da morte de Pirron, no entanto, Arcésilas (316-241 a.C.) toma a frente da Academia, a escola fundada por Platão, e aí elabora uma outra forma de ceticismo, que será desenvolvida por Carneade (214-130 a.C.). Assim como Pirron, Arcésilas e Carneade também não escreveram nada, e alguns dos adversários de Arcésilas lhe censuraram por estar inspirado em Pirron. Isto não está excluído, mas o ceticismo acadêmico é, no entanto, original. Ele foi elaborado no quadro de um debate com as filosofias sistemáticas e dogmáticas de sua época, particularmente, o estoicismo. Este último acreditava que o espírito humano era capaz de produzir representações "compreensivas" (*kataleptikê*) dos objetos, ao mesmo tempo verdadeiras e carregando a marca de sua verdade, de modo que elas pudessem servir de critério para o conhecimento e a ação. Utilizando muitos argumentos que se tornaram clássicos, como aquele dos objetos distintos, mas indiscerníveis, das ilusões sensoriais e do sonho, Arcésilas e depois Carneade mostram que nenhuma representação pode atestar de maneira certa sua conformidade com seu objeto, e que não existe, portanto, representação compreensiva, de modo que o sábio está obrigado a suspender seu assentimento em relação a todas as suas representações sob pena de cair nas incertezas da opinião[5]. Esta "suspensão (*epochê*) universal" não paralisa toda ação, contrariamente ao que objetam os estoicos, porque o homem não tem necessidade de um conhecimento certo e verdadeiro, mas pode confiar no que é "racional" (*eulogon*) ou "provável" (*pithanon*) para agir[6].

Deve-se dizer que Arcésilas e Carneade se contradizem ao sustentarem teses filosóficas negativas ("nada pode ser compreendido") ou positivas a propósito da ação, como lhes censuraram os estoicos e, mais tarde, os neopirrônicos? O problema se punha já a seus sucessores e divide ainda os intérpretes atuais. Para fazer que Arcésilas e Carneade escapassem da autorrefutação, alguns sustentaram que todos os seus ar-

---

4. Cf. os textos reunidos por LONG, A. & SEDLEY, D. *Les philosophes hellénistiques*. Op. cit., cap. 2.

5. CICÉRON. *Académiques*, II, p. 40-42 e 76-90.

6. Ibid., II, p. 98-104.

gumentos eram dialéticos: eles se satisfariam com pedir emprestado os conceitos e as premissas dos estoicos e tirar deles consequências válidas, mas opostas às teses estoicas, refutando assim o sistema de seus adversários a partir do interior, sem sustentar eles próprios qualquer tese, à maneira de Sócrates revelando a seus interlocutores a incoerência de suas crenças, e, portanto, sua ignorância, nos primeiros diálogos de Platão. Porém, se Arcésilas utilizou bem o método de Sócrates, ao qual ele recorre, para confundir a arrogância dogmática dos estoicos, o ceticismo da Nova Academia parece também ter tido uma inspiração e objetivos propriamente platônicos. Ele mostra, de fato, que a experiência sensível e a razão humana não podem nos conduzir à verdade, mas que o filósofo é aquele que a busca incansavelmente, consciente da fraqueza de nossas faculdades e da relatividade de nossas certezas. Na ética e na física, Carneade insistia com o mesmo espírito nas incoerências do naturalismo estoico, extraindo particularmente de seus princípios consequências epicuristas: nossas inclinações naturais não podem nos conduzir por si mesmas às virtudes; a sabedoria que busca o nosso bem e a justiça que exige sacrificá-la são incompatíveis[7], os deuses não têm mais qualquer realidade quando se confundem com a natureza, a providência divina não é mais benfeitora quando se encontra na origem da totalidade da natureza e da natureza humana[8].

A Nova Academia encontra, portanto, seu ponto de partida numa refutação das pretensões filosóficas e ordinárias ao conhecimento do real, e nos conclama a uma lucidez inquieta sobre a certeza das nossas verdades e dos nossos valores, mais do que à tranquilidade da indiferença. Ela constitui assim o verdadeiro ancestral do ceticismo moderno, que raramente o invoca, mas que incorporou muitas de suas ideias ou argumentos por intermédio de Cícero (106-43 a.C.) e do neopirronismo.

O neopirronismo: Enesidemo e Sextus Empiricus

No século I antes de Cristo, Enesidemo rompe com a Nova Academia e apela para Pirron e talvez para Heráclito, a fim de elaborar um ceticismo que ele pretende que seja radical. Na mesma época, o acadêmico Fílon de Larissa (145-79 a.C.) tinha de fato admitido que o real era por natureza cognoscível e que somente o critério estoico da verdade era colocado em questão pelos argumentos acadêmicos. Contra esse ceticismo moderado, Enesidemo reativa a fórmula pirrônica por excelência, "também não": as coisas não são "mais" existentes do que não existentes, mais verdadeiras do que falsas, mais compreensíveis do que incompreensíveis, mais prováveis do que improváveis, porque elas aparecem diferentes de acordo com as circunstâncias ou

---

7. CICÉRON. *Des fins des biens et des maux*, V, p. 16-23. • *La République*, III, p. 12-29.

8. CICÉRON. *De la nature des dieux*, III, p. 43-52 e 65-95.

O ceticismo antigo   93

com as pessoas. O pirrônico renuncia, portanto, a estatuir sobre sua natureza, "não determina nada" e submete seu próprio discurso a esta dissolução[9].

Enesidemo se distingue, no entanto, de Pirron e lembra a Nova Academia, quando concentra sua análise crítica em nossas representações e nos conceitos dos filósofos, examinando cada um deles para mostrar que não há qualquer sentido, e construindo um arsenal argumentativo capaz de levar o cético à suspensão sistemática de seu assentimento. O melhor exemplo disso é os dez tropos ou modos atribuídos a Enesidemo[10], que enumeram todos os pontos de vista que permitem contrabalançar uma representação ou uma opinião por uma outra percepção diferente, que pode vir de um animal, de um outro homem, de um outro órgão sensorial, de outras circunstâncias, de uma outra cultura etc. Encontramos esta compilação sistemática de argumentos úteis para os céticos nos oito modos de Enesidemo contra as explicações causais e os "cinco modos" do pirrônico Agripa (± 63-12 a.C.) – o desacordo, a regressão ao infinito, a relatividade, a petição de princípio e o círculo vicioso –, cuja combinação lhe permitia solapar os fundamentos lógicos de qualquer tese[11].

Todos esses argumentos são largamente utilizados por Sextus Empiricus (séculos II-III d.C.). Seus *Esboços pirrônicos* apresentam e defendem seu ceticismo; seu longo tratado *Contra os dogmáticos* refuta sucessivamente os filósofos dogmáticos do conhecimento, da natureza e da moral, e seu tratado *Contra os eruditos* ataca as ciências, ou melhor, os fundamentos e os usos filosóficos de algumas disciplinas (a gramática, a retórica, a geometria, a aritmética, a astrologia e a música).

Para Sextus, o "ceticismo" é "uma capacidade (*dynamis*) de colocar frente a frente o que aparece e o que é pensado, que nos leva à suspensão do assentimento, por causa do "peso igual" (*isostheneia*) dos argumentos opostos, depois à ausência de perturbação. O cético não desenvolve nem critica, não sustenta e não nega qualquer doutrina, positiva ou negativa: ele se reduz a uma faculdade, a uma estratégia de colocar em oposição nossas percepções sensoriais ou intelectuais[12]. Esta capacidade, o cético a descobre por acaso na busca da verdade e se dá conta de que ela suprimia suas inquietudes mais eficazmente do que qualquer outra doutrina, ainda que ele tenha vindo a exercê-la e a aplicá-la em todos os domínios, graças aos "modos" céticos[13]. Contrariamente a muitos céticos, os pirrônicos não se apoiam, então, em

---

9. PHOTIUS. *Bibliotèque*, 212, p. 169b18-171. • DIOGÈNE LAËRCE, VII, p. 106.

10. SEXTUS EMPIRICUS. *Esquisses pyrrhoniennes*, I, p. 40-163.

11. Ibid., I, p. 180-186 e 164-177.

12. Ibid., I, p. 8-10.

13. Ibid., I, p. 25-29.

exemplos e em argumentos gerais, destinados a nos fazer duvidar de um só golpe de todas as opiniões, mas num exame laborioso de cada argumento e de cada conceito dogmático, no qual eles se esforçam em "opor um argumento igual" para se manter na suspensão.

O cético coloca, portanto, em questão todos os discursos que pretendem interpretar as "aparências" e enunciar a realidade que aí se revelaria (ou não), quando nada pode indicar se o que quer que seja aparece ou não aparece nesta ou naquela aparência[14]. Sextus radicaliza assim o ceticismo de Enesidemo, que generalizava já sem dúvida uma observação famosa de Timon: "Que o mel seja doce, eu não o sustento; mas que parece doce, com isso eu concordo"[15]. No entanto, como Enesidemo, Sextus concorda que o cético utiliza as aparências como critério de ação, em particular nossas afecções, os costumes e mesmo as técnicas[16].

Longe de ser um mero compilador do neopirronismo, Sextus se esforça, então, para definir com rigor o ceticismo autêntico, especificando o sentido de seus argumentos e de suas fórmulas, para purgá-las de qualquer suspeita de dogmatismo positivo ou negativo, e distinguindo o pirronismo de todas as outras filosofias que parecem próximas[17]. Seu fenomenismo está, no entanto, bastante distanciado da filosofia da indiferença própria de Pirron, mesmo que ele divida com ela esta intuição de que o único meio de alcançar a serenidade é renunciar ao desejo de discriminar e determinar.

---

14. Ibid., I, p. 19-20.

15. DIOGÈNE LAËRCE. *Vies et doctrines des philosophes illustres*, IX, p. 105-106.

16. SEXTUS EMPIRICUS. *Esquisses pyrrhoniennes*, I, p. 21-24.

17. Sextus reage particularmente contra aqueles que, enquanto adversários dogmáticos ou filósofos céticos, como Favorinus d'Arles (nascido por volta de 80, morto em meados do século II), pretendiam aproximar o pirronismo e o ceticismo da Nova Academia.

8

A FILOSOFIA IMPERIAL: SÉCULO I A.C.-SÉCULO II D.C.

Pierluigi Donini *

O retorno das principais teorias filosóficas do século IV a.C. é o que caracteriza melhor este período; de fato, elas readquirem uma vantagem sobre as filosofias helenísticas, o ceticismo acadêmico, o epicurismo e principalmente o estoicismo, este último tendo sido o alvo principal dos discípulos de Platão (428-348 a.C.) e de Aristóteles (384-322 a.C.). O renascimento das duas filosofias da época clássica se inscreve, por outro lado, numa tendência mais ampla de retorno aos antigos, aos fundadores de escolas ou de correntes que as filosofias helenísticas tinham descartado: assim, ao lado dos discípulos de Platão e de Aristóteles do século I a.C., vemos retornar filósofos que se referem a Pitágoras (570/571-496/497 a.C.), outros que querem remeter à honra a herança de Pirron (± 360-272 a.C.) – como Enesidemo (± 150-70 a.C,) também no século I a.C., e Sextus Empiricus (± 160-210), entre os séculos II e III da nossa era. Entretanto, o fato mais interessante permanece sendo a longa batalha dos herdeiros de Platão e de Aristóteles contra as filosofias helenísticas e, mais especialmente, contra o estoicismo – o epicurismo desapareceu discretamente ao longo da época imperial, sem ter produzido obra notável posterior ao grande poema de Lucrécio (94-50 a.C.), *Sobre a natureza das coisas*[1].

Ainda hoje, não é fácil dizer como, onde e por que nasceu este movimento de retorno para os dois mestres do século IV a.C., mas um interesse por suas teorias é já atestado em Panetius (± 185-110/109 a.C.) no final do século II a.C. É certo que os escritos pedagógicos de Aristóteles recomeçaram a circular desde as primeiras décadas do século I a.C. e que sua difusão foi facilitada pela publicação de uma edição

---

* Professor de Filosofia. Universidade de Milão.

1. Há uma publicação desta obra em português: LUCRÉCIO. *De rerum natura*. São Paulo: Abril [Coleção Os Pensadores, vol. V – Tradução do latim de Agostinho da Silva] [N.T.].

completa reunindo estes escritos, promovida por Andronicus de Rhodes por volta da metade daquele século[2]. É preciso levar em consideração que isto foi mais ou menos na época em que acontecimentos importantes se produziram na escola herdeira de Platão: um arrebatado debate que atiçou, nos anos de 90-80, o último filósofo a dirigir a Academia, Fílon de Larissa (145-79 a.C.) – para quem a posição cética da escola devia ser menos afirmada – e seu discípulo mais notável, Antíoco de Ascalon (150-68 a.C.) – para quem se devia atribuir a Platão a paternidade de uma doutrina positiva que propunha explicitamente um certo número de convicções dogmáticas, que Aristóteles e mesmo os estoicos tinham largamente retomado[3].

A forma sistemática, as escolas e o comentário

Antíoco e todos os sucessores platônicos e aristotélicos sofreram a influência do estoicismo particularmente num domínio: eles apresentam todas as suas doutrinas de acordo com a forma sistemática típica do estoicismo. De fato, eles compartilham a ideia de que todas as proposições de uma doutrina devem se articular de acordo com a lógica, de maneira a constituir um discurso finito e global, a fim de ser capaz de responder de modo coerente a todos os problemas possíveis[4]. No fundo, a oposição ao estoicismo levou ou obrigou os platônicos e aristotélicos a irem para o terreno do adversário, procurando opor a ele sistemas tão resistentes quanto aqueles que eles queriam demolir: eles transformaram as filosofias dos grandes mestres em sistemas de doutrinas, estes também fechados e dogmáticos. Diante das obras de Platão e de Aristóteles, sempre muito abertas ao questionamento, e que apresentam inclusive, às vezes, aparentemente pelo menos, muitas incoerências, a primeira tarefa de seus discípulos foi, portanto, procurar um ponto de acordo adequado, para depois extrair dessas obras um discurso doutrinário coerente e acabado. É isto que explica que sua produção literária se apresente de preferência sob a forma da exegese: todos ou quase todos foram professores, comentadores e autores de obras cujo objeto era a interpretação dos textos; de uma maneira ou de outra, eles estavam relacionados com o magistério escolástico. Não nos ficou grande coisa desses trabalhos consideráveis que continuavam a ilustrar as duas grandes doutrinas dos pais fundadores: na escola de Aristóteles, alguns comentários ou partes de comentários de Alexandre d'Aphrodise

---

2. MORAUX, P. *Der Aristotelismus bei den Griechen von Andronicos bis Alexander.* Berlim/Nova York: De Gruyter, 1973, p. 45-58.

3. TARRANT, H. *Scepticisme or Platonism?* – The Philosophy of the Fourth Academy. Cambridge: Cambridge University Press, 1985.

4. Cf. DONINI, P. Testi e commenti, manuali e insegnamento: la forma sistematica e i metodi della filosofia in età postellenica. In: HAASE, W. & TEMPORINI, H. (orgs.). *Aufstieg und Niedergang der römischen Welt.* Berlim/Nova York: De Gruyter, 1994, p. 5.027-5.034.

A filosofia imperial: século I a.C.-século II d.C.

(± 150-215) – portanto, na segunda metade do século II – constituem os testemunhos mais marcantes; quanto à outra escola, ela devia continuar paralelamente com suas atividades, como testemunham alguns escritos exegéticos e, de maneira geral, os trabalhos de Plutarco de Queroneia (± 50-125). É preciso acrescentar alguns fragmentos de papiros, bases de comentários anônimos, assim como vários manuais de introdução à filosofia platônica. Não obstante, as informações contidas por estes raros vestígios reforçam a ideia de que a atividade exegética foi certamente o ponto de partida da difusão das duas filosofias.

Parece que o caráter escolástico deste renascimento encontra primeiramente suas razões internas na atividade desses filósofos e em seus objetivos; mas ele devia, sobretudo, corresponder perfeitamente às necessidades e às modalidades de difusão do saber, próprias da sociedade romana dos séculos I e II: uma época de florescimento de múltiplas instituições escolares, quer elas dependessem das administrações das cidades ou fossem incentivadas pela autoridade imperial[5]. Nos ambientes livres e educados, estende-se a convicção de que uma preparação filosófica de base devia fazer parte da bagagem cultural de qualquer um que tivesse em vista uma posição social importante.

A formação de um representante típico desses meios, como o médico Galiano (218-268), que fazia parte dele, nos é conhecida; ela oferece disso um bom exemplo, confirmado, aliás, pelas informações concernentes de outras personalidades. De fato, Galiano, em sua juventude, frequentou cursos de quatro mestres de filosofia, um para cada escola reconhecida como tendo conservado o essencial da herança do pensamento grego, ou seja, as escolas platônica, aristotélica, estoica e epicurista. Quando Marco Aurélio (121-180) criou em Atenas o ensino de disciplinas destinadas a essas escolas, ele somente fez oficializar uma prática que já se tinha tornado corrente nas pessoas instruídas.

O papel do estoicismo

Platônicos e aristotélicos tinham em comum estarem profundamente implicados na vida acadêmica propriamente dita e na prática do comentário; é isto que diferencia claramente as duas grandes tendências rivais. Os estoicos – assim como, aliás, os epicuristas – dispunham em princípio dos mesmos instrumentos de seus adversários, ou seja, as escolas e a interpretação dos escritos dos mestres. De fato, esta atividade de comentário era praticada de maneira parcial há muito tempo pelos epicuristas, e a leitura de Epíteto (55-135) permite constatar que as escolas estoicas

---

5. Cf. DONINI, P. *Le scuole, l'anima, l'impero* – La filosofia ântica de Antioco a Plotino. Turim: Rosenberg & Sellier, 1982, p. 31-39.

estudavam e interpretavam as obras de Crisipo (± 280-208) e as obras dos pensadores mais importantes da antiga *Stoa*. Mas existem apenas poucas informações sobre uma literatura de natureza exegética produzida pelos estoicos; por outro lado, seus adversários platônicos e aristotélicos jamais consideraram esta literatura como digna de interesse.

Apesar disso, os estoicos permaneceram presentes, pelo menos até o fim do século II; contudo, eles ocuparam outras funções e seus centros de interesse eram diferentes. Desde a época de Cipião (185-129 a.C.), na sociedade romana, assistia-se ao fenômeno da vinda de intelectuais gregos, filósofos incluídos, como hóspedes das maiores casas aristocráticas onde eles se inseriam como professores: Cícero (106-43 a.C.), por exemplo, beneficiou-se da presença do estoico Diodoro (90-30 a.C.). Mas, com o tempo, a função desses mestres de filosofia parece definitivamente ter se transformado numa função de conselheiros espirituais e guias morais capazes de assistirem a seus protetores e seus discípulos nos momentos difíceis da existência. Foi exatamente nesse papel que os estoicos se especializaram e se pode quase apostar que foi um deles que acompanhou e sustentou até o cadafalso uma das vítimas das perseguições imperiais contra a aristocracia senatorial, visto que ele foi apresentado como "o seu filósofo"[6]. O propósito não é dizer que este papel dos estoicos era sem importância: chegar a reconfortar os homens nos momentos difíceis da vida pode ser considerado como um dos resultados mais nobres que a filosofia pode trazer. As obras de Epiteto (± 50-125) e de Marco Aurélio[7] (121-180), que felizmente podemos ainda ler e que remetem a uma concepção da filosofia como disciplina interna, visando incentivar os esforços de autocontrole e de aperfeiçoamento moral, mostram que esta orientação pode inspirar páginas muito fortes e proveitosas ainda hoje[8]. Mas o que falta a este projeto é o esforço teórico de elaboração dos conceitos: as obras do estoicismo romano chegado até os nossos dias – Musonius (± 20/30-101), Epiteto, Marco Aurélio – manifestam uma grande capacidade de conceber e fazer a apologia de um modelo de vida no qual o engajamento moral não enfraquecia jamais, no qual se permanecia senhor de si e no qual os homens se esforçavam para conservar uma liberdade interior que garantia uma total autonomia diante das vicissitudes do destino. No entanto, estas páginas não desenvolvem absolutamente os fundamentos

---

6. O episódio está relacionado com Sêneca em *La tranquillité de l'âme*, 14, p. 9.

7. Cf. Coleção Os Pensadores (São Paulo: Abril), onde se pode encontrar textos de Marco Aurélio, mas também de Epicuro, Lucrécio, Cícero e Sêneca [N.T.].

8. A tese do célebre livro de HADOT, P. *Exercises spirituels et philosophie antique* (Paris: Études Augustiniennes, 1987) vale principalmente para os estoicos. Do mesmo autor, é preciso também se referir a *La Citadelle intérieur* – Introduction aux pensées de Marc Aurèle. Paris: Fayard, 1992.

lógicos, as ligações teóricas e a coerência do sistema estoico, e não poderiam dissimular o desaparecimento das obras de Zenão (334-362 a.C.) e de Crisipo. Às vezes, percebe-se que os estoicos da época imperial não eram mais capazes de compreender certos aprofundamentos teóricos refinados dos mestres fundadores (de qualquer maneira, eles os julgavam como sem importância). As novidades mais significativas que marcam sua produção parecem resultar da exigência moral muito forte que os caracteriza: assim, na *proairesis* (escolha moral) de Epiteto e na *voluntas* (vontade) de Sêneca, vê-se duas etapas importantes do desenvolvimento da noção de vontade, que alcançará seu apogeu em Agostinho (354-430). Mas nem Sêneca nem Epiteto possuíam uma teoria a respeito destas noções que eles, não obstante, não param de empregar.

Métodos e problemas da exegese

Em relação aos aristotélicos, os platônicos experimentavam algumas dificuldades que os penalizavam, mas eles podiam, no entanto, apoiar-se em algumas vantagens. As duas escolas tinham baseado, em princípio, seus trabalhos no mesmo método de interpretação: explicar os trabalhos dos dois, a partir de seus próprios textos, fazendo comparações entre as passagens que colocavam problemas e outras passagens dos *Diálogos* ou dos escritos acroamáticos que pareciam próximos, do ponto de vista da forma ou do ponto de vista do conteúdo, na verdade, dos dois ao mesmo tempo. O objetivo dessas abordagens era deduzir de todos os textos tomados como referência uma interpretação unificada capaz de mostrar a coerência do pensamento do mestre. O pressuposto sistemático constituía o fundamento do método exegético, e este último, por sua vez, devia confirmar sua validade. Porém, desde os primeiros séculos da época imperial, os platônicos empregaram também outro método: eles julgavam que o texto dos *Diálogos* os autorizava a deduzir o que não era explicitamente afirmado, mas lhes parecia ser uma consequência lógica daquilo que Platão tinha escrito[9]. É evidente que uma leitura assim poderia abrir vias muito amplas para interpretações particulares e principalmente arbitrárias.

Mas, por outro lado, a liberdade que os platônicos se deram em sua leitura constituía uma resposta a uma dificuldade que se revelava menor para os aristotélicos. É preciso lembrar que, desde pelo menos a metade do século I a.C., circulavam muitas versões contraditórias da filosofia de Platão: a de Antíoco (± 215-162 a.C.), a de origem neoacadêmica e outra, cuja origem permanece pouco clara, que via em Platão o

---

9. Sobre os métodos da exegese nos referiremos ao ensaio de P. Donini citado em nota anterior, particularmente, as p. 5.075-5.082. É preciso também acrescentar, sobre o platonismo, FERRARI, F. "Struttura e funzione dell'esegesi testuale nel medioplatonismo: il caso del *Timeo*". *Athenarum*, LXXXIX, p. 525-574.

herdeiro de Pitágoras (570/571-496/497 a.C.). O leitor de Platão não podia, portanto, não se colocar, de repente, a questão de saber com que filósofo se teria de lidar lendo os *Diálogos*. Esta dificuldade preliminar devia provavelmente causar inevitáveis alterações dos textos. É possível encontrar traços significativos do exame desta questão nos platônicos e se pode também adivinhar a importância dela nas entrelinhas das páginas escritas por Plutarco de Queroneia (46-126), um dos raros platônicos que se esforçou em levar em consideração e reunir os dados essenciais das diferentes tradições exegéticas[10]. Este escritor profundo, autor de polêmicas violentas contra os estoicos[11] e os epicuristas, defendeu convicções distintas quanto à existência de uma tradição de pensamento herdada de Pitágoras, que somente Platão tinha retomado completamente (e à qual o próprio Aristóteles era totalmente estranho). Mas ele não deixou de sustentar que a tradição do ceticismo acadêmico era também o descendente legítimo do platonismo, este ceticismo que modera, segundo ele, a pretensão dos homens de atingir um saber total e definitivo graças à crítica da evidência sensorial e, mais geralmente, graças à atitude de prudência reforçada que isto implicava.

A tradição dominante do médio-platonismo

Contudo, o ponto de vista de Plutarco não se impôs: parece claramente que a orientação dominante dos platônicos dos dois primeiros séculos da nossa era (que a historiografia moderna designa correntemente pelo nome de "médio-platônicos"[12]) foi muito diferente e parece também que ela deriva das análises avançadas pelos manuais de introdução à filosofia de Platão, chegados até nós com nomes de autores como Apuleu (125-180) e um certo Alcinus, totalmente desconhecidos. Nesses escritos, o ceticismo acadêmico parece não derivar em nada da tradição platônica. De acordo com eles, a filosofia, em seu mais alto nível, reúne uma teologia racional, hierarquicamente estruturada, na qual um deus primeiro, absolutamente transcendente e quase inefável, pensa a si mesmo na forma do intelecto motor de Aristóteles, e produz o paradigma ideal que um segundo deus – que é o verdadeiro demiurgo do *Timeu*[13] – toma como modelo para gerar o *cosmos*. Se acrescentarmos que esse

---

10. Cf. BONAZZI, M. *Accademici e platonici* – Il dibattito antico sulloscetticismo di Platone. Milão: LED, 2003.

11. A obra de BABUT, D. *Plutarque et le stoïcisme* (Paris: PUF, 1969), é fundamental.

12. Para uma apresentação completa, cf. o maior livro de DILLON, J. *The Middle Platonism* – A Study of Platonism 80 B.C. to A.D. 220. Londres: Duckworth, 1977. Cf. tb. ZAMBON, M. *Porphyre et le moyen-platonisme*. Paris: Vrin, 2002.

13. Há uma publicação em português desta obra: PLATÃO, Timeu. In: NUNES, B. (org.). *Diálogos de Platão*. Belém: Edufpa [Tradução do grego de Carlos Alberto Nunes] [N.T.].

deus segundo, ele também de natureza intelectual, é apresentado às vezes como uma função distinta e superior da alma do mundo, então, acredita-se ver aqui o ponto de partida de um esboço da tríade das hipóstases de Plotino (205-270). As ideias que propõem os fragmentos das obras de Numenius de Apamea, platônico e pitagórico do século II da nossa era, estão estruturalmente próximas desta concepção filosófica e metafísica; elas apresentam uma tonalidade polêmica muito marcante contra a Nova Academia e consideram Platão como sendo o herdeiro perfeito da filosofia de Pitágoras. É certo que são os textos de Numenius que permitem compreender melhor como a teologia hierarquizada dos "médio-platônicos" e sua distinção das figuras divinas podiam decorrer de uma interpretação forçada de diferentes textos platônicos e do *Timeu* em particular, quando se lê esclarecido por algumas ideias avançadas na *República*[14] e nas *Cartas*.

Além disso, a influência da *Metafísica* de Aristóteles[15], interpretada como uma obra de caráter teológico, é visível na orientação comum de Alcinus, de Apuleu e de Numenius. A influência de Aristóteles é de resto manifesta em muitos outros domínios, da doutrina da virtude moral (comum a Plutarco e a mais de um escrito pseudopitagórico) à lógica, passando pelo debate sobre a eternidade do mundo. Mas todos os "médio-platônicos" não eram tão receptivos assim em relação a Aristóteles: encontra-se inclusive o traço de uma vigorosa polêmica contra a doutrina das categorias, assim como fragmentos muito importantes de uma obra que constitui uma crítica virulenta contra Aristóteles, escrita por Atticus no século II da nossa era.

O comentário de Aristóteles por Alexandre

O mais conhecido e mais importante dos comentadores de Aristóteles foi Alexandre d'Aphrodise, cuja produção se situa entre o fim do século II e os primeiros anos do século seguinte. Ele foi chamado de o exegeta por excelência, e era sem dúvida o espírito filosófico mais sólido dos dois primeiros séculos, a ponto de seu trabalho aprofundado de comentários dos escritos do mestre permanecer a referência obrigatória de qualquer comentário posterior, até o neoplatonismo. Entre os comentários que puderam ser em parte conservados, aquele que tem como objetivo os cinco primeiros livros da *Metafísica* é particularmente admirável. Alexandre chega aqui

---

14. Há uma publicação desta obra em português: PLATÃO. *A república*. Lisboa: Calouste Gulbenkian, 1987 [Introdução, tradução e notas de Maria Helena da Rocha Pereira] [N.T.].

15. Encontramos em português as seguintes publicações: ARISTÓTELES, *Tópicos*; *Dos argumentos sofísticos*; *Metafísica* (Livros I e II); *Ética a Nicômaco*; *Poética* [São Paulo: Abril, 1973 (Coleção Os Pensadores).
• ARISTÓTELES. *Política*. Brasília: UnB, 1988 [Tradução, introdução e notas de Mário da Gama Kury].
• ARISTÓTELES. *De Anima* (Livros I, II, III). Rio de Janeiro: Ed. 34, 2006 [Tradução de Maria Cecília Gomes dos Reis] [N.T.].

a formular uma leitura unitária do tratado, na qual o primado da ciência teológica está de acordo com a ciência geral do ser e da substância[16], de uma maneira que, esclarecendo a metafísica e a teologia, permanece não obstante levada por uma concepção coerente da substancialidade, aí compreendida como o mundo sensível. As linhas diretrizes e os pontos de chegada do comentário do tratado *Sobre a alma* não chegaram até nós, mas deviam ser semelhantes; uma síntese dele é oferecida pelo tratado de Alexandre, que traz o mesmo título do tratado de Aristóteles. Ele aí interpreta a teoria aristotélica do intelecto, sustentando que o intelecto humano, completamente mortal, pode, apesar de tudo, identificar-se temporariamente, no ato de pensar, com o intelecto "produtivo" (ou "agente"; o misterioso *nous* que "produz ou 'faz' todas as coisas" em Aristóteles[17]). Alexandre assimila este intelecto produtivo ao motor imóvel que se pensa a si mesmo no livro XII da *Metafísica*.

Em todas as suas obras, quer sejam os comentários ou os tratados pessoais, Alexandre ataca o estoicismo; seu tratado *Sobre o Destino*[18] mostra, no entanto, que não se trata aí de uma simples e pequena querela de escola, mas antes de uma exigência de aprofundamento crítico. A crítica do determinismo estoico se amplia a ponto de se tornar uma reflexão geral sobre toda a questão do determinismo e da possibilidade de autonomia no homem: uma questão que é muito difícil resolver no sentido da liberdade total, mesmo para alguém que conheça bem Aristóteles, como era o caso de Alexandre.

Sêneca

Antes de concluir esta apresentação sintética não se pode passar em silêncio o caso, interessante e específico, de Sêneca, mestre, conselheiro e, finalmente, vítima do imperador Nero (37-68). Ele é considerado – e ele sempre se considera a si próprio – como estoico, para além da distância que sempre tomou em relação a alguns elementos da doutrina da escola sobre a física e sobre a lógica, para além também de sua reivindicação de liberdade que diz respeito a seu julgamento pessoal. Uma grande parte de seus trabalhos poderia muito bem entrar no quadro de pensamento dos

---

16. DONINI, P. L'Objet de la métaphysique selon Alexandre d'Aphrodise. In: NANCY, M. & TORDESILLAS, A. (orgs.). *La "Métaphysique" d'Aristote*: perspectives contemporaines. Paris: Vrin/Ousia, 2006, p. 83-98.

17. ARISTOTE. *De l'âme*, III, 5.

18. É talvez na época moderna que a obra de Alexandre é mais célebre, rica de numerosas edições e traduções, algumas recentes. Cf. a edição admirável de SHARPLES, R.W. *Alexandre of Aphrodisias on Fate*. Londres: Duckworth, 1983. Deve se acrescentar: D'APHRODISE, A. *Traité du destin*. Paris: Les Belles Lettres, 1984 [texto organizado e traduzido por P. Thiller].

A filosofia imperial: século I a.C.-século II d.C.

grandes moralistas, como Epiteto e Marco Aurélio; isto é verdade para seus *Diálogos* em geral, mas também para sua obra-prima, as *Cartas a Licilius*.

Convém sublinhar que é precisamente na compilação de cartas que se manifesta uma grande curiosidade intelectual, que leva Sêneca a revisitar de maneira crítica muitas questões da doutrina da escola e discutir (cartas 58 e 65) as teorias dos "médio-platônicos" que começavam a se espalhar. Mas, simultaneamente, ele sofre fortemente a influência da hipótese de orientação platônico-aristotélica da possibilidade de o homem se consagrar a uma atividade teórica puramente distinta da atividade prática e grandemente superior a ela. Esta perspectiva reaparece no fundamento mesmo de uma outra obra tardia de Sêneca, as *Questões naturais*[19]. De uma certa maneira, pode-se já pressentir nas obras de Sêneca o fim do destino do estoicismo, de origem platônica e aristotélica.

---

19. GAULY, B.M. *Senecas Naturales Quaestiones* – Naturphilosophie für die römische Kaiserzeit. Munique: Beck, 2004.

9

PLOTINO

Alessandro Linguiti *

Plotino foi o fundador e o maior representante do movimento ao qual foi dado o nome de "neoplatonismo" na época moderna; ele pôs fim a um longo período de pluralismo, durante o qual as diferentes escolas tinham produzido representações concorrentes de Platão (428-348 a.C.), quer elas fossem a favor ou contra os aristotélicos, pitagóricos, estoicos ou céticos. O objetivo fundamental de Plotino foi defender e desenvolver os princípios fundamentais dos dogmas do platonismo, por intermédio de uma "competição" com o aristotelismo e o estoicismo, debate que envolvia também aberturas e concessões (ao contrário, suas relações com as tradições atomistas, hedonistas e céticas foram menos importantes e quase sempre polêmicas); os neoplatônicos seguintes permaneceram no interior dos limites de sua síntese filosófica, propondo, em suma, uma imagem homogênea do platonismo da Antiguidade Tardia. Sendo sensível à questão religiosa da salvação, típica de seu tempo, Plotino permaneceu fiel aos fundamentos do racionalismo grego e à autoridade de Platão, cujos ensinamentos ele considerava como sendo o depósito da totalidade da verdade filosófica: por mais diferentes que possam parecer hoje as imagens que são feitas dos dois filósofos, Plotino de fato se via somente como um discípulo de Platão, não reivindicando para si mesmo senão ser um intérprete singular, convencido de ter alcançado melhor que os outros o sentido das afirmações do mestre[1].

Para ilustrar o pensamento de Plotino, os intérpretes privilegiam em geral a apresentação hierárquica, fazendo que sigam os níveis de realidade que descem do Um até a matéria, indo do Ser-Intelecto e da Alma (aquilo que ele chama de "hipóstases" incorpóreas, que sucedem o Um) aos corpos animados, depois às qualidades sensíveis e aos corpos inanimados. Proceder assim não resulta de uma escolha errada,

---

* Professor de Filosofia. Universidade de Siena.

1. Cf. *Ennéades*, IV, 8, 8.1-3; V, 1, 8.1-14; VI, 2, 1.3-5; VI, 3, 1.1-2.

mas, ao contrário, faz que se compreenda bem que o *cosmos* plotiniano, divino e harmonioso em sua totalidade, caracteriza-se, no entanto, por articulações e distinções internas: ele não é a expressão de um panteísmo integral e indiferenciado. É preciso, no entanto, lembrar que Plotino, em seus raciocínios, quase nunca parte do Um; em outras palavras, ele não coloca o princípio supremo sem explicar as razões que o levaram a postular sua existência; ele aí chega, ao contrário, a partir da discussão de questões que dizem respeito à estrutura do mundo inteligível ou à dimensão humana concreta, quer dizer, aquela de uma alma encarnada, imersa na diversidade e na imperfeição relativa do mundo sensível.

Sua vida, seus escritos

Plotino nasceu em 205 d.C., segundo toda probabilidade no Egito. Porfírio (± 232-304), seu biógrafo e editor, ensina-nos que, com vinte e oito anos de idade, em Alexandria, ele se tornou discípulo de Ammonius Saccas (175-242), ao lado de quem permaneceu durante onze anos. Em 243, levado pela curiosidade de conhecer as filosofias persas e indianas, ele esteve presente na expedição ao Oriente de Gordian III; no ano seguinte, depois da morte do imperador, ele foi para Antioquia, depois para Roma, onde estabeleceu a sua escola e permaneceu durante quase toda a sua vida[2].

Plotino morreu em 270, na Campanha, para onde se retirou durante a última fase de sua doença e onde, alguns anos antes, ele tinha concebido o projeto de fundar uma cidade de filósofos, a Platonópolis[3], contando com o apoio do Imperador Galiano e de sua mulher Salonina.

Plotino começou a escrever tarde, quase com a idade de cinquenta anos, a fim de não romper seu primeiro juramento, feito com seus condiscípulos Erenius e Orígenes, de não revelar as doutrinas de seu mestre Ammonius[4]. Encontrando suas origens nos seminários e nas discussões que tiveram lugar na escola, e destinados a circular entre os seus alunos, seus escritos foram publicados no início do século IV por Porfírio, que os organizou em seis livros, cada um deles contando com nove tratados, não sem produzir cortes e forçar seus ajustes. O título "Enéadas" significa justamente: "grupos de nove"[5].

---

2. Cf. PORPHYRE. *Vie de Plotin*, p. 3.

3. Cf. ibid., p. 2 e 12.

4. Cf. ibid., p. 3.

5. Cf. ibid., p. 24.

O Um e a gênese do Intelecto

O Um, chamado frequentemente também de "Bem", "Deus" ou "Primeiro", é o fundamento de todas as coisas, absolutamente simples e único: como causa universal de todas as coisas, infinitamente poderoso, ele é o princípio de que tudo emana e para o qual tudo deseja retornar. Tomando como ponto de partida a descrição platônica do Bem "acima do Ser em dignidade e em poder"[6], Plotino coloca seu princípio supremo acima dos paradigmas ideais (o Ser, justamente), acima inclusive do espírito divino (o Intelecto) que os pensa; assim, ele pode avançar um primeiro princípio superior ao deus aristotélico, descrito no livro Λ da *Metafísica* como sendo o primeiro entre as coisas e Intelecto pensante, avançando assim um passo que os platônicos anteriores não tinham ousado dar completamente. Sendo dadas as qualidades próprias de sua natureza, o Um não admite ser descrito por definições negativas: de fato, nenhuma qualificação ou definição positiva, aí incluídas aquelas de "causa", "princípio", "bem", ou mesmo "um", poderia dar conta convenientemente de sua absoluta necessidade e de sua incomensurável superioridade. Muitas passagens, principalmente das V e VI Enéadas, descrevem, portanto, o Um como não possuindo nem limites, nem figura, nem partes, não derivando nem de um deus, nem de algum lugar, não estando nem em movimento nem em repouso, permanecendo fora do tempo, sem qualidade, sem qualquer forma de ser, não sendo nem "algo", nem "um" também, inefável, incognoscível etc.; por meio desta "teologia negativa" sistemática, Plotino recusa, em suma, todos os atributos que são negados ao Um da primeira hipótese do *Parmênides*, o diálogo platônico que, no platonismo tardio, destitui o *Timeu*[7] de sua preeminência.

A maneira como, a partir do Um, é engendrada a hipóstase que decorre dele é bastante particular. O Ser-Intelecto emana de fato do Um, pois é a partir desse último que se difunde primeiro uma potência (*dynamis*) ainda indistinta que, chegada a um certo ponto, detém-se, retorna para sua origem – que é o próprio Um – para

---

6. Cf. *République*, VI, 509b.

7. No platonismo dogmático (diferentemente do platonismo cético-acadêmico) anterior a Plotino, era do *Timeu* que provinha a doutrina fundamental dos três princípios: Deus-demiurgo, ideias e matéria. O primado do *Timeu* foi colocado em questão quando Plotino e, mais sistematicamente, os neoplatônicos que se seguiram acreditavam reconhecer na segunda parte do diálogo, aquela que é consagrada à discussão sobre as oito (ou nove) hipóteses a propósito do Um, as características do Um que transcende o Ser e os níveis de realidade que ele engendra. Antes de Plotino, em Eudoro e Moderatus, pode-se perceber os traços de uma interpretação semelhante, e não se pode, portanto, excluir senão personagens como Numenius ou Ammonius Saccas, que influenciaram a formação de Plotino, sofrendo seu efeito. Os estudos sobre este tema foram inaugurados pelo célebre ensaio de DODDS, E. "The *Parmenides* of Plato and the Origin of the Neoplatonic 'One'". *Classical Quarterly*, 22, 1928, p. 129-142. Há uma publicação em português desta obra: PLATÃO. Timeu. In: NUNES, B. (org.). *Diálogos de Platão*. Belém: Edufpa [Tradução do grego de Carlos Alberto Nunes] [N.T.].

Plotino   107

contemplá-lo: é somente nesse momento que o Ser-Intelecto se determina, tomando forma em suas estruturas típicas, quer dizer, nas ideias[8]. Há, portanto, uma energia que surge, por superabundância, do princípio superior, se volta para sua origem no desejo de contemplá-la, e, quando uma visão-pensamento assim se realiza, constitui-se então um novo estado da realidade, estável e autônomo. Um processo análogo caracteriza a gênese de outros estados da realidade e, como prova o vocabulário que Plotino emprega, a energia que a cada nível se desliga do superior para produzir o inferior, é uma espécie de pensamento, de contemplação intelectual (*theoria*); resulta disso que o conjunto da realidade, considerada desse ponto de vista, não é outra coisa senão o pensamento ou o resultado da atividade do pensamento.

As ideias-espíritos

Ao lado das teses tradicionais, encontra-se na versão plotiniana da doutrina das ideias platônicas proposições grandemente inovadoras. Fundamentalmente de acordo com as exegeses anteriores, Plotino nega a existência de modelos ideais de realidades contra a natureza ou daquilo que é mau e suscita o nojo; ao contrário, naquilo que diz respeito aos artefatos e aos indivíduos, sua posição parece mais elaborada do que aquela de outros platônicos, ainda que apresente, talvez, algumas hesitações[9]. Sobre o número das ideias, Plotino permanece convencido, mais uma vez de acordo com a quase totalidade dos intérpretes, de que esse número é finito, em conformidade com sua concepção do mundo inteligível enquanto *cosmos*, verdadeiro e perfeito, totalidade harmoniosa e completa[10].

No debate sobre o lugar e a natureza das ideias, quer dizer, sobre a relação que existe entre elas e a inteligência do Deus-demiurgo do *Timeu*, um debate muito aceso na escola, Plotino interveio de maneira completamente original. A maioria dos platônicos contemporâneos acreditava que as ideias tinham uma existência autônoma, portanto, exterior ao intelecto divino; ao contrário, Plotino se colocará atrás daqueles que – como Fílon de Alexandria (25 a.C.-50 d.C.) ou Alcinoos, autor do *Didaskalikos* – tinham situado os arquétipos ideais diretamente no interior do espírito divino, julgando que eles eram, falando propriamente, os "pensamentos de Deus". No entanto, a grande novidade foi conceber as ideias não mais somente como conteúdos ou instrumentos da inteligência divina, mas verdadeiramente como espíritos

---

8. Cf., p. ex., *Ennéades*, V, 1, 7.5-6; V, 2, 1.7-11.

9. Ibid., V, 9, 9-13; V, 7, 1-11.

10. Ibid., III, 2, 1.26-45; III, 7, 4.12-15; VI, 7, 14. Cf., para uma apresentação de conjunto, BALTES, M. & LAKMAN, L. Idea dottrina delle idee. In: FRONTEROTTA, F. & LESZL, W. (orgs.). *Eidos-Idea* – Platone, Aristotele e la tradizione platonica. Sankt Augustin: Academia Verlag, 2005.

pensantes. Uma vez abolida a figura mística do Demiurgo, Plotino concebeu então a segunda hipóstase como o conjunto de uma pluralidade de entidades que são ao mesmo tempo ideias e faculdades de compreender; em suma, para ele, ser e pensamento não são mais coisas distintas ou, no melhor dos casos, unidos no mesmo lugar – o espírito divino –, mas são absolutamente idênticos[11]. A identidade entre o pensamento e o que é pensado não é imaginada por Plotino de maneira estática, mas no quadro de um movimento espiritual, de uma "vida", onde as ideias não param de se pensar a si mesmas junto com a totalidade orgânica que elas constituem[12]. Em razão da interpretação total e recíproca que caracteriza o mundo ideal, cada ideia é ao mesmo tempo ela mesma e as outras; ela tem um conhecimento intuitivo de si mesma e de todas as outras, sem por isso perder sua autonomia e sua individualidade[13].

Além disso, o dinamismo intelectual constitui a essência das ideias e, por conseguinte, de toda a realidade, que é uma cópia das ideias. No entanto, o mundo sensível não é a primeira cópia do mundo inteligível, visto que Plotino, pela utilização repetida da relação platônica de modelo/imagem e pela exploração exagerada de algumas indicações contidas no *Timeu*, multiplica os níveis das entidades ideais: as ideias que se encontram na Alma, chamadas também de *logoi* (princípios racionais) primários, são, de acordo com ele, imagens esvaziadas das ideias que se encontram no Ser-Intelecto, enquanto que os "traços" das ideias que se encontram na natureza, ou *logoi* secundários, são imagens esvaziadas das ideias que residem na alma. Resulta disso que os *logoi*, que finalmente dão forma aos compostos sensíveis, não são outra coisa senão cópias de cópias de ideias[14].

Alma e almas

A Alma deriva do Ser-Intelecto em virtude de um processo análogo àquele pelo qual a segunda hipóstase deriva do Um; em relação ao Ser-Intelecto do qual ela deriva, ela é degradada, visto que dá forma e vida ao corporal. Plotino não se preocupa

---

11. Cf., p. ex., *Ennéades*, V, 9, 8. Pode-se facilmente reconhecer aqui a contribuição de intérpretes de Aristóteles, particularmente Alexandre d'Aphrodise, que tinha, algumas dezenas de anos antes de Platão, identificado o deus do livro Λ da *Metafísica* se pensando somente ele mesmo no interior do intelecto em ato do livro III do *Sobre a alma*, que pensa constantemente a totalidade dos inteligíveis.

12. Cf., p. ex., *Ennéades*, VI, 7, 13. A razão principal disso se deve à exigência de Platão, atestada por uma passagem célebre do *Sofista* (248ss.], de atribuir ao Ser movimento, vida, alma e pensamento, assim como a descrição do deus de Aristóteles como pensamento de si somente em ato.

13. Cf., p. ex., *Ennéades*, V, 8, 4. Para ilustrar este caráter particular – e em muitos aspectos – da natureza das ideias, Plotino os compara com os teoremas de uma ciência única na qual cada teorema só aparentemente é ele mesmo, mas implica na realidade todos os outros, quer sejam antecedentes ou consecutivos e, portanto, a totalidade da ciência em questão (cf. *Ennéades*, IV, 9, 5; VI, 2, 20).

14. Cf. principalmente *Ennéades*, II, 3, 17-18; V, 9, 6; VI, 7, 5.

Plotino 109

absolutamente com ser preciso quanto às diversas articulações do nível psíquico; grosso modo, pode-se dizer que depois da Alma hipostática se encontra a Alma do mundo e com ela as almas individuais, que são de uma natureza próxima à sua (a influência do *Timeu* é evidente), e que todas essas almas, tanto a alma coletiva quanto as almas individuais, têm uma dimensão superior, voltada para o inteligível, e uma dimensão inferior (Natureza), voltada para a produção do sensível. O ser humano, enquanto corpo governado por uma alma, e por uma alma provida de funções superiores (racionais e intelectuais) ou inferiores (sensitivas e vegetativas), é verdadeiramente o ponto de encontro dos dois "mundos" tradicionais de Platão: o inteligível e o sensível.

É precisamente esta relação estreita com o sensível que suscita as aporias complexas quanto à natureza da alma. De fato, como – se interroga Platão – um princípio que governa e anima a totalidade do mundo sensível pode não implicar a extensão? Como o princípio psíquico pode residir nas várias partes complexas do corpo, sem ser por sua vez dividida em partes? Uma resposta possível é que a alma está presente em sua totalidade em cada parte do corpo animado; outra resposta é que não é a alma que está no corpo, mas o corpo que está na alma, da mesma maneira como um corpo claro e quente está na luz e no calor. O exame de todas estas questões sai muito frequentemente dos livros VI, 4 e VI, 5 das *Enéadas* (originariamente, como um único tratado, divido em dois por Porfírio), nos quais Plotino elabora sua resposta às questões relativas às relações entre o inteligível e o sensível, levantadas principalmente na primeira parte do *Parmênides* de Platão.

A matéria e o mal

O tema da matéria presente com muitos aspectos é objeto de discussões. Parece, no entanto, que, para Plotino, a matéria não é engendrada senão uma única vez e para a eternidade (no sentido de que ela está fora do tempo) pela Natureza, ou ainda pela parte inferior da Alma[15]. Plotino descreve muito frequentemente a matéria como um puro não ser caracterizado pela privação, pela esterilidade e pela ausência total de vida. Resulta dessas premissas o seguinte: dizer que as formas ideais ou *logoi* se encontram na matéria é inadequado, já que esta última não é mais também um substrato capaz de acolhê-las: os *logoi* não fazem parte da matéria senão na aparência, visto que eles se unem a ela sem modificá-la, nem determiná-la de qualquer maneira que seja: a matéria não é, no melhor dos casos, senão uma espécie de espelho inerte[16], no qual as formas produzem um reflexo aparente (ou seja, ele não reproduz fielmente os traços do princípio formal), incoerente e fugaz.

---

15. Ibid., III, 4, 1.

16. Ibid., III, 6, 9.

Tratando-se do mundo sensível, resultado da interação entre a matéria e os princípios ideais, o pensamento de Plotino varia muitas vezes. Opondo-se às doutrinas de tipo gnóstico que condenam absolutamente a corporeidade e imputam a um Demiurgo mau a criação do mundo sensível, Plotino reafirma com vigor a bondade do mundo sensível e sua origem divina e perfeita. De acordo com esta concepção, a beleza e a harmonia do *cosmos* visível refletem justamente a beleza e a harmonia do mundo inteligível[17]. Quando, ao contrário, Plotino aborda as concepções aristotélicas ou materialistas, que negam a existência de uma esfera inteligível à parte e valorizam a experiência do prazer no sentido comum do termo, ele sublinha que o mundo dos corpos naturais é somente um pálido reflexo deformado das causas incorpóreas verdadeiras, tendentes a enganar o conhecimento e a perverter a moral. O papel da matéria e da corporeidade, do ponto de vista ético, é examinado principalmente no tratado I, 8, no qual Plotino julga que é na matéria que o mal primário, a origem de todo mal da alma, encontra lugar, ao mesmo tempo em que confirma a tese de que a matéria deriva de princípios superiores. Assim, de um lado, Plotino permanece fiel à tese monista que exclui a existência de um princípio negativo oposto, desde a origem, aos princípios supremos e, de outro, ele não hesita em sustentar a existência de um dualismo dos valores, de acordo com o qual a matéria é o princípio do mal moral, capaz de levar a alma humana para o que é inferior e negativo, quer dizer, o corpo e a atenção que se presta a ele[18].

O conhecimento e o retorno ao Um

Plotino experimentava desconfiança em relação às práticas mágico-rituais e as formas de religiosidade supersticiosa; para ele, é essencialmente a vida filosófica que permite se emancipar do corporal, pois para ela convergem a disciplina moral e a disciplina intelectual. É preciso superar as formas primeiras do conhecimento ligadas à percepção sensível para reunir aquelas que são mais racionais, suscetíveis de nos conduzir à visão das ideias. Para Plotino, se é possível conhecer bem as realidades inteligíveis, é porque não é próprio da totalidade da alma humana decadente se encarnar no sensível de fato, uma parte permanece sempre no mundo das ideias[19], ao contrário do que pensam todos os outros intérpretes de Platão. Como uma espécie de ideia entre as ideias, esta parte da alma goza assim com a forma de pensamento própria da segunda hipóstase, ou seja, com a compreensão total e imediata das partes

---

17. Ibid., II, 9.

18. Eis aí uma contradição aparente, como não deixará de sublinhar Proclus no *De malorum subsistentia*.

19. Cf. *Ennéades*, IV, 8, 8.1-6.

Plotino 111

e do todo. Trata-se, assim, de uma intuição intelectual (*noesis*) que capta intemporalmente todos os inteligíveis em suas relações recíprocas, colocando-se assim acima do pensamento racional (*dianoia*), no sentido habitual destas palavras, onde o raciocínio se desenvolve no tempo e onde os conteúdos conceituais não estabelecem entre si senão relações parciais.

Mas a intuição perfeita do mundo inteligível não constitui o cúmulo da ascese espiritual, que não se realiza plenamente senão quando a alma se une ao Um, numa experiência mística na qual os limites do indivíduo tendem a se anular e o objeto e o sujeito tendem a coincidir. Para "ver" ou "tocar" verdadeiramente o Um, a alma deve se despojar de tudo e abandonar o que caracteriza a inteligência para perder toda forma, como objeto para o qual ela tende; depois do que ela deve pacientemente esperar que o Um se manifeste e que, numa visão repentina, seja finalmente realizada sua união com o princípio[20]. Plotino, ainda que permaneça consciente da incomunicabilidade fundamental da experiência mística, fala disso frequentemente, empregando expressões e palavras altamente sugestivas, como se a alma se revelasse a si mesma, se identificasse com o divino, tivesse uma pura visão da luz – que é Deus – num sujeito humano tornado si mesmo luz[21].

A posteridade de Plotino no seio do platonismo antigo e medieval é, sob certos aspectos, menor do que aquela da qual ele se beneficiou na Época Moderna – onde uma etapa fundamental da difusão de sua obra foi transposta quando foi publicada, em 1492, a tradução das *Enéadas* por Marsílio Ficino (1433-1499) – e principalmente na época contemporânea, quando o movimento romântico europeu revalorizou seus escritos. Parece que há duas razões principais para o enfraquecimento relativo da reputação de Plotino no final da Antiguidade Tardia: em primeiro lugar, sua atitude resolutamente crítica em relação a Aristóteles, que se chocou com a tendência "conciliadora" (aquela que buscava sempre o acordo entre as posições de Platão e as posições de Aristóteles), já presente no movimento platônico que o precedeu e que iria dominar depois dele, promovida em particular por Porfírio; em seguida, a viragem mágico-teúrgica que Jamblique (242-325) fez a escola realizar, largamente assimilada pelos platônicos posteriores – que se pense principalmente em Proclus (412-485) –, que os distanciava da atitude sobriamente racionalista de Plotino, o qual considerava com suspeita as formas de purificação espiritual diferentes da vida filosófica de ascese e de estudo.

---

20. Ibid., V, 7.31-35; VI, 7, 34.12-14; VII, 9, 7.5-16.

21. Ibid., IV, 8, 1.1-11; VI, 9, 9.38-60.

10

O NEOPLATONISMO DE PROCLUS

Carlos Steel *

Proclus nasceu em Constantinopla em 412 numa família originária da Lycia, que permaneceu fiel à religião helênica tradicional numa sociedade já dominada pelo cristianismo. O jovem brilhante decidiu se dedicar inteiramente à filosofia. Depois dos estudos de Alexandria, ele foi para Atenas em 430 para se juntar à Academia, que era então dirigida pelo velho Plutarco. Com a nomeação deste, a venerável instituição se converteu também ao movimento neoplatônico, que se desenvolveu primeiramente à margem das escolas tradicionais. Esta nova filosofia, inaugurada por Plotino (205-270), continuou em Roma com o magistério de Porfírio (± 232-304), enquanto que seu discípulo Jamblique (242-325) estabelecia sua própria escola na Síria. Sob a influência de Jamblique, a metafísica do neoplatonismo ficou cada vez mais ligada aos ritos e às crenças do paganismo, que ela pretendia justificar. Esta corrente do neoplatonismo invadiu finalmente a Academia de Atenas com a chegada de Plutarco à chefia da escola. Com Syrianus, que lhe sucedeu em 432, esta nova orientação será ainda mais reforçada. Até seu fechamento por Justiniano em 529, a Academia será o bastião intelectual do paganismo.

Durante quinze anos, Proclus seguiu todos os cursos de Syrianus e foi profundamente influenciado por seu magistério. Depois da morte de seu venerado mestre (em 437?), ele se tornou chefe da Academia e por isso mesmo "sucessor de Platão"; ele aí permaneceu até sua morte em 485. Apesar do clima ideológico hostil, a Academia continuava a gozar de um grande prestígio em Atenas. Proclus não abandonou a cidade, senão durante um período de perturbações políticas, época que passou na Lídia. Ele atraiu em torno de si um grande número de discípulos vindos de diversos países. Podemos reconstruir a vida da escola graças à biografia (hagiográfica) que seu aluno Marinus lhe dedicou. Nessa obra, Marinus queria mostrar como Proclus tinha atingido o cúmulo da felicidade pela

---

* Professor de Filosofia. Universidade de Louvain [K.U. Louvain].

O neoplatonismo de Proclus   113

prática de todos os graus da virtude. A Academia não era somente uma escola filosófica, mas também uma comunidade religiosa, na qual Proclus e seus alunos continuaram a praticar os cultos da antiga religião helênica e os ritos teúrgicos dos Caldeus. Não era concebível a seus olhos que se pudesse dissociar a filosofia, concebida como uma argumentação racional, das crenças religiosas ditas pagãs, tal como eram usadas na época dos intelectuais cristãos. Ao contrário, a ambição de Proclus, que era já a ambição de seu mestre Syrianus, era demonstrar o acordo fundamental entre a filosofia de Platão (428-348 a.C.) e as outras fontes de sabedoria divinamente inspirada, a tradição matemática vindo de Pitágoras (570/571-496/497 a.C.), os *Oráculos caldeus*, as teogonias órficas, os mitos de Homero (século IX a.C.) e de Hesíodo (século VIII a.C.). "Não há qualquer problema em penetrar em toda a teologia, tanto grega quanto bárbara e naquela que está oculta nas ficções dos mitos, mas, para aqueles que querem e podem compreendê-la, ela foi trazida à tona, explicando todas as coisas de uma maneira profundamente inspirada nos deuses e colocando todas as teologias de acordo"[1]. Proclus estava convencido de que somente a filosofia podia produzir a síntese desta tradição multiforme. "Em todos os casos, eu preferiria o evidente, o distinto e o simples a seus contrários; e o que é transmitido por símbolos traria à luz o ensinamento; o que é transmitido por imagens, eu o faria remontar a seu original; o que é escrito de uma maneira muito categórica, eu daria confirmação pelos raciocínios"[2]. Nesse esforço de compreensão, ele queria seguir o ensinamento do divino Platão, o único que desenvolveu uma doutrina compreensiva dos primeiros princípios dos seres. Proclus adotava também tudo "aquilo que fosse fecundo e útil" nos pensadores antigos depois de Platão, Aristóteles e os estoicos, ainda que se mostrasse frequentemente crítico a respeito de Aristóteles, a quem ele acusava de ter mal interpretado seu mestre.

Proclus produziu comentários de todos os diálogos de Platão que faziam parte do currículo da escola neoplatônica desde Jamblique. O curso começava com a explicação do *Alcebíades* sobre o autoconhecimento, diálogo que era considerado como uma introdução à filosofia, e culminava na explicação das duas obras maiores de Platão, o *Timeu*, sobre a gênese do mundo sensível e o *Parmênides*, que oferecia os princípios da teologia. Em todos esses comentários, aqueles sobre o *Alcebíades*, o *Crátilo*[3], o *Timeu*[4] e o *Parmêmides* foram em parte conservados. Além disso, dispo-

---

1. *Vie*, § 22.

2. *Théologie platonicienne*, I, 2, p. 9, 20-27.

3. Há uma publicação em português desta obra: PLATÃO. *Crátilo*. São Paulo: Instituto Piaget, 2001 [Tradução de Maria José Figueiredo] [N.T.].

4. Há uma publicação em português desta obra: PLATÃO. Timeu. In: NUNES, B. (org.). *Diálogos de Platão*. Belém: Edufpa, [Tradução do grego de Carlos Alberto Nunes] [N.T.].

mos de uma série de ensaios sobre a interpretação da *República*[5]. Os comentários de Proclus são obras-primas desse gênero. Eles apresentam uma interpretação coerente de um diálogo a partir da determinação de seu objeto (*skopos*), com um interesse particular para o menor detalhe do texto, sem jamais perder de vista a realidade das coisas que esses textos do divino Platão pretendiam explicar. Eles fornecem também uma documentação extremamente rica sobre a interpretação do diálogo na tradição platônica (a esse respeito, o comentário do *Timeu* é uma mina de informações). Ao lado desses comentários sobre Platão, Proclus compôs um comentário sobre os *Elementos* de Euclides[6] (360-295 a.C.). Os dois prólogos desse comentário oferecem a melhor introdução ao estudo filosófico das matemáticas na Antiguidade. A composição do "Hypotypose das posições astronômicas" é outra indicação do grande interesse de Proclus pelas ciências e pela cosmologia, como mostram também as numerosas digressões matemáticas em seu comentário sobre o *Timeu*. Ele comentou ainda as *Enéadas* de Plotino, de quem era um leitor assíduo, porém crítico. Não se deve esquecer de mencionar seu grande comentário dos *Oráculos caldeus*, dos quais alguns vestígios foram conservados por Psellus (1017/1018-1096). Proclus, aliás, redigiu tratados sobre diversos assuntos, como a providência e a fatalidade, a liberdade de escolha da alma, a existência do mal. Além de seus comentários, Proclus deve antes de tudo sua reputação a dois grandes tratados sistemáticos que vamos agora apresentar: os *Elementos de teologia* e a *Teologia platônica*.

Elementos de teologia

Os *Elementos de teologia* são sem qualquer dúvida a obra mais original de Proclus, não por seu conteúdo – pois a maioria dos princípios nela desenvolvidos vem de seus antecessores –, mas pelo esforço admirável que ela envida a fim de desenvolver toda a metafísica neoplatônica a partir de um conjunto de axiomas. Nos *Elementos*, Proclus demonstra de uma maneira quase geométrica os teoremas fundamentais da teologia ou da ciência metafísica, tal como ele a concebe. A obra contém 211 proposições, cada uma das quais é seguida por uma demonstração. A primeira parte (1-112) examina os princípios fundamentais que estão na base de tudo o que existe, como a relação entre o um e o múltiplo, entre a causa e o efeito, o todo e as partes, a participação, o processamento e a conversão dos seres, o limite e o ilimitado, o automovimento e a autoconstituição, o ato e a potência, a eternidade e o tempo. Na

---

5. Há uma publicação desta obra em português: PLATÃO. *A República*. Lisboa: Calouste Gulbenkian, 1987 [Introdução, tradução e notas de Maria Helena da Rocha Pereira] [N.T.].

6. Há uma publicação em português desta obra: EUCLIDES. *Os elementos*. São Paulo: Edusp, 2009 [Tradução direta do grego de Irineu Bicudo] [N.T.].

O neoplatonismo de Proclus

segunda parte (113-211), Proclus passa em revista todos os graus da realidade, aplicando os princípios metafísicos gerais da primeira parte. Ele examina sucessivamente as henadas divinas, os intelectos e as almas. O mundo físico, que não constitui uma hipóstase verdadeira, não tem lugar nessa metafísica teológica.

a) *O Um e o múltiplo*

Os *Elementos* começam pelo princípio fundamental de todo o neoplatonismo desde Plotino: "Toda pluralidade participa de alguma maneira do Um". De fato, sem a unidade que o mantém em seu ser, o múltiplo se tornaria uma pluralidade infinita de partes e deixaria de existir. Mas uma pluralidade não pode por si mesma ser a unidade da qual ela participa e que a faz subsistir. O ser unificado não é o Um enquanto tal, o Um absoluto. Ele recebeu a unidade como uma determinação distinta do que ele é por si mesmo. O que é, portanto, este Um do qual a pluralidade como ser unificado participa e ao qual ele está subordinado? O que explica, por exemplo, a unidade de um organismo vivo é a sua alma. Mas a alma não poderia ser a explicação última da unidade: ela mesma é uma multiplicidade de potências e atividades. É preciso, portanto, remontar a uma outra forma de unidade que a explique, e assim por diante, até que se chegue ao princípio de todos os seres, que é verdadeiramente o Um absoluto. Este Um é também o Bem absoluto. De fato, se a função própria do Um é de manter os seres múltiplos em seu ser, esta é também a função do Bem. A perfeição e o bem-estar das coisas lhes vêm de sua unificação, enquanto que sua dispersão e sua fragmentação são a causa da destruição e do mal. O Um e o Bem são nomes que designam uma mesma realidade, ou melhor, as relações dos seres no tocante a esta realidade. Nós a chamamos de Bem quando a visamos como finalidade suprema de todos os seres, e o chamamos de Um quando a consideramos como sendo a origem transcendente de todos os seres.

b) *Processão*[7]

"Cada ser produz seres semelhantes a si próprio antes de fazer existir os dessemelhantes"[8]. O que é absolutamente diferente não pode proceder imediatamente de sua causa. Daí a necessidade de seres intermediários para religar os termos extremos. Fica assim excluído que o Intelecto, que contém a multiplicidade das ideias, procede diretamente do Um, é o ser absoluto, sendo assim o primeiro objeto inteligível (*noeton*). Para aproximar o inteligível e o intelecto é preciso postular a

---

7. Processão: termo que significa "procedência". Na doutrina católica, processão indica a crença de que o Filho provém do Pai e que o Espírito Santo provém de ambos na Santíssima Trindade [N.T.].

8. *Élements de théologie*, § 28.

ordem inteligível e intelectiva que corresponde à Vida absoluta. Do Um vem, portanto, o Ser, do Ser a Vida, da Vida o Intelecto. Nessa processão, o nível superior exerce uma causalidade mais compreensiva, que se estende mais longe do que o nível que lhe está subordinado. Assim, todos os seres participam do Ser, mas nem todos da Vida, e ainda menos do Intelecto. A causalidade do Um se estende ainda mais longe do que a causalidade do Ser, porque a própria matéria, o substrato indeterminado de todo o mundo físico depende do Um, ainda que ela não exista verdadeiramente.

c) A estrutura triádica da realidade

Se a processão se faz segundo a semelhança, tudo o que é produzido preexiste, de uma maneira ou de outra, na potência fecunda de sua causa. Pode-se dizer que ele "permanece" em sua causa (kat'aitian), sem que haja aí uma existência formalmente distinta (kath'huparxin). No entanto, se o efeito aí permanecesse imutável, ele não se distinguiria em nada de sua causa e nada se produziria. É somente pela "processão" que o efeito começa a existir à parte, como um ser formalmente distinto, fora de sua causa. Se é verdade que um ser não pode permanecer integralmente em sua causa, está por outro lado excluído que ele proceda ao infinito. É preciso, portanto, que o efeito se refira continuamente à sua origem para continuar a existir. "Todo ser que procede de um princípio se converte, de acordo com seu ser, naquilo de que ele procede"[9]. Pois que princípio poderia trazer para ele o bem que lhe é próprio, senão a causa da qual ele recebe o seu ser? A conversão ou o retorno é esta aspiração do efeito em sua causa enquanto esta constitui seu bem. O termo da conversão coincidirá, portanto, sempre com o princípio da processão. Como todos os seres se convertem na causa de que procedem, eles realizam uma atividade cíclica. "Estes ciclos se fazem mais amplos ou mais curtos segundo as conversões que carregam sejam levadas às causas imediatamente superiores ou às mais elevadas"[10].

d) Participação

A metáfora da participação introduzida por Platão para explicar a relação entre a forma e as coisas múltiplas suscita tantas dificuldades quanto pode resolver. Se a forma permanece una e "separada" das coisas múltiplas, parece que estas últimas não podem ter nela uma "parte". Se, ao contrário, ela está presente nos seres que nela tomam parte, ela se torna particularizada e perde sua universalidade. A solução de Proclus consiste em distinguir entre o modo participado e o modo não participado ou imparticipável da forma. O que é participado pelos seres particulares não pode ser

---

9. Ibid., § 31.

10. Ibid., § 33.

O neoplatonismo de Proclus   117

a forma ideal em si mesma. Esta forma permanece imparticipável, mas a partir dela provêm as formas participadas que são imanentes aos seres que participam dela: estas formas correspondem às formas na matéria (*enuloi*) de que trata Aristóteles. Mas, enquanto Aristóteles rejeita as formas separadas como uma duplicação supérflua da realidade, Proclus mostra que a existência da forma não participada é necessária para garantir o caráter universal das formas participadas. De fato, uma forma participada pertence completamente à coisa que participa e não pode estar ao mesmo tempo numa outra. Se somente houvesse a forma participada, não se poderia explicar como todas as coisas que participam numa forma têm esta forma em comum com as outras coisas da mesma espécie. Existe, portanto, anteriormente às formas participadas, uma mônada não participada que garante a unidade e a universalidade da forma nos seres múltiplos. "Todo imparticipável produz a partir de si mesmo as formas participadas e todos os seres (*hypostaseis*) participados se referem aos seres imparticipáveis"[11].

A distinção entre os modos participado e imparticipável não se aplica somente às Formas idealizadas, mas a todas as hipóstases: à Alma, ao Intelecto e inclusive ao Um. A cada nível, deve-se fazer uma distinção entre a mônada imparticipável e a série de formas participadas que lhe são prescritas. Assim, anteriormente à série das almas nas quais os corpos participam em níveis diferentes – há de fato as almas divinas dos astros, as almas dos demônios, as almas particulares dos humanos –, existe uma alma imparticipável de que procede a série de almas participadas, de acordo com diferentes graus de participação. E antes dos intelectos nos quais participam as almas divinas, demoníacas ou humanas, existe um intelecto imparticipável absoluto que compreende em si a totalidade de todas as formas ideais. Os múltiplos intelectos procedem desse intelecto absoluto e constituem, assim, uma série coordenada de intelectos, cada um deles tendo o mesmo conteúdo intelectual. O intelecto é, portanto, ao mesmo tempo, um e múltiplo. De acordo com este mesmo argumento, devemos estabelecer depois do Um – que é absolutamente transcendente e do qual não pode participar nenhum dos seres – uma série de "uns" ou "henadas", na qual participam as diferentes classes de seres que dele provêm. Estas henadas não são modalidades da unidade adquiridas pelos seres, mas unidades que subsistem por si mesmas, permanecendo transcendentes em relação aos seres que delas dependem. Ainda que elas permaneçam unidas ao Um primeiro e estejam como ele para além do ser e para além de todo conhecimento, pode-se conhecer indiretamente seus caracteres distintivos a partir das diferentes classes de seres que estão suspensos nelas. As primeiras entre as henadas e as mais próximas do Um absoluto são o limite e o ilimitado.

---

11. Ibid., § 23.

A doutrina das henadas desempenha um papel absolutamente determinante na elaboração do sistema teológico de Proclus. Se o Um é o Bem, ele é também o deus. De fato, como não há nada de superior (de "melhor") ao Um-Bem, ele é o primeiro princípio dos seres e, portanto, deus. Falar do Um e da série de henadas que estão unidas a ele equivale, por conseguinte, a falar do deus e dos deuses. Enquanto unidades para além do ser, as henadas divinas são inefáveis e incognoscíveis, mas elas se deixam indiretamente definir pelas diferentes classes de seres que delas participam. "Somente o primeiro deus é totalmente incognoscível como imparticipável"[12]. A controvérsia "um único deus ou deuses múltiplos" – tema central na oposição do monoteísmo cristão e do paganismo politeísta – se apoia, portanto, numa questão mal colocada. Deus é um e o Um é deus, eis o que é manifesto. Mas o Um absoluto faz subsistir em torno de si e unifica em si as henadas múltiplas, que constituem tanto formas da unidade quanto os seres que delas participam. Assim, é possível explicar num sistema racional a processão e as propriedades distintivas de todas as classes de deuses.

Teologia platônica

Se todos os homens concordam em utilizar o nome de "deuses" para designar os primeiros princípios, eles o fazem de acordo com modalidades de discursos extremamente diferentes. Proclus distingue quatro tipos de discurso teológico: 1) o discurso mítico com uma encenação trágica e os símbolos (como na tradição órfica, ou em Homero e Hesíodo); 2) a revelação divinamente inspirada dos profetas, como nos *Oráculos caldeus*; 3) o discurso matemático dos pitagóricos, que evoca as ordens divinas com o auxílio de imagens de números e de figuras; 4) a teologia científica, que trata dos deuses utilizando termos tomados de empréstimo da dialética, como "um" e "ser", "todo" ou "parte", "idêntico" e "diferente", e fornece as demonstrações de suas propriedades. Foi Platão que levou esta ciência teológica à sua perfeição no *Parmênides*, em particular no exame dialético da hipótese do Um, por menos que ele seja interpretado convenientemente. Uma vez admitida a equivalência entre o Um e deus, pode-se ler a série de argumentos sobre o Um como uma exposição científica consagrada a deus e aos deuses. No *Parmênides*, Platão demonstra, portanto, de uma maneira científica, "a processão prescrita de todas as classes divinas a partir do primeiro princípio, suas diferenças e suas propriedades comuns e específicas"[13]. É segundo este modelo que Proclus quer ele mesmo construir sua *Teologia platônica*: "Nesse tratado, escreve ele, vou enumerar todos os graus da hierarquia divina, vou

---

12. Ibid., § 123.

13. *Théologie platonicienne*, I, 4, p. 20, 20-25.

O neoplatonismo de Proclus   119

definir, seguindo a maneira de Platão, suas propriedades e suas processões"[14]. É a partir dos princípios científicos do *Parmênides* e de todos os argumentos sobre os deuses nos outros diálogos de Platão, que é possível interpretar e integrar num sistema coerente todas as informações sobre os deuses que se encontram nas narrativas míticas, nas rapsódias órficas e nos *Oráculos caldeus*.

A intenção teológica da filosofia de Proclus torna sua obra rebarbativa para o leitor contemporâneo, que preferirá sem dúvida Plotino, como mais autenticamente filósofo. Certamente, pode-se ter admiração pelo projeto grandioso, senão heroico, de fundar nas premissas saídas da filosofia de Platão o conjunto da religião pagã, que estava em vias de desaparecer no seio de uma cultura já dominada pelo cristianismo. No entanto, o pensamento de Proclus é muito mais do que uma ideologia pagã. Perseguindo a inspiração de Plotino, criticando-a e desenvolvendo-a, ela é uma filosofia de um extraordinário poder especulativo, que vai muito além de seus desenvolvimentos sobre as divindades pagãs. A prova disso é que os autores que não aderiram, de maneira alguma, às convicções religiosas de Proclus se deixaram fascinar por seu pensamento e o desenvolveram de um modo original, tal como o cristão que se oculta com o nome de Dionísio o Areopagita e o muçulmano árabe que compôs o *Liber de causis*. Por meio desses autores anônimos, Proclus contribuiu mais do que Plotino para a formação da tradição platônica na Idade Média, tanto a grega quanto a latina ou a árabe. Enfim, foi na época do Renascimento que se descobriu seus grandes comentários sobre Platão, que, por intermédio de Ficino, determinaram a interpretação de Platão até o século XIX.

---

14. Ibid., I, 2, p. 9-13.

11

A HERANÇA DA FILOSOFIA GREGA NO CRISTIANISMO ANTIGO GREGO E LATINO

A importância da tradição platônica

Salvatore Lillal *

Helenismo e cristianismo no pensamento dos Pais da Igreja

A questão da relação entre o pensamento grego e a fé cristã ocupa um lugar considerável nos escritos patrísticos dos primeiros séculos da nossa era; mas, a respeito desse assunto, os Pais oscilam entre uma recusa absoluta, uma abertura limitada e uma defesa apaixonada. Eles não renunciam, porém, à tese da influência fundamental dos livros hebraicos, que deriva do helenismo judaico. São Paulo (9-64) tinha já apresentado a filosofia como fonte de ilusão e fermento do orgulho; ele a considerava como enormemente inferior ao conhecimento de Deus. Taciano (120-180), autor do *Discurso contra os gregos*[1], despreza-a abertamente, julgando que ela deriva de saberes bárbaros e que transborda de absurdos e contradições. De uma maneira semelhante, o autor da *Exortação aos gregos* rejeita as doutrinas filosóficas e sublinha suas contradições, e sustenta que elas estão submetidas a Moisés. Mas é principalmente em Tertuliano (± 160-220) que a recusa da filosofia grega é particularmente virulenta: ela estaria na origem de todas as heresias, mesmo quando, em alguns casos, não se pudesse negar a existência de um acordo entre os filósofos e as doutrinas cristãs. Qualquer que seja o caso, nenhuma relação verdadeira pode existir entre Atenas e Jerusalém, nem entre a Academia e a Igreja. A ideia de Tertuliano, que vê na filosofia a própria origem das heresias, retorna em Hipólito (± 170-235) e Epifânio (± 315-

---

* *Scriptor graecus* da Biblioteca do Vaticano e professor de Patrística e Paleografia Grega. Instituto Patrístico Augustiniarum, Roma.

1. Há uma publicação em português desta obra: TACIANO. *Discurso contra os gregos*. 2. ed. São Paulo: Paulus, 1995 [Tradução de Ivo Stoniolo e Euclides M. Balancin] [N.T.].

A herança da filosofia grega no cristianismo antigo grego e latino 121

403), que não hesita em colocar Orígenes (± 185-253) entre os hereges por causa de uma "educação grega" claramente dominante.

Ao contrário, Atenágoras (século II) apregoou sua estima pelo ensinamento das grandes escolas filosóficas que afirmaram a existência de um Deus único, como o fizeram os cristãos. Justino (100-165), o mártir, reconhecia a presença de "germes de verdade" nos filósofos gregos, que somente teriam chegado a um conhecimento muito reduzido da verdade, e que deviam este conhecimento ou à sua razão, parte humana do *logos* universal, ou à intervenção direta do *logos* que teria "semeado" neles algumas ideias. Este ponto de vista é adotado e desenvolvido por Clemente de Alexandria (150-215), que interpreta nesse sentido a parábola evangélica do semeador; de fato, não é absurdo acreditar que uma "chuva divina impregnou" os filósofos gregos que procuravam a verdade. Clemente não hesita, portanto, em tomar resolutamente a defesa da filosofia grega diante dos membros menos cultos da comunidade cristã de Alexandria, que somente experimentavam desconfiança e medo em relação à filosofia, emanação do demônio e origem da heresia. A teoria judaico-helenística segundo a qual os gregos se apropriaram do Antigo Testamento retomado por Clemente com grande esforço de erudição[2] não está, segundo ele, em contradição nem com a imagem do semeador – o *logos* universal que faz chover os bons germes da verdade sobre filósofos –, nem com a imagem da "chuva divina" já presente na *Sabedoria de Salomão*, no livro do *Siracida* e em Fílon (25 a.C.-50 d.C.). Ao contrário, ela fornece uma prova suplementar da presença de elementos de verdade nas doutrinas dos filósofos e um argumento a mais para ser a elas acrescentado. Com exceção da doutrina epicurista, as diferentes doutrinas filosóficas gregas constituem fragmentos da verdade que, originariamente idêntica ao *logos* universal, veio a se deslocar depois para filosofias distintas, a exemplo dos membros do corpo de Penteu. Reunindo os fragmentos de verdade dispersos em cada uma das doutrinas filosóficas, é possível chegar à contemplação da verdade absoluta. Assim compreendida e considerada em seu conjunto, a filosofia grega dá "uma imagem clara da verdade"; ela é um dom que Deus oferece aos gregos. Na história, sua função foi prepará-los para o cristianismo. O Antigo Testamento teve o papel, análogo e paralelo, de preparar os hebreus. Quando a consideramos do ponto de vista histórico, a filosofia é orientada para a investigação da verdade, da qual o cristianismo representa a expressão mais completa e mais elevada, enquanto que, no engajamento cotidiano, o estudo da filosofia se torna o instrumento que o cristão deve empregar, se é que ele quer que sua "simples fé" floresça numa verdadeira *gnosis*; e isto não seria possível sem uma interpretação alegórica ou "filosófica" da significação literal do texto das Escrituras. Partindo da

---

2. *Stromates*, livros I e V.

letra, do símbolo em si, esta interpretação pode trazer à luz a significação mais elevada das Escrituras, ocultada pelo símbolo. Clemente é o primeiro grande teólogo cristão a insistir nesta ideia que Fílon, representante maior do judaico-helenismo de Alexandria, tinha já sustentado e colocado em prática, interpretando "filosoficamente" os livros do Antigo Testamento. Numa época anterior, os estoicos tinham tratado a mitologia grega de maneira semelhante. Foi justamente graças a este duplo papel desempenhado pela filosofia na história e no engajamento cotidiano que Clemente pôde ver na filosofia uma "serva da teologia", ideia que ele compartilha com Fílon.

Num testemunho trazido por Eusébio de Cesareia[3] (± 265-339), Porfírio (± 232-304) nos informa sobre a imensa erudição de Orígenes. Por outro lado, Gregório o Taumaturgo (213-270) relata que a escola de Orígenes tinha o maior interesse pelo estudo dos filósofos. Orígenes é muito mais consciente do que Clemente quanto à necessidade de possuir um conhecimento aprofundado das doutrinas filosóficas gregas clássicas e dos maiores escritos desse domínio produzidos durante os três primeiros séculos; este conhecimento condiciona a elaboração de uma "teologia cristã", assim como a defesa do próprio cristianismo. Apesar disso, em relação à filosofia propriamente dita, Orígenes manifesta mais circunspecção do que Clemente.

Como Atenágoras, Justino e Clemente, Eusébio de Cesareia considera que a sabedoria hebraica e a filosofia grega concordam no essencial[4], a segunda sendo dependente da primeira em razão da anterioridade do povo hebreu. Assim, Eusébio pode adotar facilmente a visão de Clemente quanto ao papel histórico desempenhado pela filosofia grega na preparação da verdade cristã; as muito numerosas citações filosóficas que pontuam seus trabalhos visam precisamente estabelecer a prova disso. Tal como Clemente, Eusébio julga válida a ideia de Numenius segundo a qual "Platão é antes de tudo um Moisés que fala grego".

Em seu *Discurso aos jovens*, Basílio o Grande (329-379) demonstra seu interesse pelas obras literárias gregas, nas quais os propósitos de muitos autores pagãos podem se revelar úteis para a moral, na medida em que concordam com os preceitos evangélicos.

Em sua obra *Contra Juliano*, em resposta ao texto do Imperador Juliano intitulado *Contra os galileanos*, Cirilo de Alexandria (± 375-444) se propõe a demonstrar que muitos pontos da doutrina cristã estão já presentes no pensamento grego e que a hostilidade de Juliano em relação ao cristianismo não está, consequentemente, fundada nem lógica nem historicamente.

---

3. *Histoire ecclésiastique*, livro VI.

4. *Préparation évangélique*, livros X e XI.

O entusiasmo de Agostinho (354-430) por Platão (428-348 a.C.) e por aqueles que constituem a tradição platônica é análogo àquele de Justino, o mártir, pelo médio-platonismo que lhe foi contemporâneo. Seu julgamento sobre os neoplatônicos não é fundamentalmente diferente daquele que Atenágoras, Justino, Clemente e Eusébio exprimem a propósito dos filósofos gregos em seu conjunto: "Poucas mudanças bastavam para transformá-los em cristãos"[5]. Agostinho reconheceu muito claramente e sem reservas o papel que a filosofia desempenhou em sua formação intelectual.

A Época Moderna retorna à necessidade de precisar quais são as relações que a filosofia grega e a religião cristã contraem; ela o faz com acentos frequentemente apaixonados e segundo uma multidão de métodos e orientações que fazem eco, ainda que parcialmente, àqueles dos Pais dos primeiros séculos. Nesta matéria, os trabalhos de H. Dörrie e de C. de Vogel têm uma importância considerável.

a) *A herança filosófica nos autores cristãos*

Convém levar em consideração vários pontos fundamentais da tradição platônica, em numerosos autores patrísticos gregos e latinos:

- a teologia negativa, cuja concepção de um Deus imutável é somente um aspecto;
- a doutrina da inteligência divina como lugar das ideias, que não se distinguem dos pensamentos de Deus e de seus poderes criadores e são os modelos dos objetos sensíveis;
- a interpretação ao mesmo tempo teológica e metafísica das duas primeiras hipóteses do *Parmênides*;
- o problema da relação que existe entre o primeiro princípio, a inteligência e o ser;
- o problema da relação entre as supremas realidades inteligíveis;
- a cosmologia;
- o controle exercido pela parte racional do espírito sobre a parte irracional;
- o desligamento em relação ao corpo e ao mundo sensível, assimilável a uma "purificação" e indispensável à contemplação do mundo inteligível;
- a contemplação de Deus compreendida como autocontemplação, quer dizer, como contemplação da imagem divina que cada homem carrega consigo;
- a dobra da alma em si mesma;
- a gradação das virtudes;
- o ideal de "semelhança a Deus" e de redução à unidade;

---

5. *De la vrai religion*, XII.

- a doutrina do mal;
- o caráter esotérico do conhecimento superior;
- a imagem da alma alada;
- os três grandes momentos da metafísica neoplatônica, *moné, proodos* e *epistrophé*;
- a doutrina das henadas;
- a união mística superior da inteligência;
- as leis que regem a hierarquia dos seres divinos.

Os quatro últimos pontos desempenham um papel essencial no pensamento de Pseudo-Dionísio o Areopagita.

Pode-se também encontrar pressupostos porfirianos na doutrina do Deus uno e triplo próprio ao mesmo tempo dos Pais capadócios e de Dionísio o Areopagita, assim como na relação entre a natureza divina e a natureza humana na pessoa de Jesus. O estudo do "platonismo dos Pais da Igreja" deve, por um lado, levar em conta sua posição diante do fundamento da Academia, em grande parte semelhante àquela do platonismo contemporâneo, mas também marcado por algumas ideias próprias da apologética judaico-helenística; e, por outro lado, este estudo deve se preocupar com as reminiscências evidentes e as citações platônicas presentes em seus trabalhos. Muitas pesquisas mostraram claramente que a especulação dos três Pais capadócios não pode ser separada do neoplatonismo. No caso do Pseudo-Dionísio o Areopagita, é principalmente o platonismo mais tardio que deixou uma impressão particularmente marcada em seu pensamento.

A presença do aristotelismo e do estoicismo no pensamento dos Pais da Igreja, sem dúvida menos difuso do que a presença do platonismo, não é, no entanto, tão "marginal" quanto se poderia pensar. As teorias do *logos* como princípio fundador e como lei do cosmos, da virtude regida por esse mesmo *logos*, da origem e da natureza das paixões, de sua moderação pelo *logos* atuante como médico da alma e de sua eliminação completa, aquelas do homem concebido como um "microcosmo" submetido às leis do *logos* à maneira do universo sensível ou macrocosmo, aquelas da inanidade dos bens exteriores comparados com o bem que se possui em si e que deve ser identificado com a virtude, todas elas são outras tantas teses que constituíram as linhas diretrizes da escola estoica e que se reuniram na filosofia judaico-helenística e na tradição platônica da Antiguidade tardia. Da mesma maneira, encontramos importantes teorias cosmológicas e antropológicas, próprias do estoicismo, em Gregório de Nissa (330-395). Enfim, acrescentemos que a *Stoa* desempenha um papel eminente na antropologia de Nemesius de Emesa (± 350-420).

As ideias expressas por Aristóteles em suas obras de juventude transparecem em alguns apologistas e principalmente em Clemente. Em sua concepção da *pistis*, Clemente recorreu à lógica aristotélica, a qual ele mistura com ideias platônicas e

A herança da filosofia grega no cristianismo antigo grego e latino   125

estoicas. A distinção aristotélica entre *prote* e *deutera ousia* desempenha um papel fundamental na elaboração da doutrina trinitária dos Pais capadócios e no mono-fisismo e triteísmo de Jean Philopon (± 490-575). Numerosos temas do estagirita estão disseminados nos escritos de Gregório de Nissa. Outros temas aristotélicos importantes foram retomados pela tradição platônica, ela própria recuperada pelos Pais: o tema do princípio primeiro que nenhum limite pode conter, a impossibili-dade de conhecer o infinito, a inteligência metafísica pura que se pensa a si mesma, o desejo de Deus que todos os seres experimentam, a virtude concebida como justo meio e resultado da conjugação das tendências naturais, da aprendizagem e do exer-cício, e, finalmente, a natureza da matéria fundamental. Muitas concepções aristo-télicas no tocante à física são retomadas por Basílio o Grande, principalmente em suas homilias sobre o *Hexaemeron*; Jean Philopon comenta Aristóteles e, ao mesmo tempo, critica muitas de suas teorias físicas; em Boécio (± 480-524/525), algumas obras dão uma posição de primeiro plano à lógica aristotélica. Não obstante, convém reconhecer que os Pais da Igreja trazem um julgamento mais severo sobre os estoicos e sobre Aristóteles do que sobre Platão; aí, ainda, a influência do médio-platonismo do século II desempenhou um papel determinante. Tal como os representantes da tradição platônica, os Pais recusam de uma maneira categórica o panteísmo e o de-terminismo dos estoicos, assim como a negação aristotélica da providência divina.

Enfim, não se deve negligenciar o neopitagorismo, do qual são encontrados tra-ços no método de Clemente em matéria de teologia negativa, na subordinação da mônada ao princípio primeiro, na concepção do homem "monádico", em algumas especulações aritmológicas, na questão, debatida por Orígenes, da relação que existe entre Deus, a *ousia* e a inteligência, no tema, retomado por muitos Pais, da "redução à unidade" – assimilável à concepção do homem "monádico" de Clemente –, na teo-ria da subordinação do limite e do infinito ao princípio primeiro, essencial para Dio-nísio o Areopagita. O neopitagorismo é também o húmus cultural dos dois tratados de Boécio (*Instituição aritmética* e *Instituição musical*). Pitágoras é frequentemente associado a Platão, quando os Pais da Igreja expressam sua preferência, e existe aí um reflexo do clima cultural que reinava durante os primeiros séculos da nossa era.

Na história da cultura da Antiguidade Tardia, o estoicismo, o aristotelismo e o neopitagorismo não podem ser separados do neoplatonismo; eles convergem para este e dão a ele um aspecto sincrético característico; este fenômeno se reflete também nos Pais da Igreja.

b) *O platonismo de acordo com os Pais da Igreja*

Apesar das reservas e das críticas que exprimem diversos autores, como Taciano, Teófilo de Antioquia (?-186), Hermias (século III), Epifânio (± 315-403) e Tertuliano,

Platão permanece sendo o filósofo que os Pais apreciam mais. Em geral, eles veem nele o maior dos filósofos e dos teólogos, o autor de um pensamento profundo e visionário e de uma teologia suscetível de dar ao cristão que deseja se elevar os meios adequados que o conduzem a uma concepção mais nobre e mais verdadeira de Deus.

Clemente apresenta Platão como o amigo da verdade, conduzido por Deus; ele faz de Platão seu companheiro na pesquisa sobre Deus e louva seu ideal da semelhança com Deus.

Eusébio de Cesareia dedica a Platão a totalidade dos livros XI-XIII e uma parte do livro XIV da *Preparação evangélica*. Como Atenágora, Justino e Clemente, Eusébio testemunha em Platão um profundo respeito, sustentando que a filosofia platônica depende do saber mosaico. De acordo com ele, Platão é o "filósofo grego supremo", o "corifeu dos filósofos" que disse "mais frequentemente as coisas conformes à verdade, ainda que sua expressão não fosse sempre feliz". Na realidade, o importante principalmente para Eusébio era encontrar no Antigo Testamento a filosofia platônica que ele interpreta à luz do médio-platonismo e do neoplatonismo; é com esse objetivo que ele cita os extratos de diálogos de Platão, mas também de obras de filósofos posteriores. Deve-se a ele também ter conservado os fragmentos das obras de Numenius (século II a.C.) e de Atticus (112/109-35/32 a.C.). A célebre frase de Numenius – para quem Platão é "um Moisés que fala grego" – à qual Clemente se referia, é um elemento importante de sua concepção da história da filosofia.

Theodoret (393-457), em sua *Terapêutica das doenças helênicas*, evoca várias vezes Platão e diversos representantes da tradição platônica eneopitagórica, e cita de boa-fé as passagens de suas obras. As homenagens que ele faz ao pensamento platônico em muitas questões são calorosas, pois ele julga que seu nível é muito mais elevado do que aquele de Aristóteles. A recepção dos ensinamentos de Moisés e dos profetas por Platão prova a essencial identidade de sua filosofia com a filosofia mosaica. Esses elogios não apagam, no entanto, a recusa de algumas doutrinas da escola platônica, como a doutrina da matéria coeterna com Deus, a doutrina do corpo como origem dos males e a doutrina da metempsicose.

Agostinho transborda de elogios em relação a Platão, ainda que ele só tenha lido uma parte do *Timeu*[6] traduzido por Cícero (106-43 a.C.) e somente tenha conhecido sua obra através de indicações fornecidas por autores latinos, tais como Cícero, Varrão (116-27 a.C.), Cipriano (século III) e Ambrósio (340-397). No capítulo IV do livro VIII da *Cidade de Deus*[7], Agostinho explica que a glória soberana de Platão

---

6. Há uma publicação em português desta obra: PLATÃO. Timeu. In: NUNES, B. (org.). *Diálogos de Platão*. Belém: Edufpa [Tradução do grego de Carlos Alberto Nunes] [N.T.].

7. Há uma publicação em português desta obra: SANTO AGOSTINHO. *A Cidade de Deus*. Vols. I e II. Petrópolis: Vozes, 1990-2002 [N.T.].

A herança da filosofia grega no cristianismo antigo grego e latino

eclipsou todos os outros filósofos; no livro XXII, 12, ele se refere, para felicitar, à passagem do *Timeu* (47b) relativa à origem da filosofia; para sublinhar a identidade da filosofia platônica e da sabedoria mosaica, ele estabeleceu uma ligação entre Platão e Moisés, como o tinham feito antes Numenius e alguns Pais gregos. Amplamente de acordo com Clemente, Agostinho julga que a correlação entre Platão e o Antigo Testamento não exclui que ele seja diretamente inspirado por Deus, solução que parece, aliás, ter sua preferência.

Para Boécio também, Platão é o filósofo por excelência, com o amor da sabedoria encontrando sua mais elevada expressão em seus diálogos.

Naquilo que diz respeito a estes Pais latinos, em quem a presença de Platão é mais tangível, somente mencionaremos aqui Hilário de Poitiers (século IV), Marius Victorinus (século IV) e Ambrósio, em seguida, principalmente, Agostinho e Boécio.

Hilário de Poitiers retoma os temas e as expressões próprias da teologia negativa, característicos da tradição platônica tardia, mostrando-se polêmico diante da filosofia, à qual ele censura por ter confundido Deus com os astros, com os elementos sensíveis e com o mundo inteiro, por ter formulado opiniões extravagantes a seu respeito e, enfim, por ter negado a providência. No entanto, não parece que o platonismo grego, particularmente aquele da Ásia Menor, faça parte diretamente da formação cultural de Hilário, que a adquiriu provavelmente em Bordeaux, centro universitário da Gália romana, muito ativo no século IV. Foi nesse contexto que lhe seriam transmitidos os conhecimentos da filosofia, a partir de textos latinos, como, por exemplo, os escritos de Cícero; as ideias filosóficas veiculadas pelas obras de Tertuliano desempenharam também um papel não desprezível em seus trabalhos.

O reitor africano Marius Victorinus é o autor de uma tradução latina das obras do platonismo corrente; identificou-se seu conteúdo com alguns tratados de Plotino e de Porfírio[8].

Santo Ambrósio fazia parte do cenáculo de intelectuais latinos adeptos do neoplatonismo que floresceu em Milão por volta de 386.

A formação filosófica de Santo Agostinho foi largamente influenciada pela leitura de Hortensius de Cícero, que suscitou nele o desejo ardente de se distanciar do mundo para se aproximar de Deus e da sabedoria. Mais tarde, as relações que ele estabeleceu, por volta de 384 em Milão, com o meio neoplatônico – do qual Simplicianus e Santo Ambrósio faziam parte –, assim como a leitura de diversos *libri platonicorum* – tratava-se de tratados neoplatônicos traduzidos em latim por Marius Victorinus –, desempenharam um papel determinante na orientação de seu pensamento.

---

8. Os trabalhos de P. Henry e principalmente de P. Hadot mostraram até que ponto as ideias teológicas de Victorinus dependiam do platonismo.

Como P. Hadot mostrou muito bem, Agostinho aborda a filosofia de Platão em quatro exposições, cheias de temas platônicos, neoplatônicos, estoicos e cristãos[9]. O esquema ternário que os caracteriza, fundado na tripartição escolástica da filosofia (física, lógica e ética), e a referência a vários modelos possíveis (como, por exemplo, Cícero, Apuleius e Calcidius) não aumentam em nada o impulso sincero da inspiração agostiniana, que tem sem dúvida raízes neoplatônicas e cristãs, mas é também marcada por uma personalidade levada a sistematizar sua exposição. Os componentes platônicos e neoplatônicos das quatro exposições são os seguintes:

- no domínio da física, a oposição entre o mundo sensível (instável e submetido ao nascimento e à morte) e o mundo inteligível (imutável em sua forma), ligado ao platonismo e ao neoplatonismo;
- no domínio da lógica, a oposição entre a plausibilidade ou opinião e a verdade, entre o raciocínio errado ou falacioso e o raciocínio justo, entre o sensualismo estoico e epicurista e o conhecimento verdadeiro, puramente intelectual;
- enfim, no domínio da ética, a distinção clara entre a virtude política, inferior, e a virtude superior, entre a atração dos bens materiais, caducos, e a contemplação da beleza, eterna e situada para além do sensível, entre o prazer do corpo e a fruição de Deus, o bem supremo.

A posição intermediária da alma humana, a meio caminho entre o sensível e o inteligível na estrutura vertical ternária própria a cada um dos três domínios da filosofia, é também de origem platônica e neoplatônica. No que diz respeito à referência ao Deus único da física, da lógica e da ética de que dá testemunho *A Cidade de Deus* (VIII, 6-8) e a *Carta 118*, ela está já presente na doutrina estoica e no neoplatonismo; de fato, para a *Stoa*, o *logos* divino é não somente o princípio criador do universo, mas, por causa de sua presença no homem, ele é também o princípio do justo raciocínio e da norma ética que se exprime no *nomos*, valendo tanto para o universo quanto para a humanidade. Na *Cidade de Deus* (VIII, 10), o próprio Agostinho faz remontar aos neoplatônicos a ideia segundo a qual Deus seria a fonte original da física, da lógica e da ética. Na realidade, para Plotino, a inteligência metafísica, segunda hipóstase, é ou o demiurgo do mundo, ou o órgão do conhecimento superior, diferente do conhecimento discursivo próprio da alma, ou ainda o lugar dos modelos das virtudes.

Ao contrário, remeter o domínio físico ao Pai, o domínio lógico ao Filho e o domínio ético ao Espírito Santo remete ao próprio cristianismo.

---

9. *Contre les Académiciens*, III, 17, 37. • *De la vraie religion*, III, p. 3. • *La Cité de Dieu*, VIII, p. 6-8. • *Lettre*, 118 [parte]. Cf. HADOT, P. La présentation du platonisme par Augustin. In: RITTER, A.M. (org.). *Kerygma und Logos* – Festschrift für C. Andresen zum 70. Geburtstag. Göttingen: Vandenhoeck und Ruprecht: [s.e.], 1979, p. 272-279.

A herança da filosofia grega no cristianismo antigo grego e latino

Severino Boécio é o último teólogo e filósofo do Ocidente Latino, no momento em que termina a Antiguidade Tardia e quando começa a Idade Média. Ele é o autor de uma produção abundante, na qual são reunidos os melhores elementos da cultura literária e filosófica latina e grega, que ela faz remontar à época clássica ou à Antiguidade Tardia.

De fato, Boécio congrega a maior parte das tradições das filosofias de Platão, do estoicismo, de Aristóteles e dos peripatéticos, assim como do neopitagorismo. Convém aqui repetir uma observação já formulada: quer se trate do caso particular da formação cultural de Boécio ou do caso geral da história da cultura filosófica da Antiguidade tardia, o estoicismo, o aristotelismo e o neopitagorismo estão indissoluvelmente ligados ao neoplatonismo. Naquilo que diz respeito ao neoplatonismo, foi antes de tudo o neoplatonismo da escola de Ammonius (século III) que marcou profundamente o pensamento e a obra de Boécio. Neste filósofo, não se deve também subestimar o papel que desempenha a tradição filosófica de língua latina representada por Cícero, Sêneca, Apuleius, Martianus Capella, Calcidius, Macrobius, Marius Victorinus e, principalmente, Agostinho.

12

DAMASCO E BAGDÁ

Richard Taylor *

Em 661 d.C., durante o reinado de Mu'âwiyah, os Umayyadas escolheram como capital Damasco, um dos centros urbanos mais antigos do Oriente Médio e hoje capital da Síria. Esta dinastia (661-750) estendeu seu império para o Oeste, assumindo o controle de uma grande parte da Espanha, para o Leste na direção da Índia e para o Norte no sentido da Ásia Central. Durante seu reinado, o controle e a administração dos países conquistados, assegurados até então pelos bizantinos e pelos persas, passaram para as mãos de árabes privilegiados e com poderes aumentados. No entanto, em 750, os Umayyadas foram vencidos a Leste, com exceção da Espanha, onde Abd al-Rahman (± 750-788) pôde perpetuar sua dinastia em Córdoba. Os Abássidas, uma linhagem que possuía sangue persa e que tinha provavelmente sofrido a influência do zoroastrismo, assumiram o controle do Império. No intuito de afastar a burocracia árabe estabelecida pelos Umayyadas, para assentar seu poder e assegurar a expansão do Islã sobre os povos não árabes, os Abássidas deram ao Império uma dimensão internacional e nomearam, entre outros, os persas para administrar o território dessa nova dinastia. Para marcar esta internacionalização, eles estabeleceram a nova capital do califado no sítio de uma pequena vila persa em 762: Bagdá. Desenhada por arquitetos sob as ordens do segundo califa abássida, al-Mansûr (± 754-775), que estava muito implicado no funcionamento da administração do Império, a nova cidade foi concebida para responder aos imperativos ideológicos de controle de diferentes instituições; estas estavam dispostas em torno do palácio do califa, lugar do poder central, no coração mesmo da cidade e do Império.

Como sublinhou Gutas, deve-se a al-Mansûr ter inaugurado este gigantesco movimento de tradução em Bagdá e em seus arredores durante dois séculos, introduzin-

---

* Professor de Filosofia. Universidade de Marquette, Wisconsin.

Damasco e Bagdá   131

do os tesouros da ciência e da filosofia gregas em *Dâr al-Islâm*, lá onde se praticava o
Islamismo e onde seu poder político dominava[1].

O movimento de tradução

O interesse por questões relativas à saúde e ao bem-estar inicialmente favore-
ceu a tradução de obras sobre medicina e astronomia. Mas logo os textos gregos
relativos à ciência, quer ela fosse poética, prática ou teórica, e à filosofia do período
helenístico antigo ou tardio, tornaram-se abundantes nos meios islâmicos, graças às
traduções árabes do grego e do siríaco. Longas listas encontradas no catálogo (*fihrist*)
de Ibn al-Nadîm, um livreiro de Bagdá do século X, permitem-nos saber mais sobre
estes textos. Entre os primeiros tratados filosóficos a serem traduzidos, encontramos
as *Categorias, Sobre a interpretação* e as *Segundas analíticas* de Aristóteles (384-322
a.C.), assim como o *Isagogé* ou *A introdução às Categorias* de Porfírio (± 232-304), da
qual devemos a versão árabe a Abdullâh ibn al-Muqaffa' ou a seu filho Mohamed, no
reinado de al-Mansûr. O movimento de tradução se perpetuou no reinado de seus
sucessores, do legendário Harûm al-Rashîd (reinado: 786-809) das *Mil e uma noites*
e de al-Ma'mun (reinado: 813-833), tristemente célebre por ter iniciado a *Mihna* ou
a inquisição religiosa em Bagdá. Os tradutores mais conhecidos são aqueles do século IX, que presencia o surgimento de dois grupos, entre os quais o estilo, os interesses
e os ensinamentos filosóficos eram distintos.

A maioria das traduções do grupo associado ao nome de al-Kindi (810-866),
chamado de "o filósofo dos árabes" por causa de sua origem étnica[2], tinha principalmente como objeto a metafísica neoplatônica. Entre os mais influentes, contamos as
páginas escolhidas das *Enéadas* IV-VI de Plotino (205-270), que assumem a forma
de versões literais, ou de paráfrases e adaptações, às quais foram acrescentados muitos comentários[3]. Foi a partir desse conjunto de textos que a teoria neoplatônica de
Deus, como o Um que existe para além do ser e da forma, transforma-se progressivamente até se tornar uma teoria do Deus criador, cuja natureza é puro ser (*annîyah
fakaṭ*) e ato (*fiʿlun maḥḍun*), sem forma nem limite. Encontramos a mesma ideia
no *Kalâm fî maḥḍ al-khair* (*Livro do bem puro*) ou *Livro das causas* (*Liber de causis*),
que teve uma influência determinante no Ocidente cristão, quando de sua tradução
latina no século XII[4]. Nestas duas obras, as criaturas são compostos de ser e forma,

---

1. GUTAS, D. *Greek Thought, Arabic Culture.* NovaYork/Londres: Routledge, 1998.

2. ADAMSON, P. *Al-Kindi.* Oxford: Oxford University Press, 2007.

3. ADAMSON, P. *The Arabic Plotinus.* Londres: Duckworth, 2002.

4. TAYLOR, R.C. "Aquinas, the *Plotiniana Arabica*, and the Metaphysics of Being and Actually". *Journal of
the History of ideas*, 59, 1998, p. 217-239.

enquanto que o Um verdadeiro, o Bem puro, quer dizer, Deus, é a única coisa sobre a qual se pode dizer que é um ser infinito que transcende os limites da forma que caracterizam o conjunto da realidade. A maior parte das *Plotiniana Arabica* se encontra numa obra intitulada *A teologia de Aristóteles*, composta e editada por al-Kindi, que utilizou a tradução do cristão Abdul-masîḥb. Na'ima al-HimSî, a quem devemos a tradução árabe do conjunto das *Plotiniana Arabica* e que não parou de adaptar a ela a filosofia. Esta adaptação é claramente aristotélica, manifestando uma forte influência platônica no que diz respeito à natureza imaterial e transcendente da alma, tese que terá uma presença considerável na tradição filosófica árabe-islâmica. Entre outras obras atribuídas ao círculo de al-Kindi, que se caracteriza pela versão literal, pelo uso de transliterações e de um vocabulário específico, assim como por uma certa tendência à simplificação, encontramos a tradução do *Timeu*[5] de Platão (428-348 a.C.), além de uma tradução das *Meteorológicas*, do *Tratado do céu*, da *Geração dos animais*, das *Partes dos animais*, *Sobre a alma*, e talvez uma versão modificada dos *Parva Naturalia* de Aristóteles. Devemos provavelmente essas adaptações a Ibn al-Bitriq. É preciso também mencionar a tradução da *Metafísica*[6] de Aristóteles por Eustathios e uma paráfrase anônima do tratado *Sobre a alma*.

Desses dois movimentos de tradução, o mais conhecido está associado ao nome do cristão nestoriano Ḥunayn b. Isḥâq al-Ibâdî (808/809-873). Depois de ter sido demitido de seus estudos de medicina por seu mestre, Ḥunayn partiu para aprender grego e retornou dois anos mais tarde conhecendo suficientemente a língua para traduzir os tratados de Galiano (218-268) e dos filósofos gregos. Então, ele organizou um grupo de tradutores muçulmanos e cristãos que conheciam o grego, o siríaco e o árabe. Adotando um método mais rigoroso do que aquele do círculo de al-Kindi, este grupo de tradutores se esforçou em colecionar manuscritos, estabelecer um vocabulário filosófico mais coerente – aquele que a tradição conservou – e oferecer versões certamente menos literais, porém mais fluidas e mais fiéis. Os cristãos desempenharam um papel determinante nesse empreendimento, empregando muito frequentemente o siríaco como língua intermediária nas traduções do grego para o árabe. É importante sublinhar isto, tanto mais porque algumas obras filosóficas somente estavam disponíveis no siríaco e não em árabe, mesmo na época de al-Farabi no século X, que trabalhava em Bagdá com muitos mestres e estudantes cristãos. Entre as obras traduzidas para o árabe ou para o siríaco,

---

5. Há uma publicação em português desta obra: PLATÃO. Timeu. In: NUNES, B. (org.). *Diálogos de Platão*. Belém: Edufpa [Tradução do grego de Carlos Alberto Nunes] [N.T.].

6. Há uma excelente publicação em português a respeito desta obra: EUCLIDES. *Os elementos*. São Paulo: Edusp, 2009 [Tradução direta do grego de Irineu Bicudo] [N.T.].

Damasco e Bagdá 133

encontra-se o *Timeu*, o *Sofista*[7], *As Leis*[8] e outros diálogos de Platão, às vezes numa forma resumida. Para Aristóteles, a lista é mais longa e inclui tanto os tratados lógicos quanto sua filosofia prática e teórica: *Categorias, Sobre a interpretação, Primeiras e Segundas analíticas, Refutações sofísticas, Retórica, Física, Sobre a geração e sobre a corrupção, Sobre a alma, Metafísica, Ética a Nicômaco*[9] e *A grande moral*. Um outro eminente tradutor da época é o sabeano Thâbit b. Qurrah d'Harrân, de quem se pode dizer que as obras, escritas em colaboração com matemáticos e astrônomos, são de inspiração neopitagórica. Ele traduziu a *Introdução à aritmética* de Nicômaco de Gerasa (± 60-120), fez um comentário da *Física* de Aristóteles, e revisou as adaptações do *Almagesta* de Ptolomeu (90-168) e os *Elementos*[10] de Euclides (360-295 a.C.), realizadas por Ishâq b. Hunayn. A *introdução às Categorias* de Porfírio foi traduzida por Abû Utmân al-Dimashqî, assim como os *Tópicos*[11] de Aristóteles. Qustâ b. Lûkâ se dedicou à versão da *Metafísica* de Teofrasto (372-287 a.C.), da compilação doxográfica *Placita philosophorum* e dos tratados de medicina e de matemática. As obras de Alexandre d'Aphrodise (± 150-215) e os comentários de alguns neoplatônicos foram também traduzidos[12].

Esse movimento de transmissão da herança grega continuou com a mesma intensidade no século X, durante o qual tradutores, eruditos e professores das três grandes religiões de Abraão trabalhavam juntos em Bagdá para realizar novas traduções, ou para revisar as antigas e estudá-las. A *Poética, Sobre a sensação*, as *Meteorologias* e o *Tratado do céu* de Aristóteles, assim como as obras de Alexandre d'Aphrodise (± 150-215) foram adaptadas por Abû Bishr Mattâ b. Yûnus († 940), mestre de al-Farabi (870-950/951). O teólogo e filósofo cristão Yahyâ b. Âdî (morto em 974), discípulo de al-Farabi, traduziu os comentários de Alexandre, de Themistius e de Olimpiodoro sobre Aristóteles, mas também as *Categorias*, os *Tópicos*, as *Refutações sofísticas*, a *Poética*, a *Física, Sobre a alma* e a *Metafísica*. Ele publicou também seus próprios

---

7. Há uma publicação em português desta obra: PLATÃO. *Sofista*. São Paulo: Abril [Coleção Os Pensadores – Tradução de Jorge Paleikat e João Cruz Costa] [N.T.].

8. Há uma publicação em português desta obra: PLATÃO. *As leis*. São Paulo: Edipro, 1999 [Clássicos Edipro – Tradução de Edson Bini] [N.T.].

9. Há uma publicação em português desta obra: ARISTÓTELES. *Ética a Nicômaco*. São Paulo: Abril, 1973 [Coleção Os Pensadores] [N.T.].

10. Há uma publicação em português desta obra: EUCLIDES. *Os elementos*. Op. cit. [N.T.].

11. Há uma publicação em português desta obra: ARISTÓTELES. *Tópicos*. São Paulo: Abril, 1973 [Coleção Os Pensadores].

12. D'ANCONA, C. Greek into Arabic: Neoplatonism in Translation. In: ADAMSON, P. & TAYLOR, R.C. (orgs.). *The Cambridge Companion to Arabic Philosophy*. Cambridge: Cambridge University Press, 2005, p. 10-31.

comentários. Entre os últimos tradutores desse grande movimento que durou mais ou menos cem anos, citamos os contemporâneos: Ibn al-Khammâr († 1017) e Ibn Zur'ah († 1008), a quem devemos a versão árabe da *História dos animais*, da *Geração dos animais*, das *Meteorologias* e de outros textos de Aristóteles.

O Kalâm ou a teologia filosófica

Foi na época de al-Kindi que a teologia racional do Mu'tazilismo lançou seu voo para Bagdá, sustentada pelas medidas autoritárias da *Mihna*, a inquisição promovida por al-Ma'mûn. Afastando-se do puritanismo e do rigorismo dos Kharijites, assim como da lassidão aparente dos Murji'ites, os Mu'tazilitas (ou os "separatistas", em relação aos extremistas) consideravam que os homens tinham criado o *Qur'ân*, que eles foram capazes de discernir o bem do mal graças à razão e que possuíam o livre-arbítrio. A interpretação racional da justiça divina e a doutrina da recompensa e do castigo eram centrais para compreender a revelação do poder divino. Esta abordagem precisava de uma hermenêutica aprofundada de um grande número de passagens do *Qur'ân* que a tradição tinha compreendido de maneira literal. No entanto, esta abordagem corria o risco de ser percebida como um questionamento ou uma limitação da autoridade e do poder de Deus, ao adotar um ponto de vista humano sobre a significação real dessas passagens. Entre os oponentes desse racionalismo, o mais conhecido é Abû al-Ḥasan al-Ashʿarî († 935), que abandonou o Mu'tazilismo por uma leitura mais fiel da revelação divina, rejeitando o ponto de vista do racionalismo humano que limitava o poder de Deus. Mais do que uma simples defesa da revelação, o ash'arismo era, de um ponto de vista filosófico, uma teologia atomista e ocasionalista complexa e uma teoria do poder divino em que o poder, a ação e a justiça de Deus dependiam totalmente de sua própria vontade. Este movimento elaborou a doutrina do *kash*, segundo a qual o homem realiza seus atos pela via da criação divina. Esta doutrina tinha como objetivo responder à tese da liberdade humana dos Mu'tazilistas, evitando adotar um determinismo muito estrito. Apesar disso, ela parecia solapar a liberdade e a responsabilidade humanas. Esta teologia filosófica ocasionalista, que foi retomada depois por al-Ghazâlî († 1111) e muitos outros, tornou-se a corrente dominante e eclipsou rapidamente o Mu'tazilismo que desapareceu da tradição[13].

Al-Kindi

Ainda que somente uma pequena parte das mais ou menos duzentas e cinquenta obras de Al-Kindi tenha chegado até nós, podemos avaliar em seus escritos a amplitude da junção entre as ideias filosóficas dos gregos e a teologia islâmica, assim

---

13. GIMARET, D. *La doctrine d'al-Asharî*. Paris: Cerf, 1990. • GUIMARET, D. Mu'tazila. In: BEARMAN, P.J. et al. (orgs.). *Encyclopaedia of Islam*. Tomo 9. 2. ed. Leyde: Brill, 1960-2005, p. 783-793.

Damasco e Bagdá

como a importância do papel desempenhado pela tradição neoplatônica no desenvolvimento da filosofia islâmica. Al-Kindi escreveu em Bagdá no século IX, no momento em que a teologia racionalista Mu'tazilista ganhou influência, e no período imediatamente posterior. No prefácio de sua *Epístola sobre a filosofia primeira*, ele explica que a filosofia secular herdada dos gregos deve ser compreendida como uma tentativa de dar conta da unidade divina e do respeito que o homem lhe deve, tais como são encontrados na revelação e na teologia islâmicas com o nome de *Tawhîd*. Depois de agradecer a seu mecenas, Al-Kindi explica por que a filosofia primeira deve ser definida como conhecimento da causa da verdade em sua totalidade, o Um verdadeiro. Al-Kindi se serve da lógica aristotélica e da teoria das quatro causas para alcançar as verdadeiras definições. Foi reconhecido aos antigos o mérito de ter produzido este método capaz de alcançar a verdade. Porém, ele chega, com a ajuda de um argumento retórico de uma escandalosa insolência e totalmente falacioso, a atacar alguns teólogos contemporâneos, que não são nomeados, dizendo: "Eles consideram como inimigos ousados e perigosos aqueles que têm as virtudes humanas, que eles próprios não puderam alcançar, e das quais estão bastante longe, para defender seus púlpitos usurpados, que eles erigiram sem ter a isso direito, mas antes para dominar e para traficar com a religião, ainda que sejam sem religião; de fato, aquele que trafica uma coisa a vende e aquele que vende uma coisa não a tem mais: portanto, aquele que trafica com a religião não tem mais religião; merece ser despojado da religião aquele que se opõe com furor àquilo que a ciência das coisas adquire para si em suas verdades e a chama de descrença"[14]. A verdade que é alcançada pela filosofia, já que ela inclui o conhecimento de Deus, é portanto necessária, o que quer que digam os teólogos. O prefácio termina com agradecimentos dirigidos a seu benfeitor, depois de uma oração em que roga pela assistência divina para estabelecer contra os inimigos da filosofia argumentos racionais capazes de provar a existência de Deus e explicar o que é o Um para alcançar a verdade. Este prefácio é importante na história da filosofia islâmica, pois ele afirma que a filosofia permite compreender a unidade divina (*Tawhîd*), assim como a revelação e a doutrina religiosas, e que esta compreensão é fundamental para a totalidade da vida humana. O raciocínio filosófico e suas demonstrações apodíticas, por um lado, e o Islã e a revelação divina, por outro, são, portanto, duas vias iguais que conduzem até Deus, o Um verdadeiro e a causa de toda verdade. No entanto, em caso de conflito de interpretação, deve-se dar preferência à explicação filosófica, devendo a revelação ser tomada apenas alegoricamente, como Ibn Rushd/Averróis o afirmará mais tarde.

---

14. AL-KINDI. *Oeuvres philosophiques et scientifiques d' al-Kindi*. Vol. 2. Leyde: Brill, 1997-1998, p. 14-15 [org. por R. Rashed e J. Jolivet].

A sequência da *Epístola sobre a filosofia primeira* é semelhante a um tratado filosófico sobre o que é o *Tawhîd*, apoiando-se no exame aristotélico e, mais ainda, no exame do neoplatonismo de Plotino e de Proclus (412-485). O gênero, a espécie, o acidente, o movimento, a matéria, a alma, o intelecto, as partes etc. não podem ser atribuídos ao Um verdadeiro, ao Primeiro, ao Criador, que excede o poder que o homem tem de compreendê-lo e descrevê-lo. Deus é o Um puro e causa de todos os seres e de todas as verdades que decorrem desta unidade. Al-Kindi aprofunda este tema num pequeno tratado intitulado "Sobre o agente verdadeiro, primeiro e perfeito e sobre o agente deficiente que é agente por extensão". A propósito da diferença entre causalidade primeira e causalidade segunda, tal como aquilo que se encontra no primeiro capítulo do *Kalâm fî maḥḍ al-khahir* (*Liber de causis*) que lhe é atribuído, e em todo caso associado ao círculo de al-Kindi[15], ele mostra que o termo "agente" somente pode verdadeiramente ser aplicado ao que não pressupõe qualquer outro agente, nem qualquer outro substrato ou matéria que preexistiria ou coexistiria com sua atividade criadora. Assim, com a única exceção desse agente verdadeiro, diz-se que todos os outros são causas num sentido metafórico ou derivado[16]. O criacionismo de al-Kindi aparece junto com sua recusa bem conhecida da doutrina aristotélica da eternidade do mundo, fazendo uso de argumentos extraídos do cristão de Alexandria, Jean Philopon (± 490-575).

O aristotelismo desempenhou, porém, um papel maior, tanto nas *Plotiniana Arabica* e na *Teologia de Aristóteles*, editadas por al-Kindi, quanto no pensamento do próprio al-Kindi, ainda que ele fosse principalmente influenciado pelo neoplatonismo, do qual se encontram os traços em sua teoria da alma como intelecto imaterial simples.

Seu tratado *Sobre o intelecto* parece, à primeira vista, com os trabalhos preparatórios tardios sobre o intelecto agente, o intelecto como poder, o intelecto como ato etc. No entanto, a concepção que al-Kindi tem da alma e do intelecto concorda mais com a teoria platônica, segundo a qual o conhecimento intelectual humano se realiza por meio dos objetos inteligíveis, que existem independentemente da alma que os apreende pela memória ou reminiscência, e não por extração ou por abstração, como em al-Farabi.

---

15. ENDRESS, G. The Circle of al-Kindi – Early Arabic Translations from the Greek and the Rise of Islamic Philosophy. In: ENDRESS, G. & KRUK, R. (orgs.). *The Ancient Tradition in Christian and Islamic Hellenism* – Studies on the Transmission of Greek Philosophy ans Sciences Dedicated to H. J. Drossaart Lulofs on his ninetieth birthday. Leyde: Research School CNWS/ School of Asian, African, and Amerindian Studies, 1997, p. 43-76.

16. AL-KINDI. *Oeuvres philosophiques et scientifiques d' al-Kindi*. Vol. 2. Op. cit., p. 168-171.

Al-Farabi

A identidade e a vida de al-Farabi são por nós mal conhecidas. Supomos que ele vem da Turquia ou da Pérsia, ou pelo menos da parte oriental do Império. Sabe-se que ele começou a estudar em Bagdá, com o cristão Yuhannâ b. Haylân, lendo *A introdução às Categorias* de Porfírio, as *Categorias*, *Sobre a interpretação*, as *Primeiras* e as *Segundas analíticas* de Aristóteles. Foi também junto com al-Farabi que estudou o grande teólogo e filósofo cristão Yaḥyâ b. Âdî († 974). Ele passou provavelmente uma grande parte de sua vida em Bagdá, mas deixou esta cidade em 942 por Damasco, onde terminou seu *Tratado das opiniões dos habitantes da cidade ideal*. Ele esteve também em Alep e viajou pelo Egito, antes de retornar a Bagdá, onde morreu em 950 ou 951[17].

Com seus contemporâneos, Abû Bishr Mattâ b. Yûnus († 940), al-Farabi é considerado atualmente como um dos promotores da tradição filosófica da escola de Alexandria em Bagdá, que era uma mistura de aristotelismo e de neoplatonismo, e da qual Ammonius (435/445-517/526) foi o arauto no século V. É isto que mostram os métodos de ensino praticados em Bagdá, e em certa medida pelo próprio al-Farabi, que traça em *Sobre o aparecimento da filosofia* os delineamentos desse novo aristotelismo em Bagdá, perpetuando a tradição grega de uma maneira totalmente diferente daquela de al-Kindi no século anterior. Das raras obras que nos chegaram de al-Farabi destaca-se uma nova cosmologia de inspiração aristotélica, em que o mundo nasce por emanação da Causa primeira, a partir da qual é criada toda uma hierarquia de intelectos, de almas e de corpos celestes superiores, onde cada intelecto, por intelecção de si mesmo, dá surgimento a outros intelectos, almas e corpos inferiores. Como a única causa da existência (*wujûd*) das outras coisas e isento de qualquer falta, o Primeiro é uno e imaterial, em conformidade com o neoplatonismo, e sua substância não é comparável a qualquer outra. Não se pode descrever sua essência, na medida em que "ele é o Ser cuja existência não pode ter nem causa formal, nem causa eficiente, nem causa final"[18]. O Primeiro só pode ser caracterizado negativamente: ele é indivisível, incorpóreo, imaterial, ele não tem substrato e é sem começo. No entanto, sua substância é aquela de um intelecto e de um inteligível, pois, de acordo com o aristotelismo, ele é uma essência que se pensa a si mesma e que é objeto de seu próprio pensamento. É por isso que a razão nos manda evocar o Primeiro por intermédio de toda uma série de nomes: ele é erudito, sábio, real, verdadeiro, vivo, ele é a vida, ele é belo, brilhante,

---

17. GUTAS, D. Fârâbî. In: YARSHATER, E. (org.). *Encyclopedia Iranica*. Vol. 9. Londres: Routledge & Keagan Paul, 1985.

18. AL-FARABI. *Traité des opinions des habitants de la cite idéale*. Paris: [s.e.], 1990, p. 43 [Études Musulmanes, 31].

maravilhoso, ele experimenta os prazeres maiores, ele é o primeiro objeto de amor. "Os nomes pelos quais convém chamar o Primeiro são aqueles que designam para nós os seres mais eminentes em perfeição e existência. Mas estes nomes somente evocam o que há de perfeição e eminência segundo o hábito corrente, pelo qual se designa os seres que estão em nós e aqueles que são os melhores. Para o Primeiro, esses nomes caracterizam a perfeição que é a sua substância"[19]. Contrariamente a al-Kindi, que considera que Deus na teologia islâmica e na metafísica é a mesma coisa que o Um verdadeiro, al-Farabi pensa que o objeto da ciência teórica (a metafísica) é o que é comum a todos os seres (em sua existência), o que inclui o princípio absoluto de todas as coisas existentes, quer dizer, Deus. Já que somente existe uma única ciência universal para todos os seres, a metafísica compreende a teologia como uma de suas partes que tratam de Deus, causa criadora por emanação de todas as coisas, por intermédio de uma escala de intelectos imateriais.

O último intelecto criado por emanação é o intelecto agente ou o intelecto ativo (al-ᶜaql al-faᶜᶜâl), que se associa à esfera da lua, e do qual emanam as formas no mundo e nos outros seres do mundo sublunar, de acordo com alguns tratados de al-Farabi. Este intelecto intervém nos animais racionais, quer dizer, nos homens, na compreensão intelectual, de acordo com aquilo que Aristóteles diz em *De anima* (III, 5); nesse ponto, al-Farabi sem dúvida segue os ensinamentos de Alexandre d'Aphrodise[20].

De acordo com ele, os seres humanos se distinguem dos outros animais por suas faculdades de escolha e de compreensão intelectual, graças às quais eles chegam a superar as determinações do mundo físico e atingem mesmo um nível próximo daquele do intelecto agente. Os comentadores gregos de Platão e de Aristóteles disputam sobre a diferença entre as formas transcendentes do primeiro, que são os universais atingíveis pela alma, e os conceitos aristotélicos que derivam do mundo e cujo intelecto é devido a um conjunto complexo de faculdades psíquicas. Em certos casos, como em Porfírio, as duas explicações são conservadas: os universais aristotélicos estão fundados na experiência e abstraídos dela; a experiência é considerada como essencial para apreender as Formas a partir desta atividade totalmente diferente que é a reminiscência[21]. Em sua *Epístola sobre o intelecto* e em outras obras, al-Farabi considera, no entanto, que os inteligíveis existem naturalmente em ato na alma humana, apenas por um processo que faz intervir a sensação, a imaginação e

---

19. Ibid., p. 60.

20. Cf. GEOFFROY, M. La tradition arabe du Περί voὰ de Alexandre d'Aphrodise et les origines de la théorie farabienne des quatre degrés de l'intelect. In: D'ANCONA, C. & SERRA, G. (orgs.). *Aristotele e Alesandro di Afrodisia nella Tradizzione Araba*. Pádua: Il Poligrafo, 2002.

21. TARRANT, H. *Thrasyllan Platonism*. Ithaca/Londres: Cornell University Press, 1993, p. 108-147.

Damasco e Bagdá 139

quatro intelectos, entre os quais três estão na alma; o quarto é intelecto agente, que lhe é transcendente. O processo começa com a apreensão dos sensíveis pelos cinco sentidos e sua unificação pelo sentido comum dominante, que produz as impressões na faculdade mimética de representação ou da imaginação. Esta última executa uma atividade pré-noética, que "combina as sensações umas com as outras, ou melhor, separa-as umas das outras por combinações ou separações diversas[22].

A intelecção se produz graças à intervenção de quatro intelectos. O intelecto como potência, ou intelecto material, é "algo cuja essência foi preparada ou arranjada para separar as quididades de todos os seres, assim como para separar suas formas de suas matérias, fazendo de todas elas uma forma, ou formas, por si mesma"[23]. Ao receber estas formas abstratas, a alma humana possui e identifica estas formas presentes como inteligíveis em ato, em que no presente é o intelecto em ato. Antes de serem abstraídas pelo intelecto material, elas tinham um estatuto ontológico diferente, o estatuto de inteligíveis como potência. Este nome somente lhes convém na medida em que elas se relacionam com um intelecto, pois, em si mesmas, as formas das coisas do mundo material não são inteligíveis. Al-Farabi escreve: "Mas quando [elas] se tornam inteligíveis em ato, então, sua existência, enquanto são inteligíveis em ato, não é a sua existência enquanto formas nas matérias. E sua existência em si mesma não é sua existência enquanto são inteligíveis em ato"[24]. O papel do intelecto agente, tal como a *Epístola sobre o intelecto* o descreve, consiste em dar ao intelecto material o que permite receber os inteligíveis e se tornar inteligível, assim como o sol dá à visão a luz que lhe permite ver em ato e as coisas visíveis de serem visíveis em ato. Encontramos a mesma ideia no *Tratado das opiniões dos habitantes da cidade ideal*, no qual o intelecto agente faz passar (*yankulu*) os inteligíveis da potência que é a sua, quando existem nas coisas particulares e nas faculdades pré-noéticas da alma, ao ato material no intelecto em ato, na medida em que ele "dá ao intelecto material uma espécie de luz". Ele descreve assim: "Quando na potência racional se produz, a partir do intelecto agente, esta coisa que está na mesma situação que a luz em relação à visão, os sensíveis se realizam a partir do que é conservado na potência imaginativa e se tornam inteligíveis na potência racional"[25]. Enquanto os inteligíveis imateriais

---

22. AL-FARABI. *Traité des opinions des habitants de la cité idéale*. Op. cit., p. 81.

23. AL-FARABI. Alfarabi fi al-ᶜaql. In: BOUYGES, M. (org.). 2. ed. Beirute: Dar el-Machreq, 1983 [org. por M. Bouyges]. Cf. tradução do árabe em HAMZA, D. *L'Épitre sur l'intellect* – Al-Risâla fî-l'-eql. Abû Nasr Al-Farabi. Paris: L'Harmattan, 2001, § 12, p. 70.

24. Ibid., § 16, p. 72-73 [tradução ligeiramente modificada].

25. AL-FARABI. *Traité des opinions des habitants de la cite idéale*. Op. cit., p. 92 [tradução ligeiramente modificada].

em ato estão presentes no intelecto da alma, as Formas podem ser pensadas diferentemente, como separadas e inteligíveis em ato. A atividade imaterial do pensamento sobre estas formas abstratas, completamente afastadas da matéria, dá então lugar a uma nova realidade do intelecto, chamada de "intelecto adquirido". O intelecto adquirido não tem mais necessidade de qualquer faculdade da alma existente no corpo. É nesse sentido que se pode falar de realização ou de transformação da alma encarnada como intelecto. A alma não tem mais necessidade do corpo para a intelecção, visto que ela é agora uma entidade imaterial em ato, eterna por natureza, alçando-se ao patamar do intelecto agente com o qual ela se parece. Não se trata de um acontecimento místico em que o intelecto se uniria com o intelecto agente, como depois em Ibn Bâjjah, mas antes de um indivíduo humano que se realiza completamente tornando-se um intelecto separado, graças à abstração intelectual que o homem é capaz de escolher e perseguir durante sua vida, de acordo com al-Farabi. A doutrina que ele elabora da abstração dos inteligíveis a partir da experiência ocupa um lugar considerável no ensino de Ibn Rushd/Averróis, mas também em Tomás de Aquino (1225-1274), que a descobriu na tradução latina do *Grande comentário sobre o "De anima"*, de Averróis.

Verdadeiro guia para o homem, o intelecto desempenha também um papel importante nas ciências poética, prática e teórica ao dar à ação humana voluntária, visando a felicidade, os primeiros fundamentos inteligíveis da realidade. Segundo uma interpretação da *República* de Platão influenciada pela leitura de Aristóteles, al-Farabi mostra como o *imâm* (o guia religioso), o filósofo e o legislador são uma única e mesma coisa na cidade ideal. O método mais seguro para alcançar uma verdade apodítica é o da demonstração filosófica, que utiliza silogismos válidos a partir de premissas verdadeiras. No entanto, a maioria das pessoas dá seu consentimento às ações ou às doutrinas não em razão de provas filosóficas complexas, mas graças à persuasão que utiliza os recursos da imaginação para revelar a vontade divina. Estas imitações transmitem as prescrições divinas a partir de símbolos, que o imâm-filósofo-legislador emprega quando governa a cidade e os cidadãos para conduzi-los à felicidade. Não obstante, "a religião é uma questão de opinião", como al-Farabi lembra nas primeiras páginas de seu *Livro sobre a religião*, e a felicidade para o homem, sua verdadeira felicidade, somente se obtém atingindo a verdade graças aos filósofos que usam a demonstração e as ciências, não absolutamente aquiescendo ingenuamente com as imagens ou com os símbolos, nem dando seu consentimento dialético ao religioso. O conhecimento absoluto e transcendente do filósofo não é fácil de ser alcançado e nem todos os homens são igualmente capazes disso, por causa da diferença das disposições naturais e da dificuldade de alcançar um tal grau de intelecção. Alguns intérpretes contemporâneos tentaram mostrar que as declara-

Damasco e Bagdá   141

ções de al-Farabi constituem uma rejeição cética do pensamento grego e indicam a criação de uma nova ciência política que não estaria fundada nas teorias tradicionais da natureza humana[26]. No entanto, é sem dúvida menos anacrônico procurar no pensamento de al-Farabi sobre a política, a psicologia, a epistemologia e a metafísica pontos de concordância com uma mistura de neoplatonismo e aristotelismo saído da tradição grega tardia[27].

Entre os filósofos de Bagdá, al-Farabi é hoje o mais conhecido, porém sabemos que o movimento aristotélico foi inaugurado pelo cristão Abû Bishr Mattâ († 940), a quem devemos a tradução do siríaco em árabe das *Segundas analíticas* de Aristóteles e que se opôs ao gramático Abû Saʿîd al-Sîrâfî († 979). Este negava a universalidade da lógica grega ao pretender que se tratava apenas de gramática grega sob uma vestimenta filosófica. O discípulo de al-Farabi, o cristão Yahâ b. Âdî († 974) traduziu as *Refutações sofísticas* e compôs muitos tratados de lógica e de teologia. A presença do neoplatonismo era também muito forte nesta época. O vocabulário e as teses neoplatônicas das *Plotiniana arabica* se encontram na obra de Miskaway (morto em 1030) e de al-Sijistani († 985). Al-Âmirî († 991) tomou emprestada a via de al-Kindi em filosofia e utilizou a tradição neoplatônica em suas interpretações do Corão, lançando mão de citações e de paráfrases do *Kalâm fi mahd al-khair/Liber de causis* em seu tratado *Sobre a vida depois da morte*. Na mesma época, as *Epístolas dos irmãos da pureza*, obra que mistura a filosofia e a revelação islâmica, apresentam-se como um guia religioso para que a alma atinja a felicidade em sua vida futura e testemunham a influência do pitagorismo e do neoplatonismo.

Damasco e Bagdá são os dois grandes lugares de tradução e de atividade intelectual dos séculos VII ao X nas terras islâmicas. A nova cidade de Bagdá eclipsou rapidamente a antiga cidade de Damasco, a partir do século VIII.

Paralelamente ao movimento de tradução, al-Kindi e al-Farabi desenvolveram uma filosofia própria, ainda que seus trabalhos e seus ensinamentos tivessem sido rapidamente eclipsados pela importância das obras de Ibn Sina/Avicenas († 1037), a partir do século XI. Porém, encontramos teorias metafísicas sobre Deus e sobre a alma humana, saídas do círculo de al-Kindi, nos pensadores muçulmanos posteriores, que retornavam sistematicamente às *Plotiniana arabica*, e no Ocidente Latino, onde a tradução do seu primo *Kalâm mahd al-khair/Liber de causis* era estudada e

---

26. Cf. COLMO, C.A. *Breaking with Athens*: Alfarabi as Founder. Lanham/Maryland: Lexinton, 2005.
• MAHDI, M. "Farabi". *Encyclopaedia Iranica*. Op. cit.

27. Cf. O'MEARA, D. *Platonopolis*: Platonic Political Philosophy in Late Antiquity. Oxford: Oxford University Press, 2005. • VALLAR, P. *Farabi et l'école d'Alexandrie*. Paris: Vrin, 2004.

comentada abundantemente na Universidade de Paris. A influência de al-Farabi na metafísica, na psicologia filosófica e no pensamento político é atestado em Ibn Sînâ, assim como nos filósofos do al-Andalus, entre os quais Ibn Bâjjah e Ibn Rushd/Averróis. No Ocidente Latino, as traduções de al-Farabi influenciaram profundamente a teoria das ciências e o desenvolvimento que Averróis deu ao seu pensamento teve um impacto decisivo nas concepções da natureza humana e da alma nos debates cristãos.

13

AVERRÓIS/IBN RUSHD

Richard Taylor *

Cadi e jurista de uma longa linhagem de teóricos da lei religiosa, Ibn Rushd ou Averróis (± 1126-1198) marca na filosofia a terminação da tradição racionalista clássica nas terras do Islã. Esta tradição estava enraizada no pensamento de al-Kindi (810-866), afirmou-se na filosofia de al-Farabi (± 870-950), desenvolveu-se ainda nas obras de Avicena/Ibn Sina, até o que Averróis a levou a seu ponto de acabamento, operando um retorno ao racionalismo aristotélico, o que fará que ele seja chamado de "o Comentador" no Ocidente Latino.

Pode-se ver a obra filosófica de Averróis em dois grandes conjuntos. O primeiro reúne as obras dialéticas que têm como objetivo questões de ordem religiosa e filosófica[1]; o segundo, as obras que ele qualificava de "filosóficas" e "demonstrativas"[2]. Trata-se de tratados independentes em muitos aspectos e de comentários filosóficos da obra de Aristóteles (384-322 a.C.), que são de três espécies: os Resumos (ou Epítomes), os Comentários médios e os Grandes comentários. Os Resumos têm como objetivo as questões e os problemas trazidos pela leitura das obras de Aristóteles e dos comentadores gregos e árabes. Os Comentários médios consistem em grande parte numa paráfrase das principais teses aristotélicas, e foram provavelmente escritos em resposta ao califa Abú Yakúb Yúsuf (1135-1184). Encontra-se aí, por exemplo, uma paráfrase da *República*[3] de Platão (428-348 a.C.) com acentos claramente aristoté-

---

* Professor de Filosofia. Universidade de Marquette, Wisconsin.

1. O *Fasl al-Maqâl* ou o *Discours décisif*, o curto *Traité de la connaisance divine*, o *al-Kashf an alx-manâhij* ou o *Déviolement des méthodes de démonstration des dogmes religieux*, e o *Tahâfut at-Tahâfut* ou a *Incoherence de l'encoherence*.

2. AVERROÈS. *Tahafut at-tahafut*, M. Bouyges. Beirute: Imprimerie Catholique, 1930, p. 427-428 [org. por M. Bouyges].

3. Há uma publicação desta obra em português: PLATÃO. *A república*. Lisboa: Calouste Gulbenkian, 1987 [Introdução, tradução e notas de Maria Helena da Rocha Pereira] [N.T.].

licos. Mas são os Grandes comentários os mais conhecidos e que foram também os mais influentes. Averróis reproduz aí o texto aristotélico acompanhado de um comentário linear detalhado e crítico sobre os termos empregados, os argumentos, o sentido do texto e sua intenção, assumindo uma posição diante das opiniões dos filósofos e dos comentadores das tradições gregas e árabes, principalmente aquelas de Alexandre d'Aphrodise (150-218), de Themistius (± 317-390), de al-Farabi ou ainda de Avicenas.

O racionalismo filosófico na dialética em matéria de religião: método e objeto da religião e da filosofia

Não se poderia considerar enganosamente que o *Discurso decisivo* de Averróis tenha como objetivo a harmonia entre a filosofia e a religião, ainda que se possa também traduzir seu título assim: "Livro sobre a separação do discurso religioso e do discurso filosófico e o estabelecimento da relação entre os dois"[4]. Sob a forma de um decreto religioso ou talvez mesmo de uma *fatwa*, Averróis escreve: "O propósito deste discurso é procurar, na perspectiva da reflexão jurídica, saber se o estudo da filosofia e das ciências da lógica é permitido pela Lei revelada, ou antes, condenada por ela, ou ainda prescrita, seja como recomendação, seja como obrigação"[5]. Mas este exame se revela deliberadamente dialético, na medida em que Averróis estabelece um confronto das significações dos termos empregados pela religião, e também deliberadamente filosófico, por meio desta afirmação fundadora: a verdade é uma por natureza, quer ela seja estabelecida pela filosofia ou pelas Escrituras e crenças religiosas.

Identificando a reflexão (*al-nazar*) que a religião exorta para que seja levada às Escrituras e ao mundo que Deus criou com aquela que caracteriza a ciência teórica em Aristóteles (*'ilm nazarî*), Averróis afirma que a reflexão religiosa atinge sua perfeição quando ela assume a forma de um exame sobre os seres na medida em que eles revelam seu Criador divino. Da mesma maneira, ele assimila o *qiyâs* (o raciocínio por analogia), do qual a lei religiosa faz uso quando recorre aos modelos do *Qur'ân* e dos *Hadiths* ("tradições") para estabelecer as regras da vida cotidiana, ao *qiyâs* aristotélico (o raciocínio por silogismo), que os filósofos empregam em suas demonstrações. Citando o mandamento do *Qur'ân*: "Portanto, prestai atenção, ó vós que sois dotados de clareza"[6], ele procura aproximar a "atenção" (*al-i' tibar*) da indução científica aris-

---

4. EL GHANNOUCHI, A. Distinction et relation des discours philosophique et religieux chez Ibn Rushd: *Fasl al maqal* ou a dupla verdade. In: KHOURI, R.G. *Averroes (1126-1198) oder der Triumph des Rationalismus, Internationales Symposium anlässlich des 800* – Todestages des islamischen Philosophen. Heidelberg: Universitätsverlag C. Winter, 2002, p. 145.

5. AVERROÈS. *Discours décisif* [Tradução de M. Geoffroy modificada].

6. Ibid., 59.2.

totélica, pela qual um conhecimento novo é extraído daquilo que já é conhecido[7]. E conclui: "É evidente, além disso, que este procedimento de reflexão (*al-nazar*) para o qual a Revelação convoca e encoraja, é necessariamente aquele que é mais perfeito, que se chama 'demonstração' (*burhân*)"[8]. Graças a este argumento dialético, Averróis não sustenta somente que o estudo da filosofia é permitido, mas que todos aqueles que são capazes disso para tal são obrigados por um mandamento da lei religiosa, visto que ela é uma reflexão (*al-nazar*) sobre as criaturas e, por conseguinte, sobre seu Criador. Neste tratado religioso dialético, Averróis considera o seguinte princípio como adquirido: "A verdade não pode ser contrária à verdade, mas ela se concilia consigo mesma e testemunha em seu próprio favor"[9]. Trata-se, por um lado, de se precaver contra a possibilidade de uma teoria da "dupla verdade", uma religiosa e outra filosófica, e de insistir na primazia da demonstração que constitui imediatamente e por si mesma um conhecimento, pois ela conduz ao verdadeiro e ao certo (*al-yaqîn*)[10]. Ele se distancia assim de todos aqueles que dão seu consentimento (*al-tasdîq*), sob o efeito de uma persuasão retórica que se dirige à imaginação, ou de uma persuasão dialética que utiliza a argumentação, mas que se apoia em crenças comuns. Nestes dois casos, não é a necessidade da própria demonstração, onde uma forma válida de silogismo se apoia em premissas verdadeiras, que carrega o consentimento (*al-tasdîq*), mas antes o efeito persuasivo da crença religiosa, do consenso (*al-ijmâ*), ou ainda a emoção. Do mesmo modo, quando ocorre que as conclusões de um raciocínio contradizem algumas interpretações dos textos religiosos sobre o mundo e seu Criador, deve-se retomar a interpretação dos textos, deixando-se guiar por aquele que pratica a demonstração, pois unicamente as explicações que saem dela são incontestavelmente verdadeiras.

Este método permite a Averróis, no *Discurso decisivo*, na *Incoerência da incoerência* e no *Tratado sobre o conhecimento*, responder às três acusações de infidelidade (*kufr*) que al-Ghazâlî lhe dirige em seu *Incoerência dos filósofos*, que dizem respeito a suas posições sobre 1) a eternidade do mundo, 2) a natureza do conhecimento divino e 3) a ressurreição do corpo e da vida depois da morte.

1) Assim como al-Farabi e Avicenas, os quais sustentam que o mundo é eterno, tese expressa principalmente a partir da ideia de uma hierarquia dos seres emanada da Causa primeira ou Deus e que são dele ontologicamente dependentes, Averróis

---

7. ARISTÓTELES. *Seconds analytiques*, 1.1, 71a 1.

8. AVERROÈS. *Discours décisif.* Op. cit.

9. Averróis não cita a origem aristotélica deste princípio: ARISTÓTELES. *Premiers analytiques*, 1.32, 47a 8-9.

10. ARISTOTE. *Seconds analytiques*, 1.2, 71b 18-24.

permanece inabalável na questão da eternidade do mundo. Ele sustenta a tese de Aristóteles de acordo com a qual o universo é eterno, pois a matéria deve necessariamente existir para que haja mudança: ele sublinha, além disso, que é a esta mesma tese que um leitor atento das Escrituras chegaria, pois, no *Qur'ân*, Deus menciona um "trono" e a "água" que precedem a criação do mundo. Assim, Averróis não sustenta a ideia de uma *creatio ex nihilo* (criação a partir do nada), mas considera que a criação consiste unicamente na dependência do mundo em relação à divindade (posição que ele expressa claramente em seu *Grande comentário sobre a Metafísica*). Na obra dialética *Desdobramentos dos métodos de demonstração dos dogmas religiosos*, Averróis estabelece dois tipos de prova da existência de Deus, ambos de acordo com a teleologia de Aristóteles: a prova a partir da providência (*'inâyah*) e a prova a partir da criação da vida por um decreto divino (*qatân*).

2) Contra al-Ghazâlî, que acusa os filósofos de denegrir o poder de Deus recusando a Ele o conhecimento dos particulares, Averróis sustenta de novo implicitamente uma tese aristotélica: o conhecimento divino não é nem particular nem universal; ele constitui antes um terceiro gênero de conhecimento voltado para si mesmo. O conhecimento dos particulares e o conhecimento dos universais somente existem em virtude de objetos exteriores, enquanto que no caso do conhecimento divino transcendente, que não tem como objeto nem os particulares nem os universais, Deus conhece todas as coisas pelo fato de que ele se conhece a si próprio em ato. E este ato de autoconhecimento é idêntico ao ser e ao ato divino, causa final de todas as coisas, quer dizer, uma espécie de causa cujo poder faz existirem todas as realidades e confere a elas sua essência, em conformidade com a tese aristotélica.

3) Enfim, no *Discurso decisivo*, Averróis defende uma concepção comum a favor da ressurreição e da vida depois da morte. De um ponto de vista religioso, a sociedade deve acreditar na ressurreição e na vida depois da morte, mas Averróis acrescenta que esta atitude convém mais aos crentes do que àqueles que preferem ser guiados pelo conhecimento. Para estes espíritos mais científicos, no entanto, é preciso escorar todas as interpretações escritas sobre o assunto com um raciocínio demonstrativo: esta é a tarefa da filosofia. Para os espíritos cultivados, estas explicações têm em vista esclarecer a comunidade dos não filósofos, fazendo que eles concebam uma forma de existência no para-além, distinto daquela do mundo físico dos corpos, e apreendam a verdadeira natureza da divindade, ainda que imperfeitamente, como pura atualidade do intelecto, para além dos limites do corpo, da matéria e de seu poder.

Averróis aniquila assim toda a força destas três acusações, respondendo a elas com um raciocínio filosófico que está de acordo com os ensinamentos de Aristóteles sobre a eternidade do mundo, sobre a natureza do conhecimento divino e sobre a permanência da alma humana depois da morte. Ele remete metódica e

Averróis/Ibn Rushd   147

sistematicamente aos princípios fundadores aristotélicos, e desenvolve sua filosofia a partir deles, como mostram ainda mais claramente suas obras estritamente filosóficas.

Um retorno aos textos de Aristóteles

Em sua obra filosófica, Averróis reexamina os textos aristotélicos e a tradição exegética grega e árabe, despojados das noções e das teses extraídas da teologia islâmica e de outras fontes estrangeiras. Quando se coloca de lado a tendência da emanação do *Epítome da Metafísica de Aristóteles*, suas obras de maturidade se apoiam nos princípios aristotélicos para elaborar uma explicação sistemática da natureza, das faculdades psicológicas e intelectuais humanas, do movimento celeste e da natureza da metafísica como ciência cujo objeto principal é a Causa primeira.

A natureza do intelecto constitui um problema difícil para Averróis, sobre o qual ele retorna incessantemente no intuito de dar precisão ao seu pensamento. Em seu *Epítome do tratado da alma*, um de seus primeiros ensaios sobre o exame do intelecto humano, ele sustenta que a capacidade humana de compreender as realidades inteligíveis, que se chama, depois de Alexandre d'Aphrodise, de "intelecto material", é uma disposição da faculdade de imaginação que depende principalmente do corpo. Cada faculdade receptiva do homem é atualizada graças ao intelecto agente transcendente, cuja luz e poder de abstração se aplicam às imagens recolhidas pelos sentidos e pela experiência. Mas em seu *Comentário mediano sobre o tratado da alma*, Averróis afirma que as realidades inteligíveis em ato, abstraídas pelo intelecto agente, não podem ser apreendidas senão por um sujeito totalmente imaterial, liberado de seu corpo e de suas afecções. Ele considera, então, o intelecto material como uma substância imaterial e separada do corpo, mas própria do homem, cujos sentidos e experiência produzem as imagens que serão logo abstraídas. Porém, Averróis recusa esta concepção em seu *Grande comentário sobre o tratado da alma*, obra de maturidade que exerceu uma grande influência e suscitou muitas controvérsias no Ocidente Medieval, quando foi traduzido do árabe para o latim. Partindo da interpretação de Themistius em sua *Paráfrase do tratado da alma*, Averróis se remete à ideia de que, para que a ciência seja una, é preciso que haja um conjunto único de realidades inteligíveis em ato, objetos de conhecimento, e que estas realidades existam no intelecto material transcendente e eterno que lhes recebe; a alma do sujeito do conhecimento tem este intelecto material como parte. De acordo com esta última explicação, o sujeito do conhecimento produz as imagens que o intelecto agente abstrai de sua alma, fazendo que elas passem do modo de ser inteligível particular em potência ao modo de ser inteligível em ato. A compreensão intelectual humana exige a conjunção de duas dimensões da racionalidade, o intelecto agente e o intelecto material, ainda que eles sejam transcendentes e independentes; estes dois intelectos devem se encontrar "na alma" e estar à disposição da vontade do sujeito do conhecimento.

De acordo com Averróis, a filosofia natural é capaz de provar a existência do motor imaterial situado na extremidade da esfera celeste; a psicologia pode naturalmente provar que este motor é por natureza o intelecto; a metafísica, enfim, pode esclarecer sua natureza e seu papel causal na constituição ou na "criação" de todas as outras realidades. Não se pode explicar o movimento eterno dos corpos celestes senão no seio de uma alma infinita, unida de maneira ambivalente a este corpo celeste "no" qual ela se encontra, e no seio do intelecto imaterial que age como uma causa final para a alma e é responsável pelo movimento. É somente desta maneira que se compreende como o movimento finito dos corpos celestes é também eterno. O intelecto imaterial contém em si uma certa potência, o que justifica a hierarquia ontológica dos intelectos, como causas do movimento dos corpos celestes. A psicologia filosófica de Averróis mostra, de fato, como o intelecto material é ao mesmo tempo intelecto e potência de recepção das realidades inteligíveis. Assim, estes intelectos ou inteligências se situam numa escala cuja unidade não para de crescer e cuja potência decresce à medida que eles se aproximam da Causa primeira. Todas estas inteligências, assim como todas as realidades "criadas", contêm em si alguma potência, pois todas remetem necessariamente a um ser superior, que é a Causa primeira. Esta contém em si mesma toda a perfeição do ser enquanto ser, perpetuamente engajada numa atividade de autoconhecimento terminada, em conformidade com a definição que Aristóteles dá de Deus no livro Λ da *Metafísica*.

O retorno a Aristóteles realizado por Averróis não será seguido pelas escolas da tradição árabe, mas se tornará central na filosofia do Ocidente Latino. Os comentários de Averróis constituíram para os latinos um modelo de leitura de Aristóteles que suscitava muitas controvérsias, que deram lugar a várias condenações, até aquela de 1277, que tornará difícil a difusão de suas teses filosóficas.

14

FILOSOFIA POLÍTICA E TEOLOGIA NA IDADE MÉDIA

Alain de Libera *

Depois de um longo período dominado pelo esquema historiográfico que indicava o nascimento do espírito laico no "declínio da Idade Média"[1], a história do pensamento político medieval se abriu a outros modelos de investigação e de descrição. A reavaliação do pensamento escolástico impõe novos paradigmas, onde não admira que se veja estudar a hipótese de que os teólogos teriam inventado o Estado ou que a ciência do homem teria sido constituída no seio da ciência divina, a teologia. Se, como escreveu Paul Veyne, "um acontecimento não é um ser, mas um crescimento de itinerários possíveis", o advento-acontecimento do político na Idade Média pode ser objeto de diversos esquemas. O primeiro seria a passagem do modelo do Estado-república ao modelo do Estado-soberano, articulado em torno da emergência, nos anos de 1300, de uma questão teológica – a Imaculada Conceição –, na qual se elabora uma teoria da soberania absoluta fundada na lei teológica singular que permite dar conta do fato de que, por uma espécie de "direito privado" ou de "privilégio de exceção", que a eximiu do "direito comum", "a mãe de Deus não contraiu o pecado original"[2]. O segundo: a reformulação da teoria do "homem animal político civil", do ponto de vista da teoria averroísta do intelecto, em que se desdobra, com Dante (1265-1321), a ideia de uma monarquia universal onde "a humanidade assume os traços de uma comunidade política global"[3]. O terceiro: o conflito do papado com

---

* Professor de Filosofia. Universidade de Genebra.

1. LAGARDE, G. *La naissance de l'esprit laïque au déclin du Moyen Âge*. Louvain/Nauwelaerts/Paris: Béatrice-Nauwelaerts, 1956-1970.

2. Cf. BOUREAU, A. *La religion de l'État* – La construction de la République étatique dans le théologique de l'Occident medieval. Paris: Les Belles Lettres, 2006.

3. Cf. IMBACH, R. *Dante, la philosophie et les laics*. Paris: Cerf, 1996.

o Império, quando, nos mesmos anos de 1300, introduz-se, de maneira decisiva, a problemática indissoluvelmente filosófica, teológica e jurídica da separação dos poderes espirituais e temporais. Esforçar-nos-emos para dar aqui uma ideia desses três aspectos.

Onde termina a Idade Média política?

Há muitas épocas medievais, segundo se tome como referencial a *romanitas* (romanidade) ou a *christianitas* (cristandade), ou se adote uma periodização interna ao objeto. O esquema historiográfico que faz de *O príncipe* a figura literária e conceitual, onde se inventa uma modernidade fundada na recusa, até então desconhecida, de pensar o político a partir da moral e "da" virtude, este esquema se mostrou esclarecedor quando se exige dele somente configurar o conjunto com o qual Maquiavel (1469-1527) pretende romper. *O príncipe*[4] de fato deixa para trás a questão teológico-político da relação entre poder espiritual e poder temporal, e os modelos que a articulam. A esfera do político não é mais aquela, medieval, do Um, quer se tratasse do Império ou da Igreja, mas aquela das multiplicidades: as cidades em luta. *O príncipe* deixa também de lado os modelos elaborados pelos escolásticos para pensar o poder, que são todos ligados, no fundo, ao modelo unitário monárquico do *imperium*, que define o quadro de seu exercício, e na forma, à referência teológica que torna possível sua argumentação: a potência divina, absoluta ou prescrita. Ele abandona a maneira medieval de entender a relação entre a moral e a política: a questão do soberano perfeito. Enfim, ele abandona o ponto de vista escolástico sobre a questão do Estado e da Lei, eliminando a polaridade que, na Idade Média, tornava possível sua formulação: a distinção das duas Cidades, a terrestre e a celeste, elaborada por Agostinho (354-430). Esta eliminação não consiste somente em opor uma anatomia política aristotélica, com sua tipologia das cidades reais e dos modos do bom governo que ela induz, a um "agostinismo político" fundado no jogo complexo, ou seja, contraditório, das duas abstrações: a Cidade dos homens e a Cidade de Deus. Operar um retorno de Agostinho a Aristóteles (384-322 a.C.) – desencantar a esfera do político –, fazer voltar as duas Cidades à pluralidade factual, polêmica, irredutível das cidades humanas, é somente uma parte da tarefa – e se poderia mostrar que a Idade Média a tinha, num certo sentido, entrevisto. O que Maquiavel anuncia é a não pertinência política de toda a rede que comandava antes dele a distinção entre duas cidades, e constituía o horizonte não ultrapassável da reflexão de seus predecessores. Isto significa dizer que a Idade Média do político não se deixa definir senão

---

4. Há várias publicações desta obra em português; uma delas é: MAQUIAVEL, N. *O príncipe* e *Escritos políticos*. São Paulo: Abril, 1979 [Coleção Os Pensadores – Tradução de Lívio Xavier] [N.T.].

Filosofia política e teologia na Idade Média

negativamente? Um fato não é nada sem seu enredo. Um historiador de Maquiavel verá no agostinismo político o traço constitutivo da teoria política medieval, pois, privilegiando o gesto maquiaveliano de inversão dos valores do agostinismo, se estará favorecendo, no pensamento político medieval, uma tendência em fazer da esperança da Cidade vindoura, prefigurada na comunidade eclesiástica, a única verdadeira realidade. Alain Boureau vê, ao contrário, na "incomensurabilidade" mesma da vida presente em relação à vida futura, uma incitação recebida pelo pensamento escolástico para "separar os domínios religioso e terrestre", autorizando uma "autonomização do campo do político deixado ao governo dos homens"[5]. Nesta perspectiva, uma outra interpretação do agostinismo se impõe, aquela que vê os escolásticos separarem o singular do coletivo ao distinguirem a salvação e a felicidade. Se "a salvação eterna incumbe ao homem enquanto indivíduo", a "felicidade humana" incumbe ao homem enquanto gênero, "coletivamente". Por conseguinte, a teoria agostiniana das duas Cidades convoca, numa sociedade religiosa, "uma espécie da religião fora do campo público", por onde começa a separação entre a Igreja e o Estado.

O corpus *político*

A *Política*[6] de Aristóteles teve duas traduções escolásticas devidas a Guillaume de Moerbecke (1215-1286)[7], e uma terceira, redigida por Leonardo Bruni (1369-1444), que tem origem na época "humanista"[8]. Para os mestres nas artes da primeira metade do século XIII, a "política" é, com o monóstico[9] e o "econômico", um dos três componentes da "filosofia moral". Trabalhada num contexto em que não se dispõe nem de uma *Ética* completa, nem das *Econômicas* atribuídas a Aristóteles (384-322 a.C.), nem da *Política*[10], esta tríade nos ensina sobre o que constituía a base textual da visão universitária das três disciplinas: para o monóstico, as "Éticas", quer dizer, na época, a *Ética vetus* (ou seja, os livros II e III, até 1119a34) e a *Ética nova* (livro I), reunidos num *Liber ethicorum* em três ou quatro livros (os capítulos de 1 a 8 do livro III, que constituem o terceiro livro, os capítulos de 9 a 15, que formam

---

5. BOUREAU, A. *La religion de l'État*. Op. cit.

6. Há uma publicação em português desta obra: ARISTÓTELES. *Política*. Brasília: UnB, 1988 [Tradução, introdução e notas de Mário da Gama Kuri] [N.T.].

7. A *Translatio prior* ou *imperfecta*, que abrangia somente os livros I-II.11, e uma tradução completa, redigida por volta de 1267.

8. *Conventa Politicorum Aristotelis libre octo* – Economicorum ejusdem duo.

9. Monóstico: termo proveniente do latim *monstichum, -i*, significando um epigrama ou uma inscrição de um só verso [N.T.].

10. Há uma publicação em português desta obra: ARISTÓTELES, *Política*. Op. cit.

o quarto); para a economia, o *De officiis* de Cícero (106-43 a.C.); para a política, as *leges et decreta*, em outras palavras: as leis civis e as leis eclesiásticas. Somente nos anos de 1270 é que os escolásticos podem dispor dos textos de Aristóteles, que fundam a divisão padrão entre ética (ciência do indivíduo), economia (administração doméstica) e política ou "civil" (administração da cidade). A dimensão que unifica as três disciplinas é a do "regime" (*regimen*) de um povo, de um país ou de uma cidade", a economia, aquela do regime da família, o monóstico, aquela do regime "de um só, ou seja, de si mesmo". Se regime e governo são aqui sinônimos, o corte das três redes conceituais distingue o *regimen* da noção moderna do governo. A "autoconduta" está presente no princípio mesmo da "administração doméstica" e da "direção da cidade". A passagem do autorregime estendido à arte de governar é um dos horizontes que permitem avaliar a novidade de *O príncipe*, de Maquiavel. E este não é o único.

Línguas da política; políticas da língua

A tríade das ciências morais pode ser encontrada na política de traduções praticada pelos soberanos da França, convencidos da importância de acabar, por intermédio da língua nacional, com o movimento de *translatio studiorum*, que tinha encontrado na Universidade de Paris seu ponto final admitido. Com a tradução francesa do *De regimine principum* de Gilles de Roma, redigido por volta de 1279 para a educação de Felipe o Belo (1268-1314), da *Quaestio in utranque partem*, do tratado *Rex pacificus*, depois das *Políticas* de Aristóteles, o Estado e o fato político adquirem um estatuto de objeto autônomo, separado de qualquer perspectiva escatológica: uma outra forma de se afastar do agostinismo político. Se as três partes (ética, economia, política) do *De regimine*, adotado em 1282 por Henri de Gauchy com o título *Livres du gouvernement des rois* (*Livros sobre o governo dos reis*), falam sobretudo da "maneira como os príncipes devem se conduzir", a tradução comentada das *Politiques*, redigida entre 1370 e 1374 por Nicole Oresme (1323-1382) a pedido de Carlos V (1338-1380), fornece as bases conceituais necessárias para pensar, ao mesmo tempo, a autonomia do Estado real diante do poder da Igreja e a independência da França diante do Império. Os dois problemas tinham sido habilmente ligados por Bonifácio VIII (1235-1303), quando, procurando circunscrever os gauleses na "Donation de Constantino", para reconduzir a autoridade do rei à autoridade do papa a partir da autoridade do imperador, ele foi acometido pela *superbia Gallica*. Por causa da Guerra dos Cem Anos, Oresme esgrimiu sua espada com outro adversário: o pretendente inglês ao trono da França. Ele retoma, portanto, a ideia de uma "dupla finalidade" da cidade: procurar as "coisas necessárias [*sic*] para viver" e o que é necessário para viver bem "de acordo com as leis (*laiz*) e de acordo com a virtude", mas também sublinha que o fim natural da cidade não é tanto a própria cidade quanto o fato de "se apresentar como cidade", pois o homem é "na-

Filosofia política e teologia na Idade Média 153

turalmente uma coisa civil" e "obrigado pela natureza a viver em comunidade civil"[11]. Esta autoapresentação tem um sentido eminentemente político. Ela implica o elogio do francês, a língua nacional, contra a língua do estrangeiro. Já no *Prólogo* ("Excusa") de sua tradução do *Livre de ethiques*, Oresme tinha sublinhado que "tutelar em francês as artes e as ciências" era "um labor muito lucrativo, pois esta é um língua nobre e comum para gente de grande engenho e de boa prudência". Aqui, ele insiste no fato de que é "uma coisa totalmente fora da natureza que um homem reine sobre um povo que não escuta sua língua materna". Invocando Jeremias 5,15, onde se vê que a mais grave ameaça dirigida aos hebreus era colocá-los "nas mãos de povos estrangeiros e de outra língua"[12], o elogio da comunidade linguística viva tem como objetivo, para retomar a fórmula de Noël de Fribois no *Resumo das crônicas da França* (*Abregé des chroniques de France*), argumentar com "o direito do rei contra os ingleses", em outras palavras, recusar as pretensões dos reis ingleses à coroa da França. Naquilo que diz respeito ao Império, Oresme lembra que não poderia haver um único governo, nem mesmo um direito para todos os homens, "pois, de acordo com a diversidade das regiões, dos temperamentos, das inclinações e dos costumes das pessoas, convém que seus direitos positivos e seu governo sejam diferentes"[13]. Diretamente dirigido contra o Império governado por um direito único – o direito romano –, o propósito de Oresme arbitra, também, a favor dos teólogos, o conflito dos clérigos que rivalizam em influência junto ao rei. O reino de Carlos V sela com a língua a existência de uma filosofia política francesa: o monarca suscita o Sonho do pomar (*Songe du vergier*, 1378), somatório da filosofia política de Evrart de Trémaugon [...], que, de acordo com a palavra de Lagarde [...], "reúne", nas pegadas de Guilherme de Ockham (1285-1347) e de Marsílio de Pádua (± 1280-1343), "tudo o que pôde ser dito desde o início do século sobre a autonomia do poder civil e sua independência em relação ao poder espiritual". Os conflitos de soberania são o alimento principal do pensamento político da Idade Média tardia: a legitimação do poder real ou imperial diante do poder pontifício ou o questionamento de sua legitimidade penetram todos os domínios – povo, língua, sociedade, território. Dois modelos de soberania dominam a reflexão nos anos de 1300: o modelo hierárquico e o modelo orgânico.

O modelo hierárquico

O *corpus* dos escritos atribuídos a "Denys o Areopagita" (século III) é a fonte de um pensamento hierárquico que impregnou fortemente a teoria política medieval e

---

11. *Le livre de politique*, 48a-b.

12. ORESME, N. Prólogo à tradução do *Livre de ethiques*, 292a.

13. Ibid., 291b.

depois a teoria política moderna. "Denys", o monge sírio do século VI, sob o nome de quem os carolíngios confundiram três personagens diferentes – o primeiro convertido ateniense de Paulo, o primeiro bispo de Atenas e o primeiro bispo de Paris, supliciado no "Monte dos mártires" (Montmartre) –, tinha distinguido duas hierarquias, a hierarquia celeste para o mundo dos anjos, a hierarquia eclesiástica para o mundo dos homens. Ainda que ela não tivesse originariamente uma dimensão política, a noção dionisiana de hierarquia imediatamente recebeu uma interpretação política. O modelo "hierárquico" da soberania é regulado por dois princípios. O princípio da "redução a um" (*reductio ad unum*), extraído ao mesmo tempo da *Metafísica* de Aristóteles[14], de Denys e de Proclus (412-485), permite "reduzir" a totalidade da sociedade humana, portanto, a ordem política, à soberania do papa. A formulação propriamente dionisiana do modelo hierárquico é dada no *De ecclesiastica potestate* de Gilles de Roma (1247-1316) de 1301-1302, o manifesto da teologia política pontifícia do século XIV. Ela está fundada numa regra, a *lex divinitatis* ("lei da ordem divina"), da qual o enunciado tradicional é: "A lei da ordem divina é levar os inferiores aos superiores por meio dos intermediários" (*lex divinitatis est ultima per media reducere*). Transposta como instituição de governo de um inferior por um intermediário em virtude de um superior, a "hierarquia" define a política como um caso particular da ordem universal, ordem essencialmente desigual, na qual cada coisa tem seu lugar, determinada por sua capacidade, estando subordinada a uma série de mediadores que lhe asseguram a recepção do que lhe ocorre: não há relação direta entre o inferior e o superior, entre o mais baixo e o mais alto. É preciso sempre uma mediação, um intermediário.

> Assim como os corpos desse mundo de baixo são regidos pelos corpos de cima, e como a substância inteira do corporal é regrada pelo espiritual, também na Igreja de Nosso Senhor as realidades temporais e inferiores são regidas pelas realidades superiores, e o universo temporal e o poder terrestre são totalmente regidos pelo espiritual e supremamente regidos pelo soberano pontífice. Quanto ao próprio pontífice, unicamente Deus pode julgá-lo[15].

Para o anônimo *Glossa ad Extravagantes*, o papa, que é "supremo entre os homens", é a "medida" e a "regra dirigente de todos os outros homens". O princípio de um Primeiro realizando em si toda a perfeição de que é capaz o gênero de seres que lhe está subordinado é o arquétipo do totalitarismo. O segundo princípio geral da hierarquia é aquele da onipotência, que estabelece na esfera política a oposição entre o curso legal da natureza (*secundum communes leges naturae*) e o milagre, paralelo à

---

14. *Métaphysique*, I, 1, 1052b18-20.

15. GILLES DE ROME. *De ecclesiastica potestate*, I, p. 5.

Filosofia política e teologia na Idade Média 155

distinção teológica do "poder ordenado" e do "poder absoluto" de Deus, desenvolvido pelos teólogos desde o século XII. Assim como Deus pode derrogar o governo natural do mundo pelas leis naturais que ele estabelece em virtude de seu poder prescrito – e, assim, suspende ou modifica milagrosamente, em virtude de seu poder absoluto, o curso natural das coisas –, também o papa pode, à par da "plenitude de seu poder" (*plenitudo potestatis*), intervir na política para aí cumprir o que, na natureza, seria da ordem do milagre. Esta prerrogativa que corresponde ao nosso "estado de exceção" vale, por exemplo, para uma vacância de trono ou para a deposição de um imperador herético.

No século XIV, a noção de poder absoluto é formulada numa linguagem jurídica, que permite colocar num quadro legal uma forma de ação divina extraordinária, acima das leis (*supra legem*). Na pena de Duns Scott (1265-1308), este tipo de ação é pensado como legalidade *de facto*, em oposição à legalidade *de iure* do poder prescrito, que se exprime no curso ordinário das coisas. Tudo que Deus faz é justo *de facto*, ainda que isto se oponha à lei que ele estabelecera anteriormente: a substância da lei é a vontade livre do soberano que somente é obrigatória para si mesma. No debate sobre a Imaculada Conceição, Duns Scoto, mas também Guilhaume de Ware (1260-1310) e Pierre d'Auriole (1280-1322) sustentam que Maria foi submetida ao pecado original de direito (*de iure*), quer dizer, em virtude da lei comum, que coloca todos os seres humanos em igualdade, mas não de fato (*de facto*), em virtude do poder absoluto de Deus. Roger Baconthorpe (1290-1346) contesta esse ponto: "É temerário e contrário à natureza da lei alegar um privilégio *de facto*". Isto significa "privar a lei" de sua legalidade. Para além das duas concepções possíveis do privilégio, a concepção do *Décret* de Graciano (1140), que faz dele um "dispositivo de destruição da lei, um abuso tirânico"[16], e a concepção do direito romano imperial, que faz dele "uma graça legislativa com o que o imperador, estatuindo por rescrito[17], favorece os súditos", os debates envolvem a eclesiologia; alguns, sustentando que "o privilégio dá algo a mais, sem ofender a lei", invocam, por exemplo, o Cristo, autor do privilégio fundamental de que goza a Igreja Romana. O poder absoluto só diz respeito a Deus; mas também diz respeito ao homem e, por excelência, ao soberano.

A aplicação do modelo jurídico à esfera da natureza, depois à esfera do direito, é metafisicamente apoiada por um último princípio: o princípio da imediatidade causal do Primeiro, tirado do *Liber de causis*, amplamente defendido desde o século

---

16. BOUREAU, A. *La religion de l'État.* Op. cit.

17. Rescrito: resposta do papa sobre questões teológicas para servir de decisão ou bula, ou decisão régia por escrito [N.T.].

XIII nas controvérsias eucarísticas. Mesmo num mundo hierarquizado, que tem em seu cume uma Causa primeira que domina toda uma série de causas segundas que transmitem sua causalidade, a Causa primeira pode agir diretamente, sem intermediário, sobre os efeitos mais inferiores. Transposto pelos teólogos pontifícios – principalmente Gilles de Roma – à esfera política, o princípio afirma que, à imagem de Deus que ele representa na terra, o papa pode, permanecendo submetido à suprema jurisdição divina (*iurisdictio primaria*), "fazer ele mesmo, abstendo-se de ser causa segunda, tudo o que ele faz (habitualmente) por intermédio de uma causa segunda"[18]. O papa tem uma "jurisdição imediata e executória" que lhe permite renunciar a qualquer outro intermediário ou executante. Levado ao papel de causa segunda, o rei ou o imperador é somente um instrumento do poder religioso. A noção moderna de poder absoluto tem uma fonte teológica: a articulação da concepção dionisiana da hierarquia com o princípio de causalidade imediata. Longe de se contradizer, estas duas teses formam um sistema fundado na dissimetria das relações de superior e inferior e de superior e inferior: o inferior não pode alcançar diretamente seu princípio; o poder do príncipe supremo, ao contrário, exerce-se diretamente e de pleno direito sobre o inferior, onde quer que seja. O inferior é mantido à distância do soberano por uma hierarquia que é somente a legalidade *de iure*, o poder ordinário do soberano; mas o soberano nesse mesmo quadro está *de facto* na proximidade igual e legal de todos aqueles que lhe estão submetidos.

O "corpo político"

Os teólogos medievais tinham desde Agostinho o hábito de apresentar a Igreja, incluída a Igreja dita "invisível", à comunidade cristã passada, presente e futura, no modelo de um corpo – o corpo "místico" do Cristo –, admitindo-se que ele seria reconstituído totalmente no final dos tempos, depois do juízo final. Neste corpo, o Cristo, Verbo encarnado, aparecia como a cabeça, o "chefe" – Robert de Lincoln (± 1111-1156) chegava mesmo a chamar de "Cristo total" ou "integral" (*Christus integer*) o conjunto formado pelo Cristo e sua Igreja: *Verbum incarnatum cum corpore suo quod est Ecclesia* (Verbo encarnado com seu corpo que é a Igreja). Não há, portanto, nada de surpreendente na ideia de apresentar a sociedade política como um corpo, e depois, apoiando-se em Aristóteles, como um organismo vivo, ideia imposta à Idade Média, ou durante muito tempo combinada com o modelo hierárquico. No século XIV, no entanto, comparando o Estado com um corpo, os padres de Felipe o Belo demonstram que se, como representante do Cristo, o papa é a cabeça – o "chefe" – do reino, o rei é seu coração. Os dois são igualmente indispensáveis, assim como o

---

18. GILLES DE ROME. *De ecclesiastica potestate*. Op. cit.

Filosofia política e teologia na Idade Média   157

cérebro e o coração o são para o organismo humano. Assim reformulado, o modelo orgânico não é mais hierarquizado: ele argumenta com um equilíbrio funcional, e com isso entra em contradição aberta com o modelo dionisiano da hierarquia utilizada pelos teólogos pontifícios. À *reductio ad unum* da hierarquia dionisiana, os autores de *Rex pacificus* (Rei pacífico) opõem a ideia peripatética da harmonia dos órgãos reitores da vida que, fundando na natureza a independência dos poderes civil e religioso, permite reservar a plenitude do poder temporal àquele que reina exclusivamente no mundo terrestre: o rei. O modelo do "corpo" apresenta, além disso, um caráter médico. No século XV, Christine de Pisan (1364-1430) o utiliza no *Livro do corpo de polícia* (*Livre du corpos de policie*) para denunciar a inutilidade dos membros que não se solidarizam com o conjunto:

> A parte que não se ajusta ao todo é feia e o membro que recusa sustentar o corpo é inútil e como que paralisado. Leigos ou padres, nobres ou de baixa extração, quem quer que recuse oferecer seu apoio à sua cabeça e a seu corpo, ou seja, ao senhor rei e ao reino, e, definitivamente, a si mesmo, reconhece-se como sendo uma parte mal ajustada e um membro inútil e como que paralisado.

A leitura médica do modelo orgânico permite eliminar qualquer legitimidade à ideia de rebelião, de resistência ou de dissidência e, assim, por isso mesmo, justificar a legitimidade da repressão. A interdependência das partes do corpo e sua subordinação ao todo legitimam que se suprima o que é inútil ou contrário ao funcionamento harmonioso, orgânico, do todo. A mereologia[19] (*méréologie*) investe o discurso político: não há direito da parte perante o todo. No *Contra os rebeldes do seu reino* (*Contra rebelles suorum regnum*), Jean de Terre-Vermeille (± 1370-1430) – *de Terra Rubea* – sustenta que os partidários do duque de Borgonha que se opõem ao rei da França são membros em decomposição do corpo político francês, que devem ser amputados no interesse do conjunto. A interdependência das partes do corpo e a subordinação de todas as partes ao todo não significam, no entanto, obrigatoriamente a subordinação de todas as partes à cabeça, nem a identificação do bem do conjunto ao bem de sua parte suprema. Às vezes, o modelo médico é, ao contrário, empregado para justificar a deposição do rei em benefício do conjunto do corpo. Este é o caso do sermão do bispo John Straford (?-1452), diante da assembleia convocada em 1327, para ratificar a deposição do Rei Eduardo II (1284-1327). O tema do sermão, *caput meum doleo* ("minha cabeça me faz sofrer"), funda um desenvolvimento "revolucionário": as fraquezas de Eduardo II – "a cabeça" – na medida em que fazem sofrer o corpo inteiro, este pode e deve se dar uma nova cabeça! Esta oscilação da interpretação

---

19. Mereologia: teoria ou estudo lógico-matemático das relações entre as partes e o todo e das relações entre as partes no interior do todo [N.T.].

médica do modelo orgânico abre, portanto, uma legitimação da resistência e da revolta, contrariamente àquela que defende a dominação e a repressão. A justificação
do assassinato político penetra evidentemente também em outras harmonias, aquela
do tiranicídio ou suposto tal, fazendo facilmente apelo às noções de "traição" e de
"deslealdade". Este é o caso do discurso francês pronunciado em 8 de março de 1408
por Jean Petit (1120-1180), conhecido também como Joannes Parvus, que, diante
de uma plateia de grandes senhores, universitários e burgueses reunidos no Hotel de
Sant-Pol, legitima o assassinato de Luís de Orléans pelo duque de Borgonha, o Jean
sans Peur (João sem Medo), em 23 de novembro de 1407, "fato que foi perpetrado
para o maior bem da pessoa do rei, dos seus filhos e de todo o reino", pretendendo
demonstrar "com isso que é lícito a cada súdito, sem qualquer ordem, de acordo
com as leis morais, naturais e divinas, matar ou mandar matar o traidor, o desleal ou
o tirano". A universidade de Paris condenará em fevereiro de 1414 as alegações de
Jean Gerson (1363-1419), *contra errores Joannes Parvi*, ambos no Concílio da fé de
novembro de 1413.

Monarquia universal e dualismo

A *Monarquia* de Dante (1265-1321) é a mais rigorosa exposição de filosofia política antipontifícia do século XIV. Pode-se resumir o essencial desta filosofia em três
teses, que são cada uma delas objeto de um livro. A primeira é que a única garantia
de paz e de justiça para a cristandade reside no estabelecimento da unidade política
sob um único dirigente. A segunda é que a Providência divina confiou este papel,
no início da era cristã, ao imperador romano, desde a época pré-cristã, quando o
próprio Cristo, reconhecendo o direito do Império, do *imperium*, de governar o
mundo, escolheu viver e morrer na submissão à sua soberania. A terceira é que o
governo universal único foi dado diretamente por Deus a cada um dos imperadores,
sem a intermediação do papado, governo que foi exercido pela cúpula da Igreja sem
controle jurisdicional. A grande novidade de Dante é considerar a sociedade humana
como uma unidade, sem que ela seja por isso redutível à *Ecclesia* (Igreja). Portanto, pode-se aceitar o princípio da *reductio ad unum*, fundamento de todo discurso
monárquico, sem tirar disso as mesmas consequências que tiraram os partidários do
papa. De acordo com os defensores dos pontífices, o princípio da redução a um implica a subordinação do imperador ao papa. Dante contesta as condições nas quais
eles o aplicam. É verdade que "em todo gênero há algo de primeiro a que é preciso
reconduzir (*reduci*) todas as coisas que estão nesse gênero, e que é a medida de todas
as coisas"; mas também é verdade que todos os homens pertencem a um mesmo gênero: o gênero humano. É, portanto, também verdade que todos os homens devem
ser reconduzidos a um primeiro que é a medida única do gênero humano. É falso,

Filosofia política e teologia na Idade Média

ao contrário, que o papa, ou, por outro lado, o imperador, possa ser concretamente este "modelo". A razão disso é que ser papa ou imperador é uma relação, tal como ser pai, enquanto que ser homem é uma essência. O homem é homem em função de sua natureza ou de sua essência de homem. O papa é papa em relação a uma função ou a uma propriedade extrínseca: o papado. Os homens enquanto homens não devem, portanto, ser referidos ao papa ou ao imperador, pois o fato de ser papa é somente um acidente e não diz respeito ao homem enquanto homem. O que funda a unidade do gênero humano, o que é efetivamente primeiro nesse gênero, o que é a medida de todos os outros homens, é o homem de que fala a *Ética a Nicômaco*[20], não um papa ou um imperador, mas o homem perfeito, que realiza a perfeição da humanidade ou da natureza humana, o homem "ideal". Este homem ideal, Dante não o designa concretamente, mas é evidente que a referência à *Ética a Nicômaco* permite caracterizá-lo: é aí que se realiza ou se atualiza a vida filosófica, quer dizer, o conhecimento intelectual. Se a natureza do homem é o pensamento, a ciência, o conhecimento, nem o papa nem o imperador a realizam enquanto tais. Pertence à monarquia imperial, em outras palavras, ao poder temporal, tornar possível a vida filosófica, e ao papado, em outras palavras, ao poder espiritual, não torná-la impossível. A originalidade da posição de Dante é afirmar ao mesmo tempo a autonomia propriamente dos dois poderes, o espiritual e o temporal, e a autonomia da ordem filosófica, que diz respeito a todo o gênero humano e permanece irredutível tanto ao espiritual quanto ao temporal. A monarquia fornece um quadro institucional, uma estrutura jurídica à atividade filosófica: ela não a absorve. Afirmando a dimensão coletiva da ciência, na qual o homem realiza progressivamente a humanidade, Dante insiste no dualismo absoluto dos poderes. O cristianismo impõe ao homem viver em função de dois fins muito distintos, *duo ultima*: a felicidade civil para o mundo daqui de baixo e a bem-aventurança eterna para o outro mundo.

Duas críticas da teocracia

Em sua decretal[21] de 16 de novembro de 1329, *Quia vir reprobus*, o papa de Avignon, João XXII (1249-1334), respondendo às críticas formuladas por Michel de Cesena (1270-1342) e dos franciscanos espirituais, sustenta a tese da "realeza temporal do Cristo". Um novo problema "político" se apodera da cristandade: a pobreza. Para provar que o Cristo e os apóstolos não tinham vivido numa pobreza

---

20. Há uma publicação em português desta obra: ARISTÓTELES. *Ética a Nicômaco*. São Paulo: Abril, 1973 [Coleção Os Pensadores – Tradução do inglês de Leonel Valandro e Gerd Borheim] [N.T.].

21. Decretal (*décrétale*): termo que designa a carta na qual antigos papas respondiam às consultas que lhe eram dirigidas [N.T.].

absoluta, não possuindo nada de próprio nem em comum, o papa afirma que o Cristo, "enquanto homem, tinha sido rei e detentor de uma posse ou poder (*dominium*) universal, mas que ele se absteve de recolher seus frutos. O tema da realeza temporal do Cristo não era novo. Já no início do século XIV, Jean Quidort (1255-1306) havia criticado o ponto de vista teocrático como fundado na tese equivocada de que o Cristo havia tido um *dominium* temporal. A conjunção dos franciscanos e dos imperiais refugiados na corte do imperador Luís da Baviera era a oportunidade de ligar a problemática da pobreza do Cristo à da autonomia do *imperium*. Foi isto que fez Guilherme de Ockham, que até sua morte polemizou contra o papado. Uma passagem do Evangelho de João[22] desempenha um papel central nesta nova episteme: "*Regnun meum non est de hoc mundo*" e "*Regnum meum non est hinc*". João XXII, ao insistir na importância da frase "*Regnum meum non est hinc*", quer dizer, "Meu reino não vem deste mundo" – e não "*Regnum meum non est hic*": "Meu reino não é este daqui", "não é este mundo" –, para provar que a realeza temporal do Cristo era de origem divina, não humana, ainda que a compreensão corrente da passagem dissesse simplesmente que o reino do Cristo era de natureza espiritual, todos os franciscanos espirituais e imperiais, a começar por Ockham, consagraram muitas páginas a esta sutileza gramatical. O elemento decisivo da discussão reside, no entanto, mais numa estratégia estimulada em Dante: o recurso à história.

Nas *Oito questões sobre o poder do papa*, Ockham concentra sua análise na tese que, de acordo com ele, funda todas as pretensões da teologia pontifícia. Ele remonta, então, a Nicolau I, dito "o Grande", que foi papa de 858 a 867, partidário e teórico da "supremacia romana", especialmente perante a Igreja grega. Segundo Nicolau I, "o Cristo doou ou conferiu a São Pedro direitos que correspondem aos poderes temporal e espiritual". Para Ockham, estas palavras devem ser explicadas num sentido diametralmente oposto daquele com que elas se apresentavam, sem o que elas cairiam numa heresia. Por quê? Porque elas são historicamente sem fundamento. Ocorre o mesmo com uma outra afirmação de Nicolau I: "A Igreja Romana instituiu todas as primazias, das cúrias metropolitanas aos púlpitos episcopais [...] e estabeleceu a dignidade de todas as igrejas, qualquer que seja seu nível". Ockham não ignora que, sob o pontificado de Adriano II (867-872), o IV Concílio de Constantinopla (869-870) hierarquizou os patriarcados, sendo o patriarca de Roma, principalmente, colocado acima dos patriarcas de Constantinopla e de Jerusalém. Mas ele sustenta, por esta mesma razão, que, a não ser que sejam bem interpretadas, "as palavras de Nicolau I vão contra as Santas Escrituras e os escritos dos Santos Pais", pois historicamente

---

22. Jo 18,36-38.

Filosofia política e teologia na Idade Média 161

> a Igreja Romana não foi fundada no início do cristianismo e ela própria não
> instituiu as outras igrejas [...]. Muitas igrejas foram fundadas antes da Igreja
> de Roma, e muitas dentre elas foram elevadas à dignidade eclesiástica antes
> mesmo de sua fundação [...]. Na realidade, antes que a Igreja de Roma de-
> tivesse a primazia, as igrejas de Antioquia foram a tal ponto multiplicadas
> que foi nelas que os discípulos do Cristo foram chamados, pela primeira vez,
> de "cristãos" [...]. Foi pela mesma razão que são Pedro aí instalou sua cúria
> antes de estabelecê-la em Roma. De onde procede que ele instituiu as igrejas
> e as dignidades eclesiásticas no patriarcado de Antioquia antes de fazê-lo no
> patriarcado de Roma. [Nesta matéria], é, portanto, necessário explicar correta-
> mente as palavras do Papa Nicolau e é preciso fazê-lo também para tudo o que
> ele disse sobre a concessão de direitos que correspondem aos poderes temporal
> e espiritual a São Pedro, caso contrário, isto cheiraria a heresia[23].

Em que a tese de Nicolau sobre a concessão a Pedro dos poderes espirituais e
temporais "cheira" a heresia? Porque, "quando ela é interpretada no sentido literal,
decorrem disso infalivelmente dois erros". O primeiro consiste em dizer que o *imperium* espiritual, por exemplo, aquele dos bispos, vem do papa "como um feudo
outorgado". Esta é uma tese herética, pois o papa é somente o guardião das chaves do
reino dos céus, e apenas num certo sentido, mas ele não é, em nenhum sentido do
termo, o senhor. Porém, somente o senhor pode atribuir um feudo. O segundo erro
é colocar que todos os reinos reais são recebidos do papa. Este princípio é somente
uma invenção ideológica:

> Este é um princípio que tem como única função alimentar os interesses dos
> reis que não prestam homenagem ao papa naquilo que diz respeito a seu pró-
> prio reino: graças a este princípio, o rei da França pode parecer errar perigo-
> samente em matéria de fé, quando ele não reconhece nenhum superior nas
> questões temporais[24].

Vê-se aqui qual é o método de Ockham: lembrar os fatos históricos, na medida
em que eles sejam acessíveis; em seguida, criticar as teses inventadas em função de
uma necessidade ideológica.

A mesma ideia aparece sob uma outra forma em Marsílio de Pádua. Em seu
Defensor da paz, ele ataca o próprio coração da lógica teocrática ao rejeitar a origem
divina da função pontifícia. O Cristo não escolheu Pedro, e menos ainda seus sucessores, para ser a cabeça da Igreja. Este papel exercido pelos bispos de Roma é de
origem humana, ele apareceu na história. Ele nasceu da piedade da lembrança, continuou pela comodidade administrativa e se fixou numa prática costumeira. Além

---

23. OCKHAM, G. *Huit questions sur le pouvoir du pape.*

24. Ibid.

disso, lá onde Dante distinguia a função papal, que é o vicariato de Cristo, e a pessoa que o exercia – ou seja, eventualmente abusava dele, como João XXII, com seu comportamento corrompido –, Marsílio ataca a própria função que, diz ele, "não é dada por Deus, mas antes pela decisão e pela vontade dos homens, exatamente como para qualquer outra função na sociedade". Se ocorreu que o corpo da Igreja se deu, num determinado momento, como chefe, o bispo de Roma, esta instituição humana não tem nada a ver com um decreto que emana diretamente do Cristo. Ao sair de dois séculos de discussão entre os partidários do imperador e aqueles do papa, Marsílio chega a uma ideia radicalmente nova: o soberano legítimo não é a cabeça, mas o próprio corpo. O dirigente tem uma jurisdição que lhe vem da autoridade do legislador, que é a totalidade do corpo social. O primeiro governo da Igreja era comunitário, os apóstolos, que eram todos iguais, resolviam seus problemas pelo "método da deliberação comum". Marsílio reclama, portanto, uma reorganização do funcionamento da Igreja, fundada na redefinição do soberano legítimo na ordem religiosa, ou seja: a "universidade dos fiéis" (*universitas fidelium*). O termo "universidade" significa aqui o "corpo todo", a "totalidade dos membros". Ao designar o corpo todo dos fiéis pela expressão "concílio geral dos crentes" (*generale concilium credentium*), ele acentuava também sua crítica da teocracia e fundava a doutrina que iria dominar as discussões do século seguinte: o conciliarismo. Dito isso, esta redefinição não chega a um dualismo no plano político geral, mas a uma espécie de cesaropapismo. Mais do que Luís da Baviera, a verdadeira referência de Marsílio continuava a ser Felipe o Belo, este rei que, para o bem da cristandade, tinha convocado um concílio geral para colocar o papa sob acusação e insistido para que esta acusação continuasse inclusive depois de sua morte.

O equilíbrio dos poderes políticos e religiosos não foi, portanto, a versão dominante do pensamento político medieval, que oscilou constantemente entre a teocracia e o cesaropapismo. O dualismo perfeito de Dante nasceu como um discurso minoritário, que permaneceu minoritário. Os pensadores medievais não sustentaram a coordenação de duas autoridades autônomas no interior da sociedade humana. Se eles pensaram a unidade da sociedade cristã, foi graças à supremacia de fato conquistada por um poder sobre o outro. Não pertenceu à Idade Média sair desta alternativa.

15

TOMÁS DE AQUINO

Crylle Michon *

Tomás de Aquino (1225-1274) é conhecido como o teólogo oficial da Igreja Católica, pelo menos a partir do Concílio de Trento (1545), que fez dele, no século XIV, seu doutor universal, mas sua canonização, ocorrida uns cinquenta anos depois de sua morte, testemunhava já uma influência considerável. Em sua vida, depois de ter sido, como jovem dominicano, discípulo de Alberto o Grande (± 1193/1206-1280), ele foi um dos mais importantes mestres de teologia da Universidade de Paris e um dos conselheiros do papa na época de seus anos na Itália. Com Alberto e alguns outros, porém sem dúvida mais ainda do que a todos eles, foi atribuída a Tomás de Aquino a adaptação da obra de Aristóteles (384-322 a.C.) à teologia cristã e a síntese do peripatetismo greco-árabe (Aristóteles e o neoplatonismo veiculados particularmente pelos seus comentadores de língua árabe) e da doutrina católica. Principalmente em razão de sua promoção, no final do século XIX, pelo Papa Leão XIII (1810-1903) e do desenvolvimento de uma filosofia "tomista" em muitos filósofos cristãos, ele veio a representar, e somente ele próprio, o pensamento medieval e a teologia católica tradicional. Esta impressão foi corrigida na segunda metade do século XX, no interior da Igreja, pela difusão de teologias alternativas, e no mundo universitário pelo desenvolvimento dos estudos históricos. Estes colocaram como valor outros grandes pensadores escolásticos e situaram Tomás de Aquino numa história onde ele aparece ao mesmo tempo como oferecendo uma síntese do saber de sua época e como um pensador original, cujo racionalismo e aristotelismo estavam a tal ponto sujeitos à caução no século XIII que as célebres condenações doutrinárias pronunciadas em Paris em 1277 incriminavam algumas de suas teses.

A imensa obra de Tomás de Aquino (mais de oito milhões de palavras nos textos conservados) é composta de comentários filosóficos (essencialmente de todo o *corpus*

---

* Professor de Filosofia. Universidade de Nantes.

aristotélico, com exceção dos tratados biológicos) e teológicos (vários livros do Antigo Testamento e uma boa parte do Novo), de questões discutidas sobre quase todos os assuntos debatidos em teologia e em filosofia (os títulos *Da verdade*, *Do poder*, *Do mal* etc. só revelam em geral a primeira questão de uma longa série), de opúsculos e de tratados diversos (aí incluídos os sermões) e de grandes sínteses sobre o conjunto da teologia cristã. Tomás de Aquino inaugura sua carreira no início dos anos de 1250, com seu comentário das *Sentenças* de Pierre Lombard (1175-1200). Este teólogo do século XII tinha compilado as opiniões ou as sentenças dos Antepassados (*Pères*) acerca dos grandes temas da doutrina cristã, sobre a distinção entre *res et signum* (a coisa e o signo). Os estatutos da faculdade de teologia, no século seguinte, fizeram dos comentários das *Sentenças* uma passagem obrigatória para o futuro "Mestre em teologia". O comentário do texto (que desapareceu muito rapidamente) foi substituído por questões colocadas a propósito do objeto abordado na divisão do texto (a "distinção") comentado: sobre Deus, sua existência e sua natureza, a Trindade e cada Pessoa, sobre a criação, a natureza humana, a moral, os sacramentos. Ainda que a finalidade do livro e do comentário, assim como de um grande número de questões colocadas, seja de natureza teológica, estes comentários sobre Lombard envolvem uma boa parte da filosofia dos doutores escolásticos. Tomás de Aquino não se ateve a este comentário monumental; ele propôs uma primeira Súmula, que foi intitulada *Contra os gentios* (1259-1265), de natureza apologética, organizada em torno da distinção entre as verdades cognoscíveis somente pela razão (três livros: sobre Deus, sobre a criação, sobre a providência) e as verdades acessíveis somente pela fé (quarto livro). Mas foi sua *Súmula de teologia* (1265-1274), que ficou inacabada, concebida como um substituto das *Sentenças*, que lhe valeu uma reputação e uma influência consideráveis e que serve ainda frequentemente de referência para uma definição ou um argumento clássico a favor deste ou daquele ponto da doutrina católica. Ela segue parcialmente o modelo do esquema neoplatônico da emanação, a partir do princípio e do retorno ao princípio (a primeira parte sobre o Deus conhecido pela razão e pela Revelação, e sobre a criação; a segunda parte, a mais importante, sobre a vida humana: sua finalidade, os atos, as paixões, os hábitos, as leis), consagrando uma terceira parte ao estudo dos meios cristãos desse retorno (o Cristo e sua ação prolongada nos sacramentos). Estas súmulas contêm as maiores teses filosóficas de Tomás de Aquino.

De fato, se Tomás de Aquino tem um lugar na história da filosofia, isto não se deve somente à sua influência no curso dessa história, principalmente na época moderna. Lembremos que, até Kant (1724-1804) inclusive, o vocabulário e a agenda – o sumário das questões abordadas – dos filósofos são determinados pela herança do pensamento escolástico e, portanto, muito frequentemente, pelas *Súmulas*

Tomás de Aquino 165

de Aquino, seja direta ou indiretamente, por intermédio de Suárez (1548-1617), por exemplo. Não se deve também por ser ele um comentador literal, abundante, original e muitas vezes iluminado de Aristóteles. É a natureza argumentativa de sua obra que explica seu estatuto incontornável de filósofo. Certamente, Aquino concebe sua obra como completamente teológica por sua orientação: trata-se sempre de estudar Deus ou as criaturas em referência a Deus. Mas a teologia assume, em sua trajetória, argumentos filosóficos. E, se Aquino distingue claramente o argumento filosófico e o argumento intrinsecamente teológico, é somente em razão da natureza de suas premissas: naturalmente cognoscíveis ou obtidas unicamente pela Revelação. Pois, em seguida, a única força das razões avançadas pelo doutor permite passar das premissas à conclusão. A demonstração racional, quer ela seja teológica ou puramente filosófica, distingue-se rigorosamente do aumento da autoridade, simples tese que extrai sua força unicamente da notoriedade de seu defensor.

Essencialmente, a filosofia de Aquino inspira-se nas teses aristotélicas, tornando-as compatíveis com a revelação cristã. Assim, a existência de Deus é aí demonstrada a partir dos fenômenos naturais, mas Deus é alcançado também como criador, fonte e princípio da existência, de todas as coisas, e o estudo de seus atributos leva a atribuir a ele o conhecimento detalhado e o cuidado com sua criação. A alma humana é essencialmente intelecto, uma forma do corpo que pode subsistir separada, e Aquino argumenta a favor da individualidade continuada dessa existência separada. O fim da vida humana é a felicidade, caracterizada formalmente nos termos de Aristóteles, mas pode ser provado que esta felicidade não pode ser realizada senão pela visão de Deus, o que requer uma elevação da natureza à ordem da glória. Da mesma maneira, as virtudes necessárias à vida boa devem ser completadas pelas virtudes teológicas (fé, esperança e caridade), que exigem uma outra elevação da criatura, nesta vida, à ordem da graça. Enfim, a filosofia aristotélica de Tomás de Aquino ultrapassa o quadro das questões abordadas pelo próprio Aristóteles. Ela se encontra também convocada, e às vezes de maneira surpreendente e técnica, nas questões cuja matéria é essencialmente teológica (Trindade, cristologia, graça e sacramentos), sendo assim os conceitos e as análises aristotélicas utilizados como instrumentos de argumentação.

Este último ponto não é próprio de Tomás de Aquino. A teologia medieval tentara já, há dois séculos pelo menos, tirar partido dos recursos fornecidos pelas artes liberais, principalmente a dialética. A primeira metade do século XIII vive a irrupção da quase-totalidade do *corpus* aristotélico no mundo latino. Tomás de Aquino se singulariza, no entanto, pela mestria que ele adquiriu e o uso intensivo que fez dele. Sublinhamos aqui a definição da ciência que ele pôde extrair das *Analíticas* de Aristóteles e que rege sua concepção da pesquisa intelectual. Viu-se que ele instituía uma distinção estrita entre a filosofia e a teologia (diferença de intenção do autor, de estatuto das premissas), mantendo uma comunidade de regime argumentativo. As mesmas razões que tinham conduzido Aristóteles a fazer da metafísica, ciência dos primeiros princípios e das primeiras causas, a ciência primeira e reitora, levam Tomás de Aquino a fazer da teologia a ciência mais elevada, à qual os outros saberes estão subordinados. E se a definição aristotélica da ciência exige que as premissas dos silogismos sejam evidentes, o que não é o caso dos artigos de fé, Tomás de Aquino explica que nossa teologia pode, não obstante, estar subordinada àquela de Deus e dos bem-aventurados, para quem estes artigos são evidentes; da mesma maneira, o músico aceita como premissas as proposições demonstradas pelo matemático. Assim, uma compreensão do que deve ser o raciocínio científico (de natureza dedutiva, a partir de premissas evidentes) é sem dúvida muito exigente para nossa concepção da ciência, assim como da argumentação. Mas ela leva muito em conta o conteúdo filosófico da obra de Tomás de Aquino.

No que diz respeito ao fundo, ele aborda o tema da criação de uma maneira particularmente original. Concebendo-a menos como uma origem temporal, sobre a qual Tomás de Aquino pensa que não poderia ser estabelecida nem negada pela argumentação racional, do que como uma relação de dependência na existência, que é demonstrável, ele defende uma dupla tese sobre Deus e sobre as criaturas: a simplicidade absoluta é o próprio da divindade, e as criaturas são todas marcadas pela composição, ainda que somente a composição daquilo que a coisa é (sua essência) e daquilo que faz que ela seja (o seu ser). Ele sustenta, assim, contra muitos de seus contemporâneos, partidários de um hilemorfismo universal (toda substância seria um composto de matéria e forma), a existência de espíritos puros que não gozam por isso da simplicidade divina (o estudo dos anjos, a anjologia, constitui uma parte importante das reflexões daquele que foi cognominado de "doutor angélico"). A relação de criação dá igualmente sentido à presença do criador em todas as coisas, relação que não se resume à simples causalidade. Tomás de Aquino coloca em evidência, por um lado, a distinção entre a causa primeira e as causas segundas e, por outro lado, uma relação de subordinação que assegura a autonomia da ordem criada – autonomia refletida naquela dos diferentes saberes, fundados cada um deles em princípios próprios. Enfim, sendo a criação obra de um Deus inteligente que a governa para seu maior bem, ela manifesta, em todos os planos, uma finalidade e uma ordem que a inteligência humana, e principalmente a inteligência do filósofo, Aristóteles, contribuíram grandemente para descobrir.

A ordem do real é, assim, o princípio de sua inteligibilidade, e o homem, que é o máximo da criação visível por sua inteligência, pode recuperá-la pelo pensamento. "O próprio do sábio é colocar em ordem": Tomás de Aquino retomou à saciedade e ilustrou grandemente a observação de Aristóteles que tem em vista a capacidade arquitetônica da ciência primeira. Mas este adágio tem também um sentido prático, visto que o homem é também aquele que, por suas ações livres, é suscetível de organizar o mundo, particularmente naquilo que toca aos assuntos humanos, onde ele pode realizar sua parte da providência, à imagem e semelhança de Deus. Esta convicção de que o real é racional, ou pode se tornar graças à ação humana, funda um determinado otimismo filosófico no qual a Razão, que está no princípio de todas as coisas, pode chegar a esclarecer a razão humana, finita, limitada pelas consequências históricas do pecado. Aliás, o mal é somente um limite transitório, já que, derivado do nada, ele está destinado a desaparecer definitivamente, quando toda a criação será, por sua vez, resgatada por seu criador, que é este ser mesmo subsistente (*ipsum esse subsistens*), a razão, a bondade e o amor.

16

JOHN DUNS SCOTO

Dominique Demange *

Nascido em Duns, pequeno vilarejo do sul da Escócia, por volta de 1265-1266, John Duns Scoto – o "doutor engenhoso" – é ordenado padre na Ordem dos Franciscanos em 17 de março de 1291. Entre 1288 e 1301, ele estuda teologia em Oxford e aí comenta as *Sentenças* de Pierre Lombard (1175-1200) em 1298-1299. A partir de outubro de 1302, passa a ensinar na Universidade de Paris. Ele adquire o título de doutor em Teologia em 1305 e se torna mestre regente de estudos no convento franciscano em 1306-1307. Num documento datado de 20 de fevereiro de 1308, Duns Scoto é indicado como lente no *Studium* franciscano de Colônia. Parece que ele ofereceu seus cursos a partir de outubro de 1307, mas seu ensino na Alemanha será de curta duração; a data habitualmente dada de sua morte é de 8 de novembro de 1308.

Apesar de sua breve carreira, Duns Scoto deixou uma obra considerável, produto de apenas uma dezena de anos, que conhecerá um destino histórico muito grande. Desde o início do século XIV, forma-se uma escola escocesa que conhecerá uma longa prosperidade – diz-se que ela contava no século XVII com mais membros do que todas as outras escolas reunidas. No entanto, foi talvez para além mesmo do círculo de sua escola que Duns Scoto produzirá sua influência mais determinante. Sua obra será lida e comentada por autores tão diversos quanto Guilherme de Ockham (1285-1347), Francisco Suárez (1548-1617) e Gregório de Rimini (± 1300-1358). Sem nenhum exagero, pode-se dizer que o pensamento de Duns Scoto marca uma verdadeira virada no pensamento medieval e, num plano mais amplo, na filosofia ocidental.

A univocidade do ente

O século XIII tinha adotado maciçamente a tese, fruto de uma longa tradição de interpretação de Aristóteles (384-322 a.C.), segundo a qual o "ser" não se dizia

---

* Engenheiro. United Monolitich Semiconductors (UMS).

num único sentido, mas em vários; no entanto, não por pura equivocidade, mas por analogia. A analogia é o lugar intermediário entre a univocidade e a equivocidade. Ela permite preservar a transcendência absoluta de Deus em relação à criatura, que a univocidade tinha suprimido, evitando condenar o conhecimento natural de Deus a uma simples teologia negativa, consequência da equivocidade pura.

Duns Scoto foi o primeiro a romper com esta tradição. Ele sustenta que o mesmo conceito de ente (*ens*) se diz univocamente de Deus e da criatura: é de acordo com a mesma significação que eu digo que "esta pedra é um ente", que "o homem é um ente", ou que "Deus é um ente". Esta univocidade se estende a todas as propriedades imediatas do conceito de ente, que os medievais chamavam de os transcendentais (verdadeiro, bom etc.), assim como às categorias (substância, acidente etc.). Trata-se, portanto, de uma verdadeira revolução metafísica.

A posição de Duns Scoto deve ser compreendida a partir da concepção da analogia que ele encontra desenvolvida em Henri de Gand (± 1220-1293). Henri compreende a analogia como uma combinação de equivocidade e de univocidade. O conceito de ente predicável de Deus é diferente do conceito de ente predicável da criatura, ainda que não seja absolutamente possível para nosso espírito distingui-los como dois conceitos diferentes, mas somente como duas propriedades opostas de um mesmo conceito: o ser se compreende "em parte como equívoco e em parte como unívoco". Não é, portanto, absolutamente surpreendente que toda a discussão de Duns Scoto a propósito da univocidade do ente gire em torno desta questão da distinção ou da confusão dos conceitos. O doutor engenhoso não vê como se poderia saber como dois conceitos diferem um do outro, sendo incapaz de distingui-los enquanto tais. Ou conhecemos dois conceitos, quando então sabemos estabelecer sua distinção, ou somente conhecemos um deles. Porém, a certeza na unidade dos conceitos é a condição de possibilidade de todo conhecimento verdadeiro. A univocidade do ente é apresentada por Duns Scoto como uma exigência epistemológica: se o conceito de ente não fosse unívoco, qualquer demonstração metafísica ou teológica, que pretendesse fazer uso deste conceito num silogismo (a começar pela demonstração da existência de Deus), seria manchada pelo engano e pela equivocidade. Consciente da grande novidade de sua tese, ele sublinha que somente torna evidente o que todo mundo já sabia. Desde os pré-socráticos, os filósofos buscaram incessantemente conhecer a natureza de Deus; eles buscaram saber se ele possuía ou não um corpo, se ele era finito ou infinito etc. Porém, colocando-se estas questões, todos concordavam pelo menos num ponto, que era a condição de possibilidade de sua dúvida, ou seja, que, qualquer que fosse sua natureza, o Deus que eles procuravam devia ser um "ente".

A ontologia

A partir da metade do século XIII, os esforços de um realismo consequente fizeram explodir a estrutura binária que ligava o ser exterior ao espírito e à pura representação mental. Entre o ser da razão, que é uma pura operação lógica do intelecto, e o ser exterior, que não é sempre inteligível senão sob determinadas formas, modos e graus, um espaço intermediário é necessário, espaço que dá conta da eficácia de um pensamento voltado para o real, enquanto se acha regrado por seus diferentes aspectos possíveis. A teoria scotiana da distinção formal com o fundamento real (*distinctio formalis ex parte rei*) é certamente a mais célebre, mas ela constitui já uma crítica da distinção intencional de Henri de Gand, de acordo com a qual os conceitos realmente distintos do espírito correspondem aos aspectos potencialmente distintos na coisa. Duns Scoto considera, ao contrário, que a distinção, numa mesma coisa, entre muitas realidades formais não existe simplesmente como potência, mas antes como atualidade, sem que por isso a unidade da coisa seja rompida. Na coisa, um determinado aspecto me é dado a conhecer, aspecto que, na medida em que não resulta da operação do meu intelecto, é uma propriedade real, e não da simples razão. No entanto, esta propriedade, quando se deixa pensar (e, portanto, definir) independentemente de seu sujeito, não se deixa dissociar concretamente como uma outra coisa que pode ter uma existência independente. O sucesso da distinção formal de Scoto se deve particularmente ao seu poder de resolver o problema da unidade divina: os atributos divinos ou das pessoas divinas são realmente distintos, sem que a unidade e a simplicidade divina sejam afetadas.

O realismo de Duns Scoto é moderado, ele se revela muito diferente daquilo que se desenvolverá nos *reais* a partir do século XIV. O doutor engenhoso se esforça para mostrar que a simples oposição entre a pura existência mental e a realidade exterior ao espírito é insuficiente: é necessário um domínio intermediário. Os graus de semelhança e de contrariedade que se observa na natureza, e sobre as quais se funda nossa faculdade de abstração, não se explicam unicamente pela existência de seres singulares, distintos numericamente uns dos outros, visto que a unidade numérica não produz nenhuma hierarquia. Deve-se, portanto, supor uma unidade intermediária entre a existência individuada e o conceito universal: a unidade de uma "natureza" (*natura*). Uma natureza não é em si nem individual nem universal, ela é indiferente a um ou outro desses modos de existência.

Se a transposição de uma natureza comum num conceito universal se deixa compreender como uma operação do intelecto, resultado de sua faculdade de abstração ou de universalização, a particularização desta natureza numa realidade exterior requer para si um princípio ontológico próprio. Duns Scoto examina longamente esta questão, afastando passo a passo os candidatos clássicos ao papel de princípio de individuação: a negação, a existência, a quantidade, a matéria. Abster-se-á, particularmente, de confundir individuação e indivisibilidade. A individuação não poderia ser uma propriedade lógica, acidental ou extrínseca de uma substância (ainda que fosse sua existência); um ser é individuado em virtude do fato de que ele se apropria totalmente das propriedades comuns que ele carrega. Em Sócrates (469-399 a.C.), a humanidade se torna o próprio Sócrates: ela se torna "socraticidade", quer dizer, ao mesmo tempo a realização e a apropriação da humanidade por um indivíduo. O princípio de individuação é a perfeição ou a forma última que o ser realiza, seu *haecceitas* (de *haec*, "isto"). O singular realiza a inteligibilidade que ele carrega por sua individuação. A individualidade não é um princípio extrínseco à inteligibilidade de uma coisa.

A vontade e a lei moral

Associa-se classicamente à filosofia de Scoto a expressão "voluntarismo". Porém, sobre a questão da vontade e da liberdade, Duns Scoto só considera como essencial retomar e desenvolver a posição franciscana, dando a ela inclusive uma formulação mais moderada do que aquela sustentada particularmente por Pierre de Jean Olivi (± 1248-1298).

Para Aristóteles, o intelecto, como faculdade de discernimento, encontra-se na origem de nossa capacidade de deliberação e de escolha, quer dizer, da liberdade humana. No século XIII, a escola franciscana se opôs à definição aristotélica do homem como animal racional, pois uma metafísica assim nos reduziria, de acordo com a palavra surpreendente de Olivi, a ser somente "animais intelectuais". O que caracteriza a nobreza do homem, o que o eleva acima do animal, não é seu intelecto, mas sua vontade. Esta vontade não é uma potência de discernimento ou de deliberação, é uma faculdade independente do intelecto em sua essência e seu princípio. Unicamente a vontade possui a "liberdade de indiferença", quer dizer, a liberdade absoluta, diante de um objeto, de consentir (*velle*) ou de rejeitar (*nolle*), ou ainda de se abster de querer (*non-velle*). Esta liberdade é absoluta porque ela não é limitada nem determinada por nada. A natureza do objeto ou o grau de discernimento não diminuem nem afetam em nada esta potência que caracteriza a essência do homem, e sem a qual seria impossível imputar atos a ele: o poder, contra qualquer lógica, de desejar um mal evidente, ou rejeitar um bem evidente. A origem do bem e do mal não se encontra na perfeição ou na fraqueza da razão; ela se encontra na liberdade como potência de autodeterminação. Mas se a vontade não pode ser coagida por nada, onde procurar agora a regra de nossas ações? O primado da vontade impõe uma nova definição da justiça: um ato é em si bom ou mau, enquanto ato puramente desinteressado, se ele se encontra em conformidade ou não com a lei. A lei é a única medida do bem e do mal. Esta nova concepção da ética, formulada por Duns Scoto, será encontrada novamente em Guilherme de Ockham e Immanuel Kant (1724-1804).

Não existe, portanto, nenhuma lei moral intrinsecamente necessária, à exceção da primeira lei do Decálogo: aquela que dita o amor de Deus. Todas as outras leis podem ser revogadas por Deus, não importa em que momento, se ele assim desejar. Ele criou nosso mundo partindo das combinações lógicas dos mundos possíveis. Ele escolheu livremente um caso particular entre todos os conjuntos de compossíveis (mas não necessariamente o melhor!). Ele pode agir no interior da ordem instituída por esta escolha (por sua *potência prescrita*), mas ele pode também decidir mudar as regras do jogo (por sua *potência absoluta*). No entanto, sendo a vontade divina boa, Deus ditou as Tábuas da Lei não em virtude de uma necessidade, mas a fim de que elas estivessem em harmonia com seu projeto. A teologia scotiana marca, desse modo, o surgimento de um motivo maior, que vai daqui por diante atormentar o final da Idade Média até o século XVII: a onipotência divina.

17

GUILHERME DE OCKHAM

Joël Biard *

Guilherme de Ockham (1285-1347) permaneceu na história como sendo o pai do nominalismo medieval. Ele propôs visões fortes e originais em quase todos os domínios da filosofia. Membro da Ordem Franciscana, estudou em Londres e em Oxford, mas sem nunca se tornar mestre em teologia. Em 1323, muitas teses de seu comentário foram denunciadas e em 1324 é convocado em Avignon. Ele escapou em 1328 e se refugiou junto ao imperador Luís da Baviera. Excomungado, passou o resto de sua vida a escrever tratados políticos e eclesiológicos contra o papado.

Lógica, teoria da linguagem e do conhecimento

A *Súmula de lógica*, redigida em 1323, marca todo o pensamento do século XIV. A lógica se funda numa teoria do signo. Guilherme de Ockham considera três espécies de signos, todos reenviando diretamente às coisas individuais: signos escritos, falados e mentais[1]. O domínio mental pode assim ser considerado como uma verdadeira linguagem, combinação de elementos significantes, estruturada de acordo com uma determinada sintaxe. Esta linguagem mental é o objeto primeiro da lógica. Aí são analisados os diferentes tipos de termos: abstrato ou concreto, absoluto ou conotativo, singular ou universal. O universal é ele próprio um signo, falado ou mental. Nada é mais estranho a Guilherme de Ockham do que um "nominalismo" que fosse concebido como redução da linguagem a palavras vazias: trata-se, muito pelo contrário, de explicar a significação e a referência dos termos. As categorias são tipos de termos portadores de sentido, termos classificados de acordo com a maneira de significar as coisas. As propriedades semânticas são organizadas em torno da teoria da "suposição", propriedade que tem um termo para se

---

* Professor de Filosofia. Universidade de Tours.

1. *Somme de logique*, 1, cap. 1, p. 4-7; cap. 12, p. 42-45.

referir a esta ou aquela coisa, de acordo com seu emprego efetivo nas proposições. A suposição se divide ela própria em diferentes modos e serve para resgatar os diversos usos (significativo ou metalinguístico, determinado ou distribuído etc.) destes termos. Ela permite, enfim, definir as condições de verdade das proposições. A *Súmula de lógica* percorre em seguida todos os domínios da lógica, da teoria dos silogismos à teoria dos paralogismos, passando pela teoria das inferências, dos lugares e das obrigações.

A teoria do signo é completada por um estudo da gênese psicológica do concei-to[2]. Este não é abstraído a partir da sensação. Conhecimento sensível e conhecimento intelectivo são duas maneiras de a alma apreender as coisas e, de direito, a intelecção é independente da sensação. O conceito surge no contato primordial de uma coisa. Este contato intelectivo primeiro se dirige, portanto, a uma coisa singular, mas ele é reiterado pelas disposições do espírito para captar novamente esta coisa ou as coisas semelhantes – daí um conceito comum, que permite conceber, num único ato e segundo uma referência múltipla, as coisas semelhantes do ponto de vista da espécie ("o homem"), ou desta qualidade ("branco").

O conhecimento é intuitivo quando, a partir dele, pode-se saber se uma coisa existe ou não existe; ele é abstrato quando, por meio dele, não se pode saber com evi-dência se a coisa existe ou não. Todo este edifício repousa num conceito primordial, sensível e intelectivo, com a coisa e numa relação causal entre a coisa e o conceito.

As substâncias naturais: física e metafísica

A análise lógica se encontra investida nas outras ciências, principalmente na física e na teologia. Ockham dedica muitos comentários à *Física* de Aristóteles (384-322 a.C.), nos quais ele desenvolve um estudo dos conceitos da filosofia natural[3]. Assim, "movimento" é um termo abreviado que significa que um corpo está num ambiente num dado momento e, em seguida, num outro ambiente um pouco depois. A mu-dança qualitativa é também apenas um acréscimo ou a supressão desta ou daquela qualidade. A condensação e a rarefação são interpretadas a partir do movimento das partes do corpo. Todo o seu esforço tem em vista a elucidação lógica das proposições da física, atravessada por uma visão parcimoniosa das realidades físicas, em outras palavras, recusando qualquer concretização das abstrações e reduzindo os termos complexos a abreviações de enunciados que remetem unicamente às substâncias e às qualidades. Os outros conceitos da física, tais como o lugar, o tempo, o infinito,

---

2. Por ex., *Question sur la physique*, qu. 7. • *Opera philosophica*, VI, p. 410.

3. Expositio in libros Physicorum Aristotelis. Brevis summa libri physicorum, Summula philosophicae naturalis. *Opera philosophica*, IV, V e VI.

Guilherme de Ockham

o vazio, são tratados de maneira semelhante. Mas se a ontologia de Ockham não admite a realidade das relações, ela não implica por isso nenhum ceticismo em relação à causalidade: uma causa é uma coisa tal que, se ela é dada, uma outra se segue necessariamente.

A metafísica de Ockham repousa na tese da singularidade do ente: tudo que existe é, por si, singular. Assim, toda a problemática da individuação se encontra recusada. A esta posição nominalista faz eco um princípio metodológico de acordo com o qual o que é realmente diferente é separável de direito pelo poder divino absoluto. As substâncias são constituídas de matéria e forma; as duas são reais, ainda que não sejam fisicamente separáveis. Ockham adota, a esse respeito, a doutrina da pluralidade das formas: as coisas são compostas, além da matéria, de uma hierarquia de formas substanciais e acidentais.

Teologia

Guilherme de Ockham é tanto teólogo quanto lógico. Ele se pergunta sobre o estatuto das verdades teológicas[4]. Em primeiro lugar, coloca-se a questão dos conceitos pelos quais significamos Deus. Não podemos ter dele um conceito intuitivo, pelo menos nesta vida; mas também não temos dele um conceito abstrato simples, aquele que supõe um conceito intuitivo prévio. Ao contrário, podemos ter a propósito de Deus um conceito composto que lhe seja próprio, uma espécie de descrição definida que somente convém a ele. Este conceito, composto de partes abstratas dos outros entes, pode servir como sujeito nas proposições nas quais ele se refere a Deus. Quanto às "perfeições", elas não são qualidades que seriam em si distintas de sua essência, já que Deus é radicalmente simples. Elas não são coisas, mas signos, atributos predicáveis deste conceito. Estas propriedades convêm a Deus, mas ou são comuns a outros entes, ou aos termos conotativos, como o termo "criador", que significa de maneira secundária o mundo criado.

A partir daí, Ockham analisa as proposições utilizadas na teologia, de acordo com os cânones da lógica (exceto no caso da relação trinitária). Isto tem como consequência reduzir consideravelmente o alcance demonstrativo das proposições teológicas, já que a exigência de referência direta do termo sujeito raramente é satisfeita. Principalmente, nenhuma demonstração da existência é visível. Muitos raciocínios que seus antecessores julgavam demonstrativos são recusados como não concludentes. Algumas destas proposições são, no entanto, acessíveis à razão pela via de uma argumentação persuasiva.

---

4. Écrit sur les Sentences, "Prologue". *Opera theologica*, I, p. 1-370.

Filosofia prática

Encontra-se elementos de ética dispersos em diferentes obras teológicas. A ciência moral abrange uma parte "positiva", contendo as leis divinas e humanas que obrigam a procurar algumas coisas e a fugir de outras, e uma parte "não positiva", que não repousa em qualquer preceito superior, mas depende de princípios conhecidos por si ou por experiência[5]. Estes princípios já tinham sido tratados na ética aristotélica. A ética de Ockham considera, além disso, que nenhum ato é em si mesmo bom ou mau, senão aquele de amar a Deus em si mesmo e acima de tudo. A intenção é colocada no primeiro plano. Resulta disso que a realização ou não desta ou daquela ação não deve condicionar o julgamento moral sobre alguém. Estes dois princípios implicam que não se pode identificar com certeza aquilo que no domínio prático corresponde a uma boa ou a uma má intenção. Ockham admite, porém, que há atos que são prescritos como bons e outros proibidos como maus. Estas prescrições, positivas ou racionais, devem ser seguidas. Mas uma ação somente tem valor moral porque ela deriva da vontade boa. O único ato intrinsecamente virtuoso é um ato de vontade: é o fato de amar a Deus em si mesmo e acima de tudo[6].

A salvação não supõe, no entanto, somente a virtude; ela requer também o mérito. Guilherme de Ockham aborda as questões da predestinação de um ponto de vista semântico[7]. Ele opõe a verdade segundo Aristóteles à verdade da teologia: Deus conhece os futuros contingentes e sabe, entre duas proposições contraditórias, qual é a verdadeira; mas a questão de saber como isto é possível permanece misteriosa. No entanto, Deus conhece o futuro como contingente e não como necessário.

Naquilo que diz respeito à questão de saber se a caridade criada (distinta do Espírito Santo) é exigida para que um homem seja salvo, Guilherme de Ockham recusa colocar uma forma criada na alma, que fosse distinta da própria alma. Nenhuma forma, nem natural nem sobrenatural, é necessária para isto. Nenhum ato é meritório em si, mas em razão de um mandamento divino; somente é meritório um ato aceito por Deus de maneira contingente. Permanece, não obstante, que de acordo com as leis instituídas, o mérito precede normalmente a graça e a graça precede a salvação. Mas esta ordem não é necessária. Deus poderia ter estabelecido uma ordem diferente. Se Deus tivesse criado um mundo que fosse bom odiá-lo, este seria um ato meritório!

A filosofia política de Ockham é exposta em meio às polêmicas sobre os poderes respectivos do papa e do imperador. O "direito natural" designa a origem da lei divi-

---

5. *Quodliberta*, II, p. 14. • *Opera theologica*, IX, p. 176-178.

6. Ibid., p. 253-257.

7. "Tractatus de praedestinatione et de sciencia divina". *Opera philosophica*, II, p. 506-539.

Guilherme de Ockham

na, mas também aquilo que deriva dela no Estado instituído; ele serve de fundamento e de norma crítica para a lei positiva. Ocorre a mesma coisa com a propriedade, que não existe no estado original, mas depois se torna um direito de se apropriar de todas as coisas e, enfim, falando propriamente, um direito de propriedade. A ordem política deriva unicamente da instituição. Na Igreja, Ockham respeita como princípio a primazia do papa, mas este não está isento de erro e pode mesmo ser herético. Ao contrário, ele recusa transferir a infalibilidade ao concílio geral. Cada um permanece juiz em sua alma e em sua consciência.

18

O MUNDO E O POEMA

Continuidade e transformação da filosofia no Renascimento

Miguel Angel Granada *

Se pudéssemos contribuir para uma história da cultura em seu conjunto, é evidente que o Renascimento ocuparia nela um capítulo maior. Não há qualquer dúvida, quer se trate da literatura ou da arte, ou mesmo da vida e dos sentimentos religiosos, de que o Renascimento encarna uma nova era e uma transformação profunda em relação à época que o precedeu. Inclusive o termo "Renascimento", que designa esta nova época cujas fronteiras são fluidas, mas das quais se pode estimar que ela recobre o período que vai do início do século XV até 1600, traduz a consciência que tinham os protagonistas a respeito da obra que eles estavam em vias de realizar e cuja posteridade iria cantar elogios nos séculos seguintes: com a renovação da Antiguidade Clássica (considerada como um modelo e como um paradigma cultural), saída das "trevas" da "Idade Média" onde ela tinha sido enterrada, a cultura europeia tomava emprestado o caminho que iria conduzi-la à Modernidade. Do mesmo modo, o conceito de Renascimento é indissociável do conceito de Idade Média, assim como o são as duas faces de uma mesma peça, a face boa e a face má, e os movimentos renovadores da cultura europeia desejarão aí encontrar as premissas de seus próprios empreendimentos, pelo menos até o século XIX.

O domínio da filosofia e da ciência – que não se pode quase distinguir na época – pertencem também ao Renascimento, ou, antes, faz ele também a experiência de seu renascimento depois das trevas medievais. É assim pelo menos que ele é representado pelos próprios atores e por seus sucessores a partir do século XVII, ao passo que o racionalismo das Luzes tinha a convicção de encarnar uma emancipação da cultura

---

* Professor de Filosofia. Universidade de Barcelona.

O mundo e o poema   179

europeia, ao contrário, mais realizada do que aquela dos Antigos. Uma superioridade
que se manifesta claramente com a nova filosofia e a nova ciência elaboradas desde
os inícios do século XVII. Daí vem que a ruptura com a Antiguidade e seus res-
tauradores, imputada antes de tudo às obras de Bacon (1561-1626) e de Descartes
(1596-1650), associada a uma reavaliação da filosofia e da ciência medievais consideradas como sendo a expressão de um período de progresso e de riqueza indubitáveis
(muito longe de sua caricatura da idade das "trevas", à qual tinha sido reduzida pelo
Renascimento), tem frequentemente levado a considerar os inícios da filosofia moderna como um fenômeno do século XVII, que rompe com a filosofia "escolástica"
medieval ainda em vigor nas universidades, e ultrapassa o parêntese que a filosofia
tinha constituído na cultura renascentista completamente retórica e literária.

Neste breve capítulo que se introduz no discurso filosófico da Modernidade,
procuraremos, no entanto, mostrar como o Renascimento, ao perseguir a tradição
filosófica (universitária) herdada da Idade Média, coloca-a em questão para dar lugar, a favor de um apelo à restauração da Antiguidade, a um novo clima cultural e a
uma orientação inédita que iria afetar a filosofia de maneira decisiva.

Petrarca e o humanismo

Ao contrário da imagem que dela forjou para si o humanismo de inspiração
petrarquiana, a Idade Média filosófica e científica foi elaborada a partir da Antiguidade. Falou-se de um "Renascimento carolíngio" a propósito do século IX, ou ainda
de um "Renascimento do século XII". Esta época é o ponto de partida do admirável
desenvolvimento da filosofia e da ciência medievais, quando inumeráveis peças da
filosofia e da ciência antigas – principalmente o *corpus* aristotélico – foram resgata-
das, a favor da mediação islâmica, depois que teve lugar, a partir do século XIII, o
desenvolvimento das universidades.

Na mesma época, o estudo dos clássicos (latinos) conheceu também um desenvolvimento decisivo. Juntamente com o aristotelismo universitário, ele passou pela
Itália onde se fundiu com as tradições locais de uma retórica aplicada ao campo do
direito e da política. Este impulso classicista, unido à cultura das artes do discurso
(a gramática, a retórica, a poesia), chegou ao seu apogeu com a obra de Francesco
Petrarca (1304-1374). Ele chegou a formular com toda clareza o programa de uma
restauração cultural dirigida contra a decadência e as errâncias de um saber conta-
minado pela barbárie islâmica, e fundada na redescoberta das línguas e da literatura
clássicas, assim como no retorno aos temas autênticos da filosofia: a reflexão moral e
espiritual do sujeito humano, por oposição ao cientificismo naturalista e ao logicismo vazio das escolas universitárias. Se é verdade que Petrarca apresentava seu projeto
como uma batalha a favor da restauração da Antiguidade – identificada com a cultu-

ra pagã, da qual Petrarca julgava, no entanto, que era compatível com o cristianismo e suscetível de se harmonizar com ele – e contra a barbárie dos "séculos privados de Roma", permanece não obstante que se trata aí da tentativa de ressuscitar o ideal medieval da *sapientia* ou do saber cristão unificado, diante da fragmentação e da profissionalização do saber que promoviam o aristotelismo averroísta das universidades e sua doutrina da "dupla verdade", portanto, diante da autonomia da pesquisa filosófica perante a religião.

A rebelião cultural de Petrarca teve uma audiência considerável na Itália, principalmente em Florença. Foi assim que nasceu o movimento que o século XIX iria dar o nome de humanismo. Seus promotores, que no jargão estudantil da época eram conhecidos como "humanistas", seguiam o curso que Cícero (106-43 a.C.) tinha chamado de *Studia humanitatis*, os estudos que convêm propriamente ao interesse e também à cultura do homem livre: as disciplinas relativas à linguagem (gramática, retórica, poesia), assim como à reflexão prática (história e ética). Nesse sentido, o campo que o humanismo ocupa é em boa parte estranho àquele que a tradição medieval reservara à filosofia, à exceção da ética. A cultura do Renascimento era, de fato, estranha à lógica e ao curso de estudos que a tradição peripatética e nominalista tinha colocado no princípio do pensamento científico. O humanismo não mostrava também interesse pelo domínio da ciência natural, nem pelo da metafísica. Ele se interessava pela linguagem antes de tudo como aquela qualidade essencial do sujeito humano que exprime sua dinâmica espiritual e por meio da qual ele entra em relação com seus semelhantes no campo da prática. A consciência aguda da dependência do pensamento em relação à linguagem foi acompanhada então por um interesse pela retidão da expressão da linguagem do pensamento (o que veio a favorecer a reabilitação do latim clássico, contra o jargão bárbaro da escolástica), e de uma atenção conservada para a retórica concebida como a arte do "falar bem", destinada à eficácia persuasiva no quadro das relações humanas.

Se o humanismo em seus inícios era estranho à filosofia ensinada nas universidades sob a autoridade da tradição peripatética, o desenvolvimento de sua própria reflexão o levou a transformar consideravelmente a filosofia. Confrontado com a lógica medieval tardia, que estava ligada às exigências do discurso científico, o humanismo veio a promover uma nova lógica, estreitamente ligada à retórica, assim como às exigências da boa "invenção" e "disposição" dos argumentos convocados para serem pronunciados diante de um público que convém formar ou convencer. Com os trabalhos precursores de Lorenzo Valla (1407-1457) e pela intermediação de Rudolf Agricola (1443/1444-1485), a "lógica humanista" atingiu sua maturidade nas obras de Melanchthon (1497-1560) e de Pierre de La Ramée (1515-1572). Da mesma maneira, a orientação completamente prática do humanismo foi acompa-

O mundo e o poema   181

nhada por um desvio de atenção, assumido pelos autores. Assim, tratando-se de
Aristóteles (384-322 a.C.)[1], são a *Ética a Nicômaco*, a *Política*, a *Econômica* e a *Retórica* que estavam no centro das preocupações humanistas no início do século XV. Ao
mesmo tempo, em Florença principalmente, formava-se aquilo que se chamou de
"humanismo civil", cujos principais representantes foram Caluccio Salutati (1331-
1406) e Leonardo Bruni (1370-1444), particularmente preocupados em fortalecer
as escolhas políticas republicanas da oligarquia florentina.

Permanece, não obstante, que é ao se apropriar dos textos antigos e ao produzir
uma nova biblioteca filosófica que os humanistas obtiveram seus resultados mais admiráveis. Contra o reino indiscutido do *Aristóteles latinus*, que aparece como sendo
o paradigma da filosofia, o humanismo proclamou a diversidade filosófica. Convencido de que uma parte importante do legado filosófico grego tinha sido perdido
e convencido principalmente de que era necessário se dedicar ao estudo dos textos
em sua língua original, o humanismo restabeleceu a língua grega no Ocidente. A
investigação de tradições perdidas incentivou uma caça sistemática aos manuscritos,
que permitia procurar textos extremamente importantes, que inspiraram logo uma
reflexão filosófica renovada: em primeiro lugar, os textos de Platão (428-348 a.C.) e
da tradição platônica, em seguida os autores e as obras que tornaram possível um conhecimento muito maior dos pensamentos pré-socrático e helenista. Assim, Lucrécio (94-50 a.C.) e Diógenes Laércio (200-250) deram acesso ao epicurismo autêntico,
quando Sextus Empiricus (± 160-210), por sua vez, descobriu as correntes filosóficas
que ele julgava dogmáticas, entre as quais figurava o estoicismo. O aristotelismo também se beneficiou com a redescoberta das obras de comentadores tão importantes
quanto Alexandre d'Aphrodise (± 150-205), Temistius ou Jean Philopon (317-390),
sem falar da circulação abundante de obras marginais do *corpus* aristotélico, como a
Poética e a *Mecânica*. Um grande impulso de tradução destes textos em latim – pois o
conhecimento do grego permanecia limitado, inclusive no meio do público letrado –
rematava este empreendimento, com o auxílio, a partir da segunda metade do século
XV, da difusão ampliada que a imprensa tornava possível.

O platonismo

O platonismo renascente é uma obra do humanismo, e isto não seria possível se
este último não tivesse realizado sua obra de restauração da língua grega e das filoso-

---

1. Encontramos em português as seguintes publicações: ARISTÓTELES: *Tópicos*; *Dos argumentos sofísticos*;
Metafísica (Livros I e II); *Ética a Nicômaco*; *Poética*. São Paulo: Abril, 1973 [Coleção Os Pensadores]. •
ARISTÓTELES. *Política*. Brasília: UnB, 1988 [Tradução, introdução e notas de Mário da Gama Kury].
• ARISTÓTELES. *De anima* (Livros I, II, III). Rio de Janeiro: Ed. 34, 2006 [Tradução de Maria Cecília
Gomes dos Reis] [N.T.].

fias concorrentes do aristotelismo. Mas, diferentemente do interesse que o primeiro humanismo tinha por Platão, essencialmente preocupado com a ética e com a política, mas indiferente diante da reflexão física e metafísica, o platonismo que Marsílio Ficino (1433-1499) desenvolveu e que Giovanni Picco della Mirandola (1463-1494) perseguiu, modificando-o, constituiu incontestavelmente uma verdadeira filosofia.

Ficino empreendeu uma obra sistemática de tradução e de comentário: sua tradução da obra de Platão, terminada em 1469, foi impressa em 1484 e completada pelos comentários cuja influência foi considerável, em particular aqueles sobre o *Banquete* e o *Fedro*[2], que estão na origem da doutrina do "amor platônico", extremamente influente em todos os domínios da cultura europeia até o final do século XVI. Este empreendimento foi completado pela tradução e pelo comentário das *Enéadas* de Plotino (205-270 a.C.) – surgidos respectivamente em 1471 e 1492 –, e pela redação de uma obra pessoal no seio da qual se destacam a *Teologia platônica da imortalidade das almas*, impressa em 1482, *Sobre a religião cristã* (1474) e os *Livros da vida* (1489), que expõem sua teoria da melancolia, cujo impacto foi imenso no pensamento ocidental, desde a literatura e as artes até a medicina.

Ficino lia e interpretava a filosofia de Platão à luz do neoplatonismo, mas também do hermetismo, que ele considerava como um *corpus* doutrinário redigido por Hermes Trismegistos[3], pouco depois da época de Moisés, e no qual estava consignada a antiga sabedoria egípcia. Aos olhos de Ficino – que chegou a compartilhar esta crença na Europa do século XVI –, isto significava que Platão era o ponto culminante de uma tradição erudita única, que remontava às origens da humanidade, pois ela era posterior à revelação divina feita nas Escrituras ao povo de Israel, e dependente dela. Ficino deu o nome de *prisca theologia* ("teologia antiga") a esta herança pagã, e considerava que ela era ao mesmo tempo coerente e compatível com o cristianismo, adotando nisso a opinião favorável que tinham os primeiros autores cristãos e os Pais da Igreja, que tomavam esta tradição como o testemunho da revelação divina feita à humanidade pagã por intermédio do *logos*, como uma espécie de preparação para o Evangelho.

Desse modo, Ficino pôde apresentar sua restauração do platonismo e da *prisca theologia* como uma forma de apologética da religião em geral e do cristianismo em particular, oposto à impiedade aristotélica. O aristotelismo se distinguia, de fato, em suas correntes majoritárias (o averroísmo, assim como uma nova corrente "alexan-

---

2. Estas duas obras estão publicadas em português: PLATÃO. *O banquete*. 6. ed. Rio de Janeiro: Bertrand [Tradução, introdução e notas do Prof. J. Cavalcante de Souza]. • PLATÃO. *Fedro*. [s.l.]: Ed. 70 [N.T.].

3. Este era o nome que os gregos davam ao deus egípcio Thoth, considerado como o inventor da escrita e de todas as ciências a ela ligadas, inclusive a medicina [N.T.].

O mundo e o poema

drina", alimentado pelo comentário de Alexandre d'Aphrodise), pela afirmação do caráter mortal da alma humana (que a providência divina admitia para a humanidade e, a partir daí, para a religião) e pela separação do discurso filosófico (que é o exercício racional superior) e da religião, com o intuito de comandar politicamente o povo graças a um discurso mítico e imaginário. Ao contrário, a *prisca theologia* estabelecia a unidade da filosofia e da religião, cujo divórcio, durante o período dominado pelo aristotelismo, tinha produzido ao mesmo tempo a impiedade filosófica e a degeneração da religião numa superstição ou numa religião *indocta*. Tanto a obra de Platão quanto o conjunto que constituía a *prisca theologia* revelam um pensamento que não se limita ao conhecimento da natureza, mas que se eleva a partir dele ao conhecimento e ao culto da divindade. O resultado disso é uma filosofia piedosa (*pia philosophia*) e uma religião douta (*docta religio*). Assim, era restaurada sua unidade, o que permitia não somente buscar a filosofia verdadeira, mas colocar ao mesmo tempo as bases da necessária reforma da religião cristã. Era assim que Ficino – que estava, além disso, convencido de que sua obra e seu projeto obedeciam ao desígnio da providência divina – compreendia o platonismo (concebido como o elo fundamental da cadeia formada pela *prisca theologia*) como o remédio necessário contra o aristotelismo. A crise espiritual da época devia encontrar sua superação a favor do desdobramento de todas as potencialidades inerentes ao platonismo.

A questão que ocupa o cerne da reflexão de Ficino é aquela do lugar que recoloca o homem na escala dos seres, da relação que ele mantém com o mundo, assim como com Deus – princípio e fim desta escala –, e também a questão da imortalidade da alma racional humana, como realização necessária do fim natural que incumbe ao homem: a união permanente com Deus. A *Theologia platonica de immortalitate animorum* (*Teologia platônica da imortalidade das almas*) indica de que maneira cada um de seus temas está presente na obra de Platão e em geral nas principais peças da *prisca theologia* para demonstrar que, longe de ser uma fonte de impiedade, a filosofia é o solo firme sobre o qual se pode edificar a crença e a esperança religiosas.

Ficino reformula o tema platônico (e aristotélico) tradicional da hierarquia dos seres, dando a ele a forma de uma escala de cinco graus: Deus, o espírito evangélico, a alma racional, a qualidade e o corpo. Nesta escala, a alma racional, presente tanto no mundo quanto no homem (o que explica que o macrocosmo corresponde ao microcosmo), é a cópula ou o liame que dá à realidade sua coerência. Em virtude de sua dupla tendência à ascensão e ao declínio, a alma apresenta sua unidade numa escala que é como uma realidade dinâmica, no seio da qual o superior desce para o inferior e o inferior ascende ao superior. Desse modo, o declínio da alma para a matéria (que é uma queda no inferior) dá vida, informa e aproxima a divindade da matéria inerte, conformando o mundo como uma realidade bela e boa (um cosmos).

Ao mesmo tempo, em defesa do retorno da alma a si mesma e, por conseguinte, de sua elevação contemplativa para a inteligência e a divindade, o composto da criação é reconduzido à fonte divina, de onde ele procede e à qual se reúne.

Ficino considera esta tendência ou este desejo de Deus presente na alma racional (e por isso no homem) como natural e como universalmente presente no homem (*ubique et semper*: em todo lugar e sempre). Para além dos objetos finitos e pontuais de seu desejo, o amor da alma – seu desejo de conhecer, de se unir e de fruir de seu objeto – se dirige para Deus como para seu termo último. Em suma: o desejo de Deus da alma racional (humana e individual) é ao mesmo tempo infinito e impossível de satisfazer nos termos sempre finitos da existência mundana. Por conseguinte, tanto para a realização de todas as tendências naturais quanto para fazer face à irracionalidade que torna o homem incapaz de satisfazer o desejo e o fim mais íntimo de sua natureza, tornando-o assim "o mais infeliz de todos os animais"[4], é preciso, então, afirmar a necessidade da imortalidade da alma individual:

> Além disso, já que um desejo natural não é vão, resulta disso que a alma humana ganha a existência perpétua que ela deseja naturalmente, existência perpétua, digo eu, não somente na espécie, mas em sua substância própria (diferentemente daquilo que se encontra em Averróis, não há imortalidade do intelecto universal, mas da alma individual). Ao contrário, todos nós desejamos uma existência eterna e isto sempre, mesmo quando somos inconscientes desse desejo. Portanto, isto não é impossível de atingir[5].

A cosmologia platônica de Ficino possui algumas particularidades em relação àquela de Aristóteles, da qual ela conserva, no entanto, os traços principais: um mundo único, finito, hierarquizado em duas regiões, a sublunar e a supralunar. O cosmos de Ficino se caracteriza também em parte pela influência de fontes herméticas e neoplatônicas, e pelos próprios centros de interesse de Ficino, aqueles principalmente que explicam a presença de muitos elementos de astrologia e de magia. É isto que sai dos *Libri de Vita* (*Livros da Vida*), consagrados à teoria e à terapia da melancolia, e mais ainda no terceiro livro (o muito influente *De vita coelitus comparanda*: *Para adquirir a vida do céu*), no qual ele se propõe a combater os aspectos negativos da melancolia (o humor que se associa a Saturno), a partir de diferentes formas de magia astral fundadas nas afinidades celestes dos minerais e das plantas. A voga e o prestígio consideráveis da astrologia e da magia natural no Renascimento europeu e

---

4. FICIN, M. *Theologie platonicienne de l'immortalité des ames*. Vol. 1. Paris: Belles Letres, 1965/1970, p. 38 [Les Classiques de l'Humanisme" – Reimpressão de 2007 – Texto crítico organizado e traduzido do latim por R. Marcel].

5. Ibid.

O mundo e o poema

até o início do século XVII se devem enormemente ao platonismo, tal como Ficino o tinha posto em vigência.

Com Giovanni Picco della Mirandola, o platonismo conhece uma modificação importante. Em primeiro lugar, em relação à orientação antiaristotélica que lhe tinha deixado Ficino, Picco afirma a compatibilidade de Platão e de Aristóteles, assim como das tradições saídas de suas obras, e ele dá também prova de um grande interesse pelo desenvolvimento medieval das filosofias islâmica, judaica e escolástica. Desse modo, a dimensão universalista do platonismo de Ficino e a procura de uma harmonia entre este último e o cristianismo adquiriram em Picco um caráter verdadeiramente universal. Este ideal de "concórdia" será ainda enriquecido pelo acréscimo da Cabala, a tradição esotérica judaica que pretendia remeter a Moisés e conter a interpretação do sentido oculto da Bíblia hebraica. Tal como em Ficino, este universalismo andava junto com um projeto apologético, que devia em Picco demonstrar a coincidência da tradição esotérica judaica com o cristianismo e, portanto, a verdade deste último. Assim, pela incorporação da Cabala à cultura cristã, que estava na origem de uma tradição que iria se prolongar pelo menos até o século XVII na Europa, ele se esforçava para demonstrar a divindade de Jesus aos próprios judeus, apoiando-se nos segredos e nas verdades de sua tradição mística, de forma a preparar a conversão geral dos hebreus, a qual deveria acontecer no final dos tempos.

Picco se propôs a proclamar a realização da concórdia universal em defesa da convocação de um congresso geral dos eruditos em Roma, no início do ano de 1487. Ele redigiu para este efeito, à guisa de documento preparatório, suas *900 conclusões* que, publicadas em Roma no final de 1486, recolheram as proposições tomadas emprestadas pelas tradições filosóficas e teológicas, cuja harmonia ele pretendia defender. No mesmo momento, o que se chamou mais tarde de *Oratio de dignitate hominis* (*Discurso sobre a dignidade do homem*), que não foi mais publicado antes de 1496, devia fazer as vezes de discurso inaugural nesse grande conclave. A primeira parte da *Oratio* apresentava o homem como uma essência não definida e sempre suscetível de ser determinada, de acordo com a escolha que ele fazia para si mesmo, e a segunda defendia as diferentes seções das *Conclusões*, e principalmente o alcance da Cabala, da magia e em geral da *prisca theologia*.

O congresso romano foi finalmente proibido, as *Conclusões* foram censuradas e o enfrentamento de Picco com a Igreja terminou com sua retirada forçada para Florença. Nos anos que se seguiram, Picco deslocou sua reflexão: em seu *Heptaplus* de 1489, ele aplicou a hermenêutica da Cabala à interpretação do sentido oculto do primeiro capítulo do *Genesis*, mostrando que se pode aí descobrir a presença do próprio Cristo, e ver nele um mediador que torna possíveis a redenção do pecado original da humanidade e a restauração no homem da união entre Deus e a totalidade da criação.

Assim, em seus últimos anos, Picco parece ter desistido de seguir a concepção de Ficino da *prisca theologia*, e mais particularmente de seus elementos mágicos. Picco concebeu um ambicioso programa de refutação da superstição, que só a crítica da astrologia viu nascer[6]. Na mesma época, o projeto que consiste em demonstrar definitivamente a concordância entre Platão e Aristóteles só deu lugar à publicação do *De ente et uno* (*Sobre o ser e o uno*: 1491), onde Picco contestava a interpretação neoplatônica que Ficino tinha dado da filosofia de Platão – ao colocar o Um para além do ser, a partir de uma leitura plotiniana do *Parmênides* –, para defender a equivalência do Um e do ser, e propor uma leitura do *Parmênides* como exercício de dialética e de disputa.

Não se pode evocar o platonismo do Renascimento sem mencionar a obra de Nicolau de Cusa (1401-1464). Pertencente à geração que precedeu a de Ficino e Picco, Cusa fazia parte do meio cultural alemão (ou mais exatamente renano). Ele estava aberto ao ideal humanista de uma reapropriação das novas fontes, mas não tinha formação para isso. Herdeiro da tradição medieval e das correntes platônicas, particularmente do platonismo da mística alemã, Cusa elaborou uma filosofia platonizante completamente original.

Seu pensamento é dominado pela consciência da incapacidade do sujeito humano finito para alcançar a compreensão do infinito divino e pela consideração do caráter conjectural e aproximativo do conhecimento humano. Além disso, diferentemente da ontologia escalonada de Ficino e de Picco, com seu processo progressivo descendente do Um e sua emanação que vem terminar na matéria, Cusa sustentava uma derivação imediata e simultânea de toda a criação, associada a uma cosmologia desprovida de hierarquia, na qual o universo não é finito e onde a Terra, dotada de um certo movimento, é igual em dignidade e em composição aos outros astros do universo. Ao mesmo tempo, ele propõe uma concepção do infinito divino como coincidência dos opostos: matéria e forma, potência e ato são também constitutivos de Deus; trata-se de princípios que se confundem na unidade divina que "complica" o que no universo "se explica". A audaciosa especulação cosmológica e metafísica de Nicolau de Cusa terá repercussões consideráveis na filosofia do século XVI e será adotada por Giordano Bruno (1548-1600), que o associará a uma cosmologia copernicana.

O aristotelismo – Pietro Pomponazzi

A filosofia dominante no Renascimento foi indiscutivelmente o aristotelismo. Até o início do século XVII, ela permanecerá como sendo a filosofia magistral das universidades europeias, e para além mesmo das divisões engendradas pela Reforma protestante. Durante os séculos XV e XVI, as diferentes correntes do aristotelismo

---

6. Ela está exposta nas *Disputationes adversus astroloiam divinatricem*, publicadas postumamente em 1496.

O mundo e o poema

medieval se mantêm: a *via antiqua* do averroísmo, de Alberto o Grande (1193/1206-1280), e do tomismo; a via moderna de Duns Scoto (1265-1308) e do nominalismo. Em alguns casos, estas correntes integram as contribuições derivadas do humanismo: a leitura de Aristóteles na língua original, a sensibilidade filológica, a atenção dada às novas traduções da ética e da política aristotélica, o estudo dos comentadores gregos antigos reencontrados (Alexandre d'Aphrodise, Themistius, Jean Philopon). Esta sensibilidade nova, que testemunha um desejo de abertura para o interior da conservação do aristotelismo, concebido como filosofia universal que oferece respostas a todas as questões possíveis, atinge seu ponto culminante com a série dos comentários *Conimbricenses* (saídos da universidade de Coimbra) das principais obras do *corpus* aristotélico, que foram publicados na virada dos séculos XVI e XVII. Em outros casos, no entanto, a tendência que se impôs foi aquela da busca da tradição herdada da Idade Média.

No seio desta grande variedade de figuras, destaca-se aquela de Pietro Pomponazzi (1462-1525), ao mesmo tempo representante da tradição e original pelos problemas que ele aborda, pela resposta que dá a eles e pelo vigor de seu pensamento. Produto típico do aristotelismo das universidades italianas da segunda metade do século XV, Pomponazzi ensinou sucessivamente nas universidades de Pádua, Ferrara e Bolonha até sua morte. Em conformidade com o curso de seus estudos, Pomponazzi expôs e comentou diversas obras de Aristóteles em seus cursos, que permaneceram inéditos até uma época recente. Sua influência na filosofia de seu tempo e na filosofia posterior é antes de tudo imputável ao seu *Tractatus de immortalitate animae* (*Tratado sobre a imortalidade da alma*), que ele publicou em 1516 e que deu lugar a uma grande controvérsia, depois, a outros tratados: o *De incantationibus* (*Sobre os encantamentos*) e o *De fato* (*Sobre o destino*), que foram redigidos por volta de 1520 e destinados a uma circulação restrita sob a forma de manuscritos.

A reflexão de Pomponazzi, em particular seu tratamento da questão da imortalidade da alma e da religião, testemunha a solidez e o enraizamento das teses que são designadas como aquelas do aristotelismo "radical" e contra as quais Ficino tinha lançado seu programa de restauração do platonismo. Trata-se de um aristotelismo que era concebido como uma exegese do pensamento de Aristóteles em termos exclusivamente racionais, numa independência completa em relação à religião e ao magistério eclesiástico. Pomponazzi não tinha aprendido grego, e seu latim era aquele jargão universitário que o humanismo considerava como bárbaro; porém, ele se abre aos novos elementos que este tinha colocado à disposição dos leitores latinos e estava realmente familiarizado com o platonismo, quer pela leitura dos diálogos de Platão, ou pelas obras de Ficino e de Picco.

No *Tratado sobre a imortalidade da alma*, Pomponazzi procura definir a doutrina autêntica de Aristóteles e responder, ao mesmo tempo, de maneira puramente racional, esta questão. As teses de Averróis – mortalidade da alma individual; imortalidade do intelecto universal – e de Tomás de Aquino (1225-1274) – a alma, como princípio único da vida assim como da intelecção e forma substancial do homem, é imortal – são refutadas. Pomponazzi segue a interpretação de Alexandre d'Aphrodise e afirma que a alma humana não pode compreender sem o auxílio de imagens e que, por esta razão, sua atividade exige o corpo. Uma existência separada do corpo seria absolutamente ociosa e inativa. Situado na fronteira do material e do imaterial, o homem pode "farejar" a imortalidade, mas não pode possuí-la.

Contra o platonismo e implicitamente contra Ficino, Pomponazzi afirmava que não se devia tentar atribuir para o homem um fim natural inacessível, mas um fim natural finito e alcançável por todos. Um fim assim não poderia ser outra coisa senão a perfeição do intelecto prático, a virtude moral, acessível durante toda esta vida e necessária para a vida humana comum.

À objeção segundo a qual sem imortalidade pessoal a virtude e o vício não seriam retribuídos, Pomponazzi responde adotando a teoria estoica que apresenta a virtude e o vício como possuindo em si mesmos sua retribuição essencial, que, portanto, jamais está ausente. No entanto, porque esta concepção somente é acessível à minoria capaz de se elevar à razão e à filosofia, a necessidade de tornar virtuosos todos os outros homens, a fim de que uma vida comum e uma comunidade política sejam possíveis, levou o legislador a introduzir a "nobre mentira" da imortalidade da alma, assim como as recompensas e os castigos *post mortem* (depois da morte).

Apesar dessas declarações sobre o fato de que o problema filosófico da imortalidade da alma era um problema "neutro", diante do qual a razão não podia estabelecer demonstrativamente nem a mortalidade nem a imortalidade, e apesar de sua tese que coloca que a certeza da imortalidade provinha unicamente de uma instância superior da revelação divina e da autoridade eclesiástica, às quais devemos nos submeter sem duvidar, Pomponazzi sofreu numerosos ataques e apenas por causa do poder de seus defensores ele pôde evitar um processo inquisitorial.

A concepção política da religião – instrumento de que se serve o legislador para educar moralmente o povo submetido às paixões e para construir a comunidade política –, que estabelece a inferioridade teórica da religião em relação à filosofia, concorda com uma definição de religião que é dada em seu tratado posterior e inédito, *Sobre os encantamentos*. Nesta pesquisa sobre os pretensos fenômenos sobrenaturais imputados aos anjos e aos demônios, Pomponazzi propõe uma explicação natural deles, sustentando que são produzidos pelo curso ordenado da natureza, segundo o princípio de que, no mundo sublunar, as inteligências separadas que movem as

O mundo e o poema   189

esferas celestes – em última instância Deus, que se encontra para além delas, agem unicamente pela mediação das esferas celestes. Se a totalidade da natureza sublunar está submetida ao governo destas esferas e se as religiões (inclusive o cristianismo) são organismos sublunares submetidos ao processo de geração e corrupção a partir da causalidade celeste, então, sua sucessão histórica, assim como aquela dos profetas, são um efeito da providência cósmica, a partir da qual o mundo traz para a humanidade o que é necessário à sua existência e à sua perfeição. Assim, não há por que pensar, filosoficamente, que o cristianismo é a religião verdadeira, que estabelece uma ligação sobrenatural com Deus à margem da natureza, uma ligação cujo objetivo seria a vida eterna.

Esta obra, assim como o tratado *Sobre o destino*, no qual Pomponazzi defendia a maior coerência filosófica do fatalismo estoico, somente foram publicados postumamente[7]. Não é difícil compreender que, com estes três tratados, Pomponazzi tenha se tornado, da mesma maneira que Maquiavel (1469-1527), de quem era intelectualmente complementar, uma das principais autoridades do movimento libertino do século XVII e, em geral, das correntes do livre pensamento.

O começo da revolução cosmológica: de Copérnico a Bruno

As premissas da revolução científica que iria se realizar plenamente no século XVII, ao produzir a imagem de mundo da modernidade, apareceram durante o Renascimento. Em 1543, foram publicadas duas obras emblemáticas desse movimento: o *De revolutionibus orbium coelestium*[8] de Nicolau Copérnico (1473-1543) e o *De humani corporis fabrica* (*Sobre a fábrica do corpo humano*) de André Vésale (1514-1564). A primeira obra foi o ponto de partida da revolução astronômica e física, que culminou, no final do século XVII, com a obra de Newton (1643-1727). A segunda marcou a renovação do estudo da anatomia e, de maneira mais geral, a transformação da medicina. Nesse domínio, a obra de Paracelso (1493-1541) deu lugar a uma nova teoria e a uma nova prática, com uma perspectiva diferente do galenismo e do aristotelismo no que diz respeito ao que é a filosofia do homem e da natureza, mas que se apresentava, porém, como uma reforma da medicina hipocrática original e, de maneira geral, da filosofia hermética e "mosaica".

Se nos ativermos às relações que a "revolução copernicana" mantém com a filosofia, pode-se dizer da obra de Copérnico que ela propunha uma reforma da astronomia pela via da modificação dos princípios cosmológicos sobre os quais ela re-

---

7. Estes dois textos foram publicados na Basileia, respectivamente, em 1556 e 1567.

8. Há uma publicação em português desta obra: COPÉRNICO, N. *Revoluções das orbes celestes*. 2. ed. Lisboa: Calouste Gulbenkian, 1996 [N.T.].

pousava: o geocentrismo e a imobilidade da Terra, baseados na física e na metafísica aristotélicas, foram substituídos pelo heliocentrismo e pelo movimento da Terra. A incompatibilidade destes novos princípios com a teoria do movimento de Aristóteles e em geral com o conjunto de sua filosofia, funda o caráter revolucionário da nova astronomia, que seus detratores e alguns de seus partidários tomavam como uma renovação do antigo pitagorismo, quer dizer, um renascimento da Antiguidade. A astronomia copernicana só podia ser verdadeira se a física e a filosofia do estagirita fossem falsas. É por isso que seu desenvolvimento se fez inevitavelmente ao preço da destruição da física aristotélica e da elaboração de uma nova teoria do movimento, associadas a uma nova ontologia ou metafísica. Ao mesmo tempo, o copernicanismo enfrentava a dificuldade relativa à sua aparente contradição com o texto literal das Escrituras.

Nesta perspectiva, não há nada de surpreendente com o fato de que o movimento da Terra tenha sido principalmente recebido, na segunda metade do século XVI, como uma "hipótese" que permitia um cálculo geométrico simplesmente destinado a "salvar os fenômenos" do movimento planetário. O heliocentrismo e o movimento da Terra não eram teses físicas que descreviam a realidade, mas hipóteses que tornavam possível – independentemente de sua falsidade – o cálculo da posição dos planetas no céu, contanto que a lógica admitisse que a verdade pudesse ser concluída a partir de premissas diferentes, ou seja, falsas. Este é exatamente o partido que acaba por adotar a Igreja Católica em 1616: tese filosoficamente absurda e contrária às Escrituras, de que o movimento da Terra não poderia ser admitido senão a título de hipótese de cálculo, sem que ela dissesse respeito à menor verdade ontológica.

Os copernicanos "realistas", que admitiam, por sua vez, a realidade do movimento terrestre, foram raros na segunda metade do século XVI. À exceção de alguns astrônomos – o inglês Thomas Digges (1546-1595) e o alemão Michael Moestlin (1550-1631) nos anos de 1570, em seguida Kepler (1571-1630) e Galileu (1564-1642) a partir dos anos de 1590 –, não se pode absolutamente acrescentar, em filosofia, senão o nome de Giordano Bruno.

Nas obras cosmológicas que publicou em Londres em 1684 – *La cena de le Ceneri* (*A ceia das cinzas*), *De la causa, principio e uno* (*Sobre a causa, o princípio e o um*), *De l'infinito universo e mondi* (*Sobre o universo infinito e o mundo*) –, Bruno considera a cosmologia copernicana como a estrutura verdadeira do universo, e ele o desvia na direção de um universo essencial e necessariamente infinito, enquanto efeito necessário do poder infinito de Deus que se exprime nele e se dá a conhecer ao homem através dele. Além disso, este universo infinito de Bruno é homogêneo: ao contrário do universo hierarquizado da tradição platônica e aristotélica, sempre presente num copernicano como Thomas Digges, o universo infinito de Bruno é preenchido, em toda a sua

O mundo e o poema

extensão, por uma única matéria submetida às mesmas leis do movimento. Assim, a Terra deixa de ser o meio da maior imperfeição ontológica (os "resíduos" do universo), para se tornar um astro como qualquer outro, um planeta que gira também em torno do Sol. Este universo infinito e homogêneo é uma repetição infinita de "mundos" ou de sistemas planetários (*synodi ex mundis* ou "assembleias de astros", na terminologia de Bruno), em que cada um possui uma estrela ou um sol central, cercado por um conjunto de planetas e de cometas (estes últimos sendo descritos como uma espécie de "planetas raramente visíveis") que se movem em torno de seu centro, graças a este princípio interno de movimento que é sua alma inteligente.

Bruno se deparou também com o problema teológico do copernicanismo, quer dizer, com a dificuldade relativa ao fato de que a letra das Escrituras parece promover uma cosmologia geocêntrica, ao preço da aceitação da teoria da acomodação divina à inteligência vulgar. Eis pelo menos de que maneira os copernicanos saíam dessa dificuldade. Em Bruno, esta noção de acomodação é revista com a régua da adoção explícita da concepção averroísta e maquiaveliana da religião como instrumento de educação e de governo político do povo. A intenção do legislador divino, que dá aos homens a revelação, é somente a de transmitir a "Lei" ao povo; com todo rigor, ela não se aplica aos eruditos, que acedem à Lei e à virtude a partir de seu próprio entendimento.

Esta concepção da religião pressupõe que a filosofia – a ciência – é o nível superior do conhecimento da natureza, por intermédio da qual o homem se une à divindade da única maneira possível: inacessível enquanto tal, Deus se dá a conhecer através da natureza infinita que explica o que nele é complicado. Bruno adota assim a metafísica de Cusa e a desenvolve na direção de um monismo ontológico rigoroso: o universo, isto é, a substância, é uno e infinito, os indivíduos particulares não são outra coisa senão acidentes ou modos da única substância, no qual os dois princípios (matéria e forma, ou alma) coincidem numa unidade infinita que é Deus explicado. A partir do conhecimento da realidade física e metafísica da natureza infinita e do lugar que ela ocupa, o homem superior alcança a união com Deus e, em última análise, com a bem-aventurança e com o "Paraíso".

Com Giordano Bruno, a filosofia do Renascimento atinge sem dúvida sua expressão mais acabada, no momento em que aparece como uma alternativa inteira, para o erudito, à religião e ao cristianismo. Antecipando em muitos aspectos o pensamento de Spinoza (1632-1677), o pensamento de Bruno oferece à filosofia – além de uma física ou de uma teoria da natureza que a nova ciência corrigirá consideravelmente – uma autonomia e um sentimento de perfeição que iriam ser julgados excessivos. Esta ciência e sua nova filosofia, no século XVII – com a exceção de Spinoza –, quiseram procurar um outro arranjo com a religião e as instituições eclesiásticas.

19

THOMAS HOBBES

Dominique Weber *

Thomas Hobbes (1588-1679) viveu durante um dos séculos mais atormentados da história da Inglaterra. Depois dos estudos em Oxford, suas relações com a família Cavendish tornam sua longa vida indissociável da história da dinastia dos Stuart. Foi assim que, diferentemente da composição do sistema filosófico em três seções (*Corpo, homem, cidadão*) que projetou realizar a partir de 1637, ele foi levado a escrever seu primeiro tratado de filosofia política, os *Elementos da lei natural e política* (*Elements of Law*) em 1640, quando o Rei Carlos I, contra quem a Escócia presbiteriana estava em revolta, sofre os ataques do parlamento. Ele decide, então, partir para o continente e foi em Paris que imprimiu em 1642 seu segundo tratado político, *Do cidadão*[1] (*De cive*), poucos meses antes de a guerra civil explodir na Inglaterra. Os tratados *Sobre o corpo* (*De corpore*) e *Sobre o homem* (*De homine*) foram deixados para depois (eles foram editados, respectivamente, em 1655 e em 1658). Hobbes publica primeiro – dois anos depois da decapitação de Carlos I – seu terceiro tratado político, o *Leviathan*[2] (1651), redigido durante os tumultos da Fronda. De volta à Inglaterra, ele foi objeto, mesmo depois da restauração da monarquia em 1660, de muitas acusações de ateísmo e traição.

Isto porque a filosofia de Hobbes causava escândalo. A fórmula da acusação é bem conhecida: materialismo, portanto, ateísmo, portanto, imoralismo. Quando se acrescenta a isso uma filosofia política que não pode satisfazer os diferentes campos

---

* Professor agregado de Filosofia. Sceaux.

1. Há uma edição brasileira desta obra: HOBBES, T. *De Cive. Elementos filosóficos a respeito do cidadão*. Petrópolis: Vozes, 1993 [Tradução do inglês por Ingeborg Soler] [N.T.].

2. Há uma edição brasileira desta obra: MALMESBURY, T.H. *Leviatã ou matéria* – Forma e poder de um estado eclesiástico e civil. São Paulo: Abril [Coleção Os Pensadores – Tradução de João Paulo Monteiro e Maria Beatriz Nizza da Silva] [N.T.].

ideológicos que se dilaceram em torno da questão do poder político, o quadro parece completo. Hobbes, adversário da religião, teórico do despotismo: já para muitos de seus primeiros leitores, a obra do filósofo foi percebida como uma provocação insuportável. Nem os partidários de uma monarquia de direito divino, nem os juristas defensores do costume imemorial (*common law*[3]), nem os autores de inspiração aristotélica que sustentam um fundamento natural da organização política, nem os contratualistas partidários de um pacto que ligaria o povo e o detentor da autoridade política podiam se reconhecer na figura do soberano absoluto de Hobbes. Mas as fortes reações suscitadas pela filosofia de Hobbes em seus contemporâneos testemunham, na realidade, talvez principalmente e antes de tudo, a radicalidade própria do sistema do pensador inglês.

O corpo

"Ele afirma, efetivamente, que Deus é um corpo", Hobbes faz que o personagem que o representa diga no Apêndice III do *Leviathan* latino de 1668. Se uma tal afirmação tem antecedentes no pensamento estoico e mesmo no estoicismo cristão, ela não está, no entanto, em conformidade, duvida-se disso, com os princípios normalmente recebidos da fé cristã. Trata-se, então, de uma dessas provocações que se explicam pelas circunstâncias históricas, especialmente os conflitos de Hobbes com os teólogos e os eruditos dos anos de 1660? Na realidade, para Hobbes, dizer de Deus que Ele é um corpo (*body, corpus*) é dizer que ele é um ser (*being, ens*); dizer que Ele é um ser, é dizer que Ele existe. Ou ainda, dito de outra maneira, não é possível que Deus possa ser concebido – caso Ele seja, e para Hobbes Ele é – a não ser como um corpo.

Isto porque a filosofia de Hobbes repete incansavelmente uma tese: tudo é corpo e somente é pensável como corpo, e todos os fenômenos se explicam pelo movimento dos corpos. Assim, o tratado *Sobre o corpo* considera corpo e movimento como os verdadeiros princípios de elucidação de toda a natureza. Eles certamente só aparecem secundariamente na dedução que abre o livro (capítulo VIII), depois de espaço e tempo (capítulo VII), mas isto porque estes se caracterizam por sua simplicidade de puras imagens. A noção de "corpo" toma forma no espírito a partir do momento em que se pensa em algo que se coloca no espaço anteriormente imaginado; o que o distingue verdadeiramente deste espaço é que ele resiste ao poder da imaginação, de maneira que não depende dela. Quanto ao "movimento" (local), ele está na base de todas as mudanças dos corpos e, portanto, de todos os aspectos da realidade natural.

---

3. *Common Law*: direito comum surgido na Inglaterra no qual as decisões jurídicas são tomadas por tribunais e não mediante atos legislativos ou executivos [N.T.].

Compreende-se, então, a condição enunciada por Hobbes no limiar do tratado *Sobre o corpo* (capítulo I) para delimitar o domínio do conhecimento racional: os corpos não podem ser conhecidos senão quando são afetados pelos movimentos que provocam fantasmas em nós, eles próprios explicáveis em termos mecânicos. Isto exclui a teologia do campo da filosofia. Para Hobbes, a palavra "Deus" só pode então designar um corpo muito sutil e muito tênue, a tal ponto que Ele não pode afetar nossos sentidos. Ele não designa, entretanto, uma realidade incorpórea. Mais do que isso, Deus não deve ser dito somente extenso, mas antes corpóreo. Diante do dilema: seja a espiritualidade infinita, seja a corporeidade finita, Hobbes responde com algo que não é concebido absolutamente como um paradoxo. Deus é corporal e infinito: Ele tem uma grandeza indeterminada, o que significa que não podemos imaginar para Ele um termo (não há em Hobbes uma ideia positiva do infinito). Deus é, além disso, um espírito, mas um espírito corpóreo: Ele é um corpo tão fino que chega a ser invisível; Ele não pode, portanto, por via natural, provocar fantasmas em nós; ou, visto que o conhecimento parte dos fantasmas, Ele permanece inconcebível.

O objetivo visado por Hobbes quando sustenta a tese da corporeidade de Deus é assim muito precisa: não se trata de especificar Deus e a natureza de sua presença e de sua ação no mundo; trata-se de assegurar a integralidade da univocidade do ser a partir do conceito de corpo. Hobbes afirma certamente a relação de equivocidade, ou de homonímia, entre Deus e os seres finitos; mas é necessário, apesar dessa equivocidade proclamada e ao lado dela, qualificar o ser e, portanto, o corpo, qualquer instância – Deus incluído – em razão da decisão a favor da univocidade do ser. A equivocidade só aparece tardiamente, para demarcar o caráter incompreensível do corpo divino. Hobbes ratifica assim a morte da analogia como princípio de acesso a Deus pela linguagem e a substitui por uma lógica do conceito representativo, que impõe pensar univocamente, em primeiro lugar e de pleno direito, tudo aquilo que existe como corpo.

O homem

No prosseguimento desta orientação teórica, trata-se então para Hobbes, em sua investigação sobre o homem, de substituir uma explicação corporal por uma explicação de uma alma imaterial considerada inexistente. Pois não somente a diversidade dos fantasmas é produzida pela diversidade das operações dos corpos sobre os nossos órgãos dos sentidos, mas o sujeito em que são despertados as representações e os afetos é ele mesmo um corpo. Trata-se, portanto, agora, de elaborar os modelos que podem explicar as funções sensitivas, perceptivas, afetivas, motrizes, assim como o conjunto dos processos mentais da imaginação, do encadeamento das imaginações, do sonho, do delírio etc., que perfazem completamente a economia da imaterialidade da alma. Nesse sentido, a hipótese da materialidade da alma produz antes um "desencantamento" do homem, quando se compreende com isso que o projeto de Hobbes consiste em perseguir o sobrenatural até mesmo no interior do homem. Pois o paradoxo que Hobbes pretende elaborar é exatamente esse: reduzida à natureza, em virtude das exigências da ciência, a natureza humana não se confunde, no entanto, com a pura natureza; é apenas a radicalidade de Hobbes que não quer que se faça previamente uma distinção que poderia existir entre a natureza e a natureza humana.

A noção de "marca" é decisiva para compreender o que constitui o próprio do homem, quer dizer, seu poder de produzir o artifício e de constituir uma esfera de realidade antinatural. Os animais, diz Hobbes, não se lembram do lugar onde esconderam seu alimento quando a fome chega novamente. Ao contrário, o homem sabe que ele pode esquecer e, por via de consequência, ele é capaz de buscar os meios de estender sua memória e alcançar a consciência de uma temporalidade mais ampla do que a consciência do animal quando institui arbitrariamente as "marcas" memoriais. É, portanto, a partir do estado de natureza, quer dizer, na condição de homens fora da existência de um poder público investido de direito, que o homem produz os efeitos que vão contra a natureza. É preciso, todavia, acrescentar que, se o homem somente conservasse as "marcas", sua vida não se diferenciaria a não ser muito pouco da vida dos animais. O homem só se torna, de fato, verdadeiramente humano no momento em que a palavra se forma e, sobretudo, quando do impacto que esta exerce sobre a natureza de seu desejo. A linguagem não introduz a distinção entre o homem e o animal, mas reduz a maneira como o homem, no seio mesmo da natureza, rompe toda comunidade com os animais.

De modo geral, é a capacidade de determinar, não somente pelos bens presentes e aparentes, mas em função do futuro, o que distingue as paixões dos homens das paixões dos animais. Por causa disso, a curiosidade é inclusive a única paixão que Hobbes afirma ser especificamente humana. Por definição, se a reprodução do movimento vital é sempre desejada para o futuro, ela nem por isso está garantida. O movimento vital é dado, ao passo que sua reprodução deve ser conquistada. E a representação da incerteza em relação a esta reprodução produz uma dor que, de acordo com Hobbes, não engendra no homem uma simples aversão, que vale como objeto presente, mas antes uma "ansiedade pelo futuro", que leva o homem a pesquisar as causas das coisas, conhecimento este que o torna cada vez mais apto para ordenar o presente em vista de sua maior vantagem. Viver não é somente querer sobreviver; é desejar e querer continuar a desejar. Mas, para o homem, desejar é infalivelmente viver preocupado perpetuamente com o futuro. Todo animal encadeia as ideias em "discursos mentais" e os desejos em "deliberações". O "discurso mental" do animal é uma batalha na qual uma imagem imediatamente produzida é sentida quando ela tem preferência sobre todas aquelas que se conservaram na memória. Mas, no homem, este poder é hipertrofiado: ele é aquele animal que pode se tornar louco, porque é incessantemente arrastado para o presente e projetado num futuro que não é jamais dominável.

O cidadão

Para apascentar a ansiedade do homem e impedir os possíveis delírios de seus desejos, quando estes se tornam patologicamente ofuscados pela preocupação com o futuro, Hobbes inventa uma solução política, de uma importância considerável na constituição da modernidade: considerando isso, ele foi de fato para a ciência política o que Galileu (1564-1642) foi para a ciência do movimento e William Harvey (1578-1657) para a ciência dos corpos vivos.

O medo dos outros move o desejo das coisas como desejo insaciável de poder; não que todo homem seja, para Hobbes, como frequentemente se disse, um ambicioso insatisfeito e agressivo, mas porque os homens hostis são sempre muito numerosos, de modo que os melhores e os moderados têm incessantemente de se precaver da morte que cada um tem a força de trazer para todos. É esta situação que descreve a hipótese teórica do estado de pura natureza. Caso se possa dizer, em termos narrativos, que este estado é anterior a qualquer instituição, em termos estruturais, este é o estado de desinstituição. O estado de natureza é, de fato, sem que haja necessidade de levantar a hipótese de uma malignidade natural do homem, um estado de guerra de todos contra todos. Por quê? Porque a natureza, responde Hobbes, fez os homens iguais, de maneira que eles podem sempre causar morte violenta uns aos outros. É errado, acrescenta ele, o fato de Aristóteles acreditar na desigualdade natural entre aqueles que são destinados a comandar e aqueles que são destinados a servir. E é precisamente porque a natureza é incapaz de normatividade que o artifício do Estado deve suprir suas insuficiências. Se a igualdade natural apenas suscita uma desordem de perpétua insegurança, somente a instituição de uma desigualdade pode permitir instaurar uma ordem estável e segura.

Para compreender esta invenção, é preciso se debruçar sobre a definição do direito natural. No estado de natureza, os obstáculos podem sempre me privar de uma parte de meu poder de fazer o que eu quero, mas nenhum obstáculo pode me impedir de usar, tal como eu desejar, este ou aquele poder. Se nos ativéssemos a esta primeira caracterização, seria preciso concluir disso que tudo que existe de fato existe também de direito. Daí a importância da segunda caracterização: cada um tem antes a liberdade de usar seu poder como queira, mas unicamente para a preservação de sua natureza. A partir desta exigência de autoconservação, que limita o nosso poder

Thomas Hobbes 197

e funda nosso direito natural, cada um deve calcular as consequências. A razão nos dita as leis naturais. Estas são regras gerais, descobertas pela razão, que proíbe aos homens não considerar tudo aquilo pelo que eles acham que pode ser mais bem preservado. Mas estas leis estão destinadas a prescrever no vazio, enquanto for permitido a cada um julgar, por um exame pessoal, aquilo que permite alcançar a paz. É preciso obter a segurança de uma reciprocidade, que é a condição de aplicação das leis naturais. Somente um poder comum que imponha respeito a todos os homens pode articular eficazmente direito natural e lei natural.

Para Hobbes, a instituição do Estado se deve então a isto: é preciso transformar um "consenso", que mantém sempre a pluralidade das vontades e, portanto, o estado de multiplicidade conflitante dos homens, numa "união" que exige a existência de uma única vontade de todos. Em outras palavras, é preciso que a convenção entre os particulares, simultaneamente, num único e mesmo ato, una os particulares (antes da união fundadora, nenhuma unidade, no nível dos conflitos do estado de natureza, pode ser pressuposta) e produza o poder soberano. O que é possível quando cada um convenciona com cada um submeter sua vontade e renunciar a fazer uso de seu poder, em proveito não do outro (que contrata também), mas de um terceiro que é por isso mesmo produzido a título de vontade soberana. O princípio do dispositivo hobbesiano é bem compreensível, mas não é fácil de compreender em seu detalhe. A dificuldade é a seguinte: como uma convenção entre particulares pode determinar a relação de soberania que encerra ao mesmo tempo a obrigação civil e a realidade necessária de um poder? É nesse ponto que os progressos conceituais de Hobbes, dos *Elementos da lei* ao *Sobre o cidadão*, e de *Sobre o cidadão* ao *Leviathan*, são mais importantes. A maior invenção reside na solução que o *Leviathan* traz com o conceito de autorização (capítulo XVI). A instituição de uma pessoa civil supõe que os indivíduos se façam representar, autorizando uma esfera de atos a um representante-ator único (homem ou assembleia), para todos igualmente. A atribuição é dupla. Em virtude de uma personificação artificial por atribuição verdadeira, todos os indivíduos se reconhecem autores de palavras e de ações de um único e mesmo representante. Em virtude de uma personificação por atribuição fictícia, a multidão se torna uma pessoa à qual são atribuídas as palavras e as ações do representante-ator. Nenhum dos autores atribui palavras e ações do representante-ator à comunidade. Ao contrário, cada um as atribui para si, e é a convergência destas atribuições que transforma a multidão numa pessoa única. Quanto ao representante-ator, ele assegura uma dupla representação: aquela de cada indivíduo pertencente à multidão; aquela desta multidão tornada pessoa representada. A autorização, portanto, não emana jamais da própria multidão. A partir de um esquema que parece se resumir na outorga de um mandato (da multidão a um ou a vários outros), o processo de personificação artificial chega a uma inversão: é o mandatário (o soberano) que faz o mandante (o povo, ou o corpo político no qual se subsume a multidão, transformada numa só pessoa representada pelo ato de autorização). Não é, portanto, o povo que faz o *Leviathan*, mas é o *Leviathan* que institui o povo.

Hobbes, enfim, sela a indivisibilidade da autoridade política para preservar o corpo social da dissolução, transferindo para as mãos do soberano o poder religioso. A fé no Cristo e a obediência às leis civis, sendo os únicos artigos necessários à salvação prometida pelo cristianismo, a ninguém é permitido, no contexto cristão, não obedecer as leis do soberano naquilo que diz respeito aos atos exteriores da religião. Mas o Estado de Hobbes não é um "corpo místico". Deus só conhece os corações. A religião, sendo somente uma força que pertence ao soberano, deve sincronizar, no domínio público, o que deriva da religião e o que deriva da ordem civil, para que reine a paz. Não é, portanto, a tolerância produtora de discussões político-religiosas que Hobbes professa, mas uma forma de conformismo: o conformismo de indivíduos aglomerados que formam a matéria do corpo do *Leviathan*, este "deus mortal" produzido pelos homens com a finalidade de lhes assegurar não uma salvação absoluta, que só pertence à arte política divina, mas uma salvação relativa.

A grande revolução teórica hobbesiana é, portanto, a de ter articulado o que não havia antes, ou seja, uma teoria do direito natural, uma teoria da soberania e uma teoria do contrato político. Mas avaliar o alcance da radicalidade de Hobbes não é uma coisa fácil. Visto que a teoria política da Modernidade – alguns dizem isto – padece hoje de uma crise terrível. Crise do Estado, crise da soberania, crise também (em primeiro lugar?) da noção de povo (na ausência de Estado não há povo, dizia Hobbes): em suma, crise de toda a gramática política que Hobbes inventou. Para enfrentar aquilo que alguns não hesitam em chamar de "desforra" da "multidão" (Spinoza) sobre o "povo" (Hobbes), para compreender também nossa atualidade (Pós-modernidade, ultramodernidade, hipermodernidade etc.), é preciso, imperativamente, que leiamos e releiamos incessantemente a obra do "Monstro de Malmesbury".

20
RENÉ DESCARTES

Emanuela Scribano *

René Descartes nasceu em 31 de dezembro de 1596 em Haia (chamada hoje de "Descartes"), em Touraine. Ele estudou no colégio dos jesuítas em La Flèche entre 1606 e, ao que parece, 1614; depois de ter obtido uma licenciatura em direito canônico e civil na universidade de Poitiers, ele se engaja no exército protestante de Maurício de Nassau (1604-1679), depois no exército católico do duque Maximiliano da Baviera (1573-1641). Ele se instala na Holanda a partir de 1628 e começa a trabalhar num tratado metafísico que não chegou até nós. Entre 1630 e 1633, redige *Le Monde*, texto que ele decidiu não tornar público, assustado com a condenação de Galileu (1564-1642). Em 1637, ele publica o *Discurso sobre o método* (*Discours de la méthode*), em 1641, as *Meditações metafísicas* (*Méditations métaphysiques* ou *Meditationes de philosophia prima*). Em 1644, vêm à luz os *Princípios da filosofia* (*Principes de la philosophie* ou *Principia philosophiae*), nos quais ele coloca em ordem de maneira sistemática o conjunto de suas ideias. Ele se junta a Suède e ao círculo da rainha Cristina em 1649, e publica *Les Passions de l'âme*[1]. Morre em Stockholm em 11 de fevereiro de 1650, de pneumonia, de acordo com as fontes oficiais.

A filosofia de René Descartes é dominada pelo projeto de ancorar firmemente a ciência num fundamento que poderia legitimar a pretensão de conhecer o mundo exterior em toda a sua verdade. Ele é um defensor da nova ciência, que privilegia as matemáticas como instrumentos de conhecimento dos fenômenos naturais. À diferença de outros eruditos e filósofos de sua época, mas em concordância com Galileu, ele pretende que as matemáticas descrevam o mundo como ele é na realidade

---

* Professora de Filosofia. Universidade de Siena.

1. Há uma edição brasileira que abrange algumas dessas obras, no todo ou em parte. DESCARTES, R. *Discurso do método*; *Meditações*; *Objeções e respostas*; *As paixões da alma*; *Cartas*. São Paulo: Abril, 1973 [Coleção Os Pensadores – Tradução de J. Guinsburg e Bento Prado Júnior] [N.T.].

e não somente tal como ele aparece ao espírito humano ou como a ciência chega a interpretá-lo. Nisso, Descartes não se limita a construir uma metodologia complexa em honra das ciências, mas ele se dedica muito cedo a dar a elas um fundamento metafísico muito elaborado: Deus, a alma e a relação da alma com o corpo constituem o objeto de uma ampla reflexão que marcará os desenvolvimentos vindouros da filosofia moderna, pelo menos tão profundamente quanto sua contribuição científica.

O método

Descartes publica, com quarenta anos de idade, sua primeira obra, a mais célebre de todas: o *Discurso sobre o método*. Mas não era isto que Descartes esperava apresentar ao mundo dos eruditos. Estamos em 1637, num momento em que o filósofo não quis publicar seu tratado de física, *O mundo ou tratado sobre a luz* (*Le monde ou traité de la lumière*). A condenação de Galileu lhe fez temer uma sorte análoga, na medida em que, nesta obra, ele confere um lugar central à teoria do heliocentrismo, que valeu para o erudito italiano a ira da Igreja. Foi por isso que Descartes se decidiu em somente editar uma parte de sua produção científica, sob a forma de três ensaios: *A dióptrica* (*La dioptrique*), *Os meteoros* (*Les météores*) e *A geometria* (*La géometrie*). No preâmbulo destes, ele deliberadamente colocou o *Discurso*, um ensaio autobiográfico que lhe permite ilustrar o método que ele próprio seguiu para "buscar a verdade nas ciências". Falar do caminho que conduz à ciência, mais do que dos resultados desta, não foi o projeto inicial de Descartes, mas foi o viés que lhe impuseram a época e os espalhafatos da censura.

Descartes julga que as regras do método descrevem o processo natural do espírito que exerce sua atividade cognitiva, assim como testemunham principalmente as matemáticas: e como elas se beneficiam do estatuto de ciências exatas, estão em condições de trazer à luz os procedimentos de pesquisa que permitem alcançar a verdade. O conhecimento verdadeiro, como atestado pelas matemáticas, deve partir de premissas evidentes por si mesmas, e deduzir delas as consequências corretas por meio de procedimentos que se pode controlar permanentemente. A estes dois momentos de certeza próprios das demonstrações matemáticas correspondem as duas funções do intelecto: a intuição, graças à qual se compreende as verdades evidentes por si mesmas, e a dedução, que permite avançar das premissas para as consequências, progressivamente, de acordo com uma sucessão de passagens nas quais cada uma é evidente por si mesma. Na medida em que a dedução se refere a uma sequência de passagens intuitivas, é afinal de contas sobre a intuição que repousa a justeza do raciocínio.

No *Discurso*, Descartes resume as regras metodológicas – já enumeradas em seu tratado inacabado sobre as *Regras para a orientação do espírito* (*Règles pour la direction de l'esprit* ou *Regulae ad directionem ingenii*) – em quatro preceitos. O primeiro princípio manda que se previna de toda precipitação e de toda prevenção e que somente se considere como verdade o que não pode ser posto em dúvida. A exclusão de tudo aquilo que é somente provável se manifesta claramente: ou o conhecimento é verdadeiro ou ele é falso. A segunda regra recomenda reconduzir os problemas complicados a seus elementos simples e consiste em resolver um problema tratando-o gradualmente e de acordo com um movimento que vai para cima, voltando a subir até atingir um termo impossível de reduzir depois. É sobre a análise que Descartes funda sua convicção de que é possível elaborar uma *mathesis universalis* (matemática universal), em outras palavras, uma ciência das relações que lidam com qualquer quantidade possível. O terceiro preceito preconiza construir séries dedutivas em que qualquer proposição é precedida pela proposição que é necessária e suficiente para permitir deduzi-la. A quarta regra exige verificar que a divisão em elementos simples e a sequência de deduções são completas, quer dizer, que nenhum elo da demonstração seja esquecido. Ela tem como fim anular os erros da memória e dominar todo o encadeamento do raciocínio. Trata-se de dar a um conjunto de conhecimentos complexos esta evidência imediata que só pertence à intuição e que, do ponto de vista do método, é a única garantia de verdade. Veremos que esta garantia metodológica revelará suas insuficiências do ponto de vista da metafísica.

A nova ciência: do mundo ao homem

Descartes expõe sua concepção da física, como radicalmente oposta àquela de Aristóteles, três vezes: uma primeira vez em *O mundo*, depois na quinta parte do *Discurso sobre o método*, finalmente, nos *Princípios da filosofia*, publicados em 1644. Ele acha que a física aristotélica descreve o mundo tal como uma criança o faria, convencido de que seus sentidos expressam a realidade exata das coisas. Para afastar esta visão ingênua e antropomórfica do mundo, é necessário questionar a teoria do conhecimento sobre a qual ela se apoia, caracterizada pela confiança no conhecimento sensível e pela convicção de que os objetos exteriores são semelhantes à percepção que nossos sentidos nos dão. É por isso que *O mundo* começa refutando a tese segundo a qual as percepções só podem representar o mundo exterior, porque elas são semelhantes às características gerais reais dos corpos. Assim como os sons da linguagem não têm nada em comum com os conceitos que eles expressam e só se encontram ligados pela escolha arbitrária dos homens, também a natureza estabeleceu uma relação entre os movimentos que afetam o corpo quando ele é modificado pelos corpos exteriores e as ideias que não têm qualquer semelhança nem com as modificações nem com os corpos exteriores que os suscitaram. O calor, o frio, as cores, os sons, os sabores estão somente no espírito do sujeito que os percebe. Para alcançar a essência dos corpos, devemos abandonar os dados transmitidos pela sensibilidade e referi-los às ideias inatas das matemáticas. Elas nos revelam que nada pertence ao mundo exterior, com exceção da extensão tridimensional, ilimitada, divisível ao infinito e desprovida de movimento. Como a matéria só é definida pela extensão tridimensional, a ideia de vazio é uma contradição e não pode ser concebida: ela seria uma extensão privada de extensão.

Em *O mundo*, Descartes nos pede para seguir a gênese de um mundo imaginário, criado a partir de uma matéria extensa ao infinito. No primeiro instante da criação, Deus divide a matéria em várias partes e nelas coloca diversos movimentos, que obedecem a leis. De acordo com a primeira, um corpo permanece fixo ou conserva seu movimento, enquanto o choque de um outro objeto qualquer não vier modificar seu estado; de acordo com a segunda lei, o movimento total de dois corpos se conserva nesta colisão, ainda que se reparta diferentemente; enfim, a terceira lei estabelece que o movimento de um corpo tende a ser retilíneo. O universo, tal como nós o vemos agora, pôde se formar graças unicamente aos choques entre corpos que obedecem às leis do movimento.

Descartes explica as três leis da física pela imutabilidade e simplicidade de Deus: ele não seria imutável nem simples se lhe fosse dada uma direção diferente da linha reta. Como se pode ver, a explicação das leis da natureza é totalmente *a priori*. A experimentação e, de maneira geral, a experiência têm como função permitir escolher entre hipóteses igualmente compatíveis com os primeiros princípios da ciência da natureza. Em oposição ao modelo aristotélico, a física se funda em bases contrárias ao empirismo: a epistemologia cartesiana se funda na recusa do valor cognitivo da percepção sensível. Descartes se opõe também a Aristóteles (384 a.C.-322 a.C.) por sua rejeição do finalismo, por sua concepção de um mundo indefinido, por sua recusa das formas substanciais e, finalmente, pela explicação do movimento graças à lei da inércia, que contradita o princípio aristotélico segundo o qual os corpos tendem ao repouso.

Na quinta parte do *Discurso*, Descartes expõe sua concepção da fisiologia. Para explicar a vida e a multiplicidade dos organismos, não é necessário apelar, como o fazem os aristotélicos, para uma alma vegetativa que governa o crescimento, a nutrição e a reprodução, e para uma alma sensível que controlaria a percepção, os apetites sensuais e o movimento animal. Todos os fenômenos vitais podem ser explicados pelos mecanismos corporais; a alma não é, portanto, necessária à vida. O que a alma traz, quando ela está presente, é a consciência que acompanha certos fenômenos físicos. Assim como o instrumento musical não conhece e não ouve os sons que ele produz, o corpo não conhece e não percebe seus próprios movimentos. Esta análise complexa da fisiologia dos organismos vivos dá também seus fundamentos à teoria segundo a qual os animais poderiam não possuir alma e fazer tudo o que fazem, sem jamais ter consciência disso. Em suma, eles poderiam ser somente máquinas.

A metafísica

O método cartesiano mostra o caminho que conduz às ideias "claras e distintas"; "claras", pois elas estão presentes num espírito que reflete com atenção, e "distintas", pois elas só atribuem ao objeto conhecido o que lhe é próprio. O espírito humano considera estas ideias como certas. No entanto, referir-se às ideias desta maneira não basta para legitimar a pretensão da ciência física de descrever o real. Esta legitimidade só pode encontrar um fundamento seguro numa outra ciência, a metafísica. A tradução francesa dos *Princípios da filosofia*, de 1647, é acompanhada de uma longa carta ao autor da tradução, o Abade Claude Picot, na qual Descartes retoma a velha metáfora da árvore das ciências; na árvore imaginada por Descartes, as raízes são a metafísica, o tronco a física e os galhos a medicina, a mecânica e a moral. A metafísica desempenha, então, um papel fundador para a física, que pode ser remetido a duas doutrinas essenciais: por um lado, a existência e a veracidade de Deus; por outro lado, a distinção do corpo e do espírito. A primeira doutrina é necessária para garantir a verdade das ideias claras e distintas e, por conseguinte, para assegurar que a ciência matemática e a física descrevem verdadeiramente a realidade do mundo; a segunda doutrina permite justificar a teoria do conhecimento, graças à qual a essência das coisas é conhecida independentemente da experiência, a partir das ideias inatas do espírito.

Descartes apresenta sua metafísica em quatro obras diferentes e num período de mais ou menos quinze anos: uma primeira vez, num tratado, redigido em latim em 1629, que não chegou até nós; em seguida, na quarta parte do *Discurso sobre o método*, depois nas *Meditações metafísicas* que apareceram em 1641; enfim, na primeira parte dos *Princípios da filosofia*. Mas foi em sua correspondência que ele forneceu uma de suas concepções metafísicas mais originais: a concepção que se chama a teoria da livre criação de verdades eternas, segundo a qual as verdades necessárias concernentes às matemáticas e à essência das coisas dependem da livre decisão divina, e onde é afirmado que Deus, caso tivesse querido, poderia instaurar uma lógica na qual estas verdades não seriam assim. A tese é formulada pela primeira vez numa carta de 15 de abril de 1630 dirigida a Marin Mersenne, um frade da Ordem dos Menores (franciscanos), relacionado a quase todos os eruditos de sua época, com quem Descartes se correspondeu regularmente depois de sua instalação na Holanda. Ele continuará a desenvolver esta tese em cartas enviadas posteriormente, dirigidas a Mersenne e a outros interlocutores. Todavia, nas obras publicadas, esta doutrina só aparece casualmente, em resposta às objeções dirigidas contra as *Meditações*, e

Descartes não a utilizará explicitamente na exposição das doutrinas que ocupam seus tratados metafísicos.

Da dúvida ao eu

A investigação metafísica cartesiana começa pela vontade de colocar em dúvida sistematicamente todas as certezas aceitas até então; por outro lado, esta investigação convida a não considerar como verdadeiro senão aquilo que resiste ao exercício exaustivo da dúvida. A dúvida cartesiana, ao contrário da dúvida cética, tem como finalidade a conquista da verdade ou da certeza. O que Descartes coloca em questão é toda a bagagem teórica do homem de cultura média, impregnado de noções clássicas e de filosofia aristotélica. Tal como ele declara no resumo que precede as *Meditações*, a dúvida tem como objeto principalmente as coisas materiais. São elas que devem ser objeto de um saber perfeito. Os conhecimentos vulgares que lhes dizem respeito derivam todos de um princípio empírico, de acordo com o qual todos os nossos conhecimentos provêm dos sentidos. A validade desta opinião é colocada em questão por intermédio de duas espécies de argumentos: a infidelidade dos sentidos, que leva a duvidar da correspondência entre imagens mentais e mundo exterior, e a impossibilidade de distinguir com certeza a vigília do sono, que torna incerta a existência inclusive do mundo exterior e de seu próprio corpo. Porém, as operações matemáticas resistem à dúvida, sendo dado que a verdade matemática não depende desta existência. Coloca-se, então, a questão de saber se este privilégio permite alguma dúvida racional das matemáticas, como as *Regras* parecem mostrar, e justifica dar a elas um papel fundador para a ciência, sem qualquer outra investigação. A esse respeito, é certo que as matemáticas apresentam uma característica promissora: é impossível pensar o contrário do resultado de uma operação matemática simples. Porém, é possível procurar um argumento suscetível de ameaçar as próprias matemáticas: de fato, se Deus é todo-poderoso, tal como julga a tradição cristã, Ele pode ter dotado o homem de uma natureza tal que ela se engane inclusive sobre as verdades mais simples e mais evidentes. Assim, as operações matemáticas pareceriam necessariamente verdadeiras para um espírito humano, ao passo que seriam falsas para Deus. E se a hipótese de que Deus dotou suas criaturas de uma natureza incapaz de alcançar a verdade pode parecer indigno da sua bondade, pode-se substituí-la pela figura de um gênio maligno muito poderoso que, armando ciladas para ele, levasse o homem ao erro.

A filosofia escolástica, quando se tratava de analisar a potência divina, tinha frequentemente colocado a questão de saber se Deus poderia fazer que o espírito humano aceitasse como verdadeira uma proposição falsa. É, aliás, nesse contexto que se deve interpretar a dúvida cartesiana: o objetivo que Descartes busca alcançar é o de garantir que o conhecimento humano pode pretender a verdade, apesar da onipotência divina.

Ele se opõe, nesse sentido, a todos os teólogos que julgavam a ciência humana provisória ou hipotética, argumentando estes com a distância entre a infinidade de Deus e o caráter finito e, portanto, imperfeito dos homens; somente Deus conhece a realidade das coisas, o homem só pode compreender sua aparência. Ao contrário, Descartes – tal como Galileu – conta com a ciência para descrever a natureza verdadeira do mundo. É por isso que é necessário se comprometer com o estudo das questões metafísicas e examinar se a onipotência divina e a verdade da ciência podem coexistir.

O cogito e a natureza do eu

Nesse vazio de certeza que a dúvida cria, Descartes coloca a primeira pedra da reconstrução da ciência: a dúvida não pode dizer respeito à condição que permite duvidar, a saber, a existência do eu que duvida. *Ego cogito, ergo sum* (eu penso, logo existo) é a primeira certeza que Descartes adquire; ela servirá como fundamento da construção teórica que virá depois. O caráter de primeiro princípio que Descartes pretende reservar ao *cogito* é também estabelecido pela técnica argumentativa que permite colocá-lo como certo: tal como era o caso dos primeiros princípios aristotélicos, é impossível ser demonstrado, mas sua verdade é estabelecida pelo fato de que qualquer tentativa de refutá-lo acaba de fato por reafirmá-lo: se eu penso que eu não existo, eu existo; se sou enganado por um ser muito poderoso e astuto, eu existo.

Apoiando-se na certeza adquirida da existência do eu, Descartes se compromete em seguida na investigação de sua natureza. A certeza de existir só depende do pensamento. Se eu deixasse de pensar, não poderia mais estar certo de existir. Somente o pensamento (com suas diferentes modalidades: duvidar, conceber, afirmar, querer, imaginar, sentir) é inseparável do eu. A segurança de que o pensamento pertence à minha natureza é tão indubitável quanto a existência do eu: a própria hipótese de que meu criador emprega toda a sua força para me enganar confirma isto, ao invés de destruí-la. Por conseguinte, o pensamento constitui o atributo essencial do eu, o único que permite conhecê-lo como uma coisa existente. O eu, conclui Descartes, é, portanto, uma substância cuja natureza é constituída pelo pensamento.

Mais uma vez, encontramo-nos diante de uma tomada de posição oposta à doutrina de Aristóteles. De acordo com este filósofo, tudo aquilo que sabemos do espírito é resultado da reflexão sobre os atos pelos quais o espírito conhece o corpo. Ao contrário, Descartes sustenta que o conhecimento que o espírito tem de si mesmo é independente daquele do mundo exterior. Ele sustenta inclusive que os corpos somente são conhecidos pelas ideias que não provêm dos corpos. Descartes demonstra isto por intermédio de uma experiência teórica que tem como objeto o conhecimento de um pedaço de cera: as características percebidas pelos sentidos não permitem conhecer a natureza verdadeira deste corpo, na medida em que elas podem mudar, como quando ocorre que a cera se funde sob o efeito do calor e então julgamos, não obstante, que nos encontramos em presença do mesmo pedaço de cera, percebido agora como frio e duro. Como este julgamento não é legitimado pela experiência dos nossos sentidos, ele só pode resultar da intervenção do espírito que conhece o corpo a partir de uma ideia de origem não empírica e o descreve por suas propriedades geométricas e cinéticas, que se conservam inclusive na mudança. Assim, as ideias intelectuais tornam possíveis até mesmo os julgamentos fundados na experiência. Trata-se de uma verdadeira subversão do empirismo: mesmo os julgamentos fundados na experiência seriam impossíveis sem referência às ideias de origem não empírica.

A existência de Deus

A afirmação indiscutível do *cogito* não é suficiente para estabelecer os fundamentos da ciência: todas as outras ideias claras e distintas e, em primeiro lugar, as ideias matemáticas permanecem sob a ameaça de um Deus enganador. Todavia, na medida em que a existência do sujeito que pensa é a única verdade que escapa à hipótese do Deus enganador, é no interior mesmo do pensamento e a partir dele que se deveria procurar a verdade e tentar retomar a posse do mundo. Assim, a demonstração da existência de Deus e do fato de que Ele não poderia ser enganador, premissas indispensáveis à confiabilidade do saber humano, deveria partir da existência do eu pensante e dos conteúdos do pensamento, quer dizer, das ideias. As três provas da existência de Deus estabelecidas por Descartes supõem, de fato, como premissa, a ideia de Deus.

Na primeira prova, Descartes distingue, na ideia, o ato do pensamento do qual o espírito é consciente e aquilo que a ideia representa, que ele chama de "realidade objetiva" da ideia. Ele emprega aqui uma expressão escolástica, por oposição à realidade que as coisas possuem em si mesmas, independentemente do fato de serem objeto do pensamento, realidade que ele qualifica como "formal". Em seguida, Descartes supõe que a realidade objetiva deve possuir uma causa que possui uma realidade formal. De fato, a ideia, definida como simples modificação do pensamento, não poderia jamais dar conta da diversidade dos conteúdos de suas representações e, portanto, deve-se buscar a causa da realidade objetiva da própria ideia na realidade formal dos objetos representados. Até agora, não estamos certos da realidade formal, a não ser de uma única coisa, isto é, do eu, quer dizer, da substância pensante. Enquanto substância finita, o eu poderia ser a causa da realidade objetiva de qualquer ideia, à exceção da ideia de Deus, a ideia de uma substância infinita e infinitamente perfeita. De fato, a realidade objetiva da ideia de Deus extrapola a realidade formal do eu; resulta disso que o princípio de causalidade, segundo o qual o efeito não pode ter mais realidade do que a causa, seria transgredido se o eu fosse a causa da ideia de Deus. Portanto,

René Descartes   207

somente Deus pode ter causado a ideia de Deus e, desde o momento em que o espírito possui verdadeiramente a ideia de Deus, Deus existe.

Esta prova só se mantém quando se supõe que se tem uma ideia de Deus positiva e que não decorre de nada. Se o pensamento de Tomás de Aquino (1225-1274) é justo – não se pode ter do infinito senão uma ideia negativa que decorre da negação do finito –, então, a ideia de Deus pode decorrer da ideia de qualquer ser finito e ser produzida pelo eu. Descartes não hesita em destruir os pressupostos da teologia tomista: não é a ideia de infinito que deriva da ideia de finito, mas, ao contrário, é a ideia de finito que deriva da ideia de infinito. Portanto, deve-se considerar a ideia do infinito como uma ideia original e positiva, mais clara e mais distinta inclusive do que as outras ideias, ainda que o infinito não possa ser compreendido (quer dizer, conhecido em todas as suas implicações), mas somente concebido (em outras palavras, definido, com razão, como sendo aquilo que não tem limite). Por outro lado, pode-se dizer a mesma coisa de tudo que é infinito, e as matemáticas ensinam que o fato de que o infinito permaneça incompreensível não impede seu conhecimento. Descartes tinha compreendido bem que, em sua filosofia, a metafísica precede a física; sabemos agora o porquê: porque seus princípios fundadores e, em primeiro lugar, a ideia de Deus, não provêm de nenhuma outra coisa.

Consciente do caráter inédito da primeira prova, Descartes elabora uma segunda logo depois, onde ele busca a causa do único efeito finito de que conhecemos a existência: o eu dotado da ideia de Deus. Esta causa só pode ser um ser que carrega consigo o princípio de sua existência e, por esta razão, está em condições de atribuir a si todas as qualidades que a ideia de Deus contém. Descartes sublinha que também esta prova tem como centro a ideia de Deus de que o espírito finito é dotado.

A terceira prova decorre da definição de Deus como ser infinitamente perfeito; ela supõe como premissa menor que a existência é uma perfeição e ela deduz disso necessariamente que Deus existe. Se alguém negasse a existência de Deus, seria levado a se contradizer, pois estaria negando mesmo a definição de Deus. Trata-se de uma prova *a priori*, ao contrário das duas provas anteriores que, ambas, partiam dos efeitos. Kant (1724-1804) qualificará este argumento como "ontológico", já que Descartes supõe como premissa maior a definição da essência de Deus.

As provas da existência de Deus têm como resultado tornar possível a hipótese de um Deus que me teria dado uma natureza disposta irresistivelmente ao erro. Deus existe e ele é veraz. A ciência humana não está mais ameaçada de falsidade.

Acusou-se Descartes de ter caído num círculo vicioso ao demonstrar a existência de Deus e ao assegurar, graças a esta existência, a verdade das ideias claras e distintas. A acusação pode ser formulada assim: ele apelou para Deus para garantir as ideias claras e distintas, mas a demonstração da existência de Deus se realiza por meio das ideias claras e distintas, e, portanto, toda a demonstração é circular, pois aquilo que funda deveria, por sua vez, ver-se fundado. Descartes respondeu a esta crítica fazendo uma distinção entre os axiomas, dos quais é impossível duvidar, e as demonstrações que decorrem deles; estas demonstrações não podem ser colocadas em dúvida, senão quando suas etapas não estão mais presentes no espírito. Não obstante, os resultados das demonstrações não podem ser contestados quando se tem razões válidas para duvidar delas. Supondo que todas estas razões tenham sido eliminadas graças a métodos adequados e conduzidos com ideias claras e distintas, como quando se demonstrou que Deus existe e que Ele não é enganador, então, não é mais possível justificar racionalmente a dúvida sobre aquilo que nos parece evidente, e ainda menos sobre a prova mesma da existência de Deus. Qualquer tentativa para apresentar uma razão válida de duvidar se chocará com a certeza agora adquirida de que Deus existe e de que Ele não é enganador. A hipótese de que ciência é uma impostura absoluta só é inquietante na medida em que se possa sustentá-la com argumentos e suposições realmente concebíveis, como era o caso quando não se tinha chegado a uma ideia clara e distinta de Deus e quando se podia pensá-lo como um Deus enganador. Uma dúvida sem motivo e contrária a todas as convicções adquiridas por meios de procedimentos racionalmente controláveis seria simplesmente absurda.

As ideias e o mundo

As matemáticas são o exemplo, por excelência, dos conhecimentos claros e distintos e são exclusivamente constituídas por ideias inatas. Descartes funda sua oposição ao empirismo aristotélico quando retorna claramente ao platonismo e quando retoma sua teoria das ideias. Para distinguir as ideias inatas, ele sublinha que estas ideias, à diferença daquelas que provêm dos sentidos (ideias adventícias[2]), apresentam-se ao espírito de maneira voluntária e ele precisa que seu conteúdo, ao contrário das ideias que resultam da imaginação deixada a seu livre curso (ideias artificiais), impõe-se ao espírito de uma tal maneira que ele não pode ser modificado e é necessário. Descartes insiste particularmente sobre a resistência do conteúdo das ideias inatas a qualquer tentativa de manipulação que o espírito humano tenha querido realizar. As verdades das matemáticas não são invenções, mas descobertas do homem; por outro lado, o fato de que neste domínio o progresso se faça passo a passo também comprova isso. A passividade do espírito em relação ao conteúdo das ideias inatas indica claramente que aquilo que lhes corresponde se encontra fora do espírito e que se trata da essência das coisas, imutável e eterna. Eis por que Descartes retoma a definição clássica da verdade compreendida como adequação do pensamento e da coisa. De

---

2. As "ideias adventícias" são aquelas que não são inatas, mas adquiridas [N.T.].

fato, os raciocínios matemáticos são verdadeiros porque eles descrevem de maneira adequada os resultados aos quais eles se referem, isto é, os elementos constitutivos essenciais, imutáveis e eternos das matemáticas e da geometria. Assim, fica claro que a veracidade divina, associada à teoria das ideias inatas, garante que a ciência descreva adequadamente a estrutura real do mundo.

Se as ideias adventícias não possuem legitimidade alguma para nos informar sobre a própria natureza do mundo exterior, é não obstante a elas que Descartes atribui a importante função de demonstrar sua existência. De fato, elas incitam irresistivelmente a pensar que esse mundo exterior as suscitou. Porém, se os corpos não existissem, Deus seria enganador, na medida em que Ele não teria dotado o homem de nenhum instrumento para corrigir esta forte propensão. É preciso, no entanto, observar que Descartes não tentará demonstrar a existência do mundo, senão uma vez conhecida sua natureza graças às ideias inatas. Pode-se dizer que o projeto de se opor ao empirismo está assim concluído: é possível conhecer a estrutura do mundo, mesmo sem saber se este mundo existe verdadeiramente.

A alma e o corpo

O conhecimento da natureza da alma, adquirida independentemente do conhecimento dos corpos (inclusive do corpo de cada um), é a premissa do dualismo cartesiano. Visto que a alma e o corpo são concebidos independentemente um do outro, eles constituem duas substâncias distintas. Isto não exclui que Deus tenha decidido uni-los de uma maneira tal que eles não podem jamais ser separados um do outro; mas como Deus pode sempre realizar o que se concebe clara e distintamente, a alma e o corpo podem sempre ser dissociados pela onipotência divina. O fato de que a alma e o corpo sejam duas substâncias distintas dá à doutrina das ideias inatas seu fundamento antropológico: visto que a alma é uma substância independente do corpo, ela pode estar dotada de ideias que não passam pelo corpo.

Ainda que as duas entidades estejam separadas, uma ligação estreita as reúne e faz delas uma combinação única. Ao sentir prazer e dor, a alma percebe o corpo ao qual ela está ligada como um corpo diferente de todos os outros, como o *seu* corpo. Descartes abre assim uma nova via entre o modelo aristotélico e o modelo platônico. Para Aristóteles, a alma e o corpo formam uma única substância, ao passo que, para Platão (428-348 a.C.), elas são duas substâncias distintas, o corpo abrigando a alma e a mantendo prisioneira. Descartes procura elaborar uma teoria que concilie os dois modelos. Platão tem razão quando indica que a alma e o corpo são duas substâncias distintas; todavia, somente uma união tal como Aristóteles a imagina, onde a alma e o corpo formam um todo, é suscetível de dar conta do fato de que a alma é o lugar das ideias claras e distintas, mas também o lugar das ideias confusas e obscuras, no caso em que a mensagem mecânica transmitida pelo corpo exterior é deformada pela alma e encontra sua tradução em características que não têm qualquer relação com a realidade exterior. De fato, se a ligação não é desta natureza, somente teríamos ideias claras e distintas e não cometeríamos erro algum. Parece que a união da alma e do corpo, julgada como essencial para Descartes, constitui um inconveniente grave para o homem. Ocorre evidentemente assim de um ponto de vista cognitivo, mas é o contrário que ocorre de um ponto de vista prático. As sensações fornecem informações deformadas sobre o mundo exterior, mas suscetíveis de serem corrigidas quando, normalmente, elas fornecem informações justas sobre o que é útil ou nocivo à totalidade alma-corpo. A finalidade da união estreita entre corpo e alma só serve para o domínio prático e o homem se engana quando utiliza para fins de conhecimento as informações que lhe foram fornecidas para melhor orientar sua vida (e elas não têm em si nenhuma finalidade especulativa). A distinção real e a união substancial do corpo e da alma são antes duas teses opostas e, no entanto, não se pode descartar nem uma nem a outra, pois a primeira é garantida pela razão e a segunda é um dado indubitável da experiência interior e, como tal, garantida por Deus.

A moral e as paixões

A intenção cartesiana de elaborar uma moral científica tinha sido enunciada desde o *Discurso*. Todavia, nesse momento, a tarefa parecia difícil e Descartes se restringiu a indicar uma moral "provisória", que podia servir de guia na vida, na expectativa de elaboração da moral definitiva. A moral provisória envolve três máximas e uma regra de vida: a primeira máxima prescreve obedecer as leis e os costumes do seu país, observar a religião e contentar-se em relação a tudo mais com as opiniões comuns mais moderadas; a segunda prescreve ter opiniões pessoais enérgicas e firmes, a partir do momento em que se decidiu assumi-las; a terceira propõe adaptar nossos desejos ao que está realmente em nosso poder, e somente nossos pensamentos se inserem nesse caso, tudo mais escapa enormemente ao nosso controle. Esta última máxima mostra claramente a influência do estoicismo em Descartes. A estas três máximas, Descartes acrescenta a decisão de confirmar sua escolha de vida, quer dizer, cultivar sua razão seguindo as regras de seu método.

Descartes escreveu suas cartas sobre a moral entre 1643 e 1649; os destinatários principais delas são a princesa Palatine Elisabeth, Pierre Chanut, embaixador na casa real de Suède, e Christine de Suède. O objetivo do homem é a bem-aventurança, que consiste numa satisfação interior em distinguir claramente a felicidade, pois as pessoas bem servidas pelo acaso ou pela sorte podem também aí encontrar a felicidade. Ao contrário, alcança-se a bem-aventurança quando limitamos nosso desejo às coisas que dependem de nós, tais como a virtude e a sabedoria. Na carta a Elisabeth de 21 de julho de 1645, Descartes explica que seria possível alcançar esta satisfação interior

René Descartes

observando os três preceitos já indicados no *Discurso*, aos quais ele acrescenta algumas modificações importantes. Contrariamente ao que fora enunciado no *Discurso*, o conhecimento do bem conduzido pela razão é agora evocado. De fato, o exercício da virtude se tornou possível pelo conhecimento de algumas ideias: nesse caso, a ideia da existência de Deus de quem tudo depende, transformação cristã do destino estoico, a noção de distinção do corpo e da alma que impede de temer a morte, a ideia da imensidade do universo que relativiza a importância do homem em seu seio e, enfim, o sentimento de fazer parte da comunidade em que se vive, assim como do mundo inteiro.

Os últimos trabalhos de Descartes são consagrados ao estudo das paixões. A obra *As paixões da alma* foi publicada em 1649; Descartes quer estudar cientificamente as paixões, sem desígnios retóricos ou moralistas, projeto que depois Spinoza (1632-1677) retomará. As paixões são as emoções que o movimento dos espíritos animais suscita na alma; todas as paixões consideradas em si mesmas são boas e úteis; pode-se mesmo dizer que uma vida sem paixões seria uma vida miserável e sem prazeres. De fato, nada está mais distante da atitude de Descartes do que o projeto estoico de eliminar as paixões. No entanto, elas devem ser dominadas e seus excessos controlados. Todavia, opondo-se mais uma vez à doutrina estoica, Descartes sustenta que o controle dos excessos de emoção não pode resultar de um enfrentamento direto entre a razão e as paixões, porque o movimento fisiológico de que elas decorrem só pode ser combatido por um movimento idêntico e contrário. E, portanto, se a razão quer dominar as paixões com argumentos sólidos e certos, ela deverá suscitar as paixões contrárias àquelas que não se quer experimentar, com uma reflexão sobre os pensamentos que estão geralmente ligados à paixão que se deseja sentir. A razão pode, além disso, explorar o caráter arbitrário da relação entre a alma e o corpo. Em geral, os pensamentos do espírito estão ligados aos movimentos corporais por causa de uma escolha livremente feita por Deus, da mesma maneira que as palavras estão ligadas arbitrariamente às suas significações. É explorando o caráter arbitrário desta relação que o espírito, guiado pelo hábito e pela experiência, poderá tentar religar os movimentos corporais a pensamentos diferentes daqueles que a natureza havia juntado originariamente e obter, por exemplo, que se reagisse com ousadia diante de um inimigo em vez de ter medo. Esta educação das paixões, semelhante àquela que permite criar uma segunda natureza num cão de caça, faz do homem o artesão de sua própria natureza. Descartes deixa aparecer aqui a relação profunda que o liga à cultura do Renascimento e sua adesão à ideia de que o melhor do homem está ligado ao exercício de sua liberdade, que faz dele um ser cheio de qualidades e capaz de assumir a natureza que ele próprio decide atribuir a si. Por outro lado, para Descartes, o homem virtuoso é guiado por uma paixão que é também uma virtude, a generosidade: ela consiste em julgar por si mesma aquilo que tem um valor verdadeiro, o que, para ele, é o único emprego correto do livre-arbítrio, sendo o resto obra do destino.

21
AS REFORMAS

Luisa Simonutti *

Os protestantes e o pensamento histórico e filosófico

O estudo da história das ideias da época moderna permite afirmar que o espírito da Reforma trouxe uma contribuição maior para a evolução das teorias filosóficas e para a reflexão histórica?

Não é possível imaginar que se possa dar uma resposta exaustiva a esta questão, pois, quando se trata de definir e analisar a contribuição da Reforma para a história das ideias, assim como para a história da filosofia, parece evidente que os aspectos culturais e sociais implicados nestas mudanças são numerosos, tal como são numerosos os seus atores. Além disso, para formar um quadro exato da complexidade da contribuição dos protestantes para a história das ideias, é necessário distinguir as características e os períodos principais desta evolução: a época dos reformadores, a época moderna (os séculos XVII e XVIII) e a historiografia dos séculos XIX e XX. Estes períodos não são definidos somente pela cronologia, mas antes pelo papel filosófico e, mais geralmente, pelo papel cultural e político que aí desempenharam os protestantes.

A época dos reformadores – Os pais da Reforma estavam distantes das questões filosóficas; seu propósito não é levar a um livre julgamento crítico, quer seja em relação à exegese bíblica, à política ou ainda à concepção do homem. A seus olhos, a razão e a vontade dos homens só podem ser corrompidas. Lutero (1483-1546) e Calvino (1509-1564), por exemplo, criticam, ou seja, negam o livre-arbítrio do homem e rejeitam a ideia segundo a qual todo homem seria dotado de liberdades políticas. Ainda que as orientações filosóficas dos primeiros reformadores se coloquem sob o signo de uma retomada dos ideais e dos métodos próprios do aristotelismo, não

---

* Professora de Filosofia. CNR – Universidade de Milão.

se poderia negar que, nessa Europa do século XVI, o surgimento da Reforma abre um verdadeiro laboratório de mudança das ideias e das considerações teológicas. O advento da Reforma atravessa e revira de cima para baixo não somente a teologia, a dogmática e a hermenêutica bíblicas, mas também, involuntariamente, o pensamento filosófico e a concepção de uma história da humanidade e de suas ideias, de suas escolhas, de suas ações políticas e de seus projetos sociais; e é tudo isso que deverá ser reconsiderado no decorrer do século XVI e da Época Moderna.

A Época Moderna – O papel dos pensadores e dos clérigos protestantes dos séculos XVII e XVIII consiste em completar incessantemente o requisitório vigoroso pronunciado contra os princípios de autoridade, contra a hermenêutica dogmática e contra a ligação que une a Igreja Católica e o Estado, quando ela parecia inclusive indissolúvel. No entanto, os protestantes não são os únicos a considerar que a primazia da qual se beneficia a tradição, tanto na religião quanto na sociedade, pode ser criticada e abolida: os autores e os filósofos católicos, como Richard Simon (1638-1712) e os jansenistas, filósofos como Spinoza (1632-1677), os materialistas e os ateus do século XVIII, como Diderot (1713-1784) e d'Holbach (1723-1789), participam desse combate, ainda que seus campos de ação sejam diferentes, ou seja, muito distantes uns dos outros.

A historiografia dos séculos XIX e XX – O esquema da cronologia e da problemática que diz respeito ao papel dos protestantes em matéria de cultura filosófica e histórica não poderia ser traçado sem evocar, ainda que sucintamente, de que forma os historiadores protestantes de orientação liberal dos séculos XIX e XX tomaram a cargo revisitar o que caracteriza a Reforma e, sobretudo, os próprios protestantes na época do Antigo Regime, quer seja na cultura de língua francesa ou nas culturas italiana e anglo-saxã. Estas novas interpretações da ideologia e da identidade da Reforma em seus primórdios têm como objetivo discernir e sublinhar os traços característicos próprios deste liberalismo. Estes traços foram sempre defendidos pelos historiógrafos protestantes para indicar o que define de maneira específica e inovadora o protestantismo moderno.

Enfim, se cometeria um erro fatal caso se quisesse tentar uma análise que se prendesse à dimensão de uma interpretação unitária e monolítica de um mundo, que não tinha nada de homogêneo, mas formigava, ao contrário, de homens e iniciativas culturais os mais diversos possíveis.

Retomando aqui a imagem do laboratório, é possível isolar alguns elementos fundamentais da contribuição da Reforma para o desenvolvimento do pensamento filosófico, na época que se segue ao Renascimento até a época das Luzes, sem esquecer as escolhas que se impõem (escolha dos temas, dos autores e dos pontos de vista). Que implicação a Reforma teve na história da filosofia? Três pontos essenciais estão na origem de uma verdadeira mudança de perspectiva:

1) a irrupção da pluralidade diante do estatuto unitário e absoluto do conceito de verdade religiosa e, consequentemente, a confirmação da crise do estatuto único da verdade;

2) a manifestação de uma hermenêutica bíblica baseada na história e na crítica;

3) o esboço de uma nova antropologia e de uma sociedade civil fundada nos conceitos de tolerância e de direito.

Uma vasta bibliografia propõe a análise da relação entre Renascimento e Reforma e do sentido semântico veiculado por estas duas palavras (Renascimento, renascer, renovar, regenerar – Reforma, reformar, inovar). Ainda que se tenha utilmente sublinhado que um ideal de restituição, de correção e de modificação faz parte integrante do conceito de Reforma e, ainda que Calvino esteja plenamente consciente de que reformar o credo religioso significa antes de tudo "restituir" à religião cristã suas características originais dos primeiros anos da Igreja, os pensadores do século XVI e dos séculos seguintes tinham consciência de se encontrar num terreno novo. De fato, os problemas teológicos e históricos sobrevindos com a ruptura da unidade da cristandade são problemas inéditos.

Nesses esforços para alcançar uma nova síntese, o homem do primeiro período da época moderna se vê levado a encarar uma forma de utopia original: a utopia de um mundo plural. Além disso, os novos instrumentos de que o filósofo pode tirar partido para seu trabalho de laboratório são multiplicados graças à Reforma:

• a filologia transforma o Livro Sagrado em livro histórico;

• a história e a nova ciência transformam a verdade em verdade histórica e plural;

• a relativização da verdade vem junto com a afirmação do novo papel da reflexão e da ética próprias de cada indivíduo.

Foram os pensadores que pertenciam aos ambientes mais liberais e que foram os portadores de concepções quase heréticas (quer fossem elas de origem reformada, católica ou hebraica), que levaram também às divisões que vieram da unidade católica saída da Idade Média até suas consequências extremas. É a esses pensadores que cabe o mérito da afirmação inequívoca da *libertas philosophandi* (liberdade de filosofar).

A filologia – Os humanistas e os filósofos são os primeiros atores desta nova cena. A dissolução do ideal universalista da Igreja da Idade Média provocada pela Reforma abre um espaço em que a elaboração de novos conceitos em matéria de história de filosofia, de política e naturalmente de teologia antecede seu confronto.

As reformas   215

Os filólogos, os hereges dos hereges[1] (como escreve com refinamento L. Canfora), colocam o princípio da liberdade de análise, sem qualquer limite nem qualquer obrigação outras senão aquelas das regras da _ars critica_ (arte crítica), como o primeiro princípio de interpretação do Livro sagrado. Nesse sentido, é bastante significativo que a _História eclesiástica das igrejas reformadas no Reino da França_ (_l'Histoire ecclésiastique des Églises réformées en Royaume de France_), redigida nas cercanias de Bèze no final do século XVI, faça começar a reforma da cristandade a partir do retorno à fonte hebraica, com os trabalhos de Reuchlin (1455-1522), e à fonte grega, com os trabalhos de Erasmo (1467-1536): e não a partir da pregação de Lutero contra as "Indulgências"[2].

De acordo com Erasmo, precisa ainda François Laplanche, cada um dos textos sagrados deve ser interpretado com a ajuda dos mesmos meios e métodos que são utilizados para qualquer outro texto, quer dizer, em primeiro lugar, com o auxílio dos instrumentos que a gramática e a retórica propõem.

No decorrer do século XVII, no entanto, este emprego da filologia não se limita a elaborar uma hermenêutica bíblica, sofisticada do ponto de vista da gramática e da paráfrase do texto, deseja-se também recolocar os fatos históricos em seu contexto e analisá-los, em outras palavras, empreender um exame crítico. A Bíblia não é mais o livro que encerra a chave de todos os conhecimentos, antropológicos, linguísticos, físicos, científicos e políticos; as ciências devem confirmar estes conhecimentos ou pôr-se de acordo com eles.

Quando afirma que os enunciados bíblicos devem ser diferenciados dos enunciados científicos, a nova hermenêutica coloca no primeiro plano a questão da diferenciação a ser estabelecida entre a verdade do significado do texto sagrado e as verdades reais. A única verdade que Deus ensina no texto sagrado se apresenta de acordo com as palavras dos homens e diz respeito à pessoa e à salvação de sua alma.

Da verdade única à verdade plural – É preciso lembrar aqui a importância que tem, desde o final do século XVI, a obra eminente de Philippe Duplessis-Mornay (1549-1623), intitulada _Tratado da verdade da religião cristã contra os ateus epicuristas, os pagãos, os judeus, os maometanos e outros infiéis_ (_Traité de la vérité de la religion chrétienne contre les athées épicuriens, païens, juifs, mahométans et autres infidèles_, Anvers) de 1581; da mesma maneira, no decurso dos séculos XVII e XVIII, a apologé-

---

1. CANFORA, L. _Filologia e liberta_. Milão: Mondadori, 2008, p. 13.

2. LAPLANCHE, F. _Bible, sciences et pouvoirs au XVIIe siècle_. Nápoles: Bibliopolis, 1997, p. 11-12. Cf. tb. _L'Écriture, le sacré et l'histoire_ – Érudits et politiques protestants dévant la Bible en France au XVIIe siècle. Amsterdã: Maarsen/APA-Holland University Press, 1986. • GRANDEJEAN, M. & ROUSSEL, B. (org.). _Coexister dans l'intolerance_. Genebra: Labor et Fides, 1998.

tica religiosa, tanto a católica quanto a protestante, desenvolve uma vasta produção de escritos, obras e panfletos para defender seus argumentos a favor da religião cristã diante dos indiferentes, dos hereges e dos ateus. Uma verdade revelada por Deus é objetiva, inteligível, exclusiva, universal e absoluta por sua própria natureza. Os textos cujo título se propõe a defender a verdade da religião cristã e cujo conteúdo é inteiramente consagrado à confirmação destas verdades de maneira apologética são muito numerosos. Eles testemunham inegavelmente o fato de que o conceito de verdade objetiva e exclusiva é colocado em questão e sua universalidade discutida. Os partidários de Descartes (1596-1650), que se esforçam para dissociar a filosofia da teologia, são protestantes notáveis e, dentre eles, os teólogos e os filósofos holandeses desempenham um papel de primeiro plano. Eles se interrogam sobre a verdade e a realidade das coisas e o método cartesiano se torna o modelo ao qual sua reflexão se conforma. "A razão, escreve Lodewijk Meyer (1629-1681), não pode errar naquilo que ela percebe clara e distintamente, mas deve seguir a verdade"[3]. No decorrer do século XVIII, a reflexão apologética de Jean-Alphonse Turrettini (1671-1737), tal como exposta em seu *Tratado sobre a verdade da religião cristã* (*Traité de la vérité de la religion chrétienne*, Genebra) de 1745, é particularmente representativa desse movimento e testemunha também a abertura do protestantismo à filologia e a uma leitura racional da doutrina religiosa[4].

Um novo lugar atribuído à reflexão individual – Os pensadores huguenotes trazem uma contribuição particularmente notável no domínio político-religioso. É ela que desenha as grandes linhas dos conceitos destinados a ocupar uma posição central na cultura das Luzes e no mundo contemporâneo. Uma antropologia nova decorre dela; ela substitui progressivamente a visão negativa do homem que caracteriza o pensamento dos pais da Reforma. Agora não se acha mais que a razão do homem esteja irremediavelmente corrompida e seja incapaz de alcançar a salvação, o bem e a verdade.

De fato, nos séculos XVI e XVII, uma quantidade significativa de filósofos, pensadores das ciências políticas, teólogos e letrados estabelecem comparações culturais que levam a afirmar que a natureza do homem em sociedade apresenta valores positivos. Estas análises têm como objeto a tolerância e a coexistência política, nos planos

---

3. MEYER, L. *Philosophia S. Scripturae interpres*. Paris: Intertextes, 1988, cap. 3, p. 48 [org. por J. Lagrée e P.-F. Moreau].

4. Cf. L'apologétique raisonnable de Jean-Alphonse Turrettini. In: PITASSI, M.C. (org.). *Apologétique 1680-1740*: sauvetage ou naufrage de la théologe? Genebra: Labor et Fides, 1991, p. 99-118. É preciso referir-se agora a PITASSI, M.C. et al. *Inventaire critique de la correspondance de Jean-Alphonse Turrentini*. 6 vols. Paris: Champion, 2009.

As reformas

nacional e internacional. Eles se colocam a estudar e confrontar as experiências e as aquisições das outras nações, a fim de encontrar o caminho que conduz à tolerância, teórica e prática, supranacional e europeia.

O debate sobre a religião e sobre a possibilidade de concórdia e tolerância diante da pluralidade de crenças religiosas, num mesmo território ou no seio de uma nação, a questão do papel da coroa e do despotismo em matéria político-religiosa, a passagem de uma concepção da soberania política definida como concessão de privilégios a uma outra que a define como aquisição de direitos, constituem outros tantos temas sobre os quais os autores protestantes na Europa e, em particular, os pensadores huguenotes franceses, realizam sua reflexão, no decorrer do primeiro período da época moderna.

Nesse contexto, a execução de Servet[5] representa uma "virada na história europeia"[6], não somente porque ela suscitou um grande debate (que começa precisamente naquele momento) sobre a abolição da perseguição, sobre a defesa da liberdade religiosa e sobre a afirmação da tolerância, mas também porque ela marca uma etapa na história de diferentes correntes heréticas.

Estes temas complexos se difundem não somente na sociedade francesa dos séculos XVI e XVII, mas atingem também a Inglaterra e principalmente a Europa continental. É preciso sublinhar aqui o papel da Holanda no avanço tornado possível pelo *Refuge*[7] e pela influência dos huguenotes; estes últimos obtiveram sucesso e se tornaram atores importantes na circulação das ideias, graças às suas obras, panfletos, correspondências pessoais e, sobretudo, graças às várias revistas eruditas que floresceram durante a segunda metade do século XVII e no início do século XVIII.

Este processo é parte integrante da ideia moderna de Estado e ultrapassa as fronteiras nacionais da reflexão política e religiosa. Os intelectuais que criaram a *República das Letras* (*République des Lettres*), no decorrer do século XVII e no século seguinte, participam diretamente na elaboração dos conceitos de liberdade e de tolerância. Estes são os elementos essenciais para a constituição e a consolidação da identidade intelectual europeia da Época Moderna. Cada país contribui para isso com bens específicos, culturais, políticos e religiosos, num espírito de boa inteligência, no qual a racionalidade é privilegiada e as ideias se fortalecem mutuamente.

---

5. Miguel Servet (1511-1553): teólogo, filósofo, médico, humanista espanhol; foi levado à fogueira como herege por um conselho presidido por Calvino [N.T.].

6. MÉCHOULAN, H. et al. (org.). *La formazione storica dell'alterità* – Studi di storia della tolleranza nell'età moderna offerti a A. Rotondò. 3 vols. Florença: Olschki, 2001.

7. Este termo designa as terras de exílio dos protestantes depois da revogação do Edito de Nantes, o qual foi assinado pelo rei da França Henrique IV em 13 de abril de 1598; a partir dele, os huguenotes adquiriram algumas garantias e a liberdade de culto. Ele foi revogado pelo Edito de Fontainebleau de 1685, e com isso os huguenotes voltaram a ser perseguidos na França, sendo obrigados a emigrar para outros países [N.T.].

Os protestantes e a reflexão política moderna

No século XVI, por volta de 1530, no momento em que a Reforma calvinista começa a afirmar sua presença no território francês, este movimento deve se enraizar num reino onde os habitantes estão convencidos de ser um povo cristão, gozando de uma proteção divina particular e cujo soberano é qualificado como Rei "Muito-Cristão". O rei da França tem de fato o direito de tirar proveito desse título, por conseguinte, do juramento que ele presta diante da Igreja, da unção e da coroação, rituais de sacralização que asseguram a ele não somente uma devoção absoluta, mas também poderes taumatúrgicos.

Depois dos editos de pacificação, seguidos da política de reconciliação promovida por Catarina de Médicis (1519-1589), que culmina no Edito de Nantes (1598), muitas décadas de coexistência permitiram às duas confissões dividirem não somente o terreno propriamente teológico, mas também as instituições políticas e a organização do Estado. No entanto, no início do século seguinte, começa um período de endurecimento progressivo, conduzido tanto por uma parte do clero galicano quanto pelos representantes da Coroa. Ele sucede, portanto, a um regime caracterizado pela tolerância e a concórdia civil, alcançadas depois de quarenta anos de lutas políticas e religiosas, acompanhadas por uma abundante literatura panfletária. Estas novas condições contribuem para fazer ressurgir as questões ligadas à legislação e à redação inerentes ao Edito de Nantes, reputado, porém, como um edito de tolerância, e para extrair dele as ambiguidades e os limites, tanto políticos quanto sociais[8].

Ainda que este edito constitua um momento determinante da formação da política de tolerância que data do início da Época Moderna, não é menos verdade que, por causa dos católicos principalmente, o acento é colocado agora nas grandes orientações políticas, determinadas por escolhas históricas ou pessoais, e na ideia de privilégio, ainda que concedido de maneira inalienável. No mesmo momento, as disposições inspiradas por um direito natural e social, efetivamente adquirido por todos os sujeitos, perdem terreno. A ascensão de Luís XIV (1638-1715) ao trono marca um novo desenvolvimento da condição dos protestantes franceses, uma limitação de sua representação política e de suas liberdades religiosas.

Na época de Henrique IV (1553-1610) e no decorrer do século XVII, a demanda de legitimação da religião protestante no solo francês é explicada principalmente pelo suporte político e militar que os huguenotes forneceram ao rei, por seu reconhecimento da soberania absoluta e por sua fidelidade à Coroa. Seu suporte militar, sua aprovação do regime jurídico e sua fidelidade à monarquia foram novamente

---

8. Cf. GARRISON, J. *L'Édit de Nantes et sa révocation* – Histoire d'une intolérance. Paris: Seuil, 1985, particularmente o capítulo I. • GARRISON, J. *L'Édit de Nantes*. Biarritz: Atlantica, 1997.

As reformas 219

confirmados na época da Fronda[9] e durante os anos de perseguições perpetradas pelo Rei-Sol[10]. Este suporte vai perdurar até que a Revogação, a coerção religiosa, a repressão social e os conflitos políticos europeus, principalmente aqueles que envolvem os ingleses e os holandeses, imponham um reexame crítico do consentimento dado à Coroa.

As ideias políticas dos huguenotes não se resumem à aprovação completa e passiva do absolutismo. Ao contrário, desde 1670-1680, e mais ainda na época da revogação do Edito de Nantes, florescem os escritos e os panfletos que se interrogam sobre a origem do poder do rei e sobre a legitimidade de uma limitação de sua onipotência nos domínios religiosos e políticos.

Durante as guerras de religião, o debate interno sobre o tema da superação da clivagem confessional permitiu que fosse considerada uma resposta que passava não somente pela conversão, mas também pela coexistência das "duas religiões". Esta problemática é retomada nos escritos e na ação do Chanceler Michel de L'Hospital (1505-1573). As obras e o engajamento político de Philippe Duplessis-Mornay são testemunhas disso também. Em outros países, como no reino da Polônia, uma solução concordatária desse tipo tinha sido promovida para resolver os antagonismos que abalaram o regime em momentos críticos; ela tinha dado surgimento a um regime de tolerância e apascentou os conflitos políticos.

Apesar de seu engajamento a favor da coexistência das confissões, os ideais de liberdade religiosos professados por P. Duplessis-Mornay atingem seu limite a partir do momento em que a defesa da legitimidade do credo reformado diante das polêmicas católicas e protestantes se mostrou necessária, na busca de um esforço de união.

Na mesma época, Michel de L'Hospital, a maior personalidade da família católica, mostra-se um ardente defensor de uma solução pacífica que permitisse a coexistência das duas religiões. Ele sustenta que todo sujeito tem direito à liberdade de consciência e considera que, depois de todos esses anos de fraqueza política e conflitos cortesãos, somente a liberdade e a concórdia permitiriam salvaguardar e mesmo fortalecer a autoridade do soberano.

No entanto, as duas soluções visadas (conversão e coexistência) repousam, tanto uma quanto a outra, na certeza de que a doutrina de cada confissão se impõe de maneira imperativa e absoluta. Este postulado destrói pela base qualquer proposta de

---

9. Fronda: guerra civil na França entre 1648 e 1653, quando a França estava também em guerra com a Espanha, deflagrada aquela quando o parlamento negou o pagamento de um novo imposto solicitado pelo Cardeal Mazarino e apresentou mudanças para limitar o poder do rei [N.T.].

10. Trata-se do Rei Luís XIV, que representa o auge do absolutismo francês: a ele é atribuída a frase "l'État c'est moi" (o Estado sou eu) [N.T.].

solução do conflito e qualquer possibilidade de superá-lo recorrendo a uma confissão conciliatória e pacífica, seja ela política ou religiosa. A presença das "duas religiões" no solo francês é percebida pelos protagonistas católicos como contrária à ideia de unidade nacional, enquanto que, entre os huguenotes, ter uma religião diferente os impede de se reconhecerem no governo central, no nível político e cultural. Esta questão vai muito além dos limites do domínio religioso para invadir diretamente o domínio da política.

Ainda que estejam em lados opostos, mas inspirados pelo mesmo zelo religioso e igualmente determinados a fazer adeptos, os ideais políticos e religiosos de que são testemunhos Philippe Duplessis-Mornay e Michel de L'Hospital deixam em segundo plano a ideia de uma tolerância fundada no reconhecimento da dignidade religiosa e política do adversário. Eles privilegiam uma política de coexistência confessional fundada na separação da vida civil e impregnada pelos valores de livre escolha das consciências. Na sociedade francesa, estes ideais permanecerão durante muito tempo vigorosos e fecundos.

Apesar da instabilidade política grave que se segue ao massacre de São Bartolomeu[11], a ideia de que "a legalidade é a primeira parte da equidade"[12] é grandemente compartilhada. Supõe-se que as garantias de justiça oferecidas pelos magistrados e pelo rei conduzem o navio do Estado a um porto seguro, distante das correntes da guerra civil e também das sedições internas e recolocam o conjunto dos cidadãos "sob o jugo da concórdia", fazendo que eles "conspirem para o bem público, sob um mesmo desejo e vontade"[13].

Assim, vê-se esboçar todo um leque de análises e proposições políticas e religiosas, colocadas previamente pela literatura menor publicada por cada um dos partidos confessionais. Seu objetivo é promover uma diversidade de soluções que permita superar o estado de guerra civil e alcançar a paz, sob o governo estável da monarquia francesa, cada um estando verdadeiramente convencido de que as inquisições, os massacres, as armadilhas, os assassinatos e tudo que foi praticado na França durante mais de trinta anos não favoreceram em nada a causa religiosa, mas somente fez suscitar a existência de novos ateus, novos libertinos e novos epicuristas.

Estes escritos permanecem centrados no debate teológico e dogmático que permite preservar a integridade da doutrina, protestante ou católica, diante do adver-

---

11. Massacre da noite de São Bartolomeu, ocorrido na França em agosto de 1572, promovido pelos católicos e organizado pela Corte, quando milhares de protestantes foram reprimidos e mortos [N.T.].

12. *Déclaration des causes qui ont meu ceux de la Religion à reprendre les armes pour leur conservation* – L'an 1574. Montauban, 1574.

13. *De la concorde de l'État* – Pour l'observation des Edicts de Pacification. Paris: [s.e.], 1599, p. 40.

As reformas 221

sário, mas também em relação àqueles que se fazem defensores de uma atitude de questionamento, à maneira de Nicodemos[14]. Contra isso se invoca, tanto de um lado como de outro, a necessidade de dar abertamente um testemunho de fé e fazer ativamente proselitismo. Assim também se opuseram a uma estratégia conciliatória suscetível de unir todos os cristãos em torno de dogmas fundamentais comuns; esta solução é particularmente malvista pelos católicos e pelos protestantes que permanecem acampados em suas certezas doutrinárias e dogmáticas, considerando que ela abre uma brecha que conduz à indiferença religiosa e ao ateísmo.

As dificuldades doutrinárias que bloqueiam o debate sobre os direitos das consciências, assim como a pressão dos acontecimentos históricos, contribuem para fortalecer as ideias que remetem à tolerância, e principalmente àquelas que têm implicações políticas.

Reconhecer que o príncipe católico tem um papel de garantidor e intermediário entre Deus e o povo e que, na França, faz defender e consolidar as "duas religiões", sublinha o tema do fundamento e dos limites do poder do soberano, principalmente em relação à fé, sem prejulgar o debate teológico e dogmático. Ainda que os escritos estudados nesta época indiquem o caráter fundamental da autoridade real e a ausência de contestação do poder e de sua origem divina – poder ao qual cada um se submete independentemente do credo pessoal do soberano, como foi o caso depois da conversão de Henrique IV. No entanto, pode-se considerar que estes anos testemunham também uma reflexão crítica essencial sobre os limites e as perversões tirânicas do poder real. Ela se desenvolveu principalmente entre os políticos e os teólogos huguenotes. Sua formulação mais conhecida e mais resolvida se encontra nos trabalhos de Étienne de La Boétie[15], nos escritos de Innocent Gentillet[16], e nas *Vindicae contra tyrannos*[17].

---

14. Nicodemos (século I): judeu, chefe dos fariseus; ele defendeu Jesus Cristo diante do Sinédrio e esteve presente em seu sepultamento [N.T.].

15. DE LA BOÉTIE, É. *De la servitude volontaire.* In: GOULARD, S. (org.). *Mémoires de l'État de France sous Charles neufiesme.* Genebra: [s.e.], 1577. Há uma edição brasileira bilíngue do *Discurso da servidão voluntária.* São Paulo: Brasiliense, 1982 [Tradução de Laymert Garcia dos Santos] [N.T.].

16. GENTILLET, I. *Remonstrance au Roy Trés Chrestien Henry III de ce nom, roy de France e de Pologne, sur le faict des deux Edicts de as Maiesté donnés à Lyon, l'un du X. de Septembre, et l'autre du XIII. d'Octobre dernier passe, présente année 1574* – Touchant la necessite de la paix, et moyens de la faire. Frankfurt: [s.e.], 1574. • GENTILLET, I. *Discours sur le moyens de bien gouverner et de manitenir en bonne paix un royaume ou autre principauté, divisez en trois partes à savoir du conseil, de la Religion et Police, qui doit tenir un Prince* – Contre Nicolas Machiavel Florentin. Genebra: [s.e.], 1976.

17. BRUTUS, S.J. *Vindicae contra tyrannos* – Sive, de Principis in Populum, populique in Principem, legitima potestate. Edimburgo: [s.e.], 1579. • *De la puissance legitime du prince sur le peuple, et du peuple sur le prince* – Traité trés-utile et digne de lecture en ce temps. Genebra: [s.e.], 1581.

Os temas principais da obra de Étienne de La Boétie traduzem sua exortação para satisfazer o desejo natural de liberdade inerente ao homem e o incentivam a desobedecer e a resistir, inclusive pelas armas, a um soberano que exerce um poder tirânico, empobrece seu povo e escraviza suas consciências. Apesar de seu percurso editorial difícil, esta obra constitui uma referência importante para a literatura panfletária huguenote por volta de 1570. Ainda que a política de conciliação conduzida pelo chanceler Michel de L'Hospital inspire os compromissos parlamentares de Étienne de La Boétie, durante sua breve existência, o *Discurso da servidão voluntária* exprime, não obstante, de maneira muito radical, a obrigação moral de cada cidadão de reconquistar e defender as liberdades esquecidas e, principalmente, a liberdade religiosa.

Do privilégio ao direito – O apelo à tolerância

É preciso em primeiro lugar sublinhar que a produção dos libelos huguenotes da segunda metade do século XVII tira sua inspiração das peripécias históricas e dos muitos escritos que circulam na França na época das guerras de religião.

A célebre polêmica que opunha P. Bayle (1647-1706) e P. Jurieu (1637-1713), as publicações de J. Claude e de muitos outros autores comprometidos com os debates políticos e religiosos que acompanham durante décadas as guerras de religião não constituem, portanto, episódios isolados; ocorre a mesma coisa com o endurecimento posterior da política de intolerância do Rei-Sol. Como se fossem disso o epílogo, os trabalhos desses autores propõem a expressão mais completa e mais estruturada de uma reflexão que atravessa profundamente algumas camadas da sociedade e da cultura francesas, entre o final do século XVI e as primeiras décadas do século XVII. Esta reflexão apresenta primeiramente as características específicas ligadas às vicissitudes políticas da França de todo o início da época moderna; agora, sob o reinado do Rei-Sol e por causa da pressão coercitiva decidida pela Coroa em relação a um domínio ainda mais extenso e comovente da política, da religião e da filosofia, os debates sobre a liberdade de consciência e de tolerância tomam um novo impulso.

Na base das formulações da época não se encontra mais somente a profissão de fé em relação ao rei, à sua política interna, à sua política externa e a seus editos. A relação privilegiada entre os súditos e seu rei não é mais o único fundamento em que assenta a origem e estabelece a legitimidade do apelo à tolerância diante da religião protestante. A reflexão política contida nos escritos que tratam desta questão ultrapassa os limites de uma concepção da tolerância compreendida como consentimento, como privilégio concedido, ainda que de forma irrevogável, a um povo, ou a uma parte deste povo, em razão dos méritos adquiridos ou porque a autoridade real se mostrou magnânima. Esta reflexão sobre a tolerância, acompanhada do intenso debate que ela suscita no decorrer dos séculos XVII e XVIII, evolui e reúne o terreno da análise e da definição de uma legitimidade cujos fundamentos se inscrevem agora na teoria do direito natural e do direito das gentes (*ius gentium*). Pierre Bayle considera como fundamental esta concepção da tolerância civil, seja em seus *Pensamentos diversos* (*Pensées diverses*) de 1682, onde ele avalia como legítima uma sociedade de ateus, ou em seu *Comentário filosófico* (*Commentaire philosophique*) de 1686, no qual ele defende a liberdade e o respeito devidos a toda consciência, aí incluídas aquelas que "vagam" na heresia. Para este filósofo, se a dissensão é uma questão central em matéria de doutrina religiosa, esta é somente uma questão secundária quando se trata do sistema e do funcionamento da sociedade civil. Estas ideias são, aliás, retomadas na *Resposta de um novo convertido no sentido rigoroso do termo de um exilado* (*Réponse d'un nouveau converti à la lettre d'un réfugieé*) de 1689, no qual o autor confirma também um dos pressupostos de sua teoria da tolerância, isto é, a fidelidade dos súditos em relação ao príncipe. Ele retoma estas concepções em seu *Dicionário histórico e crítico* (*Dictionaire historique et critique*) de 1697, em que expressa suas próprias ideias políticas, fragmentadas e dispersas ao longo de seus artigos e suas notas[18].

O documento intitulado *Advertência importante ao exilado* (*Avis important au refugiez*) de 1690, em particular em sua parte consagrada à crítica das obras sediciosas, oferece uma apresentação eficaz da relação complexa estabelecida entre o absolutismo e a tolerância. Pierre Bayle acha perigoso o apoio que estes escritos trazem para as ideias antiabsolutistas, opostas à monarquia e favoráveis ao regime republicano, que circulam então na França e se apoiam nos exemplos históricos da Revolução Gloriosa inglesa (1688) e do sistema político e cultural holandês.

De acordo com Bayle, as teorias e as formas de governo fundadas numa concepção de tipo contratual e republicano, que sustentam "a superioridade dos povos sobre os reis e a submissão judiciária dos reis diante do tribunal do povo", conduzem inevitavelmente à anarquia e à decomposição da sociedade civil. As "heresias políticas" contidas nas *Vindicia* e nas obras que nelas se inspiram, as obras de Buchanan e de Pareus (1548-1622), ou de Claude e de Jurieu (1637-1713), corroem qualquer sistema de governo. Elas têm em comum com os intolerantes do período moderno, quer dizer, com as religiões fervorosas, o princípio segundo o qual é preciso submeter

---

18. Para uma análise aprofundada das implicações filosóficas céticas da questão da tolerância em Bayle é conveniente se referir não somente às obras monográficas e às numerosas publicações de E. Labrousse, mas também a PAGANINI, G. *Analisi della fede e critica della ragione nella filosofia di Pierre Bayle*. Florença: La Nuova Itália, 1980, particularmente os cap. 4 e 6. • BOST, H. *Pierre Bayle*. Paris: Fayard, 2006. Cf. tb. STANKIEWICZ, W.J. *Politics and Religion in Seventeenth Century France* – A Study of Political Ideas from the Monarchomachs to Bayle, as Reflected in the Toleration Controversy. Berkeley, Los Angeles: [s.e.], 1960. • PERRY, E.I. *From Theology to History* – French Religion Controversy and the Revocation of the Edict of Nantes. Haia: Nijhoff, 1973.

o poder do rei a uma autoridade qualquer, seja ela de tipo religioso, no caso dos fanáticos, ou do tipo oligárquico-democrático, no caso dos monarcômacos[19]. Isto volta a introduzir no corpo político o conceito da divisibilidade do todo e pode ser assimilado às teorias do atomismo natural de Epicuro (século IV a.C.). Tornando múltipla a soberania, estes teóricos destroem sua existência, enquanto que uma soberania "sem reservas", quer dizer, obtida pelo povo em sua totalidade, é a única que pode protegê-lo não somente das sedições e dos crimes, mas também da arbitrariedade de uma oligarquia e de uma democracia que não podiam ocultar suas origens feudais[20].

Para Bayle, a monarquia absoluta é, dentre as formas de governo que ele estuda (como a monarquia mista de tipo inglês), aquela que garante melhor a paz do Estado; ela é também a única que está em condições de proteger contra as revoltas, os conflitos religiosos e os embustes do proselitismo. No entanto, a soberania monárquica não pode e não deve intervir nas escolhas próprias de cada consciência. Bayle precisa: "Não se pretendia absolutamente com isto tirar dos príncipes o direito de vingança que eles obtiveram de Deus; desejar-se-ia somente dizer que este direito não se estende aos erros da consciência e que os soberanos não receberam de Deus o poder de perseguir as religiões"[21].

Diferentemente de Bayle, o defensor dos polemistas huguenotes, Jurieu, que não se reconhecia absolutamente no modelo monárquico do século XVI, apresenta-se não obstante como um defensor convencido das ideias de Erasmo e do antiabsolutismo. De acordo com ele, estas ideias são instrumentos privilegiados para a manutenção da ordem política e para a garantia dos direitos do povo, aí incluída a liberdade de consciência. Pierre Jurieu sustenta os direitos da consciência, mas avança ao mesmo tempo uma concepção da tolerância que envolve uma propensão à intransigência e às hesitações quanto às escolhas políticas; sua concepção permanece, no entanto, subordinada ao zelo doutrinário onde ela encontra também seus limites[22].

Na época do Antigo Regime, num contexto de lutas ferozes, militares e políticas, causadas pelas guerras civis, a Fronda depois da Revogação e do *Refuge*, a concepção

---

19. BAYLE, P. *Réponse aux questions d'un provincial* – Vol. III: *Oeuvres diverses*. [s.l.]: [s.e.], cap. 17 e 18.

20. Cf., p. ex., os artigos "Bodin", "Hobbes". In: BAYLE, P. *Dictionnaire Historique et Critique*. 5. ed. Amsterdam: P. Brussel, 1740. Sobre a crítica do direito de resistência, cf. "Buchanan", e a "Dissertation concernant le livre d'Étienne Junius Brutus". In: BAYLE, P. *Dictionnaire Historique et Critique*. Op. cit., p. 569-577. Cf. "Loyola" e "Mariana".

21. BAYLE, P. "Geldenhaur". *Dictionnaire Historique et Critique*. Op. cit., nota: F. Cf. PAGANINI, G. *Analisi dellla fede e critica della ragione nella filosofia di Pierre Bayle*. Op. cit., cap. 4. ● TARANTO, D. *Pirronismo e assolutismo nella Francia del '600*. Milão: Franco Angeli, 1994, cap. 7.

22. Cf. McKENNA, A. & BOST, H. (org.). "L'Affaire Bayle". *La bataillle entre Pierre Bayle et Pierre Jurieu devant le consistoire de l'Église wallonne de Rotterdam*. Saint-Étienne: Institut Claude Longeon, 2006.

As reformas   225

da tolerância é elaborada em função do movimento de ideias que a história recente do país suscita. Ela se alimenta também da confrontação com as experiências políticas de outros países, do pensamento dos republicanos holandeses, do exemplo da sociedade inglesa e, finalmente, das teorias de Locke (1632-1704). Quando se examina alguns dos escritos mais representativos da produção panfletária, política e religiosa, publicada entre os séculos XVI e XVII, vê-se nascer uma exigência de liberdade de consciência para todos os homens, assim como uma concepção da tolerância que prefigura às vezes a superação das fronteiras das crenças cristãs. Esta análise contribui para melhor nos fazer conhecer um momento importante do debate de ideias europeu, cujo trabalho permitiu transformar alguns aspectos episódicos de prática política e algumas formulações puramente utópicas em elementos constitutivos de uma ética social. As ideias trocadas se codificam como direito à liberdade de consciência e como tolerância, que encontrará sua plena expressão na Filosofia das Luzes e na época moderna.

Não se trata mais de concessões temporárias e arbitrárias, mas de direitos reconhecidos – "os homens nascem e permanecem livres e iguais em direitos" – saídos da natureza e consagrados pela *lex*, assim como vem formulado na Declaração de 1789. E há aí uma ética que se refere a um Deus fora da história, uma ética natural, sem Deus e com a tolerância universal definida como fraternidade: agora, a tolerância é uma virtude. No último capítulo de seu *Tratado sobre a tolerância* (*Traité sur la tolérance*) de 1763, incumbirá a Voltaire (1694-1778) reabilitar este termo, anteriormente degradado por uma semântica negativa. A época das Luzes expressa certamente a vitória da razão sobre a perseguição de indivíduos e de minorias; ela confirma a condenação inapelável das práticas inquisitoriais e tirânicas, mas, precisamente no momento em que se afirma a tolerância (e talvez por causa dela), sua história parece se impor como modelo a quem quiser compreender o sentido.

A consciência da falibilidade do saber e a incerteza da verdade, a impossibilidade de acreditar que ela possui autoridade e transcende tudo, substituiu a certeza de uma verdade única e superior. Esta ética da dúvida possui um corretivo teórico e prático: obrigar a reflexão sobre a tolerância interrogando-se incessantemente sobre o que ela envolve, mas também sobre as mudanças de linguagem e de método que a afetam; somente este questionamento permite não se fechar numa verdade, religiosa ou política, declarada única, mas, ao contrário, propor modelos de enriquecimento cultural e social, de emancipação e cosmopolitismo.

22

BLAISE PASCAL

Christian Lazzeri *

Duas correntes se cruzam na obra de Pascal. A primeira é a da ciência, que aplica as matemáticas à compreensão da natureza e que Galileu (1564-1642), Torricelli (1608-1647) e o próprio Pascal (1623-1662) contribuíram para que se tornasse experimental. Matemática e experimental, ela fornece aos homens o modelo de uma concepção racional da natureza e, assim, abre perpetuamente à curiosidade humana a imensidade do mundo físico. A segunda corrente é a da fé cristã. Seu objeto é sobrenatural e seus princípios ultrapassam a razão. A fé possui suas próprias verdades: ela revela aos homens sua falibilidade e corrupção, decorrentes do pecado original. Ela instrui sobre a Encarnação do Filho de Deus, sua morte e redenção na cruz para salvar os homens de seus pecados. Ela os ensina, portanto, a se comportarem de acordo com a vontade de Deus, definindo assim uma moral.

Conhecimento e moral

Pascal é sábio e cristão. Cristão e sábio. Essas duas lógicas coexistem em sua pessoa sem se misturarem. Sem mistura, mas também sem combate. A atividade científica não tem por objeto os assuntos da fé, os quais ela não pode resolver. A razão deve cessar sua atividade ali onde começa o domínio das verdades reveladas:

> O último passo da razão é reconhecer que há uma infinidade de coisas que a ultrapassam[1].

> Submissão e uso da razão: nisto consiste o verdadeiro cristianismo[2].

---

* Professor de Filosofia. Universidade de Paris Ouest – Nanterre, La Défense.

1. *Pensées*, frag. 188 [classificação de L. Lafuma].

2. Ibid., frag. 167.

Blaise Pascal 227

Por outro lado, a teologia não pode ditar à ciência aquilo que ela considera verdadeiro ou falso. É impossível, diz Pascal na décima quarta *Provincial*, obter "contra Galileu este decreto de Roma que condenava sua opinião referente ao movimento da Terra. Não será isso que provará que ela permanece em repouso". Podemos, portanto, ser sábios *e* cristãos, mesmo que esse cristianismo não esteja totalmente de acordo com as posições defendidas pela Igreja. Mas podemos ser filósofo e cristão? Tal pergunta define para Pascal uma relação diferenciada com a razão na medida em que esta é considerada em sua função teórica ou prática e que por isso pode-se admitir que ela represente para ele, assim como para a maioria de seus contemporâneos, um grande desafio. Compreenderemos facilmente tal desafio se examinarmos a forma pela qual a filosofia moral e política moderna, que se constrói sob o olhar de Pascal, expõe o problema das relações entre razão e religião. Tanto Hobbes (1588-1679) quanto Grotius (1583-1645) procuraram demonstrar que existe, na realidade, uma convergência entre as prescrições racionais em matéria de lei natural, de direito natural e de contrato social e as Leis reveladas por Deus. Tal convergência é exposta minuciosamente por Hobbes no capítulo IV do *Cidadão*[3], intitulado "Que a lei da natureza é uma lei divina", no qual compara as vinte leis naturais construídas pela razão aos preceitos correspondentes da lei divina. Ora, essa convergência apresenta a particularidade de poder ser interpretada num duplo sentido. Podemos notar a ideia segundo a qual a razão pode se encontrar a serviço da verdade e da justeza dos mandamentos da religião ou, ao contrário, a ideia de que a Escritura é evocada para confirmar o encaminhamento da razão. Tal correlação revela-se particularmente ambígua: poderíamos estar tentados a interpretar esse reforço recíproco da razão e da Escritura como um enfraquecimento possível da religião. Se couber de fato à razão justificar os Mandamentos da religião, isso pode significar, por um lado, que a religião corre o risco de se encontrar submetida à justificação racional, e, por outro, que as prescrições racionais poderiam acabar adquirindo valor próprio, sem que seja, todavia, necessário recorrer aos preceitos da religião. Por outro lado, se a Escritura vem confirmar as construções normativas da razão, isso pode significar que, para o filósofo, o recurso ao texto sagrado visa essencialmente validar as prescrições dessa razão e que, por isso, a religião se encontra a seu serviço. Essa convergência das prescrições racionais e religiosas revela-se, portanto, uma faca de dois gumes e é necessário saber reconhecer o perigo real desse apoio nas aparentes vantagens pelas quais a religião parece se beneficiar. De acordo com Pascal, é essa situação que se revela perigosa e explica não somente sua hostilidade em relação ao apoio que a razão poderia trazer

---

3. Há uma edição brasileira desta obra: HOBBES, T. *De cive* – Elementos filosóficos a respeito do cidadão. Petrópolis: Vozes, 1993 [Tradução de Ingeborg Soler] [N.T.].

à religião, mesmo de forma indireta, quando as provas da religião se alimentam dos limites da razão, mas também sua crítica aberta sobre a possibilidade de uma autonomia da razão na esfera prática. É necessário, a seu ver, recusar a ideia de uma moral e de uma política racionalmente estabelecidas e se opor a todos os elementos que formam sua estrutura: a capacidade da razão em estabelecer ou conhecer as normas morais, as leis naturais e o direito natural dos quais resultam uma concepção da justiça, sua faculdade de justificar a existência de um pacto social constitutivo da ordem política e de exercer uma crítica do direito positivo se este contradiz as leis naturais. É sobre esse ponto que Pascal retoma o ceticismo de Montaigne (1533-1592) na crítica radical que este direciona simultaneamente às vertentes teórica e prática da razão e que Pascal recupera à sua maneira. Entretanto, o confronto entre os dois permite considerar que seu ceticismo difere daquele do autor dos *Ensaios* (*Essais*)[4]. De fato, a crítica de Pascal sobre a razão se expressa a partir de uma posição que integra o trabalho da ciência moderna, ainda em construção, e aquele da filosofia que a acompanha, e ela se articula a partir de um "ponto de vista" que recebe a influência simultânea das posições de Hobbes e de Descartes (1596-1650) sem reduzir-se a nenhuma das duas: Pascal situa-se do lado de Hobbes quando se trata de compreender o estatuto da verdade na ciência, e se situa do lado de Descartes (mas de um Descartes profundamente retocado) quando se trata de compreender o estatuto do erro no que se refere à moral e à política. Hobbes havia explicado, em suas objeções às *Meditações* (*Méditations*)[5] e contra a teoria cartesiana do papel da vontade na formação do juízo, que o assentimento da vontade não tem relação alguma com o processo de formação da verdade. Quando a razão estabelece com clareza a necessidade e o estatuto de uma ideia verdadeira, como no caso de uma demonstração por exemplo, ainda que possamos escolher outro caminho, só somos levados a crer pelo fato de sermos constrangidos pelos argumentos. Decorre de tal objeção a negação da tese cartesiana da liberdade da vontade: a ideia verdadeira, em razão da necessidade interna dos encadeamentos demonstrativos, obriga a vontade a consentir. Assim, a produção da verdade não é sinônimo de liberdade, mas de coerção. Pascal parece se aproximar dessa posição quando explica que, nas ciências (geometria, física) e para certas proposições de tipo filosófico (o *cogito*, por exemplo, no fragmento 131), os princípios podem ser estabelecidos pelo "coração" apoiando-se no recurso às provas indiretas (a falsidade da tese da não divisibilidade infinita do espaço valida seu

---

4. Há uma edição brasileira desta obra: MONTAIGNE, M. *Ensaios*. São Paulo: Martins Fontes, 2001 [N.T.].

5. Há uma edição brasileira desta obra: DESCARTES, R. *Meditações sobre a filosofia primeira*. Campinas: Unicamp, 2008 [Tradução de Fausto Castilho] [N.T.].

Blaise Pascal 229

contrário), e que as consequências são em seguida, por demonstração, deduzidas desses princípios que se impõem, assim, à vontade, qualquer que seja seu desejo por outra via. Não se pode, entretanto, concluir que a razão científica atinge uma certeza inabalável, pois, segundo Pascal, existe tamanha dissociação entre a ordem do conhecimento e a ordem do ser que este transborda infinitamente aquele[6], e pertence precisamente à razão, ela mesma, perceber seus próprios limites[7]. Portanto, é preciso admitir que o que é verdadeiro para nós não reflete naturalmente uma realidade que ela conheceria integralmente, posição que, ao contrário de Montaigne, pode ser qualificada de ceticismo moderado.

Quando não se dispõe de provas semelhantes, as coisas se dão de outro modo, como demonstra Pascal em *A arte de persuadir*[8] (*L'art de persuader*). Nesse caso, quando o prazer da vontade não pode renunciar ao seu objeto sob o efeito do julgamento do entendimento, obtém-se uma interferência da vontade na formação do julgamento não sob a forma de uma liberdade de indiferença como em Descartes, mas sob a forma de uma estratégia de dissimulação de seus desejos. Esta mascara suas escolhas sem deixar de preservá-las, e é dessa forma que ela pode "orientar" a relação do entendimento relativamente aos seus objetos. A vontade, sem marcar abertamente sua preferência, conduz o espírito que anda "lado a lado com a vontade [...] mirando a face que ama e assim ele julga por intermédio daquilo que vê"[9]. A multiplicidade de pontos de vista parciais – do qual cada um se considera absoluto – e a oposição entre eles conduzem à única atitude racional nesta circunstância, o ceticismo. É nesse sentido que se deve compreender por que as escolas filosóficas ou as diferentes confissões se opõem: céticos contra dogmáticos, céticos contra estoicos, estoicos contra epicuristas, molinistas contra calvinistas etc. Cada uma delas possui um ponto de vista fragmentado, pois não vê senão um aspecto das coisas, sendo que nenhuma é capaz de defender um ponto de vista tal que, sendo seu contrário necessariamente falso, este se revelasse verdadeiro. Dito de outra forma, é pelo fato de não existir prova demonstrativa convincente de suas teses que a vontade pode operar sobre o entendimento e conduzi-lo a perceber apenas um aspecto da verdade das coisas. Cada vez que nos encontramos diante de uma contradição entre doutrinas das quais nenhuma chega a se impor, podemos considerar que estamos lidando com um esquema semelhante de interferência da vontade sobre o entendimento. Isso é verdadeiro não apenas na definição de homem, sobre a qual disputam estoicos e céticos,

---

6. Ibid., frag. 199.

7. Ibid., frag. 170, 174.

8. Há uma edição brasileira desta obra: PASCAL, B. *Da arte de persuadir*. São Paulo: Landy [N.T.].

9. Ibid., frag. 539.

mas também na definição da graça, sobre a qual se opõem molinistas e calvinistas, e na definição de conhecimento, em que se opõem dogmáticos e céticos. Em todas essas hipóteses, a ordem de subordinação da vontade ao entendimento se encontra formalmente respeitado, mas realmente invertido. Não aparecendo abertamente como princípio de escolha, a vontade permite ao indivíduo ser estimado por outrem, o que ele busca de modo primordial, pois ele só age abertamente de acordo com a razão, regrando sua conduta sobre as ideias do entendimento[10]. Mas ao constituir de forma real e mascarada o princípio da escolha a partir do que ela quer, a vontade obtém uma satisfação dupla: aquela do prazer que lhe confere sua escolha contra o julgamento primeiro do entendimento e aquela do prazer de parecer conformar-se abertamente para afirmar a potência do indivíduo (poder vangloriar-se abertamente de escolher por razão), no instante mesmo em que o julgamento do entendimento foi modificado para satisfazê-lo. É na base de tal contradição e do decorrente relativismo moral que Pascal pode apresentar ao mesmo tempo uma crítica radical às virtudes morais naturais tão impossíveis de se estabelecer quanto de se realizar[11] e o ensinamento das Escrituras como único ponto de vista suscetível de acordar suas verdades parciais, como mostra o *Entrevista com M. De Saci* (*L'entretien avec M. de Saci*). Tal crítica da moral reencontra-se no terreno da política.

Uma política sem direito natural

A crítica pascaliana da política dos filósofos – pelo menos no momento em que ele redige os textos que formarão os *Pensamentos*[12] (*Pensées*) – tem como objeto a possibilidade de se conhecer pela razão ou pelo sentimento inato a lei natural da qual eles fazem o fundamento da justiça. O núcleo de sua crítica consiste em mostrar, como no caso da moral, que a razão não pode encontrar ponto fixo suscetível de fornecer-lhe uma definição de justiça. É por isso que existem tantos princípios morais e jurídicos quantos pontos de vista relativos determinados pela vontade. É o que explica, de acordo com o célebre fragmento 60 dos *Pensamentos*, que a "essência da justiça" seja concebida tanto como "autoridade do legislador", "comodidade do soberano" ou simplesmente "o costume". A justiça, por ser sujeita à disputa, revela-se então uma "qualidade espiritual que ordenamos como queremos"[13]. Essa crítica cética elimina toda possibilidade, de acordo com Pascal, de se apoiar em normas

---

10. Ibid., frag. 149, 372, 421, 423, 617, 749, 796, 978.

11. Ibid., frag. 140, 208, 357.

12. Há uma edição brasileira desta obra: PASCAL, B. *Pensamentos*. São Paulo: Martins Fontes, 2005 [Tradução de Mario Laranjeira] [N.T.].

13. Ibid., frag. 45.

suscetíveis de fundação e justificação do contrato social, como o sustentam filósofos clássicos. Assim também nenhum pacto social é concebível e, de fato, nunca ocorreu. O Estado começa a partir do momento em que homens, encontrando-se em conflito numa espécie de estado pré-político, formam associações e que uma dentre elas (o "partido mais forte") conquista uma vitória militar sobre os outros. Simplesmente, não é possível que o poder dos governantes se apoie sobre a força nua, pois isso só faria favorecer a perseguição do conflito. Esses devem definir leis fundamentais (um embrião de constituição, se preferirmos) que deveriam ser consideradas como justas, o que permitiria ao poder exibir uma legitimidade[14]. Assim é que um mecanismo complexo interfere, formado de uma mistura de imaginação e opinião, que termina com os governados acreditando que essas leis são justas, o que os fazem obedecer então a esse poder[15].

Essa organização política se reveste também, segundo Pascal, de um senso teológico. Trata-se de uma ordem paradoxal que pune os homens por seus erros (o pecado), submetendo-os ao reino da força e a uma falsa justiça. Mas essa ordem assegura ao menos a paz, que deve ser considerada pelos cristãos como o bem soberano da cidade terrestre. As leis do Estado dispõem assim de uma dupla justiça extrínseca: aquela que lhes é conferida pela imaginação dos governados e aquela que provém da vontade divina, essas leis tendo que ser respeitadas para se conservar a sociedade humana. Nessas condições, teríamos maior tendência a escolher a interpretação conservadora-autoritária da política pascaliana, mas isso seria sem dúvida parar no início da caminhada.

De fato, o problema é que, no limite, apesar de tal construção conseguir obter para o poder um consentimento dos governados, não lhes garante de forma alguma que a autoridade não se comportará de forma opressiva. Daí a necessidade – e a perseguição político-religiosa do grupo jansenista o exige – de se garantir contra ela. Mas onde encontrar tal garantia, visto que a lei divina contenta-se em celebrar a obediência para conservar a paz e não existe mais princípio de justiça natural mobilizável que possa servir como fonte crítica em relação ao poder?

De fato, Pascal dispõe de uma outra possibilidade teórica para construir um conceito de justiça, que dessa vez já não tem mais nada a ver com uma construção normativa. É no cruzamento de suas pesquisas matemáticas e de certas passagens das Escrituras que ele estabelece um novo conceito de justiça: a "justiça das ordens". Esta se fundamenta na ideia segundo a qual existem tipos de operações e ações específicas que se efetuam segundo regras singulares sobre objetos particulares e que não podem

---

14. Ibid., frag. 828.

15. Ibid., frag. 88, 554, 665.

ser invertidas umas com as outras. Por exemplo, a força que engendra o temor e age mecanicamente sobre os corpos não pode produzir um só conhecimento[16]. Por outro lado, a força e o conhecimento juntos não suscitam nenhum impulso de caridade[17]. Mas a autoridade da Igreja, por sua vez, que só é válida "nas matérias as mais incompreensíveis à razão", não pode predominar no que diz respeito "aos sujeitos que estão implicados nos sentidos ou no raciocínio: a autoridade é então inútil, só a razão pode conhecer". Nenhuma demonstração pode conduzir ao amor, pois ele não responde senão à beleza ou ao "encanto", não mais do que o amor pode interferir na ordem do conhecimento para estabelecer qualquer verdade que seja. Enfim, na esfera do conhecimento mesmo, o coração que sente os princípios e a razão que demonstra proposições não podem ser invertidos[18].

É possível ver que as ordens de justiça comportam duas propriedades fundamentais: a primeira é a ausência da interferência entre eles e a impossibilidade de se obter em uma ordem resultados com as regras de outro; a segunda é a relação de conformidade própria a cada ordem entre as regras de operação e seus objetos, e é essa relação interna que Pascal exprime por meio do conceito de justiça: "Dever de amor ao encanto, dever de temor à força, dever de crença à ciência"[19]. Daí resulta que é injusto e tirânico querer "dominar fora de sua ordem" e que isso se revela impossível. Essa justiça, Pascal vai utilizá-la tanto em relação ao poder político quanto ao poder religioso. Ele mostra, de fato, que é impossível governar unicamente pela força ou de converter os crentes (protestantes, por exemplo) pelo constrangimento, mas também de constranger os sábios por dogmas religiosos (Galileu) ou de ordenar a Igreja a se pronunciar sobre questões científicas. Não é mais possível aos que governam exigir o culto de sua personalidade se não houver uma relação com suas qualidades, do mesmo modo que é impossível promulgar uma estética oficial pelo poder. Em suma, a teoria das ordens de justiça tem como efeito a definição e a delimitação das esferas de liberdades incompreensíveis para os governados. Tal posição é de natureza a temperar fortemente a submissão à ordem política do cristão perfeito tal qual Pascal podia justificá-la a partir de sua crítica do direito natural. Resulta disso uma denúncia do absolutismo e de qualquer regime autoritário, mais favorável à segunda leitura da política de Pascal, ainda que se possa justificar essa crítica com argumentos talvez pouco convincentes, mas não obstante complementares.

---

16. Ibid., frag. 58.

17. Ibid., frag. 308.

18. Ibid., frag. 110.

19. Ibid., frag. 58.

23

BARUCH SPINOZA

Paolo Cristofolini *

Bento de Spinoza (Baruch em hebraico, Benedictus em suas obras latinas) nasceu em Amsterdam em 1632, numa família de judeus de origem portuguesa. Banido da comunidade judaica em 1656 por um *herem* (decreto de exclusão) que o condenava pela impiedade de suas ideias e de seu comportamento, ele viveu desde então de maneira modesta, misturando a lapidação de instrumentos de ótica e a atividade especulativa de pesquisa da verdade. Ele participou também da vida política das Províncias Unidas, independentes da Espanha desde 1648, em particular na experiência republicana levada a cabo por Jan de Witt (1625-1672), o homem que simbolizou a busca da independência absoluta até 1672, data de seu assassinato por uma multidão galvanizada pelos discursos de calvinistas fanáticos que Spinoza tachará então de *ultimi barbarorum* (os maiores bárbaros).

Spinoza levou, portanto, uma existência discreta, sem por isso se isolar do mundo: ele teve, de fato, como correspondentes os filósofos Tschirnhaus (1651-1708) e Leibniz (1646-1716), assim como célebres eruditos, principalmente Robert Boyle (1627-1691) e o secretário da Royal Society de Londres, Henri Oldenburg (1618-1677).

Ele consagrou os últimos anos de sua vida à redação e ao término de sua obra-prima filosófica, a *Ética*[1], assim como ao *Tratado político*[2], cuja redação foi interrompida por sua morte, em 1677.

---

* Professor de Filosofia. Escola Normal Superior de Pisa.

1. Há uma publicação em português desta obra: SPINOZA, B. *Ética*. [s.n.t.] [Tradução de Tomaz Tadeu da Silva] [N.T.].

2. Há uma publicação em português: ESPINOSA, B. *Tratado político*. São Paulo: Martins Fontes, 2009 [Tradução de Diogo Pires Aurélio] [N.T.].

A formação cartesiana e os primeiros escritos

A única obra que Spinoza publicou em vida e com seu nome foram os *Princípios da filosofia de Descartes* (*Principia philosophiae cartesianae*), texto que, se ele se apresenta como uma exposição didática da doutrina cartesiana destinada inicialmente a instruir seu aluno Caesarius, não abrange por isso o conjunto das teses do filósofo francês. É, aliás, isto que sublinha, com o assentimento do próprio Spinoza, o prefácio da obra assinada por seu amigo Louis Meyer, filósofo e exegeta da Bíblia. Um dos principais pontos de divergência entre os dois pensadores diz respeito à questão da vontade: Spinoza rejeita efetivamente a distinção cartesiana da vontade e do entendimento e recusa mais ainda a ideia de que a vontade possa ser livre. Sua concepção da liberdade faz abstração tanto do pressuposto (católico e erasmiano) do livre-arbítrio, quanto da ideia (luterana) do cativo-arbítrio: a liberdade, como será ilustrada na *Ética*, não pode ser concebida independentemente da ideia de necessidade natural.

Outros pressupostos importantes da *Ética* devem ser procurados no que foi provavelmente uma obra de juventude, o *Curto tratado* (*Korte Verhandeling*), texto redigido em holandês que precisou esperar o século XVII para ser conhecido e no qual o autor expõe para nós sua teoria do conhecimento: ao distinguir três tipos de conhecimento (a imaginação, a razão e o entendimento), Spinoza se distancia novamente da pura concepção cartesiana que opõe o conhecimento sensível-imaginativo à razão. Nesta obra, que pode ser legitimamente aproximada do cristianismo não dogmático e extraeclesiástico, Spinoza apresenta também uma teoria singular do amor, que possui duas faces: o amor como gozo – e não como desejo da coisa amada – e, portanto, como potência capaz de prevalecer sobre o ódio; o amor de Deus, do qual depende nossa perfeição: esta teoria será longamente exposta na *Ética*. Assim, a concepção spinozista do amor, que desemboca no *amor Dei intellectualis* (Amor intelectual de Deus) e do qual os *Diálogos de amor* de Léon Hébreu (1460-1521) são uma das principais fontes, está já presente em suas grandes linhas no *Curto tratado*.

Reencontramos também neste último texto o que constituirá um dos principais temas da filosofia spinozista, isto é, a tese, que se deve ao *Manual* de Epiteto (século IV a.C.), segundo a qual devemos claramente distinguir as coisas que dependem de nós e aquelas que não dependem de nós: a sabedoria consiste em somente se ocupar com as primeiras, reconhecendo, para aquilo que diz respeito às segundas, as potências inelutáveis e esmagadoras da natureza. Este é justamente o pressuposto sobre o qual se fundará o *Tratado da reforma do entendimento* (*Tractatus de intellectus emendatione*), um pequeno ensaio que se apresenta como uma narrativa que descreve a vida do autor e sua busca da verdade, e menciona quase literalmente as *Regras para a orientação do espírito* (*Regulae ad directionem ingenii*), que lembra à primeira vista o método cartesiano. Mas se é verdade que as dívidas para com o filósofo francês sejam aí numerosas, nos ateremos aqui em colocar em evidência os aspectos especificamente spinozistas que consistem, em primeiro lugar, na ideia de que existe uma natureza humana superior à nossa e que é possível alcançá-la graças a um método de autoeducação cujo percurso nos é traçado; e em segundo lugar (mas não finalmente), na tentativa que tem em vista o objetivo de que muitos homens alcancem conosco este resultado, com o auxílio de um programa de organização pública dos saberes que devem ser adquiridos, programa evocado por Francis Bacon (1561-1626) em sua obra *Do progresso e da promoção dos saberes* (*De dignitate et augmentis scientiarum*). Este projeto esboça já o que constituirá o núcleo principal de toda a filosofia spinozista, ou seja, a ideia de uma ligação indissolúvel entre a busca pessoal da sabedoria e o propósito de concorrer para a formação de uma sociedade melhor.

Liberdade de pensamento e livre República

A tese principal do *Tratado teológico-político*[3], exposta no prefácio da obra, diz respeito à liberdade de pensar e, por isso mesmo, de interpretar os textos que nos foram transmitidos como sendo sagrados. Qualquer obstáculo a esta liberdade só pode vir de autoridades despóticas ou de um poder eclesiástico organicamente ligado aos poderes monárquicos, preocupados com manter as massas sujeitas e submetidas a crenças e preconceitos. Inscrevendo-se no campo da revolução científica de sua época, Spinoza, ao contrário, considera que as Escrituras devem ser conhecidas e estudadas de acordo com seus princípios, como o grande livro da natureza[4].

Os primeiros capítulos abordam de maneira crítica os sacrossantos princípios da fé religiosa extraídos das Escrituras; Spinoza aí examina sucessivamente as questões teológicas que dizem respeito à profecia e aos profetas, à noção de lei divina e aos milagres.

Para aquele que olha para a profecia, o problema é posto em termos que se referem em parte ao racionalismo de Maïmonide (1135-1204)[5]: o profeta, que não é nem um filósofo nem um erudito, mas um homem dotado de uma imaginação particularmente viva, é divinamente inspirado: sua imaginação, associada a um coração que somente tem inclinação para o justo e para o bom, permite-lhe compreender e transmitir, numa linguagem acessível à compreensão e à constituição do vulgo, as

---

3. Há uma edição portuguesa desta obra: ESPINOSA, B. *Tratado teológico-político*. Lisboa: Imprensa Nacional/Casa da Moeda [N.T.].

4. STRAUSS, L. "Comment lire le *Traité théologico-politique* de Spinoza". *Le Testament de Spinoza* – Écrits de Leo Strauss sur Spinoza et le judaïsme. Paris: Cerf, 1991, p. 191-257.

5. MAÏMONIDE, *Le guide des égarés*. Lagresse: Verdier, 1979.

mensagens que ele recebeu da natureza divina; natureza divina que não é, na realidade, somente a natureza das coisas, visto que Deus é a natureza. A mensagem imaginativa não racional e não científica que o profeta retira disso tem um grande valor moral, na medida em que ela incita os homens à caridade e à obediência, e, portanto, à concórdia que é necessária à vida comum. Spinoza não hesita em afirmar que, ainda que muitas expressões dos profetas – em particular de Moisés – sejam impróprias e obscuras do ponto de vista da sã razão que não pode sustentar a ideia de que Deus possa ter emoções, estas expressões se justificam, na medida em que elas podem ser compreendidas pela multidão. Observaremos que Spinoza inclui nesta multidão os hebreus, que ele recusa a qualificar como povo eleito, principalmente durante o período que se segue imediatamente à sua escravidão no Egito. Ele reconhece, de fato, que as possibilidades do entendimento humano estão ligadas às condições de vida oferecidas aos homens numa sociedade dada: a servidão poderia, nesse sentido, ser concebida como uma causa direta da ignorância coletiva, mas lá onde a liberdade do comércio e das pessoas reina, por exemplo, em Amsterdam, coisa que o fim do *Tratado* exalta, haverá ao contrário uma parte ligada à livre circulação das ideias e, por isso mesmo, à difusão de comportamentos racionais e livres dos cidadãos entre si, assim como em suas relações com os estrangeiros.

Naquilo que diz respeito à lei divina, o capítulo que a aborda (o quarto do *Tratado*) resume de alguma maneira o conjunto da filosofia spinozista que a *Ética* acabará de expor: Spinoza entende aqui por lei divina uma regra que tem como objeto o soberano bem, quer dizer, o amor de Deus, do qual depende nossa bem-aventurança. Quanto à lei de Moisés, que é essencialmente adaptada à constituição própria e à conservação de um dado povo, sua divindade se funda apenas numa crença que afirma que ela teria sido estabelecida pela luz profética. O conceito central é aqui aquele da identificação de Deus com a natureza. A palavra "lei", que designa na linguagem da moral e do direito a prescrição da conduta que deve ser seguida, tem desde então o sentido que se atribui a ela no domínio das coisas naturais. Conhecer a lei significa conhecer Deus. É da nossa capacidade de conhecer e concordar com a necessidade das coisas que depende a nossa bem-aventurança.

A crítica spinozista da crença nos milagres assume então todo o seu sentido. A ideia mesma de milagre constitui para Spinoza uma contradição nos termos, já que ela chega a atribuir a Deus, em outras palavras, à necessidade da natureza, a vontade de agir contrariamente à sua natureza, de transgredir sua própria lei, que não é senão o soberano bem: em outras palavras, se somente tudo aquilo que procede de causas naturais participa da potência e da vontade de Deus, não se pode imaginar crença mais absurda e supersticiosa do que aquela que considera Deus como o autor de milagres contrários à sua própria lei.

Baruch Spinoza 237

Tal como nos ensina um grande historiador francês do século XX[6], o *Tratado teológico-político* é uma das obras que marcaram a grande virada moderna da crítica. Desse ponto de vista, depois de ter longamente demonstrado que os textos transmitidos pela Bíblia são truncados, falsificados, alterados e incoerentes, Spinoza conclui disso também que a lei divina universal ensinada pela Escritura não nos chegou sem corrupção. Somente importam, de fato, os ensinamentos elementares que ela pode conter: Deus existe, sua providência é universal, e devemos lhe render um culto que consiste na justiça e na caridade; os homens que obedecem a ele serão salvos, lá onde os homens vivam sob a dominação das paixões estarão perdidos, a menos que eles se arrependam disso. Este é o credo elementar, acessível a todos, que já na Europa os antitrinitários e um certo número de espíritos livres professam, e aos quais Spinoza se associa, guiados pela busca de uma religião pacífica libertada das barreiras divisoras e conflituosas dos dogmas.

Encontramos no *Tratado teológico-político* o famoso conceito spinozista de bem-aventurança. Esta bem-aventurança, que Spinoza apresentará na *Ética* como sendo o fim supremo do sábio, pode também ser atingida por uma alma comum: todo espírito poderá, mesmo sem erudição, ser um *absolute beatus* (bem-aventurado absoluto), se ele possuir opiniões saudáveis e se ele observar a verdadeira regra da vida[7]. Em suma, é sempre a partir de um duplo prisma que Spinoza concebe a sociedade humana e seu aperfeiçoamento potencial: ela se compõe sempre de um grupo de homens que atingiu um nível de consciência de grau superior e de uma multidão ignorante e mais sujeita às paixões, mas que pode, ao se resignar à obediência, tomar parte nos benefícios da concórdia.

Na última parte do *Tratado teológico-político*, totalmente consagrado à política, Spinoza aborda finalmente a questão do direito natural que ele identifica com o poder. Se o filósofo holandês jamais se aproximou muito da filosofia política hobbesiana, a não ser nessa passagem – o que lhe valeu muitas críticas –, uma diferença fundamental opõe de fato os dois autores: enquanto que a identificação do direito com o poder em Hobbes (1588-1679) leva necessariamente os homens a aceitar sua submissão coletiva, por meio de um pacto social, ao direito do mais forte e, portanto, a uma forma de despotismo, Spinoza julga que o poder de um indivíduo é tanto maior quanto mais ele realiza sua natureza. Porém, a realização do homem cresce em proporção à sua racionalidade e, por conseguinte, à sua capacidade de regular suas relações com os outros. Os homens são, portanto, tanto mais capazes de concórdia

---

6. BLOCH, M. *Apologie pour l'histoire ou Métier d'historien*. Paris: Armand Colin, 1997, p. 87-94.

7. SPINOZA, B. *Tractatus theologico-politicus* – Traité théologico-politique. Paris: PUF, 1999, cap. V, p. 232 [Texto org. por F. Akkerman; tradução e notas de J. Lagrée e P.-F. Moreau].

quanto mais eles expressam seu poder. A forma de organização civil mais adequada é então a República livre, que exclui qualquer forma de coerção, à exceção dos comportamentos criminosos e violentos que representam um perigo para a própria República e para a concórdia. Nenhuma coerção pode vir a limitar o pensamento e a expressão das opiniões: a liberdade de julgamento é uma virtude que não pode ser reprimida. Em matéria de religião também, os cismas e os conflitos não são imputáveis aos homens que buscam livremente a verdade, mas àqueles que usam uma autoridade maligna e a força do despotismo para impor seus dogmas. As últimas páginas do tratado merecem a esse respeito toda a nossa atenção: Spinoza honra aí estes espíritos livres – seu amigo Koerbagh (1632-1669), com certeza, e tantos outros homens que ele não nomeia – que souberam sacrificar sua vida pela justiça e pela liberdade.

A sabedoria

A *Ética demonstrada segundo a ordem geométrica* se compõe de cinco partes, intituladas respectivamente: "De Deus", "Da natureza e da origem da alma", "Da origem e da natureza das afecções", "Da servidão do homem ou da força das afecções", "Do poder do entendimento ou da liberdade do homem".

É lícito se perguntar se esta "ordem geométrica" que Spinoza adota na *Ética* corresponde efetivamente à ordem codificada nos tratados de geometria a partir do modelo dado na Antiguidade por Euclides (360 a.C.-295 a.C.). O modo de exposição de Spinoza aqui conservado corresponde de fato a um tipo de racionalismo que, inspirando-se, como já tinha feito Descartes, no modelo de rigor e de certeza que encarnam as matemáticas, elabora sob uma forma nova sua própria doutrina da ciência.

As noções fundamentais sobre as quais repousa a ontologia de Spinoza são aquelas da substância, do atributo e do modo. A substância, aquilo que é em si e é concebido por si, é uma e apenas uma: Spinoza se liberta aqui da concepção cartesiana da dualidade das substâncias. Esta substância é constituída por uma infinidade de atributos, cujo pensamento e a extensão, a coisa pensante e a coisa extensa, que Descartes concebia como duas substâncias, são somente dois atributos, nesse caso os únicos atributos entre os atributos infinitos que a alma humana é capaz de conhecer. Os modos, enfim, são as afecções de uma substância, as formas nas quais ela se exprime e pelas quais ela se torna concretamente cognoscível. O mundo inteiro das coisas finitas é somente uma série infinita de expressões modais da substância.

Quanto à identidade entre Deus e a natureza, que se encontrava já no *Tratado teológico-político*, ela aparece na *Ética* sob a forma de uma definição, a de um Deus pensado como substância única que existe necessariamente, que existe e age unicamente pela necessidade de sua natureza: Deus é causa livre de qualquer coisa, já que qualquer coisa procede necessariamente de sua natureza, que é idêntica à natureza das coisas. A necessidade não se opõe, portanto, à liberdade, mas à contingência: opor a liberdade e a necessidade, como fazem estes homens para quem a liberdade rima com a possibilidade de perturbar a ordem da natureza eterna e infinita, significa confundir a liberdade com a contingência. Na filosofia de Spinoza, nada nem ninguém pode se subtrair à necessidade natural: quem acredita agir livremente contra a lei divina ou contra si mesmo (os exemplos escolhidos por Spinoza vão da embriaguez ao suicídio) é na realidade movido por causas exteriores cuja potência supera a sua. A crítica dos milagres, já presente no *Tratado teológico-político*, fundava-se no fato de que é impossível a Deus, ou à natureza, agir contrariamente à sua própria natureza; é aqui que nos é demonstrada a impossibilidade de que um ser finito como o homem possa agir livremente contra a necessidade de sua própria natureza. Agir significa exprimir a necessidade de sua natureza; o contrário da ação não é outra coisa senão a paixão, que consiste em sofrer a ação de causas exteriores: o que é exatamente o oposto da liberdade.

A liberdade é, portanto, necessidade. Necessidade da natureza divina de onde deve decorrer uma infinidade de coisas numa infinidade de modos, na medida em que a infinidade das coisas da natureza de Deus não é estática, mas dinâmica: ela se estende incessantemente ao infinito. Estando este fundamento ontológico estabelecido, a demonstração é buscada pela explicação das coisas que devem se seguir necessariamente da essência de Deus, ou do Ser eterno e infinito; não todas, no entanto, na medida em que elas são infinitas, mas aquelas que podem nos conduzir ao conhecimento da alma humana e à sua perfeição. Passamos assim da dinâmica do infinito em expansão à dinâmica do finito em tensão, que fornece todo o seu sentido ao título da obra: o finito sobre o qual Spinoza se concentrará a partir daí será de fato o "nós" humano, que a *Ética* considerará sob o duplo ponto de vista daquilo que é e daquilo que pode se tornar ao se realizar.

Como indica Spinoza no centro de sua *Ética*, a perfeição e a realidade são uma única e mesma coisa: considerar-se-á como perfeito o que é realizado segundo seu projeto, que é imanente a toda coisa finita, lá onde, ao contrário, a perfeição de Deus é em si e não deriva de qualquer projeto. Se era errado conceber a natureza infinita de Deus de maneira antropomórfica, imaginando-o tender para um fim qualquer, é ao contrário essencial para a natureza humana finita tender para fins. A ética, tendo exatamente de tratar com o homem, deverá se interessar pelo objetivo de perfeição que este último persegue naturalmente.

O que se trata de aperfeiçoar e realizar? O homem é corpo e espírito, que não são realidades separadas, mas modos da substância divina. Para Spinoza, a alma é a ideia do corpo, e a ordem das ideias é idêntica àquela das coisas, no sentido em que forjamos para nós uma ideia de cada coisa e em que cada ideia é por sua vez ideia de algo. Minha alma é, portanto, a ideia do meu corpo, sendo este um certo modo da substância divina considerada sob o atributo da extensão; como a ideia é um modo desta mesma substância considerada sob o atributo do pensamento, a alma humana é assim uma parte do entendimento infinito de Deus.

É na busca de conhecimentos universais que consistirá principalmente a busca de perfeição que a alma humana persegue. A via seguida para aí chegar não é, no entanto, única. Começamos, de fato, forjando para nós ideias gerais a partir de experiências vagas, confusas e fragmentárias: estamos, em outras palavras, naturalmente inclinados a generalizar as relações entre as coisas e os fatos singulares que conhecemos e a tirar disso as leis ou as propriedades universais. É isto que constitui o conhecimento do primeiro tipo, o mundo da imaginação ou da opinião não científica de onde vêm todos os nossos preconceitos e todas as nossas superstições. O segundo tipo de conhecimento, aquele da razão, consiste em formar as noções universais a partir de noções comuns e de ideias adequadas das propriedades das coisas: estamos aqui no nível da ciência, definida como formulação de leis gerais às quais se chega depois de ter adotado, graças à experiência e ao procedimento demonstrativo, os princípios evidentes e universalmente válidos. Existe, enfim, um terceiro tipo de conhecimento, a ciência intuitiva, que vai do conhecimento adequado dos atributos da substância ao conhecimento adequado da essência das coisas. Sabendo que não podemos perceber a substância divina senão a partir de seus atributos ou propriedades, e não diretamente, nenhum conhecimento é mais universal do que aquele dos atributos; e este conhecimento universal não é um meio, para a alma, de ir para outros universais, mas para o conhecimento das coisas singulares. Observamos que este conhecimento das coisas é estranho à imaginação, que não percebe a essência, mas as modificações das coisas; ela não é mais o objeto da razão científica do segundo tipo, que se interessa pelas leis gerais e não pela singularidade das essências. A essência das coisas é o objeto da ciência intuitiva.

Spinoza dá a ela uma aplicação concreta demonstrando como se alcança o conhecimento adequado da essência humana – essência de uma coisa singular – a partir do corpo e do espírito: estes dois modos infinitos permitem estabelecer a relação entre os atributos (a extensão e o pensamento) e as coisas finitas. Cada coisa, escreve Spinoza, tende a perseverar em seu ser; esta tendência ou esforço (*conatus*), que tende à autoconservação, apresenta-se como o dado mais profundo e mais essencial da natureza das coisas: "Cada coisa, assim como está em si, esforça-se por perseverar em seu ser"[8]. O *conatus* que distingue o homem se exprime sob a forma do desejo

---

8. SPINOZA, B. *Éthique*. Paris: Seuil, 1988, parte III, prop. 6, p. 217 [edição bilíngue latim/grego-francês – texto organizado e traduzido por P. Pautrat].

(*cupiditas*). A essência humana se caracteriza, portanto, por este impulso consciente para a autoconservação e para o autodesenvolvimento. Conhecer adequadamente esta essência implicará examinar as formas de expressão deste impulso e analisar a partir disso mesmo a vida afetiva.

As afecções podem ser ativas ou passivas, segundo elas tendam a fazer crescer ou a diminuir, por causa da influência de causas exteriores, nosso poder de agir: falar-se-á neste segundo caso de paixões. A principal afecção ativa, além do desejo, é a alegria, pela qual a alma passa de uma perfeição menor a uma perfeição maior. Ao contrário, a paixão de que dependem todas as afecções passivas é a tristeza, que faz a alma passar a uma perfeição menor. Todas as outras afecções se remetem a estas três afecções primitivas: o amor e o ódio, a título de exemplo, não são outra coisa senão uma alegria ou uma tristeza que acompanha a ideia de uma causa exterior.

Como se chega, então, à sabedoria, em outras palavras, à perfeição humana? Como já pudemos indicar em diversas ocasiões, Deus é somente a natureza, quer dizer, a totalidade infinita das causas. É exatamente chegando a conhecer estas causas que passamos de uma perfeição menor a uma perfeição maior. Estas, além de serem as causas das coisas, são, portanto, também as causas exteriores do aumento de nossa perfeição: é para chegar a conhecê-las que somos mais perfeitos, e isto de um ponto de vista intelectual, na medida em que a perfeição deriva do domínio do conhecimento. O conhecimento das causas é aquilo que Spinoza chama de amor intelectual de Deus, e não consiste, como nos místicos medievais, no desinteresse ascético do corpo e das coisas do mundo para alcançar uma visão extática do absoluto, mas no conhecimento mais rico e mais extenso das essências: quanto mais conhecemos as coisas na natureza, maior e mais perfeito será nosso conhecimento de Deus.

A perfeição do homem, sua maior alegria, consiste, portanto, no desenvolvimento de sua potência natural, quer dizer, no uso de seu intelecto em benefício de sua própria utilidade, e no estabelecimento de relações com os homens, porque nada é mais útil ao homem do que o homem.

Este é o objeto para o qual Spinoza se volta em seu último escrito, que permaneceu inacabado, o *Tratado político*: partindo da constatação de que os homens são mais guiados por suas paixões do que pela razão, é necessário imaginar artifícios institucionais pelos quais os governantes, quer eles queiram ou não, sejam espontaneamente conduzidos a trabalhar pela segurança dos cidadãos, perseguindo seu próprio interesse. É ao realismo do *acutissimus Machiavellus* (agudíssimo Maquiavel) que se refere bastante claramente Spinoza: não é elaborando modelos racionais *a priori*, mas é partindo do conhecimento da natureza humana tal como ela nos é descrita pela ciência intuitiva do terceiro tipo – assim como agindo, para tudo mais, na base da experiência – que seria possível identificar os fundamentos do melhor Estado.

Toda forma de governo (monarquia, aristocracia ou democracia), contanto que ela seja habilmente organizada, é suscetível de reduzir a esfera do poder privado e fazer crescer a esfera da liberdade comum. Portanto, compreender-se-á que não é desejável determinar o modelo universal válido para todas as nações e para todas as situações. É assim para a elaboração, no caso para a Holanda, de uma constituição aristocrática rica de potencialidades libertadoras, numa época em que a realização da democracia parece comprometida, que se voltará Spinoza em seu último escrito; mas ele não renuncia por isso à possibilidade de um modelo democrático. Mas qualquer que seja o regime de um país, aí incluído o regime monárquico, que apresenta, porém, para Spinoza, os maiores perigos e os maiores limites, o objetivo da ciência política não é subverter as instituições, o que arriscaria a provocar um desencadeamento irracional das paixões coletivas. O papel da ciência política consiste em elaborar os instrumentos de controle que permitam, por um lado, dissipar as esferas de despotismo e criar, por outro lado, um terreno propício ao desenvolvimento da liberdade pública, graças à qual os homens cada vez mais numerosos chegarão a conhecer e a realizar sua natureza, e atingir, em outras palavras, a perfeição.

24
JOHN LOCKE

Laurent Jaffro *

Locke (1632-1704) foi membro da Universidade de Oxford, onde ele se formou em Medicina, ligou sua carreira ao primeiro conde de Shaftesbury (1612-1683), lorde-chanceler da Inglaterra em 1672, a quem ele seguiu em sua desgraça, viveu algum tempo em Montpellier, frequentou o ambiente intelectual holandês e retornou à Inglaterra no fim da Revolução Gloriosa de 1688, da qual ele defende o espírito a partir das suas obras que apareceram em seguida. Ele não deu ao seu pensamento a forma de um sistema. Ele consiste numa série de investigações cuja maturação, jamais alcançada, produz camadas sucessivas e que dizem respeito a objetos diversos: o espírito, o conhecimento, a crença; a moral e a política; as escrituras e a religião. A filosofia de Locke, não obstante, apresenta uma unidade sistemática: aquela de um projeto que pretende estabelecer um método determinado para servir a uma única ambição. O método que o *Ensaio sobre o entendimento humano*[1] adota é a história do espírito, no sentido não de uma narrativa de sua formação, mas de uma investigação que descreve o que se passa nele sem pretender penetrar em sua essência ou em sua natureza[2]. Seu correlato é necessariamente uma certa reserva sobre as questões que este método não permite resolver. É no "método histórico", e não numa convicção fundadora como a de um cético, que se encontra a razão do agnosticismo de Locke a propósito do que são no fundo os espíritos, ou ainda a propósito da particularidade da interação entre o corpo e o espírito. Quanto à ambição, ela é ao mesmo tempo teórica e prática: quando se identifica para cada setor do saber a forma e o grau da ra-

---

* Professor de Filosofia. Universidade Clermont-Ferrand II.

1. Há uma edição brasileira desta obra junto com outras duas. John Locke: *Carta acerca da tolerância; Segundo tratado sobre o governo; Ensaio acerca do entendimento humano*. São Paulo: Abril, 1978 [Coleção Os Pensadores – Tradução de Anoar Alex e E. Jacy Monteiro] [N.T.].

2. *Essai sur le entendement humain*, I, 1, 2.

cionalidade de que ele é capaz, se saberá o que é preciso fazer para levá-lo ao máximo de racionalidade que lhe convém. Esta ambição supõe que o saber seja diferenciado e envolva zonas que sejam suscetíveis de formas e de graus variados de racionalidade. Locke não pretende somente delimitar o alcance do conhecimento no sentido estrito do termo, mas também enriquecer nossa concepção do que é a racionalidade. A delimitação do conhecimento que, enquanto é "certeza", constitui certamente um ideal, não é, no entanto, redução da racionalidade a este conhecimento.

A racionalidade no plural: graus de conhecimento, razões da crença

O conhecimento no sentido estrito é a ciência pela qual um objeto é conhecido completamente. É isto que Locke chama de "conhecimento científico"[3], o qual é realizado nas matemáticas. Ao longo de todo o *Ensaio*, a aposta de Locke é que a teoria moral é capaz de realizar esta exigência. Para além do conhecimento, a crença, a qual não se poderia retrucar por não realizar o ideal de uma ciência perfeita, tem sua racionalidade própria. Trata-se deste aspecto do saber que Locke chama de "julgamento" ou "opinião", que se exerce principalmente na aproximação físico-química dos corpos e suas operações e a propósito das coisas da religião. Na filosofia natural, Locke considera o atomismo como a hipótese mais provável e mais fecunda para dar conta da constituição dos corpos. No entanto, o estatuto epistemológico que ele atribui a esta hipótese corpuscular é o mesmo que ele reconhece para a fé religiosa racional. Sobre este ponto, Locke rompe com o postulado cartesiano de uma afinidade profunda entre a física e a matemática. É verdade que o paradigma da filosofia natural, a seus olhos, encontra-se mais na química do que na mecânica.

As próprias crenças religiosas não são convicções irracionalmente ancoradas em nós; elas são mais ou menos prováveis e somos responsáveis por elas. Há de fato razões prováveis para acreditar e é inclusive um dever moral, em relação ao Criador que nos dotou desta capacidade, "governar bem o nosso assentimento"[4] e, mais geralmente, empregar com conhecimento de causa nossas faculdades. Os principais problemas práticos que motivaram o trabalho de Locke se referem precisamente à dificuldade desta regulação da crença. O fanatismo e a intolerância ilustram as consequências de uma falta a esse respeito. O intolerante substitui a discussão legítima sobre as razões de crer, que constituem aquilo sobre o que uma crença geralmente se funda, por uma pretensão inaceitável de governar arbitrariamente a crença dos outros, como se esta pudesse se fundar em outra coisa[5]. O fanático pretende se eximir

---

3. Ibid., IV, 3, 26.

4. Ibid., IV, 17, 24.

5. Cf. SPITZ, J.-F. (org.). *Lettre sur la tolérance et autres texts*. Paris: Flammarion, 1992.

John Locke 245

ele próprio de qualquer exame das razões de crer. Ele ignora que a fé tem necessidade de probabilidades, tal como o conhecimento tem necessidade, em seu domínio, de provas demonstrativas.

O conhecimento consiste, de fato, na percepção do acordo (ou desacordo) entre as ideias[6], que constitui a proposição[7]. Quanto à crença, ela é uma presunção do acordo ou do desacordo. Conhecimento e crença são assim duas maneiras de como tomamos uma proposição como verdadeira ou falsa[8]. Este "tomar como verdadeiro" não é arbitrário, mas está fundado ou na evidência interna da proposição – se tem então como objeto uma certeza intuitiva –, ou sobre outras considerações que situam a proposição num contexto de raciocínio ou de experiência. No caso da crença, deve-se notar que ela jamais está fundada numa evidência interna da proposição, mas sempre num contexto. Desse ponto de vista, o fanatismo pretende ser uma espécie de intuição num setor que não a suporta.

As ideias, as proposições e as coisas

Uma proposição tem como constituintes as ideias que são colocadas numa relação de acordo ou desacordo. Locke chama de "ideia" "tudo o que é objeto do entendimento quando o homem pensa"[9]. Para que "*x*" seja uma ideia não é necessário que "*x*" seja de uma natureza particular, basta que o espírito atue em relação a ele. Sendo um objeto que está imediatamente sob os olhos do espírito e sobre o qual ele pode atuar, a ideia não pode ser concebida como um ato mental[10]. Para além das ideias, em certos casos, existem coisas às quais não temos acesso direto, mas para as quais certas ideias apontam. Sabemos que estas coisas existem principalmente por meio dos efeitos que elas exercem sobre nós e especialmente quando são causas de nossas ideias. O agnosticismo é acompanhado de um realismo causal indireto.

As ideias se distinguem em ideias simples e em ideias complexas de modo ou de substância, em ideias de relação e em ideias gerais. Cada um desses tipos de ideias corresponde a uma operação particular do espírito. O tipo de operação que dá nascimento à ideia simples é a afecção passiva; para a ideia complexa é a combinação; para a de relação, a comparação; e para a ideia geral, a abstração. A percepção do acordo ou do desacordo entre as ideias, em que consiste o conhecimento, pode ser intuitiva,

---

6. *Essai sur entendement humain.* Op. cit., IV, 1, 2.

7. Ibid., IV, 5, 2.

8. Ibid., IV, 14, 4.

9. Ibid., I, 1, 8.

10. Locke não segue Descartes e Arnauld nesse ponto. Sobre a querela das ideias, cf. JOLLEY, N. *The Light of the Soul* – Theories of Ideas in Leibniz, Malebranche, and Descartes. Oxford: Clarendon Press, 1990.

demonstrativa ou sensitiva. Esta análise supõe que o espírito tem a capacidade de voltar sua atenção para suas próprias operações e ter delas ideias de reflexão. É por isso que o "método das ideias" não poderia se apoiar unicamente nas sensações.

Locke foi acusado por Stillingfleet (1635-1699), bispo de Worcester, de ser cético nos planos epistemológico e teológico. Se toda certeza repousava nas ideias, frequentemente permanecemos na incerteza. Segundo a *Segunda réplica ao bispo de Worcester* (*Second Reply to the Bishop of Worcester*) de 1699, esta objeção confunde a questão da certeza com aquela da extensão do conhecimento. Locke precisa que um "pequeno conhecimento é ainda um conhecimento e não ceticismo". Se a razão é assimilável a uma vela, esta pode iluminar uma pequena área, mas o bastante para que se veja aí claramente.

A definição do conhecimento como percepção (ou da crença como presunção) de um acordo ou desacordo entre ideias não limita seu alcance aos seres de quem se tem ideias. Sabe-se que as coisas existem, sem saber o que elas são. Por exemplo, a crença na existência dos anjos é altamente provável, enquanto ela é garantida pela Revelação e também porque a admissão de uma imensa variedade de espíritos seria coerente com o que a experiência nos ensina da imensa variedade dos corpos[11]. Porém, nenhuma proposição pode ser formada sem que duas ideias pelo menos estejam aí reunidas ou separadas. Isto responde à objeção de Stillingfleet, já que, se somos capazes de tomar como verdades as proposições a propósito das coisas que não conhecemos, é preciso que tenhamos por causa disso as ideias que formam estas proposições. Locke tende assim a fazer das ideias os ingredientes da proposição e a transformar a proposição em verdadeiro objeto da crença ou do conhecimento. Sobre este ponto, ele não é tanto o filósofo das ideias quanto da proposição.

Verdade e realidade

Como Locke concebe a verdade de uma proposição e, mais geralmente, o acordo das ideias e das coisas? Em sua pena, em certos casos, como o caso das proposições que enunciam as propriedades das noções matemáticas, é o acordo entre as próprias ideias que assegura a verdade. Em outros casos, como quando as proposições mobilizam nossas ideias sobre as substâncias, a verdade consiste na conformidade do acordo enunciado pela proposição com o acordo entre as coisas para as quais as ideias apontam. A questão da adequação das ideias, quer dizer, de suas relações com as coisas, mudam absolutamente segundo temos como objeto este ou aquele tipo de ideias. Ela é complicada num nível superior, quando se acrescenta à consideração das ideias a consideração das palavras – objeto do livro II do *Ensaio*: com a distinção

---

11. *Essai sur entendement humain.* Op. cit., IV, 3, 27.

John Locke

entre proposição verbal e proposição mental, o erro pode se situar também no nível de sua articulação.

Como regra geral, as ideias são adequadas quando elas representam perfeitamente seus modelos[12]. Mas, como sempre em Locke, é preciso desconfiar das generalidades e considerar a questão caso a caso. As ideias simples não são adequadas senão ao sentido em que elas indicam, com sua ocorrência, a existência de algo que as causou, sem nos informar sobre sua natureza. As sensações são adequadas à existência – e não à essência – de poderes que têm as coisas de causá-las e que Locke, nas pegadas do químico Robert Boyle (1627-1691), denomina "qualidades secundas"[13]. Quanto às ideias complexas de modo e às ideias de relação, cujos exemplos mais imediatos são as noções matemáticas, elas são plenamente adequadas, mas num sentido bem diferente. Como são construídas pelo espírito, estas ideias são seus próprios modelos. Enfim, no caso das ideias de substância, tem-se uma distância muito grande entre a ideia e a coisa quando estas ideias envolvem como pretensão descrever as coisas.

Pode-se dar conta de duas maneiras muito diferentes das ideias de substância, segundo sejam acompanhadas do pressuposto de uma essência real, ou sejam analisadas como uma coleção de ideias simples. A essência real é a constituição interna da coisa[14], mas se deve constatar com Locke que ela não é objeto de conhecimento. Na segunda concepção, as ideias dos corpos são compreendidas como coleções de propriedades, das quais se constata a coexistência num mesmo sujeito. Esta concepção se apoia na essência nominal, quer dizer, na significação do termo expressa em sua definição –, mas sua consideração não nos dá acesso à realidade da coisa e não nos permite compreender como suas propriedades surgem, ainda que elas devam ter um fundamento real. Deve mesmo existir uma relação entre a essência real de uma coisa e as propriedades que marcamos nela e que nos servem para defini-la nominalmente, mas a ignoramos em seu detalhe. É por isso que "todas as nossas ideias complexas das substâncias são imperfeitas e inadequadas"[15].

Quando se tem como objeto as matemáticas, a essência real nos é conhecida imediatamente e ela é a razão da conexão natural entre as ideias. As matemáticas encarnam o ideal de um conhecimento adequado, mas elas não são o conhecimento de outra coisa senão construções do espírito. Quando nos voltamos para as ideias das substâncias, não se conhece a essência real da coisa, aquilo de que decorrem as propriedades e que determina suas relações e seus efeitos[16]. Na ausência de uma

---

12. Ibid., II, 31, 1.

13. Ibid., II, 8.

14. Ibid., III, 6, 6.

15. Ibid., II, 31, 11.

16. Ibid., IV, 3, 29.

"ciência perfeita", podemos, no entanto, ter uma opinião provável a respeito do quadro geral da explicação. Para isso, recorremos ao modelo corpuscular. Resta uma hipótese, mas que não temos boas razões para adotar, particularmente porque ela se apoia comodamente numa analogia entre as propriedades microfísicas que nos escapam e as propriedades macrofísicas que podemos observar.

Empirismo ou racionalismo

É preciso situar a filosofia de Locke em relação ao empirismo sem diminuir seus aspectos racionalistas. Isto leva a precisar o alcance da célebre crítica do inatismo, que é o objeto do primeiro livro do *Ensaio* em relação ao projeto geral de Locke. Os platônicos de Cambridge afirmavam que todo conhecimento é reminiscência: o espírito, quando se conhece, tira isto de seu próprio fundo. Uma primeira maneira de compreender a rejeição do inatismo consistiria em dizer que, se o conhecimento deriva da experiência sensível, então, é preciso rejeitar o princípio das ideias inatas. Não haveria ideias inatas, porque todas as ideias seriam artificiais ou adventícias. Se esta hipótese, frequentemente atribuída a Locke, fosse a boa, o *Ensaio* deveria então começar pelo livro II, o qual expõe a origem das ideias. O argumento que Locke efetivamente adotou consiste em dizer que não há ideias inatas, porque a teoria do inatismo é incoerente e inútil. Sua rejeição não repousa de maneira determinante na tese de uma origem empírica do nosso conhecimento, que é somente um argumento entre outros[17]. Consideremos a proposição "o branco não é o preto", ou "um quadrado não é um círculo"[18]. A interpretação empirista consistiria em dizer que os termos da proposição são extraídos da experiência sensível e que a própria proposição é uma cópia de uma experiência anterior. Para Locke, uma proposição desse tipo não é inata, não pelas razões que o empirismo invoca, mas porque nosso conhecimento desta proposição não repousa em conhecimentos inatos, mas simplesmente em nossa faculdade de intuição. Da mesma maneira, a proposição "Deus existe" não é inata, não porque a ideia de Deus deriva de dados sensoriais, mas porque esta proposição é objeto de um conhecimento demonstrativo. Sem subscrever uma tese empirista que reduzia o conhecimento à experiência sensível ou ao hábito, Locke subscreve inegavelmente uma tese empirista sobre a origem das ideias. Mas não é esta tese que motiva sua rejeição do inatismo, mas outra tese, racionalista, que tem como objeto a natureza do conhecimento: ela é percepção (intuição, demonstração, ou conhecimento sensível) de uma proposição que consiste em um acordo ou em um desacordo entre as ideias. O estoque de ideias simples diretamente saídas da experiência não

---

17. Ibid., I, 2, 23.

18. Ibid., I, 2, 18.

John Locke 249

basta, aliás, para constituir o conhecimento; é preciso acrescentar a elas o "exercício da faculdade discursiva", o "uso da razão"[19].

O conhecimento das normas

A questão do inatismo na moral não se coloca nos mesmos termos da matéria teórica. Ainda que a existência de um consentimento universal não seja jamais a prova do inatismo de uma proposição, é notável que este consentimento, que se pode encontrar no caso de algumas proposições teóricas, não tenha equivalentes nas proposições normativas. Basta observar a diversidade dos costumes e das sociedades. Esta observação não conduz ao ceticismo, mas à conclusão de que as verdades morais não são evidentes. Locke não duvida de fato da existência de regras morais verdadeiras. Ao contrário, algumas destas regras são para ele tão verdadeiras quanto os teoremas, quer dizer, as verdades demonstradas. Aqui, ainda, o que permite refutar o inatismo é a tese segundo a qual um conhecimento intuitivo ou demonstrativo não se apoia num estoque de noções depositadas num mundo inteligível, para o qual o espírito deveria se voltar. Exatamente porque as regras morais são demonstráveis é que elas não podem ser inatas. Além disso, "não existe uma única regra moral para a qual não se possa exigir uma razão"[20]. O inatismo na moral é ainda mais perigoso que o inatismo na teoria, pois se fica dispensado de justificar os comportamentos. Ao contrário, se uma verdade moral é demonstrável, devemos fazer o esforço para descobri-la por intermédio de um "exercício do espírito"[21]. Não esqueçamos que nossa primeira responsabilidade moral se situa no uso que fazemos de nossas faculdades.

Na psicologia moral de Locke, é preciso distinguir a instância das regras da instância dos motivos. O que motiva a ação não é a regra propriamente dita, mas o desejo de felicidade e a aversão em relação à infelicidade[22], que podem ser reduzidos ao desejo do prazer e à aversão em relação à dor[23]. As regras indicam como se deve agir, mas não levam a agir. Seu respeito prático não é a mesma coisa que sua compreensão. Ele repousa nos aguilhões do prazer e da dor, na medida em que a motivação se deve à perspectiva de sanções positivas ou negativas – assinalemos, de passagem, que está aqui a razão do interesse de Locke pela questão da identidade pessoal[24], já que as sanções, para que sejam justas, supõem a identidade ao longo do tempo da pessoa julgada. Há uma porção

---

19. Ibid., I, 2, 15.

20. Ibid., I, 3, 4.

21. Ibid., I, 3, 1.

22. Ibid., I, 3, 3.

23. Ibid., II, 21, 42.

24. Ibid., II, 27.

de hedonismo na concepção da motivação da ação prática, ainda que Locke não faça do prazer o critério do bem moral. O valor depende de uma regra.

As noções morais são de fato relativas, já que não se pode avaliá-las senão relativamente a uma regra[25]. As regras são de três tipos: reveladas por Deus ou descobertas pela razão ("lei de natureza", dita também "lei divina"); impostas pelo magistrado (lei civil); ou também agindo na prática de maneira implícita a partir dos códigos de conduta dominantes (lei de opinião). A distinção entre os três tipos de regras permite conciliar o universalismo da lei divina, no sentido em que ela se dirige a todos, com o relativismo da lei de opinião ou da lei civil. Nossos julgamentos morais no estado social têm tanta relação com os preconceitos quanto com um ingrediente universal. Os ensinamentos dos três tipos de leis não coincidem necessariamente. Uma das vantagens desta tripartição é que se evita tanto a teocracia quanto o moralismo e se assimila um pluralismo que torna a tolerância indispensável.

Além disso, de acordo com a concepção voluntarista que Locke subscreve, a lei supõe um legislador que a quis[26]. No caso da lei divina, que me manda conservar os outros homens tanto quanto a mim[27], a existência do legislador é demonstrável, mas a dedução da lei divina é problemática. *O ensaio sobre o entendimento humano* somente realiza muito parcialmente sua ambição de alcançar o conhecimento científico no campo da moral. O capítulo 10 do livro IV faz bem a demonstração da existência do legislador ao recorrer a uma variante da prova cosmológica. Mas é esta uma demonstração da lei divina em seu conteúdo? Esta norma é a mais elevada, no sentido de que ela pode virtualmente ser descoberta pela razão, tanto quanto ela é realmente objeto de uma revelação pela Escritura. Mas Locke acaba por afirmar que a instrução do Evangelho, sendo a mais clara, é, para a maioria dos homens, mais segura do que aquela que poderia trazer uma demonstração. Como por uma espécie de retratação que é também uma denúncia de toda interpretação hiper-racionalista de seu pensamento, Locke escreve assim em seu *Cristianismo racional* (1695):

> A filosofia parece ter esgotado suas forças e ter feito tudo quanto lhe é possível. Se ela devesse ir mais longe do que constatamos e se, a partir de princípios incontestáveis, ela nos fornecesse uma ética na forma de uma ciência, tal como as matemáticas, em qualquer ponto demonstrável, isto mesmo não teria sido eficaz para o homem em sua condição imperfeita, nem teria constituído um remédio apropriado[28].

---

25. Ibid., II, 28.

26. Ibid., II, 28, 5.

27. *Second traité du gouvernement*, II, 2, 6.

28. LOCKE, J. *The Reasonableness of Christianity*. Oxford: Clarendom Press, 1999, cap. XIV, p. 157 [org. por J.C. Higgins-Briddle].

25

NICOLAS MALEBRANCHE

Jean-Christoph Bardout *

Exato contemporâneo de Luís XIV (1638-1715), o orador francês Nicolas Malebranche (1638-1715) desenvolve uma filosofia que o situa na charneira da Idade Clássica e do século XVIII. Consultando as duas fontes maiores que foram Santo Agostinho (354-430) e Descartes (1596-1650), este filósofo exerceu, no entanto, sobre as Luzes europeias uma influência tão profunda que foi multiforme e difusa. Se teve poucos discípulos, Malebranche teve, por outro lado, muitos leitores, que viram nele um dos grandes escritores de uma época na qual eles não estavam ausentes. Ainda que seu pensamento pertença ao que se chamou de "idade dos sistemas", seus diversos elementos serão rapidamente desmembrados, a ponto de fornecer materiais tanto para os defensores do cristianismo quanto para aqueles da religião natural, ou seja, para os pensadores mais ou menos explicitamente ateus.

Saído de uma família da burguesia parlamentar, o jovem Malebranche, cuja saúde permaneceu sempre frágil, realiza quase todos os seus estudos na casa do pai, e só é admitido com dezesseis anos no Colégio de La Marche. Depois de ter estudado Teologia na Sorbonne de 1656 a 1659, o jovem entra para o Oratório em 18 de janeiro de 1660; ele passou, portanto, seu período mais brilhante em Paris, à exceção de algumas viagens para as residências provinciais da congregação.

É no decorrer de 1664 que ele é ordenado padre e se converte à filosofia e, mais especialmente, ao cartesianismo, descobrindo, ao acaso de um passeio no Quartier Latin, o *Tratado sobre o homem* (*Traité de l'homme*) de Descartes que acabara de aparecer. Defendendo o mecanismo e a estrita distinção da alma e do corpo, este tratado de fisiologia se deixa ler acompanhado de vários textos e comentários de seus editores (Claude Clerselier e o médico Louis de La Forge) que, com uma intenção apologética, insistem no valor religioso e na fecundidade científica da nova filosofia.

---

* Mestre de conferências de Filosofia. Universidade de Rennes I.

Depois de dez anos de leitura e de trabalho, Malebranche publica em 1674 e 1675 a obra *Sobre a busca da verdade onde se trata da natureza do espírito do homem e do uso que se deve fazer para evitar o erro nas ciências* (*De la recherche de la vérité où l'on traité de la nature de l'esprit de l'homme e de l'usage qu'il doit faire pour éviter l'erreur dans les sciences*). Pela impressionante profusão dos temas abordados, a *Recherche* abriga numerosos desenvolvimentos que ficaram sem equivalentes nas obras posteriores de Malebranche. Com a finalidade de dar a seu pensamento uma forma mais acessível e condensada, o membro do Oratório inaugura em 1677, com as *Conversações cristãs* (*Conversations chrétiennes*) o gênero de diálogo filosófico que permanecerá caro a ele. A *Recherche* é enriquecida em 1678 com um terceiro volume de *Esclarecimento* (*Éclaircissement*), que retorna às questões mais importantes, não sem desviar já as perspectivas. Ao precisar, no décimo *Esclarecimento*, os contornos de seu racionalismo, Malebranche supera uma etapa decisiva no processo de reforma do cartesianismo e prepara a anexação à filosofia de novos territórios. Contra Descartes (1596-1650), que declara que Deus é incompreensível porque ele criou livremente as verdades eternas (lógicas, matemáticas e éticas), Malebranche assegura que o homem participa imediatamente da razão incriada, divina e universal, razão à qual o próprio Deus se conforma no ato criador e no governo do mundo, agindo "pelas vias mais simples".

Com a publicação em 1680 do *Tratado sobre a natureza e sobre a graça* (*Traité de la nature e de la Grace*), a filosofia de Malebranche se apropria de questões que, por um lado, permaneciam até então como o apanágio da teologia. Ainda que sobrenatural, o dom da graça, não obstante, obedece a leis análogas àquelas que regem a natureza material e os espíritos em suas operações naturais. A década que se abre verá aparecer as outras obras principais de Malebranche, das *Meditações cristãs* (*Méditations chrétiennes*) de 1683 ao *Tratado sobre a moral* (*Traité de morale*) de 1684 e a imponente síntese que constituem as *Conversações sobre a metafísica e sobre a religião* (*Entretiens sur la métaphysique e sur la religion*) de 1688. É também nessa época que começa a longa e intensa polêmica entre Malebranche e Antoine Arnauld (1612-1694), preocupado com as consequências teológicas do *Traité* de 1680 e descontente com aquilo que ele julga ser uma traição do cartesianismo. Por causa de sua orientação propriamente filosófica (a questão da origem e da natureza de nossas ideias), esta polêmica lança uma nova luz sobre a questão da representação e da intencionalidade dos atos cognitivos. O debate tem como objeto essencialmente a questão de saber se a concepção cartesiana da ideia como modo do espírito pode dar conta do conhecimento dos objetos eternos e infinitos.

Como testemunham suas obras matemáticas, seus trabalhos sobre as leis do movimento e sua polêmica com Leibniz (1646-1716) a esse respeito, sua nova teoria das

Nicolas Malebranche   253

cores exposta no último *Esclarecimento* ou suas investigações referentes à impossibilidade da geração espontânea, Malebranche foi um ator importante da vida científica
de sua época, o que lhe valeu ser eleito para a Academia de Ciências em 1699. Os
últimos anos de sua vida testemunham uma atividade sempre sustentada, marcada
principalmente pelas reedições de suas obras mais importantes, que Malebranche
retoca à medida dos desenvolvimentos de seu pensamento.

Há provavelmente várias maneiras de ser cartesiano. Para os contemporâneos de
Malebranche, o autor do *Discurso do método* permanece mais atual do que aquele
das *Meditações metafísicas*. Descartes permanece excepcional entre todos os filósofos,
pelo seu esforço de romper com o método e, portanto, também com a visão de mundo de seus antecessores escolásticos. No momento de finalizar sua primeira obra,
Malebranche, que acabara de dirigir vigorosas críticas à física de Descartes, resumiu
assim os princípios de seu posicionamento: "Confesso, no entanto, que devo ao Senhor Descartes ou à sua maneira de filosofar os sentimentos que eu oponho aos seus,
e a ousadia de retomá-lo"[1]. Jogando com o duplo sentido da palavra, Malebranche
vai retomar (no sentido de uma adesão ou de uma repetição) o método para melhor
retomar (no sentido de uma correção) algumas teses metafísicas e físicas. É, portanto, graças ao método cartesiano que é retomada novamente a questão do fundamento dos conhecimentos humanos. De Descartes, Malebranche herda a eliminação do
provável, a confiança na evidência das ideias claras e distintas[2] e a afirmação da autonomia da razão; com Descartes, ele recusa a precipitação e desafia os preconceitos. O
campo próprio de competência do filósofo e aquele do teólogo se acham assim bem
definidos e claramente delimitados. Enquanto o teólogo adere pela fé aos mistérios
que ele não poderia sondar e se funda na Revelação, na autoridade dos Pais da Igreja
e no consenso da tradição, o filósofo reivindica tratar, unicamente pelas forças de
seu espírito e sem se submeter em nada a uma tradição intelectual qualquer, todas as
questões pelas quais se pode obter a evidência[3]. Mas, porque o filósofo é esclarecido
pela razão, que é também aquela de Deus, ele não tardará em tentar sondar suas
vias. Em última análise, filosofia e Revelação constituem dois modos distintos, mas
finalmente convergentes, segundo os quais Deus se revela ao homem.

A interrogação sobre o fundamento da verdade e a origem de nossos conhecimentos não poderia, no entanto, ser dissociada de uma análise concreta das condições nas quais funciona o entendimento humano. Convém, para Malebranche, não

---

1. MALEBRANCHE. *De la recherche de la vérité*. VI, 2ª parte. Paris: Vrin, 1958ss., cap. 9 [Bibliothéque
des Textes Philosophiques].

2. Ibid., I, cap. 2, § 4.

3. Ibid., I, cap. 3, § 2.

subestimar o fato de que o homem é composto de um espírito unido a um corpo que pode perturbar – ou também favorecer – o trabalho do espírito. Antes de propor um método em seu último livro, a *Recherche* se põe, portanto, a analisar as múltiplas causas de nossos erros, dividindo-os segundo as diferentes faculdades do espírito (sentidos, imaginação, entendimento). A própria vontade, assim como os múltiplos motivos que podem incliná-la ao erro, são objeto de um estudo minucioso, pelo tanto que é preponderante seu papel no julgamento verdadeiro.

Contrariamente a Descartes ou a Spinoza (1632-1677), e mais próximas do pluralismo leibniziano, as diferentes obras do membro do Oratório não apresentam sempre o mesmo ponto de partida. Enquanto a *Recherche* privilegia o estudo das faculdades do espírito e seu funcionamento, as *Entretiens* partem da distinção da alma e do corpo para afirmar em seguida a tese dita da "visão em Deus" das ideias. Todavia, pode-se entrar no "sistema" a partir daquilo que foi uma de suas intuições fundamentais: os seres criados, o corpo assim como os espíritos, são, por natureza, despojados de todo poder causal. Por isso mesmo, o homem não pode nada. Esta intuição, ao mesmo tempo metafísica e religiosa naquilo que ela livra definitivamente a filosofia do paganismo latente, que comprometia seu valor desde a Antiguidade, dá conta da concepção de Malebranche sobre a natureza, a antropologia, a teoria do conhecimento, ou ainda os principais aspectos da ética.

A concepção da causalidade desenvolvida por Malebranche deriva simultaneamente do desejo de glorificar Deus na natureza e observar sem falhar o princípio das ideias claras e distintas. Se temos uma ideia clara e distinta da matéria extensa e de suas propriedades (figuras e movimentos), não poderíamos, ao contrário, representar a causalidade que, por exemplo, produz o movimento de um corpo quando outro o toca. Segue-se que a causalidade não pertence aos corpos, cujos choques são somente as "causa ocasionais" segundo as quais Deus, a única causa eficiente, produz os movimentos na natureza. A ligação causal se reduz à conexão constante e invariável da ocasião (aqui, o choque dos corpos) e da potência causal, que atua observando constantemente as leis do movimento. A glória de Deus não se manifesta jamais melhor do que no curso regular e uniforme da natureza – disso se lembrarão os pensadores das Luzes.

O mesmo princípio de explicação permite suprimir a contradição com a qual se choca a antropologia cartesiana. Ao se esforçar para estabelecer a distinção real da alma e do corpo, Descartes não obstante afirma que duas substâncias estão realmente unidas enquanto elas atuam reciprocamente uma sobre a outra. À semelhança de Spinoza e de Leibniz (1646-1716) que recorrerá à noção de harmonia, Malebranche vê nesta tese uma dificuldade para a qual o ocasionalismo fornece a solução. A interação real de duas substâncias ontologicamente heterogêneas, sendo pelo menos tão inteligível quanto a produção de um movimento por um corpo, faz que ele estenda o princípio das causas ocasionais ao domínio da união da alma e do corpo. Nessa perspectiva, o que ocorre na alma é a causa ocasional da produção por Deus das afecções corporais correspondentes: assim, é Deus que levanta efetivamente nosso braço quando queremos. Reciprocamente, as afecções de nosso corpo são causas ocasionais das modificações de nossa alma, assim como as sensações: não é o alfinete que nos fere efetivamente, mas Deus que nos afeta com uma dor correspondente à lesão que o alfinete produz em nossa carne. A união psicofísica se define, portanto, como um conjunto de conexões entre acontecimentos sem relação intrínseca, cuja correlação constante é assegurada pela vontade divina.

Desprovidos de todo poder causal, os corpos não poderiam afetar o espírito, tanto quanto o espírito não pode produzir por si mesmo suas ideias quando está em presença do corpo. A teoria do conhecimento obedece, portanto, ao cuidado de reservar a Deus o exclusivismo da causalidade. Já que as ideias não residem em nosso espírito e não provêm do corpo, permanece que elas são vistas em Deus[4]. De acordo com Malebranche, as características de necessidade, infinitude e imutabilidade que se ligam às ideias confirmam sua tese. Fazendo isto, o filósofo pretende oferecer uma solução para o problema do conhecimento, tal como Descartes o formulou: como explicar que as ideias, nascidas conosco ou inatas, e definidas como modos de um espírito finito, podem representar os objetos situados fora dele, ou nos fazer conhecer o infinito? Malebranche pretende, além disso, atribuir ao saber um fundamento indestrutível, colocando nosso entendimento em contato imediato com as ideias, portanto, com a razão divina.

Assim, é preciso distinguir mais claramente do que Descartes as ideias claras, distintas e universais, e as sensações, sempre particulares e confusas, já que elas não nos informam sobre a natureza dos corpos, mas antes sua utilidade para nós.

A "visão em Deus" permite, portanto, alcançar as ideias universais, arquétipos ou essências das criaturas, tais como a ideia de matéria extensa, extensão que se diz "inteligível" em oposição à extensão criada, que, em si mesma, permanece para nós totalmente invisível. Isto quer dizer que não conhecemos tanto as coisas quanto suas ideias. Acedemos, de fato, às ideias contidas no Verbo divino, mas não às coisas existentes, que Deus produz e conhece em sua vontade única. A existência dos corpos não pode, portanto, com todo rigor nem ser deduzida das ideias, nem ser demonstrada racionalmente; ela será confirmada pela Revelação, que ensina que Deus criou o mundo. O problema do conhecimento do individual permanece posto com

---

4. Ibid., III, II, cap. 6.

acuidade, como testemunha, por exemplo, a tese segundo a qual não temos uma ideia clara de nossa alma[5].

A dependência cognitiva do homem para com Deus se desdobra a partir de uma semelhante heteronomia na ordem ética. Se o homem não é para si sua luz, como repete frequentemente Malebranche depois de Santo Agostinho, ele não é mais a fonte dos valores que devem orientar suas ações. É em Deus que vemos o que Malebranche chama de ordem, em outras palavras, a hierarquia das perfeições divinas, segundo as quais as criaturas foram produzidas e são mais ou menos dignas de amor. A moral se dota assim de um fundamento comparável àquele das ciências teóricas. Mas os textos relativos à ordem derivam de uma dificuldade análoga àquela que assinalamos a propósito do conhecimento dos seres singulares: permanece, de fato, perigoso fundar uma ética concreta a partir de uma ordem que hierarquiza as perfeições necessariamente universais. Consciente da dificuldade, Malebranche inclinará sua moral privilegiando, em seus últimos textos, o sentimento de prazer, destinado a mover mais eficazmente a vontade. Por um destes retornos de que ele é costumeiro, o pensamento do piedoso membro do Oratório abrirá muito as perspectivas para os teóricos de um hedonismo que não será sempre cristão.

---

5. Ibid., III, II, cap. 7.

26

A CIÊNCIA DA NATUREZA HUMANA
Consciência, razão, afeto na Idade Clássica

Frédéric Brahami *

Na alvorada da Idade Clássica, não era mais tanto a razão quanto a consciência que definia o homem: "Sei mais o que é homem do que sei o que é animal, ou mortal, ou racional. Para esclarecer uma dúvida, eles me oferecem três"[1]. Com Montaigne (1553-1592) o homem compreende a si mesmo como consciência. Descartes (1596-1650) retomará o argumento:

> O que é um homem? Diria eu que é um animal racional? Não certamente: pois seria preciso depois procurar saber o que é animal e o que é racional, e assim de uma única questão cairíamos insensivelmente numa infinidade de outras mais difíceis e perturbadoras[2].

As razões desta transformação[3] são muitas, mas todas se expressam na desqualificação da lógica aristotélica, que compreendia o real de acordo com os gêneros e suas diferenças específicas. Este colocar de lado procede em Montaigne de um ceticismo que, no que toca à língua, atinge a razão em sua pretensão de falar do ser: "Não temos qualquer comunicação com o ser"[4]. Portanto, o pertencimento do homem ao mundo e, em consequência, a relação feliz do homem com o ser, tal como vem mediatizada pela razão, não é mais evidente. Ou melhor, é a própria razão que se

---

* Professor de Filosofia. Universidade de Franche-Comté.

1. MONTAIGNE, M. *Essais*, Vol. III. Paris: Imprimerie Nationale, 1999, p. 13-432 [org. por A. Tournon].

2. DESCARTES, R. *Méditations métaphysiques*, II. Paris: CNRS/Vrin, 1996 [Oeuvres Completes – Org. por C. Adam e P. Tannery – Doravante AT, seguido do volume e da página: AT-IX-20].

3. Sobre a articulação do antigo e do moderno, cf. a exaltante obra de BRAGUE, R. *La sagesse du monde* – Histoire de l'expérience humaine de l'univers. Paris: Fayard, 1999.

4. *Essais*. Op. cit., II, p. 12-434.

encontra atribulada, pois na virada dos séculos XVI e XVII as obras contemporâneas de Montaigne, Shakespeare (1564-1616) e Cervantes (1547-1616) a transformam numa possível loucura. Descartes (1596-1650) compartilha com esta inquietação teórica e dela se alimenta. Não se trata mais somente de colocar em dúvida a capacidade da razão para alcançar a verdade, mas antes de enfrentar a possibilidade de a razão ser uma loucura, quer dizer, produzir um sistema de ficções tão bem agenciado que não temos qualquer meio de nos emancipar dele. É por isso que cabe ao sujeito estatuir sobre a razão, e não mais cabe à razão determinar o estatuto do indivíduo. Antes de ser atribuída à coisa, a razão é o pensamento de um sujeito; julgamento antes de ser conhecimento. Também o pensamento, do qual a coisa está agora ausente, volta-se para si mesmo de maneira a perceber que é ele que determina o valor da razão, que é por ele e para ele que há objetos para pensar: seria preciso, portanto, que a própria razão fosse fundada, garantida e assegurada; seria preciso que, por sua vez, como os sentidos, ela exibisse os títulos que lhe dão o direito de estatuir sobre os objetos.

Este primado da consciência implica que a articulação dos elementos constitutivos do homem seja reconfigurada. De fato, quando a razão define o homem, as paixões só podem absolutamente ser compreendidas como aquilo que, no homem, participa também como animalidade, de uma maneira ou de outra. Mas quando a razão é somente uma faculdade entre outras – ainda que recuperada como a mais digna e reconhecida como a única capaz de sustentar o edifício da ciência –, a paixão não pode ser simplesmente determinada em relação a ela, e de maneira negativa. A afetividade assume então uma nova significação. Somente ela permite à filosofia da consciência escapar de seu horizonte solipsista. Porque são infensos à reflexão, a razão e os dados da sensibilidade aparecem como podendo jogar plenamente o seu jogo, ainda que o mundo não existisse. A afetividade, ao contrário, instala-nos imediatamente na relação com uma realidade exterior inegável. É sempre possível dizer que não sabemos o que nos faz mal, nem como podemos sentir o mal; é lícito ao filósofo afirmar que a queimadura não está na chama, nem mesmo, caso se queira, em seu próprio corpo, visto que, para falar propriamente, é a alma que sente. Para dizer isso com a linguagem do século XVII, cor e dor estão, enquanto representações, situadas no mesmo plano. Mas, enquanto sentimento, as coisas são diferentes, porque o prazer e a dor significam por si mesmos, para nós, nossa passividade e, por conseguinte, vem-nos na experiência a presença irredutível de uma realidade exterior que atua sobre nós, qualquer que seja sua natureza. Além disso, ainda que o *ego* se tornasse o princípio do conhecimento (ou do desconhecimento), ele não seria por isso a instância que define propriamente o ser humano: Deus também, ou os anjos, dizem *ego*. Não é, portanto, o *ego* que faz

A ciência da natureza humana   259

o homem, visto que eu não perderia nada desse *ego*, mas tudo da minha humanidade, se eu perdesse meu corpo, de maneira que não é tanto na pureza do sujeito
pensante que o encontramos, senão na interpretação, impura e opaca à razão, da
consciência e do afeto.

Da consciência ao desejo

O dualismo cartesiano da alma e do corpo faz da paixão (que se deve entender no
sentido amplo do afeto, polarizado em prazer e dor) um objeto teórico eminentemente
original. Signos de minha corporeidade, as paixões, não obstante, não são sentidas unicamente na ou pela minha alma, de modo que fossem espirituais nesse sentido. Não se
poderia deduzir, portanto, a paixão nem das leis da mecânica, que regem integralmente
o corpo, nem das propriedades de uma alma que viveria, sem a menor paixão, uma
vida plena e inteira. Além disso, por mais paradoxal que possa parecer, o dualismo
cartesiano, logo que ele abandona suas terras metafísicas e físicas para explorar, enfim,
o campo da antropologia, faz da paixão o centro de sua definição do homem[5]. A união
da alma e do corpo, que se realiza na paixão, resiste à compreensão abstrata do entendimento, e mesmo à apreensão imaginativa. Ela é sentida mais do que pensada:

> As coisas que pertencem à união da alma e do corpo somente se conhecem
> obscuramente pelo entendimento, nem mesmo pelo entendimento auxiliado
> pela imaginação; mas elas se conhecem muito claramente pelos sentidos[6].

Descartes realiza, assim, uma revolução filosófica que faz do homem um ser de
paixão, definido por sua passividade, por sua relação com uma exterioridade que se
dá na confusão do vivido mais do que na distinção de um concebido. A promoção
da consciência faz do homem enquanto homem um ser de sentimento.

Privado de toda validade naquilo que diz respeito ao conhecimento metafísico e
físico, o sentimento rege em sua totalidade o domínio da vida. A percepção sensível
não nos dá acesso ao real; as representações que temos das coisas são determinadas
não por aquilo que elas são, mas pelo uso que delas fazemos. É o útil e o nocivo, não
o verdadeiro e o falso, que desenham e colorem as coisas, que se transformam em
objetos. A percepção sensível está submetida à lei do prazer e da dor, e de todas as
paixões decorrentes. A vida se mantém, persevera e se fortalece sem que haja necessidade para isto de um saber racional; a natureza regula o composto da alma e do corpo
que somos. É por isso que as paixões "são todas boas por sua natureza"[7]. A percepção

---

5. Cf. KAMBOUCHNER, D. *L'Homme dês passions*. Paris: Albin Michel, 1995.

6. *A Elisabeth*, 28/06/1643.

7. ROUSSEAU & DESCARTES. *Les passions de l'âme*, art. 211.

sensível na medida em que ela é sentida, o prazer, a dor, as paixões preenchem uma função vital; são os elementos do humano vivo, que derivam da organização material do corpo, na medida em que este deve absolutamente preparar um espírito que lhe é ontologicamente heterogêneo para reagir em vista da atenção que ele reclama: "A utilidade de todas as paixões só consiste no fato de que elas fortalecem e fazem durar na alma os pensamentos, que é bom que ela conserve, e que poderiam facilmente sem isto ser apagadas"[8]. Pelas paixões e pela ordem inteira da sensibilidade, o corpo e a alma se pertencem reciprocamente. Porém, este duplo pertencimento da afetividade ao corpo e à alma não dá a solução antropológica ao problema do dualismo metafísico, a não ser reconduzindo o dualismo para o interior mesmo do *cogito*. Isto porque, na realidade, o dualismo metafísico da alma e do corpo envolve a exclusão do corpo. Não é somente em Berkeley (1685-1753) que o corpo, no sentido de uma realidade material qualquer (este quadro diante de mim, mas também a minha mão) desapareceu, mas também em toda filosofia clássica, aí incluída a materialista. Se de fato se entende pelo nome *pensamento* "tudo aquilo que é assim em nós, de que somos imediatamente conscientes"[9], então, a existência dos corpos escapa inevitavelmente a qualquer apreensão intelectual. De acordo com Descartes, só temos absolutamente uma "grande inclinação para acreditar"[10] que nossas ideias de corpo saem do corpo que existe realmente fora do espírito, e só é preciso a veracidade divina para fundar nossa *confiança* nessa propensão. Malebranche (1638-1715) radicaliza esta tese: o que a sensibilidade nos dá não é o corpo, mas uma simples modificação da minha alma. Sentimos certamente o corpo, mas, justamente, o corpo sentido não é o corpo real: "Nem nosso corpo nem estes de seu entorno podem ser objeto imediato do nosso espírito; não podemos aprender com nosso cérebro se ele existe realmente, e muito menos se há corpos que nos cercam"[11]. A existência não é absolutamente vista, ela é somente experimentada. Há, portanto, uma cisão radical entre a ordem das ideias e a ordem do sentimento. Esta gravidez da representação está também presente nos empiristas, e Locke (1632-1794) terá o cuidado de fazer de nosso conhecimento da existência das coisas materiais uma espécie de parte do conhecimento, diferente daquele pelo qual temos a intuição de nossa existência, assim como da inferência que nos permite

---

8. Ibid., art. 74.

9. Texto modificado: a versão francesa toma *"connaissants"* por *conscii* [*Méditations*. Op. cit., AT-IX-124]. Já para Montaigne, "as coisas que estão de fato presentes, só as tomamos como fantasia (representação)" [*Essais*. Op. cit., III, p. 9-326].

10. *Méditations*. Op. cit., AT-IX-63.

11. MALEBRANCHE, N. *VI* *Éclaircissement* – Éclaircissement sur la Recherche de la vérité. Paris: Vrin, 2006, p. 53 [org. por J.-C. Bardout].

A ciência da natureza humana 261

descobrir o conhecimento de Deus[12]. Portanto, pode-se dizer que há um horizonte berkeleyano em todo pensamento moderno, até Hume (1711-1776) e Kant (1724-1804). Certamente, à parte Berkeley, para quem *"esse est percipi"* (ser é percepção)[13], todos afirmam que o corpo, em sua materialidade, existe. Mas, na realidade, isto desapareceu completamente no plano teórico, visto que não é compreendido em sua essência senão pela representação, e que, para aquilo que é próprio da existência, ele é posto pelo sentimento cego constitutivo do vivido. O corpo, portanto, só é objeto de ciência na medida em que ele é matematizado, quer dizer, determinado pela ideia da grandeza e de suas relações. Quanto à alma, ela regula seu pensamento pela racionalidade nos domínios da física e da matemática, e pelo sentimento na esfera da vida. É exatamente no interior do *ego* que se agita a tensão entre a evidência racional e a evidência sentida. Porém, se a alma pode se sentir dona de si mesma no exercício da razão, este não é o caso no vivido do sentimento. Apesar da diversidade indefinida desses objetos, a razão procede por ideias claras e distintas, ainda que o sentimento derive do instinto, que o torna por natureza refratário à apreensão intelectual, de maneira que a consciência, porque ela envolve toda a realidade, toma a seu cargo a parte de opacidade que, anteriormente, derivava ou da corporeidade animal, ou da parte inferior da alma.

Agora, a consciência, visto que é uma, indivisível, totalmente espiritual, recolhe em si todo o peso do ser, ainda que, como princípio fundador, ela se torne, porém, bastante obscura pelo fato de que não pode dar a razão de seus conteúdos, ao mesmo tempo em que constata que eles poderiam antes estar fora dela. Há um nó que é preciso antes desatar – ou cortar. O preço a pagar para fundar toda uma ontologia sobre a consciência é comparável ao paradoxo, já que se trata de fundar nossa relação com o ser numa instância que escapa à lógica do ser. De fato, toda filosofia que faz da consciência a instância pela qual há ser se vê obrigada a cindir o conhecimento em dois polos: o polo do objeto (*isto* é, uma mesa) e o polo do sujeito (*eu* percebo a mesa, que é somente minha representação). Porém, o polo do sujeito é por natureza impossível de ser objetivado. Pois se eu abandono o objeto para fazer da minha consciência que o vê o novo objeto do meu olhar, a cisão se reproduz: há a instância que observa e a instância observada. Jamais a consciência pode, então, compreender-se a si mesma diretamente; pior, nesta

---

12. LOCKE, J. *Essai*, 4, 11. Se não há qualquer ligação necessária entre uma existência real e a ideia que temos dela (§ 1), permanece o fato de que não se pode impedir de ser afetado pela visão do sol, ainda que se possa expulsar de seu espírito a ideia que se tem dele (§ 5). Além disso, a sensação efetiva é acompanhada de prazer ou de dor, o que não é o caso de sua ideia (§ 6). Estamos, portanto, destinados a dar fé ao nosso sentimento de que os corpos existem realmente fora da representação.

13. BERKELEY, G. Notes philosophiques, n. 429. BRYKMAN, G. (org.). *Oeuvres*. Vol. 1. Paris, PUF, 1985, p. 78.

duplicação reflexiva, ela perde de vista o objeto – agora longe do olhar, focalizado no trabalho da consciência – sem por isso ganhar este novo objeto que ela devia ser por si mesma. A estrutura sujeito-objeto torna opaco o sujeito, desrealizando o objeto. Assim, o conhecimento se encontra totalmente infenso a uma instância que somente pode vir à luz permanecendo ela própria obscura.

O gesto pelo qual a consciência se torna princípio a faz sair da ordem do conhecimento. Também Descartes deixava como tarefa a seus sucessores produzir uma teoria da consciência que fosse um consenso doutrinário, ou pelo menos gnosiológico. Mas isto implicava que a consciência fosse reintroduzida na natureza. A época clássica não sairá desta tensão, que a dinamiza profundamente. Ou bem faz repousar toda a nossa relação com o ser e com a razão – quer dizer, também com Deus – sobre a consciência, deixando-a por sua parte fora do campo do conhecimento, ou investe a consciência pelo conhecimento e, de princípio que ela era, a constitui como objeto. De fato, independentemente das intenções de uns e de outros, é este segundo ramo da alternativa que será escolhido pela maioria dos grandes filósofos. O *cogito* tinha dado a Descartes esta evidência superior, a partir da qual ele tinha formado a "regra geral"[14] para julgar tudo, já que, refletindo sobre esta evidência, ele não encontrava nada nela, a não ser sua clareza e sua distinção, o que o obrigava a dar a ela seu consentimento. Porém, estes mesmos critérios se voltam agora contra o *cogito* para mostrar que ele não é claro. Este ataque, de resto, desferido não tanto contra a consciência em si mesma, mas antes contra a sua absolutização, toma diversas formas no mundo filosófico depois de Descartes. Assim, Spinoza (1632-1677) naturaliza totalmente o homem, fazendo dele um ser cuja essência é, como aquele de todo ser, o esforço para perseverar em seu ser[15]. Quanto à consciência, ela se torna, pelo simples fato da reinscrição do homem no campo da natureza, um princípio de erro mais do que de saber. É de fato porque os homens têm consciência de seu desejo, ignorando as causas reais que determinam o desejar, que eles se acreditam livres:

> Os homens imaginam que são livres porque têm consciência de suas volições e do seu apetite e não pensam, nem mesmo em sonho, nas causas pelas quais eles estão dispostos a ter apetite e a querer, não possuindo deles qualquer conhecimento[16].

A importância atribuída à consciência é medida pelo grau de ignorância efetiva que se tem de si. Leibniz (1646-1716), por sua vez, inscreverá o inconsciente no centro mes-

---

14. *Méditations*, III. Op. cit., AT-IX-27.

15. SPINOZA, B. *Éthique*, III, p. 7: "O esforço pelo qual cada coisa se esforça para perseverar em seu ser não é nada fora da essência real da coisa".

16. *Éthique*, I, Apêndice.

A ciência da natureza humana 263

mo da consciência, com sua teoria das pequenas percepções[17]. Mesmo num "cartesiano" como Malebranche, há uma destituição do *cogito*, pois não possuímos qualquer ideia de nós próprios, mas somente um sentimento[18]. Mas é com a tradição empirista principalmente que a teoria da consciência vai dar resultados espetaculares, porque ela destrói a própria pertinência da noção de substância. Já com Locke, a substância é denunciada como uma palavra vazia[19], um termo quimérico que levanta um obstáculo à constituição da ciência, e principalmente à compreensão do entendimento humano. No lugar deste vocábulo oco, convém substituir a determinação da essência nominal[20] de uma coisa, quer dizer, a coleção de suas qualidades sensíveis. O corpo, o espírito também não permitem apreender a substância. Quando se reflete, descobre-se suas operações, não a natureza intrínseca do seu ser. O olhar filosófico, orientado para a descrição, dá-se como tarefa escrever a história do espírito, tratando-o unicamente no plano dos fenômenos[21].

Apesar de tudo que separa os filósofos, Malebranche e Locke participam também nesse grande movimento de naturalização do espírito. A alma não é mais compreendida por si mesma como um ser através da consciência, somente suas modificações são suscetíveis de serem conhecidas. Porém, a focalização do olhar sobre as maneiras de ser do espírito coloca em relevo o que até então não tinha ainda sido teorizado, ou seja, o fato de que o espírito é em seu fundo motivado pelo desejo. Já Hobbes (1588-1679) e Spinoza, porque para eles o espírito não é mais uma substância, puderam ver que o espírito é essencialmente movimento, e que o desejo é a chave de sua compreensão. O que caracteriza o espírito humano em Hobbes é, de fato, que suas representações são encadeadas por associação, mas de tal maneira que, sem um desejo que oriente pelos alicerces a concatenação, a rede das ideias permanece vaga, errática, literalmente fantástica. Somente quando ela é orientada para um fim, e além disso um fim prático, é que a cadeia das representações é suscetível de racionalização. A razão, como puro cálculo, somente nasce pelo trabalho do desejo[22]. Embora diferente, a teorização spinozista propõe, não obstante, uma psicologia semelhante a esse respeito. As representações se associam em função do útil, e o sábio não é diferente

---

17. Cf. seu prefácio aos *Nouveaux Essais*: "Estas percepções insensíveis [...] constituem o mesmo indivíduo que é caracterizado pelos traços que elas conservam dos estados anteriores deste indivíduo, fazendo a conexão com seu estado atual" (BRUNSCHWIG, J. (org.). Paris: Flammarion, 1990, p. 42).

18. MALEBRANCHE, N. *De la recherche de la vérité*, III, II, 7, 4.

19. LOCKE, J. *Essai sur l'entendement humain*, 2, 23, 2.

20. Ibid., 3, 3, 15.

21. Locke quer examinar as faculdades do espírito "de uma maneira clara e histórica" (*Essai*, I, Prefácio, § 2), quer dizer, fazer uma história natural do espírito.

22. HOBBES, T. *Élements de la loi naturelle et politique*. Vol. I, IV. Paris: LGF, 2003, p. 2 [Le Livre de Poche].

do louco, senão pelo fato de que ele sabe qual é sua utilidade própria, e não pelo fato de que ele escaparia à lógica pragmática. Portanto, segundo modelos profundamente diferentes, parece que, à medida que o século avança e por causa de uma influência de Hobbes que vem tardiamente desfazer o triunfo cartesiano, a consciência, compreendida não mais em si mesma, mas em suas operações, aparece como dinamizada do interior sem o saber pelo prazer. Este desejo se chama "esforço" em Hobbes e Spinoza e, em Malebranche e Locke, chama-se "inquietude"[23]. Considerar a vontade ou o desejo sob o ângulo da inquietude é afirmar que só aspiramos pelo bem na medida em que temos consciência de padecer de uma ausência; é inscrever o valor na consciência que temos de estar separado dela, e, por conseguinte, a consciência no movimento pelo qual buscamos o objeto valorizado pela ausência. É, portanto, a ausência que anima o espírito, o fato de que não se tem seu ser em si mesmo, o que significa que ele é regulado para a prática e radicalmente compreendido como inscrito na finitude[24].

Nascimento da ciência do homem

Na virada do século XVII para o XVIII, as condições de surgimento de uma ciência do homem estão, portanto, dadas, já que para conhecer o espírito basta determinar as leis que regem a afetividade. É no ambiente do século XVIII que o homem se torna especificamente objeto de ciência. A tensão entre consciência e saber, ou, em outras palavras, entre o homem como sujeito e o homem como objeto da ciência, apresenta-se de maneira totalmente clara. A esse respeito, a antropologia de Buffon (1707-1788) é reveladora. O fato único de estudar o homem no quadro de uma *História natural* (*Histoire naturelle*) testemunha já o estado de avanço da objetivação do fenômeno humano. Permanece, porém, a constatação de que a análise feita por Buffon sobre a natureza do homem se inscreve no espaço dualista de um cartesianismo vulgarizado: "Há uma distância infinita entre as faculdades do homem e aquelas do animal mais perfeito, prova evidente de que o homem tem uma natureza diferente"[25]. Sendo estabelecida a espiritualidade da alma, a consideração do "homem interior" deve ser abandonada, e as coisas só começam verdadeiramente pelo naturalismo com a "história do corpo"[26]. Uma ciência do homem de inspiração

---

23. MALEBRANCHE, N. *De la recherche de la vérité*, IV, 2, 1. • LOCKE, *Essai*, 2, 21. Coste, perplexo, resolve traduzir *"uneasiness"* por "inquietude".

24. Isto não é verdade para Malebranche, que não reabilita o movimento indefinido do desejo, senão para aí ver o sinal de que o espírito, sempre insatisfeito, procura o bem em geral, quer dizer, Deus. Mas ele é o último grande pensador da inspiração ao bem e à graça.

25. BUFFON, G.I. *De l'homme*. Paris: [s.e.], 1971, p. 47.

26. Ibid.

A ciência da natureza humana 265

cartesiana, quaisquer que sejam a preocupação com os fatos e sua emancipação da doutrina dita do animal-máquina, não pode se constituir como ciência total da natureza humana, porque o espírito, remetido à sua espiritualidade, escapa ao conhecimento. É somente com Hume que a ciência do homem se liberta do duplo escolho do "espiritualismo" (não se pode conhecer nada a partir do princípio espiritual pelo qual tudo é conhecido) e do "materialismo" (não se pode conhecer a natureza humana senão inscrevendo-a na natureza). O homem, de fato, é para Hume o ser pelo qual a natureza acontece: não há natureza fora da maneira como o próprio homem se torna natureza humana. Afastados uns dos outros, os materiais do espírito (suas percepções – impressões e ideias) não se dispõem num mundo mental senão pelas ligações que tecem entre si os princípios de associação, que são a contiguidade, a semelhança e, principalmente, a causalidade (a mais rigorosa das relações). A associação das ideias fabrica, portanto, em primeiro lugar, o sujeito[27], e a realidade se torna natureza porque o espírito projeta sua própria elaboração psíquica na exterioridade de si. A natureza exterior, como totalidade regrada das coexistências e das sucessões fenomênicas, é, portanto, antes uma manifestação das leis psicológicas que regem o espírito humano.

Mas se isto é mesmo a condição do aparecimento de uma ciência total do homem, ainda é preciso que este novo objeto – o homem – seja suscetível de ser apreendido. Porém, o espírito não pode ser objeto de uma experiência direta, nem mesmo de uma simples observação. Que ele tenha se tornado um objeto que precisa ser conhecido deixa totalmente de lado a questão das modalidades de sua apreensão efetiva. Já Locke tinha indicado o problema: "O entendimento semelhante ao olho nos faz ver e compreender todas as outras coisas, mas ele não percebe a si mesmo. E por isso é preciso arte e atenção para colocá-lo a uma certa distância, e fazer de modo que ele se torne objeto de suas próprias contemplações[28]. Ele tinha mesmo voltado suas análises para a introspecção.

É Hume que, primeiramente, elabora o problema em termos que o conduzem para uma solução. Antes da crítica de Comte (1798-1857) à introspecção, ele compreende que esta não é somente um instrumento de prova e suscetível de nos enganar, mas antes ela é radicalmente sem valor em seu princípio. Pois o próprio gesto pelo qual se auto-observa modifica o que é observado. Portanto, é preciso sair de si para observar as obras do espírito, suas diversas manifestações na vida ordinária. A reflexão, de fato, perturba "de tal maneira o funcionamento dos meus princípios naturais que seria impossível extrair dos fenômenos uma conclusão justa. Nesta ciência

---

27. Cf. DELEUZE, G. *Empirisme et subjectivité*. Paris: PUF, 1953.

28. *Essai*, 1, Prefácio, § 1.

(do homem) devemos rebuscar nossas experiências com uma observação prudente da vida humana, e as tomar tal como a conduta dos homens na sociedade, em suas ocupações e em seus prazeres, fazê-las aparecer no curso ordinário do mundo"[29]. O espírito pode agora ser o objeto de um conhecimento, mas o conteúdo deste conhecimento será determinado pelo método, que comanda sempre a constituição do objeto que ele se dá: apreendido em suas obras, o espírito só pode absolutamente aparecer como um órgão completamente prático. De fato, com Hume, a razão é integrada como um momento da paixão. Ocorre assim em relação à própria inferência causal a mais importante das relações. Sem ela, o real se reduziria ao conjunto lábil de nossas percepções: as impressões atuais de nossos sentidos, as lembranças, as ideias – nada que estabeleça um mundo. Portanto, somente a causalidade organiza os dados da experiência numa totalidade coerente que aparece como mundo. Porém, a inferência causal e com ela o raciocínio experimental, que é sua forma rigorosa e cientificamente aceitável, é completamente interessada:

> A questão de saber quais, entre os objetos, são causas e quais trazem efeitos não poderia apresentar o menor interesse se a totalidade das causas e dos efeitos fosse para nós indiferente. Quando os próprios objetos não nos afetam, eles não podem jamais ganhar influência por sua conexão; e é evidente que, como a razão é somente a descoberta desta conexão, não pode ser por seu meio que os objetos são suscetíveis de nos afetar[30].

É toda a razão, tanto científica quanto comum, que se organiza em torno da prática. A razão é, então, absorvida no instinto: "O raciocínio experimental, que compartilhamos com os animais e do qual depende toda a condução da vida, não é senão uma espécie de instinto ou de força mecânica que age em nós sem que saibamos"[31]. Compreende-se, por conseguinte, que a razão seja e só possa ser a "escrava das paixões"[32]: ela pode bem me ensinar o que eu devo fazer para satisfazer uma paixão, mas não poderia avaliar a paixão em si mesma. É, de fato, sempre a paixão mais forte que determina a minha vontade. Ele acha simplesmente que, contrariamente àquilo em que acreditam os padres, os moralistas e os filósofos, as paixões mais fortes não são as paixões violentas, mas as paixões mais calmas, aquelas que estão tão profundamente enraizadas em nós que constituem o fundo de nossa natureza:

> É evidente que as paixões não influenciam a vontade proporcionalmente à sua violência ou à desordem que ela ocasiona no humor; mas, ao contrário,

---

29. HUME, D. *Traité de la nature humaine*. Paris: Flammarion, 1995, p. 37.

30. Ibid. Vol. II. Paris: Flammarion, 1991, p. 270.

31. HUME, D. *Enquête sur l'entendement humain*. Paris: Vrin, 2008, IX, 6.

32. Ibid., p. 271.

quando uma paixão se torna um princípio confirmado da ação e da inclinação predominante da alma, ela aí não produz mais, geralmente, agitação sensível. Como tudo acaba por ceder à sua repetição insistente e à sua própria força, a paixão dirige as ações e a conduta sem encontrar oposição e sem a emoção que acompanha naturalmente todas as suas irrupções. É preciso, por conseguinte, que façamos a distinção entre uma paixão calma e uma paixão fraca; entre uma paixão violenta e uma paixão forte[33].

O que chamamos de razão prática, na realidade, não é nada mais do que a paixão calma.

O mundo que a filosofia procura na metade do século XVIII é um mundo *invertido*: motivando a imaginação e a razão, o afeto determina o aspecto que o mundo apresenta: o real se torna meio. Vê-se claramente a maneira como a ligação social é teorizada. Desde Descartes, a paixão está posta: ela exprime a natureza mais do que a perturba. As paixões não são mais somente o lugar do enfrentamento dos homens, mas também de sua socialização. Depois de Descartes, toda ordem da sociedade se vê progressivamente pensada no modelo da instituição da natureza: com Malebranche em primeiro lugar, as relações afetivas familiares se estendem às relações naturais que Descartes tinha estabelecido entre o corpo e a alma[34]. Bayle realiza em seguida uma verdadeira revolução teórica, integrando no jogo da natureza os preconceitos e as crenças mais irracionais[35]; é o conjunto do mundo dos erros e das paixões que se acha explicado por sua função de conservação da sociedade. O ciúme, a vaidade, o disparate são necessários para a manutenção das sociedades humanas. Nos jansenistas[36], o amor-próprio fabrica uma sociedade comparável em seus efeitos àquela que poderia praticar a caridade se não fosse enfraquecida[37]. O automatismo passional dá conta da permanência social. Porém, enquanto a naturalização do espírito conquista o campo das relações sociais, a vontade se emancipa de toda ancoragem na natureza. A tensão, interna à consciência, entre atividade e passividade, focaliza-se numa tensão entre a atividade motivada passionalmente e o ato do querer.

Ao mesmo tempo em que se vê nascer o projeto de uma ciência da natureza humana, uma ciência que se vê a si mesma como naturalista nas condições que foram vistas, a época clássica faz triunfar a vontade no campo da moral e da política. Duas

---

33. Ibid., p. 275.

34. *De la recherche de la vérité*, II, I, 7.

35. *Nouvelles lettres critiques* – Oeuvres diverses, II, 1727, principalmente Cartas 15 e 17.

36. Jansenismo: movimento religioso de caráter dogmático, moral e disciplinar que assumiu contornos políticos contra a Igreja Católica, particularmente na França e na Bélgica, nos séculos XVII e XVIII [N.T.].

37. NICOLE, P. "De la charité et de l'amour-propre". *Essais de morale* – Choix d'essais. Paris: PUF, 1999 [org. por L. Thirouin].

tradições se enfrentam aqui, em função do papel que elas atribuem ao querer. Em Hobbes, Spinoza, Locke e Hume, a vontade é somente um outro nome do desejo. Em Descartes, Malebranche, Rousseau (1712-1778) e Kant, ainda que eles admitissem uma naturalização dos afetos, todo este lugar é deixado à vontade. De resto, independentemente do estatuto metafísico atribuído à vontade, o pensamento político é construído em torno do conceito de vontade e, por conseguinte, de obrigação[38].

No mundo antigo, a filosofia política se organizava em torno do problema do saber específico exigido pela administração do bem público; no mundo moderno, a filosofia política subordina o estatuto do saber político àquele da vontade. Esta mudança radical procede essencialmente da herança cristã, que tinha constituído os indivíduos em pessoas, iguais em valor, e definidas como livres por sua vontade. Por outra via, a virada nominalista do direito[39] tinha feito da vontade a instância suprema do espírito. Enfim, era inevitável que a subordinação da razão à consciência fosse acompanhada por uma vitória da vontade, que encontramos em Rousseau e Kant. Enquanto a razão se mostrasse sob os traços tradicionais da própria sabedoria do mundo, a vontade só podia estar absolutamente subordinada a ela. Mas logo que a razão se torna uma maneira de pensar, ela própria compreendida no interior do quadro teórico geral da representação, a vontade se emancipa e se torna a instância da autonomia, porque ela é *sentida* como o único lugar da atividade pura. É pela vontade, não pelo entendimento, que somos deuses. A posição de Rousseau é, a esse respeito, reveladora, pois se, pelo entendimento, os homens somente são diferentes dos animais em grau, a vontade é aquilo que é próprio deles:

> Não é [...] tanto o entendimento que estabelece entre os animais a distinção específica do homem, mas sua qualidade de agente livre. A natureza manda em todo animal e o animal obedece. O homem vivencia a mesma impressão, mas ele se reconhece livre para aquiescer ou resistir; e é principalmente na consciência desta liberdade que se mostra a espiritualidade de sua alma: pois a física explica de algum modo o mecanismo dos sentidos e a formação das ideias; mas na potência do querer, ou melhor, do escolher, e no sentimento deste poder, só se encontram os atos puramente espirituais, sobre os quais nada se explica pelas leis da mecânica[40].

---

38. Sobre este ponto, cf. este estudo decisivo: BERNARDI, B. *Le principe d'obligation*. Paris: Vrin/Ehess, 2007.

39. Sobre este ponto, cf. esta obra clássica: VILLEY, M. *La formation de la pensée juridique moderne*. Paris: PUF, 2003.

40. ROUSSEAU, J.-J. *Discours sur l'origine et les fondements de l'inégalité parmi les hommes*. Paris: Flammarion, 2008 [org. por B. Bachofen e B. Bernardi].

A ciência da natureza humana

O homem é, portanto, em primeiro lugar, um ser de vontade, de maneira que a síntese antropológica fundadora não é mais aquela do saber e do querer, mas aquela da consciência e da vontade. Uma autonomia real supõe que a vontade seja libertada de sua submissão à razão. O próprio Kant poderia se permitir integrar em sua filosofia prática uma antropologia naturalista, visto que, enquanto fenômenos, somos totalmente determinados pelas leis afetivas, que são as leis naturais, de forma que nossas decisões são sempre determinadas pelo amor de si[41]; ainda que considerados como númenos, permanecemos absolutamente livres, quer dizer, capazes de agir no mundo por causalidade livre. E em Kant (mas já em Rousseau, de maneira diferente), é a consciência que nos ensina imediatamente a liberdade, pois somente a consciência que temos do caráter incondicional da lei moral nos dá um "fato da razão" a partir do qual devemos postular a liberdade do querer.

Assim, portanto, a época clássica é dinamizada por uma tensão teórica que dificilmente articula o ponto de vista da consciência e o ponto de vista do mundo. Esta tensão se cristaliza no papel predominante conferido à afetividade, como espaço no qual o espírito e o corpo se sintetizam, o que torna possível a constituição do homem como objeto de saber. Mas a vontade pensada como ato puro resiste à naturalização, e reivindica a iniciativa de uma atividade livre. O século XVIII se fecha nesta dupla exigência contraditória de cientificidade e liberdade.

Dois traumatismos resumem a época clássica: a Reforma[42] e a Revolução Francesa, entre as quais se estende, de maneira cada vez mais dramática, a difícil articulação do saber e da vontade. A Modernidade, quando consente em não se interrogar sobre o que é o ser moderno, reconhece-se voluntariamente ela própria como a conquista da autonomia científica, moral e política, quer dizer, como a vitória da consciência que coloca o mundo diante de si e no exterior de si, assim como o projeto de uma dominação técnica e científica total do mundo. A dominação do mundo, que passa pela consagração de uma ciência racional tanto quanto experimental, não é de resto a figura da autonomia do sujeito, quando ele se inclina sobre a natureza, tornada seu objeto – ao mesmo tempo, sua propriedade e aquilo diante do que ela se mantém.

---

41. KANT, I. *Critique de la raison pratique*, exame crítico da analítica da razão pura prática (principalmente AK V-94ss.).

42. R. Popkin faz da rejeição de Lutero à autoridade papal em matéria de fé o momento inaugural da Modernidade filosófica. Certamente, a consciência luterana não é a Consciência de Rousseau, nem de Kant, pois ela só é critério quando é iluminada por Deus. Permanece que, ao negar a autoridade do papa, Lutero colocou a questão, que devia se estender a todos os domínios, do critério da verdade, forçando os partidários da tradição a argumentar a favor da tradição, quer dizer, a justificar como razão a preeminência da tradição, portanto, a sair da esfera da tradição. Cf. *The History of Scepticism from Savonarola to Bayle*. Oxford: Oxford University Press, 2003.

Que se tratasse aí de uma narrativa não precisa mais ser demonstrado[43], e não tem a menor importância, já que também as narrativas são forças históricas.

Era necessário que a autonomia se cristalizasse na instância da vontade e, na medida em que a vontade excede absolutamente toda a natureza, ela se torna um absoluto e ao mesmo tempo um imperativo. Quando a Modernidade segue este caminho da vontade, ela deseja inexoravelmente ter como objetivo de seu querer o próprio homem. Assim como Deus criou o mundo em função de sua vontade, também o homem deve *se* criar em função de sua vontade. Se ele é em primeiro lugar e principalmente vontade, ele deve instituir a si mesmo. Quando, no século XVIII, a interdição do querer que o pecado original tinha imposto se achava completa e definitivamente suprimida, ninguém pôde impedir a vontade de se tornar voluntarismo, e de fazer aparecer enfim a "natureza humana", rompendo a mixórdia construída arbitrariamente pela multidão dos séculos. É a linha voluntarista da antropologia encarnada por Descartes, Rousseau e Kant que triunfa na Revolução Francesa. A outra linha, que Spinoza, Montesquieu e Hume traçam, subordina a vontade ao saber e busca determinar precisamente o conteúdo desta "natureza humana". Esta tradição será por sua vez dominante nas recaídas do terremoto revolucionário, pois o nó dos saberes que se constrói no decorrer do século XIX, antes de sua especialização, está centrado na questão das condições nas quais uma ciência natural do homem pode assentar decisões amadurecidas da vontade.

---

43. Cf. LATOUR, B. *Nous n'avons jamais été modernes* – Essai d'anthropologie symétrique. Paris: La Découverte, 1991.

27

GOTTFRIED WILHELM LEIBNIZ

Carole Maigné *

Dois lugares comuns caracterizam frequentemente o pensamento de Leibniz. Há aquele de um pensamento sistemático, favorecido pelo sugestivo vocabulário leibniziano (mônada, entre-expressão, harmonia preestabelecida), onde tudo remete a tudo e assim infinitamente. Aliás, ele mesmo não o diz? "Cada porção da matéria pode ser concebida como um jardim cheio de plantas e como um lago cheio de peixes. Mas, cada ramo da planta, cada membro do animal, cada gota de seus humores é ainda um jardim ou um lago" (*Monadologie*, § 67)[1]. Há, ainda, outro que remete à ironia mordaz de Voltaire contra o otimismo do "cândido" defensor de uma harmonia preestabelecida, capaz de se acomodar ao mal para defender a ordem do mundo, grande inventor de hipóteses, que justifica até o absurdo o "melhor dos mundos possíveis", insensível ao sofrimento real, do qual o terrível terremoto de Lisboa em 1755 é uma ilustração póstuma[2].

Afirmar que Leibniz foi uma figura excepcional da história do pensamento não é correr um grande risco. Dotado de uma imensa erudição, de uma inteligência extremamente aguda e de múltiplos talentos, ele foi alternadamente e, dentre outras coisas, historiador, diplomata, filósofo, jurista, matemático e lógico de gênio, conselheiro político, engenheiro e inventor de uma máquina de calcular. Nascido em 1º

---

* Mestre de conferências de Filosofia. Universidade de Paris IV – Sorbonne.

1. Há uma publicação em português dessa obra: LEIBNIZ. "Monadologia". *Discurso de metafísica e outros textos*. São Paulo: Martins Fontes, 2004 [Tradução de Marilena Chauí e Alexandre da C. Bonilha] [N.T.].

2. VOLTAIRE. *Romans e contes*. Paris: Flammarion, 1966. Além do célebre *Candide ou l'optimisme* (1759), Leibniz é extremamente ridicularizado no *Zadig ou la destinée* (1747) e *Memnon ou la Sagesse humaine* (1750). Há uma publicação em português dessas obras: VOLTAIRE. *Romance e contos*. São Paulo: Difusão Europeia do Livro, 1959 [Tradução de Livio Teixeira]. • "Cândido ou o otimismo". *Contos e novelas*. Rio de Janeiro: Globo, 2005 [Tradução de Mario Quintana]. • *Zadig ou do destino*. [s.l.]: Martins, 2002. • "Mênon ou a sabedoria humana". *Micromegas e outros contos*. São Paulo: Hedra, 2006 [Tradução de Graziela Marcolin] [N.T.].

de julho de 1646, em Leipzig, proveniente de uma família protestante universitária da qual recebeu uma educação precoce, com a biblioteca paterna fornecendo a matéria de suas abundantes leituras e alimentando seu ecletismo e sua erudição futura. O autor do artigo "Leibnizianismo" na *Encyclopédie*, em 1765, assim exclama: "Ele perdeu seu pai aos seis anos de idade, e a decisão de sua educação recai sobre sua mãe, mulher de mérito. Ele se mostra igualmente dotado das qualidades necessárias a todos os gêneros de estudo, e neles se comporta com o mesmo ardor e o mesmo sucesso. Quando nos voltamos para ele e comparamos os pequenos talentos que recebemos com aqueles de Leibniz, somos tentados a atirar longe os livros e ir morrer tranquilos no fundo de algum recanto ignorado"[3]. Ele nasceu no final da Guerra dos Trinta Anos, na Alemanha da metade do século XVII (Tratado de Vestfália em 1648[4]), arruinada, empobrecida, sangrenta, demograficamente dividida tanto política quanto religiosamente: isso explica todos os esforços posteriores de Leibniz para a reconciliação entre católicos e protestantes e sua obsessão pela "concórdia". Apesar do doutorado em Direito, ele não escolheu a carreira universitária e se pôs a serviço do Arcebispo de Mogúncia de 1667 a 1671. Permaneceu um período em Paris, de 1672 a 1676, o que lhe permitiu encontrar Malebranche (1638-1715), Arnauld (1612-1694) e Huygens (1629-1695). Leibniz estuda mais especificamente a obra de Pascal (1623-1662), que lhe fornece elementos necessários à sua invenção do cálculo infinitesimal em 1675. No caminho de retorno à Alemanha, ele se detém em Amsterdam para encontrar Spinoza (1632-1677). Aceita, em 1676, o posto de bibliotecário da família do Duque de Brunswick em Hanover, posto que ele conserva até sua morte em 1716. Em razão de suas funções de historiógrafo, fará uma importante viagem à Itália (1687-1690), que alimentará mais uma vez suas múltiplas pesquisas. No final da vida, ele participa da fundação da Academia de Berlim (1700), mas, apesar de sua recepção europeia, ele morre em Hanover em 14 de novembro de 1716, doente, desiludido e solitário. Uma bela homenagem lhe foi prestada em Paris, um ano depois, por Fontenelle (1657-1757), em nome da Academia de Ciências de Paris, da qual ele foi Membro Estrangeiro.

---

3. Trata-se de DIDEROT, D. & D'ALEMBERT, J.R. *Encyclopédie*. Agora disponível em versão digital em http://encyclopedie.uchicago.edu/. Para o artigo "Leibnizianismo", cf. http://artflx.uchicago.edu/cgi-bin/philologic/getobject.pl?c.67:11.encyclopedie0110 [N.T.].

4. Trata-se do acordo ou tratado que pôs fim à Guerra dos Trinta Anos. Também conhecido como *Paz* ou *Acordo de Vestfália*, o Tratado compreende uma série de acordos entre os países europeus envolvidos nessa guerra que vão, da Alemanha e dos países escandinavos, até a Espanha. O modelo desse acordo é considerado por muitos como um dos marcos da diplomacia e do Direito Internacional Moderno. As conversações de paz iniciadas em 1644 – em Münster (onde a França católica tinha procedência) e Osnabrück (onde a Suécia protestante tinha procedência) – também envolviam, dentre outras, a Guerra dos Oitenta Anos entre Espanha e Países Baixos [N.T.].

Gottfried Wilhelm Leibniz 273

A filosofia leibniziana não se fez conhecer igualmente e de maneira imediata, em toda a extensão de sua obra, na mesma época. É preciso levar em conta essas descontinuidades para analisar a posteridade de seu pensamento. O que podemos ler de Leibniz no século XVIII? Na França, o conjunto de suas obras só parcialmente é difundido: era possível ler a *Theodicée* (*Teodiceia*) publicada em vida em 1714 e a *Correspondance avec Clarke* (*Correspondência com Clarke*) (1717)[5]. Os *Noveaux Essais sur l'entendement humain* (*Novos ensaios sobre o entendimento humano*) só estarão disponíveis na metade do século XVIII em duas edições de textos escolhidos, incompletos, aquelas de Raspe (1765) e Dutens (1768)[6]. A *Monadologie* (*Monadologia*), escrita, entretanto, em francês, só será editada em 1840, ao passo que uma tradução latina apareceu em 1721. Os enciclopedistas consagram muitos artigos à sua filosofia ("leibnizianismo", "otimismo", "harmonia preestabelecida", "força viva"). Na Alemanha, a difusão de seu pensamento é ao mesmo tempo evidente, mas reinterpretada à luz de Wolff, que modifica muitos pontos da doutrina. À recepção lacunar das obras conjugam-se polêmicas ferozes que concernem à invenção do cálculo infinitesimal em 1675 e o que chamamos também a "querela das forças vivas", da qual Leibniz e Newton (1643-1712) são os protagonistas que trabalham contra a física cartesiana. É somente no final do século XIX e início do século XX que as edições completas de Gerhardt e a da Academia das Ciências de Berlim se estabelecem, oferecendo um panorama completo dos textos de Leibniz.

Metafísica e substância

A articulação entre metafísica, lógica, física, teologia e moral está presente em toda parte em sua obra, segundo modalidades em ruptura com a epistemologia contemporânea. Leibniz não separa a metafísica do restante dos domínios do saber e, além disso, sendo Deus o princípio das coisas e dos conhecimentos, a metafísica e a lógica não somente se confundem, mas se confundem igualmente com a teologia. Nesse sentido, há nele uma conformidade da fé e da razão jamais desmentida contra alguns de seus próprios contemporâneos, tal como Descartes (1596-1650). As ciências particulares não são autônomas em relação à teoria do ser e, mais profun-

---

5. Há uma publicação em português da "Correspondência com Clarke (1715-1716)": Coleção Os Pensadores, vol. 19, p. 403-468 [São Paulo: Abril, 1974 – Tradução de Carlos Lopes de Matos] [N.T.].

6. Rudolph Erich Raspe foi o responsável pela 1ª edição dos *Novos ensaios sobre o entendimento humano* de Leibniz, publicados em latim e em francês, após sessenta anos do texto original, em 1765. Em 1768, Louis Dutens publicou uma edição mais completa dos trabalhos de Leibniz, *Opera omnia nunc primum collecta in Classes distributa praefationibus & indicibus exornata*. Há uma publicação em português dessa obra: LEIBNIZ. *Novos ensaios sobre o entendimento humano*. São Paulo: Abril, 1997 [Coleção Os pensadores – Tradução de Luiz João Baraúna] [N.T.].

damente, o próprio método do saber visa pensar essa interdependência: o mundo, objeto das ciências, deve exprimir a realidade metafísica e teológica. Há constantemente uma preocupação em unificar o que parece discordante, e não há sujeito do conhecimento que se encontre desligado do conjunto do que ele é e do que ele deve conhecer. A consequência de tudo isso é que há em Leibniz um "sistema", ao mesmo tempo, enciclopédia de todos os saberes possíveis e totalidade fechada por um mesmo método, que é também um mesmo projeto, aquele da glória de Deus manifesta em todas as coisas. De um sistema desse tipo deduziu-se frequentemente que a primazia era da arquitetura, certamente brilhante, em detrimento de sua evolução interna.

A imagem do sistema monadológico, onde cada parte remete ao todo e reciprocamente, é, entretanto, uma tela de apreensão do próprio sistema. Uma vez constatado que Leibniz se repete com frequência, o que é certo, disto foi deduzido muito rapidamente que ele diz, a cada vez, a mesma coisa ao longo do tempo, de modo que sua própria escritura seria monadológica tanto quanto todo o seu sistema. A *monadologia* seria, dessa maneira, a forma e o conteúdo desse sistema de pensamento. Porém, convém corrigir essa visão sistemática e arquitetônica e compreendê-la a partir da evolução histórica interna do *corpus*, a única maneira de respeitar seu teor conceitual. O primeiro paradoxo, e não o menor, é que a expressão *monadologia* é muito pouco utilizada pelo próprio Leibniz, e não teve para ele a função de resumir nem de sistematizar sua metafísica: ele foi inventado pelo editor Heinrich Köller em 1720, ao publicar a tradução alemã do opúsculo intitulado classicamente *Éclaircissement sur les monades* (*Esclarecimento sobre as mônadas*). Nesse sentido, a monadologia não é um conjunto real, constituído por mônadas numerosas e exteriores umas às outras; o termo designa somente um discurso sobre as mônadas[7]. Além disso, esse termo só intervém tardiamente na obra do filósofo a partir de 1696.

A cronologia dos textos se encontra, portanto, recomposta ou de preferência aprofundada. Um primeiro conjunto constituído particularmente pelo *Discours de métaphysique* (*Discurso de metafísica*) de 1686 e pela *Correspondance avec Arnauld* (*Correspondência com Arnauld*) que se segue permite o estabelecimento da "noção completa", primeira formulação concluída da entidade ontológica fundamental. Um segundo conjunto, no qual aparece o termo "mônada", foi elaborado graças às reflexões renovadas de Leibniz sobre a noção de força física; ele é, em outras palavras, exatamente contemporâneo da constituição de sua "dinâmica". Esse segundo momento compreende o *Système nouveau de la nature et de la communication des*

---

7. Essas análises e tudo o que concerne à sequência da evolução interna do sistema leibniziano devem-se a M. Fichant, em sua edição do *Discours de métaphysique* e da *Monadologie*. Paris: Gallimard, 2004 [Folio Essais].

Gottfried Wilhelm Leibniz   275

substances (*Sistema novo da natureza e da comunicação das substâncias*, 1695), no qual
a citação do termo "mônada" permanece alusiva, o *De la production originelle des
choses prise à sa racine* (Da produção original das coisas tomadas em sua raiz), o *l'Essai
de dynamique* (*O ensaio de dinâmica*), e o *De la nature en elle-même* (*Da natueza em
si-mesma,* 1698)[8]. Enfim, torna-se possível falar da monadologia na *Monadologia* de
1714, nos *Principes de la nature et de la grâce* (*Princípios da natureza e da graça*) de
1715-1716, na *Correspondência com Clarke*, mas também na *Teodiceia* concluída em
1710, o único livro de filosofia que Leibniz publica em vida[9].

Qual é o sentido dessa evolução? Uma mesma ambição habita esses textos: explicar o sistema do universo propondo uma definição de sua substância, evitando a
cada vez a armadilha do atomismo e do mecanismo. Trata-se de uma ambição metafísica, no sentido que Leibniz dá a esse termo: enquanto discurso sobre o que é, a
metafísica também é lógica, um lugar de invenção regrada de nossas representações
e de suas regras de demonstração, e que não se compreende sem referência a Deus,
o Ser que permite todos os outros seres. O princípio de ordem que rege o universo
é, desse modo, válido em todos os seus aspectos: "Deus não faz nada fora da ordem"
(*Discurso de metafísica*, § 13), e segundo a bela imagem desse mesmo parágrafo,
"não há por exemplo ponto de vista cujo contorno não faça parte de uma linha geométrica e não possa ser traçado de uma única vez por algum movimento regrado.
Entretanto, a ordem do mundo não se satisfaz com a única explicação mecanicista
procedente de Descartes (*Discurso de metafísica*, § 17). Leibniz reintroduziu, portanto, o que fora banido: "a forma substancial", oriunda da escolástica, mas sobretudo
em função de uma necessidade própria de suas pesquisas em mecânica. A forma
substancial quer pensar a unidade do que é. Porém, somente a matéria não pode dar
a resposta, sendo uma coleção de partes, uma soma de átomos que não chegam a
dar a ideia de um todo. É necessário fazer intervir uma forma para reunir o múltiplo
numa unidade que o ultrapasse. Ele a explicará retomando sua própria abordagem:
"Percebi que somente a consideração de uma massa extensa não bastava, e que era
preciso empregar ainda a noção de força, que é inteligível, embora ela seja da competência da Metafísica"[10].

Reintroduzindo a forma substancial, Leibniz não se contenta em reativar um
conceito desvalorizado. Ele se permite reconsiderar o conjunto da física cartesiana e

---

8. Há uma publicação em português dessa obra: LEIBNIZ, "Sistema novo da natureza e da comunicação
das substâncias". *Sistema novo da natureza e da comunicação das substâncias e outros textos*. Belo Horizonte:
UFMG, 2002 [tradução de Edgar Marques] [N.T.]

9. Há uma publicação em português da obra de Leibniz: *Princípios da natureza e da graça*. Lisboa: Fim de
século, 2001 [N.T.].

10. *Système nouveau de la natureza e de la communication des substances*. Paris: Flammarion, 1994, p. 66.

particularmente suas leis do movimento, mas também as leis da causalidade. Desde seus primeiros trabalhos de filosofia, ele se interessa intimamente pela física. Em 1678, tirando as consequências de sua estada em Paris, onde ele tomou conhecimento das teses mais contemporâneas, chega a corrigir Descartes, mostrando que a lei da conservação da força é o produto da massa do corpo pelo quadrado da velocidade (mv^2). Na medida em que a força não é uma simples questão de deslocamento, portanto, de substância extensa geométrica, como afirmava Descartes, Leibniz confessa retomar uma dimensão metafísica, sem que isso signifique, entretanto, reintroduzir o incompreensível. Ao contrário, ele julga tornar as relações entre o corpo e a alma acessíveis lá onde Descartes criara uma ruptura impossível de superar entre os dois. O conceito que permite então juntar o que parece não poder sê-lo é aquele de "expressão". Contrariamente ao que pensava Descartes, a causalidade é metafísica, ideal e não material. A unidade da disparidade se resolve numa relação fundada por todos os elementos das coisas; Leibniz sustentará durante toda a sua vida a seguinte definição: "Uma coisa exprime outra quando há relação constante e regrada entre o que se pode dizer de uma e de outra. É assim que uma projeção de perspectiva exprime seu geometral" (XXI carta a Arnauld de 9 de outubro de 1687). O conceito de expressão define, desse modo, a relação da ideia e da palavra, assim como a da alma e do corpo. Trata-se de uma analogia estrutural cujo fundamento está em Deus, de modo algum no espírito humano, sendo o próprio espírito uma expressão do universo ordenado. A física deve ser consciente de que ela só descreve o mundo dos fenômenos, o mundo aparente e não a causalidade ideal das substâncias, o que Descartes não tinha compreendido. E se Leibniz está convencido ele próprio de que chegou a enunciar leis justas em física, o que é certo para a conservação da força, foi por compreender que é preciso admitir essa dimensão metafísica.

Todavia, o *Discurso de metafísica* estabelece não somente reformulações físicas, mas também lógicas, para pensar a teoria da substância. Não basta dispor da forma substancial e da expressão, é preciso ainda interrogar-se em que uma substância se reconhece enquanto tal, sem assemelhar-se a nenhuma outra. Retomando a ideia antiga segundo a qual uma substância inclui seus predicados, Leibniz concebe a entidade metafísica última como uma "noção completa". O § 8 dela nos dá uma imagem percuciente:

> Assim, a qualidade de rei que pertence a Alexandre o Grande, fazendo abstração do sujeito, não é suficientemente determinada para um indivíduo e não encerra absolutamente as outras qualidades do mesmo sujeito, nem tudo o que a noção desse príncipe compreende, ao passo que Deus, vendo a noção individual ou a *hecceidade* de Alexandre, vê nela ao mesmo tempo o fundamento e a razão de todos os predicados que se pode dizer dele verdadeiramente, como, por exemplo, que ele vencerá Dario e Poros, ao ponto de conhecer *a priori* (e

não por experiência) se ele morreu por morte natural ou por envenenamento, o que nós só podemos saber pela história. Também quando consideramos a conexão das coisas, podemos dizer que há sempre na alma de Alexandre os restos de tudo o que lhe aconteceu e as marcas de tudo o que lhe acontecerá, até mesmo os traços de tudo o que se passa no universo, embora só pertença a Deus conhecê-las todas.

A partir da leitura desse extrato, compreendemos que a noção completa é mais do que uma simples soma de predicados: ela responde a uma ordem, a uma razão que ultrapassa o que podemos conceber e ela só é completa aos olhos de Deus, que funda sua coerência. A história está entre as coisas que nós compreendemos, a partir de nossa finitude, ao passo que Deus pode compreender de um só golpe tudo o que está em Alexandre.

Se a definição da expressão perdura sempre ao longo do *corpus* leibniziano, a da substância se modifica. A passagem da noção completa à de mônada se efetua graças às novas transformações no seio da teoria física, permitindo conceber um dinamismo interno do elemento metafísico, uma clara tendência à expressão que o *corpus* leibniziano não aplica imediatamente. É assim que, dez anos depois do *Discurso*, em 1696, o termo "mônada" aparece carregado de um neologismo importante: o da "dinâmica". A consequência mais visível dessa evolução se manifesta na impossibilidade de juntar um nome próprio a uma mônada: não há mônada de Alexandre sob a pluma de Leibniz. Como explicar isso? Ganhando em maturidade, o sistema leibniziano se depura de certa maneira, caminhando em direção a uma maior simplicidade e unidade, isto é, cada vez mais em direção à ordem, desprendendo-se da consideração do individual.

A dinâmica resulta, dentre outras coisas, do importante trabalho de reflexão efetuado quando de sua viagem à Itália, nos anos de 1687-1690, cujo primeiro manifesto será o texto de 1694: *Sur la réforme de la philosophie première et sur la notion de substance* (*Sobre a reforma da filosofia primeira e sobre a noção de substância*). Mas é no *Système nouveau de la nature et de la communication des substances* (*Sistema novo da natureza e da comunicação das substâncias*), de 1695, que se apaga a noção completa em favor de uma "perspectiva metafísica". Essa perspectiva é dotada agora de uma força primitiva, de uma *entelécheia*, vocabulário antigo reapropriado por Leibniz, significando aqui uma forma substancial ativa. Essa perspectiva metafísica novamente definida se exprime numa perspectiva matemática, que corresponde, portanto, a uma posição definida na ordem do mundo. Tudo toma seu lugar para dar sentido ao termo mônada. Os "mecanicistas", como diz Leibniz, não têm uma ideia muito vasta da "majestade da natureza" e ignoram como ela edifica um tipo de atemporalidade, da qual nós somente aprendemos as formas empíricas da morte e do nascimento. As leis físicas de conservação do movimento e do choque mostram finalmente que cada corpo reage a outro pela presença nele de um dinamismo, de uma "mola" que o faz ressaltar seguindo uma direção que lhe é própria. Nada se perde nem nada se cria, se podemos parafrasear essa célebre fórmula, tudo se transforma; o universo é constituído por uma energia vital, orgânica, que tem seu fundamento em Deus. A "máquina natural" permanece o que ela é, mas se dobra e se desdobra, desdobrando a imensa variedade de seus possíveis. O sentido metafísico das leis físicas é então consideravelmente estendido, inclinando-se para uma redefinição do orgânico e da recusa dos "animais-máquinas".

O universo se caracteriza por uma ordem fabulosamente enriquecida em relação aos textos anteriores. A monadologia reduz sua velocidade, articulando seus diferentes níveis para o melhor, organizando sua queda no abismo em cada elemento: "assim, nada há de inculto, de estéril, de morte no universo, nenhum caos, nenhuma confusão, a não ser na aparência, aproximadamente como nos pareceria num lago a uma distância na qual veríamos um movimento confuso e efervescente, por assim dizer, de peixes no lago, sem discernir os próprios peixes" (§ 69). Essa ordem magnífica deriva do que Leibniz denomina a "harmonia preestabelecida" (§ 78), noção característica de seu sistema e que vem de alguma forma aprofundar a de "harmonia universal", presente anteriormente em sua obra. A mônada unifica definitivamente o que dividia o campo da metafísica: as relações da alma e do corpo, de cada parte com o todo e assim reciprocamente. Não obstante, é preciso notar que essa harmonia mantém uma hierarquia estrita na qual Deus domina, e da qual são testemunhas as referências finais do texto a Deus como Arquiteto e como Monarca.

Enfim, como o sublinham com radicalidade os *Princípios da natureza e da graça*, e ilustra a *Monadologia*, Leibniz se sente apto a responder a última questão: "Por que há algo e não nada?" Torna-se possível conceber uma ordem geral, na qual ordem e hierarquia pertençam à constituição interna de cada mônada, assentada em Deus. O individual supõe uma resolução ao infinito, uma divisão sem limites". A razão de tudo isso deve estar fora da divisão (*Monadologia*, § 37): sua necessidade está em Deus. O § 403 da *Teodiceia* poderá desse modo afirmar que, assim, nada sabemos da razão suprema senão que ela é Deus; nada sabemos sempre e não temos necessidade de saber como tudo se faz.

Liberdade e determinismo

Convém não esquecer que se toda natureza é um sistema, uma harmonia preestabelecida, isso vale também do ponto de vista moral. Um universo bem "unificado" deve ser moral. A *Monadologia* tem como objetivo, portanto, provar também que nosso mundo é o melhor dos mundos possíveis graças a Deus e convidar o homem a se realizar nele plenamente. Porém, a hipótese da harmonia preestabelecida provoca o espanto ou mesmo a incredulidade: Como o mal pode ser possível, se Deus faz sempre para o melhor? Como conciliar a imperfeição que representa o mal com a perfeição de Deus? Esse problema é um labirinto[11], no sentido de que ele parece permitir somente duas soluções igualmente insatisfatórias: seja o homem condenado a fazer o mal, caso em que ele não é livre, seja Deus não sendo Deus, pois ele não é onipotente. Se relermos a passagem indicada anteriormente, concernente a Alexandre, duvidamos também de que a questão resida na necessidade de saber se ele é livre ou não para vencer Dario e Poros, embora Deus possa sabê-lo por toda eternidade. Mas isso não é tudo: um homem livre é um homem responsável; é preciso poder imputar a ele seus atos para que ele responda por eles. Leibniz tenta resolver o problema distinguindo diferentes níveis de análise que se resumem em uma fórmula que deve ser esclarecida: Deus predispõe sem necessitar.

Deus quer o melhor e ele não quer nada arbitrariamente, ele só quer racionalmente. Sua perfeição é infinita, o que garante que sua vontade caminha para o bem, sendo o mal somente uma imperfeição. A *Monadologia* termina o § 87 com a imagem de um Deus arquiteto e monarca. O fim do texto diz respeito à finalidade moral do mundo, no qual o monarca reina sobre uma cidade de espíritos que o arquiteto construiu segundo uma física ideal, assegurando a harmonia entre o reino da natureza e o da graça: "Se pudéssemos entender suficientemente a ordem do universo, descobriríamos que ele ultrapassa todos os desejos mais sábios e que é impossível torná-lo melhor do que ele é" (*Monadologia*, § 90).

Se a ordem do mundo é perfeita a esse ponto, como, entretanto, explicar que o mal sobrevenha? É preciso distinguir entre o que provém da vontade dita "antecedente" e o que provém da vontade dita "consequente". Se Deus quer *a priori* o melhor, resta o fato de que a criação do mundo induz a uma escolha entre os compossíveis. Esse limite nas combinações, mesmo impulsionado pelo seu máximo de riqueza, implica mesmo assim uma forma de privação, de imperfeição. Há, portanto, uma causa ideal do mal (*Teodiceia*, § 20), inseparável do próprio ato de criação. Leibniz ousa, em outro lugar, uma interessante comparação entre a inércia física da matéria e a imperfeição humana no § 30: nos dois casos, há uma falta de perfeição, não desejada por Deus, mas inerente ao que ele criou. Em suma, como disse Leibniz no § 230, o mal é uma condição *sine qua non* da existência do mundo, nosso mundo não seria o nosso mundo sem ele, mas ele não é um decreto de Deus, Ele não o quis, mas o permitiu. Isso implica que tudo já esteja escrito, como se tivéssemos de seguir a ordem das coisas sem tentar nada? Ainda aqui, o texto de Leibniz é delicado: é preciso distinguir entre a "necessidade absoluta" ou metafísica e a "necessidade moral"

---

11. *Essais de Théodicée*. Paris: Flammarion, 1969, p. 29.

ou a contingência. Se a contingência é sempre uma falha na apreensão da determinação de Deus, ela é também o que oferece um espaço para a atividade humana. Os "futuros contingentes", ou seja, a questão de saber se os acontecimentos futuros se produzirão ou não, recebe aqui uma resposta sutil: é certo que o futuro existirá, mas essa determinação não implica a fatalidade. O contingente não existe sem razão, "porque nada acontece sem que haja uma causa ou uma razão determinante, isto é, algo que possa servir para dar razão *a priori*, porque isso é antes existente do que não existente, e porque isso é desse modo e não de outro" (*Teodiceia*, § 44). Mas, se há uma razão, o contingente só se explica para nós a contrapelo, uma vez que ele é tornado efetivo.

Se a necessidade não reina na ordem das ações humanas, em qual sentido o homem é livre e como ele opera uma escolha pela qual ele é responsável? A raiz da liberdade está na infinitude da criação, ou melhor, na continuidade, que não cessamos de encontrar, entre a ordem do mundo e a transcendência. Temos em nós uma marca daquele que nos criou à sua imagem, embora não possamos evidentemente a ele nos igualar. Essa marca é simultaneamente uma incitação ao bem e um dever a cumprir; é aí que reside nossa salvação. É importante compreender que jamais a liberdade estará no excesso, na ruptura com a ordem do mundo, pois isso só por milagres, que somente Deus pode se permitir. Ela reside na apreensão das leis metafísicas e físicas, na medida de nossa imperfeição; ela não está, portanto, alhures, mas nesse universo bem "unificado" que Leibniz celebra. Se Deus sabe tudo e tudo vê, estamos reduzidos a somente apreender as coisas a partir dos efeitos e não das causas. Disso deduz-se que temos duas vias para nos determinar: a experiência e a razão, essa última sendo evidentemente a mais importante. O autoconhecimento, o do princípio de razão ou do mundo como ordem, cristalizam um único e mesmo método e só têm um único e mesmo objeto. Mas só Deus é capaz de seguir seu entendimento sem falhar; o homem está, ao contrário, sujeito a ideias inadequadas que provêm de uma infinidade de percepções confusamente sentidas. O julgamento prático é, portanto, atravessado, por todos os lados, por inclinações insensíveis (*Teodiceia*, § 310), o que explica seus erros. A racionalidade da escolha só é garantida em conformidade com a ordem geral e, portanto, com os desejos de Deus. É preciso encontrar em si essa inclinação que Deus impulsiona, mas que não pode ser uma necessidade "fatal". A liberdade se caracteriza, então, pela inteligência daquele que age, capaz de conhecer distintamente, pela espontaneidade que resulta dessa força interna, que Deus coloca em cada mônada e pela contingência, a saber, um motivo que predispõe sem necessidade (*Teodiceia*, § 288).

Leibniz propõe então uma pragmática da escolha, junto com uma racionalização da escolha do melhor. Na articulação entre escolha, saber e ação, ele sugere uma arte de "conjectura" que deriva de uma teoria da prudência – essa arte já se encontrava em seus primeiros projetos, onde ele buscava uma arte da invenção regrada em nossos conhecimentos. A *Teodiceia* (§ 326) lembra que o homem é o seu próprio mestre desde que ele saiba fazer uso de sua razão; é preciso, portanto, preparar-se gentilmente para uma reflexão oportuna e adquirida pela habilidade. Quando há muitas decisões a tomar, a alma é mais do que uma balança, ela é como uma força que exerce um esforço para muitos lados e que tende a agir onde ela encontra menos resistência, estando sua espontaneidade dirigida para o bem (*Teodiceia*, § 325). O que importa, portanto, é a "prevalência" (*Nouveaux Essais*, II, 21 § 8 e § 47-48), essa inclinação que se sente na direção do que sentimos mais, e que não se separa de uma certa confiança em si e nas coisas. Bem longe de se contentar com uma liberdade da indiferença, onde tudo se equivale a ponto de anular a escolha, longe também de promover uma vontade que se contenta em querer, há para Leibniz uma vontade que se conjuga com a razão que conduz ao bem. A "razão prevalente" se inclina para a escolha do melhor, o que Deus não pode deixar de fazer, e extrai sua legitimidade da bondade do próprio Deus.

É preciso, portanto, tomar gosto pela virtude e, de certa maneira, aprender a querer. Trata-se aí de uma educação que conjuga sensibilidade e entendimento, mas igualmente, por mais paradoxal que possa parecer, uma certa forma de cegueira (*Teodiceia*, § 403): Por que sempre querer saber como as coisas são feitas? Há uma qualidade própria ao "autômato espiritual", aquela de julgar a ordem das coisas que o ultrapassa. Existe, de fato, uma forma de automatismo do pensamento que resulta, por exemplo, dos processos de cálculo que fazemos sem refletir, mas também de ações que fazemos sem decompô-las em cada uma de suas etapas. Nesse sentido também, Leibniz vê no amor de Deus a resposta para seus dilemas morais (o que não significa que ele assim os resolva): "Tudo deve suceder para o bem dos bons, isto é, daqueles que não estão absolutamente descontentes nesse grande Estado, que confiam na Providência, após ter feito seu dever, que amam e que imitam, corretamente, o Autor de todo bem, comprazem-se na consideração de suas perfeições, segundo a natureza do puro amor verdadeiro, que permite extrair prazer da felicidade daquilo que se ama" (*Monadologia*, § 90).

28

GEORGE BERKELEY

Richard Glauser *

Nascido na Irlanda, perto de Kilkenny, em 1685, o jovem Berkeley realiza seus estudos universitários no Trinity College de Dublin a partir de 1700. Ele aí ensina como *fellow*[1] a partir de 1707, antes de receber sua ordenação na Igreja anglicana em 1709. Depois de uma estadia em Londres em 1713, ele faz viagens pela Itália e pela França entre 1714 e 1720. De volta à Grã-Bretanha, concebe o projeto de fundar uma faculdade nas Bermudas, longe do declínio espiritual que ele vê na Europa. Depois de ter obtido fundos privados graças a uma subscrição e esperando uma subvenção prometida pelo parlamento inglês, atravessa o Atlântico em 1728 e se instala com sua esposa em Newport, Rhode Island. Como o financiamento prometido pelo parlamento foi recusado, ele volta a Londres em 1731. Como bispo de Cloyne em 1734, retorna à Irlanda, onde se ocupa com os cuidados dos afazeres de seu bispado. Morre em Oxford em 1753, pouco depois de aí ter se instalado para velar pela educação de um dos seus filhos.

A obra

Um dos objetivos principais da filosofia de Berkeley é manifestar a presença íntima de Deus em nossos espíritos. Este objetivo requer a elaboração de um sistema que envolve dois aspectos solidários, um negativo e outro positivo. A vertente negativa é o imaterialismo, que afirma que a matéria não existe. A vertente positiva é o fenomenismo, segundo o qual os corpos não são substâncias, mas coleções de fenômenos imateriais bem regrados, chamados de qualidades ou ideias sensíveis. Estas, assim como os corpos que elas constituem, são objetos da percepção e do conhecimento

---

* Professor de Filosofia. Universidade de Neuchâtel.

1. Fellow: palavra inglesa que designa um membro de faculdade nas universidades inglesas; designa também alguém que recebe uma bolsa de estudos [N.T.].

George Berkeley 283

sensível. O universo empírico, objeto da ciência física, retira sua realidade e sua objetividade em grande parte de sua coerência interna, de acordo com as leis naturais.

Imaterialismo e fenomenismo são elaborados principalmente no *Tratado sobre os princípios do conhecimento humano* (1710) e nos *Três diálogos entre Hylas e Filonos* (1713)[2]. Mas o fenomenismo expresso em suas obras evoca importantes complementos teóricos. Exige uma concepção original da percepção e, em particular, uma teoria da visão, com o objetivo de explicar, por exemplo, como podemos realmente ver os corpos à distância enquanto são coleções de ideias sensíveis. Esta teoria é formulada de acordo com a visão analítica em *Um ensaio para uma nova teoria da visão* (1709), depois sinteticamente em *A Teoria da Visão sustentada e explicada* (1733). O fenomenismo evoca também uma filosofia das ciências naturais e uma filosofia das matemáticas. Berkeley consagra o *De motu* (1721) à primeira e *O analista* (1734) e a *Defesa do livre-pensamento em matemáticas* (1735) à segunda, onde ele critica os fundamentos do cálculo infinitesimal. Enfim, já que se trata de manifestar a presença íntima de Deus em nossos espíritos, o sistema exige uma teologia filosófica, uma apologética e as grandes linhas de uma filosofia moral. Estas são apresentadas em *Alciphron, ou o pensamento-miúdo* (1732).

Assinalemos o interesse particular que apresentam as *Notas filosóficas*, habitualmente datadas em torno de 1707 e 1708. São cadernos nos quais o jovem Berkeley consigna as notas de leitura, principalmente sobre Descartes (1596-1650), Hobbes (1588-1679), Spinoza (1632-1677), Malebranche (1638-1715), Locke (1632-1704) e Bayle (1647-1706), assim como as reflexões filosóficas em desenvolvimento constante. Este é um laboratório onde são colocados progressivamente no lugar os contornos do sistema, por intermédio de ensaios, tentativas inacabadas, lampejos de gênio e paciente construção. Assiste-se à gênese paralela da *Nova Teoria da Visão* e dos *Princípios*.

O estranho *Siris* (1744) – a última grande obra do autor – é uma defesa a favor das pretensas virtudes terapêuticas da água de alcatrão. A partir de uma reflexão sobre a química, Berkeley revela a cosmologia grandiosa, inspirada no platonismo, de uma cadeia de seres que culmina em Deus, manifestando a atividade onipresente do espírito no mundo. Ainda que *Siris* estenda e desenvolva vários temas matemáticos elaborados anteriormente, sua coerência com o resto da obra filosófica de Berkeley pôde ser colocada em dúvida.

---

2. Há uma publicação em português que contempla estas duas obras: BERKELEY, G. *Tratado sobre os princípios do conhecimento humano*; *Três diálogos entre Hilas e Filonous em oposição aos céticos e ateus*. São Paulo: Abril, 1973 [Coleção Os Pensadores – Tradução de Antonio Sérgio] [N.T.].

O imaterialismo

A "Introdução dos *Princípios* contêm as grandes linhas da filosofia da linguagem de Berkeley, à qual *Alciphron* fornecerá preciosos complementos. Ele procura mostrar que uma falsa teoria da linguagem conduz à crença errada na possibilidade de formar ideias abstratas gerais, ao passo que estas são impossíveis psicológica e logicamente. Berkeley não rejeita, no entanto, toda forma de abstração. Podemos generalizar a função representativa das ideias particulares, sem com isso formar ideias intrinsecamente gerais. Caso se acrescente a isso um emprego bem compreendido de signos linguísticos e símbolos matemáticos, pode-se explicar nossos conhecimentos gerais sem postular outra coisa senão as ideias particulares e suas relações. As ideias abstratas gerais não são, portanto, nem necessárias, nem possíveis.

Berkeley emprega o termo "materialismo" para falar da tese que afirma a existência da matéria, contrariamente ao emprego comum atual, no qual a expressão designa a doutrina segundo a qual tudo que existe é material. Assim, de seu ponto de vista, não é somente Hobbes que pode ser contado entre os materialistas, mas também Descartes, Malebranche e Locke, já que estes acreditam na existência da matéria. Aos olhos de Berkeley, esta crença foi sempre, desde a Antiguidade até os tempos modernos, a fonte principal do ceticismo e do ateísmo que ele vê florescer em sua época. Ao demonstrar a inexistência da matéria, ele procura cortar pela raiz a fonte desses males. A noção de matéria, de acordo com Berkeley, é aquela de uma substância não pensante, cuja existência é ontologicamente independente da existência dos espíritos; esta substância seria provida de qualidades ditas primeiras (propriedades espaciais e mecânicas) e de poderes causais. A partir de seus argumentos centrais a favor do imaterialismo, Berkeley tem em vista dois objetivos estreitamente solidários. De um lado, ele quer negar qualquer distinção entre ideias sensíveis e qualidades sensíveis, assim como entre os compostos dessas ideias e os corpos. De outro lado, ele quer demonstrar que a hipótese da existência de uma substância material envolve uma contradição.

Um primeiro argumento central é aquele dito semântico, que leva à significação do termo "existir" aplicado às qualidades sensíveis e aos corpos. Dizer que estas entidades existem significa ou que elas são percebidas por mim, ou que eu poderia percebê-las nestas ou naquelas condições, ou ainda que elas são percebidas por outro espírito, finito ou infinito. Em segundo lugar, o argumento da abstração estabelece a impossibilidade de abstrair a existência das coisas sensíveis de sua percepção. A conclusão dos dois argumentos é a mesma: o *esse* (ser) das qualidades e dos corpos sensíveis é inseparável de seu *percipi* (ser percebido). Um terceiro argumento central chega à mesma conclusão, depois de ter estabelecido a tese da identidade das qualidades sensíveis e das ideias sensíveis. Assim, somente percebemos as ideias; porém, percebemos as qualidades sensíveis e os corpos; portanto, estas entidades são, respectivamente, ideias e coleção de ideias. Como uma ideia não existe senão quando ela é percebida, segue-se que as qualidades sensíveis e os corpos só existem quando são percebidos.

Uma vez posta esta conclusão, Berkeley pode demonstrar o caráter contraditório da noção de substância material. De fato, uma substância material seria por definição um substrato que não percebe dotado de qualidades sensíveis. Porém, é verdade que estas existem necessariamente em alguma substância. Mas, como as qualidades sensíveis são as ideias, é preciso que as substâncias de que elas dependem ontologicamente as percebam. Por conseguinte, a própria definição de uma substância material envolve uma contradição: ela supõe que as qualidades sensíveis, cujo ser é o ser percebido, existem numa substância que não percebe.

Supõe-se que estes argumentos centrais levam a uma conclusão matemática, aquela da inexistência da matéria. Mas Berkeley desenvolve também argumentos secundários, cuja conclusão é epistemológica: ainda que, por hipótese, a matéria existisse, ela seria incognoscível. Ainda que esta conclusão seja mais fraca do que a conclusão metafísica, os argumentos secundários são, não obstante, muito importantes. Eles explicam, de fato, por que Berkeley está firmemente convencido de que todos os sistemas filosóficos que afirmam a existência da matéria conduzem ao ceticismo – e isso apesar das intenções de seus autores, que não parecem perceber esta consequência.

Primeiramente, se as qualidades sensíveis são idênticas às ideias, ao percebê-las, não aprendemos qualquer qualidade que pertença a uma substância material, já que uma ideia, cujo ser deve ser percebido, não pode pertencer a uma substância que não percebe. Porém, se nenhuma dessas qualidades percebidas é um modo de uma substância material, segue-se daí que a matéria, se ela existisse, seria imperceptível.

O defensor da matéria retrucará aqui que as ideias em nossos espíritos são, certamente, percebidas imediatamente, mas que os objetos materiais possuem qualidades que podem ser conhecidas mediatamente, quer dizer, por meio de nossas ideias sensíveis. Não se poderia, então, conhecer os objetos materiais desta maneira, pela percepção? Não, absolutamente. Se a matéria existisse e se ela possuísse qualidades diferentes das nossas ideias sensíveis, o conhecimento das primeiras dependeria necessariamente, de acordo com Berkeley, do conhecimento de uma conformidade entre elas e, pelo menos, de algumas das nossas ideias sensíveis. Porém, para saber se uma coisa está ou não em conformidade com uma outra qualquer, é preciso que seja possível compará-las. E seria impossível comparar nossas ideias sensíveis com as hipotéticas qualidades da matéria. Pois elas não nos seriam dadas senão com os traços do conteúdo das ideias percebidas imediatamente, que se supõe representá-las. A matéria, se ela existisse, seria, portanto, empiricamente incognoscível.

Além disso, a hipotética matéria não seria inclusive concebível, avalia Berkeley, pois não se poderia imaginar suas qualidades. Todas as qualidades sensíveis de que temos experiência são, de fato, ideias sensíveis, e nenhuma delas pode pertencer a uma substância que não percebe. Caso se objete que nossas ideias sensíveis poderiam também se assemelhar a certas qualidades da matéria, Berkeley responde que seria também inconcebível imaginar uma similitude entre as cores e algo invisível.

Não seria preciso também postular a existência da matéria somente para atribuir uma causa para nossas ideias sensíveis? Estas são produzidas independentemente de nossa vontade; elas têm, portanto, uma causa exterior a nós. Certamente. Mas se coloca a questão de saber de que causa exterior se trata. Porém, os próprios "materialistas" declaram como incompreensível a causalidade da matéria sobre o espírito. Por outro lado, Malebranche e os ocasionalistas dizem que ela é impossível. Berkeley se junta a Malebranche e a Locke ao afirmar que a única causalidade de que temos uma noção clara é a causalidade da vontade. Segundo ele, a causa exterior de nossas ideias sensíveis só pode ser a vontade de um outro espírito. Porém, este espírito deve ser infinitamente poderoso e sábio, pois nossas ideias sensíveis, em número infinitamente grande, apresentam uma ordem e uma coerência em conformidade com as leis naturais. Por conseguinte, sua causa só pode ser Deus e é desta maneira que Berkeley pretende provar sua existência.

O fenomenismo

Na base do fenomenismo de Berkeley se encontra uma invenção metafísica fundamental: a de uma categoria de entidades que possuem certas propriedades das ideias sensíveis de Locke e outras propriedades das qualidades sensíveis também de Locke. É por isso que, não sem risco de alguma confusão em seus leitores, Berkeley chama estas entidades tanto de ideias sensíveis quanto de qualidades sensíveis. Por exemplo, tal como as ideias em Locke, as ideias sensíveis em Berkeley são imateriais. Elas possuem uma causa exterior à substância finita que as percebe e só existem quando são percebidas. Quando são percebidas de imediato, elas não são exatamente como são. Por outro lado, sendo verdadeiras qualidades sensíveis, elas não são nem entidades intencionais nem modos das substâncias que percebem; seu ser é heterogêneo ao ser dos espíritos; e elas – assim como os objetos físicos que elas compõem – são os objetos da percepção e do conhecimento perceptivo.

A realidade das ideias ou qualidades sensíveis deve ser tomada no sentido forte. Ainda que seja estranho falar assim, segundo Berkeley, comemos e bebemos as ideias sensíveis e nos vestimos com elas. Mas o que constitui a realidade destas ideias por oposição às ficções da imaginação? Três fatores são constitutivos de sua realidade: sua força e sua vivacidade; sua independência causal em relação às substâncias finitas; e

George Berkeley

principalmente sua ordem e sua coerência, em conformidade com as leis naturais instituídas por Deus. Com este último fator, Berkeley se junta a seu antecessor, Leibniz (1646-1716), e a seu sucessor, Kant (1724-1804), ao fazer depender grandemente a realidade e a objetividade do universo fenomênico de sua coerência interna, regida por leis naturais.

Deus produz as ideias sensíveis de acordo com uma ordem regular que manifesta sua sabedoria e a sua benevolência. Ele institui entre as ideias as relações de signo com a coisa significada, que fundam a previsibilidade de fenômenos futuros. Estas relações são exemplificadas em dois domínios totalmente distintos: a percepção mediata e a causalidade empírica. Consideramo-las em sua ordem.

Em *Um ensaio para uma nova teoria da visão*, Berkeley descobre uma teoria filosófica da visão que se distingue tanto da ótica geométrica quanto da fisiologia da visão. Algumas combinações de ideias visíveis, acompanhadas de algumas sensações cinéticas, constituem sinais visuais complexos. Estes são instituídos por Deus para significar as ideias da figura, da distância, da grandeza e da situação de sólidos que percebemos – ou poderíamos perceber – imediatamente pelo tato, proporcionando algumas condições empíricas. Como não há qualquer conexão necessária entre signo e significado, somente pela observação, pela experiência e pelo hábito é que aprendemos progressivamente que esta ou aquela combinação de ideias visíveis e de sensações cinéticas significa esta ou aquela ideia tangível. Uma vez corretamente adquirida a apreensão empírica, ao perceber este signo visual, imaginamos logo – quer dizer, percebemos mediatamente – as ideias tangíveis significadas, de maneira análoga àquela que se produz quando lemos um livro: nossa percepção visual das expressões cede lugar, em nossa consciência, à compreensão de sua significação. Uma percepção mediata não verídica da figura, da distância, da grandeza e da situação de objetos tangíveis é possível; ela é causada pela má interpretação de alguns signos visuais, devido a uma má apreensão de seu significado. Sendo assim, os signos visuais formam juntos um sistema instituído por Deus: a linguagem do Autor da natureza.

A teoria da visão tem muitos corolários. Todas as qualidades sensíveis são próprias a um sentido; portanto, é impossível perceber imediatamente uma qualidade sensível por dois ou vários sentidos. Por outro lado, as ideias próprias a cada sentido são totalmente heterogêneas: não somente elas não estão ligadas por qualquer conexão necessária, mas não há mais semelhança entre elas. Nenhuma semelhança, portanto, entre a extensão visível e a extensão tangível, nem mesmo entre um quadro visível e um quadro tangível. Não se poderia, então, formar por abstração uma ideia da extensão, ou de uma figura, que seja comum à visão e ao tato. Enfim, os objetos da geometria são exclusivamente a extensão e as figuras tangíveis; esta ciência não tem como objeto seus homônimos visíveis.

Uma das consequências do princípio *esse est percipi* (ser é o percebido) é que todas as características sensíveis das ideias aparecem necessariamente na percepção imediata. Como não percebemos nelas nenhuma força ou eficácia causal, segue-se que as ideias são causalmente inertes. Por conseguinte, como em Malebranche, não há nem causalidade física real entre os corpos, nem causalidade do corpo sobre o espírito. Na realidade, de acordo com Berkeley, as relações entre o que chamamos erradamente de causas e de efeitos físicos são relações de significação, instituídas por Deus. Elas devem ser apreendidas pela observação e pela experiência. Sua finalidade é permitir aos espíritos finitos fazer previsões sobre o curso dos acontecimentos futuros e assegurar por esse meio sua sobrevivência e seu bem-estar.

Berkeley não pretende com isso rejeitar a física contemporânea, principalmente as leis do movimento. Ele procura integrar a física no imaterialismo, oferecendo uma reinterpretação dos pressupostos metafísicos com os quais os "materialistas" o carregaram. É por isso que ele rejeita a distinção newtoniana entre espaço, tempo e movimento absolutos e relativos, assim como a divisibilidade ao infinito da extensão. Espaço, tempo e movimento são somente relativos. As leis estabelecidas pela ciência são apenas formulações teóricas das regularidades observáveis entre os fenômenos produzidos por Deus. O enunciado das leis naturais deve sua legitimidade à sua utilidade. Ele não consiste absolutamente em nos oferecer uma compreensão das causas reais dos fenômenos naturais, menos ainda a nos aproximar de um conhecimento daquilo que alguns "materialistas" chamam de constituição interna submicroscópica dos corpos. As leis científicas são úteis somente na medida em que elas permitem uma previsão mais exata dos fenômenos. No *De motu*, Berkeley explica que a noção de força, ainda que desprovida de objeto, desempenha um papel legítimo, se bem que puramente teórico, mas justificada do ponto de vista instrumental pelas previsões empíricas tornadas possíveis pela teoria de que esta noção faz parte.

Os espíritos finitos

Berkeley estabelece um dualismo radical entre os espíritos e as ideias; eles são dois tipos de entidades totalmente heterogêneas, que não têm em comum senão os nomes de "ser" e "coisa". Pois, enquanto o ser das ideias é ser percebido, o ser das substâncias deve ser percebido. Os espíritos finitos são substâncias ativas e indivisíveis, que pensam constantemente. As ideias são causalmente inertes, fugazes e ontologicamente dependentes das substâncias que as percebem, ainda que não sejam delas os modos. A dependência ontológica das ideias em relação aos espíritos é precisamente uma das razões que fundam sua heterogeneidade e sua distinção, já que a dependência não é recíproca. Este dualismo se situa entre os espíritos de um lado

George Berkeley   289

e a totalidade das ideias de outro, tanto aquelas da sensibilidade quanto aquelas da imaginação e da memória. Esta maneira de colocar o dualismo carrega consigo duas consequências importantes.

Em primeiro lugar, não pode existir nenhuma ideia de um espírito, nem mesmo uma ideia da imaginação. Pois uma ideia assim deveria representar um espírito, e por isso ela deveria assemelhar-se a ele, o que é impossível em vista de sua heterogeneidade. É por isso que, de acordo com Berkeley, o autoconhecimento de um espírito se realiza por uma consciência reflexiva imediata, sem a intermediação de uma ideia.

Em segundo lugar, como as ideias da imaginação e da memória são tão distintas das substâncias quanto o são as ideias sensíveis e porque elas não são também modos, é somente no interior do domínio geral das ideias que se realiza a distinção entre as ficções da imaginação e a realidade sensível, em conformidade com os três critérios mencionados mais antes. Daí a necessidade de colocar uma diferença, em Berkeley, entre a simples existência de uma ideia e sua realidade, ou seja, seu pertencimento ao mundo empírico. Se todas as ideias imediatamente percebidas existem, somente as ideias sensíveis são constitutivas da realidade empírica. Isto significa que o dualismo radical de Berkeley não é precisamente aquele do espírito e do corpo. Certamente, a distinção espírito-corpo é antes um dualismo, mas ela está subordinada, porque se situa entre as substâncias que percebem e uma parte somente das ideias, ou seja, as ideias sensíveis, constitutivas dos corpos.

A Teoria Berkeleyana dos espíritos finitos dá lugar a uma tensão: se o ser do espírito é perceber e se a percepção é passiva, como diz Berkeley, como afirmar que o espírito é uma substância ativa? Em primeiro lugar, o espírito é também dotado de vontade, um poder essencialmente ativo. Em seguida, somente a percepção imediata é passiva. A percepção mediata, para si mesma, supõe, ao contrário, uma atividade importante por parte do espírito. Porém, ao dizer que o ser do espírito é perceber, Berkeley compreende tanto a percepção mediata, ativa, quanto a percepção imediata. Não há contradição alguma em sustentar, nestas condições, que o espírito é uma substância ativa e que seu ser consiste em perceber.

A Teoria Berkeleyana de um espírito finito é infelizmente incompleta, pois não se sabe que estatuto ontológico atribuir aos muitos tipos de acontecimentos mentais. O que são, por exemplo, as emoções, as volições e as operações cognitivas tais como o julgamento, o raciocínio e a deliberação? Com a condição de não conceber as substâncias finitas como substâncias, nada impediria a Berkeley dizer que estes acontecimentos mentais, contrariamente às ideias, são modos das substâncias que percebem. Todavia, ele não diz nada disso, deixando seu estatuto ontológico indeterminado.

Deus e a apologética

As ideias sensíveis percebidas imediatamente pelos espíritos finitos são ectipos[3], produzidos por Deus com base no modelo das ideias arquetípicas eternas que existem em seu espírito. Contrariamente ao que muitas vezes se pretendeu, esta concepção do conhecimento divino não é, portanto, ameaçada pelas implicações céticas de uma teoria representativa. Pois as ideias pelas quais Deus conhece os ectipos são as ideias arquetípicas com cujo modelo ele as pensa e as produz. Uma outra questão frequentemente colocada é a de saber se Deus, que não possui sensibilidade, pode não somente conhecer, mas também perceber os ectipos, ainda que estes sejam sensíveis. Mas a pertinência da questão é duvidosa, pois ela supõe em Deus uma distinção entre conhecimento e percepção que Berkeley, não mais do que outros filósofos, não é levado a aceitar. Por outro lado, ele tem toda liberdade de ação para determinar, por analogia, uma noção eminente da percepção que conviria propriamente a Deus, em conformidade com a doutrina da analogia exposta em *Alciphron*.

Em *Alciphron*, ele se pega com os livres-pensadores em matéria de moral e de religião, principalmente Shaftesbury (1671-1713), Mandeville (1670-1733) e Collins. Sabendo que seu imaterialismo é mal recebido pelo público, ele defende sua apologética sem fazê-la depender estritamente do imaterialismo. É nesse espírito que ele defende a verdade da teologia natural, depois a utilidade e a verdade da religião e da moral cristãs. Em razão de suas posições principalmente muito conservadoras sobre estas questões, não é fácil alinhar Berkeley entre os pensadores das Luzes.

O lugar de convergência do pensamento de Berkeley, comum ao *Alciphron* e a toda sua obra, é a presença íntima de Deus em nossos espíritos. Se a presença de Deus é tão próxima, isto ocorre porque ele produz as ideias sensíveis diretamente, sem a intermediação de qualquer causa material secundária e porque estas ideias, constitutivas da realidade física, são perceptíveis imediatamente. Em *Alciphron*, como anteriormente, Berkeley coloca no primeiro plano a organização do universo fenomênico em muitos sistemas de signos que nos permitem prever seus significados empíricos. Os signos sensíveis, por sua origem causal, testemunham a onipotência de Deus, sua complexidade manifesta sua inteligência e sua sabedoria, e sua coerência regular, conforme as leis naturais, exprime sua bondade e sua providência. Do ponto de vista metafísico, o universo físico é um lugar de reencontro, nesta via, dos espíritos finitos que interpretam e de seu autor transcendente.

---

3. Ectipos: palavra referente à ectipografia, ou seja, impressão em relevo capaz de ser lida pelos cegos [N.T.].

29

A FILOSOFIA NATURAL NO SÉCULO XVII: GALILEU, HUYGENS, NEWTON

Fabien Chareix [*]

> *Homens de Galileu, por que olhais para o céu com*
> *tanta admiração?*[1]

Geralmente se reconhece na ciência que nasce entre a publicação do livro de Copérnico (1473-1543) e a síntese newtoniana das leis da dinâmica, tanto celeste quanto terrestre, o estatuto de um fundamento dado à ciência moderna. Aqui, nos limitaremos à evocação das modificações que se seguiram imediatamente a esta nova distribuição de cartas no seio daquilo que se achou conveniente chamar de física, e que é ainda chamada de filosofia natural no momento em que Newton (1643-1727) concluiu sua primeira transformação. Portanto, se excluirá desta apresentação o rico e rápido desenvolvimento das ciências médicas que, na mesma época, sofreram também profundas mutações, associando a norma da observação da natureza ao rigor das deduções possíveis do regime mecanicista. Estes desenvolvimentos poderiam, de fato, colocar em evidência uma idêntica promoção da fenomenalidade como tal; as transformações que afetam a mecânica terrestre e a ciência do movimento em geral não são separáveis de uma modificação do olhar médico. Mas este estudo nos conduziria para muito longe do objeto principal deste capítulo[2].

---

[*] Mestre de conferências de Filosofia. Universidade de Paris IV – Sorbonne.

1. *Introît* das missas da Ascensão, apud HUYSMANS. *L'Oblat.* Paris: Cres, 1934, p. 143 [Oeuvres Complètes, vol. 17]. Este sermão teria constituído o ataque do sermão de Lorini contra Galileu em 1614.

2. Deve-se consultar, sobre esta questão e numa muito rica literatura: HALL, T.S. *History of General Physiology*: 600 BC to 1900 DC. 2 vols. Chicago: University of Chicago Press, 1969. • DUCHESNEAU, F. *Les modèles du vivant de Descartes à Leibniz.* Paris: Vrin, 1998. • ROSSI, P. *La naissance de la science moderne en Europe.* Paris: Seuil, 1999, com, por exemplo, o paralelo que é estabelecido por Rossi entre o método de Borelli e os "pressupostos de ordem galileano-cartesiana" (p. 215).

É significativo que, no desenvolvimento de uma física destinada a extrair da geometria as regras das operações fenomênicas, os *Princípios matemáticos da filosofia natural*[3] (*Philosophiae naturalis principia mathematica*) de Newton, de 1687, sucedendo aos *Princípios da filosofia* (*Principes de la philosophie*) de Descartes (1596-1650), instruem seu processo. De fato, as matemáticas é que são substituídas pelo regulamento lógico da relação das causas com seus efeitos. Descartes, nas *Regras para a direção do espírito*, tinha colocado seu programa, sensivelmente modificado no momento de abordar o problema da fenomenalidade, ao longo das partes II, III e IV dos *Princípios da filosofia*. Porém, o que tinha sido esboçado por Galileu (1564-1642) e teorizado por Descartes na mesma época, antes de 1630, encontra-se concluído em seus principais contornos em mais ou menos sessenta anos. A cinemática galileana, pela qual é preciso começar, não é certamente isenta de censuras. A historiografia do início do nosso século não parou de mostrar até que ponto as ideias de Galileu estavam em consonância com aquelas da tradição medieval dos comentários da *Física* de Aristóteles (384-322 a.C.). A leitura dos físicos de Oxford e da Sorbonne, nos séculos XII e XIII, oferece um certo número de visões sobre os principais elementos que a ciência galileana poderia desenvolver. Duhem (1861-1916) dá desta sequência uma interpretação continuísta[4], desfavorável à construção de um mito fundador galileano e, juntamente com isso, uma defesa e uma ilustração da posição instrumentalista em astronomia: a proibição comunicada em 1616 contra Galileu procede, segundo Duhem, da própria sabedoria, na medida em que seria Galileu quem teria ultrapassado os limites indicados ao conhecimento. Por conseguinte, seria preciso dizer que a interpretação da natureza puramente instrumental de uma hipótese é mais conforme ao ideal científico do que a doutrina grosseiramente realista dos copernicanos.

Pierre Duhem[5] revela um aspecto essencial do pensamento de Galileu: é a partir das noções elaboradas em cinemática que se deve abordar a astronomia. Esta última

---

3. Recentemente foi publicada em português uma parte desta obra: NEWTON, I. *Principia* – Princípios matemáticos de filosofia natural. Livro III. São Paulo: Editora Folha, 2010 [Coleção Livros que Mudaram o Mundo – Tradução de André Koch Torres Assis] [N.T.].

4. Esta interpretação é mesmo admitida pelos defensores de uma abordagem social dos saberes científicos, pois ela coloca em questão o conceito de revolução científica. Cf. SHAPIN, S. *La révolution scientifique*. Paris: Flammarion, 1998: "A continuidade entre a filosofia natural do século XVII e seu passado medieval é, no entanto, hoje largamente reconhecido". A interrogação trazida por Shapin é a seguinte: A "revolução científica" não é uma invenção de historiadores? J. Henri (*The Scientific Revolution and The Origins os Modern Science*. Londres/Nova York: McMillan/St Martin Press, 1997) responde a esta questão de uma maneira muito mais matizada, e sem dúvida mais exata, do que Shapin.

5. Duhem é certamente o autor de uma *Physique de croyant*, mas sua crítica à ideia de revolução galileana abrange uma análise esclarecedora das relações entre a ciência clássica e seus "precursores", oxfordianos ou parisienses. Cf. DUHEM, P. *Études sur Léonard de Vinci* – Les précurseurs de Galilée. Paris: Hermann, 1913.

é um vasto campo de observação, de experimentação e de especulação oferecido à mecânica racional.

Mas é precisamente a unidade de um projeto consagrado totalmente ao conhecimento do movimento que, impondo os limites à contribuição astronômica galileana, explica suas intenções e seu sucesso. Porque, no fundo, não é astrônomo, Galileu chega a colocar em termos claros o movimento dos planetas no interior de uma cinemática onde ela acabará por se resolver; assim, ele indica o caminho que Newton tomará emprestado em sua obra de 1687.

Em Galileu, as duas análises do movimento não pertencem à mesma ordem conceitual, já que uma, relativa aos corpos celestes, liberta-se das condições que são estabelecidas, aqui embaixo, para os corpos pensados por outra ciência do movimento. O fato da gravidade estrutura os comportamentos específicos dos *corpos pesados* e é preciso efetivamente esperar a extensão da lei da queda aos próprios corpos celestes, sendo a elipse de Kepler (1571-1630) a trajetória formada dinamicamente por esta tendência à queda, combinada com uma tendência radial do corpo em revolução, para compreender que uma única e mesma ciência deve pensar o conjunto dos efeitos do movimento. Escolhendo não considerar a astronomia senão como um meio de obter as confirmações físicas do movimento da Terra, Galileu tornava crível a ideia segundo a qual a nova física tinha agora necessidade de um sistema do mundo que, não podendo ser novo, não obstante, substituía a distinção entre o céu e a terra de vários séculos.

A Escola de Galileu e a nova mecânica

Atribuindo à filosofia natural uma forma e um estilo, do qual ele próprio problematizou o estatuto de um pensamento em ruptura com as antigas formas da filosofia natural, Galileu abria a via para uma autêntica escola galileana.

É com Benedetto Castelli (1578-1643), seu primeiro verdadeiro "discípulo", que se abre uma tradição que não é mais aquela de uma simples exegese dos textos do mestre, mas aquela de um aprofundamento das noções e dos louros obtidos por meio deste instrumento comum que é a física geometrizada. Castelli, ligado diretamente a Urbano VIII (1568-1644), nomeado matemático-chefe em 1623, tinha sido antes desta data um aluno dotado e leal a Pádua e a Pisa, onde ele se tornou *Lettore* de matemáticas pouco depois da chegada de Galileu.

A ele foi dirigida a primeira das *Cartas copernicanas*, já que ele próprio tinha sido objeto de um interrogatório insistente por parte de Christine de Lorraine (1565-1637), preocupada com saber até que grau de refutação das Escrituras Galileu pretendia conduzir os resultados de sua observação. Foi também Castelli que escreveu em 1615 uma obra[6] que dirigia uma crítica violenta das visões aristotélicas de Ludovico delle Colombe (1565-1616), colocando-se assim resolutamente contra o partido dos beneditinos engajados na luta palaciana, o que acelera, por sua vez, a duração do processo de 1633. Castelli tinha já escrito, na data do processo, uma obra de hidrodinâmica, *Della mistura delle acque correnti*[7] (*Sobre a mistura da água corrente*). Nesse tratado que mostra um grande domínio das propriedades físicas do escoamento, Castelli se mostra galileano no cuidado escrupuloso que tem com o funcionamento das condições pertinentes de idealização. Nascidas de suas reflexões sobre os estragos causados pelas enchentes na Romanha[8], as leis do escoamento que ele propõe afirmam em particular uma relação inversamente proporcional entre a velocidade do escoamento e a extensão da secção de cano onde a água é idealmente contida. Galileu apresenta Castelli como "um de seus alunos, um homem inteligente, livre de preconceitos"[9], quer dizer, um homem que coloca sua condição de intérprete científico da natureza acima do respeito que ele deve também às Escrituras. Continuador da obra cinemática de Galileu, ele foi também um de seus primeiros conhecedores eruditos, já que suas *Annotazioni alla Bilancetta di Galileo* (*Anotações ao pêndulo de Galileu*) representam a primeira tentativa de publicação dos manuscritos inéditos de Galileu. No feudo dos *Lincei*, a obra e a ação de Castelli contribuíram, de maneira discreta, no entanto, real, para o estabelecimento de autênticos cânones da ciência galileana do movimento: uma ciência operatória, engajada na determinação teórica da condição de matematização, assim como na pesquisa dos efeitos úteis à engenharia moderna. Castelli, que não sobreviveu mais de dois anos a seu mestre, teve um aluno em Roma, Evangelista Torricelli, que seria uma das luzes mais brilhantes desta imediata herança de Galileu.

Torricelli é, junto com Boaventura Cavalieri, aquele que marcou da maneira mais decisiva a capitalização das aquisições galileanas. Nascido em outubro de 1608, ele morreu prematuramente em 1647, deixando, por assim dizer, Galileu sem um herdeiro imediato que tivesse alguma envergadura. Depois desta data, é de fato para outro lugar, para o lado dos continuadores, que convém voltar o olhar, se quisermos compreender o que foi o legado galileano para o pensamento mecânico clássico. Quaisquer que sejam as incertezas relativas à juventude de Torricelli, encontra-se no

---

6. *Risposta alle oppositioni del Sig. Lodovico, contro al trattato del Sig. Galileo* – Delle cose che stanno sopra. Bolonha: [s.e.], 1655.

7. Publicado em Roma em 1628, traduzido por Saporta em 1664, conheceu numerosas edições até o século XIX.

8. Ele foi enviado em missão de estudos pelo Cardeal Corsini em 1625.

9. [s.l.]: Naz, V, 136.

A filosofia natural no século XVII: Galileu, Huygens, Newton

papel de inscrição do Colégio Jesuíta de Faenza, depois em Roma, onde desde 1626 ele se tornou aluno de Castelli. Sua contribuição para o aprofundamento das ideias e dos princípios mecânicos de Galileu é multiforme. Sabemos, de sua própria lavra, que ele mesmo assistiu Galileu na composição de uma jornada suplementar[10] dos *Discorsi*, nos últimos meses de vida do recluso de Arcetri. Mas é numa espécie de tese de fim de estudo, publicada em 1644 na própria Florença, que Torricelli marca sua mestria perfeita dos instrumentos desenvolvidos em Pádua por Galileu. No *De motu gravium naturaliter descendentium et projectorum*, Torricelli se pergunta qual deve ser o comportamento, nos fenômenos da queda, de dois corpos ligados:

> Colocamos em princípio que dois corpos pesados ligados conjuntamente não podem se mover por si mesmos, a menos que seu centro de gravidade comum não caia[11].

Ao levar ao centro de gravidade comum o movimento de dois sólidos ligados, Torricelli não dá somente uma interpretação geral do trabalho mecânico de um corpo; ele permite também pensar claramente a passagem da análise teórica do movimento de queda a uma aplicação prática e concreta das leis que daí emergem. Na teoria, os corpos pesados são somente seres da razão. Na prática, eles são compostos de uma soma finita ou infinita de pequenos corpos ligados, tal como nos dois corpos tomados por Torricelli no enunciado de seu princípio. É determinando o centro de gravidade comum a todos esses corpos, por somatórios infinitesimais cada vez mais finos, que se chegará a superar a divisão que permanecia, com razão, em Galileu, entre as determinações especulativas da geometria e a arte concreta dos engenheiros. Outra consequência desse princípio: é impossível que o centro de gravidade comum a vários corpos se levante por si mesmo acima de sua altura inicial. O movimento automaticamente mantido supõe que o centro de gravidade desça e que ele ganhe nessa queda mais energia para retornar à sua altura inicial. Num relógio ou em outro artefato mecânico qualquer, no qual as forças de fricção não podem ser suprimidas, acha-se, então, um amortecimento progressivo que é previsto pela teoria. Um movimento mecanicamente autossuficiente nesse baixo-mundo é impossível: a arte da relojoaria poderá reaver todos os ensinamentos desse princípio, quando ela substituir o pêndulo mecânico dependente do princípio de Torricelli por outros movimentos reguladores, tais como a mola espiral que, a cada vibração, mantém seu movimento, acrescentando a ele uma energia de torção.

---

10. A Sexta Jornada, que tinha como objetivo a força de percussão e publicada somente em 1674, ver capítulo 6 da primeira parte.

11. TORRICELLI, E. *Opere*. Vol. II. Faenza: [s.e.], 1919, p. 105ss.[Tradução de René Dugas]. • *La mécanique au XVIIe siècle*. Neufchâtel: Le Griffon, 1956, p. 87.

Esta aquisição mecânica fundamental repousa no mesmo fundamento teórico daquele dos *cadernos paduanos* de Galileu, assim como no conjunto das afirmações dos *Discursi* relativos ao movimento do centro de gravidade dos corpos pesados. Como Castelli, Torricelli se distingue em hidrodinâmica, onde anuncia uma lei de escoamento admirável por sua semelhança com aquela que governa a queda: por um pequeno orifício, a velocidade do escoamento elevada ao quadrado é proporcional à altura da coluna de água. As propriedades do escoamento comprovam também quase completamente a hipótese mecânica da igualdade entre a altura da queda e a altura de subida, ilustrada nos *Discorsi* pelo isocronismo do pêndulo. De fato, a água jorra quase à altura da coluna de água que dá a ela sua força. Deve-se a Torricelli a invenção do barômetro, quer dizer, também uma noção precisa da pressão atmosférica com a qual, junto com Pascal (1623-1662), ele inventa um protocolo experimental que ficou famoso. Galileu tinha observado a impossibilidade de elevar mecanicamente uma coluna de água, qualquer que fosse a força da bomba, a uma altura determinada. Viviani (1662-1703) executa esta experiência, utilizando, desde 1643, um tacho de mercúrio, um tubo fechado numa extremidade e cheio de mercúrio. Ele pôde colocar como evidência o *vácuo torricelliano*. Esta altura mede, segundo ele, a pressão intangível da coluna de ar que faz pender o dispositivo. O vácuo (*vide*) é definido muito claramente na *Física* de Aristóteles como uma noção contraditória, no melhor dos casos, a designação de um espaço ou de um lugar privado de corpo[12], como seria a simples descrição geométrica de uma posição. No capítulo XI do Livro IV da *Física*, Aristóteles enuncia, contra a ideia de vácuo, as objeções ligadas à sua doutrina do movimento: no vácuo, de fato, um movimento determinado para uma direção, quer dizer, para o seu fim, é impossível. Todo movimento supõe, para que possa se realizar, uma totalidade de matéria. É, por conseguinte, nessas passagens da *Física* que o movimento dos projéteis, contestado pelos físicos medievais e, em seguida, por Galileu, é definido como continuação, por meio da ação impulsionadora do motor. Afirmando assim a existência do vácuo torricelliano, Viviani realiza então dois aspectos da mecânica galileana nos *Discursi*, quando ele examina o poder de atração exercido pelo vácuo:

> SAGREDO. Ocorreu comigo um dia observar uma cisterna na qual se tinha adaptado uma bomba [...] enquanto a água atingia um nível determinado na cisterna, a bomba a extraía em abundância, mas ela parava de funcionar abaixo de uma determinada altura. Na primeira vez que observei este incidente, acreditei que o aparelho estava estragado; mas o artesão que tinha sido encarregado de fazer o reparo me disse que não havia nenhum defeito nele, a não ser pelo

---

12. ARISTOTE. *Physique*. Paris: Les Belles Letres, 1931, 214b12 [tradução por H. Carteron]. Consultar o dossiê completo de J.-L. Poirier em *Leçons de physique*. Paris: Presses Pocket, 1990.

A filosofia natural no século XVII: Galileu, Huygens, Newton 297

lado da água que, estando muito baixa, não podia mais ser elevada assim tão alto; e acrescentei que nenhuma bomba tinha o poder de fazê-la subir a uma distância para além de dezoito côvados[13].

Galileu tinha dado a mesma explicação numa carta a Baliani, de agosto de 1630[14], limitando-se a explicar pela atração do vácuo este fenômeno conhecido pelos encarregados das fontes de água, dignos representantes desses "artesãos" aos quais Galileu não para de fazer referência em seus problemas de mecânica. É muito mais evidente que é a pressão atmosférica, e não o vácuo, o que explica que, numa determinada cisterna na forma de tubo, a coluna de água só jorra no cano até que um ponto de equilíbrio seja atingido. Por outro lado, a experiência de Viviani aplica um golpe terrível aos defensores do aristotelismo, já que a utilização do mercúrio torna mais crível a ideia de ausência de matéria na parte superior do cano tapado. Sabe-se que Pascal decidiu, acompanhado de seu bom amigo Florin Périer, colocar em prática esta relação entre a altura da coluna de água ou de mercúrio e o peso do ar. Pascal publica em 1647 suas *Novas experiências a respeito do vácuo* (*Nouvelles Expériences touchant le vide*), nas quais ele retoma os resultados das experiências realizadas com o concurso de Pierre Petit (1598-1677), em Rouen, sobre o vácuo torricelliano. Esta prática tinha, por outra via, adquirido a envergadura de uma competição europeia muito considerada. Descartes e Roberval (1602-1675) na França, mas também Hobbes (1588-1679) e Boyle (1627-1691) na Inglaterra, pesquisam também sobre esta questão, cuja origem galileana é validada pelo fato de que foi Torricelli que, em primeiro lugar, evocou esta demanda em sua correspondência e fez a demonstração dela a Mersenne (1588-1648), na ocasião de sua viagem a Florença em 1644[15]. Mas os aristotélicos não depõem as armas. Étienne Noël (1581-1659) faz aparecer em 1648 *O cheio do vácuo* (*Le Plein du vide*), desenvolvendo os argumentos que são também aqueles de Simplício nos *Discorsi*: no cano existe ar, mas ele está rarefeito ao extremo, de onde nasce a pressão interna no cano que retém o ar. Em 19 de setembro de 1648, Pascal e Périer demonstram, fora de todo debate retórico, a última consequência da ideia torricelliana. No pico do Puy de Dôme, a coluna de ar é menos pesada do que em seu sopé, a diferença é mensurável e a coluna de mercúrio menos elevada. A experiência, difícil mas possível, tinha sido planejada por Mersenne e também por Pascal,

---

13. *Discorsi*. [s.l.]: Naz, VIII, 64.

14. [s.l.]: Naz, XIV, 130. A altura da água equivale a 10,3m, ela corresponde a uma pressão de 1.033 Kg/cm², normal ao nível do mar.

15. Cf. WAARD, C. *L'Expérience barométrique*. Paris: [s.e.], 1936. • LICOPPE, C. *La formation de la pratique scientifique*. Paris: La Découverte, 1996. Este último reduz, equivocadamente, os textos de Pascal sobre estas questões a simples dispositivos retóricos, numa argumentação que contesta a presença aqui de um verdadeiro dispositivo de *prova experimental*.

num desprezo serenamente notório por Descartes, que também refuta o vácuo por razões que dizem respeito a seu próprio sistema. A via tomada por Torricelli, depois por Pascal, foi, por oposição às refutações ruidosas dos professores aristotélicos, ou seja, à filosofia natural de gabinete que foi a de Descartes, a via de uma ciência ativa que continua imediatamente aquela da qual Galileu foi em Pádua um dos iniciadores e, doravante, na Europa, a figura emblemática.

Christiaan Huygens (1629-1695) tem como realizações o conjunto das promessas contidas no princípio de Torricelli, quando ele chega, no *Horologium Oscillatorium* de 1673, a relacionar o movimento de um número qualquer de corpos ligados com o movimento de seu centro de gravidade. O momento de inércia de um sistema de corpos é totalmente determinado pelas relações de distância e de peso que os diferentes corpos mantêm com o centro de gravidade que eles conjuntamente produzem.

Mas é com Newton que se realiza verdadeiramente a escola galileana. A interrogação de Newton sobre sua própria epistemologia somente aparece na segunda edição dos *Principia*, em 1713. Acha-se nessa data o famoso *Scholium generale* acrescentado ao Livro III, onde se inscreve o não menos famoso "Eu não forjo hipóteses" (*hypotheses non fingo*). Se não é possível aqui retornar longamente à interpretação desta fórmula, pode-se, no entanto, tentar discernir em geral sua significação: basta ter raciocinado geometricamente e ter descrito matematicamente o movimento dos planetas. A investigação da causa é remetida a um lugar qualquer da filosofia experimental:

> Até agora, expus os fenômenos celestes e os fenômenos do mar pela ação da força de gravidade, mas não estabeleci ainda a causa da gravidade. Esta força nasce, em todo caso, de alguma causa que penetra até os centros do sol e dos planetas, sem que sua propriedade seja diminuída; e ela atua não em função da quantidade de *superfícies* das partículas sobre as quais ela age (como o fazem as causas mecânicas), mas em função das quantidades de matéria *sólida*; e sua ação se estende em todas as direções a distâncias imensas, decrescendo sempre na razão dupla das distâncias[16].

Newton tinha indicado, num outro lugar, o resultado de suas especulações sobre a causa da gravidade e as situava no horizonte de uma matéria etérea: "Quando digo que a estrutura do universo não pode ser senão o éter condensado por um princípio de fermentação, em vez dessas palavras, escrevam que ela não pode ser nada senão as contexturas diversas de um espírito ou vapor etéreos condensados, por assim di-

---

16. NEWTON, I. Principia mathematica philosophiae naturalis. Livro III: Scholium Generale. 3. ed. [s.l.]: [s.e.], 1726, p. 530. In: COHEN, I.B. & KOYRÉ, A. (orgs.). *Isaac Newton's Principia Mathematica Philosophiae naturalis*. Vol. II. Cambridge: Harvard University Press, 1972, p. 764.

A filosofia natural no século XVII: Galileu, Huygens, Newton   299

zer, por precipitação"[17]. Vê-se logo que o engendramento da qualidade por uma causa pode se revelar (sem chegar a colocar a dependência do pensamento científico de Newton em relação à Cabala) extremamente estranho à primazia do movimento local, tal como os defensores da mecânica o definem. A carta, datada de 1675, não é precisamente destinada ao segredo da confissão, já que ela é dirigida ao secretário da Royal Society, lugar de publicidade e de comunicação, por excelência. Independentemente desta maneira fermentativa e precipitada de colocar a causa, aqui, Newton se mostra atento ao esboço de um meio ativo, suporte e lugar das operações naturais. Esta orientação interna do pensamento de Newton é continuada (e não contradita, ao que parece) pelos posicionamentos fortemente mecanicistas[18] adotados depois de 1687:

> Que a gravidade deva ser inata, inerente e essencial à matéria, de tal maneira que um corpo possa agir sobre outro à distância através do vácuo, sem a mediação de qualquer outra coisa, por ou através da qual sua ação e sua força possam ser transportadas de um a outro, isto é a meus olhos um absurdo tão grande que acredito que nenhum homem, que tenha nas questões filosóficas uma aptidão suficiente para pensar, jamais pode se deixar tomar por ele[19].

É um lugar-comum afirmar, após Fontenelle (1657-1757), que "os newtonianos imediatamente depois, admitindo o mesmo Vácuo de Newton, declaram, no entanto, que o Peso é uma propriedade essencial dos corpos planetários"[20]. Não é improvável que o *hypotheses non fingo* de Newton encontre sua origem na observação consignada por Galileu no mais formalizado de seus diálogos, os *Discorsi*:

> SALVIATI. A ocasião não me parece favorável para investigar a causa da aceleração do movimento natural, problema sobre o qual diversos filósofos formularam diferentes opiniões, alguns a explicando pela aproximação em relação ao centro, outros pela redução progressiva das partes do meio que restam para atravessar, outros ainda pela extrusão do meio cujas partes, vindo-se reunir nas costas do móvel, o pressionariam continuamente; seria preciso que examinássemos todas estas imaginações (*fantasia*), e ainda muitas outras, sem grande proveito[21].

Fantasia (*fingere*): para além da necessidade, expressa por Descartes nos *Princípios da filosofia*, de produzir sistematicamente a ligação entre as causas segundas ou as leis

---

17. NEWTON, I. Lettre à Oldenburg du 25 janvier 1675. In: COHEN, I.B. & SCHOFIELD, R.E. *Isaac Newton's Papers and Letters on Natural Philosophy, and Related Documents*. Cambridge: Harvard University Press, 1958.

18. Cf. *Lettres à Bentley* de 1692, publicadas em 1756. In: *Isaac Newton's Papers and Letters on Natural Philosophy, and Related Documents*. Op. cit. • Lettre I, p. 20; Lettre II, p. 23 e 16; Lettre II, p. 26.

19. Ibid. Lettre III, p. 26.

20. FONTENELLE, B.B. *Théorie des tourbillons*. Genebra: Slatkine, 1968 [Oeuvres Complètes, vol. I].

21. *Discorsi*. Op. cit., VIII, 201.

da natureza e a causa primeira, mas também entre as causas segundas e as propriedades particulares dos movimentos dos corpos, uma ligação une o método de Galileu e o método de Newton. Esta ligação é aquela de uma ciência que produz essencialmente uma *descrição* dos efeitos na natureza e pode se contentar com não poder religar o efeito a uma causa inteligível. O princípio é discurso e, de fato, sempre suspeito de palavrório. A lei descritiva é uma medida e ela se realiza quando uma regra matemática pode ser dada como o traço de união entre os fenômenos que ela torna fáceis de conceber.

A causa de Copérnico: física celeste e filosofia natural

Discutir-se-á durante muito tempo ainda sobre a existência mesma de uma "revolução copernicana". Sua ideia foi completamente formalizada por Alexandre Koyré (1882/1892-1964), cuja introdução ao *De revolutionibus orbium coelestium* de Copérnico lembra, no entanto, todas as reservas que se deve antepor quando se afirma o caráter revolucionário do sistema copernicano:

> Copérnico [...] não é copernicano. Ele não é também um homem moderno. Seu universo não é um espaço infinito. Este universo é limitado, assim como aquele de Aristóteles ou de Peurbach. Maior, certamente, mas finito, todo ele contido na e pela esfera dos fixos. [...] Ordem esplêndida, geometria luminosa, cosmo-ótica substituindo a astrobiologia dos antigos[22].

Assim, Copérnico, que fez também grandemente uso das técnicas ptolemaicas de correção dos movimentos celestes por epiciclos, excêntricos e esquadriados (*équants*), vale essencialmente por ter introduzido, com o heliocentrismo, um método geométrico de descrição que se basta a si mesmo, sem suposições relativas à natureza dos planetas ou da causa física (força ou esfera[23]) que os mantém em sua órbita. O teólogo Osiander (1498-1552) que redige, sem que Copérnico soubesse, uma *Advertência ao leitor, sobre as hipóteses contidas neste livro*[24], colocada antes do prefácio escrito pelo astrônomo, mostra bem que, no contexto da Contrarreforma, as teses copernicanas podem ser interpretadas como uma violação das Escrituras. Em outros lugares, de fato, parece evidente que a Bíblia encontra sustentação numa representação geocêntrica do universo. O Concílio de Trento[25] (1546-1563) é convocado para se reunir em 8 de abril de 1546, ou seja, três anos depois da publicação do *De revolu-*

---

22. KOYRÉ, N. "Introduction". *Des revolutions des orbes celestes*. Paris: Diderot, 1998, p. 22-23.

23. Cf. LERNER, M.-P. *Le monde des spheres*. 2 vols. Paris: Les Belles Lettres, 2000-2001.

24. KOYRÉ, A. Introduction. In: COPERNIC, N. *Des revolutions des orbes celestes*. Op. cit., p. 27-29.

25. SARPI, P. *Historia del Concilio Tridentino – Nella quale si scoprono tutti gli artifizi della Corte di Roma per impedire che né la verità dei dogmi si palesasse, né la riforma Del Papato & della Chiesa si trattasse.* Di Pietro Soave Polano. Londres: Giovanni Billio, 1619 [reed., Turim: Einaldi, 1974].

A filosofia natural no século XVII: Galileu, Huygens, Newton   301

tionibus. Porém, foi no final desse concílio, em 1564, que será firmada uma posição intransigente da Igreja. Osiander afirma que as teses de Copérnico não devem ser consideradas como hipóteses matemáticas, destacadas de qualquer ancoragem na percepção ou na descrição do mundo. Estas teses se encontravam já no nominalismo medieval[26], e elas antecipam uma determinada tradição epistemológica que não dá aos enunciados científicos senão unicamente um valor de coerência formal, sem qualquer relação com as coisas. Enquanto instrumentos formais, as hipóteses são somente descrições de um conjunto de relações convergentes – estas relações são as próprias leis. Esta tradição é aquela do instrumentalismo que será ilustrada, com títulos bem diferentes, por Immanuel Kant (1724-1804)[27] e por Pierre Duhem[28].

O livro de Copérnico é publicado num ambiente de relativa indiferença: seu conteúdo, à exceção do Primeiro Livro, não é acessível ao vulgo, e seria preciso combinar os esforços interpretativos sucessivos (e mais ou menos conformes ao texto do cônego polonês) de Kepler, de Giordano Bruno (1548-1600) e depois de Galileu, para que a essência subversiva do heliocentrismo, que ultrapassa largamente o quadro da astronomia, seja avaliada em sua justa medida. É preciso, portanto, esperar março de 1616 para ver o texto de Copérnico colocado no Índex dos livros proibidos: este instrumento de censura intelectual foi, porém, estabelecido no final do Concílio de Trento, em 1564, ou seja, exatamente no ano do nascimento de Galileu.

Assim como outros antes dele, Copérnico introduz uma hipótese heliocêntrica. Os movimentos desordenados dos planetas tomam assim uma significação mais simples, que não permitem, porém, fazer economia dos artifícios matemáticos forjados pela escola ptolomaica: os excêntricos, mas também os epiciclos, aparecem no sistema de Copérnico. A mudança de marca cosmológica é anunciada por Copérnico no capítulo VII do livro I do *De revolutionibus*, numa evocação imagética do princípio da relatividade ótica. Levado pelo movimento regular de um barco, um observador é incapaz de discernir o objeto do movimento, sobre o que Virgílio (70-19 a.C.) disse

---

26. LOVEJOY, A.O. "Pragmatism and Realism". *The Journal of Psychology and Scientific Method*, 6, 1909, p. 575-580. Cf. tb. GARDNER, M.R. "Realism and Instrumentalism in Pre-Newtonian Astronomy". *Minnesota Studies in the Philosophy of Science*, vol. X, 1983, p. 201-265.

27. KANT, E. *Critique de la raison purê*. Paris: PUF, 1968. O criticismo, verdadeiro ponto de partida do instrumentalismo contemporâneo, repousa totalmente na constituição dos fenômenos pela atividade esquematizadora do sujeito do conhecimento. Nesse sentido, não podemos conhecer senão sob a forma de lei, formada e à distância de qualquer determinação de uma coisa incondicionada. Há uma publicação em português desta obra: KANT, I. *Crítica da razão pura*. Lisboa: Calouste Gulbenkian, 1989 [Tradução de Manuela Pinto dos Santos e Alexandre Fradique Morujão] [N.T.].

28. DUHEM, P. *La Théorie Physique*: son objet, sa structure. Paris: Chevalier & Rivière, 1916 [reed. Paris: Vrin, 1989].

muito bem: "O porto e a cidade se recolhem"[29]. O universo de Copérnico permanece fechado, ele não pode opor nada à física aristotélica e, nesse sentido, todo o edifício pode com razão se reduzir ao objeto puramente instrumental descrito por Osiander: uma hipótese matemática, sem relação com os fatos ou com qualquer valor de verdade.

O manual dominante da astronomia pré-copernicana – e que sobreviverá longamente até o ano de 1543 – é o tratado conhecido com o nome da *Sphaera* de Sacrobosco (1195-1256), porque ele foi um dos primeiros a se beneficiar da difusão ampla das ideias, o que se tornou possível com a invenção da imprensa[30]. Tradução e adaptação do *Almagesta* de Ptolomeu (90?-?168), ele é o fundamento matemático limitado mais durável, a partir do qual a astronomia ptolomaica opera a transição do período helenístico e romano para a época pré-copernicana. Muitas tentativas matemáticas de refinamento são propostas, como aquelas de Peurbach (1423-1461) – *Theorica nova planetarum* – e de Regiomontanus (1436-1476). É preciso lembrar que a astronomia, desde a prescrição de Platão (± 428-347 a.C.), transformou-se, por meio de Aristóteles e de toda a tradição ptolomaica, essencialmente numa questão das matemáticas. Porém, o *De revolutionibus* pode legitimamente aparecer aos olhos de seus contemporâneos como uma construção matemática a mais, seguindo aqui a ortodoxia metodológica da astronomia dos Antigos.

A contribuição de Galileu à astronomia permanece estritamente observacional. A observação sucessiva da Lua, da Via Láctea, de Júpiter e de seus satélites, das fases de Vênus e das tarefas solares foi feita com a intenção manifesta de construir uma tese física, menos dedicada à pesquisa astronômica pura do que ao conhecimento do movimento da Terra. São as três leis de Kepler que dão à astronomia, ao mesmo tempo, sua estrutura calculadora moderna e a força de persuasão necessária ao estabelecimento do heliocentrismo. Nem Copérnico nem Galileu foram de fato capazes de encontrar, no interior da tradição das órbitas circulares que eles sustentam, um argumento decisivo a favor da verdade de uma hipótese heliocentrista, já alcançada em parte por Aristarco de Samos (310-230 a.C.). As razões que explicam esta adesão ao heliocentrismo de todos aqueles que deram à nova ciência seus maiores impulsos se devem mais, de fato, à rejeição objetiva do bloco formado pelo aristotelismo e o ptolomeísmo do que pela crítica objetiva dos méritos de um ou de outro sistema do mundo. Antes de tudo, foi pela rejeição da física aristotélica, com sua identificação

---

29. COPERNIC, N. *Des révolutions des orbes celestes*. Op. cit., livro I, cap. VIII, p. 63. Esta imagem, que descreve muito bem a relatividade do movimento percebido, está já presente em LUCRÉCIO. *De natura rerum*. Paris: Les Belles Lettres, 1942, canto IV, versos 387ss. A fonte comum de Lucrécio e de Virgílio não é senão Cícero: *Académiques*, II, 25, 81.

30. A imprensa foi inventada por Gutenberg (1398-1468), por volta do ano de 1439 [N.T.].

do centro do mundo com o centro da Terra[31], e também com sua análise não matematizável do movimento, que os autores desejosos de produzir uma ciência diferente do movimento encontraram na hipótese copernicana uma representação do mundo conforme as noções centrais de sua mecânica renovada.

Nesse sentido, se Galileu não era copernicano antes de 1609, pareceria temerário afirmar que ele não tinha visto até que ponto sua cinemática exigia que se colocasse o Sol em seu devido lugar[32]. A adesão de Galileu ao sistema copernicano não foi alimentado pela retomada das ideias de Kepler[33]; ela também foi estimulada pelas ricas hipóteses de Brahe[34] (1546-1601). Ela se faz, portanto, às avessas, pelas bordas, no momento da elaboração de princípios decisivos para a mecânica, tal como o princípio do movimento relativo, que não tem correspondente nos céus, senão quando se considera que a Terra se move. Não obstante, a via que Galileu traça é aquela que encontrará sua realização na unificação das leis do movimento, contida nas leis de Kepler, mas revelada somente por Newton.

Em Galileu falta totalmente a virada de rumo que consistiria em matematizar verdadeiramente a astronomia. Mas, permanecendo em recuo nesse domínio, ele passa com razão como aquele que soube dar à astronomia copernicana a mecânica terrestre, de que ela tinha necessidade para se estabelecer. Kepler permanece essencialmente um homem do Renascimento, para o qual não existe uma chave única na explicação das tendências profundas que conduzem a criação divina ao equilíbrio e à simetria. O próprio Galileu se coloca contra a profusão barroca das causas: uma estrutura única, universal, está no fundamento da produção de todos os efeitos naturais. Há, portanto, na natureza, uma necessidade que se adapta bem àquela que se encontra nas matemáticas, e que deve então poder a isto se reduzir.

É essencialmente porque ele concebe os fenômenos naturais como redutíveis a seu *index matemático*, quer dizer, aos parâmetros de grandeza, figura e movimento, que Galileu chega a dar ao heliocentrismo a coerência de uma representação do mundo. É porque o faz dar mais um passo, da geometria para a mecânica, do abstrato para o concreto, que Galileu faz do heliocentrismo um problema que se choca com a estrutura bem estabelecida da ciência que era ensinada como um dogma: o aristotelismo.

---

31. Esta rejeição está expressa com todas as letras no texto de Copérnico.

32. Esta é uma das teses de CLAVELIN, M. *La Philosophie naturelle de Galilée* – Essai sur les origines et la formation de la mécanique classique. Paris: Aubin Lichel, 1996.

33. É preciso lembrar sua tímida profissão de fé copernicana, em agosto de 1597, na carta a Kepler, onde ele mal o agradece o envio de uma obra que ele parece não ter lido senão o prefácio.

34. Muito pelo contrário, como se viu por ocasião da análise galileana da natureza dos cometas.

A síntese newtoniana

A maior obra de Newton, os *Philosophiae naturalis principia mathematica*, começa com a cinemática (livro I), avança para uma mecânica dos meios fluidos nos quais uma resistência modifica as leis puras do movimento (livro II) e termina pelo duplo esboço de um sistema do mundo e de um método para o "bem filosofar". Ser bom filósofo é começar sempre pelo observável, pela experiência, de onde as leis mais gerais são extraídas. As doutrinas cujas proposições não sejam extraídas da experiência são obras ficcionais. O próprio Newton "não forja hipóteses", não constrói nada que não seja primeiramente uma propriedade atestada dos corpos submetidos à experiência e aos sentidos. Paradoxalmente, desta afirmação resulta a noção vaga, obscura e certamente não observável da atração. É que a força que está em questão mostra sua ambivalência por ter sido pensada, em várias retomadas em Newton, por analogia com o choque dos corpos, sem que jamais o domínio ao qual a atração se aplica possa se satisfazer com esta orientação mecânica. Depois de Newton, fica difícil pensar o universo em termos de turbilhões, estes grandes artefatos mecânicos nos quais Descartes, Leibniz (1646-1716) e Huygens tinham tentado colocar a necessidade, para conservar na filosofia natural o sentido de uma interrogação racional. A atração newtoniana é, de fato, ao mesmo tempo, uma ideia que faz a astronomia entrar em sua fase moderna e uma ideia que faz surgir mais uma vez, no coração mesmo do método científico, as qualidades ocultas sobre as quais ninguém pode dar uma razão –, mas que servem para o cálculo.

Enquanto moderna, a física newtoniana exprime a totalidade dos progressos da física de Galileu em três leis simétricas. A lei da inércia, a lei da composição das forças e, em seguida, a lei da ação e da reação são os fundamentos de uma mecânica que ignora a distinção da terra e do céu. A relação fundamental da dinâmica se escreve geralmente: $F = m \, d^2x/dt^2$, mas Newton a escreve mais no sentido de uma igualdade da força e da variação da quantidade de movimento expresso de acordo com uma direção: o impulso ou força impressa se compõe então com o movimento inicial do móvel.

É no livro III que Newton ataca a teoria cartesiana dos turbilhões. Para reencontrar as leis de Kepler, os turbilhões deveriam estar submetidos às leis das velocidades diferenciadas. Newton observa, além disso, que os cometas atravessam o sistema solar (em órbitas elípticas muito achatadas), tornando assim a física dos turbilhões totalmente imprópria para que se dê a ela uma razão.

A obra de Newton permite concluir uma determinada época da astronomia. Com ele a unidade das mecânicas celeste e terrestre se torna tangível, porque as leis que regem os corpos de todo o universo estão sob a dependência de uma

A filosofia natural no século XVII: Galileu, Huygens, Newton

dada relação, universal ao que parece, inversamente proporcional ao quadrado das distâncias. Newton não estabelece somente o fim da astronomia de posição: ele reduz a astronomia cartesiana dos turbilhões a nada (ela só se conserva nas tentativas de Christian Huygens, que faz publicar sua teoria do peso num *Discours* junto ao *Traité de la lumière* de 1690) e realiza a síntese das leis de Kepler, das quais nem Galileu nem quaisquer outros astrônomos tinha visto a importância.

Os problemas encontrados por Newton na determinação de uma expressão geométrica que exprimiria a força mecânica de equilíbrio exercida pelo sol sobre os planetas são comparáveis àqueles que Christian Huygens tinha enfrentado, nos anos de 1650, no momento da medição da força centrífuga. A homenagem que Newton lhe faz é, portanto, perfeitamente legítima, ainda que o próprio Huygens confesse no *Discurso sobre a causa do peso* (*Discours de la cause de la pesanteur*), publicado em 1690, que ele jamais tinha imaginado em estender assim a ação do peso aos corpos celestes. Matematicamente sedutora, a construção newtoniana introduz, não obstante, no coração da ciência clássica, uma anomalia (a atração), cuja hipótese somente será levantada pelos avanços da Relatividade geral, mais de dois séculos depois do aparecimento dos *Principia*.

Um corpo que se move numa elipse kepleriana, caso particular de cônico interceptado por um plano, que sofre a ação permanente de uma força dirigida para um dos focos está, portanto, submetido, segundo a lei newtoniana, a uma *atração* que tem a forma geral *$1/r^2$*. Fato admirável, esta lei supõe que a ação do peso se estende sem parar no espaço, embora a eficácia ou a força desta ação se amenize consideravelmente com a distância.

A posteridade imediata de Newton, a partir de D'Alembert (1717-1783), poderá evidenciar uma dificuldade: quando se sabe calcular as interações entre dois corpos, quer dizer, o caso aparente estudado nos próprios *Principia*, ao contrário, desde que um corpo suplementar entre na relação de atração, os erros de predicação de movimento e de posição se insinuam. O problema conhecido como "os três corpos", que só será rigorosamente tratado por Poincaré (1854-1912) nas correções de uma *Lembrança* (*Mémoire*) célebre de 1889, em seguida ao prêmio recebido do rei da Suécia e que dá o primeiro passo de um estudo das condições iniciais caóticas de um sistema mecânico não linear, será objeto de muitas e vãs correções da atração newtoniana, feitas, por exemplo, por Laplace (1749-1827), no curso do século XVIII.

É preciso reconhecer nas leis de Newton seu caráter realmente sintético: nelas se prolongam também as aquisições da Escola de Galileu que desvelam o caráter operatório do princípio do movimento relativo e do movimento inercial para a análise das leis concretas[35]. A questão cosmológica marcou, de parte a parte, uma virada da filosofia natural, que obriga a pensar os fenômenos de acordo com um ponto de vista radicalmente modificado. É, enfim, a virada matemática induzida pela aplicação dos instrumentos de análise infinitesimal aos diferentes campos abertos pela mecânica (mecânica celeste de Newton, mecânica teórica de Wallis ou de Huygens) que vai verdadeiramente selar o legado da física clássica, até a extinção, depois de três séculos de bons e leais serviços, de seus métodos, com o surgimento de novas mecânicas (estatística, relativista, mas principalmente quântica).

---

35. As regras do choque são assim objeto de um tratamento geral por C. Huygens, que interpreta as forças em presença graças, por um lado, à equivalência da velocidade do choque e das alturas da queda que lhe foi preciso dar aos corpos para atingir esta velocidade, por outro lado, ao uso sistemático do princípio de Torricelli e, enfim, à suposição segundo a qual o centro de gravidade comum permanece no mesmo estado de movimento antes e depois do choque. Cf. nosso artigo: "La découverte des lois du choc par Huygens". *Revue d'Histoire des Sciences*, 56-1, 2003, p. 15-58.

30
DAVID HUME

Wayne Waxman *

David Hume nasceu em Edimburgo, Escócia, em 26 de abril de 1711. Após os estudos de Direito, ele se empenha na carreira de homem de letras publicando sua primeira obra, o *Tratado da natureza humana. Ensaio para introduzir o método experimental nos assuntos morais*, em dois volumes, em 1739 e 1740. Em razão de o *Tratado* ter "saído natimorto da editora, sem mesmo ter a honra de desencadear um murmúrio entre os fanáticos", Hume adota a forma do ensaio e com ele obtém algum sucesso, a partir da publicação de seus *Ensaios morais e políticos* de 1741 e 1742. Em seus *Ensaios filosóficos sobre o entendimento humano*[1], ele retoma alguns problemas abordados no primeiro livro do *Tratado*. Quando aparece o volume complementar três anos depois, *Uma investigação sobre os princípios da moral*[2], ele está consciente de sua notoriedade e já é considerado um dos maiores filósofos de seu tempo. À exceção dos *Diálogos sobre a religião natural*[3], Hume consagra todo o final de sua carreira a diversos ensaios e à obra que iria encontrar o maior sucesso, *História da Inglaterra, desde a invasão de Júlio César até a revolução de 1688*[4]. Hume morreu em 1776.

---

* Professor de Filosofia. Universidade de Maynooth. Irlanda.

1. Há uma publicação em português desta obra: HUME, D. *Investigação sobre o entendimento humano*. São Paulo: Unesp, 1999 [Tradução de José Oscar de Almeida Marques] [N.T.].

2. Há uma publicação em português desta obra: HUME, D. *Uma investigação sobre os princípios da moral*. São Paulo: Unicamp, 1995 [Tradução de José Oscar de Almeida Marques] [N.T.].

3. Há uma publicação em português desta obra: HUME, D. *Diálogos sobre a religião natural*. São Paulo: Martins Fontes, 1992 [Tradução de José Oscar de Almeida Marques] [N.T.].

4. Em seis volumes, 1754-1762.

Os princípios da filosofia de Hume

O estudo da natureza humana é de suma importância para o filósofo: seus primeiros princípios tocam o conjunto da atividade humana, cognitiva e conativa, compreendendo "as matemáticas, a filosofia natural e a religião natural" que "dependem em certa medida da ciência do homem, já que elas derivam da competência dos homens que as julgam por meio de suas forças e de suas faculdades"[5]. O nível mais fundamental de análise da natureza humana é o das percepções e de suas relações na imaginação associativa.

Hume entende por "percepção" o que Locke (1632-1704) entende por "ideia": ela remete aos objetos imediatamente presentes à consciência, quer seja sob a forma de uma sensação ou de uma reflexão[6], ou ainda de suas imagens no pensamento. As percepções se dividem em dois gêneros: as impressões e as ideias. As primeiras se distinguem por sua "força e sua vivacidade". A vivacidade parece-lhe ser constitutiva de sua diferença[7]. Isso não significa necessariamente que as impressões se imprimam fortemente no espírito: elas podem seguramente passar despercebidas quando elas são doces. Também não se deve entender o termo "vivacidade" em um sentido ordinário: um véu acinzentado na noite escura é em certo sentido mais vivaz que a imagem luminosa e distinta de um sonho. Para compreender o que Hume entende por "força e vivacidade", podemos compará-las à "emoção ou [ao] sentimento"[8] que permite distinguir o que existe verdadeiramente (e em virtude do que se pensa e se age) e aquilo que deriva da ficção[9]. Assim, "a *crença* ou o *assentimento* que acompanham sempre [...] os sentidos não é nenhuma outra além da vivacidade das percepções que eles apresentam"[10]. Esse sentimento se aplica também às ideias, contudo, de maneira derivada em relação às sensações e às reflexões, e somente sob certas condições.

---

5. SALTEL, P. & CLÉRO, J.P. *Traité de la nature humaine.* Vol. I. Paris: Flammarion, 1991, introduction, § 4, p. 33. Há uma publicação em português desta obra: HUME, D. *Tratado da natureza humana* – Uma tentativa de introduzir o método experimental de raciocínio nos assuntos morais. São Paulo: Unesp/Imprensa Oficial do Estado, 2001 [Tradução de Débora Danowski] [N.T.].

6. O termo "reflexão" remete a todos os objetos que nós representamos pelo "sentido interno" ou o "sentimento interior". Ele inclui, portanto, as paixões, as emoções, os desejos, as vontades, de uma maneira geral todas as operações do espírito.

7. *Traité de la nature humaine*, I, i, 7, p. 64; I, iii, 7, p. 160-161; I, III, 8, p. 168-169; I, iii, 10, p. 187-188; II, i, 11, p. 156-157; II, ii, 4, p. 200-201 (*Tratado da natureza humana*. Op. cit.).

8. Ibid., apêndice, § 2.

9. *Enquête sur l'entendement humain.* Paris: Flammarion, 1983 ["GF"], V, 2, § 12, p. 111-113 [Tradução do inglês por M. Beyssade].

10. *Traité de la nature humaine.* Op. cit., I, iii, 5, p. 148.

A tese principal de Hume concernente às impressões e às ideias é a seguinte: "To-das as nossas ideias simples derivam de impressões simples que lhes correspondem e que elas representam exatamente"[11]. Ela é o coração de sua filosofia. Na paisagem dos debates metafísicos tradicionais, ele desejava estabelecer um método analítico das ideias mais fecundo que aquele da definição:

> Quando levamos nossas definições até remontar às mais simples ideias e en-contramos ainda a ambiguidade e a obscuridade, que recursos possuímos en-tão? [...] Precisamos produzir as impressões que sentimos originalmente e das quais as ideias são cópias. Essas impressões são todas fortes e sensíveis. Elas não admitem ambiguidade, elas não são somente em si mesmas plenas de luz, elas lançam luz sobre as ideias que lhes correspondem e que se encontram na obscuridade[12].

Hume distingue dois tipos de relações entre percepções. A primeira compreende aquelas que não podem se modificar sem que sejam modificadas ao mesmo tempo as ideias dos objetos correspondentes. Na medida em que temos razão em dizer que sua falsidade é inconcebível, essas relações – a semelhança, a contrariedade, os graus de uma qualidade qualquer, as proporções de quantidade e de número – são conhecidas *a priori*, ou seja, podemos tanto ter a intuição de sua evidência quanto delas demons-trar a verdade[13]. Mas as relações com as quais Hume se ocupa por mais tempo são aquelas que são suscetíveis de variar sem que mudem as próprias ideias; só podemos, portanto, descobri-las porque elas são fatos e porque existem realmente. Essas rela-ções são a contiguidade espacial e temporal, a identidade e a causalidade. Elas são transições do pensamento: ou a relação consiste na facilidade sentida quando dessa transição, é o caso das relações naturais; ou, ainda, ela procede dessa impressão, é o caso das relações filosóficas[14].

A comodidade da transição entre diferentes percepções tem por efeito *associá-las* na reflexão ou no pensamento; a relação consiste nessa associação. Influenciada por Newton (1646-1727), Hume descreve essa última como "uma espécie de atração *da qual se constata* que ela possui efeitos tão extraordinários no mundo do espírito quanto no mundo natural, e aí se manifesta sob formas tão numerosas e variadas"[15]. Na falta de conexões reais, que os grandes espíritos assim como o senso comum atribuem indevidamente às percepções, os laços de associações entre as percepções

---

11. Ibid., I, i, 1, p. 44.

12. *Enquête sur l'entendement humain*. Op. cit., VII, 1, § 4.

13. *Traité de la nature humaine*. Op. cit., I, iii, 1.

14. Ibid., I, iii, 8. Cf. tb. I, iv, 2; I, iv, 3; I, iv, 6.

15. Ibid., I, i, 4.

constituem a fonte de ordem e de unidade delas. Finalmente, e conforme ao ideal científico newtoniano segundo o qual um princípio deve ser o mais geral e o mais simples possível, Hume reduz todas as espécies de associação à manifestação de três relações fundamentais: a *contiguidade* das percepções no espaço e no tempo, sua *semelhança*, e sua conexão enquanto *causa e efeito*, pois "esses são os únicos laços de nossos pensamentos, e são realmente para nós o cimento do universo e todas as operações do espírito devem deles depender em larga medida"[16].

A facilidade das transições que constitui a relação e sua vivacidade tendem a andar juntas na teoria de Hume. Quando uma relação de ideias pode ser conhecida por intuição ou por demonstração, os sentimentos de facilidade e de vivacidade se separam, na medida em que uma pessoa "está necessariamente determinada a conceber [essas ideias] dessa maneira"[17]. E é somente quando se é livre para encarar uma alternativa que o assentimento aparece como um caso de sentimento mais do que um ato do pensamento. Ocorre que um dos princípios mais importantes da teoria do conhecimento de Hume é que quanto mais a transição entre uma percepção viva e a formação de uma ideia for fácil, ou, dito de outro modo, quanto mais a relação for sólida, maior será a vivacidade da ideia, ou seja, a crença que essa coisa existe realmente se aproxima daquela da percepção[18].

Teoria do entendimento

As relações causais estão no coração da teoria humiana do entendimento. Sem elas, "seria o fim de toda inferência e de todo raciocínio sobre as operações da natureza; a memória e os sentidos permaneceriam os únicos canais que poderiam dar acesso no espírito ao conhecimento de uma existência real"[19]. Dentre todas as relações que ligam as ideias às impressões, nenhuma é tão poderosa quanto a causalidade para produzir crenças, que são ideias vivas. Por exemplo, se vejo a fumaça entrar na sala, penso naturalmente no fogo que a causa, e creio na existência real do fogo tanto quanto naquela da fumaça, mesmo se eu me represento o fogo graças a uma ideia sem ter a sensação sob a forma de uma impressão. Assim, cada vez que, para um efeito dado, infiro a causa, ou para uma causa dada seu efeito, alargo aquilo que para

---

16. *Abrégé du* Traité de la nature humaine, § 35. Há uma publicação em português desta obra: HUME, H. "Compêndio do *Tratado da natureza humana*". *Tratado da natureza humana* – Uma tentativa de introduzir o método experimental de raciocínio nos assuntos morais. 2. ed. São Paulo: Unesp/Imprensa Oficial do Estado, 2009 [Tradução de Débora Danowski] [N.T.].

17. *Traité de la nature humaine*. Op. cit., I, iii, 7, p. 159.

18. Ibid., I, iii, 8.

19. *Enquête sur l'entendement humain*. Op. cit., VIII, 1, § 5, p. 151.

David Hume   311

mim constitui o campo da realidade: "É esse último princípio que povoa o mundo e nos permite conhecer as existências que, por seu afastamento no tempo e no espaço, encontram-se além do alcance de nossos sentidos e de nossa memória"[20].

Há, segundo Hume, quatro elementos necessários à ideia de causa e de efeito: os objetos religados pela causalidade devem ser diferentes no sentido específico do princípio de separabilidade; eles devem ser contíguos no tempo e no espaço quando os respectivos objetos se encontram em um lugar; a causa deve preceder o efeito, e deve existir uma conexão necessária entre os dois. Os três primeiros elementos se compreendem facilmente; Hume aplica-se, portanto, em esclarecer o quarto cercando a impressão originária de onde ele deriva.

Que a conexão entre a causa e o efeito seja necessária parece paradoxal segundo Hume, já que ela pressupõe a distinção entre os objetos, ou seja, as percepções, que ela religa. As montanhas e os vales, por exemplo, não estão ligados causalmente, porque é impossível conceber a existência de um independentemente do outro. O fogo e a fumaça, por outro lado, existem de maneira distinta e podemos desse modo concebê-los religados enquanto causa e efeito. Mas é aqui que reside o problema: se conceber os objetos como distintos implica pensar a possibilidade da existência de um mesmo sem a existência do outro, e que concebê-los como necessariamente ligados implica dizer que é impossível pensar a existência de um sem que o outro o tenha precedido, então a combinação da distinção e da necessidade em uma só e mesma ideia parece contraditória. A fim de encontrar a origem das ideias de conexões necessárias, Hume se põe em busca de uma percepção que, sem dar lugar a essas ideias entre os objetos (o que é impossível), satisfaria o pensamento e a ação.

Segundo Hume, as impressões produzidas pelas ideias de conexão necessária provêm de associações costumeiras, formadas pela experiência cada vez que certos objetos sucedem outros objetos da mesma maneira. Essas impressões têm por conteúdo os atos e os sentimentos que experimentamos na própria imaginação: a facilidade com a qual sentimos a transição entre uma percepção e aquela que lhe é habitualmente associada, e a vivacidade com a qual sentimos a formação da ideia que lhe é associada quando a transição provém de uma impressão. "A conexão necessária entre as causas e os efeitos" e "a transição que nasce da união costumeira [...] são, portanto, idênticas"[21]. A fim de explicar por que atribuímos aos próprios objetos, embora de maneira ininteligível, uma impressão cuja origem é a consciência associativa, Hume postula a intervenção de uma ilusão projetiva semelhante àquela que incita a loca-

---

20. *Traité de la nature humaine.* Op. cit., I, iii, 8.

21. Ibid., I, iii, 14.

lizar os odores, os sabores e outras propriedades em um lugar que, propriamente falando, não existe em lugar algum[22].

Hume definiu a "causa" ao mesmo tempo como uma relação de associação costumeira e como uma relação filosófica de sucessão constante[23]. Na medida em que nenhuma ideia de conexão necessária pode ser extraída da constância de uma sucessão de acontecimentos sem o efeito do hábito, a definição filosófica dessa relação procede de sua definição natural[24]. Mas, precisamente graças a essa origem, a causalidade filosófica permite inferir conexões necessárias lá onde o hábito falha, estendendo então consideravelmente o domínio de aplicação das relações causais. E as duas definições garantem a validade da máxima geral segundo a qual tudo o que vem a existir tem necessariamente uma causa[25].

Nada atraiu mais atenção na filosofia de Hume do que a solução dada para o problema da indução: ou inferimos da experiência as conexões necessárias "por intermédio do entendimento ou da imaginação; ou ainda pela razão ou por alguma associação"[26]. Para justificar a racionalidade da inferência seria necessário que a crença no princípio sobre o qual repousa a inferência fosse ele próprio racional: "que os casos dos quais não tivemos a experiência devessem assemelhar-se àqueles dos quais tivemos a experiência, e que o curso da natureza permanecesse sempre uniformemente idêntico"[27]. A razão demonstrativa, isto é, o conhecimento, é desqualificada repentinamente, uma vez que "podemos conceber uma mudança no curso da natureza"[28], o que funda sua possibilidade. Mas o raciocínio provável não é melhor:

> Tentar provar essa última suposição (que o futuro será conforme o passado) por argumentos prováveis, por argumentos que concernem à existência, é, portanto, necessário e evidentemente girar em círculo e tomar por resolvido o que está justamente em questão[29].

De modo que não poderíamos produzir um raciocínio provável se já não acreditássemos que os fatos passados servem para avaliar os fatos presentes e futuros, e se esse raciocínio já não estivesse na origem da crença na uniformidade da natureza.

---

22. Ibid.

23. Ibid.

24. Ibid., I, iii, 6.

25. Ibid., I, iii, 3; I, iii, 14.

26. Ibid., I, iii, 6.

27. Ibid.

28. Ibid.

29. *Enquête sur l'entendement humain*. Op. cit., IV, ii, § 19.

David Hume   313

Somente a associação costumeira pode dar conta de uma crença tão essencial, tão universal e tão inquebrantável[30].

Hume se serve da associação para explicar a formação de outras ideias, além daquela de conexão necessária, tais como a de entidades complexas (corpos, espíritos, substâncias) que aparecem em um dado momento (a simplicidade), e na duração (a identidade). A simplicidade que podemos reconhecer nos objetos é manifestamente incompatível com a complexidade: as percepções podem ser simples, e nesse caso só há um único indivíduo, ou complexas, caso em que deve haver mais de um; mas na medida em que elas não podem ser simultaneamente unas e múltiplas, a noção de um indivíduo complexo é ininteligível. A situação é ainda mais delicada a propósito da identidade na duração: na medida em que "todas as impressões são existências internas e perecíveis, e aparecem como tais"[31], a ideia de identidade não poderia ser estabelecida a partir dos próprios objetos.

Visto que a origem da identidade e da simplicidade não se encontra nos objetos representados no pensamento, Hume os faz derivar das ações e dos afetos da própria representação. Se um sentimento de facilidade na transição entre duas percepções qualitativamente similares cria uma associação de semelhança, então, a sucessão dessas transições produzirá um sentimento de invariabilidade e de continuidade; é essa disposição afetiva que Hume sustenta como sendo a impressão originária da "identidade perfeita"[32]. Afirmamos a identidade de uma coisa a despeito de sua interrupção ou de sua variação se, em lugar da sucessão de percepções similares, há uma sucessão de percepções de relações entre percepções similares. Assim, mesmo se as percepções religadas dessa maneira venham a variar ou se interromper, a facilidade das transições de pensamento produz um sentimento de constância e de estabilidade que se aproxima da identidade perfeita a ponto de se confundir com ela[33]. Essas "identidades imperfeitas"[34] estão na origem das ideias de corpo ou de si-mesmo, ao sabor das relações e das circunstâncias. Assim Hume dá conta da simplicidade e dos objetos complexos pela constância dessa confusão que deriva da afetividade[35].

---

30. Ibid., IV, ii, § 2-4. • *Traité de la nature humaine.* Op. cit., I, iii, 16.

31. *Traité de la nature humaine.* Op. cit., I, iv, 2.

32. Ibid.

33. Ibid.

34. Ibid.

35. Ibid., I, iv, 3; I, iv, 6.

A vontade

A vontade é a "impressão interna que nós sentimos e das quais somos conscientes, quando suscitamos cientemente um novo movimento de nosso corpo ou uma nova percepção de nosso espírito"[36]. Sua natureza não é conceitual, mas afetiva; e visto que, em virtude do princípio de separabilidade, os atos da vontade são distintos das ideias, Hume se choca com o problema de sua relação causal, afirmando que "a razão não pode nunca ser somente por si um motivo para uma ação da vontade"[37]. A experiência mostra que são somente as paixões que desencadeiam a vontade.

> A razão é, e só deve ser escrava das paixões; [...] não é contrário à razão preferir a destruição do mundo inteiro a um arranhão do meu dedo [...]. Não é tão contrário à razão que eu prefira, com conhecimento de causa, um bem menor a um maior, e que eu experimente uma afecção mais ardente pelo primeiro do que pelo segundo[38].

O livre-arbítrio racional, se ele existe, diz respeito simplesmente às ações mais suscetíveis de realizar um desejo dado. A razão produz uma crença que suscita uma paixão, causa imediata da ação. Quando falamos em "liberdade", é somente no sentido em que nenhum constrangimento exterior impede a ação voluntária de atingir seu objetivo. Aliás, as ações voluntárias são sempre causadas pela necessidade. As causas podem ser complexas, compreendendo uma grande variedade de paixões: Algumas são violentas, mas efêmeras; outras, mais subterrâneas e mais poderosas, sendo apenas perceptíveis enquanto sua íntima mistura com outras paixões as tornam indiscerníveis. Em todas as circunstâncias, segundo Hume, não somente as causas de nossos atos voluntários apresentam a mesma necessidade que as causas que regem a matéria inanimada, mas também todos nós somos em nossas ações, senão em nossos discursos, deterministas convictos[39].

Paixões indiretas

As paixões que melhor se prestam à análise por associação são aquelas que Hume denomina indiretas: é o caso dos pares orgulho/humildade, amor/ódio, mas também a ambição, a vaidade, a inveja, a piedade e a malevolência. Elas têm em comum ser uma "dupla relação de impressões de ideias"[40]. Sendo dado um objeto que produz

---

36. Ibid., II, iii, 1.

37. Ibid., II, iii, 3.

38. Ibid.

39. Ibid., II, iii, 2. • *Enquête sur l'entendement humain*, VIII, i.

40. *Traité de la nature humaine*, II, i, 5, p. 122-123.

certo tipo de prazer, se eu associo esse objeto a mim mesmo por uma relação suficientemente potente, essa relação de ideias acompanhada da qualidade agradável do
objeto me impele a novamente sentir a paixão de orgulho ao qual ele se assemelha,
pois ele é também agradável; se, ao contrário, o mesmo objeto, religado a mim, causa um sentimento desagradável, então eu seria inclinado para a paixão que a ele se
assemelha, a saber, a humildade. Se, enfim, suprimo a relação entre mim e o objeto,
eu não sentirei novamente nem o orgulho nem a humildade em reação à sua qualidade agradável ou desagradável. Se, ao contrário, reabilito essa ligação, mas suprimo
sua qualidade agradável ou desagradável, não experimentarei nenhuma dessas duas
paixões. O orgulho e a humildade só existem em virtude de uma dupla relação de
associação implicando impressões e ideias.

Hume sabe que os contraexemplos aparentes não faltam; ele esforça-se em refutá-
los ou em fazê-los voltar em seu próprio favor[41]. A maior parte de seus críticos aprecia
mal o caráter associativo dessas duplas relações: elas consistem em transições fáceis
e são sentidas como tais entre impressões e ideias[42]. Quando examinamos cada um
desses contraexemplos aparentes estando atentos à dimensão afetiva das associações,
torna-se evidente que são circunstâncias excepcionais que permitem uma transição
do pensamento, contrariamente àquelas das duplas relações, uma maior facilidade,
anulando então seu efeito sobre as paixões. É, portanto, a facilidade que determina
principalmente não somente as crenças, mas também as paixões indiretas.

A simpatia

O entendimento de nossas paixões se reduziria ao círculo restrito de nossos próximos se a simpatia não triunfasse sobre a indiferença, dotando de uma vivacidade
renovada as ideias que fazemos daqueles que não nos são próximos ou somente o são
muito pouco. A simpatia é simplesmente uma extensão do princípio de associação
na esfera social, que torna mais vivaz as ideias ligadas às impressões[43].

O sentido moral

As teses de Hume sobre a moral são solidárias ao restante de sua filosofia. Existem ideias especificamente morais? Ou o discurso moral não pode, acerca das percepções, pretender dar algum sentido objetivo a suas prescrições? Se há ideias, então,
relacionando-as às impressões que as produzem, podemos esclarecer suficientemente

---

41. Ibid., II, ii, 5.

42. Ibid., II, i, 5, p. 124-125; I, ii, 9, p. 146-147; II, ii, 4, p. 202-203; II, ii, 8, p. 227-229.

43. Ibid., II, i, 11, p. 158-160.

sua função no conjunto das atividades cognitivas e/ou conativas do espírito humano para pôr um termo aos sempiternos debates sobre os princípios do juízo moral e da ação moral.

Hume pensa que as ideias morais não podem ser cópias nem de objetos, ou seja, de percepções, nem mesmo de suas relações; a origem dessas ideias é uma certa maneira de percebê-las. Ele afirma que as ideias morais não provêm da imaginação, mas de um certo tipo de sentimento, de paixão ou de impressão de reflexão. Desse modo, julgar que um ato ou o caráter de um indivíduo é virtuoso é simplesmente sentir de maneira agradável esse sentimento, e julgar o vicioso é simplesmente experimentá-lo de uma maneira desagradável[44].

A causalidade dos sentimentos morais, assim como a das paixões indiretas, implica uma dupla relação entre impressões e ideias: um objeto ou ideia, religado a alguém ou a outra ideia, suscita um sentimento agradável ou desagradável que, em virtude da relação entre os objetos, produz um sentimento moral aparentado, agradável ou desagradável. Desse modo, os prazeres e as dores que suscitam os sentimentos morais são em certas condições precisamente aqueles que suscitam os sentimentos de orgulho e humildade, de amor e de ódio em direção a outrem[45]; podemos então considerar que os sentimentos morais não são formas "mais fracas ou imperceptíveis" das próprias paixões[46].

Para Hume é evidente que numerosas qualidades consagradas como virtudes ou vícios nas sociedades contemporâneas poderiam significar o contrário se certas influências exteriores, como a religião, não entravassem os esforços de cada um para atingir um ponto de vista estável e universal, assim como um engajamento fundado sobre a simpatia permite ao sentido moral julgar os atos e os comportamentos com o desprezo ou o assentimento que eles suscitariam natural e universalmente[47]. Hume distingue a verdadeira da falsa moral como ele diferencia o raciocínio provável "filosófico"[48] do "não filosófico"[49]; embora não haja provavelmente fato objetivo que permita discernir o bom do mau e o bem do mal, o juízo moral é mais consequente quando é guiado pelos princípios constantes e universais da natureza humana do que pelos princípios arbitrários e efêmeros.

---

44. Ibid., III, i, 2, p. 66-68.

45. Ibid., III, iii, 1, p. 195-196.

46. Ibid., III, 5, p. 243.

47. *Enquête sur les principes de la morale.* Op. cit., IX, § 3.

48. *Traité de la nature humaine.* Op. cit., I, iii, 10.

49. Ibid., I, iii, 10-13.

David Hume 317

Algumas virtudes são seguramente "artificiais": a justiça ou a propriedade, a lealdade ou ainda a castidade são absolutamente solidárias às instituições que as determinam; a propriedade, os contratos, o governo, as relações intergovernamentais, o casamento, outros tantos artifícios que não existem no estado de natureza. Uma vez estabelecidas essas instituições, emprestamos a elas uma função e nos esforçamos em mantê-las e em reforçar sua eficácia. Os indivíduos, então, com prazer prestam atenção às qualidades que fazem deles homens justos. Quando estas qualidades são finalmente consideradas de um ponto de vista suficientemente geral, não se limitando ao círculo imediato dos próximos, podemos então falar de sentido moral; aquilo que inicialmente era valorizado do estrito ponto de vista do interesse pessoal é então consagrado como uma virtude.

A religião

De acordo com Locke (1632-1704) e outros oponentes do inatismo, Hume afirma que a ideia de um "Ser infinitamente inteligente, sábio e bom nasceu da reflexão sobre as operações de nosso próprio espírito quando aumentamos sem limites essas qualidades de bondade e de sabedoria"[50]. Entretanto, ele reconhece também que "a capacidade do espírito é limitada e não pode em nenhum caso chegar a uma concepção plena e adequada do infinito"[51]. A ideia de Deus que formamos de maneira empírica a partir das qualidades do espírito humano não poderá jamais produzir uma ideia que se aproxime, por menor que seja, daquelas que os teólogos afirmam.

Hume se mostra igualmente muito crítico contra os argumentos que pretendem demonstrar a existência de Deus. Ele rejeita o argumento ontológico *a priori*, visto que ele considera a existência como uma propriedade necessária de Deus, sobre o mesmo plano que os outros atributos da natureza divina. Em primeiro lugar, a existência não pode ser considerada como uma propriedade, quer se trate de Deus ou de qualquer outro objeto: "Quando penso em Deus, quando o penso como existente, e quando creio que Ele existe, a ideia que tenho dele não aumenta nem diminui"[52]. Em segundo lugar, mesmo se possuíssemos essa ideia de existência, nada permite dizer que ela seria aplicável a qualquer objeto de maneira necessária.

> Tudo aquilo que nós concebemos como existente, podemos também concebê-lo como não existente. Não há, portanto, ser cuja não existência implique contradição[53].

---

50. *Enquête sur l'entendement humain.* Op. cit., II, § 6.

51. *Traité de la nature humaine.* Op. cit., I, ii, 1, p. 75.

52. Ibid., I, iii, p. 159.

53. *Dialogues sur la religion naturelle*, IX [s.n.t.].

318   *História da Filosofia*

Hume rejeita igualmente os argumentos cosmológicos *a posteriori* que partem da existência de uma coisa (por exemplo, o si-mesmo) que requer uma causa, e que afirmam que a regressão ao infinito é impossível alegando que faltaria à cadeia das causas e dos efeitos, tomada em sua totalidade, uma causa de sua própria existência. Segundo ele, a implicação da causa das partes é suficiente.

Hume examina os argumentos teleológicos da existência de Deus sob a forma de um diálogo ("A providência particular e o estado futuro"[54]). Para salvar o argumento, seu porta-voz, Epicuro (341 a.C-270 a.C), concede que a ordem, a beleza e a inteligência que transparecem por toda parte na disposição do universo não podem provir exclusivamente das causas materiais. Epicuro sustenta que não temos outra escolha senão dobrar nosso raciocínio à "máxima, segundo a qual, se uma causa é conhecida somente por seus efeitos particulares, é necessariamente impossível concluir dessa causa novos efeitos"[55]. Isso significa que devemos integrar tanto na concepção de causa as numerosas marcas empíricas da desordem, de feiura e da indiferença ao bem humano, quanto a iniquidade da repartição dos dons, dos bens e dos destinos individuais. Desse modo, mesmo no caso em que admitíssemos que a matéria e o movimento não fossem suficientes para dar conta do mundo, a única causa a que estaríamos assegurados de chegar por inferência estaria muito longe dessa inteligência suprema e bem-aventurada à qual os partidários do argumento teleológico afirmam atingir.

Os *Diálogos sobre a religião natural* visam desmantelar os argumentos que pretendem descobrir a natureza de Deus partindo do mundo natural que é o produto de sua sabedoria e de seus poderes divinos. Esse diálogo filosófico condena a teologia natural concedendo-lhe somente esta conclusão bem fraca: "A causa ou causas da ordem no universo apresentam provavelmente alguma distante analogia com a inteligência humana"[56].

É somente pela racionalidade que se pode conceber a religião revelada como verdadeira? Aqueles que respondem afirmativamente remetem-se comumente às profecias que são reveladas como verdadeiras, bem como aos milagres. Na medida em que tais provas nos chegam invariavelmente por testemunhos orais ou escritos, Hume se interroga sob que condições podemos racionalmente lhes dar crédito e, a seguir, se a revelação as pode satisfazer[57]. Ele responde negativamente a essas duas questões. Para qualificar um acontecimento de "milagre" é preciso que ele contradiga uma lei da natureza. As leis da natureza são o que há de mais imutável dentre as conjunções

---

54. *Enquête sur l'entendement humain.* Op. cit., XI.

55. Ibid., § 26.

56. *Dialogues sur la religion naturelle.* Op. cit., XII.

57. *Enquête sur l'entendement humain.* Op. cit., X, "Sur les miracles".

David Hume 319

constantes, e são, portanto, confirmadas pela maior autoridade da qual a experiência é capaz. Mas o testemunho extrai também sua autoridade da experiência. Mesmo imaginando que um testemunho relativo a um milagre possua o mais alto grau de confiabilidade imaginável, Hume mostra que não se poderia nele confiar: sua autoridade pode no máximo equivaler àquela que a experiência confere às leis da natureza, mas nunca ultrapassá-las. Assim, face às várias crenças empíricas que se contradizem, aquele que raciocina bem deve subtrair a autoridade dos resultados menos frequentes pela autoridade dos mais frequentes e, consequentemente, dar crédito à autoridade desses últimos; e quando a autoridade for equivalente para as duas partes, como é o caso entre o testemunho mais confiável e as leis da natureza, não é racional crer na autoridade do primeiro mais do que na autoridade dos segundos. Hume não mostra somente que a autoridade empírica da religião revelada não é suficiente para equilibrar os pratos da balança frente àquela da lei natural, mas também que ela é extremamente fraca ("não filosófica").

Ceticismo

Se o ceticismo é aquilo que põe em dúvida o uso da razão como meio de atingir a verdade, então Hume não é cético. Sob a condição de que sejamos guiados pela intuição em nossas inferências matemáticas, e pela experiência nos fatos, "podemos considerar nosso juízo como uma espécie de causa, da qual a verdade é o efeito natural"[58]. Não é pertinente duvidar das numerosas crenças, porque somos literariamente incapazes de não crer nelas e de não considerá-las como evidências em nossos raciocínios, inclusive alguns postulados filosóficos como a existência de objetos exteriores, o sujeito, o espaço e o tempo, e a necessidade para todo acontecimento de ter uma causa.

Isso não significa, entretanto, que o ceticismo de Hume se contentaria em afirmar que nossas crenças escapam às refutações céticas porque não estariam fundadas sobre nenhuma razão. A natureza verdadeira e radical de seu ceticismo torna-se manifesta quando ele explica por que concedemos crédito a algumas ideias. Procurando as impressões que estão na origem das ideias de conexão causal, de indivíduo complexo (simplicidade e identidade) e muitas outras, Hume mostra que é impossível "conceber" essas coisas sem que as ideias contenham cópias de impressões irredutivelmente subjetivas, tais como o são a dor e o desgosto. Que importa então se as crenças que concedemos a essas ideias tornam o ceticismo impotente para refutá-las, na medida em que as ideias em si mesmas são de uma natureza tal que nenhum cético poderia opor-se a elas? Se, por exemplo, "supomos que a necessidade e o poder residem nos

---

58. *Traité de la nature humaine.* Op. cit., I, iv, 1, p. 261.

objetos que nós consideramos e não em nosso espírito que as considera", então "não nos é possível uma ideia, mesmo a mais distante, dessa qualidade"[59]; desse modo, "ou nos contradizemos, ou nossas palavras não têm qualquer sentido"[60]. Essa restrição do campo de aplicação de nossas ideias mais fundamentais nos limites de uma consciência formada pela experiência pode incontestavelmente ser qualificada de forma extrema de ceticismo – suficientemente pelo menos para que Kant faça dela a destruidora da metafísica.

59. Ibid., I, iii, 14, p. 244.
60. Ibid., I, iii, 17, p. 360.

31
JEAN-JACQUES ROUSSEAU

Bruno Bernardi *

Ainda que se imponha um retorno crítico sobre o curso da Modernidade, em particular na virada decisiva das Luzes, Rousseau (1712-1778) suscita um novo interesse. Porque ele diz de si facilmente que é um autodidata, subestimou-se sua inscrição nas problemáticas de sua época. Porém, seu conhecimento da modernidade política está desde muito estabelecido. Muitos estudos mostraram a intensidade de sua leitura dos modernos – Descartes (1596-1650), Locke (1632-1704), Leibniz (1646-1716), Malebranche (1638-1715)... – e a acuidade de seu diálogo com seus contemporâneos: Montesquieu (1689-1755), Diderot (1713-1784), Condillac (1715-1780) principalmente... Estes trabalhos, para além de sua contribuição erudita, permitem reconhecer na obra de Rousseau uma verdadeira "autocrítica" das Luzes. É esta posição ao mesmo tempo central e marginal em relação à sua época que faz dele um interlocutor essencial para a nossa.

Os lugares do desvio: o primeiro e o segundo Discursos

Quando irrompe na cena filosófica, em 1750, Rousseau gravita em torno daqueles que são chamados de "os *philosophes*" (eles acabam de lançar a *Encyclopédie*), mas seu lugar junto destes é marginal e secundária. É "Rousseau o músico", a quem se deve um sistema de notação e algumas peças líricas: nessa condição, ele redige os artigos de música da *Encyclopédie*. Ele é considerado também como um homem de letras, mas nada do que foi publicado anuncia o pensador. Além disso, quando a academia de Dijon coroa sua resposta à questão que ela tinha colocado no concurso – "Se o estabelecimento das ciências e das artes contribuiu para purificar os

---

* Mestre de conferências de Filosofia. Marselha.

costumes" –, seu *Discurso sobre as ciências e as artes*[1] (*Discours sur les sciences et les arts*) é recebido como um paradoxo. Afirmar que os progressos das artes e das ciências são compatíveis com um processo de corrupção dos costumes não era contradizer o projeto enciclopédico – fazer do desenvolvimento e da difusão dos conhecimentos o vetor da racionalização e da humanização da sociedade?[2] Num certo sentido, a obra de Rousseau é um esforço para refletir sobre este desvio inicial e para transformar o paradoxo de uma figura retórica em postura teórica: colocar em questão os pressupostos comuns, esclarecer o cone de sombra das Luzes.

O homem é um ser naturalmente racional e social, afirmam os jusnaturalistas, de Grotius (1583-1645) a Burlamaqui (1750-1777). A sociedade civil, instituição de pacificação das relações inter-humanas, é o espaço no qual estas faculdades se desenvolvem. Os filósofos das Luzes se destinam, esclarecendo os soberanos e os povos, a suprimir os obstáculos que a eles se opõem: a ignorância e a intolerância. Ao se interrogar, no segundo *Discours* (1755), "sobre a origem e os fundamentos da desigualdade dos homens", Rousseau é levado a virar de cima para baixo estes pressupostos. A sociedade civil foi efetivamente constituída como espaço de rivalidade, de apropriação exclusiva e de dominação, gerando o despotismo e a guerra[3]. Para compreender como pôde ser assim, é preciso reconhecer que os homens não vivem naturalmente na sociedade, mas se tornaram seres socializados e que o desenvolvimento do espírito humano foi determinado pelo modo como esta socialização se fez. O despertar das paixões como princípios de preferência, da razão como capacidade de distinguir e ligar, a instituição da linguagem, do trabalho como modo de satisfação das necessidades, o aparecimento da propriedade, a formação das sociedades políticas são os elementos constituintes da civilização que, ao mesmo tempo, encadeiam-se necessariamente e derivam de uma irredutível contingência (não se pode deduzi-los de uma natureza humana pré-formada). A história conjectural que o segundo *Discours* propõe tem como objeto dar conta do processo contraditório que, simultaneamente, fez "de um animal estúpido e limitado um ser inteligente e um homem"[4], cegou esta inteligência pelas paixões e levou a existência social à dominação e à servidão. Porque atribuem à natureza o que pertence ao homem civil,

---

1. Há uma publicação em português desta obra: ROUSSEAU, J.-J. *O contrato social e outros escritos*. São Paulo: Cultrix, 1971 [Tradução de Rolando Roque da Silva]. Esta obra inclui: *O contrato social, O discurso sobre a origem e a desigualdade entre os homens* e *O discurso sobre as ciências e as artes* [N.T.].

2. HOWARD, S.C. & SCOTT, J.T. "The Politic Argument of Rousseau's Discourse on the Sciences and Arts". *American Journal of Political Science*, vol. 49, tiragem 4, out./2005.

3. ROUSSEAU, J.-J. Principes du droit de guerre. In: BERNARDI, B. & SILVESTRINI, G. (org.) *Annales J.-J. Rousseau*. T. 46. Genebra: Droz, 2005, p. 201-282.

4. *Du contrat social*, I, 8.

os "modernos" – Hobbes (1588-1679) e também os jusnaturalistas – não podem compreender as contradições da sociedade civil, nem apresentar os princípios cuja régua permitiria julgá-las (Montesquieu quer isto também), nem discernir os remédios que poderiam ser aplicados a elas. A crença no caráter natural da razão, em sua dependência das paixões, na sua capacidade única de formar para si os princípios da moral e da política: estes são, aos olhos de Rousseau, os pressupostos comuns de sua época. Sua obra é consagrada a colocá-los em questão.

Vontade geral e luzes públicas: a problemática política de Rousseau

Rousseau herda a "questão comum" da Modernidade: Logo que se reconhece que o indivíduo é dotado de liberdade, como compreender que ele possa estar ligado por uma relação de obrigação? Ele diz também compartilhar o quadro de sua resposta com "a parte mais sadia daqueles que trataram destas questões" (Locke e Sydney): somente uma convenção pode obrigar um ser livre[5]. Mas ele transforma radicalmente a questão e a responde pensando a convenção sob a vontade geral e o contrato social, duas faces do mesmo conceito.

O primeiro livro de *O contrato social* (1762) modifica a problemática da obrigação. A liberdade do indivíduo não é somente um princípio moral extraído da natureza do homem, ela decorre também da natureza do corpo político e distingue a associação da agregação. Para que uma decisão possa se apresentar como lei (uma vontade que obriga, não um mando que coage), é preciso que ela se dirija à vontade daqueles que ela obriga e possa se apresentar como emanando desta. Ela deve, portanto, não somente reconhecer sua liberdade, mas proceder dela[6]. O contrato social, esse engajamento pelo qual cada um se submete à vontade comum como sendo a sua própria, é a solução formal do problema da obrigação. Mas este quadro principal não pode ser preenchido senão quando as vontades particulares possam se reconhecer numa vontade geral. Para isto, uma tripla condição é exigida: é preciso que a vontade geral proceda da vontade de cada um, que seja possível a identificação entre aquilo que cada um quer e aquilo que todos querem para o todo e, enfim, que cada um reconheça sua vontade própria nas decisões comuns.

A primeira determinação implica a inalienabilidade da vontade geral e sua universalidade. A vontade não é da ordem do ter, mas da ordem do ser: não se pode se eximir dela nem remetê-la aos cuidados dos outros. Visto que ninguém pode querer

---

5. "Lettres écrites de la montagne". *Oeuvres Complètes*. Paris: Gallimard, 1959-1995 [Bibliotèque de la Pléiade, t. 3]. • BERNARDI, B. *Le prínce d'obligation*. Paris: Ehess/Vrin, 2007, cap. 1 e 6.

6. BACHOFEN, B. *La condition de la liberté* – Rousseau critique des politiques. Paris: Payot, 2002, p. 228-239.

por ela, a vontade geral não pode ser representada[7]. Os membros do corpo político só podem reconhecer as decisões que eles próprios contribuíram também para que fossem tomadas e que valem igualmente para todos: este duplo caráter define a lei[8]. A aplicação da lei, sendo particular, deriva não da soberania, mas da administração (ou governo): o poder de execução é necessariamente confiado. Esta distinção constitutiva de toda sociedade legítima (ou *república*) não é, porém, evidente, porque ela implica as dificuldades que há para constituí-la e para impedir que ela degenere: fazer que a vontade geral possa ser declarada, defendê-la contra a tendência de todo governo a usurpar a soberania.

Longe de serem somente procedimentais, as condições de formação da vontade geral são também essenciais. Querer é sempre querer o seu bem, o seu interesse. Para que a vontade geral seja possível, é preciso que haja um interesse comum com o qual os interesses particulares possam entrar num acordo[9]. Este interesse comum – Rousseau o sublinha desde a formação do conceito de vontade geral, no *Discurso sobre a economia política* (*Discours sur la économie politique*: 1755) – é a vida, a liberdade e o bem-estar "do todo e de cada parte"[10]. Esta tese, ele opõe ao mesmo tempo aos jusnaturalistas e a Hobbes. Para os primeiros, o direito natural, fundado na natureza racional e social do homem, é anterior à instituição civil e deve lhe servir de critério. Para Hobbes, não há outra lei que não o mando do soberano que decide sobre o justo e o injusto. Num caso, a norma precede a decisão; no outro, a decisão precede a norma. Rousseau procura pensar, com o conceito de vontade geral, a unidade do processo cognitivo (a generalização das vontades particulares) e político (a declaração da vontade geral) de formação das "luzes públicas" pelas quais o corpo social aprende a "conhecer o que ele quer"[11]. Pode-se, então, ler *O contrato social* como um ensaio sobre as condições da racionalidade política. Mas, se este projeto inscreve Rousseau no horizonte das Luzes, as condições de sua realização o separam delas radicalmente.

É preciso, em primeiro lugar, desfazer-se da ilusão de que "o corpo político existe sem paixões"[12]. Para o bem (os afetos de coesão, tal como o amor à pátria) e para o mal (os afetos de exclusão, que são a outra face daquele), não há sociedade sem uma dimensão passional. Os costumes, a opinião e principalmente o sentimento de obri-

---

7. *Du contrat social.* Op. cit., II, 1.

8. Ibid., II, 6.

9. Ibid., II, 1.

10. BERNARDI, B. (org.). *Discours sur l'économie politique.* Paris: Vrin, 2002, p. 46.

11. *Du contrat social.* Op. cit., II, 6.

12. *Príncipes du droit de guerre.* Op. cit., p. 248.

gação de que é o efeito são as condições de efetividade da vontade geral. Mas – este aspecto menos conhecido do pensamento de Rousseau é talvez o mais importante – elas são também as condições passionais de formação da vontade geral. Para que o público possa "conhecer o que ele quer" é preciso que as vontades particulares sejam capazes de reconhecer o interesse comum, é necessário que elas se "generalizem". É isto que não se pode esperar do homem da natureza, como Rousseau objeta a Diderot[13]. Daí também o papel do "legislador" nas sociedades que estão começando: ele substitui uma vontade geral ainda muda. Daí o lugar da educação, da religião civil e geralmente de tudo aquilo que, na ordem política, contribui para "atar o coração dos cidadãos ao Estado" e os coloca na mesma condição de reconhecer no interesse comum seu interesse próprio. A vontade geral é o princípio da generalização que, simultaneamente, ela requer. Este círculo necessário circunscreve, para Rousseau, o espaço da política.

Nessas três dimensões, *O contrato social* é menos a definição de um modelo normativo do que a exploração de problemas que a política deve resolver.

Existência absoluta e existência relativa: a condição do homem

Quando se recusa a atribuir sociabilidade e razão ao homem da natureza, Rousseau não faz dele por isso um ser indeterminado. Como ser vivo, ele tende à autoconservação; como ser sensível, a ele repugna ver um outro ser sensível sofrer. O amor de si e a piedade são os sentimentos primitivos que respondem a estes princípios. Daí a célebre afirmação da "bondade natural do homem"[14]. Mas frequentemente as pessoas se equivocam sobre o estatuto deste enunciado. A bondade natural não é moral: ela não é portadora nem da representação de um dever nem de uma obrigação. O dever supõe o reconhecimento de um princípio, a obrigação implica as relações com os outros: condições estas que o homem da natureza não preenche. Como devir, passando de ser independente que ele era a um ser de relação e de um ser agindo por instinto a um ser conduzido por suas representações, o homem se torna suscetível de moral. No entanto, ao mesmo tempo em que produz esta possibilidade, a socialização o anula: os desejos de se distinguir, de aparecer, de possuir, de dominar substituem o amor de si pelo amor-próprio e a piedade pela rivalidade. Por conseguinte, estando todo retorno para trás da existência civil e relativa excluído, não há outra via para o homem senão "restabelecer sobre outros fundamentos" os princípios de sua existência. O *Emílio ou Sobre a educação* (*Émile ou De l'éducation*, 1762) expõe este aspecto do pensamento de Rousseau.

---

13. "Manuscrit de Genève". *Oeuvres Complètes*. Op. cit., t. 3, p. 286-287.

14. MELZER, A.M. *Rousseau et la bonté naturelle de l'homme* – Essai sur le système de pensée de Rousseau. Paris: Belin, 1998.

Esta obra, sem dúvida a mais complexa de todas, é aquela cuja leitura permanece mais aberta. Construída como uma ficção pedagógica, ela segue, até sua admissão na vida adulta, a educação física, sensorial, intelectual, afetiva, moral e religiosa do jovem Emílio. Em todas essas dimensões, trata-se de formar um homem capaz de assumir seu lugar na sociedade civil, preservando-a da corrupção de que esta é portadora. Porque Rousseau caracteriza esta educação como negativa (é preciso afastar o menino da corrupção civil), pôde-se acreditar que ele pretendia fazer renascer o homem da natureza. A obra é antes uma longa experiência de pensamento, destinada a mostrar que um terceiro termo é possível e que um homem pode viver em conformidade com sua natureza na sociedade:

> Há muita diferença entre o homem natural vivendo na natureza e o homem natural vivendo no estado de sociedade. Emílio não é um selvagem relegado aos desertos; é um selvagem feito para habitar as cidades[15].

A conformidade à natureza não consiste em reproduzi-la, mas em imitá-la na ordem civil. Esta é uma dupla conveniência que é preciso assegurar: naquilo que importa ao ser humano, naquilo que ele deve ser como ser de relações[16]. Para assegurar o primeiro tipo de conveniência, é preciso que o homem conheça seus deveres para consigo mesmo. Para assegurar a segunda é preciso que ele se reconheça como ser relativo que tem obrigações para com a sociedade e aquelas a que sua existência está ligada. À primeira questão, responde a religião natural (livro IV), à segunda, a moral política e a moral conjugal com as quais o livro V termina.

Rousseau atribuía uma importância primordial à *Profissão de fé do vigário saboiano* (*Profession de foi du vicaire savoyard*), a ponto de extraí-lo do *Émile* para fazer dele uma obra à parte que devia ser preservada, caso a obra inteira viesse a desaparecer[17]. Sem dúvida, é por isso que ela constitui uma parte essencial do que ele chama de seu sistema. Contudo, mais do que uma parte, pode-se pensar que ela representa seu espírito e define o meio da "verdadeira filosofia", como o indicam os *Devaneios do caminhante solitário* (*Rêveries du promeneur solitaire*)[18]. Num primeiro sentido, a religião natural é aquela a que o homem pode alcançar, quando ele não reconhece outra autoridade senão aquela da razão. A esta primeira definição, respondem positivamente a primeira parte da *Profissão de fé*, que se esforça para raciocinar sobre o

---

15. "Émile", III. *Oeuvres Complètes*. Op. cit., t. 4, p. 483-484.

16. GUÉNARD, F. *Rousseau et le travail de la convenance*. Paris: Champion, 2004.

17. *Profession de foi du vicaire savoyard*. Paris: Flammarion, 1996 ["GF"] [Apresentação e anotação de B. Bernardi].

18. *Oeuvres Complètes*. Op. cit., t. i, p. 1.012-1.013. Há uma edição brasileira desta obra publicada pela Editora Brasiliense, São Paulo [N.T.].

que podemos conhecer de Deus, e, negativamente, as páginas polêmicas contra os dogmas absurdos ou inúteis e todo argumento de autoridade. Todavia, num segundo sentido, mais essencial, a religião natural procede daquilo que nossa natureza nos exige acreditar. Deste segundo ponto de vista, a razão é o crivo dos princípios (não podemos acreditar naquilo a que ela se opõe), mas não os produz. Este papel é o papel do conhecimento que, precisamente, diz-nos o que nos importa como sendo indispensável à nossa existência, porque determina o que temos necessidade de esperar e no que devemos acreditar[19]. Aqui, mas também de maneira geral, a "verdadeira filosofia" supõe que se deva desfazer da crença na autossuficiência da razão na tarefa de constituição dos princípios.

---

19. "Somente há a esperança do justo que não engana." *Profession de foi.* Op. cit., p. 126. "O que se deve fazer depende muito do que se deve crer" – Rêveries du promeneur solitaire. *Oeuvres Complètes.* Op. cit, t. 1, p. 1.013.

32

IMMANUEL KANT

Alain Renault *

Immanuel Kant nasceu em 1724 em Königsberg, onde morreu em 1804, datas que situam sua vida na charneira da filosofia moderna e da filosofia contemporânea.

Quando Kant morreu, Fichte (1762-1814) tinha de fato 42 anos, Hegel (1770-1831) 34, Schelling (1775-1854) 29, e o idealismo alemão tinha já desenvolvido sua pesquisa multiforme de uma finalização da filosofia como sistema, abrindo assim a via, a partir da crítica desta ambição, para a maioria dos filósofos contemporâneos.

Ao contrário, quando Kant nasce, alguns dos principais representantes da emergência cartesiana da filosofia moderna estão ainda no primeiro plano da paisagem filosófica: Malebranche (1638-1715) só tinha morrido há nove anos, Leibniz (1646-1716) há oito anos e Wolff (1704-1716), seu aluno, com 45 anos. Hume (1711-1776), que vai dar toda a sua amplitude à tradição alternativa que iria constituir o empirismo, só tinha 13 anos e só publicará seu *Tratado da natureza humana*[1] em 1737. Locke (1632-1704), que o tinha precedido no esforço de dar à modernidade filosófica uma configuração anticartesiana, só morreu em 1704, e Berkeley (1684-1753), a quem Kant dará muita importância ao criticá-lo, viveria até 1753.

Biograficamente, Kant se encontrava, assim, entre duas vagas da racionalidade filosófica, aquela do racionalismo moderno, cartesiano ou empírico, e aquela do debate contemporâneo sobre o poder, real ou ilusório, da razão em seu esforço de abranger a totalidade do real. A *Crítica da razão pura* (1781, 1787), a *Crítica da razão prática* (1788)[2], a *Crítica*

---

* Professor de Filosofia. Universidade de Paris IV – Sorbonne.

1. Há uma publicação em português desta obra: HUME, D. *Tratado da natureza humana* – Uma tentativa de introduzir o método experimental de raciocínio nos assuntos morais. São Paulo: Unesp/Imprensa Oficial do Estado, 2001 [Tradução de Débora Danowski] [N.T.].

2. Estas duas obras estão publicadas em português: KANT, I. *Crítica da razão pura*. Lisboa: Calouste Gulbekian, 1989 [Tradução de Manuela Pinto dos Santos & Alexandre Fradique Morujão. • KANT, I. *Crítica da razão prática*. Lisboa: Ed. 70, 1989 [Tradução de Artur Morão] [N.T.].

da faculdade de julgar (1790) constituem nesse sentido os momentos principais de uma tentativa única: aquela de elaborar uma configuração da razão, escapando de suas pretensões cartesianas e, por antecipação, das pretensões do idealismo alemão, sem com isso abandonar o terreno às diferentes formas de ceticismo que, cevado pelo empirismo, iriam constituir uma das maneiras, para a filosofia contemporânea, de gerar o desmoronamento dos grandes sistemas.

O fato de que, depois das três *Críticas*, as obras do fundador do criticismo tenham sido consagradas principalmente à filosofia prática – *Doutrina do direito, Doutrina da virtude*, terminando em 1797 a *Metafísica dos costumes* de que Kant tinha pretendido desde 1785 estabelecer a *Fundamentação*[3], ou ainda o *Projeto da paz perpétua*[4] de 1795, e a *Antropologia de um ponto de vista pragmático* de 1798 – dá já, em si, uma ideia do que se tratava na tentativa kantiana.

A insistência com a qual o pensamento de Kant continua atualmente a afirmar sua presença e sua fecundidade filosóficas, para muito além da época em que ele foi concebido, convida a interrogar esta situação particular: dentre os filósofos anteriores a Nietzsche (1844-1900), não há outro na esteira de quem se poderia reagrupar uma tão grande diversidade de autores marcantes no debate imediatamente contemporâneo. "Atualidade" do kantismo, caso se queira, mas também é preciso antes se interrogar sobre aquilo que ele pôde fazer para que um certo paradigma kantiano continuasse, mais de dois séculos depois de sua elaboração, a servir de emblema a toda uma parcela da filosofia contemporânea.

Os dados desta interrogação são precisados quando se registra este outro dado da situação atual do kantismo: a referência a Kant é hoje particularmente acentuada pelo lado da filosofia prática. Seja sob a forma da ética da discussão elaborada por Karl-Otto Apel e Jürgen Habermas, ou sob a forma da teoria de Rawls sobre a justiça, ou ainda a partir do debate francês sobre a recomposição de um humanismo pós-metafísico, a referência kantiana intervém mais na ordem da razão prática do que na ordem da razão teórica.

Estas constatações conclamam as duas questões que servirão de guia a esta evocação da contribuição kantiana:

1) Por que o kantismo permanece uma filosofia contemporânea, sem dúvida a mais antiga das filosofias contemporâneas?

2) Por que o legado kantiano manifesta sua fecundidade em primeiro lugar na ética e na filosofia política, a ponto de, muito frequentemente, os debates

---

3. Há uma publicação desta obra em português: KANT, I. *Fundamentação da metafísica dos costumes.* Lisboa: Ed. 70, 1988 [Tradução de Paulo Quintela] [N.T.].

4. Há uma publicação em português desta obra: KANT, I. *A paz perpétua e outros opúsculos.* Lisboa: Ed. 70, 1988 [Tradução de Artur Morão] [N.T.].

parecerem se desenvolver entre "kantianos", ou pelo menos, para parodiar uma fórmula que Alexis Philonenko aplicava há quarenta anos a Hegel, "pró ou contra Kant"?

O kantismo como filosofia pós-metafísica

Para demonstrar em que sentido o kantismo é uma filosofia contemporânea, mais contemporânea hoje, por exemplo, do que o hegelianismo, é preciso partir do fato de que o kantismo é uma filosofia pós-metafísica. Entendo com isso que se trata no fundo da primeira grande desconstrução das ilusões da razão especulativa. No trajeto que conduz de Leibniz a Hegel, é de fato surpreendente que o criticismo elaborado por Kant constitua uma exceção sobre a qual convém identificar o teor exato.

Por um lado, o criticismo coloca em curto-circuito a própria ambição do sistema, ou do saber absoluto. Inequivocamente, a fórmula dos *Prolegômenos*[5], "a totalidade das condições de possibilidade da experiência não é ela própria uma experiência" (§ 59), pois levanta um entrave à totalização dos fenômenos sob a forma de um conhecimento (correspondente a uma experiência possível). Em suma, o discurso que pretende totalizar o diverso a partir de um princípio incondicionado entrava aqui no registro daquilo que Kant designa como a "ilusão" própria desta metafísica cuja dialética transcendental desconstrói os raciocínios.

Por outro lado, contra as ilusões da metafísica e como desconstrução destas ilusões, o kantismo faz ressurgir a radicalidade da finitude: porque sua totalização é somente um horizonte de sentido e não acaba jamais, há sempre para nós, em razão da radicalidade de nossa finitude, um afastamento ou uma diferença entre o real e o racional. Com esta diferença "ontológica", caso se queira, no sentido heideggeriano do termo, fazer a experiência daquilo que para nós são somente objetos, porque uma experiência nos é dada: não produzimos os objetos, mas os construímos a partir de um momento de doação – portanto, correlativamente, de receptividade – que corresponde à intuição e que marca uma distância insolúvel entre nossos conceitos e a objetividade.

Por todas estas características, o kantismo está, portanto, estruturado como uma filosofia contemporânea – entendo com isso que suas linhas de força correspondem às principais opções das filosofias contemporâneas. No entanto, o fato de o kantismo ser estruturado como o são as filosofias contemporâneas não explica que possa ser preciso se fazer referência a ele depois de Nietzsche, de Husserl (1859-1938), de Wittgenstein (1889-1951), de Heidegger (1889-1976), quer dizer, depois de muitas

---

5. Há uma publicação em português desta obra: KANT, I. *Prolegômenos a toda metafísica futura*. Lisboa: Ed. 70, 1989 [Tradução de Artur Morão] [N.T.].

outras filosofias pós-metafísicas. A questão que coloquei no início deve, portanto, ser mais bem precisada: Por que, depois dessas filosofias pós-metafísicas, ainda Kant? Esta presença conservada da referência kantiana obriga a considerar que se encontrava na desconstrução kantiana da metafísica alguns recursos menos disponíveis em outras filosofias pós-metafísicas.

Da originalidade do kantismo como crítica da metafísica

É preciso, de fato, anotar, em primeiro lugar, o fato de que o criticismo, se ele constitui a primeira crítica também elaborada das ilusões da razão especulativa, permanece, não obstante, no terreno da racionalidade e faz a aposta, grandiosa, de conferir um estatuto à razão depois de sua crítica. O que há, portanto, de especificamente kantiano na crítica da razão especulativa se deve à tentativa de transformar as ideias (estes lugares da ilusão metafísica que são as ideias de alma, de mundo e de Deus) em ideais reguladores da racionalidade pós-metafísica. Operação que torna possível uma articulação entre a metafísica e a ciência: a razão, aqui, não é este inimigo vencido cujo pensamento pós-metafísico encurrala ao infinito as sobrevivências e os traços; a desconstrução não é mais um processo indeterminado no qual se esgotariam agora todas as forças da reflexão, exatamente porque o estatuto da metafísica depois de sua desconstrução se encontra expressa e positivamente tematizado.

Este momento extraordinário da primeira *Crítica*, que constitui o apêndice à dialética transcendental, de fato mais transforma a razão do que a destrói, ao transformar as ideias em princípios heurísticos para o trabalho do entendimento. Portanto, não há obstáculos à ciência, mas horizontes de sentidos que dinamizam o trabalho científico. Como transformação mais do que desconstrução da razão, o criticismo encontra aí, sem dúvida, uma parte daquilo que o torna tão pertinente quando nos perguntamos como filosofar depois de um século cujos episódios mais trágicos misturaram intimamente a razão e a desrazão, colocando a razão a serviço do irracional. Tão intimamente, que é necessário desejar não o abandono do terreno da racionalidade (pois Auschwitz ou o gulag é também o irracional puro, aquilo contra o que é preciso antes reafirmar a razão e seus direitos), mas a reconfiguração de uma razão suficientemente desiludida de suas ilusões para se precaver contra seus próprios delírios. Desse ponto de vista, o kantismo, como autocrítica ou como crítica interna da racionalidade, corresponde perfeitamente a esta exigência propriamente contemporânea, não de um momento pós-racionalista da filosofia ou de uma pós-modernidade filosófica, mas de um racionalismo crítico ou de uma modernidade consciente de suas derivações.

O segundo elemento que faz do kantismo, entre as filosofias contemporâneas, uma referência privilegiada, leva-nos à filosofia prática e permite, completando minha resposta à primeira questão de que parti – Por que o kantismo está atualmente tão presente filosoficamente? –, responder também a segunda: Por que esta presença se afirma mais particularmente no terreno da ética e da filosofia política? Para matar dois coelhos com uma só cajadada e fornecer um elemento de resposta nestes dois níveis de interrogação é preciso colocar em evidência o que levou Kant a fornecer um conceito profundamente original – aí também transformado – da verdade ou da objetividade.

A questão da objetividade prática

Ressaltar esta contribuição particular do kantismo e sua importância para a filosofia prática requer que se parta, nesse ponto, de uma indicação sobre a própria natureza do principal problema que a filosofia prática tem agora de resolver. A melhor formulação desse problema é aquela dada por Habermas, a partir de *Razão e legitimidade* (1973): Existem verdades de ordem prática, em que sentido? Formulação que corresponde bastante bem à demanda procedente do devir das sociedades democráticas, que é aquela das normas ou dos princípios metafísicos, irredutíveis àqueles que os colocam e capazes de configurar uma dimensão de "verdade prática", ou, de acordo com a expressão de Kant, de "objetividade prática". Esta forma de apresentar as coisas tem também o mérito de fazer surgir o que, de um ponto de vista interno da filosofia prática, constitui sem dúvida a mais terrível dificuldade à qual ela se encontra exposta para responder as demandas que lhe são dirigidas, ou seja, a dificuldade relativa ao tipo de verdade ou de objetividade suscetível de ser alcançada ou reivindicada na esfera dos valores. Vendo agora ressurgir uma filosofia prática tão poderosa quanto aquela que se desenvolveu, em grande parte em referência a Kant, há uns trinta anos, de fato, não se pode mais deixar de levar em conta o que tinha ocorrido apenas algumas décadas depois da época kantiana, ou seja, o fato de que a filosofia prática tinha, ao contrário, entrado num desuso profundo e durável.

Não me lembraria aqui, de maneira detalhada, do conjunto dos fatores que, na segunda metade do século XIX, tinha de fato convergido para que se pensasse que a pergunta sobre o que deve ser devia ser substituída por uma investigação com o objetivo exclusivamente sobre o que é. Por exemplo, a filosofia moral vai ser substituída pela ideia de uma "ciência dos costumes"; a filosofia política pela sociologia e logo a filosofia do direito pelo projeto, forjado por Hans Kelsen (1881-1973), de uma "ciência do direito". Deslocamentos que se sabe agora que não se fizeram sem trazer sérios problemas, na medida em que a referência a normas não deixa de ser necessária para julgar, condenar e transformar o que é. Problemas terríveis em virtude dos quais se afirmou precisamente, há uns trinta anos, a necessidade de uma filosofia prática.

Immanuel Kant   333

Se este ressurgimento contemporâneo da filosofia prática não deve ser uma moda (e, como tal, condenada a desaparecer), é necessário, todavia, constatar que ela se choca com uma dificuldade devida à associação entre a desvalorização do discurso normativo e a ideia de progresso. A coisa é em si mesma bem conhecida: sobre o que é isso, sabemos que a reivindicação de uma objetividade do propósito tem um sentido – aquele de uma verdade do discurso, como se queira –, o enunciado objetivo sobre os fatos se deixa inclusive designar como enunciado científico. Ao contrário, sobre o que deve ser, sobre aquilo que Kant chamava de "fins", existe um mínimo enunciado que possa pretender a verdade no sentido da objetividade? Os discursos normativos, quer eles sejam filosóficos ou intervenham para estimular e justificar as diversas práticas (políticas, éticas etc.), não são a expressão de escolhas subjetivas, irredutivelmente subjetivas, entre as quais não poderia então haver outras relações, a não ser aquelas do conflito (no sentido daquilo que Max Weber (1864-1920) tinha chamado de "guerra dos deuses"), ou seja, de violência, para impor estes ou aqueles ideais, estes ou aqueles fins? Dificuldade clássica, mas à qual a sorte da filosofia prática está ligada, de acordo com a resposta que se dê a esta questão extremamente delicada. Porém, é particularmente a consideração desta dificuldade que explica o privilégio atribuído hoje à referência kantiana no campo da filosofia prática. E isto por razões que dizem respeito à forma como Kant renovou profundamente o próprio conceito de objetividade ou de verdade, como tentarei fazer aqui uma demonstração.

O problema crítico como problema da representação

O maior problema do kantismo, aquele cuja descoberta assinalou o ato de nascimento da filosofia crítica, é o problema da representação, tal como é formulado por Kant desde 1772, em sua famosa carta a Markus Herz (1747-1803):

> Eu me perguntava de fato, escreve Kant, sobre qual fundamento repousa a relação daquilo que se chama em nós representação do objeto.

O que se pode explicitar indicando que se trata de um problema de quatro termos: a atividade representativa relaciona de fato um sujeito em si (S1) que posso representar (S2) e um objeto ou uma coisa em si (O1), a partir da qual produzo uma representação (O2). Se deixo de lado aqui a questão da relação entre S1 e S2 – que é a questão da gênese da autoconsciência –, o problema colocado determina, portanto, a relação entre O1 e O2, entre a coisa em si e o objeto da representação. Este problema da consciência do objeto apresenta ao mesmo tempo dois aspectos: primeiramente, o aspecto da verdade: Como pode haver acordo ou adequação entre O1 e O2? Em seguida, o aspecto do em-si: Como, para que este acordo seja representado, pensar qualquer coisa de O1, quando, logo que pensamos algo de O1, ele se volta para nós e não se trata mais então da relação entre O1 e O2?

Em suma, a questão da verdade só se põe porque, fundamentalmente, coloca-se a questão do em-si: de fato, para formular sem precauções o problema da verdade (ou da objetividade) como problema da adequação, esta já implicada a dissolução de um de seus termos e, portanto, não se chega a colocar verdadeiramente a questão. Apresentar a questão da objetividade em termos de adequação é colocar algo como existente em si fora da representação, independentemente do sujeito – o que parece impossível por definição, já que pôr algo é já representá-lo: a colocação é representação. Partindo dessas questões, o criticismo reencontrava assim o problema que Berkeley tinha levantado pela primeira vez ao estabelecer a tese inultrapassável aos olhos de Kant, segundo a qual, quando colocamos um em-si, o em-si que colocamos é sempre, pelo fato mesmo de que o colocamos, um em-si para nós. A partir do que Berkeley deduzia – e aqui, ao contrário, Kant se recusou a segui-lo – que o em-si não existe, de acordo com a posição dita do idealismo material: só há o sujeito e suas representações (*esse est percipi vel percipere*[6]). Conclusão que toda a tradição idealista aceitará, ao considerar que a posição de um objeto em si é impossível. Kant, ao contrário, recusou esta expulsão do problema do em-si: a convicção de Kant era que a recusa do em-si impediria a consideração de um componente constitutivo da representação – ou seja, sua dimensão de passividade. De fato, no vivido subjetivo de toda representação se acha compreendido um efeito de passividade, ao qual a carta a Herz faz alusão, onde Kant concordava que, se "isto que se chama em nós representação era ativo diante do objeto, quer dizer, se por isso mesmo o objeto podia ser produzido", certamente "a conformidade das representações com os objetos seria então inteligível" (já que a representação seria por definição conforme ao que emanaria dela); mas ele observa duas dificuldades insuperáveis que decorrem disso: por um lado, a estrutura do conhecimento humano enquanto conhecimento acabado: "Nosso entendimento não é, por suas representações, a causa do objeto". Por outro lado, divina ou não, esta estrutura não dava conta de um dado incontornável da representação, a passividade, em que "a representação se relaciona com um objeto", como se pudesse dizer que "estas coisas nos são dadas". Contra a solução idealista de Berkeley, o reconhecimento da passividade da representação reconduz, portanto, de forma irrecusável, segundo Kant, à hipótese do em-si para dar conta desta passividade: isto porque precisamente Kant acreditou dever conservar em seu sistema a noção complexa de "coisa em si", com todas as dificuldades que ela expunha, e conduziu seus sucessores, principalmente Fichte, a tentar fazer economia dela.

Assim, contra Berkeley, levado à hipótese do em-si, Kant constata então, como ele escreve a Herz, que nessas condições "estas questões carregam consigo simples-

---

6. Em latim no texto: "ser é percebido ou perceber" [N.T.].

mente uma obscuridade que concerne à faculdade de nosso entendimento: De onde lhe vem este acordo com as coisas mesmas? Em outras palavras: a questão da verdade ou da objetividade surge exatamente aqui como consequência da verdade do em-si, ou, se preferir, a questão da conformidade (com o em-si) surge como consequência do problema da exterioridade (do em-si).

Sem entrar no detalhe das soluções impossíveis, vemos sem dificuldade até que ponto esta problemática, tal como ela se impôs a Kant, era árdua: as duas soluções mais clássicas se encontram de fato, por definição, excluídas. A solução idealista pura (idealismo material) é rejeitada porque, como já notamos, ela não dá conta do efeito de passividade da representação. Mas o criticismo rejeita também a solução simétrica, quer dizer, a solução realista pura que fazia da representação o produto da causalidade do em-si sobre nossas faculdades, sob a forma de uma teoria da afecção. Quanto a esta rejeição do realismo, Kant não experimenta, para dizer a verdade, nem mesmo a necessidade de justificá-la, na medida em que, se o realismo fosse assumido, ele reconduziria para além do problema da representação formulada por Berkeley: Se a representação deve ser pensada como uma afecção do sujeito pela coisa em si, como conceber a objetividade de uma representação que, para ser medida, suporia que o sujeito saísse de alguma maneira de si mesmo para comparar o objeto, tal como ele se apresenta a ele (O2), com o objeto em si (O1) – meio desprovido de sentido, visto que se ele capta o objeto em si para comparar com O2, não é mais O1 que se capta? Em consequência, Kant pode se limitar a ratificar esta rejeição implícita da solução realista ao escrever que toda dificuldade é conceber "uma representação que se relaciona com um objeto sem ser de algum modo *afetada* por ele"[7]. Caso em que, acrescenta Kant, ao recolocar o problema da representação, "por que meios estas coisas nos são dadas, se não o são da forma como elas nos afetam"?

O que Kant percebe desde 1772, e que é constitutivo da posição criticista do problema da objetividade, é que nem o realismo nem o idealismo resolvem o problema da representação. A questão crítica será, portanto, esta questão decisiva, que a metafísica não soube, de acordo com Kant, resolver e que constituirá, escreve ele então numa fórmula célebre, "a chave de todo mistério, aquele da metafísica até então oculta de si mesma". É de fato o levar em consideração esta questão e o reconhecimento da impossibilidade de sua resolução, segundo os meios até agora realizados pela metafísica, que vão levar Kant a subverter e, literalmente, "revolucionar" os termos da problemática da consciência do objeto, portanto, a revelar de algum modo a metafísica a si mesma, obrigando-a a um deslocamento decisivo de sua interrogação.

---

7. Grifamos a palavra que indica a exclusão da teoria realista da afecção.

A Teoria Kantiana da objetividade

Reduzida a seu princípio, a solução elaborada por Kant reside numa forma totalmente nova de apreender o problema da verdade ou da objetividade. Colocado nos termos da metafísica (como problema da relação entre O1 e O2), ele conduz às aporias insuperáveis do idealismo e do realismo; para sair desses impasses, é preciso modificar os próprios termos do problema – o que se pode explicitar negativamente, depois positivamente. Em primeiro lugar, o problema da representação não será mais definido em termos de relação entre O1 e O2: a passagem entre O1 e O2 (entre coisa em si e fenômeno) é impossível por definição, já que ela consiste em negar a finitude – o sujeito que pretende sair de si mesmo e coincidir com o em-si. É por ter tentado esta passagem que tanto o realismo quanto o idealismo, negando a finitude, produziram discursos dos quais o sujeito se encontra, por assim dizer, subtraído, já que se tenta então (isto é o próprio da metafísica especulativa) ultrapassar os limites da subjetividade e, fazendo isso, o sujeito é como que constrangido a esquecer-se de si mesmo. Dito de forma mais positiva, o gesto kantiano consistiria em resolver o problema da objetividade não a partir da comparação da representação e com o em-si, mas a partir da distinção interior da representação – no interior da subjetividade – entre as representações subjetivas (particulares) e as representações objetivas (universais, quer dizer, intersubjetivas).

O método de resolução da querela crítica reside, portanto, no fato de colocar a questão da objetividade começando sempre de novo, ao se perguntar o que o sujeito pode tomar como objetivo nele. Questão que convida a pesquisar de novo, caso se queira formulá-la nos termos tomados emprestados de Husserl, uma transcendência (diante das representações irredutivelmente subjetivas, no sentido da subjetividade particular) na imanência. Nesse sentido, realiza-se aqui, na definição mesma da objetividade, uma mudança decisiva e reveladora do teor próprio do idealismo crítico: antes de Kant, a objetividade corresponde àquilo que é em-si, fora da minha representação, e o par subjetivo-objetivo equivale então ao par interno-externo. A partir de Kant e em referência a ele, a objetividade designa o que vale universalmente para todo sujeito: o par subjetivo-objetivo corresponde agora ao par eu-para nós, ou ainda, particular-universal. A questão da objetividade se apresenta, em consequência, na tradição do criticismo, intrinsecamente ligada à questão da intersubjetividade.

Assim, no que diz respeito à objetividade teórica (aquela do conhecimento), a *Crítica da razão pura* se esforçará para mostrar que existem no sujeito leis ou regras *a priori*, necessárias e universais. A objetividade teórica ou cognitiva consiste então na síntese ou na ligação das representações, graças a estas regras universais (categorias e princípios). Não vamos nos demorar nisso, a fim de resgatar mais o alcance desta redefinição da objetividade para a filosofia prática.

Dos fins objetivos

Retornemos de fato à questão de saber se é possível apreender as verdades no domínio prático – o que Habermas designa como "verdades práticas". Parece, à luz da transformação kantiana do conceito de objetividade, que esta questão volta a se colocar quando podemos conceber fins suscetíveis de serem tomados como "objetivos", quer dizer, valer não unicamente para mim, mas para todos. Ou, em sua ausência, abandonar o terreno da ética, do direito e da política ao relativismo, ao decisionismo, ou ainda àquilo que se chama hoje de contextualismo. Antes de demonstrar os recursos de que o kantismo nos permite dispor, importa medir qual é realmente, para nós, o estado deste questionamento.

Para formulá-lo brevemente: a fundação de verdades práticas se tornou hoje impossível sob a forma de uma referência à ideia de um Bem ou de um Justo em si, ao qual deveria corresponder um fim para ser bom ou justo, e isto por muitas razões. Esta definição da objetividade prática como adequação e conformidade a um Bem ou a um Justo em si exigiria investimentos metafísicos tão pesados que não é mais absolutamente considerável hoje. Desse ponto de vista, filosofamos depois do desmoronamento das fundações ontológicas ou cosmológicas da objetividade prática, e toda a trajetória da filosofia prática só pode se encontrar aí profundamente modificada. Porque filosofamos depois desse desmoronamento, não é difícil compreender como a tentação do decisionismo subjetivista pôde e pode ainda ser tão forte na filosofia contemporânea: visto que nenhum fim pode mais ser tido como correspondendo a um Bem ou a um Justo em si, todo fim – esta poderia ser a conclusão à qual se abandonaria facilmente – só vale para aquele que o coloca.

Independentemente das dificuldades propriamente práticas às quais esta conclusão exporia (que são as dificuldades do relativismo), existe seja como for uma falha nesse raciocínio sedutor, mas equivocado: esta conclusão não se impõe de fato senão na exata medida em que o único conceito da objetividade que se mantém é precisamente aquele da correspondência a um em-si. Porém, é permitido pensar que este conceito da objetividade está prescrito desde Kant, e se ele está prescrito na ordem da filosofia teórica, por que não estaria na ordem da filosofia prática? Quer dizer: Por que aí também, no registro da filosofia prática, não poderíamos retomar o empreendimento da fundação da objetividade a partir deste outro conceito da objetividade que está disponível na herança do idealismo crítico e que consiste em medir a objetividade de uma representação (aí incluída, por que não, uma representação prática, quer dizer, um fim) não com sua conformidade a um em-si, mas com sua capacidade de valer para todos e não somente para mim, portanto, com sua validade intersubjetiva, ou seja, com sua comunicabilidade e com sua faculdade de suscitar uma adesão compartilhada?

Esse encaminhamento, não obstante, estava já presente no próprio Kant, principalmente sob a forma da doutrina do imperativo categórico. Ela esclarece em todo caso este fato muito singular de que na Alemanha, nos Estados Unidos e na França se assiste hoje, sob diferentes nomes, a diversas utilizações da referência criticista para modificar a noção de uma objetividade prática. Esta presença do kantismo no registro da filosofia prática contemporânea só é verdadeiramente compreensível quando ela é colocada em relação, como tentei fazer aqui, com a determinação específica do pensamento crítico, tal como este consiste em fornecer os instrumentos necessários para uma profunda reelaboração da própria noção de objetividade. É por isso que os debates internos da filosofia prática contemporânea são tão frequentemente de fato "querelas de família", como o próprio Habermas está convencido, ao apresentar assim seus próprios desacordos com Rawls: querelas de família, quer dizer, disputas entre kantianos.

Restaria compreender, dito isto, se há lugar, nessa herança, para disputas. Essencialmente, o idealismo crítico elaborado por Kant a partir da questão da representação e sob a forma de uma filosofia do sujeito ou da consciência (como consciência de si e consciência do objeto) se acha contestado, principalmente pela ética da discussão em Apel ou Habermas e seus próprios discípulos, como procedendo de um paradigma prescrito: precisamente, o paradigma da consciência ou da subjetividade. Não evocamos aqui detalhadamente a objeção dirigida desse ponto de vista por Habermas ou Apel ao kantismo. Ela consiste em julgar que, desde a virada linguística do pensamento contemporâneo (para simplificar: desde Wittgenstein: 1889-1951), a filosofia não pode mais, como em Kant, partir do sujeito, mas deve partir da comunicação e da troca de linguagem. Objeção da qual não pretendo aqui sublinhar nem a força nem as fraquezas, mas que parece, não obstante, paradoxal, se é que se encontra também um ponto comum de importância entre o criticismo de Kant e a ética contemporânea da discussão, ou seja, a definição da objetividade em termos de intersubjetividade. Simplesmente, Habermas e Apel consideram que aquilo que Kant tinha pressentido não podia ser plenamente colocado em ação no quadro do criticismo tal como ele o tinha concebido, ou seja, como uma filosofia do sujeito ou da consciência centrada no problema da representação, ainda que fosse necessário hoje substituir o paradigma da consciência por aquele da comunicação dialógica mediatizada pela linguagem. Avaliação que explica em grande parte não somente o fechamento da ética da discussão ao debate francês sobre uma eventual figura pós-metafísica da subjetividade, mas também a distância tomada em relação a um empreendimento como aquele de Rawls, que tinha integrado muito pouco as exigências do paradigma da comunicação. Estas clivagens são insuperáveis? Não estou absolutamente convencido disso. Mas o que quer que seja, sua existência indica que a referência kantiana não opera em nenhum dogmatismo: sinal, se há necessidade ainda disso, de que o kantismo permanece certamente uma filosofia viva.

33

A ECONOMIA POLÍTICA

Arnaud Berthoud *

A economia política elevada ao patamar de ciência

O termo economia política é anunciado na Antiguidade grega; ele reaparece no século XVII, mas é somente a partir do século XVIII que ele designa de maneira comum uma nova ciência que tem como objeto as ações relativas à riqueza. Esta ciência corresponde a uma forma inédita de interrogação. Não se diz mais: "Qual é o bom uso da riqueza?", ou "Quais são as formas sob as quais uma justa distribuição de riquezas pode ser obtida numa troca ou numa partilha?", mas antes: "Em que condições se reproduz a riqueza global de uma nação?" A primeira questão é ainda aquela de um filósofo que prende à ética das virtudes as ações relativas às riquezas – o consumo, a produção e as três formas da distribuição que são a troca, a partilha e o empréstimo. A segunda questão marca o aparecimento daquilo que se chama então de economista. O filósofo formula sua questão de economia ética em nome de todos os atores de uma comunidade. O economista empresta sua voz ao príncipe ou ao estadista que se ocupa com as condições de reprodução da riqueza global com o propósito de governar o melhor possível seu povo e sua nação. Para ele, as noções de reprodução, de riqueza global ou de "sistema de reprodução" tomam um sentido. É enquanto meio e em vista de fins políticos que existe, portanto, uma "economia política". Nessa condição, o economista aparece como o conselheiro do príncipe e a economia política aparece como uma ciência interessada. Ela é de fato mais uma arte como a medicina – com a qual ela se iguala, aliás, facilmente com seus inícios – ou, de acordo com o termo de origem grega, uma "técnica". Tudo isso é muito claramente dito por A. Smith (1723-1790) em sua obra de 1776, *Pesquisa sobre a natureza e as causas da riqueza das nações*[1]:]

---

* Professor emérito de Economia. Universidade de Lille I.

1. Há uma publicação em português desta obra: SMITH, A. *A riqueza das nações*. São Paulo: Martins Fontes, 2003 [N.T.].

A economia política, considerada como um ramo dos conhecimentos do legislador e do estadista, propõe-se dois objetivos distintos: o primeiro, obter para o povo uma renda ou uma subsistência abundante, melhor dizendo, colocá-lo em condições de obter ele mesmo esta renda ou esta subsistência abundante; o segundo, fornecer ao Estado ou à comunidade uma renda suficiente para o serviço público; ela se propõe enriquecer ao mesmo tempo o povo e o soberano[2].

A Europa sem dúvida não esperou os fisiocratas e seu líder F. Quesnay (1694-1774) para ver os estadistas colocarem a questão das condições do enriquecimento global do povo e da nação no primeiro lugar de suas preocupações. Desde os primeiros bulhonistas[3] de Portugal e da Espanha no fim do século XV até os últimos colbertistas[4] franceses do início do século XVIII, o mercantilismo alçou os diferentes saberes econômicos a uma arte política maior e separou as questões relativas às riquezas da ética das virtudes. Mas a economia política vai ainda mais longe. Em primeiro lugar, o que ela chama de "leis naturais" da economia são agora reunidas num único sistema de causalidades interdependentes, cujo equilíbrio se torna uma chave de abóboda. Em seguida, as diferentes ações relativas ao consumo, à produção e à distribuição das riquezas são relacionadas a uma única paixão ou a um único interesse, cujo caráter universal se exprime para o agente num cálculo espontâneo. Todo homem sob a relação das riquezas é levado a agir em vista de um máximo de fruição por um mínimo de esforço ou gasto. A economia política é assim a ciência das sociedades humanas nas quais todas as riquezas são comparadas como grandezas de um sistema único e todos os indivíduos são percebidos como agentes movidos pelo mesmo cálculo de interesse ou de prazer máximo. Fala-se, então, de sistema de necessidades ou de sociedade civil, cuja base é uma mecânica geral de interesses e uma aritmética individual dos prazeres.

Um sistema de necessidades, uma sociedade civil, uma mecânica do interesse ou uma aritmética dos prazeres é aquilo diante do que o estadista representa agora o limite que a natureza opõe a seu poder. A filosofia política e moral correspondente ao naturalismo da economia política é, então, uma composição particular de liberalismo e utilitarismo. É verdade que todos aqueles que se dizem "economistas" não se veem ao mesmo tempo como "filósofos" e que o liberalismo e o utilitarismo de uns e de outros não se apresentam da mesma maneira. David Ricardo (1772-1823) se

---

2. SMITH, A. *Recherches sur la nature et les causes de la richesse des nations*. T. 2. Paris: Flammarion, "GF", p. 11.

3. O bulhonismo era uma prática econômica que tinha como objetivo entesourar metais preciosos no início da Modernidade [N.T.].

4. Colbertismo: referente a Colbert (1619-1683), que foi estadista e o maior representante do mercantilismo francês [N.T.].

A economia política   341

vê mais como economista positivo do que como filósofo doutrinário; os fisiocratas
são pré-utilitaristas; o liberalismo ou o utilitarismo de A. Smith (1723-1790) não é
aquele de J. Bentham (1748-1832), de J.S. Mill (1806-1873), de J.-B. Say (1767-
1832) ou de F. Bastiat (1801-1850). Mas, visto no longo período de um século mais
ou menos – dos inícios fisiocráticos até o apogeu, em 1850, com Bastiat e Mill – e,
por contraste, com o mercantilismo, a economia política tem uma característica
singular. Faz parte da genialidade de K. Marx (1818-1883) tê-la observado primeiramente, ao relacionar esta unidade com sua essência e seu princípio. A economia
política tem como essência uma certa valorização do trabalho e o princípio que a
estimula e que ela rechaça ao mesmo tempo é precisamente o enriquecimento pelo
dinheiro, que o mercantilismo exibe sob uma forma bárbara. "A economia política,
escreve Marx, num texto de 1859, não quer reconhecer no mercantilismo a forma
bárbara de seu próprio princípio fundamental"[5].

Tudo isso vale também para o período seguinte e até nossos dias? A resposta é diferenciada. Sim, porque a questão das condições da reprodução da riqueza global comanda a mesma ideia de um sistema de forças interdependentes que recobrem com
sua unidade todo o espaço econômico; sim, também, porque o naturalismo liberal
e utilitarista permanece como sendo sua base filosófica mais comum; não, porque a
economia política se quer, a partir de 1870, mais especulativa e menos interessada;
não, também, porque a natureza da riqueza global se modifica profundamente com
a promoção do mercado e do individualismo mercantil. Esta riqueza não tem mais
como essência o trabalho e seu produto líquido; as condições de sua reprodução não
se encontram mais na repartição das rendas que asseguram a reprodução dos meios
pelos quais se exerce a força de trabalho – terra e capital; a ciência econômica não é
mais "uma anatomia do capitalismo" – a expressão é de Marx – nem uma "ciência
da repartição" – de acordo com os termos de Ricardo. A economia política se torna
uma ciência econômica; a riqueza global se torna um bem-estar ótimo; a condição de
sua reprodução se torna um conjunto de preços de mercado determinados pelo confronto entre a oferta e a procura. O capitalismo desaparece; a repartição é absorvida
pela troca; a ciência econômica, dita também "neoclássica", rejeita ou integra a economia política "clássica" na condição de momento errado, insuficiente ou particular
de seu desenvolvimento teórico geral. Para a maioria dos economistas atuais, que se
reconhecem na ciência econômica nascida na época de L. Walras (1834-1924), de C.
Menger (1840-1921) ou de A. Marshall (1842-1924) até 1870, a economia política

---

5. MARX, K. "Critique de l'économie politique". *Oeuvres*. Vol. 1. Paris: Gallimard, 1965, p. 420 [Biblio-
thèque de la Plêiade]. Há uma publicação brasileira desta obra: MARX, K. *O capital* – Crítica da economia política. 6 vols. Rio de Janeiro: Civilização Brasileira, 1971-1974 [Tradução de Reginaldo Sant'anna]
[N.T.].

"clássica" e seu prolongamento crítico em Marx tem tão somente um interesse histórico. Para eles, apenas alguns heterodoxos dispersos ou alguns keynesianos isolados vêm aí ainda uma fonte de inspiração.

Ricardo – A economia capitalista

A economia política, entendida em suas formas fisiocrática e "clássica" – Marx posto à parte –, recobre milhares de páginas de obras ou de revistas e conta com dezenas de autores, principalmente franceses e ingleses. Para fazer que apareçam os traços específicos desta nova ciência das riquezas, é preciso que se dirija à sua figura central. Porém, sobre esse ponto, a hesitação não é possível. Os fisiocratas possuem sem dúvida o imenso mérito de ter, pela primeira vez na história, desenhado a representação da vida social sob a forma de um quadro de circulação das riquezas – o que se chama de "*tableau économique*". A grandeza de Smith é a de ter percebido na multiplicidade das instituições políticas, dos comportamentos morais e dos costumes econômicos nas sociedades de sua época a gênese de uma mesma forma social dominada pela divisão do trabalho e pelo funcionamento de um mecanismo único e subterrâneo, identificado com o termo "mão invisível". Mas se deve ao gênio de Ricardo a força da análise econômica clássica[6].

David Ricardo retoma a ideia fisiocrata de um circuito das riquezas e a ideia de Smith segundo a qual um mecanismo único deste circuito envolve o exercício da divisão do trabalho. Mas ele rejeita mais profundamente do que Smith o privilégio atribuído pelos fisiocratas à reprodução agrícola na reprodução da riqueza global e exprime com precisão, contra as obscuridades de Smith, como o mecanismo do capital regula a divisão mercantil do trabalho. Suas conclusões gerais sobre as economias modernas marcaram os espíritos por várias gerações. Elas não derivam de observações empíricas, mas de deduções que repousam em princípios ou proposições primeiras. O que ele propõe ao estadista são verdades logicamente demonstradas. Elas se apresentam sob duas disposições. Primeiro, um otimismo a curto prazo, tal como aquele de Say: diante dos desajustes repetidos entre os diferentes setores da produção no curso do desenvolvimento, aquilo que os historiadores chamam agora de "a lei de Say" ou "as leis dos mercados", assegura uma reabsorção automática dos excessos ou dos desvios acidentais e um retorno natural ao pleno emprego, pois "a oferta cria sua própria demanda", desde que ninguém levante voluntariamente um obstáculo a isso. Nenhuma crise local de superprodução pode, portanto, degenerar numa crise geral e destruir o capitalismo. As forças do mercado o protegem de um desaparecimento prematuro. Um pessimismo a longo prazo, tal como aquele de T.R. Malthus (1766-

---

6. Cf. o 1º capítulo de seu *Principes d'économie politique et de l'impôt*, 1817.

A economia política   343

1834): se é verdade que nenhuma crise pode abater o capitalismo prematuramente, é verdade também que em razão da evolução desfavorável a longo prazo da taxa de lucro em relação ao crescimento da renda e do salário, a hora de seu fim se aproxima inexoravelmente, pois os empresários que não são seu polo ativo perdem, com a baixa da taxa de lucro, o motivo que os fazem investir. O enriquecimento das nações pela acumulação de capital tem, portanto, um limite absoluto. A raridade das terras ou dos recursos naturais é a causa profunda disso. O progresso técnico e uma política prudente de livre-troca podem sem dúvida retardar sua irrupção e desatar por um momento o torno do mecanismo, mas eles não podem evitá-lo.

A questão que Ricardo preserva é, portanto, aquela de saber como uma economia capitalista caminha para seu fim natural. O que se quer exatamente demonstrar? Quais são os princípios e as definições colocadas e desenvolvidas, quais são os fatos constatados, onde estão as deduções? A análise se divide em quatro partes:

1) O princípio das vantagens comparativas na divisão individual ou coletiva do trabalho é anunciada assim: ninguém pode perder quando cada um se especializa na produção onde sua produtividade é a mais elevada. Por outro lado, a divisão do trabalho é organizada sob o regime do assalariamento e do capital e a acumulação do capital tem como motor a taxa de lucro, que é por sua vez o fim desejado por todos os empresários. No curso desta acumulação na escala de uma nação, a taxa de lucro declina, a renda aumenta e a taxa de salário permanece quase estável. Há aí para Ricardo uma questão de fato, cujo alcance geral deve ser colocado em evidência. Trata-se, então, de demonstrar a proposição segundo a qual a evolução a longo prazo da repartição das rendas se faz em detrimento da taxa de lucro.

2) A evolução das rendas a longo prazo é o efeito da evolução dos preços relativos – definição de uma economia marcada pela divisão mercantil do trabalho. Esta evolução toma a forma de uma distorção: qualquer que seja a economia do tempo de trabalho na produção direta ou indireta dos produtos agrícolas e do trigo em particular, o preço da última unidade produzida na terra menos fértil sobe inexoravelmente, à medida que a população cresce e que as terras cultiváveis são exploradas. É este o fato fundamental da raridade sobre o qual Ricardo não discute a pertinência. Esta alta dos preços tem como primeiro efeito carregar consigo a subida dos salários. Esta é ainda uma questão de fato: a parte do trigo é considerável na alimentação do trabalhador. A alta dos preços agrícolas tem como segundo efeito provocar uma alta da parte do valor do produto global depositado nas mãos dos proprietários das terras mais férteis sob a forma de renda. Aquilo que se chama de teoria da renda diferencial é aí ainda a tradução de um fato – o fato institucional da propriedade privada e o fato natural do espírito da economia em todo homem, que leva a cultivar antes das outras as terras mais férteis. Desses diferentes pontos resulta a afirmação segundo

a qual o declínio da taxa de lucro deve repousar numa lei natural que comanda a evolução dos preços.

3) Trata-se, portanto, de fazer nascer esta lei partindo de uma noção clara e distinta do preço. A esse respeito, Ricardo descarta sucessivamente duas noções. Ele rejeita primeiro o preço monetário ou o preço indicado como quantidade de uma unidade monetária diversamente expressa de acordo com o país. Considerando todas as coisas iguais, por outro lado, as variações dos preços monetários não indicam nada a respeito das condições de produção, da acumulação do capital e do emprego do trabalho. Há aí um princípio ou um axioma, inspirado pela oposição de Smith ao mercantilismo, do qual são deduzidas a noção de economia real de produção e a definição da moeda como mercadoria. Em seguida, ele reduz a importância do preço de mercado real ou não monetário. A lei que comanda suas variações – dita "lei de gravitação" – expressa uma forma de ajustamento e de equilíbrio entre oferta e demanda, mas não indica as razões pelas quais o nível desse equilíbrio é aqui maior do que o outro. Porém, é este nível que importa num estudo de longa duração. Ricardo chama de nível natural do preço de produção a grandeza que assegura a reprodução da riqueza global. Assim, a validade de suas propostas sobre o declínio da taxa de lucro repousa numa teoria dos preços de produção. É esta a conclusão que resume o encadeamento de todos os princípios e de todas as definições anteriores.

4) A teoria dos preços de produção tem como ponto de partida uma definição do valor de troca. O preço de produção ou o valor de uma mercadoria qualquer – trigo, moeda, tecido ou máquina – traduz sua dificuldade de produção e seu nível é determinado pelo tempo de trabalho simples dispensado ao longo de todo o processo que o conduz a seu resultado final. Trata-se de mostrar a validade geral desse conceito a partir das diferentes formas de uma economia real de produção. Encontramo-nos, então, no cerne da análise. Ricardo classifica as formas de economia de acordo com uma ordem de complexidade crescente, desde a simples troca até uma estrutura de produção de composição variável do capital fixo, de acordo com os setores. Se cada preço depende de todos os outros – isto é claro desde a troca –, o preço de nenhuma mercadoria pode servir naturalmente de grandeza de referência ou de unidade de medida, com o objetivo de avaliar o efeito de uma variação das dificuldades de produção em cada preço. Para escolher por convenção o padrão no caso de uma economia de máxima complexidade, Ricardo imagina, então, intuitivamente, uma mercadoria abstrata cuja dificuldade de produção corresponderia à moeda das dificuldades de produção de todos os setores da economia – observar-se-á que a construção desta mercadoria-padrão não será explicitamente proposta senão um século e meio depois por P. Sraffa (1898-1983). A honestidade de Ricardo o obriga a reconhecer no final de seu percurso que o que ele próprio chama de princípio do valor não se explica

completamente nas situações mais complexas. Resulta disso que, confessadamente, a lei do declínio da taxa de lucro não é completamente exata. A convicção de que o capitalismo é ameaçado em longo prazo ou em muito longo prazo basta para orientar o estadista numa política livre-cambista, mas o economista deve reconhecer nela uma margem relativamente elevada de julgamento. Isto fornece à intervenção pública um lugar mais importante do que o projeto teórico deixava prever. E é nesse fracasso confessado que Marx, no cortejo de todos os ricardianos, toma seu ponto de partida.

Os críticos do modelo ricardiano

Pode-se medir a importância de Ricardo pelo fato de que as críticas que foram dirigidas a ele acompanham os diferentes desenvolvimentos posteriores da teoria econômica. Há cinco tipos de crítica. Somente a última deve nos reter, porque ela define a ambição de Marx.

A primeira crítica é a obra dos economistas históricos de língua alemã por volta de 1850, que denunciam a ideia, evocada por Smith e consolidada por Ricardo, segundo a qual todas as sociedades modernas derivam de forma homogênea de uma evolução única. A segunda crítica inaugura a era neoclássica da ciência econômica. Ela se apresenta de uma maneira particularmente sutil em A. Marshall a partir de 1870. O preço de produção de Ricardo seria somente o preço de mercado visado num longo período em condições tão particulares que eclipsam o papel da demanda e deixam acreditar que a oferta é o único fator que determina o nível do preço. A terceira crítica, devida a Keynes (1883-1946) por volta de 1936, opõe a noção de economia monetária de produção à economia real de Ricardo. O papel decisivo da moeda de crédito no capitalismo deve conduzir à ideia de um equilíbrio patológico do sistema econômico: as forças do mercado são insuficientes para garantir a repro-dução com pleno emprego. A quarta crítica é contemporânea da edição completa das obras de Ricardo por Sraffa, por volta de 1960. Da evolução dos preços de pro-dução à repartição do produto entre os lucros e os salários, a relação de causa e efeito não é nem suficiente nem linear. Uma das duas rendas deve ser dada para estabelecer a evolução da outra. Sraffa, como fazem também os historiadores alemães, Marshall e Keynes, cada um à sua maneira, amplia então também um pouco mais a função e as margens de avaliação do estadista em detrimento do naturalismo.

O traço maior da crítica de Marx, que é também o quinto tipo de crítica, não consiste em salvar a análise de seu formalismo, de seus aspectos particulares, de suas negligências sobre a moeda de banco ou de seus círculos viciosos. A crítica quer dar o sentido histórico do próprio empreendimento científico. A economia política da qual Ricardo é "o maior representante" marca o advento do trabalho humano, mas ela o faz sob uma perspectiva que mascara sua realidade. É preciso ao mesmo tempo, de acordo com Marx, realizar a ciência ricardiana, colocando a lei da baixa da taxa de lucro em bases mais sólidas e mostrar como estas bases revelam por sua vez a essência do capitalismo. As disposições de Marx invertem as disposições de Ricardo. Pode-se ser pessimista em curto prazo, porque a época do capitalismo é uma época de crises dolorosas, mas se deve ser otimista em longo prazo porque a morte do capitalismo é ao mesmo tempo o nascimento de uma sociedade mais humana e mais justa.

Qual é o cerne da crítica de Marx? Ricardo, diz ele, errou ao atribuir a baixa da taxa de lucro a fatores naturais, como a demografia e a raridade das terras, e ele comete ainda o erro de acreditar que o progresso técnico e o maquinismo retardam o declínio do capitalismo, quando, ao contrário, eles provocam sua queda. Ricardo não vê a contradição interna do capitalismo: é querendo aumentar a produtividade do trabalho pelas máquinas e pelo progresso técnico que os empresários restringem cada vez mais a parte do trabalho que cria o valor para além da quantidade necessária para a reprodução do capital total. Porém, é esta criação de valor ou mais-valia que é extraída do lucro. A ampliação da economia a dimensões mundiais pela livre-troca não pode mudar nada disso. "A verdadeira barreira da produção capitalista é o próprio capital"[7].

A fraqueza de Ricardo se deve a que ele não fez as distinções necessárias; em primeiro lugar, entre capital constante e capital variável, em correspondência com a distinção entre objeto e meios de trabalho, de um lado, e força de trabalho, de outro; em seguida, entre lucro, renda obtida por repartição e mais-valia, grandeza extraída na produção e repartida depois como lucro, renda e juro; enfim, entre preço de produção, grandeza construída por conta do empresário – custo de produção mais taxa média de lucro – e valor, grandeza que expressa o ponto de vista do trabalhador e igual à quantidade de trabalho direto e indireto necessário para a produção e reprodução de um bem nas condições capitalistas desta reprodução. Estas distinções supõem, portanto, que a análise do capitalismo não se faça somente do ponto de vista dos empresários que tomam as decisões de investir, mas também e em primeiro lugar dos trabalhadores cuja ação constitui a riqueza ou o verdadeiro valor.

Os contemporâneos de Ricardo, Malthus e Sismondi (1773-1842) à frente, retorquiram contra ele o fato de abandonar a observação e se comprazer com a abstração. A reprovação de Marx é exatamente o contrário. "Ricardo não foi abstrato o bastante", repete ele frequentemente. Sua insuficiência deriva de que ele não quis levantar o véu dos cálculos, afastar-se do ponto de vista dos atores do momento e procurar a realidade ou a essência profunda do trabalho vivo sob aquilo que ele chama

---

7. MARX, K. "Le capital", III. *Oeuvres*. Op. cit., t. 2, p. 1.032.

A economia política

de o princípio do valor. O que falta nele e o que ele rechaçou foi o fundamento histórico desta ciência. Ricardo viu antes que a economia política é uma maneira de medir em grandezas mercantis o trabalho social e a riqueza que ele produz. O que ele não viu é que a mercadoria pertence ao reino da quantidade e do desejo de dinheiro. Sob o capitalismo, o trabalho concreto dos homens somente aparece sob a forma de uma quantidade de trabalho abstrato e a felicidade de cada um em usar suas riquezas de acordo com um desejo de viver bem não é mais do que a fruição amarga de ter sempre mais. Para Marx, toda economia política clássica se inscreve assim, sem sabê-lo, naquilo que Aristóteles chama de má crematística – ou a falsa ciência da acumulação infinita.

34

IENA: PÓS-KANTISMO E ROMANTISMO

Jérôme Lèbre *

A escritura da Revolução

Nas capitais empobrecidas de um Império sem forma chegam os ecos da Revolução Francesa. Entre estas cidades da Alemanha, Königsberg é então principalmente a fortaleza de Kant (1724-1804), cuja obra nem por isso tem a forma de um edifício terminado. Iena se caracteriza, ao contrário, pela profusão de suas atividades culturais, universitárias, editoriais, franco-maçônicas. Schiller (1759-1805) vive aí, aí também ele encontrou Goethe (1749-1832), e tanto um quanto o outro deram sua mais elevada expressão ao classicismo alemão, conciliando a ideia tumultuada de um gênio espontâneo e a exigência de regras que dirigem a natureza e a criação artística. Iena se mostrará, então, particularmente receptiva ao pensamento kantiano da Revolução, apresentada como a suprema conciliação da espontaneidade do povo e da lei. Os estudantes aí seguem o curso de um kantiano renomado, Reinhold (1757-1823). Fichte (1762-1814) lhe sucede entre 1794 e 1799. Schelling (1775-1854) é nomeado em 1798. Três anos depois, ele forma uma equipe com um antigo amigo, Hegel (1770-1831). Claramente, Iena é o berço do idealismo alemão. Mas não somente: A. W. Schlegel (1767-1845) se torna aí professor em 1796. Em torno dele, de sua mulher Caroline e de seu irmão Friedrich, forma-se uma constelação (em parte berlinense) de pensadores e poetas: Dorothea Veit (1764-1839), Tieck (1773-1853), Schleiermacher (1768-1834), Wackenroder (1773-1798), Novalis (1772-1801), assim como Fichte e Schelling. Esta família próxima do idealismo é chamada de *Frühromantik* (pré-romântica) e conhece seu apogeu com a redação de uma revista, o *Athenaeum* (1798-1800).

Durante um tempo, portanto, Iena se vê no centro do pensamento pós-revolucionário. Mas logo a solidariedade interna dos dois movimentos atravessa uma série de provas que misturam os conflitos teóricos, pessoais ou passionais com a

---

* Professor agregado de Filosofia. Saint-Quentin.

facticidade das mudanças ou das dissipações. Em 1800, Fichte, acusado de ateísmo, refugia-se em Berlim, e Schelling reivindica quase a originalidade de seu sistema. Ele deixa Iena em 1803 e rompe com Hegel em 1807. Quanto aos românticos, eles se separam antes mesmo de sofrer com a morte de Novalis (março de 1801); o grupo renasce, mas em Berlim, ainda em torno dos Schlegel, depois em Heidelberg. Iena, exatamente antes de ser o lugar onde o exército prussiano desaba diante de Napoleão, explode em nomes múltiplos, nomes de pessoas, mas também de cidades; e as tentativas de unificação do sistema crítico são reunidas pela profecia de Novalis: "É por caminhos diversos que vão os homens. Quem lhes segue e os compara verá estranhas figuras nascerem".

O ato infinito do eu (Fichte)

"Que Deus só faça nos proteger de nossos amigos, pois nós mesmos saberemos bem despertar os nossos amigos", escreve Kant a Fichte em 1799. Este estranho protesto de amizade dirigido àquele que o tinha defendido contra os seus censores, não obstante, se justifica. Kant censura Fichte por não tê-lo seguido à letra em seu esforço para articular os três interesses da razão: o conhecimento, o dever e a esperança. Fichte, movido por uma esperança rebelde a qualquer necessidade cega, só adere de fato à expressão clara do dever lendo a *Crítica da razão prática*[1]: o dever é a afirmação absoluta da liberdade pela lei que um sujeito dá a si mesmo. Ele se apresenta como defensor público desta mesma liberdade, tal como ela se impôs contra o sentido literal do direito no curso da Revolução Francesa. Ele deseja, portanto, plenamente a revolução copernicana anunciada por Kant: somente um sujeito que faz de si o centro de toda legislação, tanto aquela de suas ações como a da natureza, pode captar o sentido e a unidade de seu destino individual e também da política. Mas, segundo ele, Kant foi infiel ao seu anúncio: a *Crítica da razão pura*[2] restringe o conhecimento ao simples discernimento conceitual de uma variedade fenomênica cuja razão escapa ao sujeito para se alojar numa coisa em si incognoscível. Sacudir o jugo da coisa em si, realizar a revolução copernicana, procurar (nas pegadas de Reinhold) o verdadeiro princípio de um sistema do qual Kant só deu uma ideia, estas são as apostas da obra de Fichte. Todas exigem que a letra kantiana seja desligada das figuras apenas animais (papagaios, falsos eruditos do sistema vestidos de farrapos como de uma pele de leão) em proveito do espírito vivificante que o habita.

---

1. Há uma publicação em português desta obra: KANT, I. *Crítica da razão prática*. Lisboa: Ed. 70, 1989 [Tradução de Artur Morão] [N.T.].

2. Há uma publicação em português desta obra: KANT, I. *Crítica da razão pura*. Lisboa: Calouste Gulbenkian, 1989 [Tradução de Manuela Pinto dos Santos e Alexandre Fradique Morujão] [N.T.].

Fichte, em Iena, extrai seu impulso da vida real do espírito e do único fato que não pode ser imposto a este: sua ação imediata sobre o mundo. Voltada para as coisas, a consciência real pensa obscuramente se conhecer, mas sem acreditar nisso, como ser particular ou modo de ser no mundo – Descartes (1596-1650) e Spinoza (1632-1677) – ou como a forma de um ato separado do ser que lhe fornece sua matéria sensível (Kant). Mas o espírito livre pode ainda captar o ato da consciência na consciência imediata, intuitiva, de si; ele pode decidir abstrair esta intuição de seu fim mundano e de sua receptividade sensível para recolocá-la tal como ela é: uma intuição intelectual. Fichte chama de "Doutrina da ciência" (*Wissenschaftslehre*) o ato de reflexão que atinge o princípio de todo saber que reitera a intuição de si, e eleva assim ao conceito aquilo que a consciência acreditou ser: o princípio mesmo do mundo.

Este ato reiterado se formula como *Eu = Eu*: o espírito da "Doutrina da ciência" requisita o caráter do princípio de identidade (A = A) para reconduzir toda identidade à unidade de um eu que se coloca assim literalmente como princípio absoluto. A dualidade deste princípio, que identifica o sujeito que coloca e o objeto colocado, eu e eu, abre para este eu, em si infinitamente ativo, a possibilidade de ser afetado e limitado pela ação de um não eu. Esta ação sobrevém, sem ser deduzida, na instantaneidade de um choque que exprime um segundo princípio: *o oposto do eu = não eu*. O choque é, portanto, um limite que o eu sente em si e deve colocar em si. Se ele não o faz, ele cai sob o império da coisa em si. Se ele o faz, ele tende novamente para o infinito que ele é em princípio. E, para isso, é preciso que ele recoloque sua oposição com o não eu como uma simples diferença quantitativa entre duas atividades: uma real, de posição, a outra ideal, de limitação. Este ato de síntese se exprime num terceiro princípio: *o eu e o não eu são divisíveis* – depois se desenvolve em sínteses múltiplas. Em cada uma delas a intuição do eu implica uma imaginação que supera a divisão do eu finito e do não eu, tende para o eu infinito e, finalmente, oscila entre o finito e o infinito. Este pensamento implica propriamente um entendimento que reflete sobre si, fixa-o, e determina assim um novo limite, quer dizer, um novo conceito. Os conceitos primeiros do entendimento, que Kant chama de "categorias", tornam-se assim outros estados-limites que destituem o eu no curso de uma construção livre e necessária e, portanto, autolegisladora.

Enquanto o eu se coloca como limitado pelo não eu, as sínteses sucessivas desenvolvem a gênese de sua atividade teórica. Mas o espírito da "Doutrina da ciência" permanece essencialmente prática: o eu, agindo realmente, coloca-se como colocando o não eu, num esforço de autodeterminação que tende para o infinito. Ele se liberta, então, verdadeiramente na posição de um outro eu, que se determina também livremente: está aí o fundamento do direito, que concilia todos os sujeitos de acordo

Iena: Pós-kantismo e Romantismo

com as mesmas leis e coloca sua esfera de atividade sob a garantia do Estado. Cada sujeito ultrapassa, no entanto, sua própria esfera jurídica ao exigir de si mesmo a colocação de todo não eu: ele deve fazer de si o legislador do mundo dos espíritos. Pergunta-se então como um mesmo mundo moral pode ser construído por sujeitos múltiplos. Deixando Iena, Fichte dá à sua resposta a forma de um misticismo racional: é preciso que a intenção da ação livre se realize verdadeiramente numa ordem inteligível, graças ao autor suprassubjetivo desta ordem. Um Deus vivo se torna o fundamento último da moral e a fonte de uma bem-aventurança que anima o eu. O espírito da *Wissenschaftslehre* quer ainda colocar sem lacuna um absoluto subjetivo, mas este se eleva acima do eu que, tornado saber intenso ou manifestação do ser absoluto, destina-se a construir o que não é passível de ser construído.

Como historiógrafo e não legislador do espírito, é normal que o filósofo não tenha podido fixar a agilidade constante do eu num sentido literal ou em conceitos definidos. Assim se explicam estas múltiplas versões da "Doutrina da ciência", que obriga a distinguir muitos Fichte. Somente o primeiro Fichte (1794-1800) viveu em Iena; mas estava já na companhia de seu *alter ego*, Schelling.

Versões do absoluto (Schelling)

Entre os muros do seminário de Tübingen, antes da grande época de Iena, três pensionistas cantam a *Marselhesa*. São eles Schelling, Hegel e Hölderlin (1770-1843). Eles atribuem a si uma divisa grega e spinozista: *En Kai Pan*, "Um e tudo". Eles plantam – mas isto é contestado muitas vezes – uma árvore da Liberdade em 1791. Um deles redigirá mais tarde – mas se pergunta ainda quem, e se o autor ditou seu pensamento nas costas de Hegel – o "mais velho programa do idealismo alemão", um curto manuscrito que prevê a supressão do Estado e a instauração de uma paz universal fundada na poesia e na mitologia. Uma coisa é certa: eles tiveram muitas ocasiões de ouvir Fichte. Assim, nasce em Schelling o projeto de se impor como seu continuador e "amigo", se tomamos esta palavra literalmente... de Kant.

Schelling pretende também alcançar o fundamento da filosofia, deixada por Kant nas alturas para as quais seu gênio lhe fez descer. Em seus primeiros escritos, este princípio é de fato o eu da "Doutrina da ciência". Mas já o seu caminho é singular: Schelling faz da intuição intelectual do eu absoluto o órgão disponível do pensamento e não o núcleo de um encaminhamento metódico. O absoluto se eleva então muito rapidamente acima do eu. Ou melhor, é o eu que se afasta dele ao se colocar como princípio teórico, ainda que somente tenda para ele suprimindo livremente qualquer objeto. Mas lhe responde então um eu que se perde no objeto e se identifica alegremente com a necessidade. Uma decisão prática decide entre essas duas posições, uma critica (Kant e Fichte), a outra dogmatiza (Spinoza), mas estas posições permanecem teóricas irresolutas. O absoluto realiza então suas possibilidades quando se desdobra em duas direções opostas: esta é a ideia-diretriz de Schelling ao chegar a Iena.

A intuição intelectual percorre, portanto, agora, as duas vertentes do absoluto e dá surgimento a duas ciências filosóficas, separadas pela escolha arbitrária de seu começo. Se o sujeito que intui é abstraído de si mesmo, a intuição se objetiva: ela se torna o órgão da filosofia da natureza, "spinozismo da física" que capta a realidade objetiva em sua tendência a se idealizar ou se tornar subjetiva. Uma produtividade inconsciente se choca aqui com a objetividade como seu limite. Mas esta luta é somente a separação em duas forças, uma de expansão ilimitada, a outra de limitação ou de contração reflexiva; cada produto natural é então apenas um "ponto de indiferença" onde se fixa este duplo movimento. Três processos (magnético, elétrico, químico) marcam os graus de indiferença relativa, ela própria suprimida pela produtividade infinita que, reproduzindo todos os processos, engendra muitas potências (material, inorgânica, orgânica). Em sua mais elevada potência, a natureza se apresenta como um grande organismo que atiçou tanto quanto possível todas as suas formas adormecidas. Mas falta a ele ainda a potência do sujeito, quer dizer, a reflexão que recoloca arbitrariamente no começo do saber o próprio eu, e inverte o ato de idealização do real em realização do ideal. Assim começa a filosofia transcendental (com seus próprios graus e poderes). Schelling obtém assim o último assentimento de Fichte; mas sob o idealismo murmura a natureza, este passado eterno e cego da consciência. Decorre disso que a mais elevada potência do eu não é a ação livre que se realiza na história – e a Revolução –, mas antes a arte, esta produtividade ao mesmo tempo consciente e inconsciente que unifica o eu e a natureza: a arte é o órgão da filosofia e esta uma corrente no oceano da poesia.

É preciso, no entanto, falar não somente das vertentes, mas também das versões do absoluto. Pois em 1801, Schelling repensa este absoluto como o novo campo da indiferença, no qual se suprime a irredutibilidade das duas ciências fundamentais. A "filosofia da identidade" se desdobra então num excesso de fórmulas. O absoluto não é mais subjetivo ($Eu = Tudo$), mas totalizante ($Tudo = Eu$). A identidade $Eu = Eu$ é elevada à indiferença formal $A = A$. E a diferença quantitativa do eu e do não eu neutralizada pela identidade $A = B$ faz que toda indiferença exceda o absoluto em quantidade, ou objetivamente ($A = B'$), ou subjetivamente ($A' = B$). A intuição se divide então em duas totalidades relativamente excessivas, a natureza e o mundo ideal, que tendem a suprimir suas variações quantitativas internas, ao afirmar em B a potencialização de A ($A = A^2 = A^3$). Todas as diferenças finitas são quantificadas por esta nova teoria das potências, enquanto que a unidade qualitativa do absoluto e do finito implica uma nova teoria das ideias: informadas pelo absoluto e nele, estas

Iena: Pós-kantismo e Romantismo

ideias informam todos os outros finitos. Assim, jamais uma planta é instituída, mas sim o absoluto sob a forma de vegetal. As próprias potências são assim outras tantas vitórias da informação ou da imaginação sobre os seres singulares, que refletem ou simbolizam cada vez melhor o infinito ao refletir uns nos outros. Assim, a unidade orgânica (por exemplo, da planta) é a terceira potência da natureza; ela simboliza o absoluto, mas se reflete também na obra de arte (terceira potência do mundo ideal); ainda que a arte seja a intuição idealizada do organismo, ela é também a intuição realizada do absoluto, ou ainda a intuição de todas as ideias, apresentadas idealmente e realmente num mundo de deuses.

Mas a versão do absoluto que a filosofia da identidade apresenta modificou de tal maneira a situação do sujeito que ela implica também uma outra. O sujeito é a alma informada pelas ideias, ele pode tender para elas, mas, ao mesmo tempo, ele é o único responsável pela finitude: era preciso que ele caísse e se separasse da intuição do absoluto para que o absoluto caísse na natureza. Deixando Iena em 1806 por Munique, Schelling faz da natureza o fundo dissociado e caótico de Deus, que somente resgata a autorrevelação progressiva deste último na consciência finita. A mitologia, esse passado real da consciência, modifica a arte. E toda a filosofia anterior se torna finalmente um pensamento negativo, que apenas compreende a possibilidade, ou seja, a necessidade do absoluto, enquanto que somente um pensamento positivo se abre à liberdade de seu acontecer. A intuição se torna, nesse último estágio, revelação.

A obra romântica

O século é acompanhado também de suas glosas marginais, o "breve texto" seguido da filosofia de seu comentário, e o próprio comentário de suas figuras épicas: aquelas ou aqueles que, atentos ao decorrer do tempo, "não querem se calar nas passagens difíceis, diz o *Athenaeum*[3], designando do fundo de seu anonimato os poetas românticos.

Se seguirmos com eles o caminho complexo dessa época, segura de que "a Revolução Francesa, a doutrina da ciência de Fichte e o *Meister* de Goethe"[4] são as três grandes tendências da época[5], os fascículos do *Athenaeum* parecem o lugar plural onde estas mesmas tendências se rompem e se reúnem. A Revolução foi afetada

---

3. Frag. 332. Os fragmentos do *Athenaeum* foram traduzidos e publicados em LACOUE-LABARTHE, P. & NANCY, J.-L. *L'Absolu littéraire*. Paris: Seuil, 1978, p. 98-178.

4. Há uma publicação em português desta obra: GOETHE. *Os anos de aprendizado de Wilhelm Meister*. São Paulo: Ensaio, 1994 [Tradução de Nicolino Simone Neto]. Esta publicação possui em anexo um texto de Georg Lukács, com o mesmo título da obra de Goethe [N.T.].

5. Frag. 216.

por uma dualidade: marcando a passagem definitiva à Idade Moderna, ela se volta, no entanto, para o antigo (o mundo greco-romano), com o risco de projetá-lo no futuro. Este futuro começa com Fichte no sentido de que as verdadeiras revoluções passam pelo meio, pela interioridade do Eu. Mas com o nome de Fichte se entende agora – além daquele de Kant – o de Schelling. O primeiro encontro (em 1788, em Dresden) entre os dois filósofos e o grupo romântico foi redigido livremente pelo *Athenaeum* e por F. Schlegel. Esta *Conversa sobre a poesia* atribui a Schelling, *alias* a Ludoviko, uma experiência poética – chamamento, talvez, de sua contribuição à revista: um poema epicurista proibido de ser publicado por Goethe. Depois ele lhe confia um discurso fundador (e fiel), que vê na arte a realização do idealismo e prevê a instituição de uma nova mitologia de acordo com a nova filosofia da natureza. A unidade filosófica da filosofia e da poesia faz, portanto, tender uma para a outra, e é por isso que finalmente o *Meister* escrito por Goethe é a mais elevada tendência da época. Este romance proteiforme é como a ideia mesma do romantismo, porque ele reflete sua individualidade na individualidade de seus personagens e transforma a arte em arte de viver. Mas certamente, sob o nome de Goethe, é preciso entender outros, Jean Paul (1763-1825), Sterne (1713-1768), Cervantes (1547-1616), Dante (1265-1321) ou Shakespeare (1564-1616), levando em conta a nova relação filosófica que se estabelece entre estas obras modernas e as obras antigas desde a Revolução. E se vê bem então que os românticos procuram uma síntese infinita: aquela de uma sinfilosofia (*symphilosophie*) que seria também simpoesia (*sympoésie*).

A obra simpoética oferece mais do que uma versão do absoluto: ela é sua tradução filológica. O absoluto fora de fato já enunciado na arte antiga, nessa totalidade individual que é a poesia grega. A epopeia, gênero misto e originário, é a expressão massiva desta individualidade; ela imita o nascimento da linguagem, que por sua vez imita ou simboliza a natureza. A linguagem poética é, portanto, inata, no sentido em que, como diz W.A. Schlegel, ela não para de nascer. Por conseguinte, toda poesia é tradução da epopeia originária, imitação da linguagem nascente, língua da língua, poesia da poesia. E o passado não está simplesmente terminado, nem ele deve ser fixado num ideal que o separa do moderno (este é o impasse neoclássico). Ele é eterno, ele é o primeiro elemento de uma estrutura orgânica do tempo de que Schelling, na margem de sua última filosofia, deixará o sistema inacabado. Enfim, se os gregos são os filhos do passado, é porque eles são os guardiões alegres e inconscientes de uma unificação da linguagem e da natureza que uma nova epopeia, moderna e consciente, esforça-se para encontrar. Compreende-se, portanto, que os românticos se veem como os profetas do passado, do presente e do futuro; ou como os heróis de uma "poesia universal progressiva", movida pela nostalgia da idade de ouro, esta época absolutamente antiga, inalterável, dissimulada e esperada.

Iena: Pós-kantismo e Romantismo 355

A filosofia é o espírito, a filosofia é o sentido literal, mas os românticos, não obstante, mudam o sentido literal do idealismo, exonerados de fazer dos atos do eu outros espíritos independentes. F. Schlegel concentra a agilidade ou a genialidade do eu na fulguração da intuição intelectual, que sela a amizade de dois pensamentos incompatíveis; a poesia repousa então numa matemática obscura, ao mesmo tempo instintiva e consciente, do *Witz*[6] (o traço do espírito). O idealismo mágico de Novalis libera ainda mais a imaginação produtiva; a alma do poeta se torna o espelho interior e caótico da natureza, o lugar onde as coisas estranhas se encontram, se excitam, ou se assombram num sonho mortal. Mas o gênio romântico culmina numa reflexão infinita: a autolimitação do sujeito situa então sua escrita num ponto no qual se equilibram a criação e a destruição. A imaginação se torna potência crítica, o *Witz* assume a forma (infinita) da ironia, e a obra poética se torna o reflexo da individualidade característica do poeta, mas também o símbolo de um inacabamento, ou o fragmento fechado em si mesmo da obra absoluta. É por isso que os fragmentos do *Athenaeum* são o apogeu do primeiro romantismo. Depois de sua publicação, este último é como ganho pela fulguração e acaba logo na pena de F. Schlegel, convertido ao misticismo religioso de Schleiermacher: a ironia é substituída pelo sacrifício do artista. Mas, ao mesmo tempo, este romantismo renasce de suas cinzas, porque não parou de ser retraduzido: nos contos e nos romances (Novalis, Tieck), no romance teórico (a *Lucinda* de F. Schlegel), depois nas obras de Brentano (1838-1917), Kleist (1777-1811), Hoffmann (1776-1822), Lenau (1802-1850) e muitos outros.

Não deixamos Iena? Certamente seus muros se refletem sempre na natureza, quando se vê nela, como Novalis, uma cidade mágica petrificada. Mas nada permaneceu intacto; somente a exigência da obra indefinidamente alcançada deixa um traço nesse lugar onde passaram os filósofos e onde, talvez, nasça a literatura, tal como a compreendemos ainda.

---

6. O termo *Witz* em alemão significa, ao mesmo tempo, "graça" e "espírito" [N.T.].

35

GEORG WILHELM FRIEDRICH HEGEL

Jean-Fran]çois Kervégan *

Georg Wilhelm Friedrich Hegel nasceu em 27 de agosto de 1770, em Stuttgart, numa família de pequena-burguesia luterana, que o destina à carreira de pastor. De 1788 a 1793, ele recebe no *Stift* (*Instituto*) de Tübingen uma formação teológica e filosófica. Com seus condiscípulos Schelling (1775-1854) e Hölderlin (1770-1843), ele acompanha com paixão os acontecimentos na França. O Terror arrefece seu entusiasmo, mas Hegel não retorna jamais, por sua parte, sua adesão aos princípios de 1789, que são para ele os princípios da modernidade política. Em 1793, ele se torna preceptor em Berna, onde tira proveito da biblioteca de seu empregador para ler Hume (1711-1776), Gibbon (1737-1794), Montesquieu (1689-1755), Rousseau (1712-1778) e Kant (1724-1804), assim como os pais da economia política. Desta estadia em Berna datam os fragmentos inéditos sobre a "positividade" da religião cristã e uma *Vida de Jesus*. De 1796 até o fim de 1800, Hegel é preceptor em Frankfurt; ele aí reencontra Hölderlin, que vai logo mergulhar na loucura. Esta estadia é fecunda. Certamente, Hegel somente publica uma tradução anônima de um libelo republicano suíço, mas começa a redigir o que se tornaria um livro sobre a situação do Império alemão, se Bonaparte não tivesse abreviado sua agonia; este manuscrito, descoberto um século depois, é marcado por um republicanismo de inspiração maquiaveliana. Mas o interesse principal de Hegel se volta sempre para os problemas filosófico-religiosos. Menos kantiano que em Berna, ele inventa uma conceituação original para pensar o que escapa à linguagem comum e elabora já sua própria filosofia num vocabulário imagético. Trata-se para ele de superar a "separação" que caracteriza a vida dos modernos, mas assumindo-a; é *dialeticamente* que se chegará à "união com o tempo"[1]. Em 1801, Hegel se une a Schelling em Iena, onde se define sua orientação filosófica definitiva; ela

---

* Professor de Filosofia. Universidade de Paris I – Panthéon-Sorbonne.

1. *Premiers écrits. Francfort 1797-1800*. Paris: Vrin, 1997, p. 377.

Georg Wilhelm Friedrich Hegel 357

o arrastará logo para sua ruptura com Schelling. Ele publica, então, seu primeiro escrito, a *Diferença dos sistemas filosóficos de Fichte e Schelling*, onde ele se apresenta como o porta-voz de seu amigo, mas faz já ouvir uma tonalidade que lhe é própria. Depois, ele publica alguns artigos importantes e difíceis no *Jornal Crítico da Filosofia* que edita com Schelling. Além disso, ele redige, para seus cursos, cadernos que são o laboratório da grande obra que marca para o público seu nascimento como filósofo original: a *Fenomenologia do espírito*[2] (*Phänomenologie des Geistes*) de 1807.

Depois de um intervalo de um ano e meio, Hegel obtém o posto de professor de filosofia e reitor do liceu protestante de Nuremberg. Ele aí permanece aproximadamente oito anos, durante os quais, paralelamente aos seus cursos, ele redige seu segundo grande livro, a *Ciência da lógica* (*Wissenschaft der Logik*) entre 1812 e 1816. Ele deseja então obter uma posição acadêmica de acordo com sua notoriedade e obtém em 1816 uma cadeira em Heidelberg, onde permanece por dois anos e publica a primeira edição da *Enciclopédia das Ciências Filosóficas*[3] (*Enzyklopaedie der philosophiscen Wissenschaften*) em 1817, resumo do sistema finalmente exposto por inteiro. Agora, seu magistério tem como base este manual (as duas edições muito aumentadas aparecem em 1827 e 1830): cada curso desenvolve um segmento do conjunto. Hegel publica também seu escrito político mais liberal, um estudo das *Atas dos Estados do reino de Wurtemberg em 1815-1816*: no contexto da Europa pós-revolucionária, o momento não é de Restauração, mas de uma política reformista impulsionada do alto e colocada em funcionamento por uma burocracia devotada ao bem público. Hegel não vai além disso.

Em 1818, ele se junta novamente à universidade de Berlim, onde alguns dos grandes nomes da época adquirem celebridade – Humboldt (1769-1859), seu fundador; Fichte (1762-1814), de quem Hegel é o sucessor; Schleiermacher (1768-1834); o jurista Savigny (1779-1861) – numa Prússia que é então um Estado moderno e reformador. Até sua morte, Hegel aí ensina perante alguns ouvintes que podem, como Feuerbach (1804-1872), vir de muito longe. Ele se cerca de uma equipe de fiéis discípulos, aqueles que serão chamados depois de sua morte de "velhos hegelianos", para distingui-los dos "jovens hegelianos", rebeldes ao sistema, entre os quais está Marx (1818-1883). Poucas publicações novas houve durante este período: além das duas reedições da *Enciclopédia*, a mais notável foi os *Princípios da filosofia do direito*[4] (*Grundlinien der*

---

2. Há uma publicação desta obra em português: HEGEL, G.W.F. *Fenomenologia do espírito*. 2 vols. Petrópolis: Vozes, 1992 [Tradução do alemão por Paulo Menezes em colaboração com Karl-Heinz Efken] [N.T.].

3. Há uma publicação desta obra em português: HEGEL, G.W.F. *Enciclopédia das Ciências Filosóficas em Epítome*. Lisboa: Ed. 70 [N.T.].

4. Há uma publicação desta obra em português: HEGEL. *Princípios da filosofia do direito*. Lisboa: Guimarães, 1986 [Tradução de Orlando Vitorino] [N.T.].

Philosophie des Rechts) de 1820, que desenvolve a teoria do "espírito objetivo" da *Enciclopédia*. Este livro teve um grande impacto; ele contribuirá, ao preço de muitos absurdos, para a má reputação do "filósofo do Estado prussiano". Hegel se dedica então aos *Anais de crítica científica*, que ele mesmo fundou: aí publica longas recensões, principalmente a tradução de Humboldt do *Bhagavad-Gita*[5]. Mas seu interesse pela política não desapareceu: um de seus últimos escritos foi o artigo *A propósito do Reform Bill inglês* (1831), que contém julgamentos tão severos sobre a situação social e política da Grã-Bretanha, que o governo prussiano censurou sua publicação! Pouco antes de sucumbir à cólera, Hegel termina em 1831 uma segunda edição modificada do primeiro livro da *Lógica* e se volta para a reedição da *Fenomenologia*. No entanto, o essencial de sua atividade em Berlim não permitiu a publicação: semestre após semestre, ele ministra um curso sobre esta ou aquela parte do sistema. Editadas por seus alunos, graças às suas próprias notas e aos cadernos dos ouvintes, suas aulas formam, junto com os escritos publicados enquanto esteve vivo, o grosso da edição póstuma das obras que aparece a partir de 1832. Agora, os cursos desempenharão na recepção do hegelianismo um papel pelo menos igual àquele dos artigos publicados. Desde os anos de 1970, pretendeu-se editar os muitos cadernos de estudantes que dão testemunha das aulas de Heidelberg e de Berlim. Nenhuma interpretação informada pode ignorar essa massa de documentos, das quais as Adições à *Enciclopédia* ou à *Filosofia do direito*, compostas pelos discípulos de Hegel para a edição póstuma, são uma espécie de resumo.

A vida de Hegel não apresenta nada de original. De resto, ele desconfiava da busca de originalidade: "Cada um quer e acredita ser melhor do que este mundo que é o seu. Somente aquele que é melhor exprime melhor do que outros este mundo"[6]. Hegel foi melhor do que o seu mundo. Mas seus escritos são uma expressão poderosa dele; a vocação da filosofia não deve ser "*sua época apreendida em pensamentos*"?[7]

As lendas

As interpretações de Hegel desafiam às vezes as regras de uma hermenêutica razoável. Algumas teses que são atribuídas a ele desempenham as funções de um quadro para a leitura dos textos, em si mesma tão exigente. Não é inútil indicar os principais lugares comuns que organizam a percepção dominante do hegelianismo.

---

5. A expressão Bhagavad-Gita em sânscrito significa "Canção de Deus". Trata-se de um texto religioso hindu que faz parte do épico Maabárata do século IV a.C. [N.T.].

6. *Notes et fragments*. Ièna: [s.e.], 1803-1806. Paris: Aubier, 1991, p. 73.

7. *Príncipes de la philosophie du droit*. 2. ed. Paris: PUF, 2003, p. 106.

1) "[Tudo] que é racional é real, e [tudo] que é real é racional." Esta fórmula, a mais (mal) citada do *corpus* hegeliano[8], desperta suspeita. Não traz ela uma caução filosófica aos aspectos mais contestáveis da realidade? Hegel tinha uma propensão para dar a bênção do conceito a tudo que acontecia. Também a imputação política de conservadorismo é frequentemente associada à suspeita metafísica em relação ao "necessitarismo hegeliano". Chega-se até mesmo a perceber nesta filosofia uma justificação antecipada dos totalitarismos do século XX [Popper]... Porém, a *Enciclopédia* recusa uma tal interpretação da fórmula dos *Princípios*[9]. Fazer Hegel dizer que "o real é racional" é ignorar a distinção entre a *realidade do ser-aí* contingente, de que trata o início da lógica do ser, e a *efetividade*, conceituada pela lógica da essência. O real, "ser com um não ser"[10], é aquilo que pode sempre ser diferente do que é e que se torna incessantemente diferente do que é; é o ser-aí em sua intransponível facticidade. A efetividade, ao contrário, é "a essência que está unida ao fenômeno"[11]. Em relação à instabilidade do real, o efetivo é "subtraído à *passagem*"[12], porque sua existência não supõe nenhum fundo oculto de que seu sentido dependeria. A realidade é, portanto, uma coisa totalmente diferente da inteligência daquilo que é. Que a efetividade seja racional, isto se deve à sua definição. A equivalência do efetivo e do racional não é uma verdade de fato; é uma tese metafísica que assimila a concepção processual do ser exposta na *Lógica*. Ao contrário, a realidade não poderia sê-lo absolutamente, pois a instabilidade lhe é inerente. Hegel conclui: "Quem não seria bastante precavido para ver naquilo que o cerca muitas coisas que de fato não são como elas devem ser?"[13] O real empírico é frequentemente menos que real.

2) A dialética, tal como se diz, envolve três tempos: a tese, a antítese e a síntese; manifestação da mania da forma ternária tomada emprestada de Hegel... Somos, portanto, surpreendidos ao constatar que ele se autocritica por meio dos outros, e denuncia o absurdo que consiste em aplicar um esquema triádico sobre tudo aquilo que é. Se ele permitiu que o "conceito da ciência" aparecesse, este modelo pode facilmente ser rebaixado a um "esquema sem vida", porque sua "significação absoluta"

---

8. Comparar com Hegel: *Principes de la philosophie du droit*. Op. cit., p. 104: "O que é racional é efetivo, e o que é efetivo é racional".

9. *Encyclopédie des Sciences Philosophiques*. Paris: Vrin, 1970-2004, 1, § 6, Rem., p. 169.

10. *Science de la logique*. Paris: Aubier, 1972-1981, 1, p. 85.

11. Ibid., 2, 6.

12. *Encyclopédie des Sciences Philosophiques*. Op. cit., 1, § 142, p. 393.

13. Ibid., 1, § 6, p. 170.

é desconhecida[14]. É em Kant que Hegel indica "o esquema – na verdade, despido de espírito – da triplicidade"; e ele "afirma em todo lugar a tese, a antítese e a síntese"[15]. Hegel julga, por sua vez, que só existe aí "o lado superficial, exterior, da maneira de conhecer"[16]; e, quando enumera os momentos do método especulativo, conclui que, "se depois de tudo se quer comparar", ele pode ser apresentado tanto como "quadruplicidade", quanto como "triplicidade"[17]. De fato, no "método do conceito", o momento médio (impropriamente chamado de antítese) se desdobra. Ele é primeiramente a negação da tese inicial; por exemplo, à proposição "o ser é" se opõe "o ser não é". Mas, e é nisso que o progresso do conceito é dialético, esta primeira negação se volta contra si mesma. Assim, o "negativo primeiro e formal" termina em "negatividade absoluta"[18] e dá surgimento a uma síntese especular que é bem mais do que a simples justaposição da tese e da antítese: ela nomeia o *processo* no qual a tese e a antítese são momentos isolados. O esquema ternário oferece certamente "o modelo do ritmo do conhecimento"[19], mas arrisca cristalizar o movimento do pensamento. Este esquema "tese-antítese-síntese" leva de fato a uma versão errada da dialética. Este termo só designa em Hegel um momento, sem dúvida capital, do processo lógico: o momento mediano, que é o "princípio motor do conceito"[20] e que se desdobra a si mesmo (negação primeira; negação da negação). Este momento negativamente racional tem a tendência de ser negado, ou melhor, de se negar, trazendo à luz o momento positivamente racional, especulativo, no qual ele se supera[21]. A imagem da síntese parece colocar tese e antítese no mesmo lugar, fazendo delas duas quantidades de sinal oposto. Porém, no sistema hegeliano, é sempre um dos dois termos da oposição dialética que a *Aufhebung* funcionaliza, a superação-conservação-abrogação desta, ao afirmar seu poder sobre a outra. Cada um dos dois termos é negado, ao mesmo tempo em que é conservado pela virtude dialética de um deles: isto é totalmente contrário a uma síntese artificial e exterior.

---

14. *Phenoménologie de l'esprit.* Paris: Vrin, 2006, p. 92.

15. *Leçons sur l'histoires de la philosophie.* T. 7. Paris: Vrin, 1991, p. 1894.

16. *Science de la logique.* Op. cit., 3, p. 383-384.

17. Ibid.

18. Ibid.

19. *Histoire de la philosophie.* Op. cit., p. 1894.

20. *Príncipes de la philosophie du droit.* Op. cit., § 31, p. 140.

21. *Encyclopédie des Sciences Philosophiques.* Op. cit., 1, § 81-82, p. 343-344.

Georg Wilhelm Friedrich Hegel   361

3) Kojève (1902-1968), que faz dela o eixo de uma interpretação global da obra de Hegel, acreditou poder fazer da "dialética do senhor e do escravo", ao mesmo tempo, o paradigma daquilo que é preciso entender por dialética e uma parábola sobre a gênese da humanidade e da sociedade. O tema aparece no início do capítulo 4 da *Fenomenologia do espírito*. De acordo com Kojève, essa passagem significa que o acesso à consciência de si, portanto, à humanidade, não passa tanto pelo conhecimento quanto pelo reconhecimento; ela procede de um enfrentamento no qual o vencedor imediato (o senhor) é afinal de contas dominado pelo vencido (o escravo). Este, condenado pelo temor da morte no trabalho servil, é conduzido com isso num processo de aculturação que vai permitir a ele vencer o senhor, destinado a uma fruição ociosa e estéril. Há como contestar esta interpretação. A própria escolha dos termos "senhor" e "escravo" é discutível. Traduzir *Herr* por senhor mascara o parentesco da palavra com *Herrschaft* (dominação), o exercício de um poder (legítimo ou não) do homem sobre o homem; *herrschen* é reinar mais do que dominar, em todo caso, ele não pode ser reduzido como escravidão. Quanto à tradução de *Knecht* por escravo, ela leva a uma confusão entre a servidão originária e política, que constitui o reconhecimento extorquido e instaurado no momento do enfrentamento, e o estatuto econômico e social do escravo (*Sklave*) nas sociedades antigas. Além disso, a interpretação de Kojève levanta um impasse sobre aquilo que Hegel chama de espírito absoluto (a arte, a religião e a filosofia) e confere um privilégio excessivo ao que ele chama de espírito finito. Enfim, o próprio Hegel deu na *Enciclopédia* uma apresentação do combate pelo reconhecimento, que proíbe fazer da "dialética do senhor e do escravo" a matriz de uma interpretação de conjunto de sua obra.

> O combate pelo reconhecimento e a submissão a um senhor são o *fenômeno* no seio do qual surge a vida em comum dos homens, como um começo dos Estados. [...] Eis aí o começo exterior, ou o *começo no fenômeno* dos Estados, não seu *princípio essencial*[22].

Sem dúvida, a "dialética do senhor e do escravo" descreve a origem proto-histórica da sociedade; mas ela não indica nem o princípio racional da relação política de subordinação, nem o modo de constituição da humanidade, em todo caso, em sua inteireza; pois esta, para Hegel, determina toda a esfera do espírito, aí incluído o espírito absoluto.

4) O *Sistema* hegeliano é "a morada científica do espírito de restauração prussiano"[23]: esta tese é, para muitos, uma evidência. O Estado racional exposto

---

22. Ibid., 3, § 433, p. 231.

23. HAYM, R. *Hegel et son temps*. Paris: Gallimard, 2008, p. 244.

na *Filosofia do direito* seria uma espécie de apologia antecipada de uma Prússia autoritária, conservadora e belicista. Contudo, as coisas são mais complexas. Berlim é certamente para Hegel, desde o fim da ocupação francesa, o "centro" da Alemanha em movimento[24], por oposição a Áustria reacionária de Metternich (1773-1859). Mas isto principalmente porque, desde 1805-1806, a Prússia está na dianteira do progresso social e político: a servidão é abolida, o ensino primário se tornou obrigatório, os privilégios das antigas corporações foram restringidos e um regime de autoadministração das comunas é estabelecido. Humboldt dota a ciência de instituições prestigiosas e relativamente independentes: a Universidade e a Academia de Ciências. Enfim, a Prússia parece prestes a instaurar este regime constitucional que é, para Hegel, expressão eminente do "direito eterno da razão"[25]. O Estado que ele admira é, numa Alemanha em plena Restauração, um dos polos de resistência às "ideias francesas", dos princípios de 1789. Porém, no momento mesmo em que Hegel se encontra novamente na Prússia, ela adota, sob a pressão de Metternich, um curso francamente reacionário. Desde sua chegada a Berlim, onde a caça aos liberais chega a seu auge, Hegel não se encontra à vontade aqui. Ele não se opõe abertamente às medidas repressivas, mas ele tenta, em seu ensino, salvar o que pode ser salvo. Por exemplo, ainda que o rei da Prússia tenha enterrado em sua promessa de dotar o país de uma constituição (isto só se fará em 1851), o Estado racional hegeliano é uma monarquia constitucional, pois esta é "a constituição da razão *desenvolvida*"[26]. Numa época em que a história parece dar marcha a ré, Hegel "[se] apega à ideia de que o espírito do tempo deu a ordem para avançar"[27].

5) A "astúcia da razão" é um dos principais argumentos utilizados contra "o hiper-racionalismo hegeliano". Ele estaria negando a liberdade humana e justificando os crimes cometidos em nome da razão histórica. Porém, este motivo aparece em Hegel, não a propósito da história, mas na análise da produção material. Assim, um texto de 1805-1806 apresenta o instrumento como a "*astúcia*" que "interponho entre o eu e a coisidade exterior": graças à máquina, o homem "se retira completamente do trabalho" e "deixa a natureza usar-se" a si mesma[28]. Do mesmo modo, a *Lógica* opõe à "violência" que reside no uso do objeto para fins que lhe são estranhos

---

24. Cf. *Correspondance*. Paris: Gallimard, 1963, p. 237.

25. *Écrits politiques*. Paris: Champ Libre, 1977, p. 244.

26. *Encyclopédie des Sciences Philosophiques*. Op. cit., 3, § 542, p. 319.

27. *Correspondance*. Op. cit., 2, p. 81.

28. *La philosophie de l'esprit*. Paris: PUF, 1982, p. 33-34.

Georg Wilhelm Friedrich Hegel 363

a "*astúcia* da razão", que consiste em que "o fim se coloca em relação *mediata* com o objeto, e *intercala* entre aquele e este um outro objeto", o instrumento[29]. A astúcia da razão participa, portanto, em primeiro lugar, de uma reflexão sobre a mediação técnica. No entanto, é o uso deste termo na filosofia da história que conservou sua posteridade. Uso parcimonioso, aliás: só se encontra nesse contexto uma única ocorrência da expressão (seis no conjunto do *corpus*). Hegel diz:

> Não é a ideia universal que se expõe ao conflito, ao combate e ao perigo; ela fica no plano de fundo, ao abrigo de todo dano. Pode-se chamar *astúcia da razão* o fato de que ela deixa agir, por sua vez, as paixões [...]. A ideia paga o tributo da existência e da caducidade não por si mesma, mas por intermédio das paixões dos indivíduos[30].

Assim como no trabalho o homem parece se ausentar de sua atividade para melhor satisfazer suas necessidades pela mediação das técnicas, também "a ideia", a razão objetiva, deixa que se enfrentem as paixões humanas (aí incluídas aquelas dos "grandes homens", cujo interesse particular coincide pontualmente com o conteúdo objetivo do espírito do tempo) para resgatar o que colocou. A astúcia da razão significa, portanto, que o alcance histórico das ações humanas não é jamais reduzido às motivações subjetivas dos atores; que historiador não adota este princípio? Este motivo não implica o sacrifício da liberdade no altar da necessidade histórica; ele sublinha que as paixões humanas, que são os fatores da alienação, podem também servir ao "progresso na consciência da liberdade".

Na verdade, não é a astúcia da razão, aplicação moderadamente audaciosa de um modelo técnico ao campo da interação humana, que coloca o problema. O que parece muito mais ousado é a tese de que *há* razão na história. Inverificável, ela supõe uma concepção da racionalidade que ultrapassa o quadro habitual no qual esta é pensada: uma racionalidade objetiva (aquela do "espírito objetivo"), da qual a historicidade é a dimensão constitutiva. A razão não é nem uma simples faculdade do espírito humano, nem a encenação oculta do drama histórico; ela é ao mesmo tempo "razão que pensa" e "razão que é", exercício de capacidades discursivas subjetivas e desdobramento objetivo da racionalidade de práticas e instituições. No entanto, a razão hegeliana não é apenas simultaneamente subjetiva e objetiva, ela é subjetiva-objetiva: existindo para além da subjetividade (a razão humana) e da objetividade (a razão histórica), ela deriva na verdade do espírito absoluto, do qual filosofia é a expressão consciente. Somente esta última pode afirmar que há a razão na história. Longe do fantasma totalitário ao qual ela foi reduzida frequentemente, a astúcia da

---

29. *Science de la logique*. Op. cit., 3, p. 262-263.

30. *La raison dans l'histoire*. Paris: UGE, 1965, p. 129.

razão deriva de uma concepção do desenvolvimento histórico da racionalidade que se enraíza ela própria na a-historicidade do pensamento:

> Na relação com a história temos de tratar daquilo que foi e daquilo que é, mas na filosofia não se trata somente do que foi ou do que será, mas antes daquilo que *é* que é eternamente: a razão, e é com ela que temos absolutamente de tratar[31].

6) Hegel é, diz-se, o pensador do fim da história. Porém, este tema não aparece absolutamente em seus escritos, e neles tem um sentido perceptivelmente diferente daquele que foi dado a ele. É preciso primeiro se precaver de um mal-entendido. A palavra francesa "*fin*" pode significar o final (*Ende* em alemão) ou fim (*Zweck*): um fim objetivo e não aquele que alguém persegue. Não se encontra quase nenhuma evocação de um final da história em Hegel. Ele diz antes que a Ásia e a Europa são "o começo e o fim" (*Ende*) da história do mundo"[32]. Mas "*fin*" não significa evidentemente que não acontece mais nada: o fim da história tem, para o filósofo, um *telos* que corresponde ao que ele chama de Estado moderno, tal como se estabeleceu na Europa pós-revolucionária. Somente esta convicção permite a ele escrever que a Europa é o "Ocidente absoluto"[33]. Que haja um Ocidente e um Oriente absolutos, que a terra não seja historicamente redonda[34], que a história, que não tem um final empírico, tenha um "fim último" objetivo: tudo isto deriva da especulação filosófica, não de uma constatação. De resto, para quem há uma história do *mundo*, senão para o filósofo? O postulado que a filosofia projeta na história é verdadeiramente aquele da racionalidade. O tema do fim da história somente expressa, portanto, esta "parcialidade da razão" de que o filósofo deve dar prova, tal como um juiz é estimulado por uma parcialidade do direito[35]; é por isso que o "fim último do mundo" é, para além do Estado moderno, "o pensamento tal como ele se compreende a si mesmo"[36].

O sistema

A ideia de sistema está no centro da filosofia moderna. Particularmente a partir de Kant. O próprio de um sistema científico é que nele os conhecimentos são organizados de acordo com um "conceito racional" que determina "o fim e a forma do

---

31. Ibid., p. 242.

32. Ibid., p. 244.

33. Ibid., p. 270.

34. Ibid., p. 280.

35. *Encyclopédie des Sciences Philosophiques*. Op. cit., 3, § 549, p. 328.

36. *La raison dans l'histoire*. Op. cit., p. 212.

Georg Wilhelm Friedrich Hegel 365

todo"[37]. Mas, para os pós-kantianos, a sistematicidade não diz respeito a um único modo de exposição, ela exprime o caráter autofundador da filosofia. Segundo esta concepção forte da sistematicidade, Hegel faz da compreensão da totalidade ("o verdadeiro é o todo") a pedra de toque da liberdade do saber: a "ciência do absoluto é essencialmente sistema", pois "o verdadeiro só existe enquanto totalidade", e a "necessidade" de sua organização é a expressão mesma da "liberdade do todo"[38]. Esta preocupação com a sistematicidade não é incompatível com a preocupação com o concreto: o pensamento hegeliano combina os interesses especulativos mais elevados e a atenção para as realidades comuns. É o mesmo Hegel que concebe ambiciosos programas metafísicos e lê os economistas e os historiadores, ou se interessa pelo destino da Alemanha. Este sistema do real, esta *Realphilosophie* na qual ele trabalha, não deve ser o seu sistema, mas *o* sistema *da* filosofia, que deve pensar, em sua totalidade (natural ou espiritual), a dialeticidade do real. É preciso dar um nome e procurar um lugar para aquilo que permite pensar "a identidade da identidade e da não identidade"[39]: este nome será o conceito e este lugar a lógica.

O prefácio da *Fenomenologia do espírito* expõe esta compreensão do sistema como sendo a filosofia do conceito: "A figura verdadeira na qual existe a verdade não pode ser senão o sistema científico desta verdade"[40]. Mas porque o conceito é um processo dialético que inclui o momento da negatividade, a *Fenomenologia* propõe uma concepção dinâmica da sistematicidade, que se opõe à representação comum de um acabamento do saber. O sistema não é um "círculo que permanece fechado em si mesmo"[41]; ele é antes "o devir de si mesmo"[42]. Esta circularidade dinâmica se exprime no caráter subjetivo do processo da verdade: "Aquilo de que tudo depende [...] não é apreender e expressar o verdadeiro como *substância*, mas apreendê-lo e expressá-lo também como *sujeito*"[43]. Mas o sujeito não é a subjetividade finita (humana). A subjetividade é principalmente a propriedade do *conceito* enquanto autoprodução, e não de uma substância, ainda que pensante. Esta é mais uma imagem mutilada da subjetividade verdadeira. Conceito, sujeito, sistema: estas determinações tomam corpo. É preciso acrescentar a eles o termo que procura unificá-las, o espírito:

---

37. KANT, E. *Critique de la raison pure*. Op. cit., p. 1384.

38. *Encyclopédie des Sciences Philosophiques*. Op. cit., 1, § 14, p. 180.

39. *La différence des systèmes philosophiques de Fichte e de Schelling*: premières publications. Paris: Ophrys, [s.d.], p. 140.

40. *Phénomenologie de l'esprit*. Op. cit., p. 60.

41. Ibid., p. 80.

42. Ibid., p. 69.

43. Ibid., p. 68.

Que o verdadeiro seja efetivo somente como sistema, ou que a substância seja essencialmente sujeito, isto é expresso na representação que anuncia o absoluto como *espírito*[44].

A razão por que o absoluto é *espírito* é que o verdadeiro não pode ser dito senão como *sistema*. Mas o que se deve entender como sendo espírito? É redigindo a *Fenomenologia* que Hegel percebe a necessidade de superar uma concepção estritamente consciente do espírito, o que permite a ele identificar a "ciência" [sistema] e o "espírito que se sabe como espírito". O sistema da ciência é a explicitação pelo espírito de seu próprio conceito.

Círculo de círculos, o sistema acolhe a contingência naquilo que ela tem de aparentemente irredutível ao conceito. Mas a contingência não é a liberdade; convém, portanto, também justificar a ligação necessária da necessidade e da liberdade. A *Lógica* apresenta esta ligação como aquilo que há de mais difícil de pensar. A transição da substância ao conceito, da "lógica objetiva" à "lógica subjetiva", descreve a constituição da liberdade no seio mesmo da necessidade. A necessidade não é suprimida, mas *aufgehoben*, elevada por sua superação à sua significação verdadeira: ao mesmo tempo, colocada como necessidade e disposta à livre processualidade do conceito. Mas se "a verdade da necessidade é a liberdade", e se esta última é a determinação mais elevada do conceito, então, o próprio sistema deve ser entendido como a dinâmica da autoprodução da verdade. O sistema não é aberto, no sentido de que seria indefinidamente passível de revisão: somente há um sistema. Mas este sistema é um processo. Um processo assim não pode se fechar em qualquer ponto que seja, isto porque a verdade do sistema é resolvida em cada um de seus momentos. O absoluto hegeliano é *utópico*: ele não está em lugar nenhum, ainda que suas expressões sejam reguladas pelo movimento do conceito. A circularidade do saber sistemático é a manifestação última de sua capacidade de engendrar sua própria alteridade: no final da *Lógica*, a ideia "se despede livremente de si mesma"[45] para se fazer natureza, "ideia na forma de *ser-outro*"[46]. É na completa alienação que ela dá prova de sua liberdade: o conceito demonstra seu poder ao se reconhecer num elemento de radical alteridade.

A *Enciclopédia* executa o programa de um sistema que expõe o ponto de vista não de um sujeito singular (este seria *um* sistema), mas do espírito compreendido como dialética de autoconstituição:

---

44. Ibid., p. 73.

45. *Science de la logique*. Op. cit., 3, p. 393.

46. *Encyclopédie des Sciences Philosophiques*. Op. cit., 2, § 247, p. 187.

Georg Wilhelm Friedrich Hegel

> Por *sistema* se entende falsamente uma filosofia que tem um *princípio* limitado, diferente dos outros princípios; é, ao contrário, o princípio de uma filosofia verdadeira conter em si todos os princípios particulares[47].

As ciências positivas não são jamais completamente ciências: não porque são positivas – esta é a garantia de sua fecundidade –, mas porque elas são "sem sistema", reguladas por um ponto de vista regional. São ainda mais verdadeiras as filosofias que correspondem a um "princípio limitado"; elas são visões *sobre* o absoluto, não o saber *do* absoluto. A filosofia não é regulada por *um* princípio, ela é *o* sistema de todos os princípios. Somente há, portanto, *uma* filosofia da qual os sistemas particulares são os momentos, no sentido ao mesmo tempo lógico e cronológico do termo. Hegel identifica sua filosofia com esta filosofia uma, da qual as filosofias são somente aspectos parciais? Por um lado, em nome de sua concepção do sistema, *deve-se* identificar seu pensamento (que, por conseguinte, não é o pensamento do indivíduo Hegel) com a ciência do absoluto: pois somente do ponto de vista da totalidade é que se pode definir a verdadeira significação da sistematicidade do saber. Mas uma tal visão de acabamento hegeliano da filosofia interromperia o dinamismo processual de uma razão que se desdobra na história. O sistema, para responder à definição dinâmica que dela Hegel dá, não pode acabar sem deixar de ser: ele é sentimento de poder aberto ao acontecimento do pensamento. Este é o dilema fecundo do hegelianismo: ele não pode e, porém, só pode se colocar como última figura da filosofia.

---

47. Ibid., 1, § 14, p. 180-181.

36

ARTHUR SCHOPENHAUER

Peter Welsen *

Arthur Schopenhauer nasceu em Dantzig em 1788. Em 1813, sustenta a tese *Da quádrupla raiz do princípio da razão suficiente*, em Iena, depois de ter estudado em Göttingen e Berlim. O primeiro tomo de sua maior obra, *O mundo como vontade e como representação*[1] (*Die Welt als Wille und Vorstellung*), aparece em 1818, mas passou despercebido. Schopenhauer se qualifica para o ensino superior na Universidade de Berlim em 1820, mas seus cursos são tão pouco frequentados que ele não demora em abandonar sua atividade de ensino. Em 1831, Schopenhauer deixa Berlim por Frankfurt Am Main, onde ele reside definitivamente a partir de 1833, para se dedicar à escrita. Seus escritos seguintes, *Sobre a vontade na natureza* (1836), *Os dois problemas fundamentais da ética* (1841), assim como o segundo tomo de *O mundo como vontade e como representação* (1844) foram tão confidenciais quanto os primeiros. É somente com o aparecimento das *Parerga e Paraliponema*[2] (1851) que Schopenhauer começou a se beneficiar de um reconhecimento durante muito tempo esperado e grandemente merecido. Ele morre em 1860 em Frankfurt Am Main.

Schopenhauer procura reabilitar a filosofia crítica de Kant (1724-1804) contra o idealismo especulativo desenvolvido por Fichte (1762-1814), Schelling (1775-1854) e Hegel (1770-1831). Compartilhando com eles o projeto de edificar uma metafísica fundada num primeiro princípio, ele se distingue por conservar o criticismo do pensador de Königsberg e porque não atribui à sua metafísica a ambição de

---

* Professor de Filosofia. Universidade de Trèves.

1. Há uma publicação integral desta obra em português: SCHOPENHAUER, A. *O mundo como vontade e representação*. Rio de Janeiro: Contraponto, 2001 [N.T.].

2. Há uma publicação parcial desta obra em português: SCHOPENHAUER, A. *Parerga e paralipomena*. São Paulo: Abril, 1974, caps. V, VIII, XII, XIV [Coleção Os Pensadores] [N.T.].

ser absolutamente válida. Segundo ele, a metafísica é tributária de uma interpretação da realidade empírica, que, não sendo infalível, pode ser revista e corrigida.

Sua maior obra se divide em quatro partes correspondentes a quatro disciplinas filosóficas: teoria do conhecimento, metafísica da natureza, metafísica do belo (estética) e metafísica dos costumes (ética). Estas disciplinas não formam, para falar propriamente, um sistema no qual os elementos do fim dependem dos elementos do começo, mas antes um organismo em que todas as partes se explicam reciprocamente. Enquanto a primeira e a segunda partes descrevem simplesmente o mundo como ele é, as duas últimas indicam a via a seguir para poder superar o sofrimento que nele reina. Assim, o pensamento de Schopenhauer culmina numa doutrina da salvação que não repousa na existência de uma entidade divina. Um único e mesmo pensamento anima estas quatro partes: "Este mundo em que vivemos e existimos é, ao mesmo tempo e em todo o seu ser, em todo lugar, vontade, em todo lugar, representação"[3].

Em sua Teoria do Conhecimento, Schopenhauer se liga, no essencial, ao idealismo transcendental de Kant, ao afirmar que o espaço e o tempo são o próprio, não da coisa em si, mas dos fenômenos. Na medida em que o conhecimento da realidade empírica depende do sujeito, e mais especialmente das formas *a priori* do conhecimento que ele carrega consigo, a realidade é apreendida como fenômeno, ou melhor, como representação: "O mundo é minha representação. – Esta proposição é uma verdade para todo ser vivo e pensante"[4]. O domínio da representação possui duas características: o sujeito e o objeto permanecem sempre um em face do outro numa correlação *a priori*; ele está sempre submetido ao princípio da razão suficiente. De acordo com este princípio, a razão suficiente de cada objeto se encontra num outro objeto. Schopenhauer distingue quatro classes de objetos, aos quais correspondem quatro formas da razão suficiente: as formas do devir, do conhecimento, do ser e da vontade.

Schopenhauer conserva do idealismo kantiano a concepção do espaço e do tempo, mas ele abandona sua doutrina das categorias. Ele está convencido de que somente uma das doze categorias kantianas é necessária para constituir um objeto empírico, a categoria da causalidade, sobre a qual, assim, funda-se o princípio da razão suficiente do devir. Schopenhauer mostra que esta categoria tem como função projetar no espaço as sensações do sujeito e transformá-las em intuição do objeto empírico. Parece assim que a intuição é algo intelectual. Além disso, a categoria da causalidade permite conhecer a ligação que existe entre os acontecimentos. Estes últimos dependem do princípio

---

3. *Le monde comme volonté et représentation*, I. Paris: PUF, 1966, p. 213.

4. Ibid., p. 25.

da razão suficiente do devir: "Quando surge um novo estado de um ou de vários objetos, este deve ter sido precedido de outro ao qual ele sucede de acordo com uma regra, quer dizer, em todas as vezes que o primeiro existe, o segundo também existe"[5]. Já que este princípio vale *a priori* – e, portanto, universalmente – não se deve admirar que Schopenhauer adote uma posição determinista em relação à realidade empírica.

De maneira totalmente característica, Schopenhauer associa suas reflexões transcendentais às observações empíricas saídas das ciências da natureza. Ele chega mesmo a sublinhar que estas duas fontes de aproximação – "subjetiva" e "objetiva" – são ambas legítimas e se completam mutuamente. Decorre disso, naturalmente, uma série de tensões que Schopenhauer procura superar, concedendo finalmente a primazia ao método transcendental – que inclui aquele de seu próprio idealismo.

Ao contrário de Kant, Schopenhauer acredita que, até certo ponto, a coisa em si pode ser conhecida. Ele sublinha, no entanto, que o conhecimento da coisa em si não é direto: não sendo dada numa intuição, a coisa em si só pode ser deduzida ao final de uma interpretação da realidade empírica. Para alcançar a coisa em si, Schopenhauer estabelece, no quadro de sua metafísica da natureza, uma correlação entre movimentos singulares do corpo e as pulsões afetivas e desejantes, que ele considera como atos da vontade. Já que estes últimos se expressam na atitude corporal do homem, Schopenhauer interpreta o corpo como fenômeno, ou melhor, como "objetividade" da vontade. Indo mais longe, ele identifica esta vontade com a coisa em si. Finalmente, Schopenhauer transporta sua conclusão para o conjunto do domínio da realidade empírica – que se revela então ser somente a manifestação fenomênica da coisa em si, interpretada como vontade.

Não se deve levar ao pé da letra o discurso que diz respeito à identidade da coisa em si com a vontade. Schopenhauer não pretende que haja no fundamento da realidade empírica atos conscientes da vontade, mas simplesmente quer dizer que os fenômenos da natureza são determinados por uma força metafísica cega, que não conhece nada. Esta força se manifesta tanto no homem quanto nas plantas, nos animais, ou na natureza inanimada. Já que a coisa em si é fundamentalmente diferente da representação, ela não é nem espacial nem temporal e não está também submetida ao princípio da razão suficiente. Em outras palavras, ela é sem razão, ela é livre. Certamente, a vontade é antes o que determina a finalidade, a teleologia que se manifesta na realidade empírica, mas Schopenhauer tem o cuidado de indicar que não há fim último que seria a realização da realidade e ao qual a vontade estaria submetida.

Schopenhauer vê na vontade como coisa em si a "única realidade verdadeira, o único elemento original e metafísico"[6]. É, portanto, partindo desse princípio que ele

---

5. *De la quadruple racine du príncipe de raison suffisante*. Paris: Vrin, 1998, p. 60.

6. *De la volonté dans la nature*. Paris: PUF, 1969, p. 60.

procura explicar o mundo como representação. Na verdade, ele não se contenta com interpretar a realidade empírica como uma simples objetivação da vontade: ele inclui, entre os fenômenos singulares e a vontade como coisa em si, as Ideias platônicas que representam os atos intemporais nos quais a vontade se objetiva em diferentes níveis. São as forças da natureza, o caráter específico das plantas, dos animais, ou o caráter individual do homem.

Enquanto a teoria do conhecimento impede a metafísica da natureza de afundar no dogmatismo, esta completa, com seu realismo ontológico, o idealismo transcendental presente em sua teoria do conhecimento. Não obstante, não há qualquer dúvida para Schopenhauer de que o conhecimento, em sua perspectiva da metafísica da natureza, só representa um fenômeno derivado e submetido ao reino da vontade.

Em vista do sofrimento que prevalece na realidade empírica, Schopenhauer considera que o homem tem necessidade de ser salvo. Uma das duas vias para superar o sofrimento reside em sua estética e, mais especificamente, em sua metafísica do belo. Desta perspectiva, as Ideias platônicas ocupam um lugar central. De acordo com Schopenhauer, elas são representações intuitivas – ainda que universais – nas quais a vontade se objetiva e nas quais participam fenômenos singulares, quer dizer, os objetos empíricos. Ao contrário destes, as Ideias não estão submetidas às formas da intuição do espaço e do tempo, nem à categoria da causalidade. Schopenhauer defende uma concepção segundo a qual o sujeito – e mais especialmente o gênio – é capaz de superar o conhecimento empírico e captar as Ideias de um modo contemplativo. Quando ele aí chega, ele se liberta do reino da vontade e se experimenta como puro sujeito do conhecimento, desligado da realidade empírica. Schopenhauer vê na vontade o fundamento do sofrimento; em consequência, ele apresenta a contemplação estética como uma forma da salvação, ainda que limitada no tempo.

A tarefa do artista consiste em contemplar as Ideias e torná-las acessíveis a quem está na presença da obra de arte. Nessa perspectiva, ele mostra que em cada uma das artes – elas se organizam hierarquicamente, desde a arquitetura e a arte dos jardins até a poesia, passando pela escultura e pela pintura – domina uma Ideia determinada. A música ocupa, segundo Schopenhauer, um lugar privilegiado, porque ela não expressa uma Ideia, mas a própria vontade.

O pensamento de Schopenhauer culmina em sua ética e, mais particularmente, em sua metafísica dos costumes. Ele, que adota em relação à realidade empírica uma posição determinista, desenvolve, ao contrário de Kant, uma ética descritiva e não prescritiva. Assim, afirma que "o ético [...] deve se contentar com explicar e interpretar o que é dado, portanto, aquilo que é ou ocorre realmente, para chegar a concebê-lo"[7]. Schopenhauer,

---

7. *Les deux problèmes fondamentaux de l'éthique.* Paris: Alive, 1988, p. 1202.

no entanto, admite que a liberdade existe na medida em que o caráter do homem resulta de uma escolha que se produz na realidade metafísica e não empírica. Ele explica desta maneira a razão por que o homem se torna responsável pelos seus atos.

Como Hume (1711-1776), Schopenhauer considera que as ações egoístas são más, ao passo que as ações altruístas são boas. O fundamento das ações altruístas reside, segundo ele, na piedade, que é o sentimento pelo qual o sujeito reconhece intuitivamente que o outro, aquele que está diante dele, é seu semelhante, uma objetivação da vontade como coisa em si. Ao compreender que está unido metafisicamente com o outro, isto leva o sujeito a reinvestir sua própria vontade e a dirigi-la a favor do outro. Isto se produz, por exemplo, quando o sujeito deixa de prejudicar o outro e, com mais forte razão, quando ele vem em auxílio do outro. Estas duas atitudes correspondem, de acordo com Schopenhauer, às virtudes da justiça e do amor da humanidade.

Schopenhauer está convencido de que, na realidade empírica, os aspectos negativos conduzem aos aspectos positivos. Ele desenvolve uma visão pessimista do mundo que se resume numa fórmula antileibniziana: o homem vive o pior dos mundos possíveis. De acordo com Schopenhauer, se a realidade empírica está fundamentalmente gravada de sofrimento, isto ocorre porque ela reside na vontade, uma pulsão irracional e sem fim, que não pode jamais ser duradouramente satisfeita.

Enquanto a afirmação da vontade arrasta consigo a continuação do sofrimento, a negação da vontade coloca um fim nisso. Com ela, o homem supera a realidade empírica e alcança a salvação. Ao lado do agir virtuoso, Schopenhauer considera a ascese e a imersão mística como vias que conduzem à salvação. Fazendo isso, o homem deixa para trás o mundo como representação e penetra no nada:

> O que permanece depois da supressão da vontade é efetivamente o nada. Mas, ao contrário, para aqueles que se converteram e aboliram a vontade, é o nosso mundo atual, este mundo real com todos os seus sóis e todas as suas vias lácteas, que é o nada[8].

Se é verdade que a filosofia de Schopenhauer foi objeto de um vivo interesse a partir de meados do século XIX, ela não fez escola. Outros pensadores lhe pediram emprestado alguns temas seus, que eles desenvolveram depois por sua conta. A esse respeito, pode-se citar os nomes de Nietzsche (1844-1900) e de Freud (1856-1939), mas eles não são os únicos: o neokantismo deve também a Schopenhauer muitas de suas inspirações essenciais. Ao contrário, o pensamento de Schopenhauer teve importantes repercussões fora da filosofia, principalmente em escritores – Wilhelm Busch (1832-1908), Thomas Mann (1875-1955) e em músicos – Richard Wagner (1813-1883) é um exemplo.

---

8. *Le monde comme volonté et représentation*, I. op. cit., p. 516.

37

JOHN STUART MILL

John Skorupski *

John Stuart Mill (1806-1873) é o filósofo inglês mais importante do século XIX. De um ponto de vista histórico, sua interpretação das correntes empirista e liberal inglesas é tão importante quanto a de John Locke (1632-1704). No entanto, sua contribuição própria difere sensivelmente no seio destas correntes. Enquanto Locke é o promotor do liberalismo fundado nos direitos naturais, Mill chama isto de princípio utilitarista da felicidade geral, para defender o conceito de liberdade.

É difícil hoje medir a autoridade intelectual e moral que Mill exerceu em sua época. Pode-se compará-lo nesse ponto com Hegel (1770-1831). Ambos gozaram, no final de suas vidas, de uma grande notoriedade, que declinou subitamente com sua morte, sem com isso se dissipar completamente; e é apenas lentamente, mas com firmeza, que hoje se reabilita seu pensamento, quando se decide voltar para as doutrinas do século XIX. Lida de acordo com nossos critérios, a obra deles cobre muitos domínios, e a obra de Mill ultrapassa as fronteiras da filosofia: ela diz respeito à economia política, à história e aos estudos culturais, à teoria política e seu desenvolvimento; ela contém, além disso, muitos desenvolvimentos sobre a política, a moral e a estética de sua época.

Sua obra se desdobra, no entanto, a partir de um núcleo filosófico bem determinado. Mill foi surpreendido por dois acontecimentos que dominaram a paisagem política e intelectual de sua juventude: a Revolução Francesa e o romantismo alemão. Estas duas viradas marcaram o surgimento de uma verdadeira tomada de consciência histórica no pensamento do século XIX, que se caracteriza pelo aprofundamento do conceito de autoconsciência e por um interesse renovado em relação ao caráter histórico e mutante da natureza humana. Tal como Hegel, Mill considera a história humana como um progresso para a liberdade, processo posto em movimento tanto

---

* Professor de Filosofia. Universidade Saint-Andrews (Escócia).

na vida dos indivíduos quanto no patamar das normas sociais. No entanto, Mill não renuncia aos fundamentos teóricos de seus antecessores das Luzes. Segundo ele, todo conhecimento tem por base a experiência; nossos desejos, nossas aspirações e nossas crenças são produtos das leis psicológicas da associação. Enfim, concordando com Jeremy Bentham (1748-1832), o critério do bem é a maximização da soma de felicidade de todos aqueles que para tanto estão aptos. Mill procura, portanto, conciliar as aquisições das Luzes e o Romantismo. Como lembra em sua *Autobiografia*, ele não participou do movimento anti-iluminista: "Mas eu sustentava firmemente um lado da verdade enquanto agarrava o outro [...]. A palavra-chave de Goethe (1749-1832), a 'multiplicidade' era também aquela que eu teria feito minha, com todo o meu coração, nesta época"[1]. Este é um aspecto importante e digno de interesse da obra de Mill: reconciliar uma epistemologia e uma ética seriamente fundadas num conhecimento preciso do homem com o idealismo romântico do século XIX e suas ideias morais.

Na epistemologia, Mill é um empirista radical. Ele expõe sua teoria em seu *Sistema de lógica dedutiva e indutiva* de 1843. Como Locke e Kant (1724-1804) antes dele, Mill reconhece a existência de um gênero de proposições que são *a priori*, porque desprovidas de qualquer conteúdo informativo. São aquelas que Kant chama de "analíticas". Mas Mill dá a elas uma definição muito mais precisa, fazendo-a repousar numa semântica filosófica elaborada.

Sua definição rigorosa das condições sob as quais uma proposição é desprovida de conteúdo permite a ele afirmar – contra Kant – que não são somente as matemáticas que contêm proposições sintéticas, mas também a própria lógica. E, sempre ao contrário de Kant, Mill sustenta que nenhuma proposição sintética é *a priori*. Segundo ele, a lógica e as matemáticas expõem as leis mais gerais da natureza; e como toda ciência, elas estão fundadas na indução a partir da experiência.

Considera-se que os princípios da lógica e das matemáticas são *a priori* porque a ideia de que eles possam ser falsos parece inconcebível. Mill reconhece que esta convicção repousa na impossibilidade de que elas sejam apresentadas de outra maneira na imaginação. Caso se deva explicar estes fatos com o auxílio de uma teoria associacionista, não é menos justificado, de acordo com Mill, fundar as proposições lógicas e matemáticas nesses fatos. Ao contrário, toda justificação desse procedimento é necessariamente indutivo.

Qual é a natureza e o estatuto da indução? A forma fundamental da indução é a generalização a partir da experiência. Mill se desinteressa pelas objeções céticas que di-

---

1. ROBSON, J.M. et al. (orgs.). *Collected Works of John Stuart Mill*. Vol. I. Londres: Routledge, 1963, p. 171 [33 vols.].

John Stuart Mill 375

zem respeito a esta forma de inferência; quando se produz uma inferência, procede-se comumente por generalização a partir da experiência, ainda que seja a inferência que o exame tenha como objetivo. Não se pode nem se deve dizer nada diferente para legitimar este procedimento. O objetivo é mostrar como esta forma elementar de indução se encontra fortalecida pela capacidade de estabelecer regularidades, e como ela funda outros métodos de raciocínio indutivo capazes de revelar uma regularidade lá onde somente a indução não poderia fazê-lo. O edifício da ciência, de acordo com Mill, só repousa em duas disposições elementares e fundamentais: a primeira consiste em confiar na memória e, a segunda, em generalizar a partir da experiência.

Mais precisamente, Mill recusa a ideia de que se tenha uma hipótese como verdadeira (e não simplesmente como "útil") por causa de seu poder explicativo. É de fato sempre possível encontrar uma explicação também satisfatória de um conjunto de dados com outras hipóteses. Esta posição tem uma consequência importante para a metafísica de Mill, que ele expõe na obra com o título pouco sedutor de *A filosofia de Hamilton* (1865). Na medida em que o conhecimento dos objetos que se supõe exteriores à consciência é o efeito desses objetos em nossa consciência, Mill conclui que esses objetos não são nada mais do que "possibilidades permanentes das sensações". Trata-se de uma variante do idealismo, posto que ela é diferente do idealismo kantiano e de seus sucessores. Esse idealismo tem em vista de fato um objetivo mais neutro: Mill quer mostrar como o mundo pode ser construído fenomenicamente e, no entanto, ser estudado cientificamente como um mundo natural, do qual nós inclusive fazemos parte. Ele é o primeiro pensador na linhagem empirista e pragmática a indicar o caminho fenomenológico que Rudolf Carnap (1891-1970) e Bertrand Russell (1872-1970) seguirão, por sua vez.

Durante muito tempo, o fenomenalismo de Mill foi mais bem recebido do que seu empirismo radical na lógica e nas matemáticas. É, porém, seu empirismo que parece ter resistido mais. Nos dois casos, o ressurgimento do método hipotético – e, por conseguinte, do realismo na ciência – é a causa disso. Quando se combina esta concepção do método científico com a concepção holística e falibilista da indução, que é já aquela de Mill, resulta disso esta forma de empirismo que se encontra desenvolvida em Quine (1908-2000) na metade do século passado: uma teoria que permanece hoje influente, apesar das controvérsias que ela suscita.

É incontestavelmente a parte moral e política da filosofia de Mill que tem maior influência hoje. *Sobre a liberdade*[2] (*On Liberty*) e o *Utilitarismo*[3] (*Utilitarism*), pu-

---

2. Há uma publicação em português desta obra: STUART MILL, J. *Sobre a liberdade*. Lisboa: Ed. 70, 2006 [N.T.].

3. Há uma publicação em português desta obra: STUART MILL, J. *Utilitarismo*. São Paulo: Escala [N.T.].

blicados respectivamente em 1859 e em 1861, são suas obras mais conhecidas. Ele ficaria muito contente com isso, já que consagrou a maior parte de sua vida à ética, à teoria política e à sua publicação. Mas antes de chegar a estas obras, convém se perguntar como Mill as liga à epistemologia que acabamos de apresentar.

O filósofo americano John Rawls (1921-2002) disse muito justamente de Kant e de Mill que eles são "liberais compreensivos". A teoria liberal que os caracteriza se funda na ideia do livre-pensamento. Porém, isto está no centro de sua epistemologia e é também, para ambos, o cerne do ideal liberal. O livre-pensamento só obedece às suas próprias regras; em outras palavras, ela funciona em virtude de princípios que descobre ao refletir sobre sua própria atividade. Ele não está submetido a qualquer forma de coerção exterior, quer se trate da fé, da revelação ou de qualquer outra autoridade.

Ainda que o livre-pensamento não se submeta a qualquer destas formas de coerção, ele não é despido de preconceitos. Mill rejeita o "preceito impraticável" de Descartes (1596-1650): "É preciso partir da hipótese segundo a qual nada foi afirmado com certeza até aqui"[4]. Como já se disse, Mill não se interessa pelo ceticismo. O que se deve manter a propósito do livre-pensamento é que ele não tem necessidade de estar desprovido de preconceitos (o que é impossível), mas que ele deve conservar uma atitude de abertura crítica sobre aquilo que se tem como conhecido, aí incluídos os métodos de raciocínio. Esses métodos podem ser experimentados, examinando minuciosamente a matéria sobre a qual se raciocina e determinando quais são os princípios que, no raciocínio, resistem à reflexão. Este tipo de prova tem sempre como ponto de partida um conjunto de crenças. Nesse sentido, o livre-pensamento é sempre propriamente o seu próprio juiz. Como se pode, por conseguinte, assegurar-se de que ele alcança a verdade? Mill responde que ele se justifica por seu próprio sucesso na prática, como a própria história demonstra. Pois a história de fato evidencia não uma degradação, mas um aumento dos conhecimentos e uma visão do mundo humanista e liberal. Resta saber, e este é um problema filosófico de importância, se Mill responde verdadeiramente esta questão.

De acordo com Mill, é preciso representar e compreender os diferentes povos e épocas da história. Esta é uma lição que ele extrai da herança alemã. Para circunscrever as normas elementares do pensamento, devemos nos interrogar sobre o modo como as pessoas pensam e como elas avaliam dever fazê-lo, a partir de um duplo ponto de vista psicológico e histórico. Deve-se procurar compreender as atitudes normativas que elas manifestam em seus pensamentos e em suas ações. É por isso que o livre-pensamento é essencialmente dialógico e sempre perfectível. Estes são os dois traços relevantes da defesa feita por Mill da liberdade de pensar e debater.

---

4. Ibid., VII, p. 318-319.

John Stuart Mill

Quando se aplica esta concepção ao domínio da ética, deve-se concluir que o critério supremo de toda conduta é a felicidade de todos, considerada de maneira imparcial. O ponto de partida de Mill nesta matéria é que se tem a consciência de desejar. Porém, uma introspecção atenta mostra que todas as vezes que se deseja uma coisa por si mesma, esta é desejada com a ideia de que acarretará um prazer. Os bens que são procurados por si mesmos são as "partes" da felicidade. A concepção de Mill do desenvolvimento do homem é crucial sobre esse ponto: é somente desenvolvendo plenamente suas capacidades que o homem alcança a felicidade em sua forma mais acabada. O critério daquilo que é mais acabado, segundo Mill, repousa num acordo reflexivo: as formas mais acabadas da felicidade são aquelas para as quais os homens são levados e cujo desenvolvimento permite experimentá-las completamente.

Tudo isso se sustenta, mas não leva à conclusão que Mill queria chegar: o critério da moral e da política é a felicidade total de todos, considerada de um ponto de vista imparcial. Mill não dispõe, na verdade, de argumentos favoráveis a esta última etapa; ele considera somente que deve existir um tal critério, que ele deve ser imparcial e ter em vista a simples soma do bem dos indivíduos.

Em contraste com isso, Mill demonstra uma grande prudência quanto à relação entre este critério e a moral comum. Sua concepção da moral é atenta à história e à psicologia, à importância da continuidade e da solidariedade sociais, ao critério vago e plural das reivindicações de felicidade. Ele se mantém distante dos esquemas dogmáticos de progresso, aí incluídos os esquemas utilitaristas. Mill insiste, e isto é admirável, no fato de que cada um deve desenvolver seus próprios interesses e talentos para a felicidade de todos, que cada um deve viver sua própria vida e perseguir seus próprios fins. Para que a maioria alcance a felicidade, é preciso que cada um persiga fins particulares que ele próprio fixou e não uma ideia abstrata de felicidade. Querer produzir a felicidade de todos de maneira desinteressada é certamente digno de admiração, na medida em que esta tarefa seja corretamente realizada, mas isto não poderia ser uma obrigação moral. Assim, ele se afasta de seu amigo e mentor, Augusto Comte (1798-1857): "A regra de ouro da moral, na religião do Sr. Comte, é 'viver para os outros' [...] O Sr. Comte está embriagado de moral. Para ele, tudo se relaciona com a moral, e não deve existir outro motivo senão o da moral"[5].

Não é perseverando no altruísmo que se cria a felicidade geral, mas construindo as regras de justiça que fortalecem a segurança e a liberdade dos indivíduos. Mill se coloca na linhagem de Bentham e de outros pensadores das Luzes quando insiste no conceito de segurança. Ele se afasta claramente deles, no entanto, ao dar à liberdade um novo sentido.

---

5. Ibid., X, p. 335-336.

O princípio que ele defende em seu ensaio *Sobre a liberdade* estabelece que a liberdade de agir, como se pretende, não deve em nenhum caso ser limitada, enquanto ela não ultrapasse os interesses legítimos dos outros. A maior parte do ensaio se compõe de uma explicação detalhada e uma ilustração desse princípio. Mill não reivindica a originalidade deste mesmo princípio (encontramos várias versões em outros lugares, e principalmente na Declaração dos Direitos do Homem e do cidadão de 1789). Mas ele enraíza este princípio na sua teoria do desenvolvimento individual, e dá a ele um sentido específico no contexto democrático. A liberdade oferece as condições sociais necessárias para o desenvolvimento moral da cultura e do caráter, deixando aos indivíduos o poder de realizar seu potencial à sua maneira. Mill concorda com os liberais franceses, como Tocqueville (1805-1859), admitindo que, principalmente nas democracias, o talento, a criatividade e a energia são ameaçadas por um conformismo medíocre; mas é, segundo ele, defendendo a liberdade individual que se pode estorvar esta ameaça.

O traço que caracteriza o liberalismo de Mill, considerado do ponto de vista dos filósofos liberais atuais, é seu enraizamento numa epistemologia do valor objetivo e numa ética teleológica – o que parece estranho hoje em dia. Os liberais contemporâneos procuram antes defender os direitos que são neutros entre as concorrentes concepções morais da justiça. Assim, muitos deles pensam que é necessário não fundar o seu próprio liberalismo em qualquer concepção do bem. É isto que Mil recusa energicamente; para ele, o princípio da liberdade está fundado na "utilidade no sentido amplo, que repousa nos interesses permanentes do homem, na medida em que ele é um ser de progresso"[6]. Ainda que muitos aspectos de sua concepção da "utilidade no sentido amplo" pareçam errados, o quadro teleológico de seu pensamento permanece essencial para quem pensa que uma defesa dos direitos humanos, não fundada numa concepção da justiça, está destinada ao fracasso.

---

6. Ibid., XVIII, p. 224.

38

SØREN KIERKEGAARD

Rainer Thurnher *

Kierkegaard é considerado como o pai da "filosofia da existência", porque ele colocou em evidência o fato de que não se pode reduzir o eu a um *cogito*, e que é preciso, ao contrário, concebê-lo como uma realização e um processo no qual a reflexão, mas também a imaginação, a livre decisão, as disposições afetivas, o cuidado e o interesse são momentos de uma importância decisiva. Seu esforço não tinha, portanto, como objetivo a filosofia, mas antes o cristianismo que ele via posto em perigo pelo espírito de seu tempo. Enquanto mostrava o caráter de exigência que reveste o cristianismo para cada indivíduo, ele buscava ao mesmo tempo descobrir a estrutura e o sentido da mobilidade da existência humana. Ele próprio queria ser percebido como um "autor religioso"[1] e um reformador. Ao estabelecer a distinção entre a cristandade e o cristianismo, Kierkegaard se insurgiu contra o cristianismo aburguesado e rotineiro. A cristandade, caída ao patamar de uma "caricatura"[2] e de uma "lastimável edição da doutrina cristã"[3], teria perdido suas categorias e suas distinções fundamentais. Assim como Sócrates (469-399 a.C.), que tinha introduzido a noção de "indivíduo" para despertar no homem a consciência de uma responsabilidade moral e assim "dissolver o paganismo", ele utiliza esta categoria para "introduzir o cristianismo no seio mesmo da cristandade"[4].

Kierkegaard também toma Sócrates como modelo em sua maneira de comunicar. Porque não se deve somente conhecer o que é especificamente cristão, mas

---

* Professor de Filosofia. Universidade de Innsbruck.

1. *Point de vue explicatif sur mon oeuvre d'écrivain*. Vol. XVI. Paris: Orante, p. 3-4 [Oeuvres Complètes (a partir daqui OC), 20 vols., 1984-1986].

2. Ibid., p. 54.

3. *La maladie à la mort*. OC, XVI, p. 256.

4. *Point de vue*. OC, XVI, p. 99.

vivê-lo e fazê-lo seu, não se pode simplesmente ensiná-lo. Quando importa que o interlocutor desenvolva uma relação livre, fundada no interesse, em relação àquilo que lhe é comunicado, a comunicação é necessariamente indireta, cheia de artifícios e maiêutica[5]. É preciso, então, fingir aceitar o erro do interlocutor, "enganá-lo para levá-lo ao verdadeiro"[6]. Para fazê-lo, a ironia – enquanto fingimento e jogo a serviço da seriedade – é indispensável. É este conceito que confere aos escritos de Kierkegaard seu caráter particular. O leitor deve se reconhecer numa das diferentes formas de vida que eles propõem e, assim, ser levado a enfrentar esta forma com sua própria existência. Os pseudônimos que Kierkegaard dá a si mesmo, enquanto autor ou editor fictício, asseguram a ele um distanciamento necessário para uma apresentação audaciosa e lúdica.

Além desta particularidade, é preciso também conhecer sua biografia para compreender seus escritos, pois aí ele reflete e retoma numerosos episódios de sua vida para extrair dela uma ilustração da condição existencial.

Kierkegaard nasceu em 1813 em Copenhagen. Seu pai saiu de um ambiente modesto, mas fez fortuna tornando-se comerciante. Em sua infância, quando ele sofria com o frio e com a fome, ele amaldiçoou Deus. Este pecado, ao qual se acrescentam mais tarde outras culpas, fez que ele duvidasse de sua salvação e afundasse na melancolia. Ele acreditava poder preservar Søren, dando a ele uma severa educação religiosa, mas isto só fez torná-lo melancólico, com uma consciência carregada de escrúpulos. Durante seus estudos de teologia e de filosofia (1830-1841), Kierkegaard se sente atraído pelo esteticismo romântico. Externamente, ele leva a vida rutilante de um *dandy* e de um belo espírito, mas, internamente, ele luta contra sua melancolia e contra o cristianismo, que chega às vezes a considerar como hostil à vida. Resulta disso, inevitavelmente, conflitos com o pai. Um pouco antes da morte deste (1838), os dois se reconciliam, no momento em que Søren se volta de novo sem reservas para o cristianismo. Depois de ter terminado seus estudos com sucesso, Kierkegaard fica noivo em 1840 de Régine Olsen, mas ele rompe o noivado quando acredita adquirir a consciência de que sua melancolia e as faltas cometidas durante seus estudos podem constituir um obstáculo ao casamento. Depois de uma curta estadia em Berlim, onde assiste aos cursos de Schelling (1775-1854), ele retorna a Copenhagen e publica, em 1843, *A alternativa*, *A repetição*, *Temor e tremor*; em 1844, *O conceito de angústia* e as *Migalhas filosóficas*; em 1845, *Estágios no caminho da vida*; em 1846, *Post-scriptum definitivo e não científico às "Migalhas filosóficas"*; e, em 1849, *A doença*

---

5. O termo grego maiêutica significa etimologicamente "parto"; na filosofia, ele constitui o método socrático de multiplicar perguntas a um interlocutor, para que ele encontre com isso as suas próprias verdades [N.T.].

6. *Point de vue*. OC, XVI, p. 28. Cf. *Sur mon oeuvre d'écrivain*. OC, XVII, p. 266.

Søren Kierkegaard

de morte. Ao mesmo tempo em que publica suas obras com pseudônimos, ele apresenta com seu próprio nome os *Discursos edificantes* e os *Discursos cristãos*[7].

Em 1845, Kierkegaard é alvo de ataques e zombarias por parte do jornal satírico *O corsário*. Ele fica convencido de que deve viver o destino de um mártir, como defensor solitário da verdade. Durante os últimos anos de sua vida, ele gasta toda a sua energia numa polêmica contra a Igreja dinamarquesa, antes de morrer em Copenhagen em 1855.

Kierkegaard funda seu pensamento da existência numa análise do espírito do seu tempo. Tal como Nietzsche (1844-1900), ele chega à seguinte conclusão: é na "época da reflexão"[8] que toda paixão se extingue e na qual a indolência se propaga entre os homens. O "surdo trabalho de sapa da reflexão"[9] enfraquece todos os valores e as instituições, dissolvendo-os. O presente seria assim o tempo da "dissolução"[10], do achatamento no finito. A razão se reduz a uma "prudência do cotidiano no sentido finito"[11]. O "último homem" de Nietzsche, que não "lança" mais para além de si mesmo a "flecha de seu desejo"[12], corresponde à descrição que Kierkegaard dá do pequeno-burguês. Com seu caráter limitado, ele representa o "desespero da insensibilidade espiritual"[13]. Revirado por seus preconceitos, ele é levado a querer tudo submeter ao seu controle. Ele recua para a ideia de que deve se familiarizar – a partir da imaginação e da experiência do pensamento – com as possibilidades que surgem do comum. Seu horizonte se limita ao que é previsível e cotidiano. "O pequeno-burguês se perdeu a si mesmo e a Deus. Pois, para ficar atenta a si mesmo e a Deus, a imaginação deve arrastar o homem para a atmosfera do provável, levá-lo para cima"[14].

---

7. Podemos encontrar em português as seguintes publicações: KIERKEGAARD, S.A. *Diário de um sedutor; Temor e tremor; O desespero humano (doença até a morte)*. São Paulo: Abril, 1974 [Coleção Os Pensadores]. • KIERKEGAARD, S.A. *O conceito de ironia*: constantemente referido a Sócrates. Petrópolis: Vozes, 1991 [Apresentação e tradução de Álvaro Luiz Montenegro Valls]. • KIERKEGAARD, S.A. *Conceito de angústia*. São Paulo: Hemus, 2007 [N.T.].

8. A descrição desta época se encontra mais especialmente em *Um compte-rendu littéraire*. OC, VIII, p. 189ss.

9. Ibid., p. 200. • *Point de vue*. OC, XVI, p. 197.

10. *Point de vue*. OC, XVI, p. 95.

11. *Post-scriptum définitif et non scientifique aux "Miettes philosophiques"*, II. OC, XI, p. 99 [tradução modificada].

12. NIETZSCHE. *Ainsi parlait Zarathoustra*, I. [s.n.t.], Prólogo, § 5.

13. *La maladie*. OC, XVI, p. 202, 198.

14. Ibid, p. 198.

O fenômeno da "massa", o homem gregário, é também típico desta época:

> O medo dos bandidos e dos animais ferozes obriga a viajar no deserto em grandes caravanas. Os indivíduos têm também agora um certo horror da existência, porque ela foi abandonada por Deus; eles só ousam viver em grandes sociedades e se agarram *en masse*[15] uns aos outros para serem, apesar de tudo, alguma coisa[16].

A "massa" existe logo que o homem é conduzido pelo "medo dos homens"[17] a não se fazer observar, ao mesmo tempo em que, em todas as situações da vida, ele se orienta em função dos outros. Estes últimos, por sua vez, orientam-se de acordo com a mediania e o *nivelamento*, em toda parte, apoderam-se de todos[18]. Com a máxima "como os outros"[19], os indivíduos acreditam poder se desligar de qualquer responsabilidade e do peso da existência quando, na verdade, eles já não são eles próprios.

É na ciência que os contemporâneos desorientados procuram ao mesmo tempo um ponto de partida e uma proteção. Isto é particularmente verdadeiro para o sistema hegeliano. Este se coloca muito acima do indivíduo: existir implica um devir. Ele está, além disso, ligado à mobilidade da história. De acordo com Kierkegaard, a pretensão de Hegel (1770-1831) de ter submetido – no sentido da mediação dialética – o devir à lógica é infundada: "Não pode haver sistema da existência"[20]. Tentar capturar pelo pensamento o devir do indivíduo e da história da humanidade fica frustrado, segundo Kierkegaard, diante do "absurdo" e do "paradoxo". Ser chamado a determinar seu eu pelos atos que se escolhe – ainda que este eu se revele somente na escolha que ele põe –, ser entregue à morte que escapa a qualquer previsibilidade, dever realizar a liberdade na base daquilo que está já decidido pela facticidade; tudo isso mostra a estrutura paradoxal da existência. A realização da existência exige então que o indivíduo "suspenda" o pensamento (em sua pretensão ao universal) e dê o "salto" na "fé" – no sentido da confiança numa liberdade obtida pela graça divina e pela transparência a si[21]. No que diz respeito à história cristã da salvação, o paradoxo – e, antes de tudo, o paradoxo absoluto[22] pelo qual Deus deve aparecer no tempo e sofrer o martírio da cruz – se opõe, segundo Kierkegaard, à tentativa hegeliana de

---

15. Em francês no texto original de Kierkegaard.

16. *Post-scriptum*, II. OC, XI, p. 95 [tradução ligeiramente modificada].

17. *La maladie*. OC, XVI, p. 191.

18. *Um compte-rendu*. OC, VIII, p. 89ss.

19. *La maladie*. OC, XVI, p. 191.

20. *Post-scriptum*, I. OC, X, p. 112. Cf. ibid., p. 103-118.

21. *Post-scriptum*, II. OC, XI, p. 21ss. • *La maladie*. OC, XVI, p. 196. • *Post-scriptum*, I. OC, X, p. 195.

22. *Post-scriptum*, II. OC, X, p. 202.

Søren Kierkegaard

reinterpretar esta história como um processo lógico e racional. A religião não se deixa "abolir" na ciência, como Hegel tenta fazer. O paradoxo não permite ter uma relação intelectual distanciada com os conteúdos da fé. Ele suscita ou o "escândalo"[23], ou a fé, quer dizer, uma relação interessada que determina a própria existência e a maneira como ela se realiza.

Entre os fenômenos típicos da época, conta-se também o romântico. À diferença do pequeno-burguês, que ele despreza, ele reconhece facilmente a esfera do possível, do fantástico, do abissal, do ideal. Ainda que o romântico se considere como um ser único e cheio de espírito, a ele falta, segundo Kierkegaard, precisamente espírito e não pode ser ele mesmo, já que se perde no infinito. Ele não chega mais a reintegrar a possibilidade e o ideal no factual. O caráter romântico se manifesta como uma fraqueza que não quer se estabelecer na realidade. O que há de exemplar e de grande no passado, o "herói", não espera ser admirado[24], mas ser imitado. A repetição – diferentemente da atitude romântica, voltada para o passado – é o movimento "para frente", que deve conduzir o homem para a imortalidade que lhe é prometida e que se conserva diante dele[25]. A repetição reclama o reconhecimento do factual; ela exige que "se incline diante daquilo que há de necessário em si mesmo"[26] e que se confronte com o passado na realização do "arrependimento"[27].

Enquanto os pseudônimos cada vez mais diferentes trazem à luz, de maneira crítica, estes fenômenos da época, o conceito kierkegaardiano de existência é desenhado como um "corretivo", ainda que ele não apareça, para falar propriamente, no seio de uma elaboração sistemática, nem de uma terminologia unificada. À "massa" se opõe o "indivíduo"; ao pequeno-burguês se opõem o fato de "ser si" e o "espírito"; à exaltação do romântico se opõe a "repetição". Ao contrário do pensamento sistemático, que é descrito como uma figura cômica, porque coloca um abismo entre a vida e o pensamento, o "pensador da existência" aparece como aquele que tem um "interesse infinito pela existência"[28].

Verifica-se assim que a existência é algo irrepresentável e que a tarefa do pensador da existência não pode ser responder pelos outros a questão: "O que significa ser um homem?"[29] O peso desta questão, que está presente em cada indivíduo, não pode ser

---

23. *La maladie*. OC, XVI, p. 239.

24. Em relação à "admiração deslocada" que pensa poder se abster da ética, cf. *Post-scriptum*, II. OC, X, p. 57-59.

25. *La répétition*. OC, V, p. 3ss. • *Le concept d'angoisse*. OC, VII, p. 188ss.

26. *La maladie*. OC, XVI, p. 194.

27. *L'Alternative*. OC, IV, p. 195, 225, 232.

28. *Post-scriptum*, II. OC, XI, p. 24.

29. Idid., p. 3. • *Post-scriptum*, I. OC, X, p. 113-114.

satisfeita por uma resposta teórica. Determinar com precisão o que tem importância ou permanece secundário na vida própria de cada um não é uma questão de pura intelectualidade. É somente na própria existência, na luta apaixonada, motivada pela "preocupação"[30] com a transparência a si, que aí se chega. A existência determina não somente o pensamento e a reflexão, mas também a imaginação, a disposição afetiva, a intuição e, sobretudo, a realização da liberdade. É unicamente na decisão que se pode fazer a experiência de si, ainda que Kierkegaard transforme o "conhece-te a ti mesmo" em "escolhe-te a ti mesmo"![31] A existência é um poder ser, uma arte para a qual cada um é dotado, pois não são o talento ou o gênio que são decisivos, mas a paixão, a sinceridade e a seriedade.

Existir requer um duplo movimento: o movimento da infinitude no qual, pela reflexão e pela imaginação, desvela-se o campo de possibilidades e se descobre o ideal, que deve ser em seguida remetido ao factual, no movimento inverso da "concreção" e transposto nele. Existir significa escolher no sentido do possível e se determinar a partir de um "ou... ou" sempre renovável. Esta escolha é acompanhada do risco de deixar ausente seu próprio eu, o que se manifesta na angústia, que Kierkegaard define como sendo a "vertigem da liberdade"[32]. O que pode ajudar a não se perder em qualquer outra possibilidade é guardar no espírito a finitude do eu e, por isso mesmo, o caráter de instantaneidade da escolha. A morte – sabemos que ela existe, embora ignorando quando ela virá – é o "mestre que instrui sobre a seriedade" que, para cada um, faz do tempo de que dispomos uma "escassez de tempo" e ajuda a realizar o "trabalho essencial"[33].

Ocorre a mesma coisa quando se define a existência como uma "síntese" dos opostos: a existência é a síntese da possibilidade e da necessidade, da infinitude e da finitude, da alma e da carne, da eternidade e do tempo[34]. "Síntese" não significa aqui o automatismo da mediação hegeliana da tese e da antítese, mas a unificação, que deve se realizar progressivamente, dos opostos que constituem o existente. O eu é, portanto, "uma relação que se remete a si mesma"[35]. Isto significa também que o indivíduo é sempre concernido por aquilo para o que ele se determina, principalmente em sua maneira de ser afetado. O estado do eu é sempre um reflexo do ato pelo qual

---

30. *La maladie.* OC, XVI, p. 166.

31. *L'Alternative.* OC, IV, p. 233.

32. *Le concept d'angoisse.* OC, VII, p. 163.

33. "Sur une tombe". *Discours édifiants 1844-1845.* OC, VIII, p. 65, 72, 83.

34. *Le concept d'angoisse.* OC, VII, p. 145. • *La maladie.* OC, XVI, p. 171.

35. *La maladie.* OC, XVI, p. 171.

o eu se escolhe a si mesmo – quer esta escolha seja feliz ou não, consciente ou não. Em *A doença de morte*, as diferentes formas do desespero são determinadas e analisadas como sendo um "desacordo"[36] nesta relação que é o eu próprio. Porque a relação consigo é ao mesmo tempo uma "relação posta" por Deus[37], a relação feliz, libertada do desespero, e não se realiza numa autonomia absoluta, mas somente na fé[38].

A teoria dos três estados apresenta a mesma orientação em direção ao religioso:

> Há três esferas da existência: a esfera estética, ética e religiosa [...]. A esfera estética é a esfera da imediatidade, a esfera ética é aquela da exigência [...] a esfera religiosa é aquela da realização[39].

Não existe passagem ininterrupta entre os estados singulares. É somente pelo "salto", compreendido como um abandono resoluto de tudo aquilo que veio antes, que se realiza a elevação. O pensador da existência pode, indicando os limites dos estágios inferiores, despertar e promover as condições do salto.

Viver de maneira estética é procurar se realizar na fruição. Pertence à esfera estética aquele que, como Don Juan[40], busca o gozo imediato, o epicurista refinado que goza consigo mesmo na fruição, o cínico que goza com sua indigência, o romântico que busca tirar prazer de seu "mal do mundo", o pequeno-burguês que goza com o sofrimento que lhe acarreta e sua insensibilidade espiritual, o pensador sistemático que goza com a certeza que encontra no saber. Mas como o gozo tem sempre um objeto, o homem estético deve temer que as condições de seu prazer lhe sejam retiradas, quando sobrevém, por exemplo, a velhice, a doença ou os acidentes externos. Além disso, sua vida se torna monótona. Os paroxismos se sucedem sem poder produzir qualquer continuidade sensível. É na melancolia, no aborrecimento e no desespero que se reflete o vazio de uma vida unicamente voltada para a busca do gozo.

A esfera ética, ao contrário, funda-se na escolha e na liberdade, no fato de ser resolutamente si-mesmo, como foi o caso de Sócrates, o "mestre da ética"[41]. Os limites desse estágio são os seguintes: em relação à pretensão ética, a má conduta é experimentada como uma culpa que o homem ético não pode expiar com seus próprios

---

36. Ibid, p. 172.

37. Ibid.

38. Ibid., p. 285.

39. *Stades sur Le chemin de la vie*. OC, IX, p. 438.

40. Don Juan é o nome de um personagem literário que apareceu inicialmente na Espanha num conto intitulado "El burlador de Sevilla y convidado de piedra". É um lendário libertino e sedutor que aparece na obra de muitos escritores, como Miguel Cervantes, Lord Byron e José Saramago, por exemplo [N.T.].

41. *Miettes philosophiques*. OC, VII, p. 11.

recursos. Somente o movimento da infinitude está em seu poder. Mas pode ser que algumas condições levantem também um obstáculo à realização do ideal escolhido.

Estes limites remetem à esfera do religioso, cujo "mestre" é o Cristo[42]. No religioso, a culpa, no momento em que se fica "diante de Deus"[43], torna-se pecado, e este, de acordo com a Revelação, torna-se o estado a partir do qual o homem enquanto tal deve se compreender: pelo pecado original, ele caiu na "não verdade"[44] e se distanciou de Deus. Mas, ao mesmo tempo, o homem religioso conhece as categorias do perdão (pelo sacrifício do filho de Deus) e da graça (pela crença de que junto de Deus nada é impossível). É assim que, para Kierkegaard, somente se pode ser si mesmo na fé.

---

42. Ibid., p. 18.

43. *La maladie.* OC, XVI, p. 239.

44. *Miettes philosophiques.* OC, VII, p. 16.

39

FRIEDRICH NIETZSCHE

Giuliano Campioni *

Friedrich Nietzsche nasceu em Röcken, na Saxônia, em 15 de outubro de 1844. Depois da morte do pai, um pastor protestante, sua mãe, sua irmã Elizabeth (1896-1935) e ele próprio vão morar em Naumburg. Uma vez terminados os estudos secundários em Pforta, ele acompanha, a partir de 1864, dois semestres de estudos na Universidade de Bonn, antes de ir para Leipzig. Inicialmente inscrito em teologia, ele escolhe depois estudar filologia. Em 1869 ele obterá a cadeira de filologia clássica na Universidade da Basileia.

Em 1876 seu estado de saúde o obriga a se colocar de licença na universidade. Sua demissão será efetivada em 1879; a partir desta época ele começa uma via de *fugitivus errans* (fugitivo errante) que o leva a uma estada na Suíça, na Itália e na França, procurando em vão recobrar a saúde e só sobrevivendo graças a uma modesta pensão. No início de 1889, em Turim, Nietzsche mergulha na loucura. Depois de uma passagem por um asilo em Iena, ele é confiado à sua mãe, em Naumburg. Perto de sua morte, em 1897, sua irmã Elizabeth quer que ele vá para Weimar, na medida em que ele não é mais do que um corpo sem reação e inconsciente. É de fato nesta cidade que ela fez transferir o fundo dos arquivos criados para gerar a herança literária de seu irmão e manter seu culto e sua reputação, que rapidamente ganharam toda a Europa. Nietzsche morreu em 25 de agosto de 1900, no primeiro período deste *Nietzsche Archiv*, que vai contribuir fortemente para a criação de sua lenda, mas também lhe trazer um preconceito.

Filologia e filosofia

O período universitário de Nietzsche em Bonn testemunha uma personalidade inquieta e insatisfeita: o jovem busca seu caminho; seus centros de interesses e suas

---

* Professor de Filosofia. Universidade de Pisa.

paixões – com a música em primeiro lugar –, muitos e disparatados, acarretam uma grande dispersão, ameaçando levá-lo a um diletantismo estéril. Mas Nietzsche manifesta também a vontade de não sofrer as paixões violentas de seu temperamento; ele experimenta a necessidade de dominá-las, transformando-as – em consciência crítica – em experiências de escrita e de estilo que ele integra deliberadamente em sua autoconstrução. É um Nietzsche "passionalmente severo" que opõe, aos perigos a que ele se expõe, a probidade da perícia, o método da história crítica e as armas da filologia aprendidos na escola de Pforta. Nietzsche marca a história dos estudos clássicos com uma contribuição significativa, principalmente com seus trabalhos sobre Diógenes Laércio (200-250) e Teógnis (século IV a.C.). À sua competência de filólogo se acrescenta seu profundo conhecimento da filosofia de Schopenhauer (1788-1860), mestre de sabedoria e de vida, que ele estuda desde o outono de 1865. Mas, muito rapidamente, Nietzsche critica os fundamentos metafísicos da doutrina de Schopenhauer, referindo-se a um fenomenismo radical e neokantiano – a leitura da *História do materialismo* de Lange (1828-1875) teve uma influência decisiva sobre ele. No entanto, Schopenhauer é designado como o filósofo mais verdadeiro, aquele que expressa uma Alemanha regenerada, pois ele se opõe à filosofia ensinada na universidade e a uma abordagem puramente histórica da Antiguidade, cujos estudos filológicos da época, por estreiteza de visão, são incapazes de captar o espírito. A relação entre o espírito filosófico ("doador de ordem") e o espírito filológico ("operário de oficina") retorna várias vezes nas reflexões do jovem Nietzsche, que conclui sua aula inaugural na Basileia[1] acreditando firmemente que "o que foi filologia se tornou agora filosofia".

A metafísica da arte

Com *O nascimento da tragédia*[2] (*Die Geburt der Tragödie oder Griechentum und Pessimismus*) de 1872, Nietzsche aborda o mundo grego, renovando sua prática filológica, colocando-se ao lado de Wagner (1813-1883) para defender o renascimento da cultura alemã.

O tema filológico da tragédia grega (de suas origens e, sobretudo, de seu fim) quase desaparece, levado por uma visão metafísica de conjunto e pela urgência do projeto cultural. O inimigo principal do trágico é o otimismo socrático que afirmou o valor da ilusão dos fenômenos e levou à destruição do indivíduo, quando ele se reflete nessa bela comunidade grega, levada por seus instintos vitais e por

---

1. *Homère et la philogie classique*, 28/05/1869.

2. Há uma publicação desta obra em português: NIETZSCHE, F. *O nascimento da tragédia ou Helenismo e pessimismo*. São Paulo: Companhia das Letras, 1992 [Tradução, notas e posfácio de J. Guinsburg] [N.T.].

Friedrich Nietzsche

seus fundamentos míticos. Tudo isso se inscreve na perspectiva schopenhaueriana da contradição entre a unidade metafísica original e a individuação fenomênica (a aparência) falível. Este engano, que implica a própria existência, clama por uma redenção estética. A contradição original se reflete na oposição entre Dioniso e Apolo no seio mesmo da natureza. Apolo diviniza o princípio da individuação (como forma, beleza, aparência, sonho) que liberta do sofrimento. Dioniso, ao contrário, é a expressão imediata da força primitiva que destrói o indivíduo, reabsorvendo-o na unidade original. O sofrimento da individuação se transforma finalmente – com um "consolo metafísico" – num prazer superior, visto que o próprio indivíduo participa da superabundância do *Ur-Ein* (Uno-primordial).

O esquema que Nietzsche segue para apresentar os princípios apolíneo e dionisíaco só é literário à primeira vista. Os termos que definem estes princípios são antitéticos e produzem oposições sobre as quais são articulados os fenômenos estéticos: escultura e música, poesia lírica e poesia épica. Na realidade, Dioniso e Apolo não são os termos extremos de uma contradição: toda a cultura apolínea se apresenta como uma máscara que permite suportar o caráter trágico da existência, como um esforço intenso para tentar esconder o fundo dionisíaco atrás da construção de formas estáveis e tranquilizadoras.

Em *O nascimento da tragédia* há uma espécie de filosofia da história que joga com os dois princípios que procuram sua unidade. O eterno sujeito criador encontra na arte seu consolo e sua razão de ser. O artista (o gênio) é, por sua vez, para a natureza, uma obra de arte, sua suprema realização – e sua justificativa. A criação artística encontra sua origem em sua identidade inconsciente com o Uno-primordial, autor e espectador único da comédia, que tira dela e para si mesmo um gozo sem fim.

A cultura grega é uma construção piramidal que culmina na afirmação do gênio e está estreita e solidamente ligada à vitalidade do instinto. Assim, ela mantém uma relação não destrutiva com o fundo trágico, que busca no gênio uma maneira satisfatória de exprimir suas capacidades expressivas e artísticas. Para o mundo germânico, o gênio é Wagner; Nietzsche tinha estabelecido com ele relações de amizade e o trabalho teórico que o músico tinha elaborado a propósito do drama musical (*Beethoven*, 1870) lhe parecia mesmo "a filosofia da música".

No prefácio da edição de 1886 de *O nascimento da tragédia*, Nietzsche explicará que uma das razões do apagamento da descoberta do elemento dionisíaco no mundo grego se deve à adoção "romântica" das referências estéticas ligadas a Wagner e a Schopenhauer. No entanto, ainda que Nietzsche se tenha mostrado severamente autocrítico, ele sempre considerou que esta obra reunia a maioria dos problemas que iria estudar em todo o decorrer de sua vida, trazendo para eles diferentes respostas (a relação entre a arte e a ciência, entre a arte e a vida, o pessimismo da força e da decadência etc.).

O combate "intempestivo" e a crítica de Wagner

Depois da experiência traumatizante da guerra franco-prussiana e da viva emoção suscitada pela Comuna de Paris, que estão na origem do sentimento de que a cultura tinha entrado em seu "outono", Nietzsche se engaja numa crítica da Modernidade ao se referir aos projetos culturais que Wagner imaginava e que estavam ligados à esperança de um renascimento do espírito trágico na Alemanha. Com *O nascimento da tragédia*, o filósofo propõe a Wagner uma forma de aplicar o modelo grego à afirmação do trágico, mas sua desconfiança diante do cristianismo (mito "murcho" e hostil à arte) testemunha uma oposição subterrânea e irredutível às ideias do músico, pois, para este último, o Renascimento guarda sempre como eixo de referência o mito de um cristianismo purificado.

Os elementos – conhecidos depois da morte do filósofo – de um projeto intitulado *Philosophenbuch* (*Livro do filósofo*[3]) mostram que Nietzsche não estava fechado no círculo mágico do mundo wagneriano: uma reflexão filosófica ousada está na origem dos textos, não publicados e que têm uma importância decisiva para a evolução de seu pensamento[4]. O artista cede lugar ao filósofo como "médico da cultura", capaz de superar a antítese mortal entre cultura e conhecimento. É então que se vê nascer a prática de desmistificação que agora vem a caracterizar sua filosofia: Nietzsche quer trazer à luz os pressupostos ocultos, pragmáticos e morais, do desejo de conhecimento e de verdade. Esta trajetória vem junto com uma análise da natureza intrínseca ao processo cognitivo, a qual participa de uma reflexão que amplia o campo de suas investigações e cria as condições de uma evolução teórica maior.

Entre 1873 e 1874 Nietzsche renuncia ao projeto do *Philosophenbuch*, considerando que ele é irrealizável, e começa a trabalhar na primeira *Consideração intempestiva, David Strauss, apóstolo e escritor* (*David Strauss der Bekenner und der Schriftsteller*) – ele redigirá quatro delas das treze imaginadas), contra David Strauss (1808-1874), cuja obra *A antiga e a nova fé* fazia apologia de um progresso reacionário sob a égide do exército prussiano: "Parece que o *Reich* suplantara o *Reino de Deus*". A terceira *Consideração*[5] (*Schopenhauer als*

---

3. Há uma publicação com este título em português que reúne fragmentos da obra de Nietzsche, escritos entre o outono de 1872 e 1875: NIETZSCHE, F. *O livro do filósofo*. Porto: Rés, [s.d.] [Tradução de Ana Lobo] [N.T.].

4. *La philosophie à l'époque de la tragédie grecque* e *Verité et mensonge au sens extra-moral*. Há uma publicação da primeira obra em português: NIETZSCHE, F. *A filosofia na idade trágica dos gregos*. Lisboa: Ed. 70, 1987 [Tradução do alemão por Maria Inês Medeiros de Andrade]. O segundo texto, "Verdade e mentira no sentido extramoral", está publicado na *Revista Comum*, vol. 6, n. 17, jul.-dez./2001, p. 5-23. Faculdades Integradas Hélio Alonso [Tradução de Noéli Correia de Melo Sobrinho] [N.T.].

5. Há uma publicação deste texto em português: NIETZSCHE, F. "III consideração intempestiva: Schopenhauer educador". *Escritos sobre educação*. São Paulo/Rio de Janeiro: Loyola/PUC-Rio, 2009, p. 161-259 [Tradução, apresentação e notas de Noéli Correia de Melo Sobrinho] [N.T.].

Friedrich Nietzsche

Erzieher), dedicada a Schopenhauer, privilegia o heroísmo do filósofo e o seu "*pathos da verdade*" em relação às ilusões voluntariamente sustentadas. A segunda *Consideração*, intitulada *Da utilidade e dos inconvenientes da história para a vida*[6] (*Von Nutzen und Nachteil des Historie für das Leben*), é a obra mais complexa, pois se apresenta como um entrelaçamento de temáticas e análises atrás das quais as contradições de Nietzsche abrem passagem. De um lado, o filósofo invoca o poder *terapêutico* da vida que se opõe à força transbordante da mudança, passível de desintegrar o indivíduo. De outro lado, os remédios propostos contra a *doença histórica* são designados posteriormente como sintomas da fraqueza contemporânea.

Importa também dar relevância à influência determinante de Burckhardt (1818-1887), que atua sobre Nietzsche como um contrapeso crítico diante da ideologia germânica de Wagner: é apoiando-se nas ideias do historiador da Basileia que Nietzsche desenha os traços característicos de uma individualidade livre que, afirmando-se principalmente por oposição ao nacionalismo germânico. Este modelo se identifica progressivamente com o "homem do Renascimento", capaz de assimilar o passado e transformá-lo numa nova forma de vida.

Richard Wagner em Bayreuth[7] foi publicado durante o verão de 1976. Os primeiros elementos da obra, redigidos desde os primeiros meses de 1974, contêm uma crítica de Wagner que está em contradição com a posição oficial de Nietzsche. O filósofo não hesita em censurar o músico como o "tirano" descrito em *A cultura do Renascimento na Itália*[8], que "não permite a afirmação de outras individualidades senão a sua própria ou aquela dos seus próximos"[9]. A crítica de Nietzsche tem como alvo o coração da teoria do drama musical e julga a partir desta época que Wagner é mais o ator Cagliostro (1743-1795) – tema que será o objeto central do escrito tardio *O Caso Wagner*[10] (*Das Fall Wagner*) – do que músico. Para além de não fazer uma apologia do músico, esta *Consideração intempestiva* constitui uma ruptura definitiva com o mito do "gênio", ao colocar em crise a metafísica da arte.

---

6. Há uma publicação deste texto em português: NIETZSCHE, F. "II consideração intempestiva: sobre a utilidade e os inconvenientes da história para a vida". *Escritos sobre história*. São Paulo/Rio de Janeiro: Loyola/PUC-Rio, 2005, p. 67-178 [Tradução, apresentação e notas de Noéli Correia de Melo Sobrinho] [N.T.].

7. Trata-se da quarta *Consideração intempestiva* [N.T.].

8. Há uma publicação desta obra em português: BURCKHARDT, J. *A cultura do Renascimento na Itália*. São Paulo: Companhia das Letras, 1991.

9. Fragments posthumes: 1872-1874; 32, 1874. In: COLLI, G. & MONTINARI, M. (org.). *Kritische Gesamtausgabe* [a partir daqui, *KGW*]. Berlim: De Gruyter, 1967. Vol. III, 4, p. 379.

10. Há uma publicação desta obra em português: NIETZSCHE, F. *O Caso Wagner*. Porto: Rés, [s.d.] [Tradução do alemão por António M. Magalhães] [N.T.].

A filosofia do espírito livre

Humano, demasiado humano[11] (*Menschliches, Allzumenschliches – Ein Buch für freier Geistes*) de 1878, expressa a grande ruptura com tudo aquilo o filósofo tinha venerado e o início da experimentação de novas formas de vida. Na primeira edição, a título de prefácio, Nietzsche cita uma passagem de Descartes (1596-1650) que expressa claramente sua posição: não se pode caminhar para o conhecimento senão ao preço de uma terapia antirromântica, marcada pelo desencantamento e em oposição às pretensas intuições espontâneas do gênio metafísico. Agora, Nietzsche considera como necessárias a "filosofia histórica" (inseparável das ciências naturais) e, com ela, a "virtude da modéstia": não existem nem realidades eternas, nem verdades absolutas; tudo está em devir. Por outro lado, o conhecimento da história é necessário para reconstituir a complexidade do eu contra a espontaneidade enganosa da introspecção, "já que as vagas inumeráveis do passado se estendem até nós"[12]. A história, se nos referirmos à sua gênese e a seu curso, esclarece a complexidade oculta atrás da mentira da metafísica e se opõe à ideia de uma "origem milagrosa" daquilo que se qualifica como superior e que "seria derivado diretamente do coração e da essência mesma da 'coisa em si'". É por isso que "uma química das ideias e dos sentimentos morais, religiosos, estéticos" se mostra necessária, visto que ela é suscetível de mostrar como "as cores mais esplêndidas são obtidas graças a materiais comuns e mesmo desconsiderados"[13].

No *Humano, demasiado humano*, o "progresso intelectual" de uma comunidade não está mais ligado à força de um "herói" que fortaleceria e enriqueceria seus valores, mas aos "indivíduos mais livres, muito mais hesitantes e moralmente mais fracos", os doentes, "os temperamentos ameaçados de alterações graves" que "amolecem o assento duro de uma comunidade" e cujas feridas podem ser portadoras de inovações[14]. A doença constitui, para uma sociedade sadia – quer dizer, segura de si e de seus valores –, uma possibilidade de mudança. Uma comunidade forte é uma comunidade tolerante, que não exclui e chega mesmo a suportar estas contribuições sem se desagregar. O Estado tem em vista se perpetuar, mas o fortalecimento dos hábitos

---

11. Há uma publicação desta obra em português em dois livros: NIETZSCHE, F. *Humano, demasiado humano – Um livro para espíritos livres*. São Paulo: Companhia das Letras, 2000 [Tradução, notas e posfácio de Paulo César de Souza]. • NIETZSCHE, F. *Humano, demasiado humano, II –* Um livro para espíritos livres. São Paulo: Companhia das Letras, 2008 ["Opiniões e sentenças diversas" e "O Andarilho e sua sombra" – Tradução, notas e posfácio de Paulo César de Souza] [N.T.].

12. Opinions et sentences mêlées, § 223. In: *KGW*, IV, 3, p. 113.

13. Humanin, trop humain, (I). In: *KGW*, IV, 2, p. 19-20.

14. Ibid., p. 191-193.

Friedrich Nietzsche 393

de vida e a imobilidade cega às novidades andam juntos com o embrutecimento. O mito constituía uma garantia de solidez para a tradição e para os usos e costumes, mas ele se opunha a qualquer progresso. Agora, Nietzsche coloca no primeiro plano o caráter desmistificador da ciência e da história: trata-se agora de deslocar para baixo o que tinha estado indevidamente colocado numa posição elevada, estar "numa boa vizinhança das coisas próximas", privar-se dos dogmas ideais, das religiões que bloquearam e impediram o desenvolvimento das pessoas e das sociedades, por intermédio de mentiras destruidoras da vida. A arte também está implicada; parece ser a herdeira das religiões tradicionais e volta os homens para o passado de que ela dá testemunha: os artistas são pessoas que "exaltam os erros religiosos e filosóficos da humanidade"[15].

A crítica da moral e da religião é desenvolvida em *Aurora*[16] (*Morgenröte. Gedanken über die moralischen Vorurteile*), de 1881: a investigação psicológica e a nova interpretação do sentido da história terminam por refutar definitivamente os valores morais e religiosos, mostrando que as necessidades e os instintos estão em sua origem. A reabilitação do "corpo" e a fidelidade à terra se opõem ao ideal ascético, que leva necessariamente a pôr em ação a "vontade de nada" (*Wille zur Nicht*) e que, secretamente, domina muitos aspectos da vida. Na *Genealogia da moral*[17] (*Zur Genealogie der Moral. Eine Streitschrift*), de 1887, Nietzsche conduz sua cruzada contra este ideal; o niilismo aí é desvelado sob todas as máscaras modernas com que se reveste e a importância preponderante que ele tomou ao longo da história nela é colocado em evidência. Nietzsche formula uma crítica radical contra as "hipóteses genealógicas" equivocadas do positivismo, que admite de fato um "fundamento" da moral submetido a valores herdados. Ao contrário, o filósofo deve centrar sua investigação sobre aquilo que é utilizado habitualmente como fator explicativo, como dado original e "natural". Em *Genealogia da moral* é em nome da importância fundamental da história que Nietzsche critica toda tendência de reduzir a pluralidade a um único fator. A investigação das origens não se reduz à análise dos dois tipos de morais opostos: a moral dos senhores, criados pela autoafirmação, e a moral dos escravos, que resulta, ao contrário, do ressentimento e da negação do outro e de seus valores. A obra leva em conta a importância determinante da doença, da interiorização dos instintos

---

15. Ibid., p. 182.

16. Há uma publicação desta obra em português: NIETZSCHE, F. *Aurora* – Reflexões sobre os preconceitos morais. São Paulo: Companhia das Letras, 2004 [Tradução, notas e posfácio de Paulo César de Souza] [N.T.].

17. Há uma publicação desta obra em português: NIETZSCHE, F. *Genealogia da moral:* uma polêmica. São Paulo: Companhia das Letras, 1998 [Tradução, notas e posfácio de Paulo César de Souza] [N.T.].

agressivos que não encontram mais saída e que, por meio da dor, abrem perspectivas insuspeitas e criam, afinal de contas, a consciência no homem. Nietzsche procurou penetrar nos mecanismos ocultos que conduzem o homem à cultura ao distanciá-lo de seu passado animal; ele percebeu exatamente, no sofrimento, a perda da inocência desses "meio-animais, harmoniosamente adaptados ao estado selvagem, à guerra, à errância, à aventura. Nenhuma nostalgia para com esta longínqua felicidade animal, para com esse nomadismo primitivo: o filósofo está plenamente consciente do mal da civilização atual, mas também das possibilidades extraordinárias de desenvolvimento do indivíduo que ela envolve.

Zaratustra, mestre do eterno retorno

No decorrer do verão de 1881 Nietzsche apresenta sua ideia do eterno retorno (*die ewige Widerkunft*) como o fruto de uma revelação repentina. Na realidade, como mostram suas notas de leitura, esta ideia resulta de uma aproximação com a questão então em debate da morte térmica do universo e da dissipação da energia. De acordo com Nietzsche, se o mundo é constituído por elementos ou centros de energia em número finito, devem-se repetir as mesmas combinações um número infinito de vezes e infinitamente. "Homem! Tal como uma clepsidra, toda a tua vida pode retornar uma vez mais, e ela se esvaziará novamente, depois recomeçará, e assim ao infinito"[18]. Esta concepção consagra a terminação do niilismo, tornando inútil qualquer proposição teológica ou teleológica: "A existência, tal como ela é, não tendo sentido ou fim, mas recomeçando inevitavelmente, sem um termo onde junte de novo o nada: 'o eterno retorno'"[19]. Assim, não é possível atribuir um sentido ético, uma teleologia à história e à aventura humana na terra. Mas o eterno retorno permite também ao instante reunir a eternidade e a plenitude e, por conseguinte, dá à vida a possibilidade de se afirmar.

Para Nietzsche, o eterno retorno é a mais científica das hipóteses. Para transformar a vida dos homens, é preciso que a teoria seja lentamente incorporada "para se tornar uma grande árvore que projeta sua sombra sobre toda humanidade futura"[20].

É por isso que Nietzsche experimenta uma nova forma de comunicação: *Assim falava Zaratustra*[21] (*Also sprach Zarathustra. Ein buch für Alle und Keinen*) quer alcançar de novo interlocutores, livrando-se da linguagem técnica da filosofia e levando a

---

18. Fragments posthumes (1881-1882). In: *KGW*, V, 2, p. 396.

19. Fragments posthumes (1885-1887). In: *KGW*, VIII, 1, p. 217.

20. Fragments posthumes (1881-1882). In: *KGW*, V, 2, p. 401.

21. Há uma publicação em português desta obra: NIETZSCHE, F. *Assim falava Zaratustra* – Um livro para todos e para ninguém. 5. ed. Petrópolis: Vozes, 2010 [N.T.].

linguagem simbólica e a força do "gesto" até suas últimas consequências. Zaratustra volta para o meio dos homens para libertar a vida e para permitir a ela alcançar a inocência, a partir da ideia do eterno retorno. A paródia cômica dos valores cristãos vem junto com a proposição de um novo ascetismo, considerado não como um valor em si, mas como um meio necessário para fortalecer as capacidades de atingir a inocência da criança que se diverte: a verdadeira liberdade só é possível para aquele que disciplinou seus instintos.

Mas se "Deus morreu" (*Got ist tot*) – a famosa declaração do "louco" da *Gaia Ciência*[22] (*Die fröliche Wissenschaft, la gaya scienza*) –, sua sombra está sempre presente e constitui o perigo mais insidioso para o "homem superior", que sofre com a perda do sentido: novas religiões sem Deus substituem as antigas, conservando os valores estabelecidos em sua posição central. Nietzsche analisa e combate as expressões multiformes de uma decadência historicamente definida – exotismo, cosmopolitismo, culto do homem primitivo e da inocência, religião do sofrimento etc. –, o que significa a recusa do homem "médio" e seu "apequenamento" progressivo. Muitos traços da decadência são representados sob a máscara de figuras simbólicas e alegóricas do "homem superior" na quarta parte do *Zaratustra*: é para os "homens superiores", para estes indivíduos que sofrem – pois eles não têm uma resposta adequada ainda para a morte de Deus – que Zaratustra dirige sua mensagem. Ser sincero em relação a si mesmo e para com seu próprio sofrimento deve levar a experimentar o sofrimento do homem e de sua situação atual, até desejar seu fim. Os "homens superiores" devem enfrentar a "ideia mais grave": a capacidade de assimilar sem desmoronar envolve uma transformação radical do homem superior", que o faz se tornar um "super-homem" (*Übermensch*).

"Vontade de poder": a filosofia do discípulo de Dioniso

Nos anos de 1880 Nietzsche chega a uma reflexão em relação à energia que tem sua origem na participação assídua do filósofo nos debates da época sobre o materialismo e a crítica do mecanicismo. As fontes de forças em movimento permanente destroem tudo o que poderia subsistir de ordem dogmática e metafísica e colocam em questão o dualismo da realidade de onde resultava a condenação do mundo dos sentidos, de um além. A essência de toda força é se manifestar; para além da força, não existe substância que seja o lugar desta força e que tenha a capacidade de expressá-la ou de não fazê-lo: "Tudo é força".

---

22. Há uma publicação em português desta obra: NIETZSCHE, F. *Gaya ciência*. São Paulo: Companhia das Letras, 2001 [Tradução, notas e posfácio de Paulo César de Souza]. Trata-se aqui do aforismo 125 que recebeu o título de "O louco" [N.T.].

A partir o nível bruto é possível procurar no conhecimento a origem do perspectivismo: "Toda fonte de força – e não somente o homem – constrói a partir de si todo o resto do mundo, em outras palavras, toma dele a medida, o apalpa, o modelo segundo a força que é a sua"[23]. A relação de conhecimento é uma expressão particular desta ação-reação da força. Partindo do modelo do corpo, Nietzsche tende a dar mais valor a todo um vasto sistema vital do que a uma fonte de força isolada: o corpo se revela cada vez mais como pluralidade, como um conjunto de centros de vida em luta entre si. O momento primeiro da potência consiste em exercer seu poder num caos que se quer modelar, em dar a ele uma forma, realizando classificações hierárquicas e operatórias. A "vontade de poder"[24] (*Wille zur Macht*) é a expressão que Nietzsche utiliza para designar uma outra interpretação da realidade, capaz de suscitar novos valores, interpretação que vem junto com a afirmação do super-homem e com a ideia do eterno retorno. Esta interpretação traz à luz o caráter perspectivo de toda realidade; no nível gnosiológico, ela se apresenta como a obrigação de uma perspectiva. Esta amplitude de perspectiva e esta capacidade de superar os limites estreitos do *ego* caracterizarão os níveis mais elevados da vontade de poder. Em *Genealogia da moral* o homem do conhecimento é aquele que "sabe utilizar [...] a *diversidade* das perspectivas e as interpretações afetivas", não com um único olhar, mas com uma pluralidade de olhares. Entre os modelos que Nietzsche propõe há aquele da natureza "dionisíaca" de Goethe (1749-1832), "o homem mais desenvolvido possível, mas nem por isso caótico". É *super-homem* aquele que supera o caráter parcial de toda perspectiva vital, não a negando, mas a integrando num todo completo; é ainda aquele que tem a força de ser assimilado à realidade toda, assim como de assimilar a si toda a realidade, a partir da afirmação do ciclo do eterno retorno.

O *amor fati* (amor do destino) é a expressão mais elevada e mais completa da vontade de poder: é se identificar de forma dinâmica com a totalidade de seu devir. Nietzsche opõe esta nova liberdade ao heroísmo da luta e da finalidade que caracteriza ainda o *homem superior*:

> Este espírito *tornado livre* se mantém no centro de tudo o que existe, com um
> fatalismo alegre e confiante; sua *fé* lhe faz julgar que só se deve censurar aquilo

---

23. Fragments posthumes (1888-1889). In: *KGW*, VIII, 3, p. 165.

24. *Vontade de poder* foi uma obra que Nietzsche pretendeu escrever, mas não o fez. No entanto, ela foi organizada por sua irmã Elizabeth Förster-Nietzsche e seu amigo Peter Gast e publicada postumamente. Este livro foi publicado em português: NIETZSCHE, F. *A vontade de poder*. São Paulo: Contraponto, 2008 [Tradução do original em alemão e notas de Marcos Sinésio Pereira Fernandes e Francisco José Dias de Moraes] [N.T.].

Friedrich Nietzsche

que permanece isolado do resto do mundo e que toda coisa se afirma e busca sua redenção no todo – *ele não recusa mais*. Mas esta fé é a maior de todas as crenças possíveis: eu a batizei com o nome de *Dioniso*[25].

---

25. Le crépuscule des idoles. In: *KGW*, VI, 3, p. 146. Há uma publicação desta obra em português: NIETZSCHE, F. *Crepúsculo dos ídolos ou Como se filosofa com o martelo*. São Paulo: Companhia das Letras, 2006 [Tradução, notas e posfácio de Paulo César de Souza] [N.T.].

40

A CIÊNCIA DA SOCIEDADE

Pierre-Yves Quiviger *

A "ciência da sociedade" é, em muitos aspectos, uma disciplina incompreensível e parece insensato querer descrever a história de seu aparecimento. O título mesmo de "ciência da sociedade" é problemático, na medida em que, entre as "ciências humanas" ou "ciências do homem"[1], encontra-se tanto o termo "ciência social" no singular quanto também no plural, assim como o vocábulo mais recente "sociologia". As fronteiras desta disciplina difícil de "nomear" são também enganosas, já que a ciência da sociedade aparece – de acordo com o caso – seja como uma disciplina à parte, inteira, autônoma, seja como uma província da antropologia, ou seja, da ciência política. Ao contrário, alguns atribuem à antropologia ou à ciência política o estatuto de subcategorias da sociologia.

Qual é o objeto?

O quadro é ainda mais complexo quando nos voltamos para o objeto desta ciência: a sociedade. Observar-se-á que, para esta ciência, assim como para todas as outras, o objeto preexiste a seu estudo, ainda que esta evidência seja mais facilmente contestada e contestável a propósito da sociologia do que a propósito da física ou da biologia: "o fato social" e a sociedade não são provavelmente realidades tão antigas quanto o mundo material ou a vida. Hannah Arendt (1906-1975) defendeu a ideia

---

* Mestre de conferências de Filosofia. Universidade de Paris I – Panthéon-Sorbonne.

1. A arqueologia das ciências do homem foi estudada por M. Foucault (*Les mots et les choses*. Paris: Gallimard, 1990 [Tel]) e mais recentemente por F. Brahami (*Le travail du scepticisme*. Paris: PUF, 2001 [Pratiques Théoriquies]) e T. Gontier (*De l'homme à l'animal – Montaigne et Descartes ou les paradoxes de la philosophie moderne sur la nature des animaux*. Paris: Vrin, 2000 [Philosophie et Mercure]). • *Descartes et la causa sui*. Paris: Vrin, 2005 [Philosophie et Mercure]. Há uma publicação em português da primeira obra citada antes: FOUCAULT, M. *As palavras e as coisas* – Uma arqueologia das ciências humanas. São Paulo: Martins Fontes, 1966 [N.T.].

A ciência da sociedade

de que a sociedade, como agregação de vidas privadas singulares, foi substituída, na passagem do mundo antigo para o mundo moderno, pela cidade e pela comunidade política[2]. O termo "sociedade" não tem de fato equivalente satisfatório na língua grega, e no latim a palavra *societas* designa primitivamente um agrupamento de homens particulares, ligados por um interesse comum (*affectio societatis*[3]), sem que isto viesse a englobar a totalidade da população: *as* sociedades (civis ou comerciais) não devem ser confundidas com *a* sociedade. O nascimento da ciência da sociedade é, portanto, historicamente determinado pelo nascimento da sociedade – pôde-se assim falar da "invenção da sociedade civil"[4]. Infelizmente, o objeto "sociedade" não coloca simplesmente um problema vertical (quando ele aparece?); coloca também um problema horizontal (em que a "sociedade" se distingue de outras realidades coletivas?): o termo sociedade coabita de fato precocemente com toda uma série de expressões que constituem outros tantos "falsos sinônimos" problemáticos: "sociedade civil", "comunidade", "contrato social", "sociabilidade", "povo", "população", "grupo", "cidade", "associação" etc. Estes "falsos sinônimos", se eles favorecem o trabalho filosófico de distinção[5], por outro lado, complicam a tarefa do historiador que deve não somente evitar confundir os nascimentos da sociologia e da ciência social – o termo "ciência da sociedade", aqui escolhido, favorecendo uma abordagem global "neutra" – mas também, por exemplo, não confundir os nascimentos da ciência da "sociedade civil", do recenseamento da "população" e as teorias do "contrato social".

Questões de método

Para tentar se situar nesta nebulosa de noções e etiquetas convém se limitar a uma investigação elementar: procurar-se-á aqui descrever o nascimento da ciência da sociedade por meio do problema da cientificidade do método e da especificação do objeto. Em outras palavras: será ligado à história da ciência da sociedade todo discurso que se compreende reflexivamente, por um lado, como discurso "científico" (o que não significa que seja necessariamente redutível ou assimilável à cientificidade das ciências da natureza ou às matemáticas) e, por outro lado, voltando-se para de-

---

2. ARENDT, H. *Condition de l'homme moderne.* Paris: Calmann-Lévy, 1994 [Agora Pocket]. Há uma publicação desta obra em português: ARENDT, H. *A condição humana.* Rio de Janeiro: Forense Universitária, 1995 [N.T.].

3. O termo é ainda de emprego corrente na linguagem jurídica contemporânea, particularmente no direito das coisas.

4. KAUFMANN, L. & GUILHAUMOU, J. (org.). *L'Invention de la société* – Nominalisme politique et science sociale au XVIIᵉ siècle. Paris: École des Hauts Études en Sciences Sociales, 2003 [Raisons Pratiques].

5. TÖNNIES, F. *Commnauté et societé* – Categories fondamentales de la sociologie pure. Paris: PUF, 1977 [Les Classiques des Sciences Humaines].

terminar explicitamente o objeto que ele trata como "social". Em suma: um critério duplo, epistemológico e ontológico. Esta problemática pode parecer despropositadamente restritiva, na medida em que ela volta a não considerar os textos que possuem um valor sociológico sem terem sido construídos para este fim. Descartam-se, assim, as fontes anteriores à emergência da noção de sociedade, como as fontes antigas, por exemplo, que permitem, porém, elaborar uma "sociologia da Antiguidade" (genitivo objetivo – mas o genitivo subjetivo está ausente). Não se leva em conta também as obras literárias claramente portadoras de um "conhecimento", frequentemente muito refinado, da sociedade e da psicologia social. Esta restrição tem, não obstante, como virtude saber do que se fala e evitar um "sociologismo" de má reputação: dizer isso é não dizer nada. Isto leva a restringir cronologicamente a exposição do nascimento da ciência da sociedade aos séculos XVIII e XIX – de 1748 a 1895 mais precisamente –, ou seja, da publicação do *Espírito das leis* de Montesquieu às *Regras do método sociológico* de Durkheim[6].

Sociólogos e precursores

Numa obra que permanece como sendo um dos grandes clássicos da história da sociologia, Raymond Aron[7] (1905-1983) distingue os "fundadores" da sociologia: Montesquieu (1689-1755), Tocqueville (1805-1859), Comte (1798-1857), Marx (1818-1883), dos sociólogos da "virada do século": Weber (1864-1920), Pareto (1848-1923), Durkheim (1858-1917). Mais recentemente, Bruno Karsenti[8] procurou reafirmar que a verdadeira "ciência social" nasce com Augusto Comte, que se considerava como o inventor da "sociologia", ao passo que os teóricos anteriores da sociedade são identificados apenas por intuições fragmentárias, às vezes engenhosas, mas desprovidas de sistematicidade. Mas Émile Durkheim considerava tanto Montesquieu quanto Comte como sendo os "ancestrais" da ciência social científica e não como verdadeiros "sociólogos". Vê-se que, de uma leitura à outra, a origem da sociologia (ou do "método sociológico") pode ser situada numa forquilha de quase dois séculos, segundo se considere Montesquieu, Comte ou Durkheim como ponto de

---

6. Estas duas obras estão publicadas em português: MONTESQUIEU. *O espírito das leis.* São Paulo: Abril, 1979 [Coleção Os Pensadores – Tradução de Fernando Henrique Cardoso e Leôncio Martins Rodrigues]. • DURKHEIM, É. *As regras do método sociológico.* São Paulo: Abril, 1978 [Coleção Os Pensadores – Tradução de Luz Cary] [N.T.].

7. ARON, R. *Les grandes étapes de la pensée sociologique.* Paris: Gallimard, 1976 [Tel]. Há uma publicação em português desta obra: ARON, R. *As etapas do pensamento sociológico.* São Paulo/Brasília: Martins Fontes/UnB, 1982 [N.T.].

8. KARSENTI, B. *Politique de l'esprit* – Auguste Comte et la naissance de la Science Sociale. Paris: Hermann, 2006.

A ciência da sociedade 401

partida – o precursor, o pioneiro ou o universitário. A categorização mais persuasiva é provavelmente aquela que distingue uma era disciplinar e uma era pré-disciplinar da sociologia[9]: antes de Comte, existem as "teorias sociais", concebidas de maneira científica e identificando diferentemente o objeto a descrever, mas elas não se organizam no seio de uma disciplina que tivesse como vocação ser estudada e ensinada. *De jure* (de direito), esta disciplinarização é o feito de Comte, mas ela se realiza, *de facto* (*de fato*), com Durkheim.

Política, população, sociedade

Na época das "teorias sociais", o nascimento de uma ciência específica da sociedade é marcado pela emergência de um discurso que se dissocia da filosofia política e da economia política. Aparece um novo objeto de reflexão que nem a análise política[10] (Estado, governo, instituições) nem a análise econômica[11] chegam a circunscrever: a irrupção do termo "social" na reflexão filosófica é o sinal da necessidade de circunscrever este novo saber, ou essa nova abordagem. A ciência da sociedade é um discurso do meio-termo, e corresponde à tomada de consciência da espessura problemática e conceitualmente rica que separa o plano do político-jurídico (o lado da nação) e o plano da quantificação (o para-além da população) – este último correspondendo à dimensão "administrativa" da ciência da sociedade e se inscrevendo na arte de governar: antes de ser uma aposta teórica, é uma aposta prática. O aumento de poder, a partir de 1750, dos termos "sociedade" e "social" nos textos filosóficos ilustra bem a configuração histórica singular encarnada também pelos novos empregos do termo "povo"[12] na linguagem política ou na literatura.

Montesquieu e Rousseau

Se há uma "pré-história" da ciência da sociedade encarnada pelas tentativas – muito antigas – de recenseamento da população, como pelos moralistas do século XVIII, pelos antropólogos à sua maneira, a história da ciência da sociedade é verdadeiramente inaugurada pelos "filósofos" do Século das Luzes, principalmente

---

9. HEILBRON, J. *Naissance de la sociologie*. Marselha: Agone, 2006.

10. Para a gênese de longo curso desta ciência jurídico-política, cf. SKINNER, Q. *Les fondements de la pensée politique moderne*. Paris: Albin Michel, 2001. Há uma publicação em português da obra: SKINNER, Q. *As fundações do pensamento político moderno*. São Paulo: Companhia das Letras, 1996 [Tradução do inglês por Renato Janine Ribeiro e Laura Teixeira Motta] [N.T.].

11. LARRÈRE, C. *L'invention de l'économie au XVIIIe siècle*. Paris: PUF, 1992 [Léviathan].

12. COHEN, D. *Le peuple, de l'autre au différent* – La construction des identités individuelles et collectives des classes populaires au XVIIIe siècle. [s.l.]: École des Hautes Études en Sciences Sociales, 2004 [Tese de doutorado em História].

Montesquieu e Rousseau (1712-1778). A maioria dos historiadores das ciências sociais está de acordo com o nome de Montesquieu para encarnar nele a primeira grande figura, pois encontram nele a tomada de consciência sobre a incapacidade dos discursos político e jurídico em indicar a racionalidade da realidade social em sua globalidade. É a elevação da visão de Montesquieu que permite a ele descrever, a partir do interior, aquilo que escapa ao olhar do politólogo e do jurista. *O espírito das leis* vai dar uma "espessura" positiva à matéria política e jurídica, fundando-as em dados históricos, geográficos, climáticos, financeiros: procurando identificar a relatividade dos princípios político-jurídicos e as razões que presidem esta relatividade (as leis da variação da lei), Montesquieu se apoia nas intuições antropológicas de Montaigne (1533-1592), mas invertendo completamente seu ceticismo. Ele inaugura a ciência social, pois compreende que não há invariante atrás do termo "sociedade", mas regras que determinam as variações internas desses conjuntos: aquilo que, com o mesmo gesto, instala a "cientificidade" do discurso "social" – quer dizer, a sua racionalidade, sua regularidade e sua generalidade.

A trajetória de Rousseau ilustra menos diretamente este projeto de uma ciência da sociedade provavelmente porque Rousseau é muito mais antropólogo do que sociólogo: o fato social só interessa a ele na medida em que permite esclarecer a ciência do homem, lá onde a invenção da sociologia, em Montesquieu, leva mais a se apoiar no conhecimento da humanidade para pensar os fatos sociais. Não obstante, permanece que o *Discurso sobre a origem e os fundamentos da desigualdade entre os homens*[13] ou o *Ensaio sobre a origem das línguas*, assim como, numa certa medida, a *Carta a d'Alembert sobre o espetáculo*, constituem etapas importantes da história da ciência social[14]. No entanto, a reflexão rousseauniana permanece largamente ancorada no horizonte jurídico-político e "pré-sociológico", como prova *O contrato social* (*Du contrat social*), que reafirma, tal como o jusnaturalismo moderno, a necessidade da passagem pela relação jurídica para realizar a verdadeira relação social. Opondo ontologicamente uma simples agregação de indivíduos justapostos, incapaz de vontade geral, e a associação institucionalmente estabelecida pela lei, somente suscetível de manifestar a soberania do povo, Rousseau se mantém epistemologicamente afastado do projeto sociológico.

---

13. Há uma publicação em português desta obra: ROUSSEAU, J.-J. Discurso sobre a origem e os fundamentos da desigualdade entre os homens. *O contrato social e outros escritos*. São Paulo: Cultrix, 1971 [Tradução de Rolando Roque da Silva] [N.T.].

14. Pode-se assim imaginar, no segundo *Discours*, nos desenvolvimentos consagrados à "festa" ou à distinção entre amor-próprio e amor de si, que analisam a passagem do indivíduo ao grupo, e o efeito do grupo sobre o indivíduo, a partir de uma atenção dada ao olhar, à disposição do corpo e às relações.

A ciência da sociedade

Os anglo-escoceses

Ao contrário, David Hume (1711-1776) reconhece a consistência da relação pré-política[15] e coloca, assim, em seu devido lugar, os fundamentos antropológicos de uma ciência da sociedade que, precisamente, não se resume a uma antropologia. Hume é também aquele que inventa uma nova maneira de ler a história[16], como o terreno de uma ciência empírica, para além da edificação política e da erudição comparativa. Ele abre assim a via para autores como Adam Ferguson (1723-1816) e Adam Smith (1723-1790), de quem Claude Gautier mostrou a extraordinária importância na gênese da sociologia. Ferguson e Smith estendem as intuições de Hume, articulando-as com as teses de Mandeville (1670-1733), a fim de mostrar que, pela conjunção de uma "sociabilidade" – sob a forma da *sympathy* (afinidade), da capacidade de compartilhar o afeto dos outros – e de um interesse individual bem compreendido, pode-se explicar o desenvolvimento da "sociedade civil" sem necessidade da hipótese de relação jurídica livremente consentida. A sociedade não necessita do Estado para existir[17] e, portanto, os recursos da filosofia jurídica e política são insuficientes para explicar o fato social. De Mandeville a Ferguson, passando por Hume e Smith, surge uma outra ideia forte, que terá uma bela posteridade: a racionalidade individual não basta para dar conta da racionalidade coletiva ou, mais exatamente, o que é visado pelo indivíduo se distingue fortemente daquilo que sua ação produz quando ela se defronta com outras ações individuais. O todo é mais do que a soma das partes. A lição da *Fábula das abelhas* de Mandeville é a seguinte: o aumento de comportamentos puramente egoístas produz um bem coletivo impossível de compreender na escala do indivíduo: inútil trabalhar individualmente para o bem da sociedade, basta trabalhar para seu próprio bem, e a sociedade se beneficiará com isso. Smith formula esta ideia falando de "mão invisível", insistindo na virtude inerente ao processo de socialização; Adam Ferguson sublinha, por sua vez, os elementos mais deletérios saídos dessa soma de vontades individuais, às vezes estimuladas por más paixões: ele prefigura a teoria contemporânea dos "afetos perversos" da ordem social.

---

15. BRAHAMI, F. *Le travail du scepticisme*. Op. cit. • BRAHAMI, F. *Introduction au "Traité de la nature humaine" de David Hume*. Paris: PUF, 2003 [Quadrige].

16. GAUTIER, C. *Hume et les savoirs de l'histoire*. Paris: Vrin/École des Hautes Études en Sciences Sociales, 2005.

17. CLASTRES, P. *La societé contre l'État* – Recherches d'anthropologie politique. Paris: Minuit, 1974. Há uma publicação em português desta obra: CLASTRES, P. *A sociedade contra o Estado*. São Paulo: Cosac & Naify, 2003 [Tradução de Theo Santiago] [N.T.].

Condorcet e Sieyès

Estas duas grandes teses, a tese da autonomia da esfera social em relação à esfera político-jurídica e aquela que enuncia a diferença de natureza entre o todo e a soma das partes, cruzam historicamente a preocupação política do recenseamento da população, constituindo a primeira fundação "positiva" da ciência da sociedade e abrindo a via para a ciência da demografia, cuja primeira grande figura será Adolphe Quételet (1796-1874). O século XVIII é de fato aquele da emergência da "aritmética política"[18], das estatísticas que permitem qualificar e quantificar a população presente num território. Metodologicamente, esta nova ciência se apoia no progresso do instrumento probabilista nas matemáticas a partir do século XVII. O forte dessa metodologia e dos dois princípios fundamentais herdados dos filósofos anglo-escoceses é que a ciência da sociedade pode alargar as intuições de Montesquieu, dando a elas um conteúdo rigoroso, indo além da compilação de dados e de saberes às vezes incertos. Este é o tempo, então, da "arte social", fórmula compartilhada por Condorcet (1743-1794) e por Sièyes (1748-1836). Como demonstrou Jean-Louis Morgenthaler[19], a história da sociologia não assimilou ainda toda a dimensão da contribuição destes dois autores para a ciência da sociedade: Condorcet foi abusivamente "historicizado" (por Comte, em primeiro lugar) e Sièyes abusivamente "politizado", o que leva a desconsiderar sua importância histórica. Deve-se, porém, a Condorcet[20] uma tentativa sem precedentes – e infelizmente sem grande posteridade – de reunir num conjunto a teoria de decisão, a estatística, a ciência política, os direitos fundamentais e a pedagogia. E devemos a Sièyes[21] ter forjado o termo "sociologia" e ter definido com muita exatidão os lugares respectivos das ciências jurídicas e sociais. Como escreve Jean-Louis Morgenthaler: "A sociedade para Sièyes é uma combinação permanente entre uma construção na qual o direito é o instrumento conceitual, e um dado, o organismo social, da qual a sociologia é a ciência". É preciso observar um emprego significativo desta fórmula, "arte social", em *Opinião de 2 de termidor, ano III*[22], ainda que Sièyes procure se diferenciar de Montesquieu: esta é para ele a ocasião de mostrar que a ciência da sociedade não deve ser confundida nem com o

---

18. MARTIN, T. (org.). *Arithmétique politique dans la France du XVIIIᵉ siècle*. Paris: Ined, 2000. • BRIAN, E. *La mesure de l'État* – Administrateurs et géomètres au XVIIIᵉ siècle. Paris: Albin Michel, 1994 [L'évolution de l'humanité].

19. MORGENTHALER, J.L. "Condorcet, Sièyes, Saint-Simon et Comte – Retour sur une anamorphose". *Socio-logos* – Revue publié par l'Association française de sociologie, 2, 1977.

20. BAKER, K.M. *Condorcet*: raison et politique. Paris: Hermann, 1988.

21. GUILHAUMOU, J. *Sièyes et l'ordre de la langue*. Paris: Kimé, 2002.

22. SIÈYES, E.J. *Essai sur les privilèges et autres textes*. Paris: Dallor, 2007, p. 116.

A ciência da sociedade   405

conhecimento da história, nem com a arte das montagens constitucionais. A ação política, pelo intérprete da legislação, é sempre *a posteriori*, quando a arte social permitiu resgatar os princípios da organização da população que se deseja governar. A arte social é assim uma ciência crítica: a ciência das condições de possibilidade *a priori* da ação político-jurídica. Esta mesma arte social está presente em Sièyes quando, nas *Visões sobre os meios de execução...*, ele descreve a organização jurídica do Antigo Regime como uma "desordem inveterada". Enquanto não há discernimento possível pela via da razão de uma totalidade organizada, os indivíduos que povoam a nação são simplesmente justapostos, aglomerados. A nação deseja ser "reconhecida" mais do que "constituída", rompendo com as falsas "classificações" e as más "ordens" (privilegiados). Em *O que é o terceiro estado?*, Sièyes descreve a nação como "entravada", "limitada" pela política de distinção das ordens. Para Sièyes, a arte social deve permitir identificar com precisão as necessidades de uma população, assim como os modos de otimização da riqueza total – e para alcançar isto é preciso reconhecer e proclamar os direitos fundamentais dos indivíduos, a fim de se construir uma verdadeira "comunidade" nacional unificada. O termo "comum" está de resto no centro da reflexão sociológica de Sièyes, que dá a ele o sentido de um "como um", quer dizer, de uma totalidade em movimento para a unidade. Ele fala então de *"adunation"*, de caminho para o *Um*:

> Eu sinto há muito tempo a necessidade de submeter o solo da França a uma nova divisão. Se deixarmos passar esta ocasião, ela não voltará mais, e as províncias conservarão eternamente seu espírito de corpo, seus privilégios, suas pretensões, seus ciúmes. A França não alcançará jamais esta *"adunation"* política tão necessária para de fato produzir *um* grande povo regido pelas mesmas leis e sob as mesmas formas de administração[23].

A arte social é assim a compreensão da inteligibilidade do Todo que é a sociedade.

Bonald e Hegel

Nem a abordagem estatística de Condorcet nem a "sociologia" de Sièyes tiveram posteridade imediata. Auguste Comte rejeitou muito assiduamente o instrumento probabilístico, vendo na abordagem de Condorcet um "preconceito metafísico" a favor das matemáticas[24], e Sièyes – assim como Condorcet – pagou visivelmente caro sua inclinação "metafísica" para os direitos do homem. Foi preciso esperar por Durkheim para que a estatística e Condorcet fossem reabilitados no pensamento

---

23. SIÈYES,E.J. "Observations concernant la nouvelle organization de la France". *Écrits politiques*. Paris/ Montreux: Éditions des Archives Contemporaines, 1985, p. 247.

24. Terceira parte do plano de 1822, primeira série de trabalho.

sociológico; mesmo Sièyes não foi estudado pelos historiadores da sociologia antes destes últimos anos (nem Raymond Aron, nem Robert Nisbet[25] (1913-1996), nem Friedrich Jonas[26], nem também Johan Heilbron o evocaram, senão para fazer referência a seu papel político). Ao contrário, a história da sociologia atribuiu um lugar importante à obra dos contrarrevolucionários, que alimentaram grandemente a ciência social dos séculos XIX e XX.

Bonald (1754-1840), autor em 1796 de uma *Teoria do poder político e religioso*, clama pela fundação de uma "ciência da sociedade" no contrapé da arte social de Condorcet e Sièyes, na medida em que esta ciência deve permitir demonstrar o absurdo da Revolução Francesa e os princípios que a sustentam[27]. Ele considera que, longe de legitimar a ordem política e jurídica pós-revolucionária, como pensava Sièyes, a compreensão da sociedade mostra sua inanidade, sua inutilidade e seu perigo: segundo ele, a ciência da sociedade deve ser substituída pela ciência política, constituindo daquela o ponto de chegada e não o ponto de partida da inteligência social. Compreender a sociedade é compreender que é preciso ratificar o que o fato social secreta naturalmente – família, desigualdade, nobreza, tradição – e perceber assim o absurdo e a desmedida do artificialismo jurídico que produz a igualdade, a indistinção e as liberdades subjetivas.

Colocado à margem de seu sentido político reacionário, uma teorização assim é sedutora para o pensamento sociológico, pois ela traz à luz a consistência da ligação, da relação social, da totalidade, e esvazia as ilusões do "sujeito" individualista. De resto, no século XX, somente uma vez foram integrados à ciência social as contribuições da sociologia compreensiva de Max Weber, no individualismo metodológico de Raymond Boudon e também na teoria do *hábito* de Pierre Bourdieu, para que se pudesse superar as prevenções em relação ao subjetivismo e sua suposta ingenuidade. A crítica de uma subjetividade ingênua como fundamento de uma ciência da sociedade não se encontra, aliás, somente no pensamento contrarrevolucionário; desde Hegel (1770-1831)[28] ela se apoia numa análise da "sociedade civil" ou "sociedade burguesa" (*bürgerliche Gesellschaft*), para esclarecer a passagem da moralidade individual (*Moralität*) à ética pública (*Sittlichkeit*). Na segunda seção da terceira parte dos *Princípios da filosofia do direito*[29], Hegel se põe assim a

---

25. NISBET, R. *La tradition sociologique*. Paris: PUF, 1993 [Quadrige].

26. JONAS, F. *Histoire de la sociologie des Lumières à la Théorie du Social*. Paris: Larousse, 1991.

27. KARSENTI, B. Autorité, societé, pouvoir. In: KAUFMANN, L. & GUILHAUMOU, J. (orgs.). *L'Invention de la societé* – Nominalism politique et Science Sociale au XVIIIᵉ siècle. Op. cit., p. 265.

28. HEGEL, F. *Principes de la philosophie du droit*. Paris: PUF, 2003 [Quadrige].

29. Há uma publicação em português desta obra: HEGEL, F. *Princípios da filosofia do direito*. São Paulo: Martins Fontes, 2000 [Tradução de Orlando Vitorino] [N.T.].

A ciência da sociedade 407

descrever o que, na vida comum, escapa ao político e ao jurídico, e como também o Estado político e jurídico é a esfera do florescimento desta "sociabilidade". A "sociedade civil" hegeliana não é puramente "social", no sentido em que ela integra as questões econômicas e uma parte dos assuntos jurídicos; mas na medida em que ela constitui, como a família e o Estado, uma "etapa" entre a esfera individual e a esfera política, ela permite a elaboração de uma filosofia social específica, distinta da filosofia moral e da filosofia política. Esta análise hegeliana da sociedade civil desempenhou um papel essencial na história da sociologia e do direito alemães dos séculos XIX e XX[30].

Comte

Pode-se considerar Auguste Comte (1798-1857) como herdeiro de Bonald e de Hegel na medida em que ele pretende também ultrapassá-los na analítica do indivíduo, para alcançar uma plena inteligência do fato social que é para ele a verdadeira realidade humana. Mas, diferentemente de Bonald, que procurava fazer a filosofia política padecer de uma espécie de *reductio ad societatem* (redução à sociedade) e, diferentemente de Hegel, que fazia a ciência social padecer de uma forma de *reductio ad jus* (redução ao direito) no quadro de uma filosofia do direito concreto e globalizante, Comte quer elevar a sociologia à mais alta das políticas, atribuindo à ciência da sociedade o estatuto de uma ciência que coroa e determina a totalidade dos saberes, à maneira de um saber constituinte que se distinguiria dos saberes constituídos. Um saber que, por conseguinte, se tornará a chave de toda filosofia política, sendo também a chave da compreensão do espírito humano tal como ele se manifesta – sempre socialmente. Bruno Karsenti mostrou com razão que havia em Comte uma "nuvem" que pairava entre a filosofia política e a filosofia do espírito: a ação política supõe a ciência social, no sentido de que esta permite à sociedade se pensar como sociedade, se reconhecer reflexivamente e, portanto, deduzir deste conhecimento as ideias próprias para governar esta totalidade. Em outras palavras, e esta é uma lição que Comte traz de Bonald, não poderia haver transcendência do político em relação ao social: "O governo regular só pode ser uma expansão da preponderância civil"[31]. A organização inerente à ordem social das coisas tem a vocação de primar sobre a esfera da pura vontade política: a ciência se torna então política na medida em que o conhecimento das coisas sociais permite determinar as necessidades do corpo social e o sentido (a direção) de seu desenvolvimento. Da mesma maneira como a "liber-

---

30. COLLIOT-THÉLÈN, C. & KERVÉGAN, J.-F. (orgs.). *De la societé à la sociologie*. Lyon: ENS-LSH [Theoria]. • KERVÉGAN, J.-F. & MARMASSE, G. (orgs.). *Hegel penseur du droit*. Paris: CNRS, 2003.

31. COMTE, A. *Discours sur l'ensemble du positivism*. Paris: Flammarion, 1998, p. 229 [GF].

dade" em Spinoza (1632-1677) se traduz pela capacidade de obter suas próprias determinações, a ciência social de Comte ilustra a necessidade que a sociedade tem de realizar seu próprio destino, e assim ela se liberta, não escapando de suas determinações, mas escolhendo-as, aceitando e valorizando suas determinações internas – que são outros tantos sinais de sua "razão de ser" – na aproximação assintomática do poder e do saber.

Marx

Portanto, a verdade do político está no social, e a filosofia política não poderia fazer economia de uma ciência da sociedade, seja como algo prévio (em Condorcet e Sièyes), seja como terminação (em Bonald e Comte). Esta tese é também ilustrada pela obra de Marx (1818-1883), que nega à superestrutura política e jurídica qualquer realidade autônoma. Ontológica, epistemológica e historicamente, para Marx, convém relacionar esta superestrutura à infraestrutura social e econômica, procurando ir além das ilusões ideológicas. A luta das classes sociais é o verdadeiro princípio explicativo dos fenômenos histórico-políticos – é no socioeconômico que se encontra o sentido último das montagens jurídicas e dos acontecimentos políticos. A sociologia de Marx[32] testemunha um grande refinamento na tipologia das classes e na descrição das relações que elas contraem. Mas esta sociologia tem dois pontos fracos: seu voluntarismo político e seu economicismo. Marx não dá chance à sociedade, no sentido em que, ao contrário de Comte, ele considera que esta tem necessidade de ser "orientada" pelo discurso político revolucionário[33]. Em outras palavras, o "socialismo" não pode ser um sociologismo integral, porque ele é um economicismo. Marx não reconhece também suficientemente a singularidade própria do social, atribuindo um lugar preponderante aos assuntos econômicos: a *reductio ad oeconomicam* (redução ao econômico) está frequentemente presente nele, com a luta de classes assumindo facilmente a forma de uma expressão "epidérmica" dos assuntos mais profundos (e os únicos reais) que tocam à produção, à dominação dos instrumentos da produção, ao valor[34].

---

32. *Le 18 brumaire de Louis Bonaparte.* • *Les luttes de classes em France.* Há uma publicação em português que inclui estas duas obras e uma terceira: MARX, K. *A revolução antes da revolução* [*As lutas de classe na França de 1848 a 1850*; *O 18 brumário de Luís Bonaparte*; *A Guerra Civil na França*]. São Paulo: Expressão Popular, 2008 [Tradução de José Barata-Moura e Eduardo Chitas] [N.T.].

33. Sartre tentará superar estas dificuldades, nos dois tomos da *Critique de la raison dialectique*, pensando a imanência política própria do grupo, à multidão, ao povo, ao movimento histórico.

34. As leis "fundamentais" da filosofia social de Marx são econômicas e de maneira nenhuma sociológicas: valor-trabalho, teoria da mais-valia, reprodução ampliada do capital, baixa tendencial da taxa de lucro.

Fourier, Le Play, Tarde

O economicismo de Marx participa a seus olhos da cientificidade de seu método, e vale também para a política – um texto célebre de Engels se intitula, aliás, *Socialismo utópico e socialismo científico*[35]. A exigência de cientificidade constitui, no final do século XIX, um requisito explícito da ciência da sociedade, que vai, consequentemente, adotar em definitivo o termo de Comte (e de Sièyes) "sociologia". É em Émile Durkheim que se chega a realizar esta última etapa. Mas antes dela, um desvio se impõe na direção das "ocasiões ausentes" da história da ciência da sociedade, em outras palavras, o caso desses autores que não se inscrevem na árvore genealógica tradicional da sociologia, ou que aí desempenham um papel marginal. Três nomes devem prender nossa atenção: Charles Fourier (1772-1837), Frédéric Le Play (1806-1882) e Gabriel Tarde (1843-1904). O lugar na história da ciência social de Charles Fourier, tal como aquele de seu mestre Comte, ou de Saint-Simon (1760-1825), é facilmente descrito como negligenciável, assim como as obras dos "utopistas" são colocadas no círculo das curiosidades. É verdade que o delírio taxonômico e tipológico, os falanstérios, a fantasia das correspondências e das analogias[36], o regulamento cômico das relações humanas, os neologismos às vezes ridículos, tornam Fourier quase impossível de ler hoje com seriedade. Mas isto faz esquecer que, por outro lado, Fourier adota o termo "ciência social" para descrever o conjunto de seu projeto, onde ele procura, por exemplo, descrever a "atração social" à imagem e semelhança da atração terrestre de Newton (1643-1727). Esta "ciência social" é ao mesmo tempo um projeto científico e um projeto político: a compreensão das leis sociais deve desembocar numa reforma da sociedade. Como escreve Pierre Merklé:

> Se nos textos reconhecidos como fundadores na sociologia [...] a ambição metodológica diretriz chega a mascarar outras construções, de ordem metafísica ou analógica, no texto de Fourier é o contrário que parece se produzir [...]: a fantasmagoria, a metafísica, a metáfora e a analogia contribuíram (ou serviram de pretexto para) mascarar as pretensões epistemológicas do texto[37].

Pode-se esperar para o futuro, na história da sociologia, uma leitura mais caridosa a respeito de Fourier. Também subestimado, mas por outros motivos, Frédéric Le Play (1806-1882) é o autor em 1855 de um estudo sobre os *Operários europeus* que

---

35. Há várias publicações desta obra em português, uma delas é: ENGELS, F. *Do socialismo utópico ao socialismo científico*. São Paulo: Global, [s.d.] [Tradução de Roberto Goldkorn] [N.T.].

36. BARTHES, R. *Sade, Fourier, Loyola*. Paris: Seuil, 1960 [Points Essais]. Há uma publicação em português desta obra: BARTHES, R. *Sade, Fourier, Loiola*. Lisboa: Ed. 70, 1979 [Tradução de Maria de Santa Cruz] [N.T.].

37. MERKLÉ, P. "La 'Science Sociale' de Charles Fourier". *Revue d'Histoire des Sciences Humaines*, n. 15, 2006.

se distancia da ciência social de sua época: atrelado à descrição minuciosa da existência concreta, elaborando uma reflexão crítica sobre o lugar do observador, ele adota uma metodologia original centrada nas questões orçamentárias, sem com isso fazer sua a análise puramente estatística de Quételet. Como escreve Durkheim:

> Le Play [...] não se opõe a esta ou aquela concepção sociológica; ele se encontra completamente fora do movimento de ideias que deu nascimento a esta ciência. Suas preocupações não são também exclusivamente científicas, mas, em grande parte, apologéticas[38].

Le Play, assim como Bonald, foi essencialmente vítima de sua utilização pelos conservadores contemporâneos de Durkheim – Maurras (1868-1952) e Barrés (1862-1923) – e sua singularidade na paisagem sociológica da metade do século XIX ficou durante muito tempo oculta. Menos negligenciado, Gabriel Tarde conheceu, no entanto, um longo purgatório que contrasta com o número de trabalhos de inspiração durkheimiana no decorrer do século XIX: é verdade que esta obra é difícil, pois ela não se deixa atrelar nem ao individualismo nem à abordagem holista. Para Tarde, é preciso compreender o fenômeno coletivo como um órgão vivendo sua própria vida, mas as leis que presidem o desenvolvimento desse organismo são extraídas de leis que valem na escala do indivíduo. Estas leis "individuais" não derivam, no entanto, em nada da psicologia ou da vontade; elas correspondem às respostas mecânicas de todo indivíduo mergulhado na sociedade. Três parâmetros e suas combinações permitem, assim, a Gabriel Tarde descrever a sociedade e sua história: a imitação, a oposição e a adaptação.

Durkheim

Contudo, deixemos as margens e voltemos para terminar à corrente principal da história da sociologia, com Émile Durkheim. A ciência da sociedade alcança sua maturidade com este autor que, em muitos aspectos, realiza uma síntese dos elementos mais sólidos das filosofias anteriores, quando fixa, por um lado, uma definição rigorosa do "fato social" (ontologia) e, por outro, um método para apreender cientificamente este objeto (epistemologia). Este duplo projeto é exposto detalhadamente nas *Regras do método sociológico* e é ilustrado na célebre obra consagrada a *O suicídio*[39]. Durkheim determina três características do "fato social": ele é exterior, coercitivo e coletivo. Exterior porque não depende da tomada de consciência individual. Durkheim dá o exemplo da moeda, da linguagem: sua existência não depende

---

38. DURKHEIM, É. "La sociologie". *Textes*. Vol. I. Paris: Minuit, 1975, p. 116.

39. Há uma publicação em português desta obra: DURKHEIM, É. *O suicídio*: estudo sociológico. Rio de Janeiro: Zahar, 1982 [Tradução do francês por Nathanael C. Caixeiro] [N.T.].

A ciência da sociedade

do uso particular que se faça dele. Mas o fato social não é somente independente de mim; ele é também coercitivo, no sentido de que não posso escapar dele, mesmo que este fato seja somente um "dever moral":

> Não sou obrigado a falar francês com meus compatriotas, nem empregar as moedas legais; mas é impossível que eu faça de maneira diferente. Se eu tentasse escapar desta necessidade, minha tentativa seria lamentavelmente frustrada. Como industrial, nada me proíbe de trabalhar com procedimentos e métodos de outro século; mas se eu o fizer, certamente seria arruinado[40].

Enfim, este fato social é coletivo, o que significa dizer que o sociólogo adota uma determinada leitura do real: assim, o casamento ou o suicídio são acontecimentos individuais, suscetíveis de uma descrição psicológica (alguém se casa com alguém por este ou aquele motivo – atração, amor, interesse; outro se suicida porque teve esta ou aquela experiência dolorosa), mas o olhar sociológico deve captar estas realidades em escala coletiva, graças ao instrumento estatístico (a taxa de suicídio, que será logo examinada fazendo variar os parâmetros sociológicos: pertencimento religioso, dia da semana, idade etc.). O objeto da sociologia é o "fato social" assim caracterizado. Este objeto será apreendido segundo uma metodologia particular que marca o caráter científico do discurso sociológico e o faz assim escapar do discurso filosófico. Esta metodologia é objetivista: ela considera "os fatos sociais como coisas", o que implica romper com todo finalismo, com toda prenoção, com toda psicologia. Em suma: é preciso sociologizar a sociologia – ela deve ser uma "ciência autônoma".

O século XX respondeu às esperanças de Durkheim e a ruptura entre filosofia e sociologia está agora consumada. Isto não proíbe alguns filósofos de se aventurarem no terreno da ontologia dos fatos sociais (John Searle, por exemplo[41]), nem a alguns sociólogos roçarem a filosofia crítica (como Pierre Bourdieu[42]), mas as disciplinas evoluem agora em esferas grandemente separadas.

---

40. DURKHEIM, É. *Les règles de la méthode sociologique*. Paris: PUF, 1980, p. 5 [Quadrige].

41. SEARLE, J.R. *La construction de la réalité sociale*. Paris: Gallimard, 1998 [NRF]. Cf. tb. BENOIST, J. & KARSENTI, B. (orgs.). *Phénoménologie et sociologie*. Paris: PUF, 2001 [Fondements de la Politique].

42. BOURDIER, P. *Le sens pratique*. Paris: Minuit, 1980. • *Raisons pratiques*. Paris: Seuil, 1996 [Points Essais]. • *Méditations pascaliennes*. Paris: Seuil, 2003 [Points Essais].

41

EDMUND HUSSERL

Rudolf Bernet *

Edmund Husserl nasceu no dia 8 de abril de 1859 em Prossnitz, na Morávia. Após seus estudos secundários nos liceus de Viena e Olmutz, ele frequentou as universidades de Leipzig, Berlim e Viena para estudar astronomia, matemática e física. Após defender seu doutorado sobre a teoria do cálculo das variações, ele se dedica à filosofia e se torna aluno de Franz Bretano (1838-1917) e Carl Stumpf (1848-1936). É sob a direção deste que ele conclui em Halle sua tese de habilitação *Sobre o conceito de número* (1887). Depois de quinze anos, passando por dificuldades materiais em Halle como *livre-docente*, ele se dedica à carreira de professor de filosofia, inicialmente em Göttingen, de 1901 a 1916, depois em Friburgo até tornar-se professor emérito em 1928.

Entre seus jovens colegas e alunos em Göttingen, destacam-se mais particularmente Adolf Reinach (1883-1917), Alexandre Koyré (1892-1964) e Edith Stein (1891-1942). Alguns deles seguem o mestre até Friburgo, onde logo se juntarão a novos alunos, como Martin Heidegger (1889-1976), Eugen Fink (1905-1975), Rudolf Carnap (1891-1970), Jan Patocka (1907-1977), Emmanuel Lévinas (1906-1995) e outros jovens fenomenólogos promissores. Husserl não para de escrever e publicar até sua morte, em 27 de abril de 1938. Ele deixa a seus herdeiros em torno de 40.000 páginas de manuscritos inéditos em estenografia, cuja publicação é assegurada desde 1950 pelos Arquivos Husserl de Louvain, seguidos pelos Arquivos de Colônia e de Friburgo. Essa grande empresa de edição crítica das obras na coleção *"Husserliana"* chegar à quantidade de nada menos do que 70 volumes.

O contexto histórico no qual o pensamento husserliano se formou foi marcado pelo êxito de uma nova psicologia – Hermann Helmholtz (1821-1894), William James (1842-1910), Franz Brentano, Carl Stumpf) –, pelas pesquisas sobre a fundação da

---

* Professor agregado de Filosofia. Universidade de Louvain (K.U. Louvain).

Edmund Husserl 413

matemática – Carl Friedrich Gauss (1777-1855), Bernhard Riemann (1826-1866), Georg Cantor (1845-1918), Leopold Kronecker (1823-1891), Carl Weierstrass (1815-1897) –, pela renovação da lógica e da teoria do conhecimento – Bernhard Bolzano (1781-1848), John Stuart Mill (1806-1873), Gottlob Frege (1848-1925), Alexius Meinong (1853-1920) – e pelo nascimento de uma teoria da linguagem – Charles Sanders Peirce (1839-1914), Anton Marty (1847-1914). Dentre os autores clássicos, Husserl interessou-se primeiramente pelos empiristas ingleses – Locke (1632-1704), Berkeley (1685-1735) e principalmente Hume (1711-1776), para se dedicar em seguida às obras de Kant (1724-1804), Fichte (1762-1814), Descartes (1596-1650) e Leibniz (1646-1716). Os contemporâneos que mais contribuíram para seu pensamento foram Franz Brentano e sua escola, os neokantianos Paul Natorp (1854-1924) e Heinrich Rickert (1863-1936), Wilhelm Dilthey (1833-1911) e Gottlob Frege.

Nesse contexto, tendo em vista que a formação intelectual de Husserl foi matemática (Weierstrass) mais do que filosófica (Brentano), não é nada surpreendente que seus primeiros trabalhos tratem de aritmética e de lógica numa perspectiva que foi mais psicológica (ou mesmo psicologista) do que fenomenológica. Os "fenômenos" analisados por sua "fenomenologia" serão sempre dados vividos pela consciência, mesmo que esta venha a mudar de estatuto mais de uma vez. Da mesma forma, o que se manifesta nesses fenômenos da consciência intencional permanecerá uma "objetidade", quer ele seja um objeto lógico ou um objeto da percepção sensível, quer ele seja um objeto temporal ou um objeto ideal. De todos esses objetos, o fenomenólogo só irá se deter naquilo que aparece quando eles são "visados" intencionalmente pela consciência. Sucintamente definida, a fenomenologia de Husserl se apresenta assim como uma ciência da correlação intencional entre diversos tipos de atos da consciência e diferentes modos de objetos intencionais.

Objeto e método da fenomenologia – O desenvolvimento do pensamento husserliano

Mas para que serve o estudo fenomenológico desta correlação intencional, qual é o objetivo que a fenomenologia de Husserl persegue? Mesmo que ele dedique longas e minuciosas análises dos atos "axiológicos" que se remetem ao "valor" (ética, estética...) de certos objetos, e mesmo que se encontre em Husserl uma verdadeira fenomenologia da vontade e da ação, pode-se dizer que seu principal objetivo é justificar a "validade" de uma afirmação ou de uma "posição" que diz respeito à existência dos objetos intencionais. Para tal teoria fenomenológica do conhecimento, toda pretensão à existência ou ao "ser-real" dos objetos só pode se justificar pela forma a partir da qual os objetos "se dão" ou "se constituem" nas vivências da consciência intencional. Algumas dessas vivências são mais aptas do que outras para garantir a existência de seus objetos intencionais: são atos que não visam apenas seus objetos, mas os apreendem intuitivamente. Portanto, a ciência fenomenológica de Husserl estará vinculada mais particularmente ao estudo dos atos intuitivos (quer eles sejam sensíveis ou intelectuais) e à maneira pela qual os atos privados de intuição alcançam um dado intuitivo de seus objetos a partir de uma "síntese de realização intuitiva". É inerente o fato de que se trata, no mais das vezes, de um processo que comporta numerosas etapas e, portanto, é possível se referir a "graus" de verdade à medida que um fim intencional de um objeto é mais ou menos intuitivamente "realizado". O caso de uma realização "adequada", isto é, o caso em que o objeto visado fosse dado intuitiva e exatamente tal como foi visado, é uma exceção e não a regra.

Sendo o objeto da fenomenologia assim definido como a correlação intencional entre os atos de consciência e seus objetos e sendo o objetivo da fenomenologia assim definido como a justificação de nossa crença na existência dos objetos e do mundo, resta, então, mostrar como a fenomenologia se torna a ciência deste conhecimento verdadeiro. O primeiro obstáculo a superar é o de compreender como se pode obter uma ciência da consciência, se esta consciência é um conjunto de vivências psíquicas multiformes, que aparecem e desaparecem incessantemente. Para Husserl, isso só se torna possível se os atos são descritos do ponto de vista de sua estrutura invariável ou "essencial". Portanto, a fenomenologia se distinguirá doravante da psicologia empírica como uma ciência "eidética" (que trata da essência) dos atos da consciência; ela será uma "psicologia pura". Essa primeira ruptura com o empirismo "psicologista" de seu tempo constituía, aos olhos de Husserl, uma verdadeira "abertura".

Uma segunda "abertura" decisiva no desenvolvimento da ciência fenomenológica foi a introdução da "redução fenomenológica". Assim como a "redução eidética" das vivências da consciência, essa nova redução foi primeiramente inspirada por considerações metodológicas. De fato, se essa ciência pretende dar conta da possibilidade de um conhecimento verdadeiro da realidade e se ela se liga, para tanto, ao estudo da forma pela qual a consciência se remete intuitivamente aos objetos reais, então sua análise da consciência deve se isentar de qualquer preconceito no que concerne à realidade empírica. Dito de outra forma, se pretendermos demonstrar como a pretensão à existência desta realidade só pode se justificar pela consciência intencional intuitiva (ou "evidência"), logo, esta não pode mais ser tomada como realidade empírica, a menos que se envolva num círculo vicioso. Portanto, é necessário que a consciência intencional seja "purificada" de toda apercepção empírica, que ela não seja mais entendida como pertencendo a uma pessoa empírica ou como pertencendo ao mundo real. É por isso que Husserl apresenta com frequência a redução fenomenológica como um processo que conduz a uma exclusão, um "pôr entre parênteses"

Edmund Husserl

de nossa crença na existência do mundo. Mas é necessário ser mais preciso: se essa crença é "suspensa" e se a consciência é purificada de toda apercepção mundana, é precisamente para dar conta da realidade e do conhecimento verdadeiro do mundo de forma crítica, o que significa não prejulgá-lo de maneira dogmática.

Essa "justificação" do conhecimento verdadeiro dos objetos realmente existentes (ou somente possíveis) por uma consciência intuitiva purificada forma o objeto da fenomenologia "transcendental". Esta se fixa como tarefa descrever "a correlação" entre a consciência pura e seus objetos intencionais. Mais precisamente, ela mostra como um conjunto unificado e coerente de atos intencionais "constitui" ou constrói progressivamente o sentido de ser-efetivamente-real dos objetos do mundo.

As diferentes etapas do desenvolvimento do pensamento husserliano lidam com as diversas maneiras de se reconsiderar a questão da origem subjetiva dos objetos, especialmente dos objetos ideais. O sentido da noção de "origem" se modificará progressivamente à medida que a origem dos objetos ideais for tratada no quadro de uma fenomenologia ainda impregnada de psicologismo, de uma fenomenologia estática ou de uma fenomenologia genética que desemboca numa filosofia da história. Do mesmo modo, o estatuto do "objeto ideal" evoluirá de um desconhecimento inicial (sua redução a uma consciência empírica) para uma concepção logicista ou platônica (afirmação de sua independência em relação a toda vivência da consciência), para desembocar finalmente em uma análise transcendental-constitutiva que irá considerar todos os objetos constituídos (aqueles da lógica, mas também os objetos culturais ou os da percepção sensível) como sendo diferentes tipos de objetos ideais.

O "espectro" do psicologismo

Retomando mais detalhadamente a questão do desenvolvimento histórico do pensamento de Husserl, é possível dizer que sua primeira etapa foi caracterizada por uma grande hesitação entre o psicologismo e o logicismo na análise da fenomenologia dos objetos ideais da aritmética e da lógica. O psicologismo dos primeiros escritos de Husserl, tão criticado por Frege, consistia em dar conta do conceito de número a partir de sua gênese psicológica nos atos de percepção seletiva e de coleção unificante. Esta posição defendida na *Filosofia da aritmética* (1891) foi logo abandonada por Husserl e substituída, no primeiro volume das *Investigações lógicas* (*Prolegômenos à lógica pura*) de 1900[1], pela posição diametralmente oposta de um logicismo de tipo platônico, segundo a qual os objetos lógicos existem independentemente de todo pensamento humano. A oposição entre essas duas concepções ilustra bem a di-

---

1. Há uma publicação desta obra em português: *Investigações lógicas*. Lisboa: Centro de Filosofia da Universidade de Lisboa, 2007 [Tradução de Carlos Aurélio Morujão] [N.T.].

ficuldade de Husserl em conciliar seu programa de uma análise da origem subjetiva dos objetos da aritmética e da lógica com o reconhecimento de seu caráter objetivo e ideal. É apenas no segundo volume das *Investigações lógicas*[2] (1901) que Husserl conseguirá superar esta dificuldade.

Fenomenologia transcendental estática

A segunda etapa no desenvolvimento do pensamento de Husserl se deu essencialmente pela introdução da redução fenomenológica transcendental e pela análise fenomenológica estática da percepção sensível. Essa nova concepção da fenomenologia atinge seu término nas *Ideias diretrizes para uma fenomenologia* (1913). Do ponto de vista metodológico, essa obra se destaca pela introdução de um idealismo transcendental que faz a existência de todo objeto da existência depender de uma consciência constituinte. É somente graças a esta tomada de consciência dos objetos enquanto fenômenos puros (ou "noemas") que a fenomenologia pode descrever a correlação entre as vivências intencionais (ou "noesis") e seus objetos noemáticos, sem ultrapassar os limites traçados pela redução fenomenológica. Portanto, os "fenômenos puros" da fenomenologia compreenderão doravante, além dos atos de consciência, seus objetos intencionais. Assim, o próprio mundo real se torna um fenômeno, isto é, algo que se dá e se constitui progressivamente no curso da experiência. Como a fenomenologia transcendental se interessa principalmente pelo conhecimento verdadeiro do mundo, compreende-se melhor porque ela atribui tanta importância à análise da percepção sensível. Apreendida em sua significação transcendental, isto é, constituinte, esta percepção não é apenas a descoberta de uma coisa do mundo, mas a justificação de seu sentido e de sua realidade sobre a base de sua doação intuitiva.

Além de sua contribuição decisiva no esclarecimento fenomenológico do velho "enigma" da existência do mundo e de um conhecimento verdadeiro atribuído a este mundo, a análise transcendental da percepção em Husserl conduz também a uma concepção original da finitude do sujeito transcendental, assim como a uma análise fenomenológica de novas formas de vivências intencionais (imaginação, lembrança, empatia) e de sua estrutura temporal. Sem dúvida, são estas análises minuciosas das diferentes formas da consciência intencional, de sua estrutura temporal e dos diferentes modos de ser do sujeito transcendental (ego, mônada, pessoa, comunidade intersubjetiva e generativa) que elas implicam, que constituem a mais fecunda e durável contribuição da fenomenologia husserliana à filosofia contemporânea.

---

2. Há uma publicação em português da sexta parte desta obra: *Investigações lógicas* – Sexta investigação: elementos de uma elucidação fenomenológica do conhecimento. São Paulo: Nova Cultural, 1988 [Seleção e tradução de Zeljko Loparic e Andréa Maria Altino de Campos Loparic] [N.T.].

Edmund Husserl

Contrariamente à percepção "interna" de uma vivência da consciência, a percepção "externa" de uma coisa espacial se caracteriza por um fim intuitivo que permanece necessariamente "inadequado". Ao visar a coisa em sua totalidade, cada percepção deve de fato se contentar com uma doação apenas parcial ou, parafraseando Husserl, com simples "esboços" (*Abschattungen*) da coisa. É verdade que no curso do processo perceptivo novos esboços são oferecidos, um após o outro, ao sujeito, mas não é menos verdade que nenhum deles (nem mesmo sua soma) jamais realiza um dado total e definitivo de todos os aspectos da coisa. Portanto, o processo de percepção de uma coisa espacial é marcado por uma finitude insuperável, e esta se manifesta sob a forma de um progresso indefinido, isto é, ilimitado do processo perceptivo.

Se a intuição, no sentido duplo da percepção sensível e da "intuição das essências", é mesmo o modo fundamental do conhecimento transcendental, Husserl confere, entretanto, o maior cuidado à análise das formas derivadas da consciência intuitiva, tais como os atos de "lembrança" (*Wiedererinnerung*), de "imaginação" (*Phantasie*) e de "empatia" (*Einfühlung*). Estes são denominados por Husserl como atos de "presentificação" (*Vergegenwärtigung*), isto é, os atos intencionais cujo objeto, ainda que intuitivamente dado, não está imediatamente presente.

O exemplo ao mesmo tempo mais simples e mais esclarecedor deste ato de presentificação é a lembrança. O objeto intencional da lembrança é um objeto passado ou, mais precisamente, o objeto de uma experiência passada. Este objeto me é dado intuitivamente no ato presente da lembrança, mas não como presente e sim como pertencendo ao passado. Na lembrança, a consciência intencional realiza a façanha de tornar presente o passado, sem confundi-lo com um objeto que não deixa de estar presente, isto é, conservando ao mesmo tempo seu caráter passado. De acordo com Husserl, esta lembrança se distingue essencialmente de uma percepção pelo fato de ser a vivência da "reprodução" de uma percepção anterior. É nisso que a lembrança se assemelha ao ato de uma imaginação intuitiva. Esta é uma "quase percepção", isto é, a percepção de uma cena ausente "como se" ela estivesse efetivamente presente. Ao invés de ser, como a lembrança, a reprodução de uma percepção anterior, a imaginação seria então a reprodução produtiva de uma percepção fictícia.

Com a empatia, a consciência presente dá um passo a mais na conquista fenomenológica da ausência. Enquanto o objeto intencional da lembrança e da imaginação, estando ausente, permanece essencialmente ligado à minha consciência, este não é mais o caso em relação à consciência dos outros, tal como eu o "apresento" em meu ato de empatia. Porém, a consciência do outro não me é inacessível por isso, pois ela se dá em mim através da camada "expressiva" do corpo do outro. O corpo expressivo do outro me dá assim acesso à sua vivência, ao mesmo tempo em que me faz compreender, como Husserl se apressa em acrescentar, que essa vivência permanece para mim (mas não para o outro) inacessível.

Sem entrar nos pormenores dessas análises prodigiosamente inovadoras de uma consciência presente que tem em vista algo que escape à presença, é preciso reter pelo menos duas coisas: primeiro, não se pode qualificar a fenomenologia husserliana da consciência transcendental como uma "metafísica da presença" – como faz Derrida (1930-2004) na sequência de Heidegger; e segundo, a fenomenologia de Husserl é, em sua expressão mais radical, uma fenomenologia da temporalidade da consciência. De fato, é de sua essência temporal que a consciência intencional retira seu poder de ir ao encontro da ausência (seja em referência ao passado e ao futuro, a um mundo imaginário ou à vivência inacessível de outro sujeito). Longe de coincidir consigo mesma, a consciência está sempre afastada de seu ponto de irrupção no agora. Ainda que esteja sempre passando, a consciência tem o poder de "reter" seu passado e de voltar a ele posteriormente num ato de lembrança. Retendo numa das mãos suas experiências passadas e estendendo ("protensão") a outra mão em direção às experiências futuras vindouras, a consciência, em sua presença passageira, é sempre a herdeira de uma consciência passada, que ela não para de ultrapassar ao se abrir a novas experiências. Compreende-se melhor, desde então, como esta meditação sobre a essência temporal da consciência está na origem de uma recriação da fenomenologia, que conduz ao abandono da análise estática de uma correlação intemporal entre *noesis* e *noema* em favor de uma nova fenomenologia genética.

Fenomenologia transcendental genética

Com a fenomenologia transcendental genética, chegamos à terceira etapa do desenvolvimento do pensamento de Husserl. Entre as obras publicadas em vida, nos reportaremos preferencialmente às *Meditações cartesianas* (1931, § 37-39). É possível dizer que a fenomenologia genética se ocupa da "gênese" dos atos de consciência transcendental e de seus objetos intencionais e que, assim, ela se debruça sobre formas de experiência que precedem e tornam possíveis as correlações intencionais que a fenomenologia estática estuda. O fato de que todo ato intencional tenha uma gênese significa que ele traz consigo a herança de outros atos que o precederam e que influenciam sua maneira de apreender as coisas e o mundo. Da mesma forma, a maneira como se mostram as coisas e o mundo testemunha um trabalho anterior de constituição de seu sentido. Por conseguinte, a fenomenologia se interroga agora não apenas acerca dos fenômenos dados, mas também a respeito daquilo que é "prédado" à consciência. Husserl insiste particularmente sobre o fato de que a gênese dos atos é uma questão de passividade ou de "síntese passiva". Esta síntese passiva, que já estabelece vínculos entre diversas vivências da consciência antes de qualquer ativi-

Edmund Husserl 419

dade e antes de qualquer "tomada de posição" por parte do sujeito, realiza-se principalmente sob a forma de "associações": uma vivência se associa por si mesma (por semelhança ou contiguidade) a uma outra e "desperta" ou convida assim o sujeito a se orientar explicitamente em direção a esta unidade passivamente assumida.

Com a investigação das sínteses passivas, a fenomenologia genética se abre a uma série de novos fenômenos. São antes de tudo fenômenos do despertar da atividade subjetiva (o sono e o despertar, o nascimento, o interessar-se, uma conversão que conduz a um novo estilo de vida...). São posteriormente fenômenos de preservação das aquisições da atividade subjetiva (formação de hábitos da vida transcendental, de competências subjetivas, de estilos de vida individual...). A consideração das sínteses passivas conduz assim a uma remodelagem do conceito da subjetividade (e da intersubjetividade) transcendental: na medida em que cada ato se envolve numa cadeia associativa com outros atos (passados, futuros, efetivos e possíveis), e o sujeito está indissociavelmente implicado num conjunto ilimitado de atos, a subjetividade transcendental, longe de ser um simples polo de identidade (como em Kant e no primeiro Husserl), está carregada de conteúdos de experiência e se concretiza individualizando-se. Nas palavras de Husserl, o sujeito transcendental se faz "mônada" ou "pessoa". Como a mônada transcendental sempre está necessariamente, no curso de sua experiência subjetiva, com a vida de outras mônadas, a subjetividade, no sentido da fenomenologia genética, é sempre "intersubjetiva", isto é, uma comunidade de vida transcendental. Essa comunidade transcendental passa, em seguida, a objetivar-se no mundo através de diversas formas de instituições ético-sócio-políticas cuidadosamente repertoriadas pela filosofia social de Husserl.

Mas a fenomenologia genética não se interessa apenas pela gênese das atividades subjetivas, pelo nascimento e desenvolvimento de uma vida transcendental pessoal, pela formação de comunidades transcendentais cada vez maiores; ela se ocupa também da gênese dos objetos da consciência intencional. Assim como as vivências subjetivas, os objetos intencionais jamais aparecem isolados, mas, ao contrário, como se estivessem ligados entre si, remetendo uns aos outros no seio de um mesmo mundo. Isso foi estabelecido desde a fenomenologia estática, que já havia demonstrado como cada objeto intencional fazia parte de um "horizonte intencional" que implica outros objetos. O que é novo na fenomenologia genética é que esta doação horizontal do mundo (assim como de todo objeto deste mundo) é examinada enquanto gênese. Verifica-se assim que a doação de um objeto não remete apenas àquela de outros objetos (passados, futuros, implicitamente "covisados", aparentes e invisíveis ou escondidos), mas que ela sempre pressupõe imediatamente a "prédoação" (*Vorgegebenheit*) de um mundo. Esse mundo nos aparece com um sentido que se constituiu seja por nós mesmos, ou pela herança da atividade constitutiva das gerações precedentes. É possível, por conseguinte, compreender mais claramente o modo pelo qual a fenomenologia genética, após evidenciar diversas formas de comunidade transcendental que implicam várias gerações e diferentes "mundos familiares" (*Heimwelten*), transformou-se em uma fenomenologia da história que se preocupa com o devir racional da humanidade inteira.

É preciso ainda mencionar pelo menos esse outro vasto campo de pesquisa da fenomenologia genética que diz respeito à gênese dos julgamentos e das categorias lógicas a partir de experiências "pré-predicativas", por exemplo, a percepção de "tipos" de objetos sensíveis. Essa "genealogia da lógica", que valoriza a dívida do pensamento formal em relação à experiência sensível e do "mundo da vida" (*Lebenswelt*), foi exemplarmente conduzida nessa obra essencial de Husserl que é a *Lógica formal e transcendental* (1929) assim como em *Experiência e julgamento* (1939), obra póstuma editada por Ludwig Landgrebe.

Fenomenologia transcendental da história

A obra mestra do último período de seu pensamento, na qual Husserl se interessa cada vez mais pela fenomenologia da história, é *A Crise das ciências europeias* (1936-1937). Num contexto de crise que afeta ao mesmo tempo o fundamento interno das ciências objetivas e sua relação com as "necessidades da vida", Husserl conclui sobre a necessidade de um exame fenomenológico da história do pensamento científico e de suas derivas. Esse "questionamento regressivo" (*Rückfrage*) da história deve nos conduzir a uma "reativação" da "evidência original" a partir da qual o pensamento científico levantou seu voo. Portanto, trata-se ainda de uma fundamentação fenomenológica da validade dos objetos ideais da ciência a partir de uma intuição transcendental originária, mas essa origem transcendental está agora compreendida como um fato histórico e, mais precisamente, como um "fato histórico transcendental". Isso significa pelo menos três coisas: 1) que essa origem intuitiva transcendental só é acessível a partir do questionamento de uma intencionalidade que é de natureza histórica; 2) que essa origem intuitiva é solidária com o contexto histórico de um "mundo da vida" particular; 3) que a fenomenologia é levada a se interrogar sobre o sentido e a possibilidade de "transmissão" histórica de uma evidência original e de sua significação universal para a humanidade inteira.

Todas essas novas tarefas da fenomenologia transcendental têm em comum o fato de torná-la particularmente atenta às diversas formas de enredo originário entre uma origem histórica e seu destino (*telos*) racional, entre o sentido ideal de uma evidência científica de aplicação universal e sua inscrição numa linguagem específica, entre as necessidades transcendentais e a facticidade dos acontecimentos empíricos. Isso equivale a dizer que essa nova fenomenologia da história, ao valorizar uma "facticidade transcendental", é levada a repensar inteiramente seu próprio caráter eidético. A reflexão sobre os fenômenos das "crises" de sentido é que constitui incontestavelmente a contribuição mais original da fenomenologia de Husserl para a filosofia da história, tendo em vista que a transmissão histórica do sentido nunca está ao abrigo de uma perda de sentido.

Essa nova concepção de uma historicidade transcendental evidencia bem a tensão entre o empirismo e o idealismo transcendental que atravessa toda a obra de Husserl. De um lado, ele se dedicará, com sua minúcia habitual, à "sedimentação" e à "encarnação" das instituições transcendentais na linguagem escrita e prestará muita atenção às formas da "auto-objetivação" (*Selbstobjektivation*) ou da "mundanização" (*Verweltlichung*) do sujeito transcendental. Por outro lado, ele não renunciará jamais à ideia de que a história dos fatos pressupõe o *a priori* de uma "teologia universal da razão" da qual a fenomenologia transcendental deve ser a guardiã.

42

O EMPIRISMO FILOSÓFICO FRANCÊS: BIRAN, BERGSON, DELEUZE

Arnaud Bouaniche *

Maine de Biran (1766-1824), Bergson (1859-1941) e Deleuze (1925-1995) são três figuras maiores que demarcam, sobre dois séculos, uma corrente de pensamento original da filosofia francesa ligando entre si obras singulares cuja filiação deriva não da adesão explícita a uma doutrina constituída, mas da convergência de uma inspiração que podemos denominar "empirista", em um sentido, entretanto, distinto daquele que atribuímos classicamente a esse termo quando o relacionamos à tradição anglo-saxã. Para esse empirismo, com efeito, a experiência não funciona no quadro limitado de uma teoria crítica do conhecimento exibindo a origem sensível de nossas ideias. Quer se trate de um esforço de sentimento em Biran, de intuição em Bergson, ou do choque produzido pelo objeto transcendente sobre nossas faculdades em Deleuze, cada vez a experiência impõe algo de "novo", que não pode ser nem deduzido, nem construído, mas somente encontrado ou reencontrado, em favor de um contato imediato animando uma renovação do que significa pensar.

Certamente de Biran a Deleuze, esse empirismo não cessa de se transformar, e perde assim, em sua versão deleuzeana, ao mesmo tempo sua dimensão reflexiva – em virtude da qual a experiência envolve um ato de apercepção de si –, mas também seu caratér metafísico, compreendendo por metafísico sua abertura sobre um conhecimento do real, assim como seu alicerce psicológico, a experiência suprimindo-se em Deleuze de toda referência a uma interioridade subjetiva. Além disso, o empirismo deleuzeano permanece completamente estranho às considerações religiosas, que, ao contrário, são decisivas nas últimas filosofias de Bergson e de Biran, mesmo se a experiência de comunicação com Deus se faça, em Biran, sobre o fundo de uma experiência anônima e impessoal, conquista pela ação enér-

---

* Professor de Filosofia. Gondecourt.

O empirismo filosófico francês: Biran, Bergson, Deleuze

gica de um processo de dissolução do Eu que se afina com uma das maiores opções da filosofia deleuzeana[1].

Mas, além dessas diferenças reais, a unidade profunda desse empirismo repousa sobre uma recusa de toda filosofia que, racionalista ou sistemática, pretende engendrar por si mesma seu próprio movimento, resgatar de maneira dedutiva seu princípio, refletir sobre um objeto dado com antecedência. Há nessa abordagem *a priori*, que se atém a um uso lógico do pensamento, uma tendência da qual Biran, Bergson e Deleuze têm a intenção de denunciar o caráter vago, arbitrário e geral e, segundo os termos de Deleuze (que valeriam do mesmo modo para seus predecessores), o "passe de mágica dialético, no qual nada mais se faz do que reencontrar o que já de início estava dado e de onde só tiramos as coisas que aí tinham sido colocadas"[2]. Os três pensadores reclamam, ao contrário, o movimento da experiência real, que se apoia a cada vez sobre a "vida" como tema ofensivo de suas filosofias. Essa referência à vida adquire certamente um sentido diferente para cada um: como "vida interior" em Biran, "biológica" em Bergson, "produção imanente do real" em Deleuze. Ainda assim a vida é o núcleo original de uma perspectiva comum em que ela não é objeto nem de uma intuição intelectual que a visaria como uma essência, nem de uma fenomenologia que se esforçaria por descrevê-la sob a forma de vividos da consciência. Ela inspira preferencialmente um "empirismo genético" que exprime a recusa de reconduzi-la aos recortes admitidos pela filosofia: da decomposição espontânea das faculdades em Biran ao *"tout fait"* (fato qualquer) e ao *"déjà donné"* (já dado) em Bergson, aos universias e às condições abstratas em Deleuze. Todos exigem de preferência uma explicação das coisas de que podemos dizer que é "real", em que ela invoca não princípios primeiros, mas uma experiência singular (de esforço, de duração e de pensamento), fonte a cada vez de uma diferença que muda tudo, visto que a partir dela a necessidade aparece para o pensamento rompendo com seus quadros preexistentes (o sensualismo de seus contemporâneos em Biran, o espaço em Bergson, a representação em Deleuze), para se compreender tudo de outra maneira.

Biran e a fundação de um "novo empirismo"

Em seu *Quadro da filosofia francesa* (*Tableau de la philosophie française*) de 1962, Jean Wahl (1888-1974) credita a Maine de Biran ter inventado "um novo empirismo"[3].

---

1. Cf. DELEUZE, G. "L'Immanance: une vie". *Deux régimes de fous*. Paris: Minuit, 2004.

2. DELEUZE, G. *Proust et les signes*. Paris: PUF, 2003 [Quadrige]. Há uma publicação em português desta obra: DELEUZE, G. *Proust e os signos*. 2. ed. Rio de Janeiro: Forense Universitária [Tradução de Antonio Carlos Piquet e Roberto Machado] [N.T.]

3. WAHL, J. *Tableau de la philosophie française*. Paris: Gallimard, 1962, p. 72. Encontramos essa mesma expressão, sempre a propósito de Biran, nos escritos de Dominique Janicaud (1937-2002), em *Ravaisson et la métaphysique*. Paris: Vrin, 1997, p. 142.

O projeto de Biran parece, entretanto, inscrever-se à primeira vista em continuidade com o racionalismo de Descartes (1596-1650), visto que, na sequência dele, ele repousa inteiramente sobre a compreensão de uma verdade primeira absolutamente evidente conquistada pelo sujeito. Mas, contrariamente a Descartes, essa verdade não deriva para Biran de uma evidência do entendimento obtida somente com os recursos do pensamento, uma vez descartada a experiência sensível. Ela surge de preferência dessa experiência mesma: quando o entendimento se esforça, o eu (*moi*) experimenta segundo Biran uma resistência que lhe permite, por diferença com o termo resistente, tomar consciência de si-mesmo como causa. A força que se ergue por ocasião dessa experiência é denominada "hiperorgânica" por Biran, porque ela não resulta nem de uma combinação dos orgãos entre si, nem de uma causalidade exterior, mas de uma origem que se faz reconhecer como independente: a vontade. A polarização da apercepção imediata interna sobre a atividade do eu (*moi*) abre a via de um empirismo singular.

Esse empirismo se distingue, ao mesmo tempo, daquele de Condillac (1715-1780), do qual ele é, aliás, muito próximo em seus inícios, e daquele de Hume (1711-1776).

No empirismo sensualista de Condillac, igualmente partilhado por aquilo que se convencionou chamar em torno do século XIX a "ideologia", ou seja, essa ciência das ideias e da origem de nossos conhecimentos destinada a substituir a metafísica, Biran opõe, com esforço voluntário, uma experiência interior irredutível à experiência exterior das sensações. O que Biran reprovara, portanto, também em seus predecessores, uma vez reconhecida com eles a insuficiência de toda abordagem *a priori*, bem como a abstração dos sistemas, era uma imperfeição do empirismo, ou seja, a atenção concedida à estrutura de nossa experiência, na qual lhes faltava uma dimensão essencial. Com esforço, Maine de Biran ultrapassa o ponto de vista estático e descritivo dos ideólogos, que se atendo aos fenômenos físico-fisiológicos dados eram incapazes, por falta de perceber a natureza real do eu (*moi*), de decompor o pensamento em seus elementos últimos.

Por outro lado, diferentemente de Hume, para quem o sujeito transforma seus elementos em uma multiplicidade de impressões sem ligação, o eu (*moi*) está, segundo Biran, presente a si-mesmo em uma unidade indivisível. Acima de tudo, o eu (*moi*) se apercebe a si-mesmo como uma potência causal, da qual Biran mostra, contrariamente a Hume, que o concebeu como um efeito da imaginação; ele é realmente dado. Finalmente, contra o princípio humiano segundo o qual as relações são exteriores a seus termos, a experiência biraniana do esforço impõe a inseparabilidade dos termos da relação primitiva considerada como "unidade dual", cujos termos não são em si-mesmos fatos, mas elementos revelados por seu relacionamento.

Mas, além desse primeiro aspecto do pensamento de Biran, que poderia parecer como uma sofisticação da ideologia consistindo em desdobrar a experiência unitária dos ideólogos, ele vai dar a partir de 1861 um alcance metafísico a seu empirismo, radicalizando assim sua ruptura com seus antecessores. Biran se apoiará sobre a psicologia como sobre um domínio no qual o eu (*moi*) não é simplesmente presente a si-mesmo, mas dado como uma realidade. Tomando a existência por objeto, a psicologia se apresenta, com efeito, como uma ciência em contato com o real por excelência. Contra Kant que a destituiu de toda pretensão ao conhecimento[4], e contra o que ele denomina a "metafísica pura" à qual ele reprova de não se ater aos princípios *a priori* e a uma certeza puramente lógica, Biran se esforça por devolver à psicologia um conteúdo real fundado na experiência, a apercepção imediata do fato primitivo assegurando, com efeito, uma via de acesso direto à existência real, o que a filosofia de Kant interditou para nosso entendimento finito.

A via aberta por Biran é aquela de um empirismo de um novo gênero que, diferentemente daquele que se apoia sobre as impressões e as sensações, estabelece que a experiência não é o resultado de uma síntese ou de uma construção, mas a fonte de uma unidade real que manifesta um ato ou um ser. Para esse empirismo, a causa, a substância ou a identidade não são nem noções abstratas nem ideias da razão, mas fatos cujo modelo é a vontade; inversamente, a experiência constitui uma fonte de verdade metafísica, a impressão original do esforço servindo de modelo e de fundamento para nossos princípios (causalidade, unidade, sujeito etc.). É sobre os traços desse empirismo, embora de uma maneira diferente em cada caso, que se empenharão Ravaisson (1813-1900) e, depois dele, Bergson, o primeiro através da experiência do hábito, o segundo com a experiência do tempo. Na sequência de Biran, é consequentemente a experiência subjetiva que Ravaisson e Bergson compartilharão, e o filósofo, segundo eles, deverá antes de tudo se fazer psicólogo. Do mesmo modo, sem abandonar a experiência subjetiva, Biran ampliou em seus últimos escritos o círculo de suas investigações em direção a Deus, abrindo-se ao sentimento de uma passividade superior que excede a atividade e a individualidade do eu, e é naufragando em si mesma que a consciência acederá, em Ravaisson como em Bergson, ao princípio metafísico do real.

---

4. KANT, E. *Critique de la raison purê*. Paris: Flammarion, 2006, p. 364 [GF]. Há uma publicação em português desta obra: KANT, I. *Crítica da razão pura*. 3. ed. Lisboa: Calouste Gukbenkian, 1994 [Tradução de Manuela Pinto dos Santos e Alexandre Fradique Morujão; introdução e notas de Alexandre Fradique Morujão] [N.T.].

Bergson e o "empirismo verdadeiro"

Na *Introdução à metafísica*[5] (*Introduccion à la métaphisique*), seu artigo-manifesto retumbante, publicado pela primeira vez em 1903 na *Revista de Metafísica e Moral* (*Revue de Métaphysique et de Morale*), Bergson quer responder ao "eclipse parcial da metafísica" que atinge, segundo ele, a filosofia há cinquenta anos. Contra o pensamento sistemático alemão, principalmente o de Kant, dominante então no cenário filosófico, Bergson se esforça por reestabelecer a possibilidade e os direitos de um conhecimento do real, arruinados pelo pensamento crítico kantiano que postula uma separação irredutível, consequência de nossa finitude, entre o ser e o pensamento. Ora, esse conhecimento só é possível com a condição de que a metafísica se torne um "empirismo verdadeiro"[6]. A expressão indica claramente a direção que a filosofia deve seguir segundo ele: ultrapassar Kant sem abandonar a experiência. Mas falar de um empirismo "verdadeiro" sugere que esse empirismo singular se desfaça de um outro, aquele que se prendia a Hume e, mais próximo de Bergson, ao do associacionismo de Mill (1806-1873), Taine (1828-1893) e de Spencer (1820-1903). A originalidade desse empirismo só pode, entretanto, ficar visível por meio de um retorno ao ponto de partida de Bergson.

Esse ponto de partida, Bergson não cessa de lembrá-lo, reside na crítica de uma confusão do espaço e do tempo que nos impele a conceber esse último como uma "linha", e a distinguir nele "instantes" ou "momentos" que dele seriam como que "partes", segundo determinações que não são, portanto, temporais, mas que pertencem ao espaço: homogeneidade, descontinuidade, divisibilidade. Para atingir, ao contrário, o tempo como tal, o que Bergson denomina a "duração", é necessário precisamente suspender esse ato de concepção espacial que nós lhe aplicamos ordinariamente. O tempo aparece então em sua realidade imediata sob a forma de uma pura continuidade, segundo um ato de síntese primitiva de nossa consciência, e não como uma sequência de instantes, de acordo com o ato de representação espacial de nossa inteligência. Esse conhecimento imediato da duração, fundamento de seu empirismo, é denominado "intuição" por Bergson. A intuição constitui o modelo de um conhecimento perfeito, e designa o contato direto com uma realidade singular dada de maneira análoga ao modo pelo qual nós nos relacionamos com o tempo quando o vivemos e o sentimos, em lugar de visá-lo ou descrevê-lo. O erro do empirismo clássico, assim como o da psicologia associacionista que ele inspira,

---

5. BERGSON, H. *La pensée et le mouvant*. Paris: PUF, 1998, p. 177s. [Quadrige]. Há uma publicação em português desta obra: BERGSON, H. *O pensamento e o movente*: ensaios e conferências. São Paulo: Martins Fontes, 2006 [Tradução de Bento Prado Neto] [N.T.].

6. Ibid., p. 196.

O empirismo filosófico francês: Biran, Bergson, Deleuze 427

é justamente que ele não se atém à experiência imediata, real, e à sua estrutura própria, mas à sua reconstrução no espaço. Nesse caso, só se trata de uma representação simbólica dos estados de consciência lá onde a intuição encontraria a unidade real, ou seja, temporal do eu (*moi*). O sentido que Bergson dá à intuição não é, contudo, somente crítico. Ele nos ensina, sobretudo, que não estamos definitivamente apartados do ser, segundo o diagnóstico kantiano; trata-se de uma situação provisória e contingente, tanto quanto nós consigamos nos libertar do ponto de vista espacial de nossa consciência refletida que, embora facilite nossa ação sobre o real, separa-nos das coisas e de nós mesmos.

A tarefa que Bergson designa para a intuição consiste, então, segundo seus próprios termos, em "ir buscar a experiência em sua fonte, ou melhor, acima dessa *torção* decisiva em que ela, infletindo-se no sentido de nossa utilidade, torna-se propriamente a experiência *humana*"[7]. Bergson desloca a distinção kantiana entre "fenômeno" e "coisa em si" por aquela de dois sentidos da experiência: uma pragmática, relativa às nossas necessidades, e, outra, metafísica e direta, calcada sobre as próprias coisas. O que sugere a imagem da "torção" é que não há mais ruptura entre os dois pontos de vista, e que não se trata, portanto, de romper com a experiência, mas de mergulhar nela para reunir deste lado as divisões artificiais de nossa ação e de nossa inteligência, as articulações do real. Por isso, Bergson definiu a metafísica como a "experiência integral"[8]. Desse modo ele pretende sustentar que a realidade é integralmente acessível à experiência, e que nada há que esteja fora de seu alcance, inclusive o eu (*moi*), o mundo e Deus, da qual Kant fizera das ideias da razão inacessíveis o nosso conhecimento. A metafísica se apresenta então como um processo de conhecimento aberto que efetua, segundo o modelo matemático da integral, a integração de experiências múltiplas praticadas em diversos domínios. Decorre daí três consequências maiores para a filosofia.

A filosofia deve inicialmente transferir seus grandes problemas para o terreno dos "fatos", segundo uma modulação contínua do pensamento com o real. O empirismo bergsoniano exprime também a recusa de uma fusão com o ser em geral: o contato com o absoluto é sempre parcial, anexado a uma experiência singular e a um conteúdo empírico limitado. O empirismo implica enfim uma crítica e um abandono da exigência sistemática em filosofia: cada uma deve renunciar à ambição de ser toda a

---

7. *Matière et mémoire*. Paris: PUF, p. 205 [Quadrige] [sublinhado por Bergson]. Há uma publicação em português desta obra: BERGSON, H. *Matéria e memória* – Ensaio sobre a relação do corpo com o espírito. São Paulo: Martins Fontes, 1999 [Tradução de Paulo Neves] [N.T.].

8. "Introduction à la métaphysique". *La pensée et le mouvant*. Paris: PUF, 1998, p. 177s. [Quadrige]. Há uma publicação em português desta obra: BERGSON, H. "Introdução à metafísica". *O pensamento e o movente*: ensaios e conferências. São Paulo: Martins Fontes, 2003 [Tradução de Bento Prado Neto] [N.T.].

filosofia. Não há, portanto, verdade global e definitiva, mas uma acumulação de resultados que nutrem uma probabilidade crescente sobre "linhas de fatos" múltiplas. O empirismo, ao mesmo tempo em que convida à modéstia, preserva assim a filosofia da abstração e das soluções verbais, abordando-a em uma perspectiva segundo a qual, ao mesmo tempo em que ela entra em uma relação de colaboração essencial com as ciências, ele se torna verificável.

A influência do empirismo bergsoniano na filosofia francesa do século XX não é facilmente identificável sob os traços de uma "corrente" ou de uma "escola". Ele inspira antes obras singulares nas quais se encontra mobilizado em múltiplas perspectivas. Encontramos assim em Jean Wahl (1888-1974), que reivindica uma filiação ao empirismo metafísico de Bergson, cruzando-o e fazendo-o dialogar com o empirismo anglo-saxão, em particular com William James (1842-1910) e Alfred North Whitehead (1861-1947); ou ainda com Gilbert Simondon (1924-1989), cuja teoria da individuação exige – a partir do caso da operação técnica da moldagem, para compreender seu processo real – abandonar o esquema hilemórfico herdado de Aristóteles (384-322 a.C.), a fim de "penetrar no próprio molde para seguir o processo de aquisição da forma"[9], segundo uma atitude de pensamento estranhamente próxima da intuição bergsoniana. Por fim, ocorre que a obra que manifesta a influência e a retomada mais profunda do empirismo bergsoniano é seguramente a de Deleuze, que dele retira uma inspiração decisiva.

Deleuze e o "empirismo transcendental"

Até seu último texto, publicado em 1995, ano de sua morte, "Imanência: uma vida"[10] ("L'immanence: une vie"), Deleuze não cessou de reivindicar sua profunda vinculação ao empirismo. Não é, contudo, imediatamente em direção a Bergson – ao qual ele consagra, aliás, uma obra essencial em 1966[11] – que Deleuze se volta, mas antes em direção a Hume, desde seu primeiro livro, *Empirismo e subjetividade*[12] (*Empirisme et subjectivité*, 1953). Segundo Deleuze, a contribuição decisiva do empirismo humiano reside na crítica do sujeito substancial, no qual ele evidencia o caráter derivado e construído. Longe de ter um estatuto primitivo ou originário, o sujeito é o efeito de uma reunião de impressões contingentes que se efetua em virtude dos

---

9. SIMONDON, G. *L'Individu et sa genèse physico-biologique*. Grenoble: Jérome Millon, 1995, p. 44.

10. DELEUZE, G. *Deux régimes de fous*. Op. cit., p. 359.

11. Cf. DELEUZE, G. *Le bergsonisme*. Paris: PUF, 2004. Há uma publicação em português desta obra: DELEUZE, G. *O bergsonismo*. São Paulo: Ed. 34, 1999 [Tradução de Luiz B.L. Orlandi] [N.T.].

12. Há uma publicação em português desta obra: DELEUZE, G. *Empirismo e subjetividade*: Ensaio sobre a natureza humana segundo Hume. São Paulo: Ed. 34, 2001 [Tradução de Luiz B.L. Orlandi] [N.T.].

O empirismo filosófico francês: Biran, Bergson, Deleuze 429

princípios de associação. Deleuze retoma essa gênese empirista por sua conta para contrapô-la a todas as filosofias que dizem respeito à unidade de um sujeito dado como função constitutiva: *cogito* de Descartes, "Eu penso" de Kant, "*ego* transcendental" de Husserl. Contra essa tradição que o conecta a um ato (de juízo, de síntese ou de percepção), Deleuze pense o sujeito como resultado de uma síntese temporal passiva, a do hábito, que opera no nível de uma sensibilidade vital primária sob as sínteses ativas do entendimento e da memória. Desse modo, o sujeito não é nem quem funda ou quem explica, mas deve ser ele próprio explicado.

Porém, essa explicação supõe que adotemos uma perspectiva segundo a qual o sujeito não está ainda constituído, perspectiva que Deleuze atribui ao empirismo ter inventado, à qual ele dá o nome de "experiência pura" ou de "campo transcendental". Esses termos designam um plano de experiência neutra, impessoal, assubjetiva, anterior a toda dualidade entre o sujeito e o objeto, a matéria e a forma, o físico e o mental etc. A experiência aqui invocada não é, portanto, em nenhum caso, a dos sentidos, lugar da percepção sensível estruturada pela memória, pelo entendimento e pela razão, mas a experiência como fluxo aleatório de dados contingentes. Mais próximo dele, e seguindo essa mesma inspiração, Deleuze reencontra o "empirismo radical" de um William James, que ele descobre a partir dos dois grandes livros de Jean Wahl, *As filosofias pluralistas da Inglaterra e da América* (*Les philosophies pluralistes d'Angleterre et d'Amérique*, 1920) e *Em direção ao concreto* (*Vers le concret*, 1932).

A conquista e a exploração dessa experiência pura são o objeto daquilo que Deleuze denomina um "empirismo transcendental". O termo "empirismo" quer indicar que o pensamento só se exerce abrindo-se a um dado encontrado no instante de uma violência constitutiva. O empirismo se opõe por isso ao racionalismo como um tipo de pensamento que pretende conservar em seu poder, por si mesmo, as condições de seu exercício. Mas esse empirismo é ao mesmo tempo "transcendental" porque ele se esforça por liberar as condições do pensamento. Simplesmente essas condições concernem à experiência real e não à experiência possível, segundo uma abordagem que não opõe o fato ao direito, mas propõe uma nova repartição entre os dois domínios no qual o direito não reenvie mais, como em Kant, a uma condição de possibilidade, mas a um processo real de efetuação.

Porém, o exercício real do pensamento começa com um "choque" que violenta as faculdades impelindo-as para seu limite. Esse limite constitui para cada faculdade seu objeto "puro" ou "transcendental", aquele que o eleva a uma potência superior: o insensível para a sensibilidade, o imemorial para a memória, o impensável para o pensamento. O limite não mais define aqui as condições de uso de uma faculdade para um domínio de objeto prefigurado para esta finalidade (círculo vicioso, segundo Deleuze, do transcendental kantiano decalcado sobre o uso empírico); ele se torna antes uma espécie de "fissura" constituinte, que põe cada faculdade em um estado de impotência criadora, visto que ela é constrangida a se modificar para acolher seu objeto.

Mas se o pensamento é passivo em sua gênese, ele é, em troca, ativo em seu processo. No empirismo deleuziano a experiência comporta, com efeito, dois aspectos que remetem a dois momentos: 1) um momento patológico, no qual o pensamento é afetado por algo que o força a se exercer; 2) uma fase ativa, propriamente criativa, que funda a definição deleuzeana do pensamento como "experimentação". "Experimentar" deve-se então entender em pelo menos três sentidos: 1) o pensamento busca direções novas, inéditas, em ruptura com seu uso espontâneo e empírico; 2) ele participa de maneira ativa nessa busca e se encontra profundamente afetado, modificado; 3) ele se empenha em um processo do qual ele ignora a procedência ou o resultado. Para definir as condições desse processo, Deleuze se apoia sobre o modelo da "aprendizagem" que ele opõe ao esquema idealista do "saber". Enquanto o "saber" reenvia a um movimento puramente lógico do pensamento, no qual tudo já está dado, lançado de antemão, e onde só se trata finalmente de aplicar regras, de empregar um método, de subsumir os dados sob um conceito etc., "aprender" consiste, segundo o exemplo das relações do vivo e de seu meio, em empenhar-se na construção de respostas a dados imprevisíveis, a circunstâncias novas, abrindo-se a relações singulares cuja descoberta só se faz à medida dos encontros contingentes e arriscados.

Em seu emprego, o empirismo deleuzeano é inseparável de um "pluralismo". Em *Nietzsche e a filosofia*[13] (*Nietzsche et la philosophie*, 1962), Deleuze apresenta o "pluralismo" como uma reabilitação anti-idealista do múltiplo. Contra Platão, que não cessa de opor à multiplicidade empírica a unidade da ideia, e contra Hegel (1770-1831) que, no início da *La phénoménologie de l'Esprit* (*A fenomenologia do Espírito*)[14], faz do mútiplo (isso, aquilo, aqui, agora etc.) o elemento de uma consciência balbuciante incapaz de se elevar ao conceito, Deleuze reinvidica o pluralismo como arte filosófica cujo procedimento consiste em inventários, tipologias e combinações encarregadas de percorrer os casos singulares da experiência. O pluralismo não interroga "O que é?", questão da essência, mas "Quem?", "Quando?", "Como?", "Quanto?", "Onde?", etc., questões que definem a atitude empirista por excelência. Daí resulta a importância decisiva das conexões – que Deleuze denomina "agenciamentos" – do

---

13. Há uma publicação em português desta obra: DELEUZE, G. *Nietzsche e a filosofia*. Rio de Janeiro: Ed. Rio, 1976 [Tradução de Edmundo Fernandes Dias e Ruth Joffily Dias] [N.T.].

14. Há uma publicação desta obra em português: HEGEL, G.W.F. *Fenomenologia do espírito*. 2 vols. Petrópolis: Vozes, 1992/1993 [Tradução do alemão por Paulo Menezes, em colaboração com Karl-Heinz Efken] [N.T.].

O empirismo filosófico francês: Biran, Bergson, Deleuze   431

pensamento com os casos singulares que os violentam em seus movimentos e em seus conceitos. Simplesmente, esses casos não são nem dados brutos da sensação nem vividos da consciência. Eles remetem sempre a um material elaborado no seio de práticas diversas (filosóficas, científicas, técnicas, artísticas etc.). É que o imediato, para Deleuze, não é dado para uma consciência ou para um sujeito, mas sempre capturado em dispositivos sofisticados (obras de arte, conceitos, teorias científicas) de modo que o empirismo de Deleuze é inseparável de uma filosofia da cultura.

Certamente, de Biran a Deleuze, as características e as expectavivas do empirismo filosófico francês não cessam de variar. Mas, além de uma mesma oposição a Kant que definiria negativamente essa filiação, há um motivo comum que reúne essas obras e reenvia à sua inspiração profunda. Esse motivo é o da "novidade" que afeta a cada vez o pensamento, subvertendo-o: "perplexidade" de existir em Biran, "surpresa" diante da duração em Bergson, "choque" dos encontros em Deleuze. Essa novidade é a assinatura desse empirismo, a marca de um pensamento que não se funda em si mesmo, que não possui *a priori* as condições de seu exercício, mas que descobre, na singularidade de uma experiência, a necessidade de pensar de outro modo.

43

A ALMA DESNUDADA: DA PSICOLOGIA À PSICANÁLISE

Jean-Marie Vaysse *

A alma é inicialmente um conceito da filosofia natural: princípio de vida e de animação, ela não é uma propriedade do homem. Para os primeiros filósofos gregos, a alma (*psyché*) se caracteriza pela motricidade e possui uma natureza corporal, consistindo em uma matéria sutil (água, ar, fogo). Platão não afirma que a alma é incorporal, mas que ela é imortal e será somente com o neoplatonismo que a natureza incorporal da alma se tornará o princípio de sua imortalidade.

A alma e a imortalidade

O *Fédon*[1] articula a questão da alma com a da imortalidade pelo viés da morte de Sócrates. Pensar a morte é pensar a imortalidade como a libertação da alma e seu distanciamento do corpo. Tal é o objetivo da filosofia: elevando-se à essência das coisas, o pensamento se liberta do corpo e da mortalidade, desvelando o parentesco da alma com a ideia, e a dimensão ética dessa filiação. Conceber é abstrair-se do sensível, é também uma maneira autêntica de existir se emancipando dos prazeres, das riquezas e das honras para encontrar um bem verdadeiro. Ora, Sócrates admite que a existência de uma alma separada do corpo não é evidente. Para tanto, ele recorre a dois mitos. O primeiro é a antiga lenda que relata o retorno das almas restituídas do Hades, pois, assim como a vida engendra a morte, os vivos nascem dos mortos. Esse argumento dos contrários no eterno movimento da vida e da morte prova que ora pensar um termo é necessário aprender seu oposto e que se o pensamento re-

---

* Professor de Filosofia. Universidade de Tolouse – Le Mirail.

1. Há uma publicação em português desta obra: PLATÃO. Fedão (ou: Sobre a alma – Gênero moral). In: NUNES, B. (org.). *Diálogos de Platão*. Belém: Edufpa [Tradução do grego de Carlos Alberto Nunes] [N.T.].

A alma desnudada: da psicologia à psicanálise   433

nasce da negação, a morte é somente a vida que se esgota com o corpo. O mito da reminiscência vem apoiar essa lenda: se nosso saber é um relembrar aquilo que nós aprendemos em uma vida anterior, a alma deve preceder-se a si mesma. O argumento dos contrários permitia opor o pensamento e seu nada, o inconsciente; a reminiscência funda relativamente a ele a possibilidade de uma razão em potência, do fato da insuficiência do pensamento consciente relativamente à nossa exigência de saber e a um inferno que não é somente o Hades, mas nosso inferno pessoal, de nossos apetites os mais obscuros. Mais do que provas da imortalidade da alma, trata-se aí de hipóteses: parente da ideia, a alma não é, entretanto, uma essência e sua imortalidade deve-se conquistar. O homem adquire a imortalidade por sua práxis: segundo sua conduta, ele morrerá ou se imortalizará e se tornará divino. Kant (1724-1804) o rediz à sua maneira: a imortalidade da alma advém de uma fé racional que depende de nossa ação moral.

A função da alma de ver as ideias só pode formar uma ideia da mortalidade, que não é uma essência e só concerne à existência, advinda do devir e da física. Realidade intermediária entre o sensível e o inteligível, a alma deve se purificar esperando da morte uma libertação. Ora, enquanto individual e unida a um corpo, ela é composta; a distinção entre uma função racional e uma função desejante permite explicar a participação do inteligível e do sensível. O mito da carruagem alada no *Fedro*[2], no qual cada um dos corcéis atrai a alma para seu lado e onde o cocheiro tem o papel de instância racional, mostra que o homem é um ser cindido, arrastado por duas instâncias. Se o intelecto é, como dirá Aristóteles (384-322 a.C.), a melhor parte de nós mesmos, resta que a alma é *entelécheia*, a plena atualização do corpo. Antes de ser intelectiva a alma é, portanto, vegetativa e sensitiva, princípio das funções vitais elementares e da percepção. O problema aristotélico é o dos graus do vivo desde as formas mais elementares da vida até as mais elevadas da existência humana, culminando na vida política e na sabedoria. A dimensão escatológica que encontrávamos em Platão desaparece então em proveito da questão ético-política concernente às disposições humanas e seus diversos tipos de excelência. Com o pensamento cristão, a escatologia reencontra seus direitos: Santo Agostinho (354-430) retoma a ideia de uma alma separada do corpo de tradição neoplatônica, acentuando a dimensão da interioridade onde a consciência de si é também a via de acesso a Deus. Integrando e transformando a conceituação aristotélica, o pensamento medieval sustenta a superioridade da alma racional para afirmar sua transcendência em relação ao corpo corruptível. Santo Tomás (1225-1274) demonstra assim a imortalidade da alma apoiando-se sobre a imaterialidade do intelecto.

---

2. Há uma publicação desta obra em português: PLATÃO. *Fedro*. Vol. V. Belém: Universidade Federal do Pará, 1975 [Tradução de Carlos Alberto Nunes] [N.T.].

O espírito e o corpo

Essa tradição será integrada na psicologia racional da metafísica escolar até Wolff (1679-1754), e é Kant que a liquidará afirmando que o "Penso é o único texto da psicologia racional". Não obstante, o gesto kantiano pressupõe a revolução cartesiana que estabeleceu a distinção real da alma e do corpo, reconduzindo a pluralidade das almas à unidade da *mens*, do espírito compreendido como substância pensante. É a partir desse dualismo que opõe o pensamento e o corpo que o inconsciente vai se tornar problematizável. Com efeito, à unidade do espírito acessível ao intelecto se opõe a complexidade de um corpo acessível ao sentimento, na medida em que meu corpo não afeta em mim todo o meu ser: há em mim, no entanto, paixões da alma vindas do corpo, ou seja, representações das quais eu não sou a origem. É por isso que nossas primeiras ideias são obscuras e confusas e nos remetem ao corpo e à exterioridade em geral. Se ele é um inconsciente do pensamento, ele está, portanto, em relação com um desconhecido do corpo. Reconduzindo a multiplicidade das almas aristotélicas à unidade do espírito que, como presença a si do pensamento, esta é a primeira verdade a suspender a dúvida, Descartes (1596-1650) definiu a essência do homem como substância pensante. A dificuldade é, então, de conceber a união dessa coisa pensante com essa coisa extensa que é o corpo, matéria redutível à extensão e inteligível somente por suas determinações geométricas. Segue-se um dualismo que opõe uma metafísica do espírito a uma metafísica materialista. Ora, as dificuldades levantadas pelo mecanicismo cartesiano e o problema da união da alma e do corpo conduzirão a substituir pelo dualismo um panpsiquismo. Spinoza (1632-1677) definiu o espírito como ideia do corpo existente em ato. Somente o conhecimento dos mecanismos do corpo permitiria compreender sua união com a alma. A doutrina do "paralelismo" substitui o dualismo com uma teoria da complexidade: quanto mais um corpo é afetado por uma multiplicidade de coisas, mais o espírito que lhe corresponde as percebe distintamente. Isso não significa que as ideias que formamos sejam necessariamente verdadeiras. Na medida em que percebemos inicialmente os efeitos dos quais ignoramos as causas, tendemos a considerar que desejamos livremente as coisas, ao passo em que ignoramos os mecanismos cegos que regem nossos desejos. Se Spinoza definiu o desejo como apetite consciente de si, essa reflexibilidade do desejo não constitui sua essência, que reside no *conatus* como esforço de todo indivíduo para perseverar em seu ser.

Mesmo sendo uma filosofia do sujeito, o pensamento da Idade Clássica não deixa de pôr em questão essa subjetividade. Para os gregos, o exame da essência da alma exigia determinar o lugar dos desejos irracionais em uma topologia da alma. Para os clássicos, a redução da alma à unidade do espírito coloca o problema das ideias obscuras e confusas, que constituem a maior parte de nossas representações: o

A alma desnudada: da psicologia à psicanálise 435

que aqui está em jogo é um domínio psíquico que inclui tanto ideias falsas quanto afetos e paixões. Se esse domínio escapa de fato à influência da razão, ele pode, entretanto, tornar-se objeto de um conhecimento verdadeiro, o modelo de inteligibilidade da afetividade sendo o das ciências da natureza. A psicologia constituirá, então, seu modelo a partir de uma psicologização do *ego* cartesiano. Georges Canguilhem (1904-1995) observa que a história da psicologia como ciência do sentido interno pode "se escrever como a dos contrassensos de que as *Meditações* foram a ocasião, sem carregar sua responsabilidade"[3]. É, no entanto, por um único gesto que a constituição da psicologia passa pela crítica do cartesianismo e da ideia segundo a qual a alma "é mais fácil de conhecer do que o corpo". Malebranche (1638-1715) afirma, ao contrário, que a essência dos corpos é mais bem conhecida, pois, se nós temos uma ideia clara da extensão, não a temos absolutamente da alma. A única psicologia possível é, portanto, empírica, e é em última instância em direção à psicologia que é preciso se voltar.

A consciência

A noção de inconsciente não existe ainda e, por outro lado, a consciência não joga o papel que poderíamos demasiado rápido lhe conceder. O termo "consciência" é pouco empregado por Descartes. Utilizado por Pierre Coste em sua tradução de Locke (1632-1704) para traduzir para o francês o termo inglês *consciousness*, ele foi adotado pelos cartesianos franceses para designar a interioridade do pensamento e permitir estabelecer a imortalidade da alma. Ora, a noção permanece essencialmente equívoca, designando ora a presença a si do espírito, na verdade sua imortalidade, ora uma reflexividade mais ou menos clara das afecções do corpo. A consciência é em todos os casos uma forma de identidade da pessoa psicológica e moral e, desde que rejeitemos as ideias inatas como o faz Locke, ela se torna "sentido interno", poder de reflexão do espírito sobre suas operações. Para Locke, ela é um princípio de continuidade temporal da individualidade independente da substancialidade metafísica de uma alma.

É com o idealismo alemão que a consciência torna-se um filosofema maior. A distinção kantiana entre consciência empírica e consciência pura significa que, se todas as nossas intuições e representações nada são "se elas não podem ser recebidas na consciência", então toda consciência em sua diversidade empírica deve estar ligada a um princípio sintético que é uma consciência de si transcendental. Esta última é a condição de possibilidade de todo pensamento: ela precede toda experiência e

---

3. CANGUILHEM, G. "Qu'est-ce que la psychologie?" *Études d'histoire et de philosophie des sciences*. Paris: Vrin, 1970.

a torna possível. Ela é assim a condição da consciência empírica que se produz em diferentes graus até o inconsciente[4]. Kant retoma o problema leibniziano das pequenas percepções inconscientes: quando escuto o ruído do mar, ouço confusamente o ruído de cada vaga e gota de água que são diferenciais inconscientes cuja percepção clara do ruído do mar seria a integral. O inconsciente se esboça com Leibniz (1646-1716) como elemento genético da consciência, tornado inteligível pelo cálculo infinitesimal: a percepção consciente integra as pequenas percepções inconscientes, tornando-se assim objeto de uma análise infinita. Kant reinterpreta o inconsciente diferencial de Leibniz como a distância entre o sujeito empírico e o sujeito transcendental. Toda sensação tendo um grau de intensidade, e os diversos graus de intensidade da consciência, indo de 0 (zero) à x, constituem um jogo de variações contínuas no qual o sujeito transcendental é o grau 0 (zero), e a consciência empírica de um objeto determinado o grau x. Kant denomina "antecipações da percepção" a operação que permite a uma sensação reunir um conceito como ato do sujeito transcendental, que se torna fenômeno no sujeito empírico segundo um grau de sensação antecipada pelo trabalho inconsciente da imaginação, que é "uma arte oculta nas profundezas da alma humana". O trabalho da imaginação, que assegura a síntese da forma temporal do fenômeno e dota o conceito de uma determinação de tempo, de um esquema, para torná-lo aplicável aos objetos, pode ser dito inconsciente. A consciência transcendental kantiana é o ato de conceber, de agarrar o objeto em sua objetividade, e a revolução copernicana mostra que a objetividade do objeto é imanente a essa consciência transcendental que pressupõe a consciência comum. O problema não é, portanto, mais aquele da relação da consciência e de seu objeto, mas da consciência empírica e da consciência transcendental que a funda, ultrapassando-a. Sendo um ato e não uma coisa, a consciência se transcende sem cessar, vai além de si segundo seu movimento de negatividade. A consciência empírica se ultrapassa, portanto, para tornar-se consciência transcendental, e é assim que toda consciência é mais do que ela crê ser, que o saber é inquieto e deve avançar sem cessar.

O fenômeno da consciência vai assumir uma importância muito particular com Fichte (1762-1814) e Hegel (1770-1831) se articular em torno das noções de desejo e de pulsão. Na esteira do *conatus* spinozista e da dinâmica leibniziana, Fichte elabora a noção de pulsão como raiz do sujeito ativo. Afirmando o primado do agir, ele postula o Eu em sua oposição ao Não Eu como pulsão originária suscetível de se refletir: a consciência resulta de um choque do Não Eu experimentado pelo Eu

---

4. KANT, E. *Critique de la raison pure* – Dialectique trancendantale, II, 1: Prolégomènes. Há uma publicação em português desta obra: KANT, I. *Crítica da razão pura*. 3. ed. Lisboa: Calouste Gukbenkian, 1994 [Tradução de Manuela Pinto dos Santos e Alexandre Fradique Morujão; introdução e notas de Alexandre Fradique Morujão] [N.T.].

A alma desnudada: da psicologia à psicanálise   437

como uma inibição que se torna um sentimento enquanto unidade da passividade produzida pelo choque e da atividade própria à reflexão do Eu. Com essas noções de pulsão e inibição localizamos conceitos que reencontraremos em Freud.

A consciência se descobre então como história, compreendendo-se como a aventura de um espírito que se ergue acima da natureza que dele é, segundo Schelling (1775-1854), o passado transcendental. A *Fenomenologia do espírito*[5] de Hegel se apresenta assim como a "ciência da experiência da consciência". A fenomenologia é o romance da consciência, ao modo do romance de formação tal como o *Wilhelm Meister*[6] de Goethe (1749-1832), ele próprio inspirado no Emílio[7] (*Émile*) de Rousseau (1712-1778). Ora, esse romance é uma obra científica, pois o desenvolvimento da consciência procede de uma necessidade imanente. Aquilo que a consciência toma por verdade se revela ilusório, seu caminho é o da dúvida e do desespero. Porém, não se trata mais de uma dúvida metódica prévia como a de Descartes, mas de uma progressão na qual a consciência aprende pouco a pouco a duvidar daquilo que ela precedentemente estimou verdadeiro. Se esse caminho é trágico, é porque a consciência perde aí não somente o que ela tinha por seu conhecimento verdadeiro, mas também sua vida e sua visão de mundo. Todavia, se o resultado de uma experiência é negativo para a consciência, essa negação é sempre determinada, assentada sobre um conteúdo particular em cada caso. Essa negação é, portanto, ao mesmo tempo, posição, pois descobrindo a falsidade daquilo que ela tinha por verdadeiro a consciência descobre um novo saber. Conhecer seu erro é, portanto, conhecer outra verdade: há sempre na negação de um erro a gênese de uma verdade. A negatividade é imanente ao conteúdo e explica seu desenvolvimento necessário. Se a consciência ingênua visa desde o início o conteúdo integral do saber sem o poder atingir, é preciso que ela faça a prova de sua negatividade, permitindo ao conteúdo se desenvolver em posições particulares articulando-se segundo o movimento da negação.

A consciência é, portanto, tomada inicialmente tal como ela se dá em sua relação ao Outro, ao objeto. Porém, se esse saber do Outro é também um saber de si, o saber de si é igualmente um saber do Outro. Desse modo, o mundo é o espelho no qual nos encontramos, a consciência se revelando na história de seus objetos, descobrindo que essa história é a sua e que, concebendo seu objeto, ela se concebe a si mesma.

---

5. Há uma publicação desta obra em português: HEGEL, G.W.F. *Fenomenologia do espírito*. 2 vols. Petrópolis: Vozes, 1992 e 1993 [Tradução do alemão de Paulo Menezes em colaboração com Karl-Heinz Efken] [N.T.].

6. Há uma publicação em português desta obra: GOETHE. *Os anos de aprendizagem de Wilhelm Meister*. São Paulo: Ensaios, 1994 [Com anexo de Georg Lukács; tradução de Nicolino Simone Neto] [N.T.].

7. Há uma publicação em português desta obra: ROUSSEAU, J.-J. *Emílio ou da educação*. 3. ed. São Paulo: Martins Fontes, 2004 [N.T.].

Hegel compreende a consciência de si como um movimento dialético, cujo nervo é o desejo de reconhecimento. A consciência de si é a verdade da consciência tal como ela se realiza no entendimento, que descobre, por seu turno, que ele não conhecia nada além de si mesmo. Verdade da vida natural e abertura da vida espiritual, a consciência de si é desejo de si mesma. Percorrendo o caminho do desespero, a consciência é em cada ocasião despossuída do que ela acreditava possuir. Para Hegel, assim como para Freud (1856-1939), a verdade recalcada dá lugar a um mal-estar, pois a consciência é sempre uma separação entre o sujeito e o objeto e nunca a verdade, sua experiência caminhando entre certezas ilusórias e verdades duvidosas. Se cada etapa é uma ilusão, a verdade é a narrativa dessas ilusões perdidas e de sua autodestruição permanente. A história da consciência é, portanto, a odisseia da verdade que, da certeza sensível até o saber absoluto, percorre um caminho que é tanto o calvário da história quanto a assunção da identidade do pensamento e do ser, da substância e do sujeito.

Quando Hegel retoma a teoria aristotélica das três almas na *Filosofia do espírito na Enciclopédia*, ela é mediatizada pela filosofia moderna do sujeito. Verdade da natureza como primeiro momento do espírito subjetivo, a alma é reabilitada da antropologia, que estuda o homem enquanto pertencente à natureza: ela é inicialmente alma natural, sono do espírito próprio à alma nutriente, que se individualiza como alma sensível e se realiza como alma efetiva e pensante. A alma, permanecendo assim dependente da natureza, deve ultrapassar a antropologia em direção a uma fenomenologia do espírito, mostrando como o espírito aparece a si como consciência, objetivando-se na consciência de si e em uma luta por reconhecimento na qual se manifesta como razão universal. Unidade da alma e da consciência, o espírito como espírito livre e ativo é, então, objeto da psicologia. Se no nível da alma só há um inconsciente animal e no patamar da consciência há o desejo, é somente sobre o plano do espírito livre, como representação produtora de imagens e lembranças, que o problema do inconsciente pode se colocar. Enquanto isso, para o pensamento clássico o problema do inconsciente era visto no nível da psicologia, pois ele não é nem natureza nem simples desejo. A existência de um inconsciente irredutível à simples inconsciência supõe a representação como interiorização da intuição. Ora, se para se conservar uma intuição necessariamente singular é preciso requerer uma lembrança de si em uma imagem, não é uma, mas são múltiplas imagens do passado, adormecidas no espírito, que constituem a fonte do inconsciente, verdadeira imagem imersa "no poço da inteligência". O espírito é uma atividade cuja base é o trabalho inconsciente da imaginação finalizando-se na linguagem e no pensamento. Tendo herdado as teorias da pulsão e da interpretação do psiquismo como força, tal como encontramos em Spinoza, Leibniz e Fichte (1762-1814), Hegel não produziu, entretanto, uma teoria específica do inconsciente.

A alma desnudada: da psicologia à psicanálise

O inconsciente

Se, portanto, a filosofia dá a pensar o inconsciente, ela não o explicita nunca como instância psíquica específica. O próprio termo não satisfazia a Freud, que vai denominá-lo "*Ça*" ("Isso")[8], para retirar sua conotação negativa ou privativa. Para a psicanálise, o inconsciente designa inicialmente um outro lugar que aquele da consciência, que Freud denomina a "outra cena". Sua existência é dedutível da teoria do recalcamento: existem representações psíquicas subtraídas do campo da consciência, mas que não desaparecem, e que embora permaneçam inacessíveis, produzem efeitos que se resultam em sintomas. O traço essencial é, então, a concepção dinâmica do psiquismo: os sintomas histéricos resultam da dinâmica dos conflitos e, por extensão, toda formação psíquica repousa sobre uma dinâmica. Freud denomina "libido" o elemento energético geral de todos os processos psíquicos oposto à energia das pulsões do eu, que são as pulsões de autoconservação. A noção de pulsão é decisiva, como conceito-limite entre o psíquico e o somático: ela permite ultrapassar a dualidade tradicional da alma e do corpo, dando conta da conservação dos processos somáticos como energia psíquica. A teoria das pulsões conduz Freud a introduzir a noção de Isso (*Ça*), compreendido como reservatório da energia pulsional da qual o Eu (*Moi*) e o Supereu (*Surmoi*) são modificações. Se o Eu (*Moi*) não é redutível à consciência, ele constitui, no entanto, o polo da personalidade e o princípio de realidade, inteiramente investido pela libido em razão do narcisismo. Do mesmo modo, o Supereu (*Surmoi*) é o princípio da consciência moral, sempre remetido aos processos inconscientes na medida em que ele resulta da agressividade edipiana.

Kant deslocou o problema do Eu (*Moi*) considerando-o até então simultaneamente como unidade empírica das determinações da subjetividade e como essência do pensamento ou alma, mostrando que nosso simples conhecimento empírico do Eu (*Moi*) supõe como sua condição a unidade formal do sujeito transcendental. Se podemos dizer que para Kant, antes de Rimbaud (1854-1891), "Eu é um outro", ("*Je est un autre*"), com Freud, é o próprio estatuto do sujeito que é modificado: o Eu (*Moi*) é tomado entre o Isso (*Ça*) e o Supereu (*Surmoi*). Ele reencontra com a teoria das pulsões aquilo que os gregos pensaram como *physis* e *psyché*. Por um lado, a pulsão, articulando o somático e o psíquico, é semelhante à *physis* como processo e princípio de movimento e de repouso. Por outro, a *psyché* como *entelécheia* do corpo em nada se assemelha ao sujeito moderno. Freud utiliza desse modo a noção

---

8. Do alemão "Es"; a tradução do "Ça" francês se consagrou em português como "Isso". Cf. a esse respeito: LACAN, J. *O seminário* – Livro 2: o eu na teoria de Freud e na ténica da psicanálise. Rio de Janeiro: Zahar, 1985 [Tradução de Marie Christine Laznik Penot, com a colaboração de Antonio Luiz Quinet de Andrade] [N.T.].

de psiquismo para recusar o estatuto constituinte do sujeito moderno. Se há, portanto, uma contribuição da psicanálise para a filosofia, esta não é nem a ideia de um determinismo psíquico nem a distinção entre consciente e inconsciente, nem ainda a clivagem do sujeito apontada por Kant, que importam aqui. Cornelius Castoriadis (1922-1997) sublinha que, referindo-se ao mito platônico da carruagem alada, que o que a psicanálise mostra "é, de preferência, a pluralidade de sujeitos contidos em um mesmo invólucro – e o fato de que se trata, a cada vez, inteiramente de uma instância que possui os atributos essenciais do sujeito"[9]. Longe de ser uma destituição do sujeito, a psicanálise elucida sua estrutura: ela é uma teoria da *psyché* que nos ensina que a essência do homem não é a de ser um animal racional, mas um ser que imagina. Se, portanto, o psíquico é estranho à racionalidade, daí resulta a impossibilidade de articular representações, afetos e desejos que permanecem misturados de maneira inextrincável em uma espécie de magma que explica a ambivalência dos afetos inconscientes. Castoriadis afirma assim que a psicanálise demoliu o determinismo na vida psíquica pensando o homem como imaginação radical a partir dessa indeterminação.

Porém, Freud distingue entre princípio do prazer e princípio de realidade, processo primário e processo secundário. Definindo o sistema inconsciente no qual circula a energia psíquica, o processo primário tem por fonte o princípio do prazer segundo o qual as pulsões buscam satisfação pelo mais curto caminho. Em troca, o processo secundário, que define o sistema consciente, é regido pelo princípio de realidade exigindo que a busca de satisfação tome vias desviantes de acordo com as condições do mundo exterior. Essa distinção não é uma retomada do dualismo tradicional, pois o processo secundário é uma modificação do processo primário e o princípio de realidade uma modificação do princípio do prazer. A questão é, portanto, a rigor, a da diferença entre energia livre e energia ligada. A psicanálise se realiza, com efeito, em uma metapsicologia que é ao mesmo tempo uma tópica como teoria dos lugares psíquicos, uma economia das pulsões concernente à sua gênese, sua circulação e sua regulação segundo um princípio, e por fim uma dinâmica como determinação dos conflitos. Ora, se a economia dá conta do trabalho do psiquismo consecutivo à sua ligação ao somático, a dinâmica supõe um dualismo pulsional que exige a ruptura com o monismo libidinal e a elaboração da oposição entre pulsão de vida e pulsão de morte.

Com a pulsão de morte a psicanálise se confronta com um problema "transcendental", pois a questão que se coloca é aquela de um "além do princípio do prazer",

---

9. CASTORIADIS, C. "Psychanalyse et philosophie". *Fait et à faire*. Paris: Seuil, 1997, p. 143. Há uma publicação em português desta obra: CASTORIADIS, C. *Feito e a ser feito*. Rio de Janeiro: DP&A, 2007 [Tradução de Lílian do Valle] [N.T.].

admitindo-se plenamente que não há exceção a esse princípio. A questão é, portanto, aquela de saber o que é que funda a submissão da vida psíquica a esse princípio. Sendo dado que é uma ligação de energia que converte essa energia em um prazer suscetível de descarga, Freud denomina Eros o princípio da síntese que é a condição de possibilidade do prazer e concebe essa atividade transcendental como repetição. Porém, além da repetição sintetizante, há uma repetição que destrói: a repetição é, ao mesmo tempo, vida enquanto ele funda uma ligação e uma consistência, e morte na medida em que ela torna possível a ruptura da ligação que a lança em um além do princípio do prazer. Tal é o sentido da diferença entre Eros e Thanatos, entre as pulsões de vida que produzem formas dotadas de um alto nível de tensão e as pulsões de morte que tendem a reduzir as tensões.

A compulsão à repetição é, portanto, mais originária que o princípio de prazer: ela exprime uma tendência própria ao vivo e o impele a reproduzir um estado anterior ao qual ela renunciara sob a influência das forças exteriores. A elaboração da noção de um masoquismo primário, que não é um simples retorno do sadismo e uma agressividade inicialmente voltada em direção ao exterior, mas um processo no qual a pulsão de morte se dirige em direção ao sujeito, desempenha um papel essencial na constituição dessa problemática. Em face desse masoquismo primordial da pulsão de morte, a libido se empenha em desviar essa pulsão para o exterior como agressividade, dando nascimento, desse modo, ao sadismo e a um masoquismo secundário, que tem um papel essencial na formação do Supereu (*Surmoi*) e na sublimação – ela adquire, com efeito, uma função criadora nas formações culturais. Freud considera a pulsão de morte como um elemento essencial de sua doutrina.

O psíquico e o social

Se a doutrina freudiana do psiquismo liberta essas instâncias, ela não se livra da questão do sujeito. A função do Eu (*Moi*) sendo a de elaborar um compromisso com as instâncias inconscientes, Freud concebeu a pulsão como princípio da gênese da representação e atualiza a importância do fantasma na vida psíquica. Na medida em que não existe no inconsciente regido pelo princípio do prazer nenhum índice de realidade, o substrato psíquico não poderia referir-se inicialmente senão a si.

Há, portanto, no início, o que Castoriadis denomina uma "mônada psíquica" autista submetida somente ao princípio do prazer. O sujeito é uma identidade imediata de onde a diferença não surge, e o fantasma é precisamente esse estágio no qual o sujeito é tudo e onde ele está em toda parte, em uma identidade de objeto de desejo e de realização do desejo. A historicidade da mônada psíquica corresponde à irrupção da alteridade e da diferença aferente ao princípio de realidade, ou seja, a criação do indivíduo social. O núcleo monádico da *psyché* torna-se impossível pela abertura de um mundo que sempre esteve aí, impondo uma transformação do princípio de prazer e fundando, desse modo, a possibilidade do recalcamento. Porém, o inconsciente permanece dominado pelo núcleo monádico que, como tal, só pode estar ausente do inconsciente e se manifesta como desejo de unificação total, de abolição de toda diferença. É assim que "se o inconsciente ignora o tempo e a contradição, é também porque, alcatifado no mais sombrio dessa caverna, o monstro da loucura unificante aí reina soberano"[10]. A passagem da loucura para a razão se faz não somente por instituição social, mas também pela renúncia à satisfação imediata, que permite a instauração de uma relação de alteridade. A razão permanece por isso "um avatar da loucura unificadora"[11], pois se trata de encontrar, por meio da diferença e da alteridade, as manifestações do mesmo. O uso racional da identidade tende, portanto, a se transformar em identificação imaginária, hipostasiando a identidade racional. É porque o Eu (*Moi*) é essencialmente da ordem do imaginário. É, no entanto, dessa hipóstase de uma identidade racional que procede tanto o esquecimento do social-histórico quanto a denegação da alteridade e da temporalidade.

Essa crítica da razão identificadora levou Castoriadis a pensar o indivíduo segundo um duplo processo de constituição: o da idiogênese – ou psicogênese –, e o da koinogênese – ou sociogênese. O indivíduo social é desse modo coexistência de um mundo privado e de um mundo comum. Impondo-lhe uma relação à alteridade, a socialização inflige à mônada psíquica uma ruptura à qual ela deve sobreviver para se individuar. Com efeito, a imposição da relação à alteridade é uma sequência de rupturas infligidas à mônada psíquica pela qual se constrói o indivíduo social. Este é dividido entre o polo monádico, que tende a voltar a fechar tudo para remetê-lo ao estado monádico impossível ou a seus substitutos – satisfações alucinatórias e fantasmatização –, e as construções sucessivas pelas quais a *psyché* acaba por integrar aquilo que lhe foi imposto. Essa cisão é constitutiva do sujeito e a sublimação não é senão a forma idiogenética da socialização, permitindo à *psyché* substituir seus próprios objetos por objetos comuns que se tornam suporte de prazer.

Ora, o ponto de vista idiogenético não é suficiente para dar conta da socialização da *psychê*, pois seu modo de ser e o do social são totalmente diferentes, embora sendo indissociáveis. Compreendida como imaginação radical, a *psyche*, é uma condição da sociedade que esta não pode eliminar. Castoriadis forja assim um conceito específico da representação, mostrando em que ela permite pôr em questão a ontologia da

---

10. CASTORIADIS, C. *Instituition imaginaire de la société*. Paris: Seuil, 1975, p. 403. Há uma publicação em português desta obra: CASTORIADIS, C. *A instituição imaginária da sociedade*. Rio de Janeiro: Paz e Terra, 1982 [Tradução por Guy Reynaud] [N.T.].

11. Ibid., p. 404.

A alma desnudada: da psicologia à psicanálise   443

substância e a lógica identitária – ou seja, uma concepção do ser como subsistência – e uma lógica formal ordenada pelo princípio de identidade, que pressupõe ambas as formas estáveis e pré-estáveis e uma subordinação do devir ao permanente. Se levarmos, com efeito, até o limite as exigências dessa lógica, ela se autodestrói ao exigir que tudo seja definido e determinado, já que nesse caso o termo primeiro deriva não do *logos*, mas da intuição, do *nous*, como o mostra Aristóteles. O fundamento da lógica não é absolutamente lógico e a lógica tradicional repousa sobre a ontologia da substância, as significações só podendo se prestar a uma elaboração interminável. A representação designa, então, o caráter radical da imaginação, cujo fluxo representativo consiste na alteração incessante de figuras transitórias; ela não é, portanto, senão a mobilidade do pensamento. Castoriadis concebe, desse modo, a psicanálise como uma teoria da representação, compreendida como imaginação, pondo em questão a ordem ontológica substancial e a lógica da identidade.

A psicanálise mostra que a representação, longe de ser um decalque do mundo, é aquilo em que e por que se abre um mundo, enquanto que a percepção, como fetichismo da realidade, é a ocultação da representação compreendida como imaginação. A percepção e a constituição do real que se segue só podem, com efeito, conceber-se do ponto de vista koinogenético, pois ele só é abertura do mundo para um indivíduo inserido no social-histórico. Só há, portanto, consistência de coisas sobre o fundo da mobilidade da representação que faz com que o imaginário seja a condição lógica e ontológica do real e de toda forma de pensamento. A imaginação não é uma simples potência de nadificação do real, mas potência de sua configuração. Kant descobriu, em sua doutrina da imaginação transcendental como faculdade de ligação da forma temporal dos fenômenos e da esquematização ou temporalização dos conceitos, a raiz mesma de toda logicidade, a conexão do ser e do tempo.

O interesse da tese de Castoriadis é o de tratar do inconsciente a partir de uma teoria da alma que dá conta da articulação do psíquico e do sócio-histórico. O que é próprio do psiquismo humano é estabelecer uma ruptura na ordem de autoconstituição do vivo: diferentemente do vivo que organiza seu mundo próprio de acordo com sua constituição neurofisiológica, o psiquismo humano não depende de uma finalidade determinada, sendo dominado por um prazer representativo ilimitado e criador de imagens. É assim que podemos distinguir o instinto da pulsão e a sexualidade animal da sexualidade humana, destacada da finalidade da reprodução. Ora, se Freud percebeu a criatividade de uma imaginação irredutível à racionalidade, discernindo o imaginário como matriz dos fantasmas constituintes do homem como ser de desejo, ele não foi até o limite. Do mesmo modo que, segundo Heidegger, Kant não prolongou a perspectiva para fazer da imaginação e do tempo a raiz da razão, Freud acabou por retomar a concepção tradicional de imaginação reprodutora.

Ele concebeu, com efeito, o fantasma como reprodução de uma percepção anterior, compreendendo os fenômenos da cultura como resultados dos desejos e das angústias infantis.

O sujeito da psicanálise

A noção de psiquismo permite, desse modo, problematizar a questão do sujeito, da noção de substrato ou *subjectum* até a subjetividade, passando pela alma. A *psyqué* designa inicialmente o sopro ou a respiração, *pneuma*. A sistematização operada pela filosofia permitiu concebê-la como um termo genérico, cujas espécies hierarquizadas são, em Platão, o intelecto, o coração e o desejo. Concebendo a alma como *entelécheia* do corpo e mobilidade da vida, Aristóteles retrabalhou a tripartição platônica distinguindo três almas correspondentes às faculdades: nutrição, desejo, pensamento. Por outro lado, o sujeito designa inicialmente o substrato do enunciado ao qual se atribuem predicados, depois, por extensão dessa acepção lógica, a substância distinta dos acidentes, aquilo que permanece para além de suas modificações e constitui a essência de uma coisa. Essa noção entra no domínio da psicologia da Idade Média pelo viés dos comentadores de Aristóteles, sendo a questão, então, a de saber qual é o sujeito do pensamento. Paralelamente, o pensamento medieval desenvolveu, na esteira de Agostinho (354-430), a ideia de uma autoapreensão do Eu (*Moi*) que desembocará na subjetividade moderna pensada como intuição segundo a qual o sujeito tem de ser o autor de seus atos. No cruzamento da tradição conservada da escolástica tardia e da filosofia moderna da subjetividade, a filosofia escolar dos séculos XVII e XVIII constitui a psicologia racional como ciência *a priori* da alma, na qual Kant verá uma ilusão, mostrando que não posso me atribuir a categoria de substância sem fazer um uso ilegítimo desse conceito sem soçobrar nos paralogismos. A única psicologia legítima é, então, a psicologia empírica constituindo-se sobre o modelo das ciências experimentais.

Sob muitos aspectos a psicanálise aparece como realização dessa longa história, e Lacan (1901-1981) sublinha em que o sujeito da psicanálise é o sujeito cartesiano da ciência moderna. Se, portanto, a descoberta freudiana parece inaugurar uma nova idade destituindo o Eu (*Moi*) de seu privilégio fundador, tal como Copérnico (1473-1543) revolucionou a hierarquia do mundo e Darwin (1809-1882) a ascendência do homem, ela pressupõe, entretanto, a filosofia moderna do sujeito[12]. A filosofia moderna do sujeito faz emergir a subjetividade das teorias da alma e do sujeito não cessando, na sequência, de tornar problemáticas as noções de sujeito e de consciência, abrindo a possibilidade do campo do inconsciente explorado por

---

12. Cf. nosso livro: *L'Inconscient des modernes*. Paris: Gallimard, 1999.

A alma desnudada: da psicologia à psicanálise

Freud. A despeito de suas aberturas essenciais, o inconsciente explorado por Freud ateve-se a uma concepção positivista, ou seja, também metafísica do psiquismo. A desconstrução da subjetividade e, com ela, a do pensamento metafísico regulado pela substância e pela lógica identitária, reclamam uma desconstrução do inconsciente enquanto ele permanecer sendo, talvez, somente outro nome desconhecido do sujeito moderno.

44

MARTIN HEIDEGGER E SEUS HERDEIROS

Theodore Kisiel *

Seminarista católico, Martin Heidegger (1889-1976) descobriu a escolástica aristotélica que inspirou sua vida ao longo de uma verdadeira paixão pela questão do ser; formado, por outro lado, no círculo dos neokantianos, Heidegger abraçou muito cedo a fenomenologia de Husserl (1859-1938) e a hermenêutica da experiência vivida de Wilhelm Dilthey (1833-1911), a partir das quais ele compôs uma epistemologia hermenêutica com a qual ele construiu um método adequado para elaborar uma ontologia fundamental da situação singular do homem, o seu ser-aí (*Da-sein*), sua existência.

Frequentemente se disse que Heidegger é o pensador de uma única questão, a questão do ser. Pois, no decorrer dos séculos, este "ser" acabou por se tornar logicamente indefinível e evidente. De acordo com Heidegger, este conceito, que é o mais geral e, por conseguinte, o mais vazio, vem carregado de uma história cheia de consequências para o Ocidente, onde a questão do ser pela primeira vez desabrochou, quando cativou a atenção dos gregos. Mais exatamente, porque tem constantemente no espírito o caráter radicalmente finito da condição humana, Heidegger insiste continuamente na *questão* do ser, define seu campo e constitui seus limites. Ele tenta assim reanimar a antiga questão do ser, agora moribunda, fazendo-a jorrar das profundezas de uma humanidade concreta, para que este conceito repetido renasça com todo o vigor de seu questionamento e para que seu alcance seja imediato não somente na vida dos indivíduos, mas também no destino histórico das nações e dos continentes. Este renascimento deve ocorrer graças ao surgimento fenomenológico do lugar mais propício ao questionamento sobre o ser, para aqueles que questionam a si mesmos, arrebatados numa incessante busca, a partir de sua situação concreta, o seu ser-aí (*Da-sein*). A ressonância profunda desta ontologia fundamental do *Dasein*

---

* Professor de Filosofia. Universidade de Northern. Illinois.

Martin Heidegger e seus herdeiros

tem em vista estabelecer as tendências que fazem nascer e as que suprimem a questão do sentido do ser para o homem. Algumas disposições, como a angústia ou o terror, carregam consigo esta interrogação, e permitem abalar o *Dasein*. Colocar e situar a questão do ser nos contextos em que o *Dasein* está em situação de urgência, alcançando assim o *Sein* através do *Dasein*, é isto que Heidegger pretende inovar: ele coloca a questão do ser sob uma forma (*Gestalt*) radical e nova. A intimidade interrogativa entre o *Sein* e o *Dasein* constitui o cerne do pensamento de Heidegger, uma "boa estrela" que ele se esforça para perseguir durante toda a sua vida até o abismo que ela abre. Esta busca infinita basta para caracterizar o "caminho" do pensamento de Heidegger: que não se fixa jamais numa doutrina estável, mas sempre no afluxo de novas pistas e novas maneiras de colocar este problema, ao mesmo tempo, singular e múltiplo, isto é, a questão do sentido do ser.

Duas obras se distinguem no caminho trilhado por Heidegger para explicar a relação íntima entre o *Sein* (o ser) e o *Dasein*: *Ser e tempo*[1] (*Sein und Zeit*) de 1927 faz do *Dasein* o ponto de partida para colocar a questão do ser, enquanto que as *Contribuições à filosofia. Sobre o acontecimento* (1936-1938) deixa ao *Sein* arcaico a preocupação de questionar o *Dasein*, inscrevendo este último no curso histórico de seus desvelamentos e de seus eclipses. Heidegger reconhece que sua conferência "Sobre a natureza da verdade" (retomada várias vezes em 1930-1932) constitui um primeiro eixo: é nesta conferência que se realiza uma virada definitiva para o próprio ser. Ele orienta a essência da verdade como desvelamento para um velamento originário, no cerne do problema do ser, explicando assim o questionamento persistente de seu lugar e de seu mistério. Entre as conferências e os ensaios publicados em vida, deve-se citar "A origem da obra de arte"[2] (1936), a "Carta sobre o humanismo"[3], dirigida ao erudito francês Jean Beaufret (1946), "A questão da técnica"[4] (1949-1955), "Construir habitar pensar" (1951) e "O que se chama pensar?"[5] (1951-1952). Estes ensaios centrais, assim como as duas maiores obras citadas, balizam a cronologia da obra

---

1. Há uma publicação em português desta obra: HEIDEGGER, M. *Ser e tempo*. 2 vols. Petrópolis: Vozes, 1988 [Tradução de Márcia de Sá Cavalcanti] [N.T.].

2. Há uma publicação em português desta obra: HEIDEGGER, M. *A origem da obra de arte*. Rio de Janeiro: Ed. 70 [Tradução de Maria da Conceição Costa] [N.T.].

3. Há uma publicação em português desta obra: HEIDEGGER, M. *Sobre o humanismo*. Rio de Janeiro: Tempo Brasileiro, 1967 [Introdução, tradução e notas de Emmanuel Carneiro Leão] [N.T.].

4. Este texto corresponde a uma conferência dada na Escola Técnica Superior de Munique em 18/11/1953. Há uma publicação em português desta obra: HEIDEGGER, M. "A questão da técnica". *Ensaios e conferências*. Petrópolis: Vozes, 2002 [Tradução de Emanuel Carneiro Leão] [N.T.].

5. Há uma publicação em português desta obra: HEIDEGGER, M. *O que significa pensar?* Ijuí: Unijuí, 2002.

heideggeriana; é preciso acrescentar a isto a publicação póstuma da *Gesamtausgabe* (1975), que reúne cerca de cem volumes de estudos, conferências, ensaios, cursos, seminários, correspondência filosófica e jornais.

Os primeiros nomes do *Dasein* nos cursos de 1919-1923 – o eu histórico, o eu situado, a vida artificial, a experiência vivida artificial – provêm todos da filosofia da vida histórica de Dilthey, o qual queria extrair as "categorias" ou as estruturas fundamentais da vida histórica a partir da artificialidade da própria vida que, antes de qualquer conceituação, articula-se e tece espontaneamente sua estrutura, criando uma multiplicidade de relações elementares, vitais, concretas e significativas ("eu mesmo que estou encarnado neste mundo com os outros no meio das coisas"), numa palavra, um mundo vital imediato. *Das Leben legt sich aus*: "A vida se explica a si mesma, interpreta a si mesma". A fenomenologia compreendida como protociência pré-teórica da experiência originária é seguramente uma hermenêutica *da* facticidade (no duplo sentido do genitivo, ou seja, o subjetivo e o objetivo); ela só faz explicitar as estruturas implícitas nas quais a vida histórica se inscreve espontaneamente, "concebe-se a si mesma", antes de qualquer pensamento exterior e de qualquer intromissão teórica. O primeiro Heidegger faz que se enfrentem o eu situado na história com qualquer outra forma do eu teórico, como o *ego* abstraído de seu ambiente vital em Descartes (1596-1650), despojado de seu mundo, desistoricizado, desvitalizado. O contraste é claro e permite confrontar duas fenomenologias: a fenomenologia transcendental de Husserl e a fenomenologia existencial-hermenêutica de Heidegger. Jean Beaufret qualifica a transição do *cogito* de Husserl ao *Dasein* de Heidegger – quer dizer, a passagem de uma consciência intencional a uma existência situada – de "ruptura inaugural"; este é um salto irrevogável, uma verdadeira "mudança total da forma", ou uma mudança de paradigma, sobre a qual T.S. Kuhn[6] (1922-1996) lembra que se testemunha aí uma revolução científica maior[7].

A tarefa principal de *Ser e tempo*, a obra maior de Heidegger, consiste em analisar minuciosamente a relação de questionamento que liga o homem a seu ser e, por conseguinte, ao próprio ser, a relação *Sein-Dasein*. As primeiras páginas trazem à luz dois eixos da relação totalizante que é o *Dasein*. Se o homem se interroga o que significa ser, então: 1) ele deve necessariamente possuir uma pré-compreensão do que isto significa, e 2) existe uma tendência ou uma capacidade no homem que o leva a se interrogar sobre o que significa ser[8]. Estas duas dimensões da relação de

---

6. Trata-se do livro de KUHN, T.S. *A estrutura das revoluções científicas*. São Paulo: Perspectiva, 1978 [N.T.].

7. BEAUFRET, J. *Dialogue avec Heidegger* – Tomo 3: Approche de Heidegger. Paris: Minuit, 1974, p. 116ss.

8. HEIDEGGER, M. *Sein und Zeit*. Tübingen: Niemeyer, 1927, p. 12 [Tradução francesa: *Être et temps*. Paris: Gallimard, 1986] [NRF].

Martin Heidegger e seus herdeiros 449

questionamento do ser são chamadas de "compreensão" e "existência". *Compreende-se* já a empresa de uma determinada interpretação do que significa ser e, a partir daí, *avança-se* na existência com uma verdadeira preocupação com o ser. A compreensão e a existência constituem, assim, os pontos de onde parte e para onde se orienta o questionamento, sua *stasis* (estase) e sua *dynamis* (dinâmica). A unidade da tensão entre as duas relações se encontra no próprio termo *Dasein*, onde o "*da*" alemão significa ao mesmo tempo "aqui" e "lá", o que sugere também que um sentido do ser é ao mesmo tempo o fundamento da questão e o que lhe dá uma direção. Além disso, o contexto e a direção são duas dimensões *temporais* da significação e do sentido, ambas primordiais: elas constituem o sentido mesmo do sentido[9]. O movimento do questionamento se funda, então, com o movimento do tempo, no centro da existência humana. Sempre já aí, a própria temporalidade aparece claramente como o sentido originário do ser do *Dasein*[10].

A relação de compreensão

O homem compreende o ser. Mas esta "compreensão do ser" não é conceitual por natureza, no início pelo menos; trata-se antes e principalmente de um conhecimento artificial que deriva simplesmente do fato de viver: estamos familiarizados com o sentido pré-conceitual do ser porque participamos de muitas atividades da vida. Se o termo "conhecimento" pode ser aplicado a esta compreensão da vida, ele o é no sentido de um "saber-fazer" imediato da existência, de uma habilidade, de uma intuição sobre o que significa o ser que nos vem da experiência da vida cotidiana. Porque estamos familiarizados com os usos e costumes do mundo, sabemos como aí circular (*umgehen*), nos entender com (*umgehen*) os outros, nos desvencilhar dos (*umgehen*) objetos desse mundo, e nos arranjar (*umgehen*) conosco mesmos, com o nosso ser-no-mundo. Sabemos já como viver, e reinvestimos e aperfeiçoamos constantemente esta pré-compreensão no momento de nossas incursões no mundo dos objetos e no mundo comum do ser-junto, estes dois mundos que se misturam para dar lugar a esta mundaneidade própria que é o meu ser-no-mundo, o mundo para si. O exercício e a explicação constantes de nossa pré-compreensão do ser, em situações sempre renovadas, onde uma relação de sentido se põe, é o que Heidegger chama de uma "hermenêutica *da* facticidade". Poder-se-ia quase dizer que, a partir de uma compreensão já dada, a facticidade da experiência da vida se explica e se interpreta espontaneamente ela mesma, desenvolvendo-se constantemente naquilo que chamamos de mundo histórico, uma rede de relações de sentido que constitui a estrutura

---

9. *Sein und Zeit*. Op. cit., p. 151.

10. Ibid., p. 323-325. A seção intitulada: "A temporalidade como sentido ontológico da preocupação".

dos assuntos humanos. A existência situada na história é, em sua facticidade, completamente hermenêutica.

Este processo hermenêutico acontece "automaticamente" como calhas que escoam, sem que tenhamos necessidade de refletir naquilo que é viver e ser, absorvidos que estamos pelos detalhes da vida cotidiana, alimentando assim o paradoxo fundamental do caráter incompreensível de nossas experiências mais familiares e da incapacidade de que somos acometidos para expressar as coisas mais simples da existência. Estas linhas bem conhecidas de Agostinho (354-430) sobre o tempo são testemunhas disso: "O que é o tempo? Se ninguém me pergunta, eu sei. Se desejo explicá-lo a quem me pergunta, então, eu não sei". Mas se o que é familiar esconde os mistérios do mundo, do eu, do tempo, da verdade e do ser, sua familiaridade é também o que impede de aí chegar. Pois, primeiramente, o que nos é mais familiar é também o que é mais suscetível de nos escapar. Em segundo lugar, a vida é tão variada que ela não pode ser simples. Nós nos preocupamos de tal maneira com as coisas da vida cotidiana que temos, dia após dia, a tendência de esquecer o sentido mais compreensivo do que significa "ser". Poder-se-ia mesmo dizer que há uma tendência natural de obliterar a diferença entre os "entes" particulares e seu ser, até ocultar a questão do próprio ser.

Contra esta tendência, dispersos que estamos na multiplicidade de nossas relações com os entes, Heidegger nos conduz simplesmente ao cerne da compreensão da relação que une o *Dasein* ao *Sein*, através desta fórmula muitas vezes retomada: "O *Dasein* é este ente para onde se vai (*geht um*) em seu ser deste ser"[11]. Este movimento autorreferencial e "circular", que parte do ser para chegar ao ser, deve sempre ser levado à sua preocupação primeira: seu próprio ser. Pois somente no puro confronto existencial é que a compreensão-*do*-ser autorreferencial pode percorrer o círculo completo do tempo, retornar à "sua própria matéria", e assim se tornar completamente ela mesma. Num contexto mais temporalizado, Heidegger caracteriza o movimento da compreensão-*do*-ser como um projeto pro*jetado*. Este caráter projetivo da compreensão reenvia precisamente à sua projeção *ex-istencial*[12].

A relação existencial

O homem "ex-iste" seu ser, quer dizer, existe para a destinação do "ser". O homem não se contenta com compreender o ser; ele pode também fazer dele um problema e se preocupar com ele como sendo sua tarefa mais importante. A dimensão

---

11. "Das Dasein ist ein Seiendes, dem es in seinem Sein *um* dieses selbst geht". Cf. *Sein und Zeit.* Op. cit., p. 42, 52-53, 84, 104, 123, 133-135, 153, 179, 191-193 et passim.

12. *Sein und Zeit.* Op. cit., p. 144ss.

Martin Heidegger e seus herdeiros 451

da ex-istência constitui um eixo mais estendido da experiência: ela o intensifica e torna a preocupação mais aguda. O estado de quase sonolência que consiste em se colocar numa rede familiar de relações estruturadas pelo hábito é atravessado por esta tendência de se destinar a algo, de se "pro-por", de se desarraigar de seu estado inicial em direção a um futuro aberto. Ainda que a compreensão sugerisse aparentemente que haveria uma certa proximidade do homem com o ser, a existência cavaria um abismo entre eles a partir de seu entorno para as margens mais longínquas do ser.

Tal como a compreensão, a existência constitui o ser próprio do homem como ser-aí. Enquanto a primeira testemunha o contexto estrutural onde os homens acham que estão inicialmente, em outras palavras, o mundo, a segunda dá importância à atividade temporal do ser-aqui projetado como ser-aí. Assim como a compreensão se aplica mais ao fato de que o homem é do que ao fato de que ele possui o ser, também, na ex-istência, o homem *é* a possibilidade mesma de seu ser, seu único poder-ser. Assim, como modo de existência mais do que como modo de conhecimento, nossa compreensão daquilo que significa "ser" consiste menos em se fixar num sentido do ser do que em viver longe de sua significação temporal plena e inteira. Numa palavra, o sentido aparece antes mesmo de sua conceituação. A exemplo de outras técnicas, o "saber-como-fazer" que se aprende da vida é um "saber-fazer", um "poder-fazer", ou um "poder-ser" em nome do qual o homem existe. Lançado naquilo que não é, mas naquilo que pode ser, o homem é desafiado pelas consequências de sua existência: ele deve descobrir o sentido profundo dela e se reconciliar totalmente com ela. Explicar este sentido aqui é, então, para o questionamento, passar do que é implicitamente conhecido a um conhecimento explícito.

A situação do homem se estrutura a partir da sucessão de revelações que começam pelas considerações prosaicas, mas que podem culminar num choque extraordinário e inabitual: o autorreconhecimento, por meio do qual o homem se espanta com tudo que significa ser-aí. Na realidade, os segredos do prosaico afloram nas formas "exclamativas" da experiência do ser-aqui, que colocam este prosaico em questão. A expressão "eis-me aqui" não é somente uma revelação das mais banais e mais anódinas; ela pode também constituir uma epifania da qual não se pode medir as consequências senão depois de ter dedicado a própria vida ao questionamento, num mundo histórico dado, onde fomos já lançados. Entre as "situações-limite" que nos precipitam para as bordas da condição humana, como o sofrimento, o conflito ou o acaso, situações que Karl Jaspers (1883-1969) pensa que estão na origem da arte, da religião e da filosofia[13], Heidegger conserva delas particularmente duas, para

---

13. Jaspers começou a desenvolver a noção de "situação-limite" em sua obra *Psychologie der Weltanschauungen* de 1919, da qual Heidegger se apresou em escrever um resumo crítico. Cf. "Anmerkungen zu Karl Jaspers 'Psychologie der Weltanschauungen'". *Gesamtausgabe*, t. 9, p. 1-44.

sublinhar a extensão real da experiência limitada do ser-aí: a morte e a experiência comum que consiste em encontrar a si mesmo situado na existência, para o bem ou para o mal. Eu me encontro lançado num mundo que não concebi, numa vida que não pedi. Deixar esta revelação de "ser-lançado" me causar espanto me leva naturalmente a colocar as questões mais fundamentais sobre o ser: Por que estou aqui? Com o que rima tudo isso? Que sentido tem para mim o fato de estar aqui? Diante destas duas situações extremas, o ser-lançado de minha própria situação e minha morte concebida como minha possibilidade última me fornecem a ocasião de reconquistar este eu finito em sua totalidade, este eu que me é próprio, em sua individualidade radical[14].

Esta ex-posição da ex-istência nos lança numa busca infinita de respostas para as questões inesgotáveis do nosso ser-aí. Ela somente se explica numa temporalidade não estática ou "ek-stática" – que não acaba jamais, ainda que se orientasse para um fim – que se inscreve numa transcendência sempre diferenciada no futuro e, porém, finita. A temporalidade ek-stática, que é a temporalidade originária do *Dasein*, distingue-se muito claramente daquela estática da presença constante e oportuna dos objetos. A compreensão assim existencializada desenha a totalidade do trajeto temporal do *Dasein*, como projeção lançada na temporalidade originária de uma vida humana finita.

Muitas outras dimensões do *Dasein* nos apareceram na explicação da interação entre a compreensão e a existência. Mencionamos aqui as mais importantes.

O Dasein *é um ser-que-descobre*

O *Dasein* é o lugar da verdade como desvelamento do ser[15]. Este modo originário da verdade se manifesta já no caráter tácito da compreensão pré-predicativa. A situação hermenêutica da vida fática, ao se desdobrar a si própria no contexto do mundo limítrofe, faz dos objetos, do mundo interpessoal dos usos e costumes da sociedade e de seu mundo para si, onde nos esforçamos para ser e onde tomamos consciência de que somos um ser único, constitui a arena da descoberta da verdade como desvelamento. Assim, a verdade é deslocada de seu lugar tradicional, ou seja, do julgamento e da afirmação, aí incluídas afirmações aparentemente totalizantes, como o *cogito ergo sum*[16], e se torna uma questão existencial.

A capacidade de desvelamento do homem foi, porém, reconhecida muito cedo na tradição filosófica. Aristóteles (384-322 a.C.) escreve, por exemplo, que a "alma

---

14. Cf. *Sein und Zeit*. Op. cit., II, capítulos 1 e 2, que tratam respectivamente do "ser-para-morte como ser-todo possível" e da "abertura determinada para minha situação única e própria".

15. *Sein und Zeit*. Op. cit., § 44.

16. Trata-se de uma afirmação de Descartes. Em latim no texto: "Penso, logo existo" [N.T.].

Martin Heidegger e seus herdeiros   453

humana é, num dado sentido, o ente": ela é capaz de "se juntar com" todos os entes por sua intelecção[17]. Mas esta tradição, que vai de Parmênides (± 530-460 a.C.) a Husserl, identifica este modo elementar de conhecimento com uma visão esclarecedora e transparente, com a intuição, quer dizer, em termos temporais, com uma "presentificação". No quadro de uma hermenêutica da facticidade, diferentemente, o modo elementar do conhecimento é a ex-posição de uma interpretação a partir de um contexto de compreensão que permanece tácito, latente, retirado. Em termos temporais, este contexto é no melhor dos casos uma presença tangencial que se retira na sombra do velamento do ser. A vinda à luz dos seres e o desvelamento do eu e de seu mundo têm lugar no momento de um "relampejar" temporal, no qual o ser se desvela, exibindo uma tendência irresistível para se retirar, para se velar. Mas esta retirada é precisamente o que impulsiona o homem na busca do ser, o que o obriga a questionar incessantemente o sentido e o mistério do ser.

O Dasein *é a cada vez meu, teu, nosso*

Para retomar os próprios termos de Heidegger, "O ser *que* há para este ente em seu ser é a cada vez meu (teu, nosso)"[18]. Em outras situações, os deícticos[19] ontológicos que são os pronomes pessoais: "Eu sou, tu és, nós somos" exprimem a unidade concreta do tempo da vida que nos cabe, a cada um de nós. Um tempo que não se reproduzirá. Vir ao meu/nosso ser supõe que se admite a finitude temporal deste ente "situado" que é propriamente o meu/nosso, e que se seja sensível às diretivas e às tarefas que evoca a situação temporal particular na qual eu/nós nos vemos "lançados". Esta sensibilidade mostra que nossa relação com o ser consiste num deixar-ser, e que nossa posição relativamente à situação que se abre para nós é uma abertura recíproca. É a própria situação que o exige de mim e que me questiona em meu próprio ser, e a resposta autêntica e fundamental consiste em me tornar sensível ao que me é solicitado, a responder ao "apelo da preocupação"[20], a estar em posição de "escuta". Devo reconhecer a falta inerente à minha finitude, aceitar o enfrentamento da angústia de um questionamento também fundamental e tolerar que este questionamento me leve para onde ele quer. Este caminho conduz ao verdadeiro si, a este ser situado em seu tempo próprio.

Tomar posse de si (*eigenes*), acolher o que é mais para si (*eigenstes*), orientar-se para o si mais verdadeiro, autoidentificar-se em seu ser próprio: todas estas expres-

---

17. ARISTÓTELES. De l'âme, III, 5, 430a, p. 14ss. Apud *Sein und Zeit*. Op. cit., p. 14.

18. *Sein und Zeit*. Op. cit., p. 42.

19. Deíctico: palavra de origem grega que significa algo que serve para mostrar ou designar um objeto singular determinado na situação [N.T.].

20. *Sein und Zeit*. Op. cit., § 57: "La conscience comme appel du souci".

sões denotam este único desejo-de-ser que se encontra no pensamento mais tardio de Heidegger, com o objetivo de significar a relação entre o *Sein* e o *Dasein*, *o Er-eignis*, o advento da apropriação.

O **Dasein** *é completamente histórico*

A concreção última da relação *Sein-Dasein*, implícita no processo de apropriação do ser, consiste no fato de que o *Dasein* é completamente histórico. Um dos primeiros nomes que prefiguram o *Dasein* era o eu historicamente situado. É um eu ou um nós que recebe sua identidade da singularidade de sua situação histórica. "Eu *sou* o meu tempo, nós *somos* o nosso tempo". Este aspecto concreto atenua o caráter abstrato do discurso sobre o ser e do movimento circular autorreferencial, que vai do ser ao ser na compreensão do ser. Temos predecessores e tivemos antecessores e, por causa disso, fomos já "interpretados"; e este mundo histórico do precedente e da tradição constitui inelutavelmente o ponto de partida de nossa existência histórica. Incumbe então a cada geração tomar a chama da tradição que a comunidade linguística veicula e trazê-la para seu tempo a partir de um ato de repetição, de recapitulação, que exige um re-exame e uma re-visão para adaptá-lo a seu tempo[21].

Mas se o *Dasein* é completamente histórico, ocorre a mesma coisa com o ser. A primeira versão da história do ser descrita por Heidegger é a história da ontologia ocidental, que ele acusa de ter desconsiderado a questão ex-istencial do ser e a relação íntima e profunda desse questionamento com o tempo. A desconstrução fenomenológica da ontologia antiga mostra que o sentido originário do ser para um grego é um ser cuja presença é permanente, estando esse sentido fortalecido pela crença na existência de um mundo eterno. O paradigma que Aristóteles escolheu para designar o ser é aquele das coisas produzidas, dos produtos acabados, sempre "ao alcance da mão", como os bens patrimoniais e imóveis transmitidos de uma geração para outra: eles são sempre já o que foram, sempre presentes, acabados, inteiros, portanto, "perfeitos".

A maneira como Heidegger coloca a questão do ser, no contexto do *Dasein* finito e sempre buscando, inaugura seguramente um novo começo na história do pensamento do ser. Pensar a totalidade da história do ser, desde seu primeiro começo grego até seu "outro começo", esta é a tarefa da segunda maior obra de Heidegger: *Contribuição à filosofia. Sobre o acontecimento*. Heidegger considera que a longa tradição do pensamento ocidental perpetuou uma metafísica da presença permanente. O declínio começa seriamente com Platão (± 428-347 a.C.), que coloca a verdade do ser sob o jugo da Ideia: isto constitui a primeira etapa para o esquecimento da

---

21. Ibid., p. 384-386.

Martin Heidegger e seus herdeiros   455

diferença entre o ser e o ente. Este esquecimento se acelera no período moderno, que começa com o *cogito*, afirmando-se a si mesmo e procurando dominar os objetos, representando sua objetividade de um "modo geométrico". A ciência moderna faz então uso dos princípios matemáticos para conceber as experiências que permitem a ela colocar para a natureza questões que ela para si mesma concebeu. A razão não aborda mais agora a natureza como um aluno dócil, mas "como um juiz no exercício de suas funções, que obriga as testemunhas a responder as questões que ele as submete"[22]. Tomada na engrenagem tecnológica da experiência, a ciência moderna leva essencialmente à tecnologia moderna. Ela se move numa vontade de dominação, de controle das forças da natureza, transformando esta última numa reserva de recursos facilmente disponível. Heidegger toma a vontade de poder (*Wille zur Macht*) de Nietzsche (1844-1900) como o produto final do desenvolvimento da Modernidade, que começa com a autoafirmação de um sujeito dotado de vontade: ele se coloca na existência, põe em seguida o mundo objetivo de acordo com suas próprias representações, e busca nele a certeza. A Modernidade culmina então na organização de uma maquinação de grande envergadura: a tecnologia moderna, cuja essência Heidegger caracteriza com uma única palavra, *Ge-Stell*[23], sistema de artefato que conecta a totalidade da esfera terrestre pelo estabelecimento de uma quadricularização do tráfego aéreo, de um mapeamento meteorológico global, do sistema de geolocalização, da rede CNN e da internet e de sua *World Wide Web* (Grande Rede Mundial), composta por conjuntos de pacotes de posições e não posições, seguindo nisso uma lógica numérica que Leibniz (1646-1716) tinha inventado em sua época.

O esquecimento do ser dos seres, agora conectados pela técnica das redes, é total. O abandono do ser pelo ente deve ser invertido, estabelecendo a verdade do ser dos entes singulares como obras de arte, a fim de abrir a via para o florescimento de uma outra origem do pensamento na história do ser. A obra de arte, o questionamento do pensador ou o ato fundador do estabelecimento do Estado são os acontecimentos históricos da verdade, abrigando a verdade do ser no ente, por meio da poesia, do pensamento e da legislação. É preciso atribuir a estes entes situados num tempo e num espaço históricos determinados uma outra forma e uma outra significação, pois eles abrigam a verdade do ato de apropriação, *Ereignis*. Nessas obras históricas o ser e o ente não estão mais separados: eles são vivenciados e pensados ao mesmo tempo. A obra de arte revela um mundo histórico e enraíza este mundo numa terra que abriga

---

22. KANT, E. *Critique de la raison pure*: prefácio da segunda edição. Há uma edição em português desta obra: KANT, I. *Crítica da razão pura*. Lisboa: Fundação Calouste Gulbenkian, 1989 [Tradução de Manuela Pinto dos Santos e Alexandre Fradique Morujão] [N.T.].

23. A melhor tradução desse termo segue a etimologia: com-posição sintética. *Ge-Stell* é o título original da conferência de 1949; o título foi modificado em 1954 e veio a ser *A questão da técnica*.

um povo e sua história. A própria história se desdobra precisamente no ponto crítico de um mundo que se descobre e de uma terra que se fecha. As obras de arte autênticas permitem descobrir a situação radical na qual o *Dasein* se encontra lançado.

As raras pessoas que se aventuram para além da ordem familiar e enfrentam um caos implacável para defender uma posição criadora no bem-estar do ser, estas figuras eminentes da história erigidas como criadoras por causa de sua viagem ao seio do mistério do ser, correm assim o risco de uma destruição prematura. Este foi o destino de duas figuras que Heidegger considera como heróis: Hölderlin (1770-1843) e Nietzsche. Heidegger apenas conserva inicialmente três forças criadoras do *Dasein* histórico: a poesia, o pensamento e a criação do Estado[24], e institui entre esses criadores solitários um diálogo profundo, mas conflituoso, no cerne mesmo da história. Heidegger espera agora o advento destes poucos preciosos criadores, que poderão falar com palavras justas sobre a poesia e sobre o pensamento, abrindo a via de uma última travessia, de um novo começo, aquele da apropriação do ser arcaico, advento claro-escuro, radicalmente finito, perpetuando-se na história.

Os herdeiros

A força da "hermenêutica filosófica" de Hans Georg Gadamer (1900-2002), menos radical sem dúvida, consiste em reinvestir as dinâmicas situacionais da hermenêutica da facticidade heideggeriana nos lugares mais comuns das humanidades. A maior obra de Gadamer, *Verdade e método*[25], repousa no reconhecimento da situação hermenêutica de nosso "ser-lançado", que se inscreve num projeto que é aquele da tradição. Esta obra não procura impor um "método", mas simplesmente descrever fenomenologicamente como a compreensão (a "verdade" em seu contexto histórico),

---

24. No final dos anos de 1930 somente os poetas e os pensadores se apresentam entre os combatentes na guerra que Nietzsche chama de "grande política": o estadista não é mais propriamente mencionado. Esta estrepitosa omissão marca o desengajamento de Heidegger em relação ao movimento nacional-socialista, ao qual ele tinha anteriormente aderido; seu engajamento foi tornado público uma primeira vez quando ele aceitou ser o reitor da Universidade de Friburgo em abril de 1933, posto que ele abandonou dez meses depois. Em 1935 ele reafirmou publicamente a "verdade e a grandeza" do "movimento" que, se tivesse sido mais bem dirigido, teria sido capaz de elaborar uma identidade nacional de acordo com as tradições alemãs conservadoras. Mas, no decorrer dos anos seguintes, Heidegger perdeu toda a esperança de ver as decisões do Führer se desligar daquelas dos funcionários limitados do partido; ele o descreve então como o técnico supremo de um grande sistema, levado por um pensamento calculador mesquinho, completamente desprovido da natureza meditativa do pensamento requerido por um homem de Estado; em outros escritos desse período de "emigração interior", recentemente redescobertos, Hitler figura explicitamente na curta lista dos "principais criminosos do mundo e do século". Cf. HEIDEGGER. *Die Geschichte des Seyns* – Gesamtausgabe, t. 69. Frankfurt am Main: Klostermann, 1998, p. 78.

25. Há uma publicação em português desta obra: GADAMER, G. *Verdade e método*. 2 vols. Petrópolis: Vozes, 2002 [N.T.].

Martin Heidegger e seus herdeiros   457

selada pela tradição, "chega" naturalmente pela via desta mesma tradição às nossas experiências humanistas da arte, da história e da linguagem. Gadamer atribui a esse círculo da "experiência hermenêutica" (que parte da tradição para chegar à tradição) as seguintes funções: é um reencontro entre o intérprete e a transmissão do texto, ele próprio concebido como um interlocutor que coloca as questões; ele chega a mostrar, na distância temporal que instaura entre si, as possibilidades inéditas de mediações entre o presente e o passado, em vista de uma fusão salvadora dos horizontes; tem como resultado a transformação desta tradição numa totalidade nova e inédita; mostra como a própria história trabalha para restaurar nossa compreensão de um passado que no início nos é estranho e longínquo, e como o jogo "especulativo" da linguagem constitui a fonte última desta produção salvadora ("o meio mediatiza"); sublinha, enfim, o acabamento do processo de compreensão da interpretação no momento mesmo de sua aplicação.

Este é o projeto de desconstrução da história da ontologia ocidental que conduz Jacques Derrida (1930-2004) para Heidegger. Ao qualificar esta tradição de "logocentrismo" – onde o *logos* significa "razão" e "fundamento" –, Derrida acredita perceber nele os vestígios da obsessão heideggeriana pelo ser. Pode-se observar também que a separação entre ser e ente recobre a distinção filosófica entre transcendental e empírico, entre *a priori* e *a posteriori*, que atravessa a tradição idealista de Platão a Kant (1724-1804). A desconstrução desta distinção clara, assim como de uma multidão de oposições binárias na tradição metafísica, atinge sua inversão e sua combinação, produzindo uma proliferação de diferenças verbais pelas quais Derrida é bem conhecido. Derrida teria sem dúvida admitido que a linguagem desempenha um "papel quase transcendental"[26], enquanto campo diferenciado e diferenciador nas margens da filosofia. O próprio Heidegger, na desconstrução que ele realiza com os nomes de ser no pensamento grego arcaico, observa que o *logos* (a primeira linguagem) devia ser entendido como o ato de "reunir criando as diferenças" e sustentar sem dúvida uma relação de primazia equivalente à *aletheia* (a verdade) como velamento-desvelamento, e com a *physis* (a natureza) como permanente emergência. A diferença entre o ser e o ente se abre sobre um abismo, aquele do velamento, a partir do qual florescem as diferenças; elas se juntam livremente durante um momento, e retornam a este abismo.

---

26. DERRIDA, J. *Glas*. Paris: Galilée, 1974, p. 183.

45

LUDWIG WITTGENSTEIN

Peter Hacker *

Ludwig Wittgenstein é o filósofo analítico mais importante do século XX. Suas duas obras principais, o *Tratado lógico-filosófico*[1] (*Tractatus Logico-Philosophicus*) e as *Investigações filosóficas*[2], influíram consideravelmente nos rumos da corrente analítica. Tais obras abriram diversos caminhos, fazendo com que nascessem no interior desta corrente movimentos filosóficos fundamentalmente opostos: de um lado, o positivismo lógico do entreguerras, do outro, a escola analítica de Oxford, após a Segunda Guerra Mundial. Seja contra ou a favor de Wittgenstein, por uma leitura justa ou errônea de suas obras, sua influência comanda a evolução da filosofia dos anos 1920 até os anos 1970.

Nascido em Viena em 1889, ele segue primeiramente estudos de engenharia, em Berlim e depois em Manchester. Atraído pela filosofia, vai a Cambridge, em 1911, para trabalhar ao lado de Russell (1872-1970). Serve no exército austríaco durante a Primeira Guerra, e termina durante o serviço militar sua primeira obra-prima (seu único livro publicado em vida), o *Tratado lógico-filosófico* (1921). Entre 1920 e 1926, trabalha como professor. Pouco depois, entra em contato com o Círculo de Viena, um grupo de filósofos que será profundamente influenciado por suas primeiras ideias, que se tornarão fonte do positivismo lógico, às vezes ao preço de uma má interpretação. Em 1929 ele volta a Cambridge, onde passa o resto de sua vida lecionando. Entre 1929 e 1932 seu pensamento sofre um abalo que ele procura sistematizar nos quinze anos seguintes. Ao contrário de sua primeira filosofia, ele

---

* Professor de Filosofia. Faculdade de Saint John, Oxford.

1. Há uma edição brasileira desta obra: WITTGENSTEIN, L. *Tratado lógico-filosófico*. São Paulo: Edusp, 2001 [Tradução do inglês por Luiz Henrique Lopes dos Santos] [N.T.].

2. Há uma edição brasileira desta obra: WITTGENSTEIN, L. *Investigações filosóficas*. Petrópolis: Vozes, 2005 [N.T.]

adota uma perspectiva bem diversa que revoluciona a Filosofia da segunda metade do século XX. Essas ideias são primeiramente difundidas por intermédio de seus estudantes, em seguida consignadas em seu segundo livro, as *Investigações filosóficas* (1953), publicado dois anos depois de sua morte. A partir das anotações de seus estudantes, foram publicados em sequência mais de uma dúzia de escritos inacabados e quatro volumes de conferências.

Podemos classificar as principais contribuições da filosofia de Wittgenstein em cinco rubricas: a filosofia da linguagem, a filosofia da lógica, a psicologia da filosofia, a filosofia das matemáticas e, enfim, a clarificação da natureza e dos limites da filosofia em si. Essas teses revolucionam cada um dos domínios e são quase sem precedentes. Seja qual for o problema investigado, suas posições se distanciam dos domínios desgastados e rejeitam alternativas tradicionais; quando a filosofia é aparentemente aprisionada entre o realismo e o idealismo, entre o dualismo e o behaviorismo, ou então entre o platonismo e o formalismo, é necessário, de acordo com Wittgenstein, colocar à prova os pressupostos comuns aos termos da alternativa.

O *Tractatus*, no qual se sucedem as máximas enigmáticas, trata da metafísica, da lógica e da verdade lógica, sobre a natureza da representação em geral e da representação proposicional em particular, sobre o problema da intencionalidade, sobre o estatuto das matemáticas e da teoria científica, sobre o solipsismo e a ideia do eu, sobre a ética e a mística.

Segundo o *Tractatus*, o mundo é uma totalidade de fatos, e não de objetos. A substância de todos os mundos possíveis consiste em uma totalidade de objetos simples e eternos (os pontos no tempo e no espaço, as propriedades não analisáveis, as relações etc.). A forma de um objeto simples reside nessas combinações possíveis com outros objetos. Uma ligação possível dos objetos entre eles constitui um estado de coisas. A ocorrência de um estado de coisas é um fato. A representação de um estado de coisas é um modelo ou uma imagem que deve conter a mesma multiplicidade lógica do que aquilo que representa e ter com ela uma relação de isomorfismo. As proposições são imagens lógicas. Elas são essencialmente bipolares, isto é, suscetíveis de serem verdadeiras ou falsas. A natureza delas reflete a natureza do que elas representam, na medida em que é a essência de um estado de coisas que acontece ou que não acontece. Uma proposição elementar é uma decisão de um estado de coisas (atômico). As palavras que compõem essa proposição (que não podemos analisar, pois são simplesmente nomes lógicos) se substituem aos objetos simples e eternos da realidade, e os significam – dessa forma, o ato de nomear faz parte da essência da linguagem, e faz parte da essência das palavras tomarem o lugar das coisas. A forma lógico-sintáxica de um nome simples deve refletir a forma metafísica do objeto simples, que é sua significação. Assim, as combinações possíveis entre os nomes refletem as combinações possíveis entre os objetos. De acordo com a maneira pela qual os nomes são dispostos na proposição, seguindo as regras da sintaxe lógica, dir-se-á que as coisas são realmente tais ou quais. O sentido de uma proposição é função das significações dos nomes que a compõem. É uma possibilidade de ocorrência ou de não ocorrência de um estado de coisas. Portanto, uma proposição que tem um sentido é uma proposição que representa ou descreve uma possibilidade, isto é, algo que *pode* acontecer. O sentido deve ser definido de maneira absoluta, do contrário as leis da lógica (em particular a lei do terceiro excluído) poderiam não se aplicar. Assim, tudo o que é aparentemente vago deve ser analisado, e deve se dissipar graças à análise. É possível mostrar pela análise que uma proposição cuja superfície gramatical parece vaga (ou indefinida) é indefinida de maneira definida: ela consiste numa disjunção entre diversas possibilidades bem definidas. A essência de uma proposição é fornecida pela sua forma propositalmente global, "veja como são as coisas", quer dizer, pela forma global de uma descrição da maneira que as coisas são na realidade (assim, o ato de descrever faz parte da essência das frases que têm um sentido). Uma proposição é verdadeira se as coisas são na realidade tais quais ela as descreve; ela é falsa se as coisas não são tais quais ela as descreve. Wittgenstein adota então uma posição deflacionista sobre a verdade, e não uma teoria da realidade-correspondência.

A ontologia atomista do *Tractatus* (que explica que o mundo consiste em fatos, que esses fatos são ligações entre os objetos, e que esses fatos são as ocorrências ou as não ocorrências do estado de coisas), a metafísica simbólica que ele promove (o fato de que somente os nomes simples representam objetos simples, que apenas as relações podem representar relações, e somente fatos podem representar fatos), assim como o realismo modal resultante (o fato de que as possibilidades lógicas fazem parte de uma linguagem objetiva e autônoma que compõe a matéria do mundo), eram considerados como capazes de resolver o problema do caráter intencional da proposição. Frege (1848-1925) sustentara que crer em p é ter uma relação de crença em referência a uma proposição (*Gedanke*). Essa teoria apresenta uma vantagem: se acreditamos em algo falso, quer dizer, que p não acontece, a *coisa* na qual acreditamos não existe mais: é a proposição (falsa) em p. Mas o inconveniente é o seguinte: se acreditamos que p, e que p acontece de fato, aquilo no qual acreditamos *não* é o que acontece, mas outra coisa (uma proposição ou *Gedanke*) que tem uma relação obscura com o que acontece. Para dar conta do fenômeno das crenças falsas, Russell (1872-1970) elaborou sua teoria da "relação múltipla" das crenças. Acreditar em aRb, segundo ele, é estar em relação não com um fato ou uma proposição, e sim com a e b e R – o que não implica que a esteja *efetivamente* em relação R com b –, assim explicamos as crenças falsas. Mas Wittgenstein observa que essa teoria admite infelizmente que se possa crer em uma proposição que não faz sentido, por exemplo,

Ludwig Wittgenstein 461

crer que *abR* ou que *RRa*. No quadro da metafísica realista modal de Wittgenstein, quando se crê que *p*, isso no que se acredita é um *estado de coisas* descrito por "p", e se acredita no que acontece. Se isso acontece, aquilo no que se acredita é o que acontece *na realidade*. Se isso não acontece, o objeto da crença é o mesmo estado de coisas, essa mesma possibilidade, mas que não é atualizada. Existe assim uma solução lógico-metafísica clara diante do problema de saber como as proposições podem ter um sentido, mas serem falsas, e como podem existir crenças falsas.

A análise lógica das proposições deve acabar isolando proposições que são logicamente independentes umas das outras, isto é, proposições elementares cuja veracidade depende apenas da existência ou da não existência de estados de coisas (atômicas). As proposições elementares podem se combinar para formar proposições moleculares com a ajuda de operadores que são funções de verdade – conectores lógicos "não", "e", "ou", e "se... então". Esses últimos, contrariamente ao que pensam Frege (1848-1925) e Russell, não são nomes de coisas (nem de funções, como Frege o supunha, nem de objetos lógicos, como o sugeria Russell). Eles são simples ferramentas de combinação verifuncional, que atualizam as condições de verdade entre as proposições. Obtém-se todas as formas possíveis de combinação verifuncional pela operação de negação simultânea sobre um conjunto de proposições elementares. Os conectores lógicos são assim reduzíveis a essa única operação. De fato, com a notação adequada (a notação VF que Wittgenstein inventa), e ao representar as proposições em uma tabela-verdade, todos os conectores lógicos são eliminados. Isso é o suficiente para mostrar que eles têm uma significação totalmente diferente daquela suposta por Frege ou Russell.

Todas as relações lógicas entre as proposições esclarecem a complexidade própria às proposições moleculares (a combinação verificável das proposições elementares que as compõem). A única forma de necessidade (exprimível) é a necessidade lógica. Dois casos-limite de combinação são *desprovidos de significação* (e não desprovidos de sentido): as tautologias, que são verdadeiras incondicionalmente, e as contradições, que são falsas incondicionalmente. Anotadas idealmente (na notação wittgensteiniana VF), um olhar sobre os símbolos obtidos é suficiente para se assegurar de seu valor verdadeiro. Contrariamente ao que Russell pensava, as verdades necessárias da lógica não são descrições de propriedades muito gerais; elas não são também descrições de relações entre objetos lógicos, como o pensava Frege. Elas são tautologias, isto é, proposições moleculares combinadas de tal maneira que sua bipolaridade é neutralizada, e com ela todo o seu conteúdo proposicional; elas dizem todas a mesma coisa, isto é, não dizem absolutamente nada. Elas são proposições "degeneradas", no sentido em que um ponto é uma degeneração (ou um caso-limite) de seção cônica. Assim, as verdades da lógica não são domínio reservado da razão pura para se chegar ao conhecimento da realidade, pois saber que uma tautologia é verdadeira é não saber absolutamente nada.

As expressões metafísicas, como "As proposições descrevem os estados de coisas", "Os fatos consistem em objetos", "O mundo consiste em uma totalidade de fatos", "Vermelho é uma cor", em contraste com as proposições lógicas, são *desprovidas de sentido*: elas alcançam os limites do sentido. De fato, os pretensos conceitos categoriais empregados nessas expressões, por exemplo, "proposição", "fato", "objeto", "cor", não são conceitos autênticos, mas são semelhantes a variáveis não ligadas que não saberiam ser empregadas em uma proposição elementar formada corretamente. Mas o que se tenta dizer com falsas proposições da metafísica (por exemplo, que vermelho é uma cor), as propriedades (as formas) das proposições autênticas o *mostram*, essas últimas contendo instâncias de substituição desses conceitos formais (por exemplo, "A é vermelho"). E o que é mostrado por uma simples notação não pode ser formulado. As verdades da metafísica são indizíveis; assim como as verdades da ética, da estética e da religião.

Portanto, não existem proposições filosóficas, quer dizer, proposições que descreveriam a natureza essencial das coisas ou a estrutura metafísica do mundo. Mesmo as proposições do *Tractatus*, onde Wittgenstein se vale constantemente de conceitos formais como se tratasse de conceitos materiais a fim de descrever a essência das coisas, são definitivamente condenadas a ser desprovidas de sentido – elas são igualmente tentativas de formular o que não se pode mostrar. A tarefa do *Tractatus* é fornecer ao leitor um ponto de vista lógico correto sobre o mundo. Uma vez alcançado esse ponto de vista, é possível então se desfazer da escada utilizada durante a subida. A filosofia não é uma ciência; ela não está tampouco em concorrência com as ciências. Ela não consiste em uma acumulação dos conhecimentos sobre este ou aquele assunto. Sua única e exclusiva função *de agora em diante* é de esclarecer certas afirmações problemáticas de um ponto de vista filosófico, em particular todas as tentativas de dizer a essência das coisas de um ponto de vista metafísico, e de mostrar que essas tentativas de ultrapassar os limites do sentido são vãs. Isto porque a essência do mundo e a natureza de todo objeto pretensamente "superior", proposições corretamente formadas podem *mostrá*-lo, mas a linguagem não saberia descrevê-las.

O interesse do *Tractatus* é múltiplo. 1) A obra é um apogeu para as tradições atomista e fundamentalista, para a concepção da filosofia como análise de estruturas lógicas subjacentes, para a pesquisa louvável de uma linguagem ou de uma notação formal ideal, para a ideia de que a imagem lógico-metafísica da linguagem e a forma lógica são os espelhos da estrutura lógica do mundo. Assim, todas essas ideias estavam prestes a ser destruídas, e é uma tarefa à qual as *Investigações* se dedicam. 2) As numerosas críticas da maneira pela qual Frege e Russell elaboraram sua nova lógica e estabeleceram suas implicações filosóficas devem ser consideradas como definitivas. 3) A explicação de que o *Tractatus* fornece uma intencionalidade evita o perigo das explicações incoerentes sobre a possibilidade das proposições falsas e das crenças falsas, e abre com razão a via em direção à tese segundo a qual a relação de uma proposição com o que a torna verdadeira *e* o que a torna falsa é *interna*; essa etapa leva à segunda, que oferece, entretanto, uma solução totalmente diferente em referência ao problema. 4) A concepção radical da filosofia que o *Tractatus* veicula marca o início da "virada linguística" que caracteriza a filosofia analítica moderna, e que será na realidade concluída pelo Círculo de Viena. O *Tractatus* prepara também o terreno para a concepção fortemente diversa e infinitamente mais rica da filosofia tal como expõem as *Investigações*, uma concepção que evita empregar as noções de análise e revelação de forma lógica dissimulada. 5) A maior conquista do *Tractatus*, sem dúvida, reside em elucidar a natureza da necessidade e da verdade lógicas, mesmo se elas são modificadas e aprofundadas em obra mais tardia, as *Observações sobre os fundamentos das matemáticas*. O *Tractatus* estabelece, de uma vez por todas, a tese segundo a qual a lógica é a ciência do geral, tendo por objeto os fatos mais gerais no mundo (como para Russell), ou as relações as mais gerais entre os conteúdos do pensamento (segundo Frege).

Ainda que a leitura das *Investigações filosóficas* suponha a leitura do *Tractatus*, na medida em que este possa se apresentar como sua tela de fundo, as *Investigações* são uma crítica da herança que o primeiro tratado sistematizou. As objeções são quase frequentemente levantadas de forma indireta, pois elas não tratam de doutrinas ou de teses, mas de pressupostos que os subentendem.

No que diz respeito à filosofia da linguagem, Wittgenstein rejeita nas *Investigações* a hipótese segundo a qual a significação de uma palavra é a coisa que ela representa. Abusa-se do termo "significação", pois mesmo que se possa dizer que uma palavra represente alguma coisa (e todas as palavras não o fazem), a destruição do que é representado não priva a palavra de sua significação. Não há *uma só* relação de denominação, mesmo que existam diversos tipos de relações que unem um nome com o *nominatum* (nominado). É um erro crer que a essência das palavras consiste em nomear as coisas; as palavras têm uma multiplicidade de funções: "nomear" não remete a um só ato. Considerar que as palavras são ligadas à realidade por laços semânticos é um erro. Essa crença se sustenta em um absurdo relativo à função da definição ostensiva que produziria um *vínculo entre a linguagem e a realidade*, e que dotaria as palavras de seus significados em virtude desses laços. Pois uma definição ostensiva, por exemplo, o nome de uma cor, contenta-se em ligar uma palavra a uma amostra, e uma amostra *ressalta por meio da representação*, e não ao que é representado. Todas as palavras não são definidas com precisão, isto é, analisáveis pela especificação das condições necessárias e suficientes de sua aplicação; talvez elas não precisem sê-lo. Exigir uma determinação do sentido é um projeto incoerente, pois não seria apenas o vago que se buscaria dissolver (o que se pode seguramente fazer caso a caso, mesmo que não se deseje sempre fazê-lo), mas também sua *possibilidade*, o que é absurdo. A obscuridade não é sempre um defeito, e não haveria critério absoluto para se medir a exatidão de um termo. O ideal analítico em si, herança cartesiana e empirista renovada por Moore (1873-1958) e Russell, é um contrassenso. Os termos "simples" e "complexo", que são qualificações atributivas e não predicativas, são mal empregados. Pois nada é absolutamente simples ou complexo, é sempre referente a um critério prescrito para tal ou qual gênero de objetos que se empregam esses termos. Numerosos conceitos, em particular conceitos filosóficos-chave como "proposição", "linguagem", "número", são muito mais ligados pelos ares familiares do que por características comuns. A ideia segundo a qual todas as proposições têm a mesma essência, a forma proposicional em geral, é uma pista falsa. Todas as proposições não são descrições, e, mesmo entre aquelas que o são, deve-se distinguir numerosas formas lógicas de descrição. É, portanto, um erro supor que a função fundamental da proposição seja descrever um estado de coisas. Só se pode explicar a instituição da linguagem estando atento ao uso ordinário das palavras e das frases.

Opondo-se ao conceito que faz da verdade o pivô da descoberta da significação e abandonando, por assim dizer, o conhecimento a ele mesmo, Wittgenstein sustenta que a significação consiste na explicação da significação, isto é, na exposição das regras de uso das palavras. A significação de um enunciado é de fato o que se compreende de um enunciado. A compreensão é uma faculdade, um aprendizado da técnica do emprego de uma expressão. Ela se manifesta no bom uso de uma expressão, na explicação que se dá dela, e no fato de responder adequadamente quando ela é empregada; tais são os critérios da compreensão. Há diversas formas de explicação, a definição formal sendo uma entre outras, como a ostentação, a paráfrase, a paráfrase contrastante, a exemplificação, a explicação pelos exemplos etc.

Assim, a ideia central do *Tractatus*, segundo a qual toda forma de representação deve, em sua estrutura formal, refletir a forma metafísica do mundo, é errônea. Os conceitos não são nem exatos nem inexatos; eles são simplesmente mais ou menos úteis. As regras de uso das palavras não são nem verdadeiras nem falsas. Elas não são responsáveis pela realidade, nem pelas significações fornecidas anteriormente; elas definem as significações das palavras, isto é, são constitutivas de suas significações. A gramática é autônoma. De modo que o que aparecia como verdades metafísicas necessárias (vermelho é uma cor), verdade que toda forma de simbolismo podia mostrar de forma indizível segundo o *Tractatus* (toda linguagem pode ser utilizada para descrever objetos coloridos), não é em realidade mais do que regras de uso das

Ludwig Wittgenstein 465

palavras, sob a aparência de descrições (por exemplo, o fato de que se é possível dizer que uma coisa é vermelha, pode-se também dizer que ela tem uma cor). O que aparecia como uma coordenação metafísica entre a linguagem e a realidade, por exemplo, entre a proposição que *p* e o fato que *p* acontece, o que torna a primeira verdadeira, é uma simples articulação no interior da gramática, a saber, que "a proposição que *p*" = "a proposição que é verdadeira se o fato que *p* acontece". A harmonia aparente entre a linguagem e a realidade, que necessitava de uma metafísica modal realista elaborada, não é senão a sombra trazida pela gramática sobre o mundo. É por isso que não se saberia resolver os problemas ligados à intencionalidade do pensamento e da linguagem recorrendo-se a relações entre as palavras e o mundo, ou entre o pensamento e o real. A única saída é esclarecer os laços intragramaticais no interior da própria linguagem.

Toda a tradição que domina a filosofia europeia está imbuída da ideia de que o que é dado o é a partir de uma experiência subjetiva; um indivíduo conhece aquilo que o toca (por exemplo, o fato que sinta dor), e o problema é de saber como as coisas são "por fora" dele. Assim, o privado seria sempre mais bem conhecido que o público, o pensamento mais bem circunscrito que a matéria. Considera-se a experiência subjetiva como o fundamento não apenas do conhecimento empírico, mas também da linguagem: o sentido das palavras se fixa pelo ato de nomear as impressões subjetivas (por exemplo, "dor" significa *isto-mesmo* que eu sinto nesse momento). Os argumentos que Wittgenstein lança contra a "linguagem privada" atacam de forma global os pressupostos que subentendem essa crença.

É enganoso pensar que a experiência individual possa constituir um objeto de conhecimento subjetivo: a capacidade de um indivíduo em dizer que ele sente dor não se apoia sobre nenhuma prova. Não saber que se tem dor ou duvidar é tão absurdo quanto saber e ter certeza disso. O fato de dizer "eu sei que sinto dor" tanto é uma forma de insistir sobre o fato de que se sente dor recorrendo a uma aparência que dissimula uma proposição puramente gramatical (por se crer que é absurdo duvidar do fato de que se sente dor), quanto uma proposição absurda de um filósofo. A ideia de que ninguém além de mim pode sentir o que sinto quando tenho dor, e que por isso desfruto de uma posição epistêmica privilegiada, é um tanto suspeita. De fato, ela pressupõe que a dor sentida por outro indivíduo seja qualitativamente idêntica à minha, mas jamais idêntica em número. No entanto, a distinção entre a identidade numérica e a identidade qualitativa concerne apenas às substâncias, e não impressões ou sensações. Duas pessoas sentem a mesma dor se essas dores têm a mesma intensidade, apresentam as mesmas propriedades fenomenológicas e estão localizadas em partes equivalentes de seu corpo. Toda a tradição constrói uma imagem deformada da noção de "interior", sob a influência de representações enganosas inscritas em nossa linguagem e de interpretações errôneas das construções gramaticais assimétricas entre a primeira e a terceira pessoa nos enunciados psicológicos. Daí decorre a formação tão falsa que se faz do "exterior". É possível reconhecer, com frequência, que um indivíduo sente dor por seu comportamento, mas não se trata aqui de uma prova indutiva ou analógica, trata-se de um *critério* lógico do fato de se sentir dor. Ainda que tais critérios possam ser invalidados, não faria sentido, na ausência de condições que os invalidasse, duvidar do fato de que aquele que sofre sente dor. O critério do comportamento para o uso de um predicado psicológico é em parte constitutivo de sua significação. Pois a significação dos enunciados que significam "interior" não é dada por uma definição ostensiva, na qual uma impressão subjetiva serviria como representante. Não poderia existir amostra lógica privada, uma sensação não poderia se sustentar. O argumento detalhado que alcança tal conclusão negativa parte da confusão que atinge a noção de "interior", dela fazendo um domínio privado, ao qual o sujeito teria livre acesso reservado por introspecção, faculdade ela própria elaborada a partir de um modelo da percepção.

Contrariamente à tradição dominante, Wittgenstein sustenta que a ideia da linguagem como meio de comunicar pensamentos eles próprios independentes da linguagem é um contrassenso. Falar não é traduzir pensamentos não verbais na linguagem, e compreender não é interpretar ou transformar signos inertes em pensamentos vivos. Os limites do pensamento são definidos por aqueles de sua expressão. O aprendizado de uma linguagem não permite somente a extensão da inteligência; ela estende também o poder da vontade. É certo que um cão possa querer um osso, mas só aquele que se vale de uma linguagem pode querer, desse momento em diante, algo na semana seguinte. Não é o pensamento que insufla vida nos signos de uma linguagem, mas o uso desses signos no curso ordinário da vida humana.

Wittgenstein efetuou igualmente um trabalho considerável em filosofia das matemáticas. Suas *Observações sobre os fundamentos das matemáticas* são tão originais e revolucionárias quanto suas outras obras. Ele aprofunda sua primeira análise da verdade lógica, liberando-a da coleira metafísica do *Tractatus*. Rejeita o logicismo, o formalismo e o intuicionismo de uma só vez, e emprega uma concepção normativa das matemáticas como substituição. A aritmética é um sistema de regras (que tomam a forma das descrições) que permitem transformar as proposições empíricas sobre os números, as grandezas ou as quantidades de objetos. As proposições da geometria não são descrições das propriedades do espaço, mas provavelmente regras constitutivas para descrever relações espaciais. Considera-se erroneamente que uma prova matemática é uma demonstração que estabelece verdades sobre a natureza dos números ou das formas geométricas. Ela determina os conceitos e também, por consequência, as formas de interferência. As matemáticas são um caso de invenção (ou

Ludwig Wittgenstein

de formação de conceitos) mais do que descobertas. À verdade em matemáticas corresponde a coerência (ou a validade) nas inferências operadas no seio das proposições empíricas sobre os números e as grandezas dos objetos. As posições de Wittgenstein revelaram-se, entretanto, muito radicais e difíceis para a época, e ficaram geralmente incompreendidas ou mal interpretadas.

A concepção revolucionária da filosofia que propõe o *Tractatus* é contrabalanceada por uma concepção ainda mais radical dos trabalhos posteriores de Wittgenstein. A filosofia, sustenta ele, não é uma disciplina cognitiva. As proposições filosóficas e o conhecimento filosófico, sejam eles dizíveis ou indizíveis, não existem. Se a filosofia realmente os contivesse, eles se submeteriam a um acordo unânime, já que são simples truísmos gramaticais (por exemplo, o fato de que nós sabemos que alguém está machucado por causa de seu comportamento). A tarefa da filosofia é levantar as obscuridades conceituais que nos impedem de reconhecer essas articulações definidas pelas regras de nossa linguagem. Na há espaço para teorias hipotético-dedutivas sobre o modelo da ciência; na filosofia, nós nos movemos em nossa própria gramática, e nós resolvemos questões filosóficas examinando as regras de uso das palavras que nos são familiares. Não existem regras escondidas às quais nos submeteríamos, nem significações reais a enunciados empregados comumente que ninguém conheceria antes que fossem descobertos. Os problemas filosóficos nascem quando se misturam diferentes regras linguísticas, por exemplo, quando se projeta a gramática que rege tal expressão sobre outra (a gramática do alfinete sobre a gramática da dor, por exemplo), ou quando se projeta as normas da representação sobre a realidade, sempre pensando que se confrontam assim dois tipos de necessidade no mundo (por exemplo, "Nada pode ser todo verde e todo vermelho"), ou ainda quando se exige demais de certos conceitos, como, por exemplo, que eles se prestem a um tipo de explicação que convém a outra categoria de conceitos.

Os *métodos* em filosofia são puramente descritivos. O que a filosofia deve descrever para resolver os problemas filosóficos é a utilização das palavras. Ela deve nos lembrar como nós fazemos uso dessas palavras a fim de nos mostrar onde nós esbarramos na escuridão, seduzidos por similitudes gramaticais de superfície entre enunciados fundamentalmente diferentes (por exemplo, a frase "Quando eu digo..., eu quero dizer..." parece distinguir duas ações: dizer e significar. Mas significar algo dizendo-o não é seguramente cumprir uma ação). A tarefa da filosofia é esclarecer os conceitos e resolver os problemas filosóficos. Ela deve apresentar uma visão geral de um domínio do pensamento, de uma seção da gramática, em uma palavra, expor quais são as relações lógico-gramaticais entre os conceitos que são fonte de confusões e obscuridades em filosofia. Seu objetivo é dissipar as confusões e expor a obscuridade. A finalidade da filosofia não consiste em se somar ao conjunto de conhecimentos que o homem tem do mundo. Não existe manual de um saber filosófico estabelecido como na física, química ou na biologia; mas isso não é pelo fato de a filosofia não ter produzido conhecimento, apesar dos dois mil e quinhentos anos de esforços. A filosofia procura *compreender* um sentido particular: ela procura entender a maneira pela qual são ordenadas as diferentes propriedades de nosso sistema conceitual que fazem nascer a dúvida e a obscuridade, tanto na filosofia quanto na ciência.

46

JEAN-PAUL SARTRE

Philippe Cabestan *

Sartre quis ser ao mesmo tempo Stendhal (1783-1842) e Spinoza (1632-1677). É forçoso reconhecer que ele, à sua maneira, alcançou isso. Ainda que privilegiemos aqui sua obra filosófica, não esqueçamos que Sartre foi também o autor de *La Nausée*[1] (1938), os três tomos dos *Chemins de la liberté*[2] (1945-1949), assim como de uma dezena de peças de teatro dentre as quais *Entre quatro paredes* (*Huis clos*) de 1944, *O diabo e o Bom Deus*[3] (*Le Diable et le Bon Dieu*) de 1951 e *Os sequestrados de Altona* (*Les Séquestrés d'Altona*) de 1959. E na sequência de sua autobiografia, com *Les mots*[4] (1963), que ele recebeu o Prêmio Nobel de Literatura.

Escritor engajado, próximo do Partido Comunista, principalmente de 1952 a 1956, Sartre não parou de denunciar a exploração do homem pelo homem. Até o fim de sua vida ele permaneceu um militante político cujos múltiplos engajamentos, ao lado dos maoistas nos anos de 1970, por exemplo, suscitam ainda muitas controvérsias. Estas, no entanto, não devem fazer esquecer que Sartre foi, junto com Bergson (1859-1941) e Merleau-Ponty (1908-1961), um dos grandes filósofos franceses do século XX.

---

* Professor agregado de Filosofia. Paris.

1. Há uma publicação em português desta obra: SARTRE, J.-P. *A náusea*. Rio de Janeiro: Nova Fronteira [Tradução de Rita Braga] [N.T.].

2. Há uma publicação em português desta obra: SARTRE, J.-P. *Os caminhos da liberdade* ("A idade da razão"; "Sursis"; "Com a morte na alma". Rio de Janeiro: Nova Fronteira, 1983 [Tradução de Sérgio Milliet] [N.T.].

3. Há uma publicação em português desta obra: SARTRE, J.-P. *O diabo e o bom Deus*. São Paulo: Difusão Europeia do Livro [N.T.].

4. Há uma publicação em português desta obra: SARTRE, J.-P. *As palavras*. Rio de Janeiro: Nova Fronteira, 1984 [Tradução de J. Ginsburg] [N.T.].

Contingência e liberdade

Apresenta-se habitualmente o pensamento de Sartre evocando, para começar, o terraço de um café parisiense onde Raymond Aron (1905-1983) tinha-lhe revelado a essência da fenomenologia. Existe, no entanto, um Sartre que, anteriormente, entre 1924 e 1933, desenvolve já "um pensamento profundamente original [...] do qual se procura os traços profundos até em *O idiota da família*[5] (*L'idiot de la famille*)". Este pensamento é dominado principalmente por uma ideia que Sartre conservará durante toda a sua vida e à qual ele dedica seu primeiro romance: a absoluta contingência do ser, quer dizer, o caráter supérfluo e como que "excessivo" de tudo aquilo que é ou existe. Assim, Roquetin, sentado num jardim público, contempla nauseado (*écoeuré*) as raízes de um castanheiro, "massas monstruosas e moles, em desordem – nuas, de uma terrível e obscena nudez"[6]. O próprio Deus, se Ele existe, não escapa da contingência, e sua existência é ela mesma desprovida de necessidade.

A descoberta da obra de Husserl (1859-1938), fundador da fenomenologia, não obstante, permaneceu um acontecimento decisivo para Sartre que, como pensionista no Instituto Francês de Berlim (1933-1934), mergulha na leitura das *Investigações lógicas*[7] (1900) e das *Ideias diretrizes para uma fenomenologia* (1913). Sartre redige então dois textos: o primeiro, um artigo com o significativo título de "Uma ideia fundamental da fenomenologia de Husserl: a intencionalidade", que lhe permite expor sua concepção da consciência intencional – "a consciência não é nada mais do que o fora de si mesma, e é esta fuga absoluta, esta recusa de ser substância, que a constitui como consciência"[8]. O segundo, um breve ensaio, "A transcendência do ego" que, em nome de um *cogito* pré-reflexivo, impessoal, opõe-se à concepção completamente cartesiana e husserliana de um *ego* que habita a consciência. Pois o eu, para Sartre, é um objeto transcendente, constituído pelo retorno da consciência sobre si mesma, ou seja, reflexão.

Impessoal, não substancial, a consciência sartriana é, além disso, uma pura espontaneidade. Em outras palavras, "cada instante da nossa vida consciente nos revela uma criação *ex nihilo* (do nada)"[9]. Segue-se que a consciência, para Sartre, é estranha a qualquer forma de passividade, a tal ponto que nada poderia agir sobre a consciên-

---

5. COOREBYTER, V. *Sartre avant la phénomenologie*. Bruxelas: Ousia, 2005, p. 11.

6. *La nausée* (1938). Paris: Gallimard, 1989, p. 182 [Folio].

7. Há uma publicação parcial desta obra em português: HUSSERL, E. *Investigações lógicas* – Sexta investigação: elementos de uma elucidação fenomenológica do conhecimento. São Paulo: Abril [Coleção Os Pensadores – Tradução de Zljko Loperié e Andréa Maria Altino de Campos Loperié] [N.T.].

8. *Situations I* (1947). Paris: Gallimard, 1975, p. 40.

9. *La transcendance de l'ego* (1937). Paris: Vrin, 1988, p. 79.

Jean-Paul Sartre 471

cia. Desse ponto de vista, como mostra o *Esboço de uma teoria das emoções* (*Esquisse d'une théorie des émotions*) de 1939, é preciso renunciar inclusive à ideia de paixões da alma e compreender então estas emoções que são a alegria, a tristeza ou a ira como outros tantos comportamentos mágicos diante do mundo, espontaneamente adotadas pela consciência. Também o ódio ou o amor são, para Sartre, comportamentos adotados pelo sujeito. Além disso, como ele o lembrará em suas *Réflexions sur la question juive*[10] (1946), o antissemitismo não é uma paixão de que o antissemita seria vítima, mas principalmente uma atitude escolhida "de viver de maneira apaixonada", pois ele escolheu "raciocinar falsamente", "ser impermeável", "ser terrível"[11] etc.

Se *L'Imaginaire*[12] (1940) é ainda escrito numa perspectiva claramente husserliana, ao contrário, a redação de *L'Être et le néant*[13] (1943) – que se pode considerar como a primeira grande obra de Sartre – está estreitamente ligada à leitura de Heidegger (1889-1976), principalmente de *Ser e tempo*[14] (1927). Sartre aí se propõe desembaraçar as estruturas da consciência em sua relação com o ser: a consciência resulta daquilo que ele chama então de descompressão (*décompression*) de ser ou "nadificação", quer dizer, a produção de um nada no seio do ser. Assim, à diferença de um calhau ou de uma couve-flor, quer dizer, de um ser em si que é e que é o que é, a consciência ou o para-si não poderia coincidir consigo mesma. Sempre à distância de si mesma, somente na simples presença de si, a consciência *existe*, ou seja, ela possui esse modo de ser específico, segundo o qual a consciência não é o que ela é e é o que ela não é.

É isto que podemos também compreender tendo em vista a maneira como a consciência se temporaliza, no sentido de que ela escapa ao que ela é e se projeta no futuro; portanto, ela não é (mais) o que ela é, e não é (ainda) o que ela já é. Resulta disso que a consciência é livre. E esta liberdade, como a angústia o revela, não é uma propriedade entre outras da consciência. Ela está inscrita em seu próprio ser, que é radicalmente estranho ao princípio de identidade, assim como a qualquer forma de determinismo. Sem dúvida, a consciência não está no fundamento do seu ser e, por conseguinte, não escolhe o lugar nem o momento de seu nascimento. Mas o "fato"

---

10. Há uma publicação em português desta obra: SARTRE, J.-P. *Reflexões sobre o racismo* – I: Reflexões sobre a questão judaica; II: Orfeu negro. São Paulo: Difusão Europeia do Livro, 1968 [N.T.].

11. *Réflexions sur la question juive* (1946). Paris: Gallimard, 1954, p. 19-23.

12. Há uma publicação em português desta obra: SARTRE, J.-P. *A imaginação*. São Paulo: Difusão Europeia do Livro [N.T.].

13. Há uma publicação em português desta obra: SARTRE, J.-P. *O ser e o nada* – Ensaio de ontologia fenomenológica. Petrópolis: Vozes, 1997 [Tradução e notas de Paulo Perdigão] [N.T.].

14. Há uma publicação em português desta obra: HEIDEGGER, M. *Ser e tempo*. 2 vols. Petrópolis: Vozes, 1988 [Tradução de Márcia de Sá Cavalcanti] [N.T.].

contingente de sua existência se conjuga com sua absoluta liberdade, a sua facticidade com sua livre *transcendência*, quer dizer, com este movimento de nadificação que permite a ela ser sempre diferente do que é.

No entanto, o homem é de má-fé. Tal como o menino do café que brinca de *ser* garçom, o homem não para de fugir de si e de dissimular para si a contingência de seu ser. Ele persegue então isto que Sartre chama de impossível síntese do em-si-para-si, quer dizer, de uma livre subjetividade (para-si), que seria também coisa ou substância (em-si) e que, no fundo de seu ser enquanto realidade substancial, escaparia à contingência. Compreendemos já a sentença com a qual termina *O ser e o nada*: "O homem é uma paixão inútil"[15]. É esta mesma paixão que encontramos atuando nas relações com os outros, onde, tanto o olhar que olha quanto o olhar olhado, tanto o sujeito quanto o objeto, cada um persegue infatigavelmente *via* por meio dos outros esta síntese do em-si-para-si.

A inteligibilidade da história

Na conclusão de *O ser e o nada* Sartre anuncia uma próxima obra consagrada aos prolongamentos éticos de sua reflexão. Os *Cadernos para uma moral* (*Cahiers pour une morale*), publicados três anos depois de sua morte, reúnem um conjunto de notas redigidas entre 1947 e 1948, que ficaram inacabadas. Simultaneamente, Sartre expõe com *O que é a literatura?* (*Qu'est-ce que la littérature?*), de 1947, a sua concepção do engajamento literário. Ele aí conclama os escritores a abandonar a estética da arte pela arte e a considerar a escrita como uma arma na luta que os homens travam contra o mal. Enfim, Sartre começa um grande debate com o marxismo que chega à publicação, em 1957, de *Questão de método*[16] (*Questions de méthode*) e, em 1960, da *Crítica da razão dialética*[17] (*Critique de la raison dialectique*). Esta "pedra" (*pavé*) – cerca de 900 páginas – pode ser considerada como sua segunda grande obra. Sartre nela se esforça para tornar a história inteligível, a partir de uma interpretação ao mesmo tempo materialista e dialética da ação humana no meio da "raridade" (*rareté*).

Uma interpretação materialista, em primeiro lugar. Em 1946, num longo artigo intitulado "Materialismo e revolução" ("*Matérialisme et révolution*"), Sartre critica o que ele chama de "neomarxismo stalinista", que se inspira muito particularmente no pensamento de Engels (1820-1895), e denuncia o absurdo de uma dialética materia-

---

15. *L'Être et le néant* (1943). Paris: Gallimard, 1976, p. 678.

16. Há uma publicação em português desta obra: SARTRE, J.P. *Questão de método*. São Paulo: Difusão Europeia do Livro [N.T.].

17. Há uma publicação em português desta obra: SARTRE, J.-P. *Crítica da razão dialética*. Rio de Janeiro: DP&A/Lamparina, 2002 [N.T.].

lista da natureza: "A natureza, como diz Hegel (1770-1831) com tanta profundidade, é exterioridade. Como procurar espaço nesta exterioridade para este movimento de interiorização absoluta que é a dialética?" Ao "mito materialista" Sartre opõe, portanto, sua filosofia da transcendência, quer dizer, da liberdade, que é a única filosofia revolucionária verdadeira[18]. Isto fica mais evidente dez anos depois. Nas *Questões de método*, conservando sua crítica contra uma dialética da natureza, Sartre se declara materialista, significando com isso que ele reconhece, como Marx (1818-1883) em *O capital*[19], que "o modo de produção da vida material domina em geral o desenvolvimento da vida social, política e intelectual"[20]. O marxismo é agora, para Sartre, o inultrapassável – intransponível porque as circunstâncias que o engendraram não foram ainda superadas; ela é a filosofia do nosso tempo[21].

Uma interpretação dialética, em seguida. Sartre descobre no seio do marxismo "uma falha" que convém remediar, elaborando uma "antropologia histórica e estrutural" que tomaria como ponto de partida o que o marxismo, com a exceção de Marx, ignora totalmente: a existência. A esse respeito, a *Crítica da razão dialética* se situa bem no prolongamento de *O ser e o nada*, cuja descrição da existência é, de certa maneira, retomada em 1960 com o termo *práxis*. Com este termo Sartre designa a ação de um indivíduo ou de um grupo de indivíduos que modifica seu ambiente material em vista de um fim determinado. A necessidade disso é a forma elementar da multiplicidade de comportamentos estimulada pelo projeto de se conservar em vida. Porém, para Sartre, a *práxis* individual é já dialética, "na medida em que a ação é por si mesma superação negadora de uma contradição, determinação de uma totalização presente com o nome de totalidade futura"[22]. Assim, a racionalidade da ação é dialética. E, porque a história resulta da *práxis*, sua inteligibilidade deriva de uma razão dialética da qual Sartre projeta, à maneira de Kant (1724-1804) na *Crítica da razão pura*[23], estabelecer a extensão e o limite.

A história começa, portanto, com a necessidade como *práxis*. Mais exatamente, ela começa com o fato rigorosamente contingente da "raridade": como a jangada da *Medusa*, "*não há muito para todo mundo*"[24]. Assim, a raridade faz pesar em cada or-

---

18. "Matérialisme et révolution". *Situations*, III. Paris: Gallimard, 1949, p. 196.

19. Há uma publicação em português desta obra: MARX, K. *O capital* – Crítica da economia política. 6 vols. Rio de Janeiro: Civilização Brasileira, 1971-1974 [Tradução de Reginaldo Sant'anna] [N.T.].

20. *Critique de la raison dialectique*. Paris: Gallimard, 1960, p. 38.

21. Ibid., p. 14.

22. Ibid., p. 194.

23. Há uma publicação em português desta obra: KANT, I. *Crítica da razão pura*. Lisboa: Calouste Gulbenkian, 1989 [Tradução de Manuela Pinto dos Santos e Alexandre Fradique Morujão] [N.T.].

24. Ibid., p. 239-240.

ganismo a ameaça de sua liquidação, de modo que a *práxis* é antes de tudo uma luta contra a morte. Além disso, a raridade está no princípio, na inumana humanidade dos homens e de nossa história, enquanto luta encarniçada contra a "raridade". Pois a raridade une os homens, que devem se associar para lutar contra ela; e ela os divide, já que todos não podem ser satisfeitos e cada um é uma ameaça para a vida do outro. Enfim, não vamos acreditar ingenuamente que a raridade seja o efeito de um modo de produção capitalista. Ela está, ao contrário, no princípio do modo de produção como luta de classes: qualquer que seja o modo de produção, a diferenciação das funções no meio da raridade implica necessariamente a constituição de um grupo de produtores subalimentados.

O primeiro tomo da *Crítica da razão dialética* permite que Sartre coloque o problema da história de um ponto de vista dialético, enquanto totalização de todas as multiplicidades práticas. No entanto, não é possível conceber a história no modelo da *práxis* individual, totalizadora de um conjunto de comportamentos. Pois, no caso da história, haveria antes a totalização de uma infinidade de comportamentos sem totalizador. Como esta totalização é possível? Em outras palavras, a história tem um sentido? Ao renunciar à publicação do segundo volume da *Crítica*, Sartre deixa seu empreendimento inacabado[25].

A psicanálise existencial

De certa maneira, as diferentes investigações filosóficas de Sartre se conjugam para responder a questão a respeito da qual inicia *O idiota da família* (do qual Sartre publica os dois primeiros tomos em 1971 e o terceiro em 1972): "O que se pode saber de um homem hoje?" Como estudo monumental consagrado a Gustave Flaubert (1821-1880), *O idiota da família* representa a terceira grande obra de Sartre. Ela foi, no entanto, precedida de dois ensaios: *Baudelaire* de 1974, *Saint Genet, comediante e mártir* (*Saint Genet, comédien et martyr*) de 1952, ao qual se pode acrescentar *Mallarmé: a lucidez e sua face de sombra* (*Mallarmé: la lucidité et sa face d'ombre*), publicado postumamente em 1986, que saem deste mesmo projeto de hermenêutica existencial.

Na verdade, Sartre define já seu fim e suas regras no curso da quarta e última parte de *O ser e o nada*, opondo-se principalmente à psicanálise freudiana, da qual ele rejeita o conceito de inconsciente psíquico, reconhecendo em Freud (1856-1939) um precursor. Sartre escreve:

> O princípio desta psicanálise é que o homem é uma totalidade e não uma coleção; por conseguinte, ele se exprime totalmente no mais insignificante e mais

---

25. O manuscrito inacabado deste segundo volume foi publicado em 1985 pela Gallimard, por A. Elkaïn-Sartre.

superficial de seus comportamentos – em outras palavras, ele não é um gosto, um tique, um ato humano que não seja revelador[26].

Uma tal hermenêutica se propõe, então, a descobrir a escolha fundamental que cada um dos comportamentos de um homem simboliza à sua maneira. Uma tal escolha é absolutamente livre. É a escolha de uma certa relação com o ser, que o para-si realiza a partir de seu desejo de ser (em-si-para-si).

Por conseguinte, Sartre remaneja, por um lado, esta concepção em função principalmente de sua interpretação materialista e dialética da *práxis*, que se esforça para levar em conta o que denomina de prático-inerte como fonte de toda alienação. Sartre desenvolve, então, uma teoria dialética da compreensão, exposta na terceira parte de *Questões de método*, segundo a qual o ato se explica por sua significação terminal, a partir de suas condições iniciais. Assim, o método da psicanálise existencial deve ser progressivo-regressivo: "O movimento da compreensão é simultaneamente progressivo (para o resultado objetivo) e regressivo (retorno para a condição original)"[27]. Correlativamente, a ideia de uma liberdade incondicional deixa progressivamente lugar para uma liberdade da *práxis* alienada. Não vamos por isso concluir que Sartre renuncia finalmente à sua concepção primeira da liberdade e assimila o homem alienado a uma coisa:

> Eu sempre me senti livre desde a infância. A ideia de liberdade se desenvolveu em mim, ela perdeu os aspectos vagos e contraditórios que existem em alguém quando é tomada assim no início, e ela se complicou. Ela se precisou; mas eu morreria como vivi, com um sentimento de profunda liberdade[28].

---

26. *L'Être et le néant*. Op. cit., p. 628.

27. *Critique de la raison dialectique*. Op. cit., p. 115.

28. "Entretiens avec Jean-Paul Sartre", ago.-set./1974. BOUVOIR, S. *La cérémonie des adieux*. Paris: Gallimard, 1981, p. 492.

47

MAURICE MERLEAU-PONTY

Étienne Bimbenet *

Numa conferência pronunciada na época dos *Encontros Internacionais* de Genebra, em 1951, Merleau-Ponty (1908-1961) declarava: "O próprio de nossa época é [...] não somente conciliar, mas tomar como inseparáveis a consciência dos valores humanos e a das infraestruturas que os carregam na existência"[1]. Ele compunha então o retrato de um século caído no subterrâneo de nossa humanidade para aí descobrir, à luz inquietante da psicanálise, do surrealismo e de duas guerras mundiais, nossa condição de seres encarnados e contingentes. Porém, é difícil não perceber, por trás desta apresentação filosófica da época, uma confissão de meias-palavras de um filósofo que era também "arqueólogo" e dividido para exumar, obra por obra, os embasamentos corporais, linguísticos e históricos da consciência. Nascido em 1908, Merleau-Ponty fez brilhantes estudos clássicos; mas, como Sartre (1905-1980), Lévi-Strauss (1908-2009) ou Lacan (1901-1981), ele pertencia também a uma geração que nos anos de 1930 descobre Hegel (1770-1831), Marx (1818-1883), Nietzsche (1844-1900), Freud (1856-1939) e a fenomenologia. Ele é, portanto, ambivalente em sua própria formação: acreditando nos poderes do espírito, tal como seus mestres cartesianos e kantianos; mas consciente de que as subversões intelectuais e históricas do momento exigiam cedo ou tarde uma crítica radical, e radicalmente "desintelectualizante", da filosofia. Uma razão inquieta por sua encarnação; uma razão que não queria mais desconhecer o "negativo" (o corpo e sua passividade, a linguagem e sua obscuridade, a história e sua violência); uma razão concreta, enfim, eis o que Merleau-Ponty nos oferecia para pensar. Mas como realizar esta aposta, tão magnífica como ela é, de "formar

---

* Mestre de conferências de Filosofia. Universidade de Lyon III.

1. *Signes*. Paris: Gallimard, 1961, p. 287 [NRF].

uma nova ideia da razão"?[2] Para muitos outros depois dele, como Lévi-Strauss e Foucault (1926-1984), a psicanálise, a psicopatologia, a etnologia ou a linguística estrutural anunciariam logo a "morte do homem"[3]; para Merleau-Ponty, esta era a oportunidade para uma nova filosofia. A inflação freudiana do sexual, por exemplo, ou a descoberta saussuriana do sistema da língua, não infligiriam aqui nenhuma ferida narcísica, servindo antes para compor o que Merleau-Ponty chama de um humanismo "sério"[4] (*sériuex*): Como isto é possível? Que estranha construção filosófica poderia manter juntas, sem contradição, uma teleologia racional e uma arqueologia verdadeira?

A união da alma e do corpo

O projeto filosófico de Merleau-Ponty é ao mesmo tempo simples (facilmente determinável, constantemente repetido) e complexo (difícil de aplicação, constantemente reprogramado). Reconhecer como dado fundamental a encarnação do espírito, que testemunha, em qualquer experiência, um certo primado da percepção – este é o programa. Por outro lado, este dado, que é evidente na ordem da vida, não tem nada de evidente para o pensamento: ele precisa ser conquistado, tanto contra uma filosofia idealista segura da autonomia do espírito quanto contra o conjunto das ciências – psicologia, sociologia, história – que conhece, ao contrário, a dependência empírica desse mesmo espírito. A união da alma e do corpo é vista assim como um fato primitivo e incontestável, mas cuja legitimidade filosófica deve ser conquistada, arbitrando o conflito do "ponto de vista interior" da reflexão e do "ponto de vista exterior" da ciência. Há uma verdade definitiva do *cogito*, como diz Merleau-Ponty; mas, inversamente, a ciência tem em si uma autoridade sem discussão possível do realismo e dos condicionamentos orgânico, psíquico, social e histórico, com que ela soube nos convencer: nesse sentido, cada um dos pontos de vista é total e indivisível, portanto, inconciliável com seu contrário. Vivemos a união, mas não sabemos pensá-la, este é o problema.

Não há, portanto, nada de fácil nesse projeto de uma filosofia concreta, lançada juntamente contra o idealismo dos "mestres" – bem representado nos anos de 1930 pelo magistério universitário de Léon Brunschvicg (1869-1944) – e contra o rea-

---

2. Cf. *Sens et non-sens*. Paris: Nagel, 1948, p. 8. "Seria necessário que a experiência da desrazão não fosse simplesmente esquecida. Seria necessário formar uma nova ideia da razão."

3. Cf. FOUCAULT, M. *Les mots et les choses* – Une archeology des sciences humaines. Paris: Gallimard, 1966, cap. 10 [NRF]. Há uma publicação em português desta obra: FOUCAULT, M. *As palavras e as coisas* – Uma arqueologia das ciências humanas. São Paulo: Martins Fontes [Tradução de Selma Tannus Michail] [N.T.].

4. *Signes*. Op. cit., p. 283.

lismo naturalista das ciências humanas em pleno auge desde o final do século XIX. Merleau-Ponty projeta esta terceira via em suas duas primeiras obras. *La structure du comportement*[5] (1942) parte do ponto de vista exterior da ciência e realiza uma crítica minuciosa dela. Colocando para si um corpo vivo inteiro submetido ao olhar objetivador da psicologia experimental, a obra supera progressivamente sua representação realista em proveito da noção ambígua de "comportamento". Um comportamento vivo não é combinável mecanicamente, como uma soma de reflexos elementares; ele é primeiro uma resposta ao sentido global de uma situação. Por outro lado, ele não envolve uma pura consciência, a "visão" que o anima permanece cúmplice de um corpo, simples afinidade de uma conduta total com uma situação total, e não conhecimento distinto. A obra dominante de Merleau-Ponty, a *Phénoménologie de la perception*[6] (1945), realiza um percurso exatamente simétrico e inverso: ela parte não do "embaixo" (do ponto de vista exterior da ciência, para idealizá-la), mas do "em cima" (do ponto de vista interior da consciência, para materializá-la). É então a experiência na primeira pessoa do sujeito que percebe que orienta a reflexão, e que vai progressivamente se tornar opaca, até se perceber solidária com uma corporeidade anônima e passiva. O "eu penso" da filosofia se transfigura inelutavelmente, no fio de descrições grandemente alimentadas pela *Gestaltpsychologie* (psicologia da forma), pela neurofisiologia, ou ainda pela psicopatologia, até se perceber, nas exterioridades de um "eu posso"[7] corporal, ou ainda de um "eu natural"[8] mais antigo do que qualquer conhecimento.

A fenomenologia de Husserl (1859-1938) representa o verdadeiro *organon* desta ambiciosa reforma de nosso entendimento filosófico. Merleau-Ponty, assim como Sartre, descobriu a obra de Husserl nos anos de 1930; ambos compreenderam, cada um à sua maneira, que toda uma antropologia filosófica estava envolvida numa simples exigência de retornar à experiência direta que fazemos com o mundo e com os outros. A "fenomenologia" é o direito dado ao fenômeno – à experiência vivida e irrefletida – de se dizer num *logos* e com isso renová-lo profundamente. Ao sair da Segunda Guerra Mundial, a *Fenomenologia da percepção* e *O ser e o nada*[9] testemunham,

---

5. Há uma publicação em português desta obra: MERLEAU-PONTY, P. *A estrutura do comportamento*. São Paulo: Martins Fontes, 2006 [N.T.].

6. Há uma publicação em português desta obra: MERLEAU-PONTY, M. *Fenomenologia da percepção*. São Paulo: Martins Fontes, 2006 [N.T.].

7. *Phénomenologie de la perception*. Paris: Gallimard, 1945, p. 160 [NRF].

8. Ibid., p. 239.

9. Há uma publicação em português desta obra: SARTRE, J.-P. *O ser e o nada* – Ensaio de ontologia fenomenológica. Petrópolis: Vozes, 1997 [Tradução e notas de Paulo Perdigão] [N.T.].

assim, a imensa fecundidade de um método que, em sua neutralidade descritiva, pode frustrar o duplo prestígio do idealismo filosófico e do naturalismo científico. Antes de ser um movimento ou uma moda, o existencialismo, tal como Merleau-Ponty o compreende, prolonga diretamente este imperativo fenomenológico, para permanecer até o fim fiel ao viver e às suas obscuridades.

O metafísico no homem

Estimulada pelo problema cartesiano da união da alma e do corpo, a filosofia não permanece, porém, acantonada neste tema antropológico. Merleau-Ponty fala pouco do homem, ou muito comedidamente; ao pronunciar muitas vezes esta palavra, esquece-se efetivamente que o essencial deve ser procurado em qualquer outro lugar que não no homem: "Sua existência se estende a muitas coisas – exatamente: a tudo – para se fazer ela mesma objeto de declaração ou para autorizar isto que se chamou de "chauvinismo humano"[10]. É por isso que não é uma antropologia da união que Merleau-Ponty constrói: é antes, depois da *Fenomenologia da percepção*, uma interrogação sobre o ser. É menos o homem que "o metafísico no homem"[11] que prevalece agora, em outras palavras, o mistério ontológico do qual o homem, como espírito encarnado, é somente uma testemunha.

Esta nova ambição ontológica motiva a abertura de um vasto canteiro que culminará, no final dos anos de 1950, com a redação de sua grande obra inacabada, *Le visible et l'invisible*[12]. Chamado em 1949 para a Sorbonne, para aí ensinar Psicologia Infantil, nomeado no final de 1952 professor no Collège de France, Merleau-Ponty alimenta com numerosas leituras um trabalho filosófico profícuo; um depois do outro, todos os aspectos do viver humano se veem questionados no sentido de suas implicações ontológicas últimas. O corpo próprio, em primeiro lugar, é interrogado com novos investimentos, a partir de uma reflexão sobre a psicanálise freudiana e pós-freudiana – M. Klein (1882-1960), P. Schilder (1886-1940), J. Lacan (1901-1981). Uma representação dinamizada do esquema corporal e uma consideração nova dos investimentos carnais e afetivos instruem uma representação inédita do corpo humano, corpo definitivamente impróprio, radicalmente descentrado e orientado para os outros. Os "pensamentos bárbaros da primeira época"[13], imaginando a passagem mimética dos outros no eu e do eu nos outros, são a primeira comunica-

---

10. *Éloge de la philosophie*. Paris: Gallimard, 1989, p. 47 [Folio].

11. *Sens e non-sens*. Op. cit., p. 145-172.

12. Há uma publicação em português desta obra: MERLEAU-PONTY, M. *O visível e o invisível*. 4. ed. São Paulo: Perspectiva, 2007 [N.T.].

13. *Phénomenologie de la perception*. Op. cit., p. 408.

ção, a desrazão no princípio de toda razão. Para além do corpo, a linguagem se vê também reexaminada e isto desde a linguística de Saussure (1857-1913). Redefinida como o lugar do advento do sentido, ou do sentido em vias de se realizar, a linguagem se deixa facilmente promover ao patamar de modelo universal, acreditando sempre, desde a ordem humana da cultura até as profundezas da natureza, na ideia de uma historicidade fundamental. Os textos redigidos a partir do final dos anos de 1940 para *A prosa do mundo* (*La prose du monde*) deslocam assim o centro da reflexão da simples encarnação – anteriormente definida como confusão ou mistura dos contrários – para a expressão, definida como poder universal de fazer sentido. Até mesmo a análise política, nacional e internacional se deixa apreender como um dos lugares desta intensa experimentação filosófica. Ao sair da Segunda Guerra Mundial, em plena Guerra Fria, e principalmente a partir da criação com Sartre da revista *Les Temps modernes*, Merleau-Ponty exorta uma inversão do olhar: não é para um céu de princípios jurídicos que é preciso se voltar para sondar o sentido da história. A ideia de uma direção superior – ainda que simplesmente reguladora – e o ceticismo histórico são duas posições que se juntam, ambas postulando um olhar desviante. Não compreende o sentido histórico em vias de se fazer, senão aquele que dá o sentido, ou que pelo menos se sabe engajado numa situação histórica produtora de seu próprio sentido. Foi assim que Merleau-Ponty quis sempre compreender o marxismo: como o instrumento de uma nova inteligência dos fatos, a contrapelo de qualquer pensamento separado. Um instrumento, de resto, que se estaria enganado ao acreditar que ele é muito fragmentário ou parcial, se é verdade que ele pôde motivar, em relação à experiência stalinista, tanto uma adesão atenta e prudente em 1947 (*Humanisme et terreur*[14]), quanto um verdadeiro distanciamento alguns anos depois (oficializado em 1955 com *Les aventures de la dialectique*[15]).

Sempre se encontra a mesma marca ontológica nessas diferentes explorações. Seria preciso conceber a ontologia terminal de Merleau-Ponty como o resultado de investigações muito dispersas, mas deixando transparecer, porém, um ar de família – aquele de um ser "primordial", que precede todo pensamento objetivo, e tão velho quanto os nossos primeiros desejos; um ser para sempre "expressivo" ou "inacabado", à imagem das palavras criadoras do verdadeiro escritor ou das vozes silenciosas de um pintor; um ser, enfim, "bruto" ou "selvagem", que ressoa as violências matriciais da relação inter-humana. A união da alma e do corpo é agora, no termo de uma série

---

14. Há uma publicação em português desta obra: MERLEAU-PONTY, M. *Humanismo e terror* – Ensaio sobre o problema comunista. Rio de Janeiro: Tempo Brasileiro, 1968 [N.T.].

15. Há uma publicação em português desta obra: MERLEAU-PONTY, M. *As aventuras da dialética*. São Paulo: Martins Fontes, 2006 [Tradução de Claudia Berliner] [N.T.].

Maurice Merleau-Ponty

de aumentos espetaculares, ao mesmo tempo o originário, o incoativo e o bárbaro em nós. Esta é também a "carne do mundo" (*chair du monde*), segundo uma fórmula que dá toda a medida (ou a desmedida) desse trabalho de elaboração ontológica.

Filosofia e não filosofia

Em cada uma de suas investigações, é sempre o "uso da vida", como dizia Descartes (1596-1650), o viver em sua radical retrogradação sobre o pensamento, que instrui a filosofia e faz que ela se eleve ao nível de filosofia concreta. Merleau-Ponty foi muito longe nesse sentido, como o próprio tema testemunha, onipresente nos últimos cursos no Collège de France[16], a "não filosofia". A não filosofia é, em conformidade com a ampliação do tema da encarnação realizada depois da *Fenomenologia da percepção*, a totalidade do mundo vivido de antes da filosofia, este mundo agido antes de ser sabido, verdadeiro laboratório da filosofia vindoura. É ainda a confusão generalizada da época atual, a "crise"[17] que, a partir da ciência, da pintura, da literatura, da religião, da política, denuncia a esterilidade manifesta do pensamento objetivo, esse pensamento "de sobrevoo"[18]: para uma determinada filosofia, assim como para uma determinada ciência, o ser não nos toca, nós o conhecemos sem sermos ele, como puros sujeitos que contemplam puros objetos. Mas, assim como a percepção não é o saber desligado, mas uma presença vivida, uma adesão sem distância, também a filosofia deve reaprender a ser, na promiscuidade e na impiedade, o que ela quer levar a conhecer. Daí o apelo a uma "filosofia militante"[19], capaz de renovar suas categorias no plano da experiência, quando a "filosofia triunfante"[20], ao contrário, não sabe se pensar senão como pensante e separada. É assim à psicologia em plena procura de si, na transformação ativa de seus próprios métodos e na superação de seus dualismos, em suma, o que ele chamou um dia de "autocrítica do psicólogo"[21], que Merleau-Ponty quis perguntar sobre uma filosofia da percepção e do desejo. É para a arte, para o gesto silencioso do pintor, assim como para suas perplexidades, que ele quis voltar para penetrar no segredo de nosso poder de expressão. Foi, enfim, à análise política factual, como à experiência comunista, que ele pediu um veredicto em relação às chances futuras da coexistência humana.

---

16. Cf. *Notes de cours 1959-1961*. Paris: Gallimard, 1996.

17. Cf. "La philosophie aujourd'hui" (cursos de 1958-1959). *Notes de cours 1959-1961*. Op. cit., p. 40.

18. *Signes*. Op. cit., p. 20.

19. Ibid., p. 199.

20. Ibid.

21. *Phénoménologie de la perception*. Op. cit., p. 77.

Esta falsa humildade do filósofo, que finge abandonar a filosofia para melhor voltar a ela – esta suspensão do saber em proveito da vida, que acaba por colocar o saber a salvo de uma abundante matéria estranha – é sem dúvida o que devemos reconhecer em Merleau-Ponty de mais original. Há um paradoxo que se deve observar nesta vontade de fazer servir à renovação da filosofia tudo aquilo que a ameaçava de impotência: "A filosofia [...] começa com a consciência daquilo que corrói e faz rebentar, mas também renova e sublima nossas significações adquiridas"[22].

---

22. *La prose du monde*. Paris: Gallimard, 1969, p. 25-26.

48

PESQUISAS EPISTEMOLÓGICAS

Denis Vernant *

Como prática discursiva e racional, a filosofia ocidental desenvolveu desde sempre uma reflexão sobre as modalidades e os limites do conhecimento humano. Do mesmo modo, à medida que se constituíram as ciências desde a geometria antiga até a física contemporânea, ela procedeu a uma análise propriamente epistemológica dos objetos, métodos e limites das ciências, tanto formais quanto experimentais.

Estas pesquisas epistemológicas ganharam um novo impulso no século XX. Desde então, rupturas e inovações significativas se produziram no seio da história das ciências. É a época da aparição das geometrias não euclidianas, da física não newtoniana, da biologia e da emancipação de áreas que, vindas da filosofia, constituíam-se em ciências do homem e da sociedade: psicologia, psicanálise, linguística, sociologia, etnologia e antropologia. Essas inovações tiveram sua importância, que foi examinada com frequência[1]. Mas o transtorno mais importante, na medida em que ele transforma ao mesmo tempo as condições da análise filosófica e da conceituação científica, reside na constituição da lógica simbólica como ciência dos sistemas formais. De fato, a novidade não diz mais respeito aos desenvolvimentos teóricos operados a partir da ruptura, seguidos da integração, tais como a pangeometria ou a panfísica, a teoria da relatividade englobando como caso particular a física clássica, ou por invenção de uma nova teoria cujo modelo nas ciências do homem é a linguística

---

* Professor de Filosofia. Universidade de Grenoble – Pierre Mendès, France.

1. Cf. BACHELARD, G. *Le nouvel esprit scientifique.* Paris: PUF, 1934. • *La philosophie du non.* Paris: PUF, 1940. • FOUCAULT, M. *Les mots et les choses.* Paris: Gallimard, 1968. Existem edições brasileiras destas obras: BACHELARD, G. *O novo espírito científico.* São Paulo: Tempo Brasileiro, 2000 [Tradução de Juvenal Junior Hahne]. • BACHELARD, G. *A filosofia do não*: filosofia do novo espírito científico. Lisboa: Presença, 1991 [Tradução de Joaquim José Moura Ramos]. • FOUCAULT, M. *As palavras e as coisas* – Uma arqueologia das ciências humanas. São Paulo: Martins Fontes, 2006 [Tradução de Salma Tannus Muchail] [N.T.].

484   *História da Filosofia*

saussuriana, mas sobre a própria linguagem e as regras de seu uso puramente racional e dedutivo. Na aurora do século XX, a lógica se constitui enquanto linguagem formal e cálculo racional de aplicação universal. Desde então, seus métodos e conceitos irradiam todo o campo do saber, da filosofia às ciências experimentais, passando pelas matemáticas.

Depois de haver recordado sucintamente as principais etapas da constituição da lógica contemporânea, trataremos de medir seu impacto sobre a prática da filosofia, sobre os desenvolvimentos das ciências formais e experimentais, sobre a reflexão epistemológica contemporânea e, enfim, sobre a emergência das "ciências cognitivas".

A lógica como ciência dos sistemas formais

O nascimento da lógica contemporânea data da publicação do *Begriffsschrift* de Gottlob Frege (1848-1925) em 1897[2]. Nesta obra o matemático de Iena apresenta o cálculo lógico em sua forma quase acabada, prosseguindo, em seguida, à redução da aritmética por meio de uma definição lógica do conceito de número.

Trata-se de construir uma língua artificial ideal que permita a escrita unívoca dos conceitos num simbolismo bidimensional rigoroso (mas pesado) e que, a partir dos axiomas, desenvolva dedutivamente seus teoremas de modo puramente automático, sem recorrer a qualquer intuição. A partir de uma extensão do operador matemático de "função", Frege constrói o termo lógico de "conceito" (*Begriff*) que caracteriza uma função propriamente lógica admitindo por argumento um objeto e tomando como valor um "valor de verdade": o Verdadeiro ou o Falso. Assim, a proposição "Sócrates é mortal" é analisada de agora em diante no argumento "Sócrates" e no conceito "é mortal". Esta análise funcional apresenta o mérito notável de ser também válida para as proposições do gênero: "Platão é o discípulo de Sócrates"; o novo cálculo se aplicou também nas relações que, como se sabe, não obstante algumas tentativas de Leibniz, escaparam à lógica tradicional.

Como é comum acontecer na ciência, a descoberta fregeana foi reiterada uns três anos mais tarde por Bertrand Russell (1872-1970). Adotando o simbolismo linear flexível de Peano (1858-1932), Russell procede por gênese gramatical: "Sócrates é mortal" se escreve $M(s)$ e "Platão é discípulo de Sócrates": $D(p,s)$. Ao substituir indivíduos por variáveis obtém-se as funções proposicionais $F(x)$ e $F(x,y)$ que podem ser quantificadas universalmente como $(x)F(x)$ ou existencialmente como $\exists x F(x)$[3].

---

2. FREGE, G. *Idéographie*. Paris: Vrin, 1999.

3. RUSSELL, B. *Les principes de la mathématique* – Écrits de logique philosophique. Paris: PUF, 1989.

Pesquisas epistemológicas

Russell e Frege compartilharam inicialmente a mesma concepção absolutista, universalista e realista da lógica. Na época, a nova lógica, que era a única possível, parecia fornecer os fundamentos definitivos das matemáticas. Esta língua formal tinha jurisdição sobre todo discurso racional e seus axiomas expressavam as "leis do ser verdadeiro" (Frege) e asseguravam a *"accointance"*[4] de uma verdade concebida como dado final (Russell).

Os desenvolvimentos acelerados das pesquisas lógicas desmentiram esta concepção inicial. No início dos anos de 1920, Jan Lukasiewicz (1878-1956), ao utilizar a nova ferramenta lógica para reinterpretar rigorosamente a lógica de Aristóteles, teve a ideia de introduzir um terceiro valor de verdade (o possível) para dar conta do estatuto particular dos futuros contingentes[5]. Assim feito, ele fundamentou ao mesmo tempo as bases das lógicas plurivalentes e das lógicas modais. A partir do momento em que se podem conceber lógicas de três, quatro ou mesmo *n* valores, o princípio de bivalência que regia a lógica de Frege-Russell não passaria de uma convenção particular. Do mesmo modo, poder-se-ia estender esta lógica para construir um cálculo integrando às modalidades do necessário, do impossível, do possível e do contingente. Disto resultou uma relativização das lógicas que, de acordo com a expressão de Carnap (1891-1970), dependiam apenas do "princípio de tolerância":

> Na lógica, não existe moral. Cada um tem a liberdade de construir sua própria lógica, *i.e.,* sua própria forma de linguagem, conforme desejar. A única exigência [...] é que se estabeleçam os métodos claramente e se forneçam as regras sintáxicas ao invés de argumentos filosóficos[6].

Cada lógica se reduzia a um sistema formal submetido às únicas regras metalógicas de consistência, completude e decidibilidade.

Posteriormente, uma notável florescência de sistemas lógicos visou tanto estender os poderes da lógica usual – lógicas aléticas, doxásticas, epistêmicas, deônticas interpretáveis por semânticas dos mundos possíveis – quanto reformar um dos aspectos, como é o caso das lógicas plurivalentes, intuicionistas, dialógicas, livres etc.

A análise lógica na filosofia

O impacto da nova lógica foi determinante na filosofia. Ao fornecer um método de análise das noções, de definição formal dos conceitos e de resolução (ou dissolução) dos problemas, a lógica formal deu à luz o que se denominou "filosofia analíti-

---

4. A *"accointance"* designa, em Russell, a relação autêntica entre o sujeito e os objetos com os quais ele está em contato direto.

5. LUKASIEWICZ, J. *La syllogistique d'Aristote*. Paris: Colin, 1972.

6. CARNAP, R. *The Logical Syntax of Language*. Londres: Routledge & Kegan, 1937, § 17, p. 52.

ca", que Russell preferiu qualificar de "método científico em filosofia"[7]. Lembremos apenas um exemplo significativo desta contribuição decisiva da lógica: o método de definição contextual que resultava da teoria das descrições definidas exposto em 1905 no famoso artigo "Da denotação".

Aparentemente, a questão é puramente técnica: trata-se de recorrer à nova lógica (e em particular à quantificação) para dar conta formalmente do uso das expressões denotativas da língua natural, tais quais "o atual rei da França", "o círculo quadrado" etc. No julgamento "o atual rei da França é calvo", a expressão "o atual rei da França" funciona como uma descrição definida apresentando conceitualmente um indivíduo que se supõe único e existente. O julgamento em questão se analisa deste modo: "Existe um e apenas um indivíduo que é atualmente rei da França e calvo". Portanto, a descrição "o atual rei da França" faz apenas "contribuir à significação" do julgamento completo ao fornecer duas condições de unicidade e de existência e uma qualificação contextual[8].

Tecnicamente, esta análise revelou-se determinante na medida em que ela introduzia um novo operador de singularidade ($\imath x$) que permitia designar conceitualmente determinado indivíduo. Mas suas consequências filosóficas foram também importantes. Semanticamente, ela instaurava uma distinção nítida entre os nomes próprios lógicos que funcionam como autênticos símbolos significando diretamente (*meaning*) indivíduos efetivamente determinados e as descrições definidas, agora concebidas como símbolos incompletos, não fazendo senão descrever conceitualmente (*denoting*) indivíduos dos quais nem a existência nem a unicidade são garantidas. No que diz respeito à teoria do conhecimento, a distinção simbólica precedente se desdobrou numa dicotomia crucial entre a *accointance*, como modo de apreensão direta dos objetos dos sentidos (como os universais), e o "conhecimento por descrição" derivado do uso discursivo das descrições definidas[9]. Desse modo, a compreensão de uma proposição reside na redução dos elementos descritivos àqueles, irredutíveis, apenas acessíveis por *accointance*. Da mesma forma, o conhecimento do mundo – que ele seja empírico ou científico – como o de outros espíritos deriva de um conhecimento descritivo, que deve, *in fine*, enraizar-se em uma *accointance* de natureza solipsista.

Enfim, as consequências ontológicas se revelam igualmente consideráveis na medida em que a definição contextual das descrições definidas opera uma redução não

---

7. Cf. *Mysticisme et logique*. Paris: Vrin, 2007, cap. 6. Há uma publicação em português desta obra: *Misticismo e lógica*. Rio de Janeiro: Zahar, 1977.

8. Cf. nosso *Philosophie mathématique de Russell*, § 44-46, p. 306-318.

9. RUSSELL, B. *Mysticisme et logique*. Op. cit., cap. 10: "Connaissance par accointance/connaissance par description".

Pesquisas epistemológicas

apenas simbólica, mas também ontológica que permite resolver o antigo problema do estatuto dos *ficta*, *impossibilita* e *abstracta*. Por exemplo, para dar conta do significado da expressão "o círculo quadrado", não é mais necessário admitir (como ainda o fazia Russell em 1903) a subsistência de um objeto contraditório, mas simplesmente constatar que não existe no mundo objeto único que seja ao mesmo tempo circular e quadrado. A descrição definida "o círculo quadrado" não tem mais o valor autêntico de nome próprio designando um objeto do qual se deveria garantir a subsistência. Da mesma forma, o argumento ontológico se torna obsoleto: a existência não é a propriedade de um objeto, mas o fato para uma função proposicional que deve ser satisfeita por pelo menos um indivíduo. Portanto, a questão da existência (ou da "realidade") não se coloca para os nomes próprios que significam diretamente determinados indivíduos, mas para as descrições definidas que denotam objetos eventuais.

Se, para Russell, o método filosófico recorre à análise lógica, para Wittgenstein (1889-1951) o exercício filosófico não consiste em uma construção de doutrinas complicadas, mas em uma atividade terapêutica que visa identificar as proposições desprovidas de sentido e resolver – ou dissolver – as falsas questões que resultam do uso abusivo da linguagem: "O objetivo da filosofia é a clarificação lógica do pensamento. A filosofia não é uma doutrina, mas uma atividade, uma obra filosófica que consiste essencialmente em elucidação"[10]. Se, para Russell, a atitude diante da vida depende de uma inspiração "mística", e se, para Wittgenstein, ética e estética dependem do que não se pode dizer, Carnap, preconizando um positivismo lógico, recusa qualquer possibilidade de discurso que não seja regido pela sintaxe lógica: "Os metafísicos são músicos sem dom musical"[11].

A logicização das matemáticas

Em Russel, a definição contextual, novo formato da navalha de Occam (século XIV), permite a redução de toda ontologia dos objetos lógico-matemáticos. A teoria "sem classes" dos *Principia mathematica* define contextualmente toda classe a partir de uma função proposicional da qual se assegurou a extensionalidade[12]. Assim, o número 2 não se revela como um objeto inteligível, mas uma simples construção simbólica, uma "ficção lógica": a classe de todas as classes semelhantes a um par

---

10. *Tratactus lógico-philosophicus*. Paris: Gallimard, 1989, p. 4.112 [TEL]. Há uma publicação em português desta obra: WITTGENSTEIN, L. *Tratado lógico-filosófico*. São Paulo: Edusp, 2001 [Tradução do inglês de Luiz Henrique Lopes dos Santos] [N.T.].

11. Cf. "Le dépassement de la métaphysique par l'analyse logique du langage". *Manifeste du Cercle de Vienne et autres écrits*. Paris: PUF, 1985.

12. A extensionalidade de uma função proposicional reside em sua verificação por um ou diversos indivíduos. Cf. nosso *Bertrand Russell*. Paris: Flammarion, 2003, § 3-4, p. 130-137 [GF].

488   *História da Filosofia*

determinado. Enquanto classe de classes, todo número se resolve, portanto, em uma ficção de ficção. Sobre estas bases, os *Principia mathematica* de Russell e Whitehead propõem uma redução lógica de todas as matemáticas, incluindo a geometria. Este grandioso projeto lógico quase fracassou, na medida em que ele teve que aceitar irredutíveis axiomas matemáticos (axiomas de escolha e do infinito). Mas ele constituiu um progresso significativo fundado na inegável potência analítica do cálculo das relações. Nota-se, além disso, que a posição formalista que lhe opôs David Hilbert (1862-1943) resultava também de uma exploração da metamatemática concebida como ciência dos sistemas formais.

A metodologia das ciências

De acordo com Carnap, o discurso da ciência depende de uma sintaxe lógica que dela determina precisamente as condições de sentido (regras de formação) e de engendramento (regras de transformação: *modus ponens*). Recusando a distinção neokantiana entre ciências da matéria e do espírito, a nova sintaxe lógica fornecia assim a metodologia de todas as ciências. Donde o projeto de uma *Enciclopédia da ciência unificada* (*Encyclopédie de la Science Unifiée*) desenvolvido pelo Círculo de Viena, que apresentou uma concepção resolutamente empirista admitindo apenas, afora os enunciados analíticos e *a priori* da lógica e das matemáticas, enunciados sintéticos *a posteriori* fundados em enunciados protocolares cuja verificação assegura a significação e garante a verdade.

Rapidamente, este empirismo lógico se defrontou com inúmeras críticas. No interior do movimento, Moritz Schlick (1882-1936) rejeitava o princípio de verificação e Otto Neurath (1882-1945) propunha uma concepção coerentista da verdade. Fora do movimento, Karl Popper (1902-1994), titular em 1946 em Londres da cadeira de "lógica e metodologia científica", recusando a verificação como critério de cientificidade, propôs a "falseabilidade" como critério de demarcação entre ciência e pseudociência. De fato, se, logicamente, uma proposição universal não pode ser validada por um número indeterminado de constatações, uma só proposição singular basta para invalidá-la. A constatação de que "existe um melro branco" basta para tornar falsa a proposição "todos os melros são pretos". Assim, toda ciência empírica se desenvolve por "refutações" sucessivas de hipóteses teóricas conjecturais[13].

Em 1950, nos Estados Unidos, Quine (1908-2000) denunciou em um famoso artigo "dois dogmas do empirismo": a dicotomia entre analítica e sintética e o reducionismo

---

13. *Conjectures et réfutations* – La croissance du savoir scientifique. Paris: Payot, 1985. Há uma publicação em português desta obra: POPPER, K. *Conjecturas e refutações* (O progresso do conhecimento científico). Brasília: UnB, 1994 [N.T.].

fisicalista de Carnap. Entendendo "naturalizar a epistemologia", ele não deixou de manter, entretanto, a lógica (sob sua forma mais usual) como núcleo da construção científica[14].

Lógica e inteligência artificial

No meio do século XX a influência da lógica tomou uma forma inédita com a invenção do computador como calculador lógico universal por John von Neumann (1903-1957) e Alan Turing (1912-1954). Esta invenção técnica produziu uma nova ciência, a informática fundamental, e, sobretudo, um novo campo de pesquisa, a Inteligência Artificial, que abolia de facto a oposição cartesiana entre o homem e a máquina. Desde então os processos cognitivos do homem e do animal foram objeto de uma modelização e de uma simulação informáticas. Num primeiro momento, as pesquisas, que associavam lógica, informática, filosofia, psicologia cognitiva e neuro-biologia se desenvolveram sob a hipótese cognitivista de um tratamento simbólico e calculatório do pensamento. Em seguida, principalmente sob a influência de mode-los conexionistas, a análise se alargou pela consideração de processos subsimbólicos dando luz a uma concepção mais larga do pensamento em termos de procedimentos acionais.

Assim, na aurora do século XX, a aparição de uma ciência dos sistemas formais forneceu instrumentos rigorosos de análise e de dedução que deram à luz a lógica simbólica, permitiram a formalização das matemáticas, e abriram a via à invenção da informática.

Tanto a filosofia como a epistemologia daí tiraram métodos de definição, de conceituação e de raciocínio que permitiram uma nova abordagem da racionalidade discursiva e dos métodos de conhecimento. Além disso, a implementação em máqui-na dos algoritmos do cálculo lógico tornou viável uma modelização das capacidades cognitivas tanto do homem quanto do animal.

As consequências desta revolução, única naquilo que ela abrange especificamente a respeito da invenção de uma linguagem e de um cálculo utilizável como ferramenta universal de simbolização e de dedução, continuarão presentes. Mas não há dúvida de que as revoluções que se produzem atualmente no campo científico consistirão uma vez mais – a exemplo da revolução do átomo – em elaborar novas teorias e em dotar-se de novos objetos. A possibilidade recente de uma intervenção em nível nanométrico revela objetos de estudo inexplorados que impõem a cooperação das ciências e das técnicas ao mesmo tempo em que a convergência das teorias físicas, biológicas e informáticas.

---

14. MONNOYER, J.-M. (org.). *Lire Quine*: logique et ontologie. Paris: De l'Éclat, 2006.

49

MICHEL FOUCAULT

Frédéric Gros *

O pensamento de Michel Foucault (1926-1984) não se apresenta como um sistema filosófico completo, propondo, para os grandes problemas clássicos, uma concepção articulada e específica. O próprio Foucault foi durante muito tempo definido mais como um historiador do que como filósofo. Mas a maneira como ele escreve esta história e os objetos que ele se propõe produzem efeitos filosóficos incontestáveis. As críticas têm o costume de distinguir três grandes momentos de sua obra: uma arqueologia das ciências humanas; uma genealogia dos poderes; uma problematização do sujeito.

A arqueologia do homem moderno

A primeira porta de entrada da obra cobre o período que vai da *Histoire de la folie*[1] (1961) até a *Archéologie du Savoir*[2] (1969). Trata-se, então, de analisar o surgimento das ciências humanas na cultura ocidental e se interrogar sobre esta virada que faz do homem um objeto de saber.

Foucault se propõe como primeiro grande projeto escrever a narrativa do nascimento da psicologia e da psiquiatria, recusando utilizar a definição médica da loucura como conceito inicial, a partir do qual ele descreveria a lente voltada para a verdade, como atravessada por obscurantismos e preconceitos. É que a "loucura", num sentido radical e absolutamente primeiro, filosófico e não mais científico, designa um puro absurdo, o ponto de enfrentamento de toda verdade, o limite ab-

---

* Professor de Filosofia. Universidade de Paris XII – Val-de-Marne.

1. Há uma publicação em português desta obra: FOUCAULT, M. *História da loucura na Idade Clássica*. São Paulo: Perspectiva, 1972 [Tradução de José Teixeira Coelho] [N.T.].

2. Há uma publicação em português desta obra: FOUCAULT, M. *Arqueologia do saber*. 6. ed. Rio de Janeiro: Forense, 2000 [N.T.].

Michel Foucault 491

soluto. Desta loucura, que constitui para a história dos homens uma espécie de ruído de fundo indefinido, não poderia haver história. Não há, no sentido pleno da palavra, história desta loucura em si mesma, pois ela não tem idade. Somente existe, portanto, a história de nossa relação com a loucura, de suas construções de sentido, na qual a doença mental constitui uma interpretação cultural entre outras, mais do que um momento definitivo da verdade. Foucault descreve três grandes experiências históricas da loucura, que são outras tantas maneiras como as culturas instituem sua identidade própria. Em primeiro lugar, o Renascimento: a loucura é então sentida numa dimensão completamente mística e cósmica. Quando o louco delira, ele desperta no homem do Renascimento angústias em relação à realidade do mundo sensível (as aparências são estáveis?), em relação à iminência do apocalipse (o mundo vai imediatamente verter um furor universal?). A loucura é recebida como uma mensagem inquietante e o fogo é percebido como dotado de uma aura sagrada. É por isso que os tratamentos que lhe são impostos revelam principalmente o ritual simbólico, à maneira desses famosos "embarques" que constituíam grandes temas pictóricos e literários (*A nau dos loucos*[3]).

A Idade Clássica constitui uma ruptura de percepção, em primeiro lugar, no sentido de que ela coloca a loucura como um problema político e social. No século XVII os loucos se encontram fechados em fortalezas construídas no centro das cidades (o Hospital Geral da França), em companhia de mendigos, prostitutas, libertinos, dissipadores de fortuna. Estas prisões da ordem moral são constituídas a partir de uma norma do "racional", que defende os valores do trabalho, da família e dos bons costumes. O louco não perturba mais como no Renascimento: ele desorganiza. Dessacralizado, ele é percebido antes de tudo como um perturbador da ordem pública. Paralelamente a esta percepção policial que sustenta as práticas, um determinado número de análises racionais da loucura, desta vez como essência nosológica, ao longo dos tratados médico-filosóficos, colocam-na sob a dependência última de um delírio constitutivo. A raiz da loucura seria uma espécie de discurso vazio, que articula quimeras e sombras. É uma derrota do verbo (e não uma disfunção do cérebro) que se encontra na origem das paixões desordenadas, dos comportamentos excêntricos e das errâncias do julgamento.

A segunda grande ruptura, fundadora da Idade Moderna, é antropológica: é o momento em que a loucura é compreendida como disfunção das faculdades humanas, desarranjo cerebral, perturbação psicológica. A loucura depende agora de determinações psico-orgânicas, de necessidades positivas e mudas, enraizadas no

---

3. Trata-se do quadro de Hieronymus Bosch (1450-1516), comentado por Foucault no capítulo 1 da I parte, intitulado *Stultifera navis* [N.T.].

psiquismo humano. Ela se torna para nós, modernos, uma doença mental. O louco continua a ser encarcerado – ainda que Pinel (1749-1826) o liberte de suas cadeias –, mas este encarceramento é reputado como fiel à verdade médica. Ele se tornou um objeto de ciência, ao mesmo tempo dominado pelo saber e investido ao redor de um poder inquietante, já que é nele que se vai ler as verdades invertidas do homem normal.

Estas grandes escansões do Símbolo (Renascimento), do Discurso (Idade Clássica) e do Homem (Época Moderna) se encontram ainda em *Les mots et les choses*[4] (1966), mas para caracterizar desta vez os dispositivos discursivos (*episteme*), mais do que experiências culturais massivas, construídas no abismo sem fundo da loucura. Trata-se, então, de mostrar como todo pensamento se distribui em cada época de acordo com regras coercitivas de organização, qualquer que seja seu objeto de estudo (a troca das riquezas, o mundo natural ou as línguas). Foucault pode, por exemplo, mostrar como os saberes, no Renascimento, organizam-se de acordo com a lógica das semelhanças: conhecer é estabelecer relações de analogia e similitude entre as coisas. A Idade Clássica só desejará, ao contrário, conhecer segundo uma ordem das identidades e das diferenças. Para desdobrar cada coisa de acordo com sua natureza própria, convém articular a representação por meio de um discurso metódico. A Época Moderna constitui sempre a mesma ruptura, de que é testemunha a revolução kantiana. O regime de verdade se torna antropológico: todo saber é levado à finitude humana como sua condição essencial. O homem deve se tornar o objeto privilegiado de saberes, porque ele constitui ao mesmo tempo sua fonte: é conhecendo o homem que se pode conhecer melhor também todos os objetos oferecidos ao conhecimento. É assim numa dada "natureza humana" que se encontra a chave do saber. A famosa tese da "morte do homem" não significa. Portanto, outra coisa senão um movimento de rebaixamento do pensamento para fora deste primado da antropologia. A literatura contemporânea e o empreendimento estruturalista fizeram de fato aparecer a ideia de que tudo é comunicação de signos e transmissão de mensagens, desde a troca econômica até a transmissão genética. Por conseguinte, a estrutura da linguagem, mais que um funcionamento mudo do sujeito humano, constitui o regime de verdade próprio da natureza de todas as coisas.

Em suma, a arqueologia se apresenta, portanto, como um método histórico absolutamente original. Foucault escreve antes uma história dos saberes, mas sem jamais supor nem o progresso dos conhecimentos, nem o esforço contínuo de uma razão em marcha para a verdade, nem um sujeito humano que seria a fonte

---

4. Há uma publicação em português desta obra: FOUCAULT, M. *As palavras e as coisas* – Uma arqueologia das ciências humanas. São Paulo: Martins Fontes [Tradução de Selma Tannus Michail] [N.T.].

Michel Foucault 493

universal. Os saberes não podem ser compreendidos também apenas pelo movimento da descoberta, da revelação progressiva de seu objeto. Por detrás da lógica, transcendental ou objetiva, própria dos discursos de verdade, as experiências culturais anônimas ou as ordens simbólicas coercitivas determinam suas formas. Portanto, as ciências humanas não aparecem mais como o grande momento da conquista de uma racionalidade triunfante, mas elas são simplesmente sustentadas numa certa época de verdade, da qual Foucault prevê, aliás, o fim, anunciado pela experiência literária da qual ele se sente contemporâneo. Blanchot (1907-2003), Bataille (1897-1962), Becket (1906-1989) ou Raymond Roussel (1887-1933) fazem, pela escrita, a experiência de uma linguagem inumana, na qual as significações, as representações, as identidades encontram o elemento de sua derrota mais do que de sua afirmação.

A genealogia dos poderes

Os anos de 1970 constituem a primeira grande virada no pensamento foucaultiano. O choque cultural da Revolução de 1968 leva de fato Foucault a se voltar para o estudo das técnicas de poder. A arqueologia se mantinha grandemente no patamar de descrição dos discursos, e as ciências humanas eram pensamentos como que derivados de um estilo antropológico dos saberes, do qual era preciso denunciar o fim próximo, a fim de poder relançar o pensamento para outras invenções. A "genealogia" vai, desta vez, tentar estabelecer a correlação entre o surgimento das ciências humanas e o aparecimento de novas tecnologias de poder. Ele também não colocava mais a questão dos critérios de verdade no quadro de uma epistemologia; Foucault não se dispõe a fundar a legitimidade do poder público no quadro de uma filosofia política clássica. Não se trata de estabelecer filosoficamente as razões de obedecer ao Estado ou as fontes racionais do direito, mas estudar os estilos de governabilidade por intermédio dos quais se nos faz obedecer. A forma mais antiga é constituída por aquilo que Foucault chama de "poder de soberania". Trata-se de um poder que procede por antecipações e requisições descontínuas: exige-se jornadas de trabalho, antecipa-se uma parte das colheitas, expõe-se a vida de seus súditos na guerra etc. A principal modalidade de exercício deste poder é constituída pela lei. Por "lei" é preciso entender um decreto autoritário que ordena e interdita, coloca limites, traça linhas de divisão rigorosas, exige submissão. Este poder soberano se torna sensível pelos espetáculos: festas e cerimônias destinadas a impressionar a imaginação dos súditos.

Esta forma, que o Estado continua a preservar, viu-se pouco a pouco ultrapassada, a partir dos séculos XVII e XVIII, por aquilo que Foucault chama de um "biopoder". Trata-se, então, de se dirigir não mais aos setores de atividade dos súditos, aos quais se impõe coerções descontínuas, mas à vida mesmo dos corpos, sobre os quais se exerce um controle contínuo. Duas grandes modalidades deste biopoder são estudados por Foucault. Em primeiro lugar, a "disciplina", que se dá como objeto o corpo dos indivíduos (*Surveiller et punir*[5], 1975). A disciplina remete a uma série de técnicas pelas quais se investe a existência dos indivíduos, a fim de extrair deles o máximo de forças úteis e fazê-los adotar comportamentos previsíveis. Trata-se, pelos exercícios repetidos, pelo emprego da sanção, pelas repartições espaciais adaptadas, de obter um corpo dócil, eficaz, de gestos regulados. Estas técnicas são colocadas em funcionamento nas grandes instituições de enquadramento: fábrica, exército, escola. Foi a partir delas que a prisão como modalidade penal se tornou para nós evidente. Elas são acompanhadas pela produção de todo um saber de exame das capacidades individuais e de identificação dos tipos, matriz das ciências humanas.

A biopolítica, por sua vez (*La volonté de savoir*[6], 1976), distingue-se das disciplinas por seu objeto: a população, e não mais o corpo dos indivíduos. A "população" designa o conjunto dos súditos do príncipe, mas considerados em sua existência biológica. Trata-se, então, de regular a vida (crescimento demográfico, nível de saúde geral, controle do ambiente), a fim de fortalecer o poder global do Estado[7]. A sexualidade se torna, neste dispositivo do biopoder, um elemento-chave: objeto privilegiado de vigilância disciplinar dos corpos e instrumento de regulação das populações.

O quadro teórico geral destes estudos genealógicos é uma concepção do poder original, distanciada tanto do contratualismo liberal ou republicano quanto das grandes críticas marxistas. O poder não é referido nem a um conjunto de direitos transferíveis nem a um processo de alienação (dominação repressiva e mentira ideológica). Bem mais do que a esfera de ação estatal, o poder designa, para Foucault, as técnicas concebidas para governar o comportamento dos homens, que supõe a produção de discursos de verdade e a invenção de máquinas – por exemplo, o panóptico de Bentham[8] (1748-1832). O poder produz: ele produz saberes, identidades e comportamentos, corpos e prazeres novos, realidades novas (o Estado, o mercado, a sexualidade etc.). A análise histórica das formas modernas de poder se confunde

---

5. Há uma publicação em português desta obra com dezenas de edições: FOUCAULT, M. *Vigiar e punir –* História da violência nas prisões. 38. ed. Petrópolis: Vozes, 2010 [Tradução de Raquel Ramalhete] [N.T.].

6. Há uma publicação em português desta obra: FOUCAULT, M. *História da sexualidade –* I. A vontade de saber. Rio de Janeiro: Graal [Tradução de Maria Theresa da Costa Albuquerque] [N.T.].

7. Em 1979, no entanto, suas aulas no Collège de France sobre o liberalismo o levarão a mostrar que, a partir do século XIX, estabelece-se uma governabilidade liberal que exigirá do Estado que ele intervenha, pelo contrário, o menos possível.

8. Há uma publicação em português desta obra: BENTHAM, J. *O panóptico*. Belo Horizonte: Autêntica, 2000 [com comentários de Jacques-Alain Miller, Michelle Perrot e Simon Werret; tradução de Guacira Lopes Louro, M. D. Magno e Tomaz Tadeu da Silva] [N.T.].

em Foucault com um estudo da norma. Esta se opõe à lei pelo fato de que ela não fixa autoritariamente para o indivíduo identidades estatutárias ou interdições infranqueáveis, mas propõe esquemas de comportamento e de meios estatísticos dos quais cada um deve constantemente se lembrar para se ver como "normal". É pela medicina e, mais amplamente, pelas ciências humanas que se realiza esta normalização das existências. Todos esses anos de reflexão sobre o poder são também, para Foucault, um período de participação em lutas concretas: contra o racismo, a pena de morte, as vis operações da polícia, a situação nas prisões (ele participa ativamente na criação do Grupo Informação Prisão); para além da situação nacional, ele combate o franquismo, defende o sindicato *Solidariedade* na Polônia e se vê como um testemunho privilegiado da Revolução Iraniana, sobre a qual ele compreende muito rapidamente que ela escapa às grades de leitura da Guerra Fria.

A problematização do sujeito

O último pensamento de Foucault, de 1980 a 1984, é consagrado ao problema da relação entre subjetividade e verdade: Segundo que formas históricas o sujeito é levado a construir uma relação consigo? O alvo inicial de uma história da sexualidade, de uma genealogia do desejo a partir de suas origens cristãs, acha-se logo transposto, por um lado, pela problematização do prazer antigo, irredutível a uma lógica da introspecção e do desejo, por outro lado, pelo projeto mais amplo de uma história da subjetividade. É sobre este último projeto que nos concentraremos aqui.

O enquadramento histórico destes últimos estudos é consideravelmente transformado, já que Foucault se concentra quase que exclusivamente na Antiguidade grega e romana. Mas isto para inquietar mais o sujeito moderno. A ligação entre sujeito e verdade se problematiza classicamente a partir de dois grandes sistemas de referências. Por um lado, encontramos uma filosofia do sujeito, de Descartes (1596-1650) a Husserl (1859-1938), passando por Kant (1724-1804), que se restringe a refletir sobre a essência e a natureza de um sujeito como constituindo para a verdade um possível fundamento (*cogito*, subjetividade transcendental, consciência doutrinadora dos sentidos etc.). Para além desse quadro filosófico, a ligação entre sujeito e verdade se enlaça nas práticas de si, como a confissão e a aprovação – dispositivo essencial de subjetivação que vai dos primeiros monastérios cristãos ao divã do analista – de Cassien (360-435) a Freud (1856-1939), passando pela instituição judiciária. Trata-se, então, de exigir do sujeito, prometendo sua salvação, que ele dê uma forma à sua própria identidade a partir de seu discurso dirigido a outro (na espécie, o diretor de consciência). Com seu estudo das práticas de si na Antiguidade greco-latina, Foucault pretende superar simultaneamente estas duas grandes tradições.

A superação da concepção filosófica tradicional da relação entre sujeito e verdade se realiza pela análise das práticas de espiritualidade, largamente ignoradas pela filosofia clássica. De fato, não se trata para a sabedoria antiga de refletir sobre as condições transcendentais da verdade, mas estabelecer suas "condições ascéticas", quer dizer, descrever as transformações que um sujeito deve realizar em si mesmo, de acordo um com programa de provas, a fim de poder alcançar a verdade (purificação, trabalho sobre si etc.).

O transbordamento das técnicas de confissão se realiza, por sua vez, pelo estudo de duas noções fundamentais para a filosofia antiga: o cuidado de si e o falar francamente (*parresia*). Por cuidado de si não se deve compreender, como fazem os modernos, uma inflexão egoísta na vida dos indivíduos ou um pendor narcisista da existência. Trata-se antes de uma escolha radical da existência, uma autoconversão que implica uma vida social nova, uma relação constitutiva com um senhor. O cuidado de si se inscreve neste conjunto de técnicas pelas quais se tenta dar uma forma ordenada à sua vida. O si se constrói, em sua consistência ética, a partir de uma série de exercícios e de estudos (o exame das representações, as provas físicas de paciência, a meditação sobre a morte, a premeditação dos males, o estudo da natureza). Estes exercícios não participam absolutamente para a elaboração de uma interioridade psicológica e não derivam de maneira alguma da introspecção. Não se trata, a partir deles, de construir um sujeito que seja mais lúcido sobre si mesmo e capaz de reconhecer o próprio desejo, mas um sujeito atuante, preparado para se dominar e para responder corretamente ao que surge diante dele, colocando em movimento esquemas de ação pacientemente assimilados. A ideia de Foucault é que a grande questão "quem sou eu?", com a qual damos forma à nossa relação conosco mesmos, não é uma questão grega. O problema antigo seria antes: "O que devo fazer da minha vida?"

O falar-francamente constitui o último grande conceito estudado por Foucault. Esta noção, que designa uma palavra franca e arriscada, conhece na Grécia Antiga dois lugares de elaboração importantes. O primeiro é político. A *parresia* é de fato necessária para a ideia de democracia grega. Num primeiro momento (a idade de ouro da democracia), ela designa o tomar a palavra daquele que, sobre o fundo de igualdade entre os pares, assume a ascendência sobre os outros e faz valer suas convicções quanto ao bem público, com o risco de ver seus cidadãos se voltarem contra ele. Trata-se, pela *parresia*, de pensar o funcionamento concreto da democracia, qualificando de maneira ética o discurso dos pretendentes à *leadership* (liderança) democrática. Mas, logo depois, em Platão (± 428-347 a.C.) – época da decadência –, a *parresia*, em sua forma degradada, vai significar uma licença desordenada (dizer tudo e seu contrário com o único título da liberdade de falar) do homem democrático que estabeleceu uma igualdade perfeita entre seus prazeres.

Michel Foucault   497

O segundo domínio é ético. Trata-se, então, com a *parresia*, de pensar o regime de fala própria da maiêutica socrática, da arenga cínica ou da direção de existência do mestre estoico. Em Sócrates existe a questão de um dizer-verdadeiro que deve transformar aquele a quem é dirigido, convidando-o a se preocupar com sua alma. No mestre de existência estoico a *parresia* designa uma franquia de tom, pela qual se corrige os vícios de seu discípulo e que supõe, por parte de quem mantém este discurso, que ele estabelece um acordo entre suas palavras e seus atos. No caso do cínico, enfim, ela designa antes um dizer-verdadeiro que provoca e desestabiliza seu ouvinte e se autoriza por um modo de vida imediatamente identificável. O cínico se reconhece por sua aparência exterior e pelo viés dos seus discursos: livre palavra e pobreza errante. Ele expõe sua vida nas ruas e não esconde nada. Ele não possui nada, e é a partir desta austeridade que ele denuncia com brutalidade a hipocrisia das convenções sociais. Esta *parresia* filosófica se opõe à confissão cristã. Ainda que o sujeito cristão seja intimado a formular diante de seu diretor o que é sua verdade mais íntima, e entre com isso num processo de obediência indefinida à outra (ou seja, à escuta de sua própria verdade, a fim de melhor obedecer), o sujeito antigo é reenviado pela *parresia* do mestre às duras exigências de sua própria liberdade ("aprenda comigo estas verdades que tu não queres aprender para te tornares livre").

Foucault, em seus últimos cursos no Collège de France, consagrados à "coragem da verdade", chega à caracterização de uma postura filosófica geral. Por "filosofia" não se trata evidentemente mais de entender um sistema completo de conhecimentos ou de grandes teses metafísicas, mas uma certa atitude crítica, da qual os dois representantes maiores seriam o Sócrates da *Apologia* e o Kant de "O que é o Iluminismo?"[9] A filosofia como atitude é uma atividade de dizer o verdadeiro: ela supõe a coragem por parte daquele que a enuncia; ela consiste numa consideração perpétua do poder político, para abalar sua legitimidade; ela não pode, enfim, ser compreendida por um sujeito, senão ao preço de sua transformação ética. É assim que Foucault pode afirmar que ele se inscreve na herança da razão crítica e das Luzes, não no sentido em que ele teria tentado uma análise das condições transcendentais da verdade ou dos discursos, mas no sentido de que ele teria desdobrado um dizer-verdadeiro corajoso próprio para produzir efeitos políticos e éticos.

---

9. Há uma publicação em português deste texto: KANT, I. "Resposta à pergunta: O que é o Iluminismo". *A paz perpétua e outros opúsculos*. Lisboa: Ed. 70, 1988 [Tradução de Artur Mourão] [N.T.].

50
FILOSOFIA POLÍTICA: PODER E DEMOCRACIA

Catherine Colliot-Thélène *

É muito certamente uma aposta impossível querer apresentar um panorama completo da filosofia política contemporânea. A título de revisão, frequentando os colóquios ou seguindo as publicações das obras que derivam do gênero, não se pode duvidar nem um instante sequer do fato de que a filosofia política está muito viva. Esta abundância é acompanhada, no entanto, de uma extrema heterogeneidade das abordagens, que torna difícil a identificação das clivagens em torno das quais se deixam organizar as posições respectivas de uns e de outros, e que justifica usar mais o plural (as filosofias políticas) do que o singular. Dois fenômenos maiores, que transformaram profundamente, no decorrer das três últimas décadas, o quadro geral da política, explicam esta indeterminação dos traços diferenciais.

O primeiro é o desmoronamento do sistema soviético, e com ele o fim da bipartição do mundo, ao qual remetem as oposições conceituais clássicas, em parte constituídas a partir do século XIX, mas que tinham sido investidas e reinterpretadas com referência a dois modelos de sociedade que as democracias ocidentais, por um lado, e as sociedades socialistas, por outro, pareciam exemplificar: a oposição entre liberalismo e coletivismo, entre democracia formal e democracia real, entre liberdade e igualdade. O segundo é o desenvolvimento deste conjunto complexo de fenômenos que se designa com o nome de mundialização (ou, tomando de empréstimo do inglês, globalização), cujo núcleo reside nas lógicas econômicas que destroem a soberania dos Estados e conduzem a um desmantelamento progressivo do Estado social, e que, por esta razão, apresenta também aspectos políticos e jurídicos. Apesar do discurso forçado dos dirigentes, a aplicação de políticas nacionais sobre fatores que afetam

---

* Professora de Filosofia. Universidade de Rennes I.

Filosofia política: poder e democracia

as condições de vida dos indivíduos parece cada vez mais limitada, e os poderes que determinam verdadeiramente estas condições, cujas decisões se manifestam sob a forma de coerções objetivas, são para a maioria subtraídos a qualquer possibilidade de controle democrático.

A supressão da questão do poder

Esta configuração nova dos poderes está na origem de uma característica raramente observada pelas filosofias políticas contemporâneas: o poder propriamente dito, as condições de sua legitimidade – e com elas, eventualmente, de sua conquista, da sua subversão ou pelo menos de sua transformação – não estão mais no centro das interrogações que se referem à relação do indivíduo com o coletivo. A supressão da questão do poder assume diferentes formas que se distribuem entre dois extremos: por um lado, a admissão tácita de sua evidência, quer dizer, a autonomia inevitável do político, confundido com o poder burocrático e, correlativamente, o acantonamento da filosofia política na determinação dos princípios que devem regular o poder para que ele seja considerado como justo ou democrático – John Rawls (1921-2002), Jürgen Habermas (1929); por outro, a localização da política, no sentido próprio ou nobre do termo, em todas as formas de contestação dos poderes estabelecidos, sem que esta política tenha em vista, no entanto, um objetivo institucional definido – com as nuances exigidas, incluir-se-ia nesta segunda orientação os trabalhos de Claude Lefort (1924), Jacques Rancière (1940), assim como todos os autores que se inspiram na temática da resistência em Michel Foucault (1926-1984). A premissa comum dessas formas aparentemente opostas de supressão da questão do poder é que as instituições políticas dos Estados ocidentais contemporâneos constituem o quadro estabilizado de toda política possível, permitindo ao máximo jogar com suas variantes, favorecendo, de acordo com o caso, mais o liberalismo ou mais o social, atribuindo mais crédito à sabedoria suposta dos "especialistas" ou, ao contrário, mais ao questionamento desta sabedoria nos movimentos de contestação. Os representantes da primeira opção compartilham em geral uma referência kantiana, confessada ou não: o poder do Estado – e, por conseguinte, a distinção entre dirigentes e dirigidos – é a condição de uma sociedade regulada. A política não pode consistir senão numa acomodação de seu exercício, que passa pela pressão que a sociedade civil pode e deve exercer sobre os depositários do poder. Esta atitude supõe uma confiança fundamental na boa vontade dos dirigentes[1], que exige simplesmente ser esclarecida por uma boa compreensão dos "bens" que o indivíduo das sociedades democráticas

---

1. Encontra-se uma teorização explícita da confiança como categoria central do liberalismo em JAUME, L. *La liberté et la loi*. Paris: Fayard, 2000.

está no direito de ver garantidos pelas instituições políticas (Rawls), ou exige procedimentos aos quais estas instituições devem se conformar para poder justificar a adesão que elas requerem por parte dos cidadãos (Habermas). A suposição da tentação tirânica ou ditatorial, o espectro do governo totalitário, parecem definitivamente descartados. Os autores da segunda categoria, ao contrário, recusam esta confiança nos dirigentes; eles teorizam inversamente uma desconfiança de princípio que não inspira, no entanto, nenhuma alternativa institucional, mas somente a preocupação com uma distância que pode ir da vigilância (Lefort) à denúncia contínua, mas também desesperada, de uma autonomia do poder tida como inevitável (Rancière).

A questão da legitimidade do poder, do poder em geral (quer dizer, da distinção entre dirigentes e dirigidos) e da forma particular de poder que as democracias liberais encarnam, é hoje, no essencial, um canteiro abandonado[2]. A evolução de Habermas é, a esse respeito, característica: o tema da legitimidade figura em suas publicações mais antigas, concebidas durante a consolidação de uma República de Bonn ainda visitada pela lembrança do fracasso e do resultado funesto da República de Weimar, mas isto desaparece a partir dos anos de 1980. Mas esta é do mesmo modo a tese desenvolvida na França por Claude Lefort, no final de uma reflexão de muitas décadas sobre as relações entre democracia e totalitarismo, segundo a qual o que é propriamente legítimo, na democracia, é o debate travado sobre a distinção do legítimo e do ilegítimo[3]. Na medida em que as democracias liberais dão uma existência institucional a este debate (a partir do parlamentarismo e dos partidos políticos), sua legitimidade é implicitamente reconhecida na proposição que apresenta a distinção entre legítimo e ilegítimo como nunca resolvida.

A identificação da política e da democracia: duas versões antagônicas

Pode-se considerar como um corolário desta questão ausente o acordo unânime que reina sobre a identificação da política e da democracia. Para a maioria dos autores contemporâneos, definir a política vem a ser definir a democracia. Toda questão é, no entanto, saber o que se entende com isso, e a esse respeito as diferenças são consideráveis. A oposição que acabamos de indicar entre as duas maneiras de evitar habilmente a questão da legitimidade do poder é encontrada novamente aqui, nas filosofias para as quais o termo democracia designa uma forma de organização insti-

---

2. As perguntas sobre a noção de representação (MANIN, B. *Principes du gouvernement représentatif.* Paris: Flammarion, 1996) e os desenvolvimentos que elas inspiram nos partidários de uma democracia participativa (SINTOMER, Y. *Le pouvoir au peuple.* Paris: La Découverte, 2007) podem ser considerados como as tentativas de reabertura deste canteiro.

3. LEFORT, C. *Le temps present.* Paris: Berlim, 2007, p. 563.

Filosofia política: poder e democracia   501

tucional da vida coletiva, submetida a algumas coerções normativas[4], e nas filosofias
que buscam, ao contrário, a realidade da democracia nas diversas formas de contestação dos poderes instituídos[5]. A obra de Habermas, que exerceu uma influência
considerável nos anos de 1980 e 1990, ilustra de maneira exemplar o primeiro caso
apontado. Herdeiro da tradição crítica da Escola de Frankfurt, ele evita pensar as
instituições em termos de poder e prefere falar da "formação da vontade política". A
expressão, corrente na terminologia dos autores de língua alemã, remete a processos
que se situam na articulação entre sociedade e Estado. Ela implica, ao mesmo tempo,
que a política se realiza em última análise nas decisões, aquelas do corpo legislativo
e dos governos, e que estas decisões devem ser o resultado de um procedimento suscetível de ser aceito por todos aqueles que a elas dizem respeito. Uma das razões por
que o fantasma de Carl Schmitt[6] não parou de visitar a reflexão de Habermas é que,
apesar de toda a importância que ele mesmo atribui à deliberação na política democrática, ele não pode exorcizar o elemento irredutível de decisionismo ligado à noção
de vontade política. O paradigma contratualista, seja em sua versão rousseauniana
ou kantiana, permite a ele preservar – sem nomeá-lo – esse momento decisionista
da política, ao pensar o poder como autolegislação, e eliminar, por conseguinte, a
dimensão da dominação, ou, o que é a mesma coisa, pensar uma dominação sem
violência[7]. Se o componente decisionista é pouco visível em Rawls (não se encon-

---

4. Estas coerções normativas (os procedimentos que o poder deve respeitar, os bens que ele deve garantir aos
membros da sociedade) podem, bem entendido, funcionar como critérios de distinção entre poderes justos e
injustos, mas eles não justificam o poder enquanto tal, ou seja, a obrigação para o indivíduo de se submeter à
autoridade de uma instância pública que guarda sempre para si o caráter de uma autoridade exterior. É por isso
que parece necessário distinguir a questão da justiça do poder e a questão de sua legitimidade.

5. Somente evocamos aqui as posições extremas de um leque no interior do qual se encontra, bem entendido,
as misturas, que combinam a aceitação desanimada da autonomia do poder sob a forma do governo eleitoral-
representativo e a consideração das manifestações da sociedade civil nas quais se exprime a desconfiança em
relação a este poder. Assim, P. Rosanvallon (*La contre-démocratie*. Paris: Seuil, 2006), em quem as diversas formas de contestação dos poderes institucionalizados são pensados com as categorias da "contrademocracia" ou
da "impolítica" (*impolitique*). Rosanvallon propõe repolitizar estas práticas impolíticas da política, dando a elas
um quadro institucional. Aos olhos dos teóricos radicais da contestação, esta institucionalização, quaisquer que
sejam suas formas, aparecerá necessariamente como uma tentativa de domesticação, ou seja, amansamento.

6. C. Schmitt (1888-1985). A obra desse jurista alemão (*La notion de politique*, 1932); *Théologie politique*, 1922,
1970) exerceu uma influência considerável no pensamento político contemporâneo, principalmente no campo alemão. Suas proposições provocadoras (em particular, a referência constitutiva do político à distinção amigo/inimigo)
vão contra o liberalismo, e mais ainda seu engajamento no regime nacional-socialista fazem disso, no entanto, para
muitos um cinzel: suas posições somente são evocadas para que se estabeleça um distanciamento dela.

7. Na continuidade da separação estabelecida por H. Arendt (*Du mensonge à la violence*. Paris: Calmann-Lévy,
1972, p. 144-157) entre poder e violência, J. Habermas convida a compreender o pacto social como um "modelo
abstrato do modo de constituição de uma dominação que somente se legitima pelo colocar em ação a autolegislação democrática. Ao mesmo tempo, a dominação política perde seu caráter de força natural; trata-se de fato de ex-
tirpar do poder do Estado qualquer resíduo de *violentia*" (*L'Intégration républicaine*. Paris: Fayard, 1998, p. 72).

tra nele o tema da formação da vontade política, o que é provavelmente a razão da diferença residual entre suas posições e as de Habermas), ele considera, no entanto, como evidente o fato de que o poder político é coercitivo[8]. Nele também é a ficção contratualista (a *Teoria da Justiça*[9] de 1971 é explicitamente apresentada como uma reformulação da doutrina do contrato social), interpretada nos termos da autolegislação, que permite conciliar coerção e liberdade. Nos regimes constitucionais democráticos, que são o único horizonte de sua conceituação da política, admite-se que "o poder político é, definitivamente, o poder público, quer dizer, o poder dos cidadãos livres e iguais constituídos em corpo coletivo"[10].

No outro extremo encontram-se os autores que se recusam a identificar a democracia com um regime político e consideram que a realidade da democracia não reside nos procedimentos que permitem a elaboração de uma vontade política, mas na constatação sempre possível e sempre renovada de um poder cuja inevitável autonomia impede que ele possa ser apropriado pelos cidadãos. Esta concepção da democracia, na qual se reconhece a desconfiança em relação aos poderes constituídos que já colocamos num plano muito elevado, foi preparada pelas críticas dos regimes totalitários, principalmente pelo argumento, defendido por Claude Lefort, segundo o qual a democracia em sua compreensão moderna implica a desincorporação do poder, quer dizer, ela exige que o lugar do poder fique vazio para impedir que a vida social se coagule[11]. Os trabalhos de Jacques Rancière desenvolvem uma concepção semelhante da democracia, dando a ela, no entanto, uma inflexão polêmica. A democracia, afirma ele, "é o que embaralha a ideia de comunidade. Ela é seu impensável"[12]. Em outras palavras: a democracia, na medida em que implica a ideia de uma "comunidade dos iguais"[13], é definitivamente refratária à institucionalização, não pode ser um conceito organizador da experiência social, mas deve,

---

8. RAWLS, J. *Libéralisme politique*. Paris: PUF, 1955, p. 174. Há uma publicação em português desta obra: RAWLS, J. *O liberalismo político*. São Paulo: Ática [N.T.].

9. Há uma publicação em português desta obra: RAWLS, J. *Uma Teoria da Justiça*. São Paulo: Martins Fontes [N.T.].

10. Ibid.

11. Cf., p. ex., LEFORT, C. *Le temps present*. Paris: Belin, 2007, p. 561. Este vazio do lugar do poder não significa sua abolição, como precisa Lefort no mesmo texto (p. 560). Ainda que a democracia suscite naturalmente "o fantasma de uma sociedade sem poder, este não é abolido nela. Ele continua a assegurar as condições da coesão social". Há uma obra desse autor em português que contempla este mesmo tema: LEFORT, C. *A invenção da democracia* – Os limites do totalitarismo. São Paulo: Brasiliense, 1983 [Tradução de Isabel Marva Loureiro] [N.T.].

12. RANCIÈRE, J. *Aux bords du politique*. Paris: Gallimard, 1998, p. 136.

13. Remeto aqui ao excelente texto intitulado "La communauté des égaux". In: RANCIÈRE, J. *Aux bords du politique*. Op. cit., p. 129-174.

Filosofia política: poder e democracia

ao contrário, continuar sendo o que vem regularmente desordenar qualquer forma social estruturada. Uma organização social, o que Jacques Rancière chama de "sociedade", é o produto de processos nos quais a ação dos homens está certamente engajada, mas de uma maneira muito complexa, para que a ordem que ela constitui possa ser atribuída à sua vontade. A ordem social é "desprovida de razão imanente, [...] isto porque ela existe sem uma intenção que a prescreva"[14]. A ideia de uma sociedade igualitária é um absurdo e a "comunidade dos iguais" é, e não pode deixar de ser, senão uma comunidade "incoerente", não porque ela seria sem efeito, mas porque não pode jamais se encarnar nas estruturas de uma sociedade. Ela não tem, portanto, outro sentido senão aquele de uma ideia reguladora que inspira e estimula os movimentos de contestação da ordem institucionalizada. Longe de ser o sujeito putativo do poder, quer dizer, o fundamento último de toda vontade política, o *demos* se manifesta exclusivamente nas erupções esporádicas do ideal igualitário, na rua, na fábrica ou na universidade. Só tem realidade no arrombamento, geralmente ilegal ou nas fronteiras da legalidade, pelos quais os seres excluídos de fato da esfera política institucionalizada se introduzem num lugar que extrai sua existência de sua exclusão. A identificação da política com a democracia implica aqui que a política é uma atividade "sempre pontual e provisória", a atividade descontínua da "exceção igualitária" que abala, nos intervalos, a ordem sempre desigualitária da sociedade.

Consensus *e* dissensus

Estas concepções antagônicas sobre a essência da democracia se deixam resumir na oposição entre *consensus* e *dissensus*. Esta formulação pode parecer esquemática, na medida em que os autores que pertencem incontestavelmente à corrente institucionalista, tais como Habermas ou Rawls, reconhecem que os conflitos de interesses e de valores não podem ser eliminados numa sociedade democrática. Um e outro foram, aliás, levados a modificar suas primeiras interpretações do pedestal normativo das sociedades democráticas modernas ao reconhecer esta impossibilidade. A crítica dos comunitaristas desempenhou aqui um papel motriz[15]. Estes fizeram valer, contra o que estimavam ser o universalismo abstrato dos teóricos que se inscrevem na posteridade kantiana, os direitos da diferença e da particularidade: diferença dos sexos e das preferências sexuais, as particularidades das religiões e das culturas em geral.

---

14. Ibid., p. 160.

15. Nossa análise coloca um impasse nas diferenças entre Rawls e Habermas. Para uma exposição sistemática e refletida destas diferenças, deve-se ler principalmente MERLE, J.-C. La réception des communautariens en Allemagne. In: COLLIOT-THÉLÈNE, C. & KERVÉGAN, J.F. *De la societé à la sociologie.* Lyon: ENS, 2002.

Quando, na *Teoria do agir comunicativo*[16] (1981), Habermas propunha procurar nos pressupostos de toda discussão (o que ele chamava de racionalidade comunicativa) os fundamentos racionais da política, ele postergava, em primeiro lugar, uma reflexão sobre o papel da esfera pública no funcionamento das instituições democráticas modernas, levada a cabo desde seu primeiro grande livro, *O espaço público* (1962), mas ele submetia ao mesmo tempo esta esfera pública a uma forte coerção, que era a busca do acordo. Qualquer que seja o lugar que ele atribua ao "mundo vivido", ele mantinha uma exigência de universalidade que, para ser interpretada em termos de procedimento, excluía também tacitamente as posições políticas que resistem a esta exigência. Da história alemã do século XX, Habermas conservou uma profunda desconfiança em relação a qualquer interpretação identitária da comunidade política. É por isso que, confrontado com as objeções dos comunitaristas, que insistem nas condições não políticas das identidades coletivas – comunidade de língua, de religião e de cultura, ou ainda de uma história compartilhada –, ele foi levado a precisar as implicações do que tinha chamado um dia de "ética da comunicação", distinguindo entre as questões de ética, que dizem respeito à identidade das comunidades, e as questões da justiça, que somente dizem respeito às condições racionais da coexistência no quadro de uma coletividade democrática[17]. A discussão que está, segundo ele, no centro do funcionamento dos regimes democráticos, tem unicamente como objetivo a justiça, e não a ética, compreendida nesse sentido novo e restrito.

Visto da França, onde o debate anglo-saxão entre liberais e comunitaristas foi transcrito novamente numa oposição entre o universalismo republicano e o particularismo comunitarista, pode parecer curioso que Habermas impute aos republicanos a confusão entre a ética e a justiça. A razão disso é que o que ele conserva como característica do republicanismo não é a afirmação de um universal que regularia os particularismos de todos os tipos na esfera pré-política, mas, ao contrário, a tentação de pensar a própria comunidade democrática em termos identitários. Quando Habermas estiliza o diferencial que a crítica dos comunitaristas revelou em relação à natureza da democracia, construindo de maneira antiética um modelo liberal e um modelo republicano da democracia[18], pode-se acreditar em primeiro lugar que sua preferência vá repentinamente para o segundo, e que a simetria contrastada de sua apresentação dos dois modelos é somente um artifício de apresentação destinado a

---

16. Há uma publicação em português desta obra: HABERMAS, J. *Teoria do agir comunicativo*. Rio de Janeiro: Tempo Brasileiro, 1989 [N.T.].

17. HABERMAS, J. *L'Intégration républicaine*. Op. cit., p. 293.

18. Ibid., p. 259ss.

Filosofia política: poder e democracia   505

introduzir um terceiro modelo, o modelo da democracia "deliberativa", que se supõe conjugar as vantagens dos dois primeiros, evitando suas respectivas faltas. "De acordo com a concepção republicana, escreve ele, a formação da opinião e da vontade política no espaço público e no parlamento não obedece às estruturas do mercado, mas às estruturas autônomas de uma comunicação pública orientada para o acordo. Para a política, no sentido de uma prática de autodeterminação dos cidadãos, não é o mercado, mas a conversação que tem valor de paradigma"[19]. Este segundo paradigma parece aí se confundir equivocadamente com aquele de uma política fundada na ética da comunicação. Habermas difere, no entanto, dos republicanos quanto ao objeto da "conversação": nas sociedades complexas modernas, caracterizadas pelo pluralismo cultural e social, este objeto, sustenta ele, não pode ser a natureza da identidade coletiva. Para exorcizar o espectro de uma referência fundadora da democracia à homogeneidade do povo, que, mesmo quando não é pensada como homogeneidade étnica, é sempre geradora de exclusão, ele julga necessário despojar o *demos* de todos os atributos do sujeito: da identidade, compreendida como relação autorreflexiva, mas também, ao mesmo tempo, da capacidade de agir. Somente o sistema político, quer dizer, o que ele chama também de poder administrativo, tem a "competência específica de tomar as decisões que comprometem a coletividade"[20]. O espaço público é, sem dúvida, estruturado por uma vontade de acordo, mas ele retorna ao poder, cuja autonomia não é absolutamente posta em causa por esta interpretação fraca da autolegislação, de colocar um termo nos desacordos que a discussão não pode resolver numa sociedade irredutivelmente heterogênea, quer dizer, impor os inevitáveis compromissos. É significativo que Habermas censure Hannah Arendt (1906-1975), uma das grandes referências do pensamento republicano contemporâneo, por ela defender uma concepção da política "que carrega uma relação polêmica com o aparelho de Estado"[21]. A inconsistência do *demos*, privado da capacidade de agir, não pode ser compensada senão pela confiança num aparelho de Estado, do qual se admite por hipótese que ele se submete às normas universais do direito. Com a inflexão atribuída aos princípios da ética comunicativa em *Direito e democracia*[22] (*Faktizität und Geltung*, 1992), Habermas chega a esvaziar a noção de "soberania popular" de qualquer dinâmica de contestação, e a concepção que ele dá do funcionamento ins-

---

19. Ibid., p. 264.

20. Ibid., p. 271. Habermas utiliza a expressão "poder administrativo" num sentido não técnico, aí incluindo tanto os órgãos propriamente administrativos do Estado quanto os parlamentos e o governo.

21. Ibid., p. 268.

22. Há uma publicação em português desta obra: HABERMAS, J. *Direito e democracia*: entre facticidade e validade. Rio de Janeiro: Tempo Brasileiro, 1997 [N.T.].

titucional de uma democracia liberal se apresenta definitivamente mais próxima da concepção dos liberais do que daqueles que ele chama de republicanos.

Foi também a crítica dos comunitaristas que conduziu Rawls, nos textos publicados posteriormente à *Teoria da Justiça*[23], a reconhecer a incompatibilidade inevitável das "doutrinas compreensivas"[24], morais, filosóficas e religiosas, às quais podem recorrer os membros de uma sociedade de homens livres e iguais. Para ele, no entanto, assim como para Habermas, divergências e incompatibilidades de interesses e de doutrinas não são um argumento suficiente para fazer do dissenso a essência da política. Rawls é remetido a um fundo comum de ideias implicitamente aceitas por todos os membros das sociedades democráticas, o que ele chama de "razão pública" comum, para garantir a possibilidade de um acordo mínimo sobre os termos fundamentais da cooperação política e social. Esse "consenso por verificação" está certamente muito distante de um universal racional de tipo hegeliano, mas ele permite assegurar, no quadro de um "pluralismo racional", a unidade política de um corpo social ideologicamente dividido, por causa mesmo dos princípios que são aqueles de sua base normativa. Esta mesma ideia se encontra também em Habermas quando ele observa, não obstante a separação que estabelece entre cultura política e formas de vida culturais, que é necessário à viabilidade de um Estado de direito democrático que as diferentes formas de vida coexistentes em seu seio "se recortem numa cultura política comum"[25]. A única diferença de Rawls se deve ao fato de que Habermas defende uma concepção dinâmica desta cultura política comum, que ele deseja que permaneça aberta à contribuição eventual das "novas formas de vida", que os particularismos de origem estrangeira ou autóctone introduzem nas democracias constituídas. É evidente, no entanto, que estas inovações não devem afetar o pedestal universalista do Estado de direito, o qual carrega, de acordo com Habermas, uma "ligação interna" com a democracia[26].

A possibilidade mesma de uma cultura política comum que não seja o resultado de uma história política compartilhada permanece, portanto, muito enganosa, tanto num como no outro. Já que não podemos aqui nos demorar, reteremos tão somente sua recusa conjunta de tirar do reconhecimento da heterogeneidade das sociedades contemporâneas conclusões que comprometeriam a indexação da democracia no

---

23. Os mais importantes estando reunidos na compilação: *Libéralisme politique*. Op. cit.

24. Rawls chama de "compreensivas" as doutrinas que englobam todas as concepções relativas ao valor da vida humana, em função das quais um indivíduo regula seu comportamento. O liberalismo político, tal como ele o entende, não é uma doutrina compreensiva e não está ligado também a uma doutrina compreensiva específica.

25. HABERMAS, J. *L'Intégration républicaine*. Op. cit., p. 93.

26. "Du lien interne entre État de droit et démocratie". *L'Intégration républicaine*. Op. cit., p. 275-286.

Filosofia política: poder e democracia 507

consenso. Habermas teve ocasião de expressar esta resistência contra uma interpretação dissensual da democracia, em sua reação a um colóquio que se realizou na metade dos anos de 1990 sobre a obra *Direito e democracia*. O filósofo americano T. McCarthy (1930-2007), que contribuiu grandemente para fazer conhecer a obra de Habermas nos Estados Unidos e não pode passar como sendo um adversário, fazia valer, não obstante, o caráter irredutível dos conflitos sobre os valores. Ao que Habermas respondia que, se os antagonismos dos valores, quer dizer, os antagonismos que possuem um alcance existencial, deviam tocar todas as questões políticas, chegar-se-ia a uma concepção schmittiana da política[27]. Não se pode mais claramente sustentar que a tese segundo a qual a política é uma esfera de ação essencialmente dissensual é incompatível com a noção de democracia.

Não é, porém, uma concepção schmittiana da política, dificilmente adaptável à democracia, que representa a alternativa verdadeira à norma do consenso, mas aqui ainda a posição desenvolvida em seu mais extremo rigor por Rancière. Quando este afirma que "a essência da política é o dissenso"[28], ele não faz referência ao conflito dos interesses e à incompatibilidade dos valores, mas ao fechamento da comunidade do discurso, compreendida como espaço público, e à necessidade para aqueles que são dela excluídos (os "sem lugar") de aí se introduzirem por sub-repção[29]. Se Jacques Rancière atribui muito a Habermas a admissão de que o diálogo supõe uma relação igualitária, aquela do locutor com seus ouvintes, a relação de um querer dizer e um querer escutar, ele observa que esta relação supõe que sejam já constituídos e identificados a cena, o objeto e os participantes da discussão, o que não é o caso nesta esfera de ação que chamamos de política. "A igualdade das inteligências" é antes o pressuposto da democracia, compreendida como uma prática, mas ela não pode ser o fundamento de um "poder democrático". Um "poder democrático" é, de resto, na perspectiva de Jacques Rancière, uma expressão intrinsecamente contraditória, salvo para significar o poder "de alguém", quer dizer, o exercício do direito de qualquer um de se ocupar com os assuntos públicos. Se há antes um espaço comum da política, este não é estruturado pela busca do consenso, mas ele se apresenta como um "lugar polêmico": não um lugar de conflito entre pontos de vista definitivamente irreconciliáveis, que somente uma decisão sem razão poderia resolver – uma consequência que motiva a evocação por Habermas do fantasma de Carl Schmitt (1888-1985) –,

---

27. Ibid., p. 305. Trata-se antes, evidentemente, de uma alusão ao critério que C. Schmitt propõe para distinguir a política de qualquer esfera da vida humana: a distinção entre amigo e inimigo. Cf. supra.

28. "Dix thèses sur la politique". *Aux bords de la politique*. Op. cit., p. 244.

29. Sub-repção: termo originário do latim *subreptio, -onis*, significando velhacaria, logro, dolo, fraude, engano, furto; significa também obter algo por meios escusos, subreptícios [N.T.].

mas o lugar de colocação à prova de um pressuposto igualitário do qual nenhuma configuração institucional pode esgotar as implicações.

Algumas lacunas: liberalismo, filosofia social

As posições que evocamos são suficientemente antitéticas para abranger todo o leque das filosofias políticas, ao preço, bem entendido, de simplificação. Algumas das divisões que o campo assim delimitado deixa na sombra podem, no entanto, aparecer, pelo menos aos olhos de alguns, tão importantes quanto a oposição entre os dois conceitos da democracia sobre os quais estabelecemos a oposição. Mencionaremos aqui duas, nas quais a primeira é própria da corrente institucionalista, enquanto que a segunda ultrapassa a filosofia política *stricto sensu*, mas diz respeito a ela indiretamente, na medida em que implica um deslocamento significativo do propósito central da filosofia prática.

A distinção entre institucionalistas e anti-institucionalistas[30] parece em primeiro lugar desconhecer a divisão, interna na primeira corrente, entre os liberais de feição clássica, os quais se acomodam com a autonomização do poder, somente com a reserva do respeito a algumas liberdades fundamentais e de uma participação dos cidadãos na seleção do pessoal político, e os autores que, em nome de um liberalismo revisitado (Rawls[31]), ou de uma valorização do papel do espaço público na formação da vontade política (Habermas), querem, pelo contrário, apresentar uma alternativa a esta interpretação acanhada da democracia liberal. Esta omissão tem, no entanto, suas razões. O liberalismo puro, que a obra de um Hayek (1899-1992) poderia ilustrar já há algumas décadas[32], corresponde sem dúvida à ideologia de alguns círculos dirigentes, mas, em matéria de filosofia política, parece ser mais uma construção de seus adversários do que uma realidade à qual se poderia relacionar nomes e obras. Esse adversário grandemente imaginário, pelo menos no plano teórico, é necessário para qualificar como "radicais" as interpretações republicana e procedimental da democracia, como o faz, por exemplo, Axel Honneth num artigo dedicado aos diferentes modelos normativos da democracia[33]. Do ponto de vista

---

30. "Anti-institucionalistas" não no sentido em que eles teriam em vista a abolição das instituições, mas na medida em que a essência da política não reside, de acordo com eles, na acomodação dos dispositivos institucionais.

31. Aos olhos dos leitores americanos, a grande inovação de *Uma Teoria da Justiça* era integrar a crítica social na teoria liberal.

32. Cf. HAYEK, F.A. *Droit, legislation et liberté*. Paris: PUF, 1982. Há uma publicação em português desta obra: HAYEK, F.A. *Direito, legislação e liberdade*. 3 vols. São Paulo: Visão, 1974-1979-1985 [N.T.].

33. "Demokratie als reflexive Kooperation. John Dewey und die Demokratietheorie der Gegenwart". In: HONNETH, A. (org.). *Das Andere der Gerechtigkeit der Gerechtigkeit*. Frankfurt am Main: Suhrkamp, 2000, p. 282-309.

Filosofia política: poder e democracia 509

dos anti-institucionalistas, esta pretensão de radicalidade só pode parecer abusiva. Ela assinala, porém, que o pensamento filosófico da política se constitui geralmente, ou seja, sempre numa relação crítica com a realidade do poder e do funcionamento efetivo das sociedades. Ela é, nesse sentido, sempre "radical". Isto é verdadeiro para a própria filosofia liberal, que não pôde existir, quer dizer, ter uma autêntica coerência, senão no longo período em que ela precisou lutar contra os conservadorismos sociais e políticos que vinham de épocas anteriores, ou mais tarde, contra um "totalitarismo" que ela podia identificar como real, ou nas sociedades estrangeiras (o mundo soviético), ou nos programas de alguns partidos políticos autóctones. Nas sociedades onde o conjunto dos dirigentes e das forças políticas aceitam os princípios fundamentais do liberalismo, em suas dimensões política e também econômica, não há mais terreno para uma filosofia política liberal.

A segunda divisão é aquela que opõe filosofia social e filosofia política. Não dizer nada da filosofia social poderia se justificar pela escolha econômica de restringir nosso propósito a estas expressões da filosofia prática que tratam do poder, ainda que, como já observamos antes, a questão de sua legitimidade, que foi o centro de gravidade da filosofia política moderna, de Bodin (1530-1596) a Hegel (1770-1831), tenha sido de fato abandonada por nossos contemporâneos. Esta escolha nos impediria, no entanto, de perceber o que a constituição de uma filosofia social, que reivindica sua diferença em relação à filosofia política, revela das metamorfoses da própria filosofia política. Algumas tradições nacionais, é verdade, jamais fizeram esta distinção (este é o caso da tradição anglo-saxã), e a filosofia social foi frequentemente considerada, aliás, como um apêndice da filosofia política. O discurso que Axel Honneth formula a favor da independência da filosofia social merece, porém, que prestemos atenção a ele[34]. Seu objetivo declarado é atualizar um questionamento que pode apelar para os antecedentes de Rousseau (1712-1778) ou de Nietzsche (1844-1900), mas também do Lukács (1885-1971) de *História e consciência de classe*[35], ou ainda de grandes obras sociológicas do início do século XX – Durkheim (1858-1917), Weber (1864-1920), Simmel (1858-1918). Encontra-se nesses autores, apresentada de diversas maneiras, uma reflexão crítica sobre as disfunções da sociedade moderna. Mais do que prolongar esta reflexão nos termos de uma filosofia da cultura, Honneth convida a resgatar seus pressupostos ao explicitar a antropologia filosófica latente no diagnóstico das "patologias" do

---

34. Cf. em particular: "Pathologien des Sozialen – Tradition und Aktualität der Sozialphilosophie". In: HONNETH, A. *Die Andere der Gerechtigkeit*. Op. cit., p. 11-60.

35. Há uma publicação em português desta obra: LUKÁCS, G. *História e consciência de classe* – Estudos de dialética marxista. São Paulo: Martins Fontes, 2001 [N.T.].

social, quer dizer, a concepção da vida boa, ou da vida bem-sucedida, que está por baixo deste diagnóstico.

Honneth não se pergunta sobre as razões pelas quais esta questão, que estava no centro da filosofia prática da Antiguidade, foi descartada pela filosofia política moderna. Pode-se pensar que se conjugaram aqui os efeitos do utilitarismo e de um jurisdicismo de inspiração kantiana que, por mais distantes que estivessem um do outro, tinham, no entanto, em comum restringir o campo da normatividade política às condições da coexistência: coexistência dos interesses para uns, coexistência das liberdades para outros. Tudo o que derivava do concreto da vida dos indivíduos era reputado pertencer ao privado, que devia ficar fora do estrago causado pela intervenção pública em nome do individualismo ou da crítica do eudemonismo. Esta retenção diante da fronteira do privado tinha como consequência que a filosofia política se acantonava na determinação dos critérios de justiça, compreendida numa acepção moderna que pressupõe um tratamento igual dos indivíduos considerados exclusivamente em sua qualidade jurídica de pessoas. É por isso que a noção de vida boa, ou, em outros autores, de uma vida que esteja à altura do que exige a dignidade humana, é hoje apresentada, de acordo com o caso, como uma alternativa a esta noção de justiça, como seu complemento necessário, ou ainda como uma ampliação de sua definição que permite aumentar a lista dos "bens" ou dos direitos que os governos deveriam garantir[36]. Um dos grandes méritos desta orientação nova da filosofia prática (que cobre a temática do *care* (cuidado, proteção) – *Fürsorge* em alemão, *attention* ou *soin* em francês – é fazer valer a necessária consideração da diferença, ou do heterogêneo, na reflexão sobre as condições normativas da sociabilidade. Ela reúne aqui, ainda que com outras premissas e outras intenções, as preocupações dos comunitaristas. Mas uma das consequências – provavelmente involuntária – desta ampliação do campo de interesse da filosofia prática é fortalecer o desinvestimento da questão do poder, na medida em que se viu que ela tendia a se perder nas diferentes variantes da filosofia política contemporânea. Se a noção de um poder do povo é já fortemente edulcorada nas temáticas que ratificam a autonomia do poder de decisão e se remetem à esfera pública para atribuir uma aparência de sentido à noção de autolegislação, se ela perde toda ligação com a decisão nos autores que situam a realidade da democracia pelo lado da contestação sem perspectiva institucional, ela desaparece *a fortiori* numa filosofia social cujo conceito mesmo implica que o fundamento do poder não seja questionado. Para uma época que identificou o político com a democracia, a ideia segundo a qual "a ideia normativa da democracia

---

36. Cf, p. ex., os trabalhos de M.C. Nussbaum, em particular, *Frontiers of Justice*. Cambridge: Harvard University Press, 2006.

Filosofia política: poder e democracia

deve ser considerada não somente como um ideal político, mas *em primeiro lugar e principalmente* como um ideal social"[37], volta a se despedir definitivamente do que tinha sido o problema central das filosofias práticas modernas. A filosofia social não vem, portanto, somente preencher as lacunas da filosofia política, ela tende antes a substituí-la, conduzindo a um ponto extremo de elisão da questão do poder. O poder é aí necessário, porque inevitável, benevolente, pelo menos é preciso supô-lo para que haja sentido em lhe solicitar que se conforme com certo número de exigências implicadas pelo respeito à pessoa humana.

Indeterminação do demos *e novos poderes*

É relativamente fácil marcar, atrás destas diversas concepções da democracia, as experiências políticas nacionais e geracionais diferentes que as inspiraram. Em grandes traços: para Rawls, a miséria de uma filosofia política dominada pelo utilitarismo nos anos de 1960 (uma situação que ele pretendeu remediar, dando um novo conteúdo à noção de justiça); para Habermas, o peso do passado nazista e o refluxo de um nacionalismo que, na Alemanha, só podia ser feio, depois, no final dos anos de 1980, a unificação alemã, a abertura das fronteiras do Leste, assim como, ao longo dele, a esperança europeia; para Claude Lefort, lembramos isto antes, a meditação sobre as ligações entre a democracia e o totalitarismo; para Jacques Rancière, os movimentos sociais que, na França, expressam-se frequentemente fora dos quadros definidos pelas instituições, provavelmente porque estas mesmas instituições deixam pouco espaço para o acordo e a discussão. Quanto aos pensadores comunitaristas, eles fazem eco às reivindicações de diversas "minorias" constituídas em grupos de pressão, assim como aos problemas colocados pelas populações de imigrantes suficientemente fortes para poder exigir o reconhecimento de suas particularidades culturais. Estas experiências específicas foram, no entanto, a ocasião de trabalhar uma herança conceitual comum, que é aquela da filosofia política ocidental, e este trabalho, pelo fato precisamente do crescimento das perspectivas, revela a profunda incerteza na qual estamos hoje quanto à identidade do *demos* de que dão testemunha as democracias liberais.

A ideia de um "poder do povo" foi, sem dúvida, sempre fictício, e ela não pôde adquirir sentido senão nos contextos polêmicos nos quais ela se opunha, por exemplo, ao poder dos aristocratas ou ao poder do príncipe. Dir-se-ia que ela conserva hoje uma determinada significação polêmica, servindo de ponto de apoio para a denúncia do poder das burocracias políticas ou dos especialistas? Apesar de todas as diferenças que separam os autores que evocamos, eles compartilham a convicção de que não há

---

37. HONNETH, A. *Das Andere der Gerechtigkeit*. Op. cit., p. 309 [grifo nosso].

filosofia política possível, senão na condição de que a política não se reduza a uma prática administrativa, eventualmente apoiada em saberes de especialistas (o que se chama hoje de "governança"). Mas esta redução, na qual é incontestável que ela corresponde à ideologia comum dos dirigentes e administradores da coisa pública, não é provavelmente apenas imputável ao pouco de consideração que os mantenedores do poder têm em geral pelas capacidades políticas do povo. Ela exprime, hoje, a realidade do poder político na figura em que continuamos geralmente a representá-lo para nós (a figura do Estado), ou melhor, sua ausência de realidade. A multiplicidade e a heterogeneidade crescente dos poderes, que se entrelaçam e não se deixam mais claramente distinguir como econômicos, jurídicos e políticos, rebaixam o Estado ao estatuto de um poder entre outros, sendo obrigado a compor incessantemente com os outros poderes. Que a ação dos dirigentes políticos seja percebida como uma gestão significa que ela não tem mais muito a ver com uma direção. O Estado não tem mais, inclusive, o monopólio da lei, que era considerado desde Bodin como o atributo do poder soberano, o que chega a esvaziar de seu sentido a interpretação da democracia em termos de autolegislação. Se a identidade do *demos* é hoje profundamente incerta, é talvez porque o *kratos* não é mais localizável, fato sobre o qual demoram a tomar consciência as filosofias políticas que permanecem prisioneiras daquilo que o sociólogo Ulrich Beck qualifica de "nacionalismo metodológico"[38]. Não se concluirá disso que a filosofia política é um gênero definitivamente caduco, mas que o maior desafio ao qual ela está hoje confrontada é repensar a democracia, na dupla dimensão da instituição e da contestação da instituição, articulando-a com a ideia de uma cidadania (ou, se preferir, de uma "civilidade"[39]) mundial que não pode ser a simples reprodução em escala ampliada da cidadania nacional.

---

38. BECK, U. *Pouvoir et contre-pouvoir à l'heure de la mondialisation.* Paris: Flammarion, 2003.

39. De acordo com a sugestão de E. Balibar. Cf. principalmente *La crainte des masses.* Paris: Galilée, 1997, p. 39-52.

51

AS FILOSOFIAS DO VIVO

Thierry Hoquet *

Entendemos como filosofia do vivo a maneira de fazer filosofia a partir de conceitos propostos pela biologia: a forma com que a biologia alimenta e dá origem a questões que interessam à filosofia. O escopo da biologia está tradicionalmente dividido em "genética" e "evolução". A genética proporciona uma teoria das formas observando a constância dos tipos e a teoria da evolução realça as relações de parentesco. Esses dois grandes eixos apresentam, de um lado, a dimensão formalista e estruturalista da biologia, que acentua a identidade, a reprodução do mesmo, das "essências", e, por outro lado, a dimensão histórica do vivo, a diferença, o tempo e o futuro. Essas duas dimensões estão integradas no paradigma maior da biologia contemporânea; a "teoria sintética da evolução" ou neodarwinismo, elaborada nos anos de 1930-1940.

Por conta desse nascimento relativamente tardio de um "paradigma biológico", o vivo permaneceu por longo tempo à margem da epistemologia, a qual privilegia a lógica, a astronomia ou a física. Apesar disso, a filosofia do vivo tornou-se um domínio de reflexão particularmente ativo e se expandiu em diferentes linhas. Denomina-se "filosofia da biologia" a parte da epistemologia que procura compreender como as práticas e os conceitos mobilizados nas ciências da vida podem modificar nosso conceito da ciência em geral. Se a biologia é uma ciência como as outras, deve compartilhar com a física ou a matemática características que fazem dessas disciplinas ciências em seu sentido estrito e nas quais a filosofia poderia identificar leis ou modelos, por exemplo[1]. No entanto, um problema se apresenta em relação ao *status* da biologia:

---

* Mestre de conferências de Filosofia. Universidade de Paris Ouest – Nanterre La Défense.

1. Cf. HULL, D.L. & USE, M.R. *The Philosophy of Biology*. Oxford/Nova York: Oxford University Press, 1998. • DUCHESNEAU, F. *Philosophie de la biologie*. Paris: PUF, 1997. • GAYON, G. La philosophie et la biologie. In: MATTEI, F.-J. (org.). *Encyclopédie Philosophique Universelle*. T. IV. Paris: PUF, 1998, p. 2.152-2.171.

Será que ela possui um objeto próprio, independente das leis da física? Define-se a biologia como a ciência que se ocupa da vida, mas o que é um vivo? Um homem, uma planta, uma bactéria são considerados "vivos", mas como considerar uma molécula, um vírus ou um planeta? O objeto da biologia provoca a afirmação de um reducionismo, que reconduz o que é vivo ao físico e de um vitalismo que faz da vida uma força própria independente do físico. A biologia deve afirmar que o que é vivo obedece inteiramente às leis da física e dar razão aos fisicalistas contra os vitalistas, negando a existência de um componente metafísico da vida. Ao mesmo tempo, deve também afirmar que o objeto biológico possui numerosas propriedades que não estão na natureza inanimada e cuja análise mobiliza conceitos próprios ("organismo", "seleção natural", "célula", "genes" etc.)[2].

A "máquina" pretendeu durante muito tempo oferecer o bom modelo do vivo[3]: as insuficiências deste modelo seriam inerentes à sua própria natureza ou então ao caráter rudimentar das máquinas mobilizadas – crivos e polias, enquanto que seria necessário utilizar máquinas mais complexas ou nanomáquinas? A imagem de nossas células como "máquinas moleculares" é ainda comum, recentemente reativadas pela ideia de nanorrobôs, que circulariam em nossas veias e que colaborariam com outros organitos no organismo[4].

Esta tensão com que o objeto da biologia funciona, entre o vitalismo e o reducionismo, redobra-se em função da ambiguidade do nome "vida": os vivos não são "os vividos". Se o vivido remete ao sentimento da experiência interior e conduz a uma fenomenologia, o que é vivo caracteriza-se por suas propriedades biológicas e materiais. O vivido tende a qualificar vida como consciência ou sentimento, enquanto que o vivo supõe o estudo do funcionamento no qual intervém uma "matéria estranha" (nutrição, respiração etc.). O vivo é o nível fundamental que explica o vivido, mas o vivido é o ponto central a partir do qual nos interessamos pelo vivo[5].

A filosofia do vivo tende a partir de então a conceber o organismo sem a máquina e seus mecanismos. Dessa forma, uma corrente se desenvolve em torno de conceitos de individuação e de finalidade, particularmente a partir das obras de G. Simondon (1924-1989) e de R. Ruyer (1902-1987). Simondon (1924-1989) não considera o

---

2. MAYR, E. *Qu'est-ce que la biologie?* Paris: Fayard, 1998.

3. CANGUILHEM, G. "Machine et organisme". *La connaissance de la vie.* Paris: Hachette, 1952. • DUCHESNEAUS, F. *Les modèles du vivant de Descartes à Leibniz.* Paris: Vrin, 1998.

4. DREXLER, K.E. *Engins de creation.* Paris: Vibert, 2005.

5. CANGUILHEM, G. "La nouvelle connaisance de la vie – Le concept et la vie". *Études d'histoire et de philosophie des sciences.* Paris: Vrin, 1983, p. 335-364. • JONAS, H. *Le phénomène de la vie* – Vers une biologie philosophique. Paris/Bruxelas: De Boeck, 2001.

As filosofias do vivo   515

indivíduo já constituído, mas procura a forma pela qual a individuação se processa. Segundo ele, a filosofia fracassou em explicitar a formação do indivíduo supondo, no início, uma "substância" ou uma "forma" que supõem elas mesmas o que está sendo objeto de questionamento (petição de princípio). Atribui-se a um objeto já individuado (como o átomo ou a substância) o estatuto de princípio capaz de explicitar a formação de indivíduos tais como eles se apresentam à percepção. Essas teorias fazem "ressaltar a existência individuante da substância individuada", enquanto que são as condições de possibilidades dessas individualidades que deveriam ser analisadas. Essas ideias, que não estão desvinculadas das "metafísicas do devir" de A.N. Whithead (1861-1947) e de G. Deleuze (1925-1995), parecem visivelmente distantes de nossa definição da filosofia do vivo. Algumas dessas ideias têm um sentido radicalmente antibiológico, embora tenham o apoio de alguns biólogos. Seus interesses estão ligados a certo estado de "crise" da teoria genética.

Genética

O conceito de gene, surgido no início do século XX, foi reelaborado no quadro da biologia molecular, após a descoberta da estrutura em dupla hélice do ácido desoxirribonucleico (1953) e a interpretação da sequência das bases como constituinte do código genético dos indivíduos. O entusiasmo foi tal que se acreditou haver revelado o "segredo da vida". A sucessão das bases e seu acasalamento sistemático ocasionaram efetivamente um mecanismo simples para explicar o poder de autorreplicação de que é dotado o DNA.

Entretanto, o conceito de gene não vai deixar de expor numerosas dificuldades à filosofia das ciências. Ele mudou de tal forma de significado ao longo da história da genética que é possível interrogar-se sobre sua unidade. A genética de Mendel (1822-1884) e a genética molecular são a mesma ciência? O gene mendeliano pode ser chamado de "fenomenológico": registra simplesmente a variação de traços macroscópicos (ser uma ervilha enrugada ou lisa, uma drosófila de olhos brancos ou vermelhos). O gene molecular é estrutural: uma sequência de DNA que é suposta fornece o código de fabricação dos elementos integrantes da morfogênese e dos processos fisiológicos. De um lado, a análise tem como objetivo a transmissão dos traços de um indivíduo a seus descendentes: conduz ao cálculo de proporções, definindo a frequência de um traço numa população. De outro, o interesse conduz aos mecanismos moleculares que regem a relação do DNA com suas proteínas.

Entre o gene como elemento transmitido e o gene como elemento participante na construção e no desenvolvimento do indivíduo, existiria uma possível correspondência? Não se pode identificar um nível molecular correspondendo aos genes discretos de Mendel (condições de caracteres fenotípicos transmitidos). Consequentemente, qualquer tradução estrita de uma teoria a outra parece impossível. A epistemologia acha aí um caso de equívoco conceitual.

Qual é o quadro conceitual geral em que o DNA e os genes funcionam? Através dos termos "informação", "programas", "óperons", os biólogos descrevem a fórmula pela qual sequências determinadas de DNA (os genes) são "reguladas", sucessivamente ativadas e desativadas. Essas noções, apoiadas em metáforas desenvolvidas pela cibernética, tendem a identificar o organismo com o computador, que segue uma série de instruções. A partir daí podem ser extraídas diversas inferências. O "código" trouxe novas reflexões a respeito de seu surgimento: a origem da vida. A interpretação cibernética do vivo em termos de "informação" produziu máquinas que reproduzem toda a complexidade dos comportamentos animais (e humanos): a vida artificial. A descoberta do "código genético" teve rapidamente aplicações práticas: os biotecnólogos que esperam modificar o vivo segundo sua vontade.

A retórica da "chave do vivo" levou à realização de grandiosos projetos internacionais, como o Projeto do Genoma Humano, que resultou em impasse: os biologistas finalmente renunciaram à ideia de que estruturas e organismos complexos de organismos vivos estavam contidos no genoma e, portanto, acessíveis diretamente a partir do conhecimento das sequências. Além disso, o DNA, molécula-chave para a construção do vivo, sendo ela própria uma molécula inerte, passou-se a interrogar sobre os conceitos e modelos que estruturavam a genética.

Tal circunstância gerou uma contestação geral do "reducionismo molecular" e do "programa". Redefiniu-se o que "fazem" os genes, interrogou-se sua relação com o meio ambiente, tendo-se deslocado o interesse de duas hastes da hélice do DNA cromossômico para todos os mecanismos citoplásmicos, sublinhando o "epigenético"[6]. O termo "genético" não implica que todo o ácido nucleico teria a capacidade de engendrar o conjunto do organismo que o contém mesmo quando se atribui a ele a capacidade de autorreplicação. Esta é a grande decepção do programa "informático" nas ciências do vivo: a decodificação do genoma (o conjunto de genes) não permitiu "registrar" diretamente a essência da vida ou a receita mecânica para a fabricação dos corpos vivos. Assim, genes podem ser inativados sem que o indivíduo sofra por isso. Uma corrente importante proclama a "morte do gene" e chama a atenção para os "fenômenos emergentes"[7]. "Programa" e "código" são acusados de formar uma

---

6. Cf. KAY, L.E. *Who Wrote the Book of Life?* [s.l.]: Stanford University Press, 2000. • KELLER, E.F. *Le siècle du gene*. Paris: Gallimard, 2003. • JABLONK, E. & LAMB, M.J. *Epigenetic Inheritance and Evolution* – The Lamarckian Dimension. Oxford: Oxford University Press, 1995.

7. Cf. principalmente ATLAN, J. *La fin du "tout génétique"*. Paris: Inra, 1999. • KUPIEC, J.-J. & SONIGO, P. *Ni Dieu ni gene*. Paris: Seuil, 2000. • FAGOT-LAGEAULT, A.; ANDLER, D. & SAINT-SERNIN, B. *Philosophie des sciences*. Paris: Gallimard, 2002.

As filosofias do vivo   517

metáfora essencial, militar, reducionista. Criticou-se mesmo o *Kernmonopole*, monopólio nuclear, como uma metáfora de gênero, operando uma abusiva sexualização da célula[8]: segundo um esquema onde o núcleo, visto como mestre masculino da célula, controla um citoplasma passivo e feminilizado. A crítica do DNA nuclear e de seu papel hierárquico na construção do organismo conduziram à insistência nos mecanismo citoplásmicos.

Aparentemente depreendem-se daí duas formas de leitura das biotecnologias. Por um lado, a temática dos OGM (organismos geneticamente modificados) demonstra como a tendência mecanicista e reducionista autorizou práticas de desenvolvimento por sequências de desmembramento e certificação do vivo. O corpo vivo não é mais um "organismo"; ele é analisado em uma conjunção de diferentes "componentes biótipos", suscetíveis de serem separados, trocados e monetizados[9]. O nível do indivíduo parece dissolvido em favor dos "replicadores" que o produziram, atores egoístas preocupados unicamente em produzir cópias de si mesmos[10]. Por outro lado, a manipulação das células-tronco suscita o interesse renovado pela plasticidade do vivo e a adaptabilidade da célula. No entanto, essas pesquisas, assim como aquelas de clonagem, consistem em "reprogramar" uma célula, a substituir seu núcleo para modificar sua história – de onde se vê que a metáfora do programa ainda é operatória.

Essas manipulações têm efeito sobre nosso conceito de individualidade[11]. Já no século XVIII, os fenômenos de regeneração posteriores a rupturas de tecidos, observados nas partes avermelhadas do corpo, a reprodução por enxerto, cisão ou enxerto por bulbo, observados nos pólipos ou pequenos insetos, incitaram os naturalistas a produzir uma teoria geral de reprodução alternativa à via sexuada. O organismo demonstrou que era possível dividi-lo sem romper sua "harmonia", sem destruí-lo. No caso das biotecnologias, o nível de intervenção é distinto, já que se trata aí de intervenção na identidade genética dos organismos.

Evolução

A dimensão evolutiva é o segundo aspecto fundamental da ciência do vivo e nos oferece outro olhar sobre as biotecnologias. O caráter evolutivo da vida explica o vivo em sua unidade genética profunda e em sua diversidade, na dimensão de trans-

---

8. The Biology and Gender Study Group. "The Importance of Feminist Critique for Contemporary Cell Biology". *Hypatia*, 3-1. Bloomington: Indiana University Press, 1988, p. 61-76.

9. Analisado notadamente por D. Haraway em seu *Manifeste Cyborg* (1985). Paris: Exils, 2007.

10. DAWKINS, R. *Le gene égoïste* (1976). Paris: Armand Colin, 1990.

11. Cf. PRADEU, T. & KUDWIG, P. *L'Individu*. Paris: Vrin, 2008.

formação das espécies, o parentesco que os une da bactéria à baleia. A teoria darwiniana, apoiada nos conceitos de "variação" e de "seleção", ocupou a princípio o *locus classicus* da teologia natural: as "admiráveis" (*beautiful*) adaptações e coadaptações. Ela pôde, dessa forma, elucidar o mimetismo da borboleta que toma a aparência de uma folha morta, ou de uma espécie comestível tomando o aspecto de um parente venenoso. Mas, para S.J. Gould (1941-2002), a teoria da seleção natural não teria substituído jamais a doutrina da criação se fosse frequente a adaptação perfeita na natureza.

O tema da perfeição alimenta sobretudo o sentimento providencialista de uma natureza perfeitamente racional, ordenada e econômica. Darwin (1809-1882), em particular, não evoca os órgãos supostamente "perfeitos" como objeções à sua teoria que ele vai empenhar-se em enfatizar: onde se supõe uma perfeição, ele mostra que um olhar mais atento revela um conjunto de ajustes ou defeitos. Assim, se a criação perfeita supõe um engenheiro, a consciência dos desvios leva a cogitar um outro modelo: a intervenção da seleção natural, ao operar o que F. Jacob (1920) chamou de "bricolagem do vivo"[12].

A bricolagem permite enfatizar as restrições estruturais que impedem a evolução (ela trabalha a partir do que já existe), a contingência (a importância das circunstâncias) e a conversão de funções (um fragmento de maxilar transforma-se em um pedaço de orelha). As organizações (dispositivos, *contrivances*) demonstram-se bem "a propósito" (adaptadas a um propósito), embora não sejam previstas ou orientadas para esse uso. Em outras palavras, a adaptação não é uma destinação. Trata-se de um processo cego, que em seu início não possui antecipação nem inteligência. As bricolagens desafiam a tese de uma finalidade natural. Elas se aproximam não a partir das adaptações exitosas, mas de arranjos bizarros e de soluções ridículas.

Onde o providencialismo celebra a adaptação maravilhosa entre uma estrutura e uma função, acreditando aí identificar um sinal da economia, da sabedoria e da onipotência divina, o darwinismo apresenta, ao contrário, esta variação como uma acumulação sem razão de montagens singulares, localmente eficazes, mas de dimensão restrita, o que ilustra o "polegar" do urso panda, que não é um dedo, mas a deformação de um osso do punho[13]. O caso é geral: o olho (o foto-receptor) apareceu sob formas bastante diferentes. Igualmente, no nível molecular, os cristalinos (as proteínas que representam entre 20 e 60% do peso do cristalino no olho) são na verdade enzimas apenas transformadas; quanto à hemoglobina, sua função era de simples despoluição nos organismos inferiores e só se tornou o transporte do oxigênio

---

12. JACOB, F. *Le jeu des possibles*. Paris: Fayard, 1981.

13. GOULK, S.J. *Le pouce du panda*. Paris: Grasset, 1982.

nos organismos superiores. A bricolagem aplica a plasticidade fisiológica; não existe relação necessária e sistemática entre estrutura e função. Ao contrário, deve-se constatar a versatilidade de funções sobre várias moléculas, o que G. Canguilhem (1904-1995) chamava "vicariância" do vivo. A antiga economia providencial da natureza é reinterpretada como um "bric-à-brac", no qual o novo se faz a partir do velho.

O "jogo dos possíveis" significa que "isso funciona", que existe flutuação e imperfeição. Uma vez que a vida começa sob a forma de um organismo primitivo capaz de se reproduzir, a evolução realizou-se por meio do remanejamento de compostos existentes. A existência de DNA não específico (a oposição dos exons e dos introns) proporciona a primeira matéria para recombinações e permutações; as velhas sequências são utilizadas para novas funções e a diversificação só exigiu uma utilização diferente da mesma informação estrutural. É o que demonstra a corrente do "*évo-dévo*", principalmente a partir dos estudos de genes Hox. Esses genes são sequências que se codificam para o desenvolvimento dos organismos e que se encontram particularmente bem conservados ao longo da filogenia, da drosófila no nível dos vertebrados superiores[14].

As biotecnologias resultam da confluência de práticas seculares de aprimoramento por seleção das espécies vegetais e animais e de novos instrumentos celulares (enzimas de restrição, transcriptase reversa, transgênese). No cruzamento dessas duas linhagens as biotecnologias não constituem uma antinatureza ou uma contranatureza, mas propõem uma natureza possível e realizável. Elas se tornam possíveis por certo número de propriedades que possui a matéria viva, como a maleabilidade e a estabilidade. Elas só propõem – pelo menos é o que declaram – uma "evolução dirigida" que reproduz e prolonga *in vitro* os mecanismo biológicos: a paridade entre natureza e laboratório permite, pois, a realização do possível[15].

A tese do jogo da natureza e seu corolário prático, a bricolagem, são a ocasião de uma nova aposta: a genética pode passar de uma teoria da hereditariedade com aspecto fatalista, mesmo reacionário, a uma teoria das manipulações com características potencialmente progressistas: ao invés de transmitir o passado, ela pode abrir um futuro utópico, mas isso não ocorre sem risco de alienação.

Importantes cartadas políticas recobrem efetivamente essas práticas: elas estão ligadas a empresas que se apropriam do vivo em nome de seu caráter de brevidade; elas redefinem a medicina como mercado da saúde que se divide entre os laboratórios; colocam problemas de liberdade pública com a etiqueta da genética e da biometria. Elas interrogam a ética pela questão das "escolhas de vida" e das "escolhas

---

14. Cf. GEHRING, W. *La drosophylie aux yeux rouges*. Paris: Odile Jacob, 1999.

15. Cf. DEBRU, C. & NOUVEL, P. *Le possible et les biotechnologies*. Paris: PUF, 2003.

de sociedade". A filosofia política, social, moral investiu no campo do vivo em torno de práticas biológicas e medicais no organismo: *status* do embrião, propriedade do corpo, definição do humano. Da mesma forma, fala-se de éticas ambiental e animal para essas filosofias que, apoiando-se às vezes sobre o parentesco genealógico dos vivos, qualificam a natureza a partir da noção de "valor" e ampliam a noção de "respeitabilidade" além do campo do humano. Assim, pode-se estender o estatuto jurídico (*standing*) a entidades incapazes de ir à justiça para defender seus direitos: gerações futuras, ecossistemas, animais, vegetais? Na verdade esses últimos não estão desprovidos de "interesses", mesmo que eles não possam expressá-los. É isso que o conceito de "considerabilidade moral" procura assumir contra a perspectiva estreita que limita a esfera do direito à esfera do humano[16]. O "neoevolucionismo" tem também uma jogada relativa à "biodiversidade": as biotecnologias vão introduzir nas dinâmicas naturais organismos suscetíveis de dominá-los. A oposição que Darwin esboçava entre "espécies insulares" e "espécies continentais", no quadro da colonização, seria então reformulada em "espécies naturais" e "espécies artificiais" em combate para a obtenção dos mesmos recursos. Como será reformulado o novo "contrato natural"?

Classificação

O vivo parece, pois, ligado a um par de enfoques: genética e evolucionária, replicação e variação, identidade e diferença. Essa tensão reflete-se na história das classificações. O sentido estrito de classificar é formar classes, reagrupar indivíduos de acordo com suas semelhanças e separá-los segundo suas diferenças. Os níveis taxinômicos, ou *taxa*, são hierarquizados segundo uma escala de graus de generalidade: dos mais vastos (reinos, ordens, classes) aos mais reduzidos (gêneros, espécies e variedades)[17]. Esses conceitos da sistemática estariam adaptados a um pensamento evolucionista? A classificação foi revista como filogenia e procedeu-se à árvore genealógica da evolução do vivo, mas em princípio ela é independente, fundada unicamente sobre a observação de afinidades estruturais e funcionais (cladística, taxonomia numérica).

Os conceitos gregos de *genos* e *eidos*, emprestados de Platão e Aristóteles, são às vezes responsabilizados pelos "2000 anos de estagnação em taxonomia" e colocados na origem de uma tradição de essencialismo em biologia[18]. O essencialismo consi-

---

16. Cf. AFEISSA, H.-S. (org.). *Éthique de l'environnement*. Paris: Vrin, 2007.

17. Cf. DAUDIN, H. *Études d'histoire des Sciences Naturelles*. 3 vols. Paris: Alcan, 1926. • DROUIN, J.M. *L'Herbier des philosophes*. Paris: Seuil, 2008.

18. Cf. HULL, D. "The Effects of Essentialism on Taxonomy: Two Thousand Years of Stasis". *BJPS*, n. 15, 1965, p. 314-326; n. 16, 1965, p. 1-18.

As filosofias do vivo   521

dera que a tarefa do conhecimento é descobrir e descrever a verdadeira natureza das coisas, isto é, sua realidade escondida, ou sua essência, a qual se encontraria no nível das formas julgada a mais, ou mesmo a única, real. Ao contrário, o espírito filosófico do darwinismo seria de preferência um nominalismo para o qual só existem indivíduos (variações) e todos os termos gerais são construções artificiais. O essencialismo é acusado de ignorar as singularidades dos indivíduos em benefício das formas e de desqualificar toda dinâmica ou todo estado transitório em benefício de um ideal intemporal. Ao contrário, o pensamento da evolução seria suscetível de integrar a mudança, de pensar a vida como produção de novidade e de dissolver as categorias essenciais e os termos gerais.

As unidades da lógica aristotélica são examinadas especialmente pelo encontro com a perspectiva taxonômica: Quando a biologia identifica espécies, designa realidades? Indivíduos? A classificação compromete mais do que o vasto catálogo do vivo ou inventário de todas as riquezas dos três reinos da natureza. Ela propõe, pelos conceitos de espécie e do gênero, uma questão de lógica: o conhecimento só existe por meio dos operadores de generalidade, que levam a atenção acima do nível do indivíduo ou da pura singularidade?

A biologia evolutiva demonstra que todo sistema de classificação não substitui o outro: o interesse da posição darwiniana é que ela não é nem realista nem nominalista. As classes podem ser abstrações, mas não são arbitrárias: elas representam uma ordem na natureza, que resulta dos processos de evolução. As classes não são reais, mas os grupos de indivíduos (as "populações") são. Isto reafirma a realidade das propriedades relacionais. Dessa forma, a classificação está baseada na descoberta dessas propriedades e em sua integração em um sistema cognitivo.

Simbiose

As práticas das biotecnologias não seriam compreensíveis sem a análise do mundo microbiano, atraída pela biologia molecular[19]. "Micróbio" designa uma escala de tamanho (10^{-6}m) e reúne organismos pertencentes a dois "super-reinos" ou "clades": *Bactéria* e *Archea*[20]. Estudá-los desarranja nosso foco irrepreensível sobre os "macróbios" e os vieses que ela acarreta em nossa representação da organicidade e da individualidade, da oposição do vivo e do morto. O mundo da célula contém um verdadeiro "microzoológico" que alarga nosso material ontológico e nos revela uma superposição de níveis e de tipos de existência: príons, plásmidos, organelas,

---

19. Cf. MORANGE, M. *Histoire de la biologie moléculaire* (1994). Paris: La Découverte, 2003, p. 70-75.

20. O'MALLEY, C.M. & DUPRÉ, J. "Size Doesn't Matter – Towards a More Inclusive Philosophy of Biology". *Biology and Philosophy*, 22, 2007, p. 155-191.

522   *História da Filosofia*

simbiontes extra ou intracelulares, como as *Buchnera*, pequenos genomas que habitam nas células dos afídeos (pulgões) com quem eles coevoluem.

Essa vida microscópica revela, sob o indivíduo e sua aparente autonomia, uma importante vida cooperativa e coletiva, mesmo em uma célula eucarioto simples, devido à endossimbiose. Um vegetal não poderia funcionar sem o que se chama de "rizoesfera"; as térmitas ou a espécie *Homo Sapiens* têm um "microbioma", indispensável para seu metabolismo e integrado a seu sistema imunitário. A própria ideia de um "organismo" monogemônico independente se torna duvidosa, tamanho o funcionamento de cada entidade residir nas interações entre seus componentes simbióticos. Todo "indivíduo" parece mostrar-se disposto a ser somente um coletivo unificado pelo funcionamento metabólico. Os "organismos" se reconhecem como "metaorganismos".

Essa natureza cooperativa do vivo tende a ocultar a ideia de uma distinção nítida entre vivo e não vivo. A descrição do espectro das formas de vida permite que se atinja uma melhor compreensão das interações e dos modos de coexistência e interdependência que existem entre entidades. Mitocôndrias, plásmidos, ou cloroplastos, todas elas entidades simbióticas, partes integrantes de um todo orgânico, poderiam ser consideradas "vivas"? Os vírus ocupam aqui um lugar à parte. São elemento do DNA ou do ARN que formam linhagens, mas não metabolizam por eles mesmos e utilizam a genética de um hospedeiro para se reproduzir. Foi possível sintetizar artificialmente um vírus (1935). Esse gesto renova a síntese artificial da ureia (1828): isso os reenvia a um estatuto puramente mineral, ou significa que as macromoléculas que constituem o vivo não têm nada de misterioso ou de essencialmente diferente do mundo da química. Existe aí, entretanto, uma dimensão superior. Um vírus não é uma simples molécula, ele tem uma forma de independência ou de autonomia parcial que permite qualificá-lo de "organismo" ou de "ser vivo". O vírus seria uma entidade "alternativamente viva", viva no interior do corpo e morta no exterior. Mas o problema clássico (tal entidade é ou não viva? Um indivíduo autônomo? Um organismo?) é doravante contornado: a questão do vivo só se expressa a propósito de um sistema ou de uma entidade coletiva, uma pluralidade cooperativa, capaz de metabolizar e de criar linhagens.

A consideração das bactérias e dos micróbios leva igualmente à redefinição de conceitos como o de "sexo"[21]. O sexo designa a partir de então todo mecanismo de recombinação genética, uma simples mistura de genes, ou uma união entre moléculas de DNA provindas de diferentes origens. No seio dessa definição muito generalista, distingue-se o "sexo eucarioto", definido pelo processo de meiose, tal

---

21. MARGULIS, L. & SAGAN, D. *What is Sex?* Nova York: Simon & Schuster, 2007.

As filosofias do vivo

qual conhecemos por exemplo nos animais superiores, e o "sexo procarioto", o qual designa processos (lisogenia, transdução...) de recombinação genética de entidades autopoiéticas (como as células bacterianas) ou não autopoiéticas (como os vírus e os plasmídos). É possível livrar o "sexo" das categorias de gênero (masculino/feminino, macho/fêmea) e da convocação de uma finalidade reprodutiva. Ele descreve simplesmente o processo pelo qual uma nova combinação genética individual viva é formada a partir de genes de pelo menos duas fontes diferentes. De acordo com essa definição, o vírus da gripe que nos torna doentes é "sexual", já que introduz genes virais em nossas células.

Essas quatro dimensões do vivo (genética, evolutiva, taxonômica e simbiótica) remetem em causa a ideia do vivo como indivíduo autônomo, simples e exemplar de "tipos-ideais" (a espécie). A multiplicação de vegetais, mundo microbiano e bricolagem evolutiva das biotecnologias incitam a filosofia a modificar suas questões e conceitos (organismo, indivíduo, vida). Nossos conceitos inadequados nasceram da identificação rápida do "vivo" a uma máquina, ou da "vida" à "nossa vida", à vida tal qual a vivemos. A filosofia do vivo, apoiada em uma história natural que observa e descreve entidades "naturais", isto é, funcionando de acordo com as leis da natureza, livra-nos dessas viseiras. Ela nos convida a considerar, com um novo olhar, uma nanomáquina que, como uma célula, mobiliza recursos para se replicar, mas também a própria Terra, que pode ser pensada como um "superorganismo". Nesses ecossistemas alargados, as relações de competição e de cooperação são complexas: os organismos seriam para o superorganismo aquilo que as células são para o organismo? As espécies lhe seriam o que os órgãos são para um organismo? É possível considerar tais tipos de associações naturais como formadoras de um "organismo"? Ambos, Stanislas Lem (1921-2006) ou Michael Crichton (1942-2008), o sugeriram[22]. Essas questões revelam uma sutileza particular no momento em que a biologia toma consciência dos fenômenos de coexistência no interior mesmo de nossa individualidade.

---

22. LEM, S. *Solaris*. Paris: Rencontre, 1970. • CRICHTON, M. *La proie*. Paris: Robert Laffont, 2003.

52

NEUROCIÊNCIAS E PESQUISAS COGNITIVAS

Seria o cérebro piloto do navio do espírito?

Pascal Engel *

O interesse dos filósofos pelo cérebro e o sistema nervoso não é recente: de Descartes (1596-1650) a Bergson (1859-1941) passando por Diderot (1713-1784), La Mettrie (1709-1751), Maine de Biran (1766-1824) e James (1842-1910), o que disseram os médicos e fisiologistas sobre este órgão sempre chamou a atenção dos filósofos. No entanto, foi apenas durante a segunda metade do século XIX com os trabalhos de Flourens (1794-1867), Broca (1824-1880), Wernicke (1848-1905), Helmholtz (1821-1894) e, sobretudo, Ramón y Cajal (1852-1934), o primeiro a descrever a organização cerebral e as conexões neuronais, que o cérebro se tornou um objeto filosófico e o lugar privilegiado do estudo das relações do corpo e do espírito[1]. Os homens medievais consideravam o coração como o princípio de individuação do ser humano: se dois gêmeos siameses tinham duas cabeças, mas um só tronco e um só coração, eles eram considerados apenas um indivíduo. Hoje em dia, o princípio de identidade é o cérebro, e a medicina considera que o signo da morte clínica é a morte cerebral, e não mais a paralisação do sistema cardiovascular.

Entretanto, os filósofos levaram tempo para situar o cérebro no centro de suas reflexões sobre as relações entre o espírito e o corpo. Bergson, apesar de seu interesse pela neurologia, considerava o cérebro como uma central telefônica e desvalorizava sua função cognitiva para acentuar sua função de planificação da ação. O cérebro também não tinha tanto espaço na concepção behaviorista do espírito, já que o men-

---

* Professor ordinário de Filosofia Contemporânea. Universidade de Genebra.

1. Cf. JEANNEROD, M. *Le cerveau-machine* – Physiologie de la volonté. Paris: Fayard, 1983 [Le Temps des Sciences].

Neurociências e pesquisas cognitivas   525

tal se reduz ao seu papel estritamente externo e às relações exclusivas entre *stimuli* e respostas comportamentais, deixando de lado a "caixa-preta" interna. A concepção filosófica que melhor encarna esse distanciamento do poder causal do cérebro é o "behaviorismo lógico" defendido por positivistas lógicos como Hempel[2] (1905-1997), que pretendeu reduzir a significação dos enunciados psicológicos àquela de enunciados referentes ao comportamento. Por exemplo, "ele tem dor de dente" não significa nada além de: "ele faz caretas ao segurar a mandíbula e faz tais e tais gestos". Mas só é possível definir os estados mentais por comportamentos ao se supor que tais comportamentos sejam causados por estados mentais. Em *A noção de espírito* (*La notion d'esprit*)[3], Gilbert Ryle (1900-1976) sustenta uma versão sutil desta tese, contra o mito "cartesiano" do espírito "fantasma na máquina", ao defender a ideia segundo a qual o espírito não é algo interno, físico ou mental, mas um conjunto complexo de disposições. Ainda que seja mais complexa, a concepção de Wittgenstein[4] (1889-1951), segundo a qual um processo interno necessita de critérios externos, participa da mesma desconfiança em relação à ideia de que se poderia alojar o espírito *no interior.*

A reação veio de filósofos como H. Feigl (1902-1988), U.T. Place (1924-2000) e J.J.C. Smart[5] (1920), que defenderam a tese da identidade do espírito e do cérebro, que foi também chamada de "materialismo do estado central". Eles sustentam que os estados mentais são idênticos a estados físicos do cérebro, no sentido de que tipos de propriedades mentais (a dor, os estados conscientes, as crenças, os desejos etc.) são idênticos a tipos de estados cerebrais. Mas a redução proposta é apenas de princípio, pois ela não se verifica empiricamente, e a teoria da identidade pressupõe um modelo intenso da redução científica, que requer que as propriedades mentais e as propriedades físicas sejam coextensivas. De acordo com a concepção da redução das teorias de E. Nagel[6] (1901-1985), isso exige a existência de "leis de ponte" que permitam reduzir as leis de um campo às leis de outro campo. Mas se existissem leis de ponte desse tipo, seria necessário que toda propriedade mental "realizada" em um

---

2. HEMPEL, C. "L'analyse logique de la psychologie". *Journal de Synthèse*, 10, 1935. Tb. em FISETTE, D. & POIRIER, P. (orgs.). *Philosophie de l'esprit.* Vol. 1. Paris: Vrin, 2002 [Textes Clés].

3. RYLE, G. *The Concept of Mind.* Londres: Hutchinsons University Library, 1949 [em francês: *La notion d'esprit.* Paris: Payot, 1978].

4. WITTGENSTEIN, L. *Philosophische Untersuchungen.* Oxford: Blakwell, 1953 [em francês: *Recherches philosophiques.* Paris: Gallimard, 2004 [Bibliothèque de Philosophie]. Há uma edição brasileira desta obra: WITTGENSTEIN, L. *Investigações filosóficas.* Petrópolis: Vozes, 2005 [N.T.].

5. PLACE, U.T. "Is Consciousness a Brain-Process?" *British Journal of Psychology,* 71, 1956. • SMART, J. *Philosophy and Scientific Realism.* Londres: Routledge, 1963.

6. NAGEL, E. *The Structure of Science.* Londres: Routledge, 1960.

organismo tivesse um mesmo substrato físico nos outros organismos. Isso suporia, por exemplo, que a dor pudesse ser realizada pelo mesmo substrato neuronal num ser humano, num polvo ou numa rã. Mas mesmo que haja algo em comum, quando esses diferentes tipos de organismo experimentam a dor, fica claro que os acontecimentos que se desenvolvem no sistema nervoso de cada um não são idênticos. Isso também se aplica de um indivíduo a outro no seio de uma mesma espécie. É o que se denominou de "realizabilidade múltipla" dos estados mentais, e isso constitui um sério obstáculo à ideia de uma redução espírito-cérebro. Além disso, a identidade tem sua lógica própria: se ouvimos dizer que todo estado mental consciente (por exemplo, a propriedade de experimentar uma dor ou a percepção visual) é idêntico a um estado neuronal ou a uma configuração de estados neuronais, é preciso admitir que, de acordo com o princípio de indiscernibilidade dos idênticos, toda propriedade de propriedade mental é também uma propriedade de um estado neuronal, o que é absurdo: se você enxerga o vermelho, sua experiência tem a propriedade de se referir ao vermelho, mas isso não implica afirmar que seu estado neuronal seja vermelho. Nesse caso, o materialista pode responder que é preciso distinguir o processo relativo à propriedade de ter uma dor da sensação qualitativa experimentada quando se tem uma dor, assim como é preciso distinguir a referência das expressões "a estrela da noite" e "a estrela da manhã" (que é a mesma) do sentido destas expressões (que é diferente). Mas tal distinção entre o que seria "em si" a dor (um estado cerebral) e a maneira pela qual ela seria ressentida é justamente o que nega o dualismo: nesse caso, a essência da dor ou de outros estados qualitativos ou fenomenais *é* seu modo de aparecer, e há um abismo irredutível entre o cérebro e as *qualia* conscientes[7].

Diante destas objeções, o teórico da identidade pode adotar dois tipos de estratégias. A primeira consiste em negar que a maneira pela qual se nos apresentam os acontecimentos mentais e o conteúdo de nossas experiências tenha alguma importância, seja quanto à sua natureza, seja quanto aos seus poderes causais. De acordo com esta concepção, uma vez que as bases neuronais da consciência terão sido estabelecidas, simplesmente não haverá mais possibilidade de continuar a se falar em "experiências conscientes", "percepções", "lembranças", "crenças", "desejos" etc. A versão mais radical desta tese "eliminativista" é defendida por Paul Churchland[8] (1942), para quem nossa "psicologia popular" ou ingênua não passa de uma mitolo-

---

7. KRIPKE, S. *Naming and Necessity*. Oxford: Blackwell, 1980 [em francês: *La logique des noms propres*. Paris: Minuit, 1982].

8. CHURCHLAND, P. *Matter and Consciousness*. Oxford: Oxford University Press, 1984 [em francês: *Matière et conscience*. Seyssel: Champ Vallon, 1996. Há uma edição brasileira desta obra: *Matéria e consciência* – Uma introdução contemporânea à filosofia da mente. São Paulo: Unesp, 2004 [Tradução do inglês por Maria Clara Cescato] [N.T.].

Neurociências e pesquisas cognitivas

gia ou falsa teoria, do mesmo modo que a química do flogístico, que será substituída mais tarde, com a evolução de nossa ciência do cérebro, por taxonomias apropriadas em termos de conexões neuronais. Eliminar o mental e reduzi-lo não traz como resultado a mesma coisa. Reduzir uma teoria a outra, por exemplo, a termodinâmica fenomenológica pela termodinâmica estatística, é admitir que os fenômenos descritos pela primeira são reais, enquanto que eliminar uma teoria é sustentar que ela é falsa e que seus termos não designam nada. Mas a eliminação da psicologia popular pelos neurocientistas não se produziu, porque a primeira simplesmente não é uma teoria científica ou protocientífica do espírito, mas um esquema geral de compreensão de nós mesmos, uma "postura intencional" impossível de ser eliminada[9].

A segunda estratégia que pode adotar o teórico da identidade consiste em enfraquecer sua tese, renunciando à ideia de que seja possível identificar tipos de estados mentais a tipos de estados físicos, para adotar unicamente a tese segundo a qual todo acontecimento mental particular é idêntico a um acontecimento físico particular *ou a outro*. É uma consequência direta da realizabilidade múltipla. Admite-se assim que a dor pode ser realizada pela ativação de certas fibras neuronais nos seres humanos, mas que ela se efetiva por intermédio de outros acontecimentos em organismos diferentes. Ao invés de sustentar que propriedades como "dor" ou "crença" são coextensivas com propriedades físicas, afirma-se que as propriedades mentais são coextensivas com uma disjunção de ocorrências particulares de propriedades mentais. É o que se denomina de a teoria da identidade das ocorrências. Mas a esse respeito existem também duas versões.

A primeira versão nada mais é do que o desenvolvimento da velha ideia aristotélica segundo a qual a alma é a forma do corpo: a natureza de um estado mental não é constituída por seu substrato material, mas por sua função. Depois de Turing[10] (1912-1954), os filósofos funcionalistas contemporâneos, como H. Putnam (1926), D. Lewis (1941-2001) e J. Fodor[11] (1935) expressaram esta ideia comparando o espírito ao suporte lógico de um computador que pode se adaptar em múltiplas bases materiais. A metáfora fez sucesso, mas a tese funcionalista tem maior abrangência.

---

9. DENNET, D. *Consciousness Explained*. Nova York: Littlebrown, 1991. • *La conscience expliquée*. Paris: Odile Jacob, 1993.

10. TURING, A. "Computing Machinery and Intelligence". *Mind*, 1950 [em francês: ANDERSON, A.R. (org.). *Pensée et Machine*. Seysell: Champ Vallon, 1993].

11. PUTNAM, H. The Nature of Mental States. In: FISETTE, D. & POIRIER, P. (orgs.). *Philosophie de l'esprit*. Op. cit. • *Representation and Reality*. Cambridge: MIT Press [em francês: *Représentation et réalité*. Paris: Gallimard, 1990 [NRF Essais]. • LEWIS, D. "How to Define a Theoretical Terms". *Philosophical Papers*. Oxford: Oxford University Press, 1992. • FODOR, J. *The Language of Thought*. Cambridge, Mass.: MIT Press, 1975.

Ela expõe que um estado mental é constituído por sua função que, por sua vez, é o papel causal desempenhado por esse estado, constituído por suas causas e seus efeitos característicos. Assim, a dor é o estado mental que tem como função receber as entradas sensoriais detectando os danos sofridos pelo organismo e como efeitos característicos a evitação desses danos. A tese pode ser estendida à ideia de função biológica, o que a distingue da metáfora de espírito-computador. Ao longo de aproximadamente trinta anos, o funcionalismo foi a tese dominante das ciências cognitivas. Ele permitiu o sucesso de um tipo de pesquisa que se encontrava na intercepção das neurociências, da psicologia cognitiva, da inteligência artificial e da robótica. O velho projeto positivista de uma unidade da ciência, que aliaria física, biologia, neurociências e ciências sociais, viveu então uma segunda juventude. No entanto, percebeu-se logo que a unificação não era nada fácil.

O funcionalismo é um fisicalismo frágil. Ele admite que todo acontecimento mental é um acontecimento físico, mas não admite que todo tipo de acontecimento mental seja um acontecimento físico. Portanto, ele não envolve o reducionismo. Nesse sentido, nem a psicologia, nem a biologia, nem as ciências sociais e "ciências especiais" são redutíveis à física, porque todas elas se fundamentam em generalizações estruturais.

Até que ponto o funcionalismo pode abstrair não somente de detalhes físicos, mas também de certas características mentais? Ele parece se adaptar a estados mentais que exercem uma função explícita na ação, tais quais as crenças e os desejos, mas ele se mostra muito mais problemático quando se trata de estados mentais cuja natureza não é relacional, mas intrínseca, como é o caso de experiências vividas e propriedades fenomenais. Mesmo que se defina a dor por sua posição funcional, ela é sempre associada a certa qualidade ressentida, um "que efeito isso faz"[12]. Mas será que um "zumbi", que seria desprovido de experiências conscientes, apesar de ter todas as funções humanas habituais, possuiria verdadeiramente estados mentais?[13] Um indivíduo localizado num quarto onde receberia instruções em chinês, instruções essas que ele não compreenderia, mas as acoplaria a respostas corretas graças a um conjunto de regras associando frases chinesas a outras frases chinesas, não poderia ser caracterizado como alguém que compreende o chinês?[14] Cada uma das experiências descritas deixa entender que as malhas da rede funcionalista são por demasiado largas.

---

12. NAGEL, T. *Mortal Questions.* Cambridge: Cambridge University Press, 1979 [em francês: *Questions mortelles.* Paris: PUF, 1983].

13. CHALMERS, D. *The Conscious Mind.* Oxford: Oxford University Press, 1996.

14. SEARLE, J.R. *The Rediscovery of the Mind.* Cambridge: MIT Press, 1992 [em francês: *La redécouverte de l'esprit.* Paris: Gallimard, 1995].

Neurociências e pesquisas cognitivas　　　　　　　　　　　　　　　529

A segunda versão da tese da identidade das ocorrências recusa a própria ideia de que possam existir leis psicológicas. O funcionalismo admite generalizações do tipo: "Com todo o resto mantido constante, se X tem sede e se X acredita que tem um copo d'água diante de si, ele irá beber a água desse copo". Mas até que ponto as coisas funcionam com "todo o resto mantido constante"? Se X acredita que a água do copo não é potável, ele não irá realizar a ação especificada. É necessário pressupor todos os tipos de condições de normalidade e de racionalidade. Acrescenta-se a isso o fato de que os estados mentais são holísticos, e só como plano de fundo é que podem se atribuir outras atribuições, o que parece interditar a possibilidade de leis psicológicas estritas, isoláveis à maneira pela qual as leis da física podem sê-lo. A negação da existência de leis psicológicas anda de mãos dadas com a negação da teoria da identidade de tipos, pois, se não existem leis mentais, elas também não podem ser reduzidas a estados físicos. No entanto, é possível, como o demonstrou D. Davidson[15] (1917-2003), defender a conjunção das seguintes teses: 1) não existem leis estritamente psicológicas nem psicofísicas; 2) os acontecimentos mentais e físicos mantêm relações causais; 3) os acontecimentos mentais ocorrentes são idênticos a eventos físicos. Este "monismo anômalo" é um materialismo. Ele aceita a ideia de que o mental depende do físico, e a do dito princípio de "superveniência" (segundo o qual o físico é suficiente para o mental, ou que toda diferença mental implica uma diferença física), mas ele nega que isso implique a redução. No entanto, não se pode mais ver no que as propriedades mentais podem ter a mínima eficácia causal: elas se tornam puramente epifenomenais, e o espírito se reduz ao esquema de interpretação pelo qual atribuímos estados mentais. Qual é então o uso que se pode atribuir à ideia de que os acontecimentos mentais são acontecimentos cerebrais? Se quisermos manter ao mesmo tempo o materialismo e a tese segundo a qual as propriedades mentais têm um poder causal e explicativo, o cérebro deve poder ser a causa do espírito e não apenas sua condição suficiente.

Estamos visivelmente num impasse: ou a identidade do cérebro e do espírito é muito forte quando ela implica um reducionismo ou eliminativismo, ou ela é muito frágil quando não o implica. Há algo de errado no argumento da realizabilidade múltipla do funcionalismo. Por que deveríamos supor que a relação entre um espírito e um cérebro seja tão solta quanto a que existe entre um suporte lógico e sua realização material num computador? Até onde é possível abstrair-se da base material? Até que ponto a variação no substrato transforma a natureza do tipo de objeto? O que parece ser problemático é a ideia de que os acontecimentos neuronais

---

15. DAVIDSON, D. *Essays on Actions and Events.* Oxford: Oxford University Press, 1980 [em francês: *Actions et événements.* Paris: PUF, 1993].

que instanciam leis funcionais seriam ocorrências *disjuntivas*. Mas se as propriedades funcionais (como a dor) ocorrem sobre disjunções de acontecimentos neuronais, como é possível que tais acontecimentos não tenham nenhuma relação entre si? É possível admitir que um gene tenha propriedades causais em um nível superior ou "macro" sem que as configurações moleculares que as subtendem no nível inferior ou "micro" sejam fortemente unificadas?[16] J. Kim[17] (1934) demonstrou que se deveria adotar uma concepção da redução das propriedades mentais às propriedades físicas, uma concepção mais intensa do que aquela do funcionalismo. Ele propõe que se determine uma caracterização funcional a todas as propriedades psicológicas, que tal caracterização funcional especifique a função causal destas e que se admita que estas propriedades são realizadas dentro de configurações causais neuronais que estão elas próprias compreendidas em tipos. Isso, pelo menos, autoriza reduções de propriedades no interior de cada espécie: se a dor para um polvo não é a mesma coisa do que para um mamífero, ela deve ser fortemente unificada no interior de cada espécie. O fisicalismo deve ser mais robusto do que um fisicalismo funcionalista ou "anômalo".

A resistência filosófica à ideia de que uma teoria do espírito tenha que se reduzir de uma maneira ou de outra a uma teoria do cérebro se sustenta fundamentalmente em dois tipos de argumento, cuja fonte de ambos se encontra em Wittgenstein. O primeiro é sustentado por filósofos críticos das ciências cognitivas[18]. "Que o cérebro, dizem, seja o órgão do pensamento, o substrato da consciência, das crenças e das emoções, é um argumento sob o qual se pode concordar. Não é – para parafrasear Aristóteles (384-322 a.C.) em relação à alma[19] – o cérebro que pensa, mas o homem, por meio de seu cérebro." Da mesma forma, os filósofos que criticam as explicações dos fenômenos psicológicos das ciências cognitivas gostam de denunciar o "sofisma do homúnculo": não é o olho que vê, não é um homúnculo dentro de nós que calcula, compreende ou infere, mas é o indivíduo por inteiro. Este argumento é um *non sequitur*: o fato, inegável, de que os critérios (nossos conceitos, a "gramática") pelos quais nós reconhecemos o pensamento, a consciência, ou a visão diferem daqueles critérios pelos quais reconhecemos os mecanismos cerebrais, não implica que o pensamento nada tenha a ver com os mecanismos em questão. O fato de denominarmos

---

16. SOBER, E. "The Multiple Realizability Argument Against Reductionism". *Philosophy of Science*, 66, 1999, p. 542-564.

17. KIM, J. *Mind in a Physical World*. Cambridge: MIT Press, 1998 [em francês: *L'Esprit dans un monde physique*. Paris: Syllepse, 2005].

18. DESCOMBES, V. *La denree mentale*. Paris: Minuit, 1995.

19. *De l'âme*, I, 4.

Neurociências e pesquisas cognitivas

"sonho" todo tipo de acontecimentos dos quais estamos conscientes durante o sono e dos quais nos lembramos ao despertar não pressupõe que a natureza dos sonhos possa ser constituída por processos cerebrais dos quais não somos conscientes.

O segundo tipo de argumento provém dos filósofos que defendem uma concepção "externalista" da intencionalidade e dos conteúdos mentais: o que pensamos ou percebemos é determinado em larga medida pela natureza do ambiente ao qual pertencemos, e um indivíduo que fosse nossa réplica física, mas que vivesse num ambiente diferente do nosso, não teria os mesmos conteúdos mentais. Existem diversas variedades de externalismo, dependendo de se "estendemos" o espírito à ação e às relações ao ambiente físico e biológico, ou às relações sociais e linguísticas. De acordo com o externalismo social, que aí reconhece a crítica de Comte contra a assimilação do espírito ao cérebro, o espírito não está dentro, mas fora, em suas obras, nas instituições humanas. Trata-se de saber se pretendemos manter uma concepção causal do espírito. Se as crenças, os desejos, e outros estados mentais – incluindo os estados conscientes ou *qualia* – assumem presumidamente uma função causal na ação, o externalismo dos conteúdos mentais não permite explicá-la, pois os processos causais devem ser *locais*, isto é, situados no ponto onde se encontra a pilotagem do sistema nervoso, e não *distais* ou exteriores ao organismo. Ele viola, portanto, o princípio de superveniência do mental sobre o físico. Quando recebo um raio de sol, é certamente uma causa exterior ao meu organismo que está em ação, mas a causa está certamente na superfície de minha pele. O externalismo está certo nesse caso, quando afirma que o espírito é bem amplamente *constituído* por relações externas (sociais, linguísticas, institucionais, históricas) unicamente na caixa craniana. Mas ele está errado quando confunde esta constituição com a causalidade que exercem os estados mentais e os estados cerebrais, quando os primeiros acometem os segundos. Caso se pretenda manter o lugar do espírito na natureza, o cérebro deve ter um poder causal. Talvez ele não seja o único piloto do navio do espírito, mas é sobre seu navio que estamos embarcados.

As técnicas das imagens cerebrais e a compreensão das bases neurais do espírito transformaram a forma pela qual compreendemos questões como a da identidade humana. Parece longínquo o período em que se colocava a dúvida se o homem tem uma essência ou se é constituído pela cultura e pela história. Ninguém mais duvida do fato de que a compreensão da relação entre o inato e o adquirido passa pela compreensão das bases genéticas da natureza humana, e pela questão de saber como as estruturas do cérebro evoluíram. As discussões sobre a doença mental e a psicopatologia que opunham os partidários da autonomia da *psique* e os "organicistas" parecem muito distantes. Não que os segundos tenham saído vitoriosos, mas o fato é que a questão da liberdade e da pessoa passa pela compreensão do grau de plasticidade das estruturas neuronais e de sua relação com o ambiente. O que há um século ainda se denominava o problema filosófico "do conhecimento do outro" não pode mais ser colocado sem dar conta do que hoje sabemos a respeito das estruturas da "teoria do espírito", que nossa espécie compartilha em parte com os primatas. Grande número de nossas doenças são doenças cerebrais: príons, Alzheimer. A meu ver, isso nada modifica acerca da natureza dos problemas metafísicos clássicos, como o da liberdade e o do determinismo, que estão longe de terem sido resolvidos; mas o cérebro se tornou o órgão metafísico por excelência.

53

AS DESCOBERTAS FILOSÓFICAS NEGATIVAS DA FÍSICA CONTEMPORÂNEA

Jean-Marc Lévy-Leblond *

Élie During **

O impacto filosófico da física contemporânea tem sua melhor explicação no seguinte enfoque de Merleau-Ponty (1908-1961):

> O sentido da física é de nos fazer proceder a "descobertas filosóficas negativas" mostrando que certas afirmações que sustentam uma validade filosófica na verdade não as possui [...]. A física destrói alguns preconceitos do pensamento filosófico e do pensamento não filosófico, sem ser uma filosofia. Ela se limita a criar dissimulações para ocultar a carência dos conceitos tradicionais, mas não estabelece conceitos de direito. Ela estimula a filosofia a pensar conceitos válidos na situação em que se encontra[1].

De fato, muitas das aquisições da física contemporânea conduzem ao questiona-mento de certas formas gerais de nossas representações do mundo, mesmo em seus enunciados filosóficos elaborados.

É certo que desde o início da física, no sentido moderno do termo, isto é, com o corte produzido por Galileu (1564-1642) no início do século XVII, em seguida com seu desenvolvimento nos séculos XVIII e XIX, numerosas ideias herdadas que estruturavam (e ainda estruturam com frequência...) nossas concepções foram ques-tionadas: a mobilidade da Terra, a existência do vazio, a homogeneidade dos fenô-

---

* Professor emérito de Física e Epistemologia. Universidade de Nice.

** Mestre de conferências de Filosofia. Universidade de Paris Ouest – Nanterre La Défense.

1. MERLEAU-PONTY, M. *La nature*. Paris: Seuil, 1995, p. 138 [Traces écrites]. Há uma edição brasileira desta obra: MERLEAU-PONTY, M. *A natureza*. São Paulo: Martins Fontes, 2000 [N.T.]. Merleau-Ponty toma emprestada a expressão "descobertas filosóficas negativas" dos físicos London e Bauer. Cf. LONDON, F. & BAUER, E. *La théorie de l'observation en mécanique quantique*. Paris: Hermann, 1939, p. 51.

menos terrestres e celestes, a fertilidade de forças não detectadas por nossos sentidos (eletricidade, magnetismo) – tantas descobertas que impuseram um distanciamento considerável entre nossas percepções e nossas concepções.

Entretanto, a partir do final do século XIX, as ciências físicas iriam produzir distúrbios ainda mais importantes às categorias gerais do pensamento – ou, considerando-se de forma mais positiva, iriam permitir suavizar e ajustar essas categorias. A profundidade dessas mutações pode ser julgada pelo tempo que foi necessário – quase um século! – para assimilá-las além de sua formulação exclusivamente técnica pelos especialistas.

Repensar as categorias tradicionais da física

A temporalidade e a espacialidade

A relatividade – Se Einstein, no início do século XX, não inventa o princípio de relatividade do movimento (uniforme), já implicitamente presente em Galileu três séculos mais cedo e formalizado pela mecânica de Newton (1643-1712), ele demonstra a necessidade de modificar sua expressão ao articular de maneira profunda e simétrica o espaço e o tempo. Não que o conceito de espaço-tempo seja novo. Novo é o termo. A partir do momento em que o tempo é concebido como "o número do movimento" (Aristóteles), ele está intrínseco no espaço: a distância percorrida por um corpo em movimento depende do sistema de referência na qual é medida (o trajeto de um trem-bala de Paris a Marselha é de 800 quilômetros em relação ao terreno e de zero quilômetro em relação ao trem!). Mas desse momento em diante, o enunciado temporal homólogo é também verdadeiro. A duração de um fenômeno não é mais absoluta e universal, ela depende também de sua referência: o tempo necessário à viagem não é o mesmo se medido pelos relógios da estação ou pelo relógio do viajante. Esta novidade radical só é perceptível em grandes velocidades vivamente superiores àquelas das práticas humanas corriqueiras, o que explica sua descoberta tardia e seu caráter contraintuitivo.

Em consequência, espacialidade e temporalidade não podem mais estar limitadas a formas *a priori* da intuição pura (não empírica), como queria Kant (1724-1804): essas formas permanecem por demais vagas e imprecisas para explicar as essências das idealidades que devem exprimi-las, e somente uma pesquisa empírica pode dar-lhes um conteúdo rigoroso. Um século de desenvolvimento das novas noções de espaço e de tempo mostrou sua solidez e sua coerência. Os paradoxos que assustavam nas primeiras exposições da teoria foram reduzidos; seja porque tenham expressado enunciados imperfeitos e provisórios (não, não existe "dilatação dos tempos" nem "contrações do comprimento", mas somente efeitos de observação de perspectiva, ou melhor, de paralaxe, generalizados); seja porque a experiência tenha confirmado a realidade de fenômenos inesperados dos quais, de imediato, foi possível realizar a as-

As descobertas filosóficas negativas da física contemporânea 535

similação intelectual (como o envelhecimento diferenciado na famosa experiência de gêmeos que foram separados e reunidos após trajetórias de vida diferentes). Hoje é impossível pensar a teoria da relatividade evidenciada em uma estrutura espaçotemporal universal e objetiva do real. Assim, essa teoria teve uma designação imprópria, na medida em que seus conceitos essenciais são os absolutos dos quais ela se livra, seus invariantes, independentes de qualquer sistema de referência arbitrária. Ela é para o espaço-tempo o que a geometria é para o espaço, e seria certamente mais bem compreendida sob a denominação de "cronogeometria".

No entanto, seu papel se estende além de seus aspectos espaçotemporais, isto é, da descrição do movimento e afeta profundamente nossa compreensão da matéria. A estruturação do cenário do mundo que ela impõe limita naturalmente os atores que aí se movem e interagem. Em outras palavras, as propriedades dos objetos materiais assumem na perspectiva einsteiniana aspectos inéditos na perspectiva galilaico-newtoniana. As modificações das noções de espaço e de tempo engendram a noção de velocidade que, por sua vez, exige uma reformulação de noções como a de energia, por exemplo. Foi dessa maneira que surgiu a famosa equivalência einsteiniana da massa e da energia ($E=mc^2$). Igualmente, a inércia de um corpo (sua capacidade de resistir à transformação de seu estado de movimento) depende a partir de então de sua velocidade e aumenta indefinidamente quando esta última tende para certa velocidade-limite – o que implica efetivamente a impossibilidade de ultrapassá-la, em todo caso, por um corpo maciço. Entretanto, novidade ainda mais estranha, a teoria permite a existência de corpos de massa nula, os quais se deslocam, portanto, sempre à velocidade-limite c – que é talvez a velocidade da luz (se os fótons são de fato constituídos de massa nula), mas têm um papel mais geral e mais profundo enquanto constante estrutural do espaço-tempo.

A cosmologia – Devemos observar, de início, que a cosmologia moderna, ao considerar o universo em sua totalidade única como um objeto tratável pelos métodos da física, destrói de vez um preconceito epistemológico comum o qual gostaria que apenas o tratamento científico de objetos genéricos fosse possível.

As propriedades do universo em grande escala são regidas pelos efeitos da gravitação, força de longo alcance. Einstein desenvolveu sob a denominação (um pouco enganosa) de "relatividade geral" uma teoria da gravitação em conformidade com sua nova cronogeometria. A universalidade da gravitação permite uma descrição puramente geométrica de sua ação, em termos de um espaço-tempo com propriedades estruturais variáveis de ponto a ponto. A força newtoniana foi nesse caso substituída pelo efeito de uma curvatura espaçotemporal, o que modifica profundamente a própria concepção das interações entre os corpos celestes.

Duas perspectivas filosóficas essenciais surgem dessa nova descrição. De um lado, no nível da espacialidade, torna-se possível conceber um Universo finito, mas sem limites, o que dissipa *ipso facto* a velha aporia grega do destino da flecha lançada a partir dos limites do universo. Para tanto, esta possibilidade não parece corresponder aos dados da observação que privilegiam um universo infinito. Por outro lado, o universo, na maior parte dos modelos compatíveis com esses dados, é dotado de uma história evolutiva. Ele encontra-se aí em expansão e se desenvolve a partir de um estado primordial de alta densidade e temperatura (*Big-Bang*), e do mesmo modo possui uma idade definida, ou seja, 13 bilhões de anos. Reaparece assim, no coração da ciência contemporânea, uma antiga questão metafísica, a da própria origem do universo. Mas esta "origem" temporal não pode ser concebida como um começo, e seu valor numérico finito está perfeitamente compatível com uma regra conceitual dependente da infinitude, o que exclui qualquer interpretação abusiva do tipo criacionista. De resto, a teoria cosmológica padrão deve, na fase inicial da história do universo, ser substituída por uma teoria quântica, ainda em gestação.

A substancialidade

A física clássica fundamentava-se na noção de corpúsculo, ou ponto material, entidade básica da mecânica newtoniana, essência abstrata da ideia de corpúsculo. Acreditava poder considerar qualquer substância como reunião de um conjunto de tais corpúsculos, e formalizar assim um atomismo consequente. Note-se a idealidade evidente de tal noção e seu caráter ao menos pouco intuitivo: de que forma atribuir uma propriedade física, como a massa, a um objeto pontual, isto é, sem extensão espacial? De fato, a fecundidade de tal abstração se origina do fato de que ela empurra ao extremo, na ordem do pensamento, percepções visuais diretas como a de um grão de poeira ou de um planeta longínquo. Entretanto, permanecia um problema fundamental suscitado por Descartes (1596-1650) e bem identificado pelo próprio Newton (é neste ponto que figurava seu famoso *Hypotheses non fingo*), isto é, a dificuldade de compreender a existência de interações a distância entre esses corpúsculos, através do vazio e sem agente intermediário.

Foi para resolver essa aporia que surgiu no último terço do século XIX, após longas e laboriosas evoluções, a noção de campo, primeiro no âmbito do eletromagnetismo de Maxwell (1831-1879). Não sublinhamos suficientemente o caráter radical da grande transformação que foi assim introduzida na ontologia da física. O campo havia sido concebido primeiro como uma descrição fenomenológica do estado de um meio subjacente, suporte da propagação de ondas mediáticas das interações (a água para as ondas, o ar para o som). A renúncia a um éter hipotético que teria desempenhado esse papel em relação à luz, em função de suas propriedades dema-

As descobertas filosóficas negativas da física contemporânea   537

siado problemáticas, privaria o campo eletromagnético de qualquer interpretação em termos mecânicos e repentinamente lhe concederia uma existência autônoma. Assim, apareceria um ser físico dotado de um *status* ontológico com pleno exercício, mas com características radicalmente diferentes daquelas presentes nas entidades corpusculares clássicas: não localizado em uma porção predefinida do espaço e sem forma própria, desprovido de massa substancial específica, sendo simultaneamente portador de energia, caracterizado por uma propagação ao mesmo tempo global e diferencial. O campo, quando cumpria perfeitamente seu papel de vetor das interações e suprimia a ação à distância e suas dificuldades insuperáveis, exigia a concepção de uma forma inédita de existência material. Tratava-se apenas de renunciar à ideia das qualidades primeiras, necessárias e naturais, da matéria, no sentido de Descartes e de Locke (1632-1704): um campo não possui extensão, nem solidez, nem figura, nem mobilidade para retomar a lista lockeana dessas qualidades. A noção de campo obriga finalmente à renúncia do ideal cartesiano de uma descrição necessária e suficiente "por figuras e movimento".

Entretanto, mesmo antes que essa inovação radical tenha podido ser controlada, ela seria substituída e amplificada pelo desenvolvimento da teoria quântica a partir do início do século XX. Onde a física clássica concluía por uma dualidade ontológica de seus objetos ideais, partículas ou campos, a quântica demonstrava um monismo fundamental, conhecendo apenas um único tipo de objeto, os *quanta*. Certamente, estes últimos às vezes assemelham-se, quando de suas primeiras revelações observacionais, aos corpúsculos clássicos, ou seja, às ondas. No entanto, só são aparências aproximativas (e mutuamente exclusivas), sob as quais se encontra uma essência única. A natureza dos *quanta* leva a seu ápice o conflito com a intuição comum, bem comprovado por seu posicionamento em relação à antinomia fundamental do contínuo e do discreto. Essa antinomia possui dois aspectos, de acordo com a espacialidade e a quantidade. Se esses aspectos são confundidos na física clássica tanto em relação aos corpúsculos (discretos quanto às suas posições espaciais e à sua numeração) como às ondas (contínuas quanto à sua extensão espacial e à sua amplitude), eles se distinguem em relação aos *quanta*, discretos e numeráveis em quantidade (o que justifica seu nome), contínuos e deslocados quanto à sua espacialidade. A natureza quântica do mundo material requer, assim, formas de inteligibilidade originais.

A mutação einsteiniana das propriedades materiais de objetos físicos soma-se às subversões de nossas concepções de substancialidade. Com efeito, a equivalência massa-energia destrói a lei clássica de conservação da matéria, identificada desde Lavoisier (1743-1794) àquela da massa. Por ocasião da interação entre dois *quanta*, por exemplo, uma parte de sua energia cinética pode se transmutar em energia de massa, permitindo a aparição de novos *quanta* – e inversamente. Nota-se que fenômenos como a transformação de um par elétron-pósitron em fótons (de massa nula!), seja $e^+ + e^- \to \gamma + \gamma$, ou a criação de tal par, seja $\gamma + X \to e^+ + e^- + X$, tenham podido ser descritos como uma "aniquilação" ou uma "criação" de matéria e interpretados como um golpe desferido em toda concepção materialista da natureza. No entanto, com o retrocesso do tempo, deve-se somente ver aí a necessidade de uma reforma, profunda certamente, de nossas próprias concepções da matéria. É um enunciado mais geral esse da conservação da energia sob suas diversas formas, incluso a massa, que a partir de agora assegura a permanência de uma materialidade ao conteúdo renovado.

A elementaridade

Desde o atomismo filosófico dos materialistas da Antiguidade até a física e a química atomística do século XIX prevalecia uma mesma ideia: a de uma composição dos corpos tão diversos da natureza a partir de um pequeno número de elementos fundamentais, estáveis e inalteráveis.

Ocorre ainda que a natureza desses constituintes considerados elementares foi levada a ser modificada quando, no início do século XX, a descoberta do núcleo atômico mostrou que os átomos, longe de serem inquebráveis como assim o queria sua designação, eram de fato compostos de elétrons, de fótons e de núcleons, estes últimos se revelando, cinquenta anos mais tarde, eles mesmos compostos de quarks e glúons, mas é a própria noção de elementaridade que se revelou profundamente alterada. Três ideias prevaleceram a esse respeito:

• Primeiramente, a noção de estabilidade, *a priori* consubstancial àquela de elementaridade, é... desestabilizada. A classificação dos *quanta* em famílias homogêneas obriga a colocar no mesmo plano certos objetos estáveis e outros instáveis, submetidos à desintegração quando isolados. É o caso dos núcleons, uma vez que o próton é estável, enquanto que o nêutron se desintegra espontaneamente em aproximadamente um quarto de hora.

• Em seguida, a possibilidade de separar um objeto composto em seus componentes, intuitivamente necessária à noção de composição, é questionada no plano dos quarks: na medida em que as forças que ligam essas entidades no contexto dos núcleons crescem indefinidamente com a distância mútua, é impossível quebrar um núcleon e isolar os quarks que, entretanto, constituem-no e explicam suas propriedades.

• Enfim, a ideia usual de elementaridade requer uma permanência estática dos objetos a que ela se aplica. Nada disso ocorre no mundo quântico, onde um elétron, por exemplo, do qual se admite a elementaridade, existe apenas em virtude de uma dinâmica interna: interagindo permanentemente com os fótons que ele emite e absorve, ele é por assim dizer composto dele próprio e de seus fótons, e suas propriedades são profundamente afetadas por essa interação intrínseca.

Existe aí um profundo questionamento do reducionismo ontológico que constituía um dos objetivos epistemológicos da física clássica. Não é mais possível representar o real como estruturado por uma sucessão de níveis unilateralmente encadeados, cada um estando integralmente determinado, em princípio, pelo menos, por aquele que está subjacente a ele. É preciso, de agora em diante, aceitar as interações "descendentes" pelas quais um sistema composto age sobre seus componentes. O exemplo mais simples é, neste caso, o do nêutron, espontânea e intrinsecamente instável, em estado isolado, mas que pode ser estabilizado de forma absoluta no âmbito de um núcleo atômico devido à sua pertença coletiva. Pode-se ver nesse abalo do reducionismo ingênuo a pertinência, em plano talvez mais fundamental, da ideia de complexidade, excessiva e frequentemente vaga, embora indispensável, que as ciências da vida ou da informação convocam a partir de então.

A individualidade

O atomismo da física clássica se acomodava a uma concepção individual dos componentes da matéria, segundo a qual, de acordo com a intuição dos objetos comuns, os diferentes átomos que constituem um corpo podem ser separadamente identificados e diferenciados: mesmo se dois átomos de oxigênio do ar, por exemplo, têm propriedades intrínsecas (massa, energia, estrutura etc.) idênticas, diferenciando-se apenas por suas posições espaciais. Essa distinção é, no entanto, insuficiente do ponto de vista do "princípio dos indiscerníveis" de Leibniz (1646-1716) em sua versão forte, que exige de dois indivíduos distintos diferenças qualitativas essenciais; em conformidade com o exemplo clássico, não podem existir duas folhas idênticas no Parque de Charlottenburg, ao contrário do caso de nossos dois átomos. É por essa razão, aliás, que Leibniz recusava o atomismo clássico.

Nesse caso, a teoria quântica permite o deslocamento do problema. Na descrição que ela faz de um sistema composto de *quanta* idênticos, não é possível atribuir a cada um dos constituintes qualquer propriedade individual, seja qual for sua posição. A perfeita simetria do estado global do sistema em relação a qualquer permutação de seus constituintes afeta a cada um, com igual propensão, a ocupar todos os locais disponíveis. Em outras palavras, o estado coletivo, mesmo se definido por um conjunto de estados individuais, não pode ser descrito atribuindo-se a cada constituinte um desses estados. Além disso, essa simetrização é de extrema importância concreta, já que ela subentende as estatísticas quânticas – de Fermi (1901-1954), Dirac (1902-1984), de Bose (1894-1974) e de Einstein (1879-1955) – que são as únicas com capacidade de explicar propriedades essenciais do mundo macroscópico, como a impenetrabilidade dos sólidos ou a coerência do raio laser. Mas, em consequência, a individuação dos *quanta* no âmbito de um conjunto perde toda pertinência: pode-se certamente afirmar que há oito elétrons em um átomo de oxigênio, mas é impossível, por princípio, numerá-los e identificá-los separadamente. Sua contagem compete unicamente à cardinalidade e exclui a ordinalidade. Assim, a recusa leibniziana dos indiscerníveis é refutada, entretanto, com o custo de um enfraquecimento considerável da noção de individualidade.

De forma mais genérica (além do caso dos *quanta* idênticos), a teoria quântica não permite a descrição do estado de um sistema composto de subsistemas pela simples conjunção dos estados desses últimos. Melhor ainda, conhecendo o estado do sistema composto, não é possível atribuir separadamente a cada um dos subsistemas um estado particular determinado – o que, claramente, deteriora a individuação desses subsistemas. Esta característica essencial da teoria quântica, que está no âmago de seu formalismo desde os anos de 1920, e embora claramente descoberta por Schrödinger (1887-1961) em 1935, permaneceu por um longo período implícita. Conhecida sob o nome de não separabilidade (fala-se também de intricação, mas sem dúvida teria sido preferível um neologismo, como, por exemplo, o de *implixité*), ela está atualmente no centro de uma compreensão profunda da teoria quântica, mas igualmente de múltiplos desenvolvimentos práticos (informática quântica).

A causalidade

Uma consequência inesperada da cronogeometria einsteiniana é a de enfraquecer a extensão espaçotemporal das relações de causalidade. Na concepção comum da ciência clássica, não existindo qualquer limitação quanto à velocidade de propagação de uma influência qualquer, um acontecimento pode ser causa de outro que lhe seja posterior, e efeito de qualquer outro anterior a ele. Mas a partir do momento que exista uma velocidade-limite que nenhuma influência causal saberia ultrapassar, este não é mais o caso. Por exemplo, a Terra estando distante do Sol oito minutos-luz, nenhum acontecimento que venha a se produzir sobre o Sol poderia afetar a Terra antes de um período de oito minutos-luz. O conjunto das causas (respectivos efeitos) possíveis de um acontecimento ocupa somente uma zona espacial limitada de seu passado (respectivo futuro).

Mas a física clássica, pelo menos em seu campo de jurisdição, tinha questionado, sem que tenha sido notado com frequência a própria noção de causa, substituindo a concepção de uma causalidade múltipla e qualitativa que remontava a Aristóteles (384-322 a.C.) por um determinismo quantitativo único. As leis da mecânica determinam de forma absoluta o estado de um sistema em todos os momentos em função desse estado em um momento dado. Segundo as palavras célebres de Laplace

As descobertas filosóficas negativas da física contemporânea　　　541

(1749-1827), "devemos ver o estado atual (de um sistema físico) como o efeito de seu estado anterior e como a causa daquele que vai sucedê-lo". Mas não é certo que o termo causa preserve aqui sua legitimidade, na medida em que a distinção da natureza entre efeito e causa está suprimida pela homogeneidade da série temporal.

A teoria quântica sempre pareceu ser portadora de um golpe fatal nesse determinismo. Contrariamente ao caso de uma partícula clássica, a posição e a velocidade de um *quantum* não possuem em geral determinação numérica única – o que refletem as famosas "relações de incerteza de Heisenberg (1901-1976)". Portanto, elas não podem ser numericamente previstas de forma absoluta ao longo do tempo. A teoria quântica substitui então as atribuições deterministas da física clássica por avaliações probabilísticas. Mas essa fragilização do determinismo é devida ao fato de que nós pedimos ao sistema quântico uma previsão em termos clássicos, ou seja, valores numéricos determinados para as grandezas físicas. Se o sistema caracteriza-se em termos intrinsecamente quânticos, por seu "vetor de estado" (ou "função de onda"), ele evolui de forma perfeitamente determinista, pelo menos na medida em que é isolado. Em contrapartida, sua evolução só pode ser descrita de maneira aleatória desde que o sistema venha a interagir com o exterior, com um aparelho de medida, por exemplo, ou de forma mais geral com um ambiente macroscópico descrito de maneira clássica. Essa ideia (conhecida pela palavra "decoerência"), desenvolvida um pouco tardiamente (a partir dos anos de 1980), atenuou imensamente as dificuldades conceituais recentemente ligadas ao indeterminismo aparente da teoria quântica, sem as regular em definitivo. Entretanto, falta compreender quando e como um objeto macroscópico, de constituição fundamentalmente quântica, pode reconstruir, ao menos aproximadamente, as teorias clássicas, e, assim, vir a esclarecer a relação conflituosa entre dois determinismos heterogêneos, clássico e quântico.

Por uma ironia singular, antes mesmo que a questão do determinismo seja retomada e submetida à teoria quântica, ela havia ressurgido no coração mesmo da física clássica. A retomada nos anos de 1970 de trabalhos realizados em particular por Poincaré (1854-1912) no início do século XX demonstrava que a mecânica newtoniana, salvo casos bem particulares de sistemas elementares (como o pêndulo simples), não permitia de fato previsões deterministas efetivas. Ocorre que a maior parte dos sistemas mecânicos exibem, em sua evolução temporal, uma extrema "sensibilidade às condições iniciais": um distanciamento muito sutil em relação à caracterização do estado inicial gera distanciamentos exponencialmente crescentes em relação à determinação do estado em instantes posteriores. Isto é acompanhado de comportamentos temporais extremamente irregulares, ilustrando o que foi batizado pelo oxímoro "caos determinista". Se este é o caso dos sistemas mecânicos simples, a mesma situação se aplica *a fortiori* de forma geral aos sistemas complexos, como a atmosfera – daí as limitações intrínsecas da previsão meteorológica ou climática. Mais amplamente, são *ipso facto* invalidadas todas as considerações reiteradas com base no alegado paradoxo contrapondo determinismo físico a livre-arbítrio humano.

A cientificidade

Uma das maiores consequências do desenvolvimento da física no século XX talvez tenha sido o fato de ter colocado em questão, além das categorias gerais do pensamento anteriormente estudadas, a própria noção de "ciência". Com base nos desenvolvimentos da física clássica, que se supõe apresentar o cânone mais aprimorado da cientificidade, havia concordância na noção de que uma ciência digna desse nome deveria produzir conhecimentos experimentalmente reprodutíveis, socialmente neutros e conceitualmente inteligíveis. Porém, esses três critérios foram ao menos abalados pela transformação das práticas da física moderna. Sua organização coletiva, sua dimensão econômica e suas implicações sociais colocam questões ameaçadoras quanto à validade dos critérios clássicos da cientificidade, tanto nos setores da "ciência pesada" (física nuclear e subnuclear, astrofísica e espacial), como nos domínios diretamente ligados à produção industrial (eletrônica, física dos materiais).

O desenvolvimento da arma nuclear durante a Segunda Guerra Mundial (Projeto Manhattan) marcou a passagem de uma ciência fundamental relativamente autônoma para uma tecnociência intimamente ligada de modo fundamental às exigências sociais, militares, industriais. Essa transformação foi acompanhada de uma mudança de escala da pesquisa, no que se refere a seu financiamento (vários bilhões de euros para um grande acelerador ou um telescópio), suas instituições (equipes de diversas centenas de pesquisadores), suas escalas de tempo (vários anos).

Essa situação levou a privilegiar as experiências mais suscetíveis de produzir resultados, ao mesmo tempo em que levou a evitar, na medida do possível, sua réplica. São, portanto, os projetos mais convencionais que são desenvolvidos, em detrimento de perspectivas mais ousadas. No plano teórico, a utilização sempre mais desenvolvida de meios de cálculo informático e de técnicas de simulação numérica leva a ampliar formalismos matemáticos de considerável sofisticação, os quais se desenvolvem sem que seu domínio conceitual esteja bem assegurado. Os conhecimentos são, pois, validados mais pela constatação empírica de sua adequação do que por sua inteligibilidade racional. Sem dúvida, então, não é necessário admirar-se de que as inovações da ciência física exploradas aqui datam essencialmente da primeira metade do século XX.

Assim, o distanciamento crescente do ideal tradicional da ciência é irreversível? O futuro dirá. É necessário agora interrogar-se sobre a maneira pela qual essa transformação das categorias fundamentais da física encontrou eco entre os filósofos.

Extrair as consequências filosóficas de uma desordem conceitual

O fato de que a física realize descobertas filosóficas negativas certamente não implica, aos olhos de Merleau-Ponty, que as negações (do espaço e do tempo absolutos, do princípio de permanência, do determinismo clássico etc.) possam simplesmente se transformar em afirmações para oferecer, em substituição ao senso comum, uma ontologia pronta para o uso. "A ciência não gera ontologia, mesmo sob forma negativa": aqueles que, filósofos ou físicos, pensam o contrário, arriscam fortemente de se satisfazer com uma "ontologia ingênua", ou, desta vez usando as palavras de Bergson (1859-1941), de manter uma "metafísica inconsciente". Eis por que, uma vez desmontadas as categorias tradicionais (espaço, tempo, substância, individualidade, causalidade), falta produzir uma "elaboração ontológica" das teorias, único caminho capaz, senão de reconciliar ciência e senso comum, ao menos de atribuir novos quadros conceituais à ideia de um mundo comum, onde a atividade racional do sábio possa coexistir com a evidência do que é percebido. Russel, que lamentava a tendência dos filósofos em interpretar sistematicamente a teoria de Einstein nos termos de sua própria metafísica, não estava tão distanciado de tal ideal quando exortava seus colegas a examinar com precauções a revolução conceitual introduzida pela relatividade, para dela retirar as últimas consequências.

Fundamentalmente, como observa Whitehead (1861-1947), daí decorre um novo sentido da "natureza", sob o qual as discussões a respeito do fato de saber se a relatividade ou a física quântica se voltam para o lado do realismo ou do idealismo (em função do papel fundamental que parecem aí desempenhar a relatividade dos "pontos de vista", os "observadores", "o ato de medida") parecem finalmente secundárias, ou puramente verbais. Os avanços da física reanimam assim o projeto de uma metafísica da natureza. No entanto, existem outras formas de considerar a ligação entre filosofia e ciência. O positivismo lógico – Schlick (1882-1936), Carnap (1891-1970), Reichenbach (1891-1953) – e o neokantismo – Cassirer (1874-1945), Brunschvicg (1869-1944) – privilegiaram, em sentidos diferentes, uma abordagem epistemológica. Do ponto de vista de uma teoria do conhecimento, o trabalho de explicitação dos métodos e dos quadros conceituais da física, e mais especialmente da teoria da relatividade e da teoria quântica, deve então permitir precisar certas questões relativas aos princípios do conhecimento científico (estatuto das leis da natureza, posições relativas do *a priori* e da experiência, natureza da explicação e da objetividade físicas, interpretação das probabilidades, etc.) com o risco de libertar em seguida as consequências filosóficas mais gerais, no contexto de um programa de reformulação da própria filosofia a partir do modelo fornecido pela análise lógica dos conceitos científicos (Círculo de Viena), ou ainda do ponto de vista de uma dialética da razão, contemporânea e tributária dos avanços da ciência – Bachelard (1884-1962).

Uma elaboração ontológica das descobertas científicas

A "confrontação" tentada por Bergson com a teoria da relatividade em sua obra *Durée et simultanéité* [2] (1922) tem um valor exemplar: a preocupação de atribuir novamente uma "figura" ao universo, ou ao menos de tornar pensável a interconexão dos seres e das durações, conduz o filósofo a criticar a ontologia do tempo pulverizado da relatividade, e mais positivamente, a defender a ideia de uma convergência entre a ideia comum do tempo universal e os princípios filosóficos subjacentes à teoria de Einstein. É verdade que ao custo de algumas distorções (especialmente com respeito ao caso do célebre paradoxo chamado "gêmeos de Langevin"). A ontologia do "tempo real", único e universal, não se expressa exatamente como na teoria da relatividade – e ainda menos, devemos enfatizar, como na ideia newtoniana do tempo absoluto, que não precisa mais ser revisitada. Bergson insiste no fato de que a relatividade demanda um esforço de invenção filosófica especial: trata-se de retirar um novo modo de articulação das durações locais no âmbito da totalidade do universo material – um modo de articulação que considere descobertas relativistas sem destruir o tecido conjuntivo da experiência. O problema é, pois, essencialmente de natureza cosmológica. A linha argumentativa de Bergson volta a mostrar que os tempos múltiplos ou "retardados" são tempos "fictícios", simples auxiliares matemáticos destinados a exprimir um efeito de perspectiva cinética; na medida em que são múltiplos e retardados, eles não podem ser "vividos" nem ser objeto de qualquer medida *direta*, embora sejam sempre passíveis de recomposição baseado na leitura de relógios, a eles atribuindo, por uma espécie de transfusão de realidade, o caráter de unidade do fluxo temporal naturalmente associado à ideia de "tempo próprio". Quanto ao espaço-tempo, seria somente uma construção matemática cômoda, e apenas ao alimentar a ilusão de poder ocupar simultaneamente todos os pontos de vista, sem se situar em nenhum lugar, é que o físico seria levado a atribuir um valor ontológico à sua estrutura geométrica[3]: sobre este ponto, Bergson se associa à orientação instrumentalista de Poincaré, sem deixar de anunciar certas análises de Merleau-Ponty. A estratégia que ele implementa para criticar as extrapolações metafísicas abusivas dos sábios e dos vulgarizadores aproxima-o, aliás, às vezes de forma inusitada, de certas posições operacionalistas defendidas alguns anos mais tarde por um físico como Bridgman (1882-1961), para quem a significação de um conceito não é nada mais do que o conjunto das operações pelas quais se determina seu objeto.

Na mesma época, Whitehead elaborava um projeto metafísico comparável em suas intenções gerais, ainda que bem diferente por seu método e pela natureza das

---

2. Há uma edição brasileira desta obra: BERGSON, H. *Duração e simultaneidade*. São Paulo: Martins Fontes, 2006 [Tradução de Claudia Berliner] [N.T.].

3. Cf. MEYERSON, E. *La déduction relativiste*. Paris: Payot, 1925.

ferramentas utilizadas. Em *Principles of Natural Knowledge* (*Princípios de conhecimento natural*, 1919) e *The Concept of Nature* (*O conceito de natureza*, 1920), ele mostrava de que maneira os quadros matemáticos da relatividade podiam ser abstraídos do mundo da percepção – é o dito método da "abstração extensiva", do qual Russell (1872-1970) já havia indicado a ideia alguns anos antes. Ele criticava ao mesmo tempo a concepção substancialista de um espaço-tempo que sobrepõe as relações efetivas exibidas nos processos físicos. Sobretudo, ele propunha da teoria da relatividade uma versão que se considerava concorrente com a de Einstein (*The Principle of Relativity*[4], 1922). O exame filosófico da física quântica por Whitehead confirma a ideia de que é necessário uma reformulação da ontologia tradicional: a interconexão dos fenômenos da natureza não pode mais ser pensada em termos de uma interação universal entre substâncias (corpúsculos, partículas); ela adquire um caráter ao mesmo tempo mais formal e concreto quando se substitui uma ontologia das substâncias e das propriedades por uma ontologia dos acontecimentos e das relações – *Science and the Modern World* (*Ciência e mundo moderno*, 1925). Esta metafísica do processo ou do futuro extensivo que encontra eco ainda hoje nas especulações de alguns físicos distingue-se pelo fato de que ela não reconhece imediatamente na dimensão temporal o caráter de um *continuum* geométrico: recuperado como dimensão do futuro, o tempo deve ser pensado como atômico (*epochal*).

Uma teoria do conhecimento reformada pelo contato com a física

A interpretação filosófica da teoria da relatividade pelo positivismo lógico se construiu, em grande parte, sobre a base de uma reavaliação empirista da herança kantiana, e mais particularmente da ideia do sintético *a priori*. As hesitações de Reichenbach e do próprio Schlick no que se refere à exata importância da redefinição relativista das condições da medida do espaço e do tempo são testemunhos: ora trata-se de situar a filosofia na escola da relatividade esforçando-se em precisar, à maneira de Einstein, o sentido empírico e operacional dos conceitos fundamentais, ora trata-se de enfatizar, por trás das operações de medida, a atividade coordenadora dos princípios constitutivos (estipulações e definições convencionais) derivados de um "*a priori* relativizado" (Reichenbach). As relações entre geometria e experiência, já abordadas tanto por Poincaré como por Einstein, fornecem a esse respeito um campo de discussão privilegiado – ver *Philosophie der Raum-Zeit-Lehre* (*A filosofia do espaço-tempo*, 1928).

Paralelamente, e tratando de questões muito próximas, os neokantianos destacam uma nova configuração da constituição transcendental da objetividade: por um

---

4. Há uma publicação em português desta obra: EINSTEIN, A. *O princípio da relatividade*. Lisboa: Calouste Gulbenkian, 1971 [N.T.].

lado, o *a priori* deriva menos das condições formais da intuição do que dos princípios, eles próprios revisáveis, da coordenação legal dos fenômenos; por outro lado, ele deve levar em conta a necessária correlação intersubjetiva dos pontos de vista no seio de um processo contínuo de unificação racional da experiência. Assim, Cassirer e Brunschvicg retomam os empiristas lógicos, mas também físicos como Weyl (1885-1955) ou Eddington (1882-1944), ao mostrar que a categoria de substância está por desaparecer em proveito de uma caracterização estritamente relacional (funcional, estrutural) dos conceitos fundamentais: o éter ou o campo eletromagnético, por exemplo, acabam por se identificar a um conjunto coordenado de relações legais ou, dito de outra forma, a "puras determinações do conhecimento experimental" – CASSIRER. *Zur Einsteinschen Relativitätstheorie* (*A Teoria da Relatividade de Einstein*, 1921). A objetividade física se manifesta então pelas propriedades formais da simetria e da invariabilidade reveladas pelo jogo de pontos de vista equivalentes. Enfim, a categoria da própria relação, tal como ela é exposta na construção do quadro teórico, não é separável das condições concretas da medida, de modo que o elemento invariável da realidade física, longe de se mostrar como um novo absoluto, define-se a partir da "reciprocidade entre as condições da medida e a realidade medida" – BRUNSCHVICG. *L'expérience humaine et la causalité physique* (*A experiência humana e a causalidade física*, 1922).

No entanto, por ter desejado substituir o desmantelamento progressivo da ontologia substancialista da mecânica clássica no seio de um processo histórico globalmente convergente, o neokantismo foi levado a supervalorizar as continuidades e a subestimar o trabalho de reformulação conceitual às vezes violento que está implicado na promoção da categoria da relação. Reagindo a esta orientação, Bachelard defendeu, a partir dos anos de 1930, a ideia de um "realismo algébrico" retirado dos últimos resíduos de imaginação mecanicista (tal qual a intuição da trajetória contínua de um móbile no espaço): um realismo em ato, que buscaria a realidade por intermédio de um trabalho de integração racional, cada vez mais levada à expansão e mais bem articulada, das possibilidades experimentais e instrumentais. Mas, mesmo se tratando da redefinição dos quadros espaçotemporais, da pretensa dualidade das ondas/corpúsculos ou do determinismo, Bachelard insiste permanentemente na necessidade de rupturas decisivas: do pensamento newtoniano, diz ele, só se pode sair "por efração" (*Le nouvel esprit scientifique*[5], 1934). É importante acrescentar que não se acaba nunca de sair, e é por esse motivo que, sem dúvida, não se deve esperar que a filosofia produza de uma vez por todas a metafísica adequada à física contemporânea.

---

5. Há uma edição brasileira desta obra: BACHELARD, G. *O novo espírito científico*. São Paulo: Tempo Brasileiro, 2000 [Tradução de Juvenal Junior Hahne] [N.T.]

As descobertas filosóficas negativas da física contemporânea   547

A epistemologia histórica se acomoda assim num alegre pluralismo ontológico, que contrasta com o projeto positivista, formulado desde o fim dos anos de 1920 por Carnap, ao fundar novamente as ciências por meio de uma formulação lógica de sua linguagem. A ideia segundo a qual todo enunciado científico pode ser derivado por meio de um raciocínio dedutivo ou indutivo, sobre a base de enunciados de observação elementares, suscetíveis de verificação, nutriu ao longo de todo o século diferentes empreendimentos fundacionais. Ela serviu igualmente como ponto de partida do projeto de unificação dos diferentes domínios da ciência no sentido do fisicalismo, que é uma variedade do reducionismo. Esta orientação da epistemologia positivista foi criticada em seu princípio por autores tão diferentes como Quine (1908-2000), Popper (1902-1994), Hanson (1924-1967), Kuhn (1922-1996), Lakatos (1922-1974), Feyerabend (1924-1994) ou van Fraassen (1941). Todos visam, de uma forma ou de outra, uma certa concepção da relação entre teoria e observação, conceitos teóricos e base empírica. Assim, Popper sugere substituir a norma verificacionista por uma forma de "falsificacionismo" (ou "refutacionismo") que avalia as teorias não a partir de seu grau de confirmação empírica, mas de sua capacidade em se expor a uma refutação experimental (*Logik der Forschung*[6], 1934). Esta própria ideia depara-se com seus limites nas considerações referentes ao holismo semântico – já defendido por Duhem (1861-1916) ou à lógica das revoluções científicas, que conduzem ao questionamento da possibilidade de uma divisão clara entre termos observacionais (ou "teóricos"). Esses últimos são de fato inseparáveis de quadros teóricos globais (ou "paradigmas") que aparecem até certo ponto incomensuráveis. As consequências relativistas das teses de Kuhn e Feyerabend foram criticadas por Putnam (1926) no quadro de uma teoria "externalista" da referência dos termos científicos: duas teorias que diferem pelo conteúdo que elas determinam a certos conceitos podem, entretanto, referir-se a um domínio comum da realidade, e dar lugar a uma comparação indireta. A reflexão encaminhada sobre a significação dos termos teóricos desemboca assim, na maior parte das vezes, numa investigação a respeito do próprio estatuto das teorias científicas, e sobre a forma pela qual elas representam efetivamente a realidade. Como compreender os enunciados de tipo legal? Qual é a concepção científica da causalidade? Os modelos mobilizados por uma teoria seriam o produto de simples aplicações ou interpretações empíricas da estrutura definida por suas relações e seus termos primitivos, ou eles dependeriam de uma lógica autônoma? Estas são algumas das questões discutidas atualmente, a partir das diferentes posições epistemológicas

---

6. Há uma edição brasileira desta obra: POPPER, K. *A lógica da pesquisa científica*. São Paulo: Cultrix, 2000 [N.T.].

distribuídas entre realismo e antirrealismo: realismo convergente, realismo estrutural, empirismo construtivo, instrumentalismo etc.

Notemos, para concluir, que a divisão entre aproximações "epistemológicas" e aproximações "ontológicas" nada tem de absoluto. De fato, a filosofia dos físicos – da qual não tratamos aqui – se constituiu frequentemente por uma espécie de vai e vem entre esses dois polos; o panteão filosófico eclético de Einstein é uma boa ilustração a esse respeito. Quanto à filosofia da física contemporânea, ela tem se distinguido, de uns trinta anos para cá, por um reaparecimento das aproximações francamente metafísicas, notadamente no que diz respeito ao estatuto do espaço-tempo, do devir e da causalidade. Pergunta-se, por exemplo, se o espaço-tempo tem uma consistência para além da rede de relações que ele organiza, ou, ainda, se a física pode integralmente prescindir de uma referência ao momento presente, enquanto as pesquisas de gravidade quântica deixam entrever, fundamentando-se em intuições de Mach (1838-1916) e Poincaré, o projeto de uma gênese relacional e dinâmica dos próprios espaço e tempo, que cortaria as últimas amarras do classicismo relativista: a ideia segundo a qual os acontecimentos do espaço-tempo se desprendem como sobre uma tela de fundo.

54

As etapas da filosofia matemática contemporânea

Frédéric Patras *

Ao longo de toda a segunda metade do século XX o pensamento matemático foi dominado pelo estruturalismo matemático, herdeiro direto da escola de álgebra alemã dos anos de 1920. A partir da década de 1940 esse pensamento se organizou em torno dos trabalhos da escola matemática francesa e de um grupo de matemáticos conhecido pelo nome de Bourbaki. Sua tese central é que as matemáticas possuem uma arquitetura intrínseca governada por estruturas abstratas, como aquelas de grupo, espaço vetorial, espaço topológico ou conjunto ordenado. Suas relações com as ciências humanas e mais particularmente com a filosofia, foram complexas e, em termos de conteúdo, excessivamente fragmentárias e inalcançáveis para serem totalmente satisfatórias. Com os trabalhos de Michel Foucault (1926-1984), Claude Lévi-Strauss (1908-2009) ou Jacques Lacan (1901-1981), nos anos de 1960, a notoriedade da escola estruturalista nas ciências humanas, cujas teses e interesses dominantes eram em boa parte independentes daqueles do estruturalismo matemático, complica ainda mais o quadro. Ela está, de fato, na origem dos mal-entendidos que tornam difícil a compreensão da história recente das interações entre filosofia e matemática, no que esta última possui de pertinente do ponto de vista de sua evolução e de sua epistemologia.

O declínio rápido do estruturalismo como corpo de doutrina dominante no seio da matemática desde os anos de 1980, a emergência de novas temáticas, a existência de uma renovação profunda das interações entre a matemática e as ciências físicas e biológicas, as lacunas da filosofia da matemática acadêmica e sua ligação surpreendente com problemáticas fora de uso ou marginais (os problemas de fundamento

---

* Diretor de pesquisa. CNRS e Universidade de Nice.

originários da teoria dos conjuntos, o intuicionismo, a lógica matemática): tantos fenômenos exigem que hoje se repense a fundo os vínculos entre a matemática e sua filosofia.

Este texto procura esboçar os contornos ainda imprecisos do futuro desses vínculos e os traços hipotéticos de uma filosofia da matemática do século XXI, de maneira adequada às exigências conceituais da ciência contemporânea. Entretanto, como o futuro não pode ser construído sem um acordo renovado com êxitos e fracassos das epistemologias matemáticas do século XX, é conveniente começar pela construção de seu contexto, com a preocupação de fornecer o lugar apropriado às diferentes correntes, às vezes contraditórias, que moldaram a história recente da filosofia da matemática.

Do kantismo ao logicismo: Gottlob Frege

Um preconceito muito divulgado manifesta o desejo de que a filosofia da matemática moderna se identificasse com os problemas da lógica e da teoria dos fundamentos originários da obra de Frege (1848-1945). Conforme a maioria dos preconceitos, este não está isento de justificativas históricas e teóricas, mas peca pela ignorância e pela atitude preconcebida. De fato, se a obra de Frege condiciona toda a epistemologia da matemática do século XX, sua influência vai além do domínio estrito da lógica matemática e de seus correlatos filosóficos, e sua compreensão passa por uma confrontação com a mais autêntica tradição filosófica: Aristóteles (384-322 a.C.), Leibniz (1646-1716) e principalmente Kant (1724-1804).

Em relação a este último, a matemática está intimamente vinculada à estética transcendental, no sentido em que elas se identificam com as condições de possibilidade *a priori* de nossa visão do mundo físico. A aritmética (a ideia de número e suas ramificações) seria resultante da nossa relação original com o tempo, enquanto que a geometria resultaria de nossa relação com o espaço e com suas condições de possibilidades. Nesse sentido, a atividade matemática seria sintética *a priori*: ao contrário dos julgamentos analíticos, em que o predicado contém menos que o sujeito da proposição, os julgamentos matemáticos conduzem sempre a um aumento de conhecimento.

Duas das principais teses kantianas foram sumariamente refutadas. A possibilidade de conceber a geometria e sua axiomatização matemática como indissociáveis de nossa intuição do espaço foi primeiramente colocada em contradição pela emergência das geometrias não euclidianas, com o surgimento no século XIX da geometria hiperbólica e dos trabalhos de Riemann[1] (1826-1866) e, em seguida, no início

---

1. RIEMANN, B. *Sur les hypothèses qui servent de fondement à la géométrie*. Paris: Gauthier-Villars, 1953.

As etapas da filosofia matemática contemporânea

do século XX, com a descoberta da relatividade, restrita e depois geral, por Einstein (1879-1955). É preciso ressaltar que o caráter incontornável da intuição geométrica na constituição do pensamento matemático, questionado durante longo tempo pela impossibilidade técnica de se associar um sistema de axiomas simples e único ao espaço físico, foi atualmente resgatado – mesmo se a noção de intuição geométrica está agora concebida em termos totalmente distintos daqueles da época de Riemann, ou mesmo de Einstein.

Outro entrave imposto à filosofia da matemática kantiana está ligado aos estudos de Frege. Se este último jamais questionou a concepção kantiana da geometria, opôs-se, no entanto, à ideia de um caráter sintético dos enunciados matemáticos. A ideia diretriz dos trabalhos de Frege, indissociável dos problemas com os quais deveria confrontar-se, no século XX, a análise matemática (estudo de funções, de séries, ou mesmo de integrais), é que a aritmética é uma ciência inteiramente analítica. Por analítica deve-se entender dedutível formalmente das leis puras do pensamento, sem recorrer, assim, a qualquer intuição espacial ou temporal. Toda a filosofia da matemática, originária diretamente de Frege (o logicismo, particularmente os trabalhos do primeiro Russell (1872-1970), coincide com essa ideia de possibilidade de estender o poder das leis puras do pensamento do quadro restrito da lógica aristotélica a um domínio muito mais amplo, cujo campo de aplicação compreenderia toda a matemática ou parte dela.

Infelizmente, o programa logicista, desde os primeiros anos do século XX, iria topar com os paradoxos da teoria dos conjuntos (como a inexistência do "conjunto dos conjuntos que não se pertencem", ou o paradoxo de Russell), que interditaram a recondução da aritmética à lógica, tal como Frege a concebia. De maneira mais radical, esse projeto se viu condenado pelos teoremas de Gödel (1906-1978), aos quais retornaremos, que demonstraram que toda tentativa de recondução da matemática a procedimentos limitados, ou seja, àqueles das teorias de tipo lógica, terminaria necessariamente em limitações técnicas intransponíveis. Nesse sentido, a filosofia da matemática de Frege estaria condenada ao fracasso, mesmo que suas teses tenham revolucionado profundamente a forma pela qual foi concebido, segundo ele, o problema do fundamento da matemática. No que diz respeito à filosofia kantiana, se algumas dessas teses foram invalidadas, ela continuou, no entanto, a estruturar boa parte dos debates filosóficos posteriores – dentre outros, com Hilbert (1862-1943), Husserl (1859-1938), ou ainda Cavaillès (1903-1944) e a escola epistemológica francesa.

Do logicismo à lógica matemática

Apesar do fracasso do programa logicista de Frege, a temática dos fundamentos permaneceria, durante os trinta primeiros anos do século XX, no centro dos debates sobre a filosofia da matemática. Em torno dessas questões, distinguem-se três grandes correntes de pensamento, em particular: o programa de Hilbert, as ideias surgidas do Círculo de Viena, comodamente designadas pelo nome de positivismo lógico, e o intuicionismo de Brouwer (1881-1966).

Hilbert (1862-1943) é um dos grandes matemáticos do século XX – tanto pelos trabalhos ou pelas ideias programáticas com as quais ele soube alimentar a matemática posterior quanto pelo impulso que soube dar à escola matemática alemã e principalmente ao desenvolvimento da álgebra moderna. Ao contrário de Frege, suas contribuições relativas aos fundamentos da matemática visam mais elucidar as relações entre lógica e matemática do que a estabelecer a validade incondicional da análise moderna na qual a noção de infinito possui atualmente um papel importante, sob diversas formas. A ambição hilbertiana visa demonstrar que as manipulações de infinito que permeiam a matemática e a física são legítimas. Em nome de uma concepção bastante clássica da verdade e do poder da intuição, somente os raciocínios estabelecidos sobre considerações finitas (onde o raciocínio só manipula entidades finalizadas e só procede por esquemas de inferência finitos) são considerados por Hilbert como legítimos. Resulta daí a ideia de conduzir toda a matemática para regras de manipulação de símbolos e provar que seu emprego não leva a contradição alguma.

Os célebres resultados de Gödel estabelecem, desde o início dos anos de 1930, a vacuidade do programa hilbertiano: toda a teoria matemática não trivial (nesse caso, contendo a aritmética) admite enunciados verdadeiros, mas que não podem ser deduzidos a partir dos axiomas, no interior da teoria. Em outros termos, a noção de verdade ultrapassa a formalização. Mais radicalmente, não se pode jamais provar a coerência (a não contradição) de uma teoria matemática, unicamente por meio dos seus instrumentos, o que condena definitivamente a ideia de provar a coerência das teorias matemáticas e também a análise moderna por métodos puramente finitários.

Os resultados de Gödel tiveram um impacto considerável. Eles conduziram ao estabelecimento de uma especificidade e uma irredutibilidade fundamental do pensamento matemático em relação à lógica. Uma vez compreendido seu campo teórico, a comunidade matemática afastou-se rapidamente da questão dos fundamentos e da lógica matemática e escolheu se concentrar na matemática propriamente dita e em seu desenvolvimento. De fato, nem por isso as pesquisas cessaram. Os resultados de Gödel foram, dessa forma, aprofundados; outros teoremas permitiram compreender melhor as limitações da abordagem hilbertiana, e relativizar às vezes algumas das conclusões epistemológicas que poderiam ter sido delas deduzidas. Mas, em sua essência, foi virada mais uma página, definitivamente: depois de Gödel, as pesquisas

As etapas da filosofia matemática contemporânea 553

sobre os fundamentos da matemática levadas a cabo dentro do espírito hilbertiano, quaisquer que possam ter sido sua influência intrínseca e seu interesse pela lógica matemática como disciplina científica, iriam ter uma importância marginal e cederiam lugar a interrogações epistemológicas mais diretamente relacionadas com a realidade do trabalho matemático.

Paralelamente ao desenvolvimento do programa hilbertiano, as reflexões sobre os fundamentos contribuiriam para o nascimento de um dos movimentos filosóficos mais importantes do século XX: o positivismo lógico, do qual a filosofia analítica contemporânea é sua herdeira crítica. Por comodidade, reagruparemos aqui, sob os termos de positivismo e de empirismo lógicos, o Círculo de Viena[2] e os trabalhos de Carnap (1891-1970), Hahn (1879-1934), Neurath (1882-1945), Schlick (1832-1936), Wittgeinstein (1889-1951) e de sua posteridade filosófica, resguardadas também as diferenças filosóficas que poderiam existir tanto entre as correntes do positivismo lógico quanto no seio das filosofias de cada um de seus membros, nos diversos momentos de seu percurso.

O positivismo lógico é herdeiro de duas tradições: o empirismo, segundo uma linha que vai de Hume (1711-1776) a Mach (1838-1916) e a corrente lógica ou lógico-semântica que, originária de Bolzano (1781-1848), vai até Frege e Russell, passando por Peirce (1839-1914). Bolzano, assim como Frege mais tarde e de maneira mais radical, questiona o kantismo e seus antagonismos fundamentais (analítico-sintético, *a priori/a posteriori*). Ele opõe desse modo a objetividade da lógica (a validade incondicional de suas asserções) ao subjetivismo transcendental. As reflexões sobre os fundamentos da matemática no final do século XIX, em torno do logicismo e da teoria dos conjuntos, com Frege e Russell, sobre os fundamentos da geometria, com Hilbert e Poincaré (1854-1912), levam, nos anos de 1920-1930, Carnap e Wittgeinstein a reatualizar e radicalizar as teses de Bolzano e de seus herdeiros, modificando as ideias diretrizes da tradição semântica ao privilegiar a sintaxe e suas regras sobre as questões do significado. O projeto-diretor do empirismo lógico é indissociável de um certo otimismo, no início do século XX, no que diz respeito à possibilidade de uma unidade das ciências. Os novos instrumentos da lógica, a exemplo das transformações operadas na matemática, devem permitir a ela erradicar do campo da investigação científica os conceitos metafísicos e os "falsos problemas" filosóficos e epistemológicos.

Apesar da primazia concedida às ideias fortemente influenciadas pelas ciências no início do século XX, pela tradição do positivismo lógico, e a despeito de contribuições importantes à lógica e à filosofia (como, por exemplo, trabalhos sobre noções de

---

2. SEBESTIK, J. & SOULEZ, A. (orgs.). *Le Cercle de Vienne*: doctrines et controversies. Paris: Méridiens-Klincksieck, 1986.

sintaxe e semântica), sua contribuição para a filosofia da matemática propriamente dita é bastante discutível. De fato, uma obra filosófica maior como *A sintaxe lógica da linguagem*[3] de Carnap, que visa construir um sistema de referência para todas as sintaxes, toma emprestado da matemática efetivamente existente a maior parte de seu conteúdo técnico e ilustra com isso um fato histórico importante: o impacto das pesquisas sobre os fundamentos da matemática na gênese das filosofias das linguagens modernas. Portanto, levando ao limite a ideia de ascendência do analítico sobre o sintético, o positivismo lógico deveria aderir majoritariamente à ideia de que os enunciados matemáticos são tautológicos: tal como os enunciados analíticos em Kant somente conteriam as premissas do raciocínio, isto é, para cada teoria um determinado conjunto de axiomas. Em tal contexto, estando esses enunciados privados de conteúdo, as questões clássicas e fundamentais da filosofia matemática (o papel da intuição, o *status* "dos objetos matemáticos", a dinâmica da criação, a beleza dos resultados) se encontram essencialmente desprovidas de sentido. Esse fenômeno explica sem dúvida o pequeno impacto, além das problemáticas lógicas, das ideias dominantes da matemática do século XX sobre a tradição originária do positivismo lógico (as filosofias da linguagem, a filosofia analítica).

Esse fracasso da filosofia para estabelecer um diálogo frutífero com a matemática de seu tempo deve, no entanto, ser relativizado. Se ela só se refere a domínios bastante específicos da atividade matemática, duas temáticas provenientes da corrente do pensamento do empirismo lógico revelam ser pertinentes para a filosofia matemática e levantam questões cujo tratamento permanece, ainda hoje, atual. A primeira está ligada à lógica indutiva e à filosofia das probabilidades, das quais Carnap foi um dos artesãos, mas para a qual matemáticos, como o estatístico italiano Bruno de Finetti (1906-1985), contribuíram igualmente de maneira determinante. O epistemólogo de origem canadense, Ian Hacking (1936), é atualmente um dos representantes emblemáticos desse ramo da filosofia e um dos maiores conhecedores da sua história. A atividade matemática estrutura nosso conhecimento do mundo. E todo progresso nesse domínio aprimora nossa compreensão dos fenômenos, mesmo nos julgamentos comuns, como o são os julgamentos indutivos e probabilísticos. A lógica indutiva tira proveito das ideias e das técnicas das probabilidades da estatística para elucidar nossas formas de apreensão do real nas situações de incerteza, nas quais a lógica tradicional se mostra incompetente. Essas pesquisas evidenciam, também, a propensão da matemática em se apresentar como hermenêutica do real, isto é, como um conjunto de instrumentos teóricos e conceituais que nos ajudam a interpretar a realidade, isso além do domínio estrito da atividade científica.

---

3. CARNAP, R. *Logische Syntax der Sprache*. Viena: Springer, 1934.

As etapas da filosofia matemática contemporânea

A outra temática vinda do empirismo lógico remete aos trabalhos Wittgenstein. Se sua filosofia está submetida às limitações já assinaladas, ela demonstra ser, em contrapartida, muito interessante quando se trata de descrever um modo filosófico não a atividade de um matemático por profissão ou a dimensão teórica e conceitual do *corpus* matemático, mas, sobretudo, os atos matemáticos mais elementares. Assim, a ideia de que o pensamento matemático elementar (por exemplo, o ato de contar) está organizado segundo regras indissociáveis do significado que conferimos à nossa atividade matemática é extremamente profunda e rica, e a filosofia da matemática deverá se confrontar com ela. Também seria oportuno que as concepções de Wittgenstein fossem reexaminadas em um futuro próximo, sem tomar partido filosófico, ao mesmo tempo em que um diálogo – ainda que polêmico – com filosofias como o criticismo kantiano e sua teoria do esquematismo dos conceitos permitiria aprofundar as ideias demasiadamente fragmentárias e inconclusas que emergem de seus textos, sobretudo no *Curso sobre os fundamentos das matemáticas*[4].

Junto com o programa hilbertiano e com o positivismo lógico, a terceira grande corrente da filosofia matemática é o intuicionismo de Brouwer. Ele possui vários traços em comum com Hilbert: assim como ele, Brouwer é uma das grandes figuras da matemática do início do século XX. Ele contribuiu de forma decisiva para a emergência da topologia algébrica moderna, a teoria que se ocupa da classificação matemática das formas geométricas, uma das mais belas teorias matemáticas desenvolvidas no século passado, cujo alcance vai muito além da topologia, visto que seus teoremas intervêm hoje em todos os campos da matemática pura (como a aritmética ou a geometria algébrica), e em numerosas aplicações das matemáticas. Brouwer divide com Hilbert o interesse pela certeza matemática e pensa que é necessário assentá-la em fundamentos indubitáveis. Ele pensa igualmente que apenas os procedimentos finitários são capazes de garantir a validade dos enunciados matemáticos, mas, assim como Hilbert, cuja tentativa queria sempre mostrar a validade da utilização do infinito nos raciocínios da análise moderna, Brouwer pensa que é preciso romper deliberadamente com os desenvolvimentos da matemática de seu tempo e limitar o campo matemático aos únicos domínios onde a intuição garante a veracidade dos resultados obtidos.

O intuicionismo, teoria que Brouwer desenvolveu e pela qual Heyting (1898-1980) criou uma formulação matemática sistemática, funda-se sobre uma concepção da matemática que faz dela uma atividade humana, cujos fundamentos devem ser necessariamente reconduzidos aos poderes cognitivos limitados da consciência e da intuição. O intuicionismo está ligado a uma visão geral da matemática na

---

4. WITTGENSTEIN, L. *Cours sur les fondements des mathématiques*. Paris: TER, 1995.

qual a estética tem um papel importante, enquanto que sua eficácia e a função que ela exerce nas ciências da natureza são relegadas ao segundo plano. Hermann Weyl (1885-1955), outra grande figura da matemática e da epistemologia da primeira metade do século XX, não se ilude: apesar de suas simpatias intuicionistas, ele reconhece que a aplicação da matemática na física moderna, a aplicação da relatividade e da mecânica quântica, requer o uso do infinito e a superação das limitações que Brouwer lhe teria imposto.

De fato, a despeito de seu interesse histórico, o intuicionismo, mesmo que tenha conservado certa influência no campo da lógica matemática e na filosofia da lógica, desapareceu rapidamente, depois de Brouwer, do campo de interesse matemático, mantendo-se vivo apenas na comunidade um tanto marginalizada de seus herdeiros diretos. O motivo é simples: o intuicionismo só pôde trazer para a matemática limitações bastante artificiais que bloqueiam seu emprego na física e na análise. Do ponto de vista estético, longe de dar um acesso mais direto à beleza matemática, a matemática intuicionista está repleta de detalhes técnicos que refreiam a intuição matemática em seus ímpetos rumo à abstração.

No entanto, o desenvolvimento da matemática reserva surpresas, e a lógica intuicionista volta ao cenário de hoje atualizada por uma via inesperada. Os trabalhos do matemático Alexandre Grothendieck (1928), nos anos de 1970, demonstraram que há de fato conexões profundas entre a geometria algébrica (o estudo dos objetos geométricos definidos por equações polinomiais), a topologia (o estudo qualitativo das formas) e a lógica. A lógica intuicionista aparece naturalmente, neste contexto geométrico, em relação estreita com a teoria das categorias – uma teoria alternativa àquela dos conjuntos, de um ponto de vista simultaneamente técnico e epistemológico. Nesse contexto, o alcance filosófico do intuicionismo deve também ser reavaliado, mas essa reavaliação necessária, caso ocorra, incorrerá indubitavelmente em contornos bem distantes daqueles da filosofia intuicionista clássica da matemática. Os trabalhos de Grothendieck e toda a teoria das categorias sugerem de fato que não há necessariamente primazia do lógico sobre o matemático: a arquitetura das intuições fundamentais que governam o pensamento científico poderia muito bem ter uma estrutura totalmente diversa daquela tida como adquirida até aqui, tanto na matemática clássica quanto na variante intuicionista!

Da fenomenologia ao estruturalismo

Hilbert, o Círculo de Viena, Brouwer: há muitas figuras-chave da filosofia da matemática do início do século XX. Outros tiveram um papel decisivo, como Poincaré ou Enriques (1871-1946), sobre cuja obra não silenciaremos para conservar, de uma história complexa, apenas os traços mais salientes e significativos.

As etapas da filosofia matemática contemporânea

Um filósofo ainda mais importante não foi mencionado, cuja obra influenciou profundamente a epistemologia francesa da matemática e cujas ideias diretrizes têm, ainda hoje, um papel fundamental nos debates sobre a filosofia da matemática contemporânea: Husserl. Contrariamente às filosofias derivadas da lógica da matemática e da rejeição do sintético *a priori* kantiano, que militam a favor de uma reformulação radical da epistemologia, em que elas não chegam a nenhuma conclusão sobre o fim da metafísica, a filosofia husserliana, a fenomenologia, está fortemente ancorada na tradição. Ela herda muitas questões dessa tradição, como a do estatuto dos objetos matemáticos ou a do papel constitutivo da consciência e da intuição, com uma acuidade filosófica e ferramentas conceituais mais poderosas do que aquelas desenvolvidas por um Brouwer. Apesar disso, a filosofia husserliana se debruçou de forma decisiva sobre a matemática moderna e tomou conhecimento do poder dos métodos simbólicos e lógicos. A fenomenologia deseja triunfar onde as outras filosofias da matemática fracassaram. Ela procura pensar simultaneamente a atividade criadora da consciência e as estruturas formais da matemática realizada, que põem em evidência exatidões sintáxicas e estruturas simbólicas autônomas. Husserl desenvolve, assim, a ideia de uma extensão do campo da lógica tradicional que permitiria levar em conta, além da forma dos julgamentos, os conteúdos do passado.

No entanto, diversas dificuldades eliminam a eficácia da fenomenologia husserliana. Assim, em sua maior obra de filosofia da matemática escrita na maturidade, *Lógica formal e lógica transcendental*[5], Husserl optou por destacar o caráter crucial das questões técnicas da lógica ligadas à noção de fechamento dos sistemas axiomáticos (a noção de teoria nomológica, na qual o sistema de objetos do domínio é definido de forma unívoca), que deveriam mostrar-se mais tarde pouco pertinentes, notadamente por causa dos teoremas de Gödel. A força da fenomenologia deve ser buscada em outra parte, distante das tentativas de Husserl de participar dos debates hilbertianos sobre os fundamentos. Ela reside antes de tudo nas múltiplas ferramentas que define e põe em prática para pensar, na matemática, a relação da consciência do matemático no trabalho com o campo de objetos que ele considera. É nisso que ela conserva, ainda hoje, toda a sua pertinência.

Seja qual for o julgamento que se possa ter sobre as diferentes escolas de pensamento na epistemologia da matemática, a primeira metade do século XX concluiu-se definitivamente na dupla constatação de um grande sucesso e de um fracasso. Grande sucesso: a filosofia da matemática se renovou, como nunca antes em sua história, a partir dos debates sobre os fundamentos, sobre a lógica matemática, sobre o formalismo e o papel da consciência na edificação do saber científico. Fracasso: por causa

---

5. HUSSERL, E. *Logique formelle et logique transcendentale*. Paris: PUF, 1957.

dos teoremas de Gödel, o formalismo e o projeto hilbertiano tiveram de ser abandonados; a escola do positivismo lógico estendeu a ideia de que, se "as proposições da lógica dizem todas elas a mesma coisa, ou seja, nada"[6], a mesma conclusão vale para as proposições matemáticas; até mesmo a fenomenologia provou ser incapaz de dar uma solução filosófica satisfatória às aporias do formalismo.

Em nenhum lugar esse fracasso está mais bem analisado do que na obra póstuma de Cavaillès, *Sobre a lógica e a teoria da ciência*[7]. Cavaillès (1903-1944) é uma das figuras mais comoventes da filosofia do século XX. Quando estoura a Segunda Guerra Mundial, ele é um dos jovens filósofos cuja obra promete marcar profundamente a epistemologia do século XX. Combatendo durante o inverno de 1939-1940, ele é preso e escapa quando de sua transferência para a Alemanha e se torna um dos fundadores dos primeiros movimentos da Resistência. Preso em agosto de 1943 pelos serviços da contraespionagem alemã, ele morre fuzilado. Sua obra, muito breve, impressiona pela amplitude de sua visão, sua maturidade e as perspectivas que corriam o risco de morrer por falta de herdeiros à altura de sua empreitada.

O olhar que Cavaillès lança sobre os filósofos da matemática do início do século XX está, em sua essência, de acordo com o quadro que construímos. Em *Sobre a lógica e a teoria da ciência*, após haver analisado a herança kantiana, ele recusa a aptidão dos filósofos neopositivistas em pensar a matemática, antes de voltar-se criticamente para a obra de Husserl: "É em função de Husserl, um pouco contra ele, que procuro me definir"[8]. As conclusões de Cavaillès pesarão persistentemente na epistemologia francesa:

> Não é uma filosofia da consciência, mas é uma filosofia do conceito que pode levar a uma doutrina da ciência. A necessidade geradora não é a de uma atividade, mas de uma dialética [...]. Não há uma consciência geradora de seus produtos, ou simplesmente imanente a eles, mas ela está a cada momento no imediatismo da ideia.

Foi também Cavaillès que levou adiante o papel incontornável do progresso matemático para a filosofia da ciência: o futuro da ciência "não é o aumento de volume por justaposição, mas revisão perpétua dos conteúdos por aprofundamento e rasura"[9].

---

6. Sobre a vacuidade das proposições da lógica, cf., p. ex., as proposições 5.142, 6.1 do *Tractatus*: WITTGENSTEIN, L. *Tractatus logico-philosophicus*. Paris: Gallimard, 2001. Há uma publicação em português desta obra: WITTGENSTEIN, L. *Tratado lógico-filosófico*. São Paulo: Edusp, 2001 [Tradução do inglês por Luiz Henrique Lopes dos Santos] [N.T.].

7. CAVAILLÈS, J. *Sur la logique et la Théorie de la Science*. Paris: Vrin, 1947.

8. Ibid. Prefácio, p. VII.

9. Ibid., p. 78.

As etapas da filosofia matemática contemporânea

Essa preocupação de Cavaillès em conferir novamente valor, depois da fase de euforia bastante dogmática do início do século XX, à matemática real, ao seu futuro e à sua lógica interna, conserva ainda hoje, apesar de todas as contribuições que surgiram na segunda metade do século XX, toda a sua atualidade: procurar-se-ia em vão na literatura epistemológica recente uma doutrina da ciência apoiada por uma filosofia do conceito que fosse adequado aos saberes contemporâneos. As razões são múltiplas, mas é preciso situar primeiramente a pregnância do pensamento estruturalista na matemática, desde a Segunda Guerra Mundial até os anos de 1980. No estruturalismo, que está fundamentado na ideia da existência de uma arquitetura intrínseca do *corpus* matemático, os fenômenos mais interessantes que se ligam a ele seriam, afinal de contas, redutíveis a sistemas de axiomas no interior da teoria dos conjuntos. Por outro lado, o estruturalismo, para ser uma verdadeira concepção da matemática, de sua natureza e de seu futuro, é quase inteiramente obra de matemáticos. Muito reservados em relação ao alcance dos debates em torno dos fundamentos e da lógica, esses matemáticos militam deliberadamente a partir dos anos de 1950, à imagem do Bourbaki, por uma autonomia do pensamento matemático em relação à filosofia, que leva a uma das maiores contradições da epistemologia recente: por conta dessa tomada de posição inicial, o estruturalismo matemático, uma das maiores correntes do pensamento científico do século XX, teve uma recepção bastante limitada, e isso por vezes a partir de interpretações muito discutíveis – este é o caso das tentativas de descrição matemática das estruturas do inconsciente em Lacan.

Um dos maiores êxitos da epistemologia francesa da segunda metade do século XX liga-se precisamente à tentativa de se pensar de um modo autenticamente filosófico a significação do empreendimento estruturalista na matemática. As duas obras marcantes são a *Filosofia da álgebra*[10] de Jules Vuillemin (1920-2001) e *As idealidades matemáticas*[11] de Jean-Toussaint Desanti (1914-2002). Suas obras se diferenciam decididamente do estilo da filosofia matemática dos anos de 1920-1930: ao contrário do logicismo ou dos neopositivismos, elas são inteiramente constituídas pelo conhecimento e pelo estudo dos materiais científicos – a álgebra do século XIX para Vuillemin, a teoria das funções de variáveis reais para Desanti. Seus empreendimentos, portanto, orientam-se decididamente na direção preconizada por Cavaillès, ao visar os conceitos e conteúdos científicos.

Entretanto, ela irá perder fôlego e terá uma repercussão bastante limitada. Para os próprios matemáticos, o entusiasmo pelo estruturalismo acaba se enfraquecendo. A ideia de estrutura, tal como ilustrada na teoria abstrata dos grupos, só dá conta de

---

10. VUILLEMIN, J. *La philosophie de l'algèbre*. Paris: PUF, 1962.

11. DESANTI, J.-T. *Les idéalités mathématiques*. Paris: Seuil, 1968.

uma parte bastante limitada da matemática: nem as probabilidades, nem a combinatória, nem uma grande parte da análise se prestam a uma abordagem estrutural. O que é ainda mais grave: a aplicação da matemática às ciências da natureza dificilmente pode ser pensada de forma satisfatória no contexto do estruturalismo. Os anos de 1980 terminam com o abandono do estruturalismo, como corpo de doutrina preponderante no seio da comunidade matemática, abrindo, então, a via para novas abordagens.

Indicar os encaminhamentos atuais do pensamento matemático é um tanto difícil, por falta de perspectiva, mas também pela simples ausência de teorias ou de autores nos quais a profundidade ou a influência se tornariam incontornáveis. Encontram-se certamente aqui e ali diversas teorias que pretendem dar conta disso: o neologicismo, o implicacionismo, o ficcionalismo, o cognitivismo, mas, além de sua ausência de impacto e de seu caráter artificial do ponto de vista da matemática contemporânea, seu alcance parece muito restrito, de modo a nunca ser capaz de formular uma verdadeira teoria da ciência. Desses debates em curso, nós reteremos apenas a renovação do platonismo, bastante adaptado e comungado pelos matemáticos.

Gödel e o platonismo

A influência dos teoremas de Gödel sobre a filosofia matemática foi considerável. Em termos filosóficos, seu corolário mais marcante é a necessidade de se repensar, a partir de novos fundamentos, as noções de verdade e de "demonstrabilidade" em suas relações com o funcionamento dos sistemas dedutivos e de sua sintaxe.

Apesar disso, talvez por conta da pregnância do estruturalismo, que considerava essas questões bastante anedóticas, os resultados de Gödel pouco contribuíram para as reviravoltas conceituais da epistemologia matemática que se esperava, como se pensar a verdade para além dos sistemas formais e da lógica tivesse se tornado uma tarefa impossível depois de Frege, Hilbert, ou do Círculo de Viena.

Houve, entretanto, uma tentativa por parte do próprio Gödel a partir de uma releitura do platonismo, tentativa retomada recentemente por matemáticos de primeira como Alain Connes (1947). Evidentemente, o platonismo, concebido como teoria filosófica que atribui aos objetos matemáticos uma existência real e um estatuto de objeto inteiramente à parte, sempre existiu. A teoria adquire, portanto, um novo sentido e potencializa a convicção graças aos teoremas de Gödel, que mostram que há "alguma coisa" na matemática que escapa à lógica e resiste a todos os ensaios de redução da matemática a uma teoria puramente formal e vazia de conteúdo.

Assim, de acordo com Gödel, os objetos matemáticos formam "uma realidade não sensível, que existe independentemente dos atos e das disposições do espírito humano, e pode apenas ser percebida, e percebida provavelmente de forma muito incompleta, pelo espírito humano"[12]. A intuição matemática tem um papel decisivo no processo de percepção intelectual dos objetos matemáticos complexos que escapam a toda forma de experiência sensorial.

Afirmar que o platonismo, ainda que pós-gödeliano, é suscetível de abrir novas vias à filosofia das ciências do século XX pode certamente parecer paradoxal, tendo em vista a frequência com a qual nos deparamos com a ingenuidade conceitual nas reivindicações de platonismo por parte dos matemáticos. No entanto, não se deve negligenciar a mensagem de Gödel e, mais próximo de nós, aquela de Alain Connes[13]: para um matemático, os objetos matemáticos existem, e esta existência e esta presença exigem ainda hoje ser pensadas com todo o radicalismo necessário – um radicalismo que deve ser buscado provavelmente numa renovação da fenomenologia, a única teoria do conhecimento do século XX capaz de pensar nossa relação com os objetos matemáticos com a profundidade de olhar necessária.

As tarefas da filosofia da matemática

De fato, a filosofia matemática não poderá ser amanhã o que ela foi no século XX. Para além das análises que foram feitas sobre as lacunas das filosofias recentes, ela deve aprender a se livrar de sua relativa autonomia em relação às outras problemáticas filosóficas e reencontrar seu estatuto de ponta de lança da teoria do conhecimento – uma dimensão que percorreu a filosofia clássica, de Platão a Kant, e que, no século passado, subsistiu apenas em Husserl.

A evolução geral da ciência abre, por outro lado, novos horizontes. O conhecimento do homem "neuronal" e dos condicionamentos biológicos e fisiológicos do pensamento não poderá deixar de interagir com nossa concepção da natureza do pensamento matemático. As ciências da natureza, suas interações constantes com a matemática, trazem igualmente questionamentos decisivos referentes à ligação entre determinismo, causalidade e modelização[14] matemática, a epistemologia dos sistemas dinâmicos ou ainda a aptidão da matemática em descrever o mundo fenomenal.

Todas essas interrogações supõem, para serem bem conduzidas, que a filosofia matemática renove profundamente seus métodos e seus objetivos. Ela só poderá fazê-lo retomando todo o seu passado, que vai bem além de Frege, já que os proble-

---

12. GÖDEL, K. *Collected Works*. T. 3. Oxford: Oxford University Press, 1986-2002, p. 323.

13. CONNES, A. *Triangle de pensées*. Paris: Odile Jacob, 2000.

14. Modelização: equacionamento de um fenômeno complexo que permite prever a sua evolução [N.T.].

mas com os quais ela hoje se confronta são aqueles que o século XX, o século das epistemologias pós-fregianas, acreditava majoritariamente que podia ser ignorado, quer se tratasse do estatuto dos objetos matemáticos, ou da adequação surpreendente da matemática aos fenômenos.

Referências

A filosofia antiga

Os autores anteriores a Platão

Obras (fragmentos e testemunhos)

DIELS, H. (depois KRANZ, W.). *Die Fragmente der Vorsokratiker* – Edição de testemunhos e fragmentos pré-socráticos (e tradução alemã desses últimos). Zurique/Berlim: Weidmann, 1951-1952, 3 volumes, para a sexta edição (anotada "DK", depois A e o número dos testemunhos bibliográficos, B para os fragmentos autênticos e os textos incertos, C para as imitações).

MARTIN, A. & PRIMAVESI, O. (orgs.). *L'Empédocle de Strasbourg*. Berlim: Gruyter, 1999.

PRADEAU, J.-F. (org.). *Les Sophistes*. Paris: Flammarion, 2009.

_____. *Héraclite*: fragments. Paris: Flammarion, 2002.

Estudos

AUBENQUE, P. *Études sur Parménide*. 2 vols. Paris: Vrin, 1987.

BURKERT, W. *Weisheit und Wissenschaft* – Studien zu Pythagoras, Philolaos und Platon. Nuremberg: H. Carl, 1962 [em ingles: *Lore and Science in Ancient Pythagoreanism*. Cambridge, Mass.: Harvard University Press, 1972].

CASTON, V. & GRAHAM, D.W. (orgs.). *Presocratic Philosophy* – Essays in Honour of Alexander Mourelatos. Aldershot: Ashgate, 2002.

HUFFMAN, C.A. *Philolaos of Croton, Pythagorean and Presocratic* – A Commentary on the Fragments and Testimonia with Interpretive Essays. Cambridge: Cambridge University Press, 1993.

Platão (428-348 a.C.)

Obras

O texto grego dos diálogos de Platão foi editado por J. Burnet em Oxford (Oxford University Press) entre 1900 e 1907. O mesmo editor tomou a seu cargo refazer esta edição. Foram organizadas as tetralogias I e II, por E.A. Duke, W.F. Hicken, W.S.M. Nicoll, D.B. Robinson e J.C.G. Strachan, em 1995 (o volume contém os textos do *Euthyphron*, *da Apologia de Sócrates*, do *Críton*, do *Fédon*, do *Crátilo*, do *Teeteto*, do *Sofista* e da *Política*), assim como a *República*, por S.R. Slings, em 2003.

O texto grego dos diálogos também foi organizado na França, por diversos autores, entre 1920 e 1956 (Paris: Les Belles Lettres).

Os diálogos, além disso, foram recentemente traduzidos, entre 1987 e 2006, nas edições da Flammarion, Paris. Essas traduções, às quais se acrescentam aquelas das obras duvidosas e apócrifas, foram publicadas num único volume. PLATÃO: *Oeuvres Complètes*. Paris: Flammarion, 2008.

Estudos

BRISSON, L. & FRONTEROTTA, F. (orgs.). *Lire Platon*. Paris: PUF, 2006.

ERLER, M. *Platon* – Grundriss der Geschichte der Philosophie (Ueberweg-Praechter) – Vol. 2: Die Philosophie Antike. Basileia: Schwabe, 2007.

GOLDSCHMIDT, V. *Les dialogues de Platon*. Paris: PUF, 1947.

PRADEAU, J.-F. *Platon* – L'imitation de la philosophie. Paris: Aubier, 2009.

ROBIN, L. *Platon*. Paris: PUF, 1935 [reedição, "Quadrige", 1981].

Aristóteles (384-322)

Obras

A edição de referência dos textos originais de Aristóteles é aquela que publicou I. Becker, em Berlim, em 1831, e que foi revista e seguida por O. Gigon. A edição foi reimpressa e aumentada em 1960 em Berlim (W. de Gruyter), e completada com um terceiro volume em 1987. O texto grego de muitas obras separadas foi editado em *Scriptorum classicorum bibliotheca oxoniensis* (Oxford: Clarendon Press), ou ainda, com uma tradução francesa (Paris: Belles Lettres).

Muitas obras estão disponíveis na tradução de J. Tricot pela Editora Vrin, e algumas foram recentemente traduzidas pela Editora Flammarion.

Referências

Estudos

AUBENQUE, P. *Le problème de l'être chez Aristote*. Paris: PUF, 1962.

BARNES, J.; SCHOFIELD, M. & SORABJI, R. (orgs.). *Articles on Aristotle*. 4 vols. Londres: Duckworth, 1975-1979.

BERTI, E. *Dialectique, physique et métaphysique* – Études sur Aristote. Louvain-la-Neuve: Peeters, 2008.

CRUBELLIER, M. & PELLEGRIN, P. *Aristote:* le philosophe et les savoirs. Paris: Seuil, 2002.

JAEGER, W. *Aristoteles*: Grundlegung einer Geschichte seiner Entwicklung. Berlim: Weidmann, 1923 [em francês: *Aristote*: fondements pour une histoire de son évolution. Paris: l'Éclat, 1997].

Os saberes e a ciência na cidade

Obras

Hippocrate – A única edição completa dos escritos de Hipócrates é aquela estabelecida por É. Littré, em 10 volumes. Paris: de 1839 a 1861 (reimpressão em Amsterdã, por Hakkert, 1962). Muitos textos de Hipócrates foram objeto de edições críticas, com uma tradução francesa em vista (Paris: Les Belles Lettres).

Galien – A única edição completa dos escritos de Galiano (com a exceção daqueles que somente nos chegaram em sua versão árabe) é a edição estabelecida por G.C. Khun, em 20 volumes (Leipzig, de 1821 a 1833). Os textos de Galiano foram objeto de edições críticas e traduzidas no *Corpus medicorum graecorum*. Berlim: Academia, ou também Paris: Les Belles Lettres.

Euclide – A edição de referência dos *Elementos* continuou aquela que T.L. Health estabeleceu em Cambridge, 1908 (reimpressão em Nova York, por Dover, 1956). Uma tradução francesa abundantemente comentada dos *Elementos* foi publicada por B. Vitrac em Paris: PUF, 1990-2001.

Ptolomée – Sintaxis (org. por J.L. Heiberg). Leipzig: Teubner, 1898-1903.

Estudos

BRUNSCHWIG, J. & LLOYD, G.E.R. *Le savoir grec*. Paris: Flammarion, 1996.

GRMEK, M.D. (org.). *Histoire de la pensée médicale en Occident*. Vol. 1. Paris: Seuil, 1985.

LLOYD, G.E.R.; CAMBIANO, G. & VEGETTI, M. *Storia della scienza*. Vol. 1. Roma: Istituto della Enciclopedia Italiana, 2001.

NEUGBAUER, O. *The Exact Sciences in Antiquity*. Providence: Brown University Press, 1957.

VEGETTI, M. *Il sapere degli antichi*. Turim: Boringhieri, 1985.

O atomismo antigo

Obras

ÉPICURE. *Lettres et maximes*. Paris: PUF, 1987.

Les présocratiques. Paris: Gallimard, 1988 [tradução, introdução e notas por J.-P. Dumont].

LUCRÈCE. *De rerum natura* [em francês: *De la nature*. Paris: Flammarion, 197 (GF)].

Estudos

BAILEY, C. *The Greek Atomists and Epicurus*. Oxford: Clarendon Press, 1928

MOREL, P.-M. *Atome et necessite*: Démocrite, Épicure, Lucrèce. Paris: PUF, 2000.

_____. *Démocrite et la recherche des causes*. Paris: Klincksieck, 1996.

SALEM, J. *L'Atomisme antique*: Démocrite, Épicure, Lucrèce. Paris: Librairie Générale Française, 1997 [Le Livre de Poche].

O estoicismo

Obras

SCHUHL, P.-M. (org.). *Les stoïciens*. 2 vols. Paris: Gallimard, 1962.

Estudos

ALGRA, K. (org.). *The Cambridge History of Hellenistic Philosophy*. Cambridge: Cambridge University Press, 1999.

CANSIK, H. & SCHNEIDER, H. *Der Neue Pauly* – Enzyklopädie der Antike. Stuttgart: Metzler, 1996.

INWOOD, B. (org.). *The Cambridge Companion to the Stoics*. Cambridge: Cambridge University Press, 2003.

LAËRCE, D. *Vies et doctrines des philosophes illustres*. Paris: Librairie Générale Française, 1999 [Le Livre de Poche].

Referências

O ceticismo antigo

Obras

LONG, A. & SEDLEY, D. *Les philosophes hellénistiques*. Paris: Flammarion, 2001 [GF].

SEXTUS EMPIRICUS. *Esquisses Pyrrhoniennes*. Paris: Seuil, 1997.

_____. *Contro gli etici*. Nápoles: Bibliopolis, 1995.

Estudos

ANNAS, J. & BARNES, J. *The Modes of Scepticism*. Cambridge: Cambridge University Press, 1985.

BETT, R. *Pyrrho*: His Antecedents and his Legacy. Oxford: Oxford University Press, 2000.

BROCHARD, V. *Les sceptiques grecs*. Paris: Librairie Générale Française, 2002 [Le Livre de Poche – Aparecido inicialmente em 1887].

BURNYEAT, J. & FREDE, M. (orgs.). *The Original Sceptics*. Indianápolis, Hackett, 1997.

CONCHE, M. *Pyrrhon et l'apparence*. Paris: PUF, 1994.

IOPPOLO, A.-M. *Opinione e scienza*. Nápoles: Bibliopolis, 1986.

A filosofia imperial

Obras

D'APHRODISE, A. *Traité du destin*. Paris: Les Belles Lettres, 1984 [org. e trad. por P. Thillet].

SÉNÈQUE. La tranquillité de l'âme. In: SCHUHL, P.-M. (org.). *Les stoïcien*. 2 vols. Paris: Gallimard, 1962.

Estudos

BABUT, D. *Plutarque et le stoïcism*. Paris: PUF, 1969.

BONAZZI, M. *Accademici e platonici* – Il debatio antico sullo scetticismo di Platone. Milão: LED, 2003.

DILLON, J. *The Middle Platonism* – A Study of Platonism 80 B.C. to A.D. 220. Londres: Duckworth, 1977.

GAULY, B.M. *Senecas naturales Quaestiones* – Naturphilosophie für die römische Kaiserzerit. Munique: Beck, 2004.

HADOT, P. *La citadelle intérieure* – Introduction aux pensées de Marc Aurèle. Paris: Fayard, 1992.

_____. *Exercises spirituels et philosophie antique.* Paris: Études Augustiniennes, 1987.

SHARPLES, R.W. *Alexander of Aphrodisias on Fate.* Londres: Duckworth, 1983.

TARRANT, H. *Scepticism or Platonism?* – The Philosophy of the Fourth Academy. Cambridge: Cambridge University Press, 1985.

ZAMBON, M. *Porphyre et le moyen-platonism.* Paris: Vrin, 2002.

Plotino
Obras
HENRI, P. & SCHWYZER, H.-R. (orgs.). *Plotini Opera.* 3 vols. Oxford: Clarendon, 1964-1982 [OCT].

Traités. 9 vols. Paris: Flammarion, 2002-2010 [GF].

Estudos
BRÉHIER, É. *La philosophie de Plotin.* Paris: Boivin, 1928 [reed., Paris: Vrin, 1961].

DUFOUR, R. *Plotinus*: A Bibliography 1950-2000. Leyde/Nova York: Cologne/Brill, 2002.

HADOT, P. *Plotin ou la simplicité du regard.* Paris: Plon, 1963 [reed., 1973].

O'MEARA, D.J. *Plotinus* – An introduction to the *Enneads.* Oxford: Clarendon, 1993 [em francês: *Une introduction aos* Ennéades. Friburgo/Paris: Academic Press/Cerf, 2004.

O neoplatonismo de Proclus
Obras
MARINUS. *Proclus ou sur Le Bonheur.* Paris: Les Belles Letres: 2001 [org. por H.D. Saffrey e A.-P. Segonds].

PROCLUS. *Sur le premier Alcebiade de Platon.* 2 vols. Paris: Les Belles Lettres, 1985-1986 [org. por A.-P. Segonds].

Referências 569

_____. *Commentaire sur* La republique. 3 vols. Paris: Vrin, 1970 [org. por A.-J. Festugière].

_____. *Théologie platonicienne*. 6 vols. Paris: Les Belles Letres, 1968-1997 [org. por H.D. Saffrey e L.G. Westerink].

_____. *Commentaire sur* Le time. 5 vols. Paris: Vrin, 1966-1968 [org. por A.-J. Festugière].

_____. *The Elementis of Theology*. 2. ed. Oxford: Clarendon Press, 1963 [org. por E.R. Dodds – Permanece a melhor introdução ao pensamento de Proclus] [em francês: *Élements de théologie*. Paris: Montaigne, 1965].

Estudos

SEGONDS, A.-P. & STEEL, C. (orgs.). *Proclus et la théologie platonicienne*. Louvain/Paris: Leuven University Press/Les Belles Lettres, 2000.

STEEL, C. (org.). "Proclus: Fifteen Years of Research (1990-2004) – An annotated bibliography". *Lustrum*, 44, 2002.

A herança da filosofia grega no cristianismo antigo e latino

Obras

As obras patrísticas traduzidas para o francês estão disponíveis na coleção Sources Chrétiennes, nas edições de Cerf.

Estudos

ARNOU, R. "Platonisme des Pères". *Dictionaire de Théologie Catholique*, XII, 2. Paris: Librairie Letouzey et Ané, 1935, c. 2.258-2.392.

COURCELLE, P. *Recherches sur les* Confessions de Saint Augustin. Paris: Boccard, 1950.

_____. *Les lettres grecques en Occident de Macrobe à Cassiodore*. Paris: Boccard, 1948.

DANIÈLOU, J. *Message évangelique et culture hellénistique*. Tournay: Desclée, 1961.

GILSON, É. *Introduction à l'étude de Saint Augustin*. Paris: Vrin, 1982.

LILLA, S. "Aristotélism", "Hellénism et christianisme", "Le platonisme et les Pères". *Dictionaire Encyclopédique du Christianisme Ancien*. Tournai: Cerf, vol. I, p. 229-238, 1.128-1.131; vol. II, p. 2.047-2.074.

MADEC, G. "'Platonisme' des Pères". *Catholicisme*, XI. Paris: 1986, p. 491-508.

SPANNEUR, M. *Le stoïcisme des Pères de l'Eglise*. Paris: Seuil, 1957.

A filosofia medieval
Damasco e Bagdá
Obras

AL-FÂRÂBÎ. *Traité des opinions des habitants de la cité idéale* (*Mahâdi' ârâ ahl al-madînat al-fâdilah*). Paris: Vrin, 1990 [Études Musulmanes, 31].

_____. *Al-Risâla fî-l-ᶜaql* – L'Épitre sur l'intellect. Paris: L'Harmattan, 2001.

AL –KINDÎ. *Oeuvres philosophiques et scientifiques d'al-Kindî*. 2 vols. Leyde: Brill, 1991-1998 [org. por R. Rashed e J. Jolivet].

IBN AL-NADÎM. *Kitâb al-Fihrist*. 2 vols. Leipzig: F.C.W. Vogel, 1871-1872 [org. por G. Flügel – Em inglês: *The Fihrist of al-Nadim*. 2 vols. Nova York: Columbia University Press, 1970].

Estudos

Adanson, P. *Al-Kindi*. Oxford: Oxford Univeristy Press, 2007.

_____. *The Arabic Plotinus*. Londres: Duckworth, 2002.

COLMO, C.A. *Breaking with Athens* – Alfarabi as Founder. Lanham/Maryland: Lexington, 2005.

GUTAS, D. *Greek Thought* – Arabic culture. Nova York/Londres: Routledge, 1998.

MAHDI, M. *La cité vertueuse d'Alfarabi* – La fondation de la philosophie politique en Islam. Paris: Albin Michel, 2000.

O'MEARA, D. *Platonopolis* – Platonic Political Philosophy in Late Antiquity. Oxford: Oxford University Press, 2005.

VALLAT, P. *Farabi et l'École d'Alexandrie*. Paris: Vrin, 2004.

Averróis/Ibn Rushd (1126-1198)
Obras

La béatitude de l'âme. Paris: Vrin, 2001 [org. e trad. por M. Geoffroy e C. Steel].

L'Intelligence et la pensée – Grand commentaire du *De anima*. Livre III [429 a 10-435 b 25]. Paris: Flammarion, 1998 [GF].

Referências

L'Islam et la raison – Anthologie de textes juridiques, théologiques et polemiques. Paris: Flammarion, 2000.

Middle Commentary on Aristotle's De anima – A Critical Edition of the Arabic Text with English Translation, Notes and Introduction. Provo: Brigham Young University Press, 2002 [org. e trad. por A.L. Ivry].

Estudos

Averroés et les averroïsme juif et latin – Actes du colloque international. Paris, 16-18/06/2005. Turnhout: Brepols, 2007 [org. por J.-B. Brenet].

DAVIDSON, H.A. *Alfarabi, Avicenna, and Averroes on Intellect.* Oxford: Oxford University Press, 1992.

ENDRESS, G. & AERTSEN, J.A. (orgs.). *Averroes and the Aristotelian tradition* – Sources, constitution, and reception of the philosophy of Ibn Rushd (1126-1198), Proceedings of the Fourth Symposium Averroicum (Cologne, 1996). Leyde/Boston: Brill, 1999.

KHOURY, R.G. (org.). *Averroes (1126-1198) oder der Triumph des Rationalismus, Internationales Symposium anlässlich des 800* – Todestages des islamischen Philosophen. Heidelberg: Universätsverlag C. Winter, 2002, p. 139-145.

Filosofia política e teologia na Idade Média
Obras
GILLES DE ROME. *Court traité du pouvoir tyrannique (Breviloquium).* Paris: PUF, 1999.

_____. *De ecclesiastica potestate*, 1929 [reed., Aalen Scientia Verlag, 1961 – Em inglês: *On Ecclesiastical Power* – A Medieval Theory of World Government. Nova York: Columbia University Press, 2004].

_____. *Aegidii Romani De regimine principum doctrina.* Paris: [s.e.], 1857 [org. por V. Courdaveaux]. • *Li livres du gouvernement des rois* [org. por S.P. Molenaer] [em inglês: *A XIIIth Century French Version of Egidio Colonna's Treatise De regimine principum.* Nova York: (s.e.), 1899 (reed., 1966)].

MARSILE DE PADOUE. *Le défenseur de la paix.* Paris: Vrin, 1968.

ORESME, N. Le livre de politiques d'Aristote (1377). In: MENUR, A.D. "Maître Nicole Oresme – Le Livre des Politiques d'Aristote, with a Critical Introduction and Notes". *Transactions of the American Philosophical Society*, 60/6, 1970.

Estudos
KRYNEN, J. *L'Empire du roi* – Idées et croyances politiques en France, XIIIe-XIVe siècle. Paris: Gallimard, 1993.

LAGARDE, G. *La naissance de l'esprit laïque ao déclin du Moyen Âge*. Lovaina/Paris: Nauwelaerts/Béatrice-Nauwelaerts, 1956-1970.

SENNELART, M. *Les arts de gouverner* – Du regimen medieval au concept de gouvernement. Paris: Seuil, 1995.

SFEZ, G. *Machiavel:* La politique du moindre mal. Paris: PUF, 1999.

Tomás de Aquino (1225-1274)
Obras

Sancti Thomae Aquinatis doctoris angelici Opera omnia iussu Leonis XIII P.M. edita – Cura et studio ordinis praedicatorum. Roma: Leonina, 1882ss. [editio Leonina].

Somme contre les Gentils. Paris: Flammarion, 1999 [GF – Tradução do latim, introdução e notas por V. Aubin, C. Michon e D. Moreau].

Somme de théologie. Paris: Cerf, 1984.

Estudos
GEIGER, L.B. *Penser avec Thomas d'Aquin*. Paris: Cerf, 2000 [Études Thomistes].

GILSON, É. *Le thomisme*. Paris: Vrin, 1997 [Études de Pensée Médiévale – 1. ed., 1919].

STUMP, E. *Aquinas*. Nova York: Routledge, 2003 [The Arguments of Philosophers].

TORRELL, J.-P. *Initiation à Saint Thomas d'Aquin*: as personne et son oeuvre. Paris: Cerf, 1993.

John Duns Scoto (1266-1308)
Obras
BALIC, C. (org.). *Opera omnia* – Cura et studio commissionis scotisticae. Vaticano: [s.e.], 1950.

ETZKORN, G. et al. (orgs.). *Opera philosophica*. São Boaventura, NY: The Franciscan Institute, 1997.

Estudos
BOULNOIS, O. *Duns Scot* – La rigueur de la charité. Paris: Cerf, 1998.

CROSS, R. *Duns Scotus*. Nova York: Oxford University Press, 1999.

Referências

DEMANGE, D. *Jean Duns Scot* – La théorie du savoir. Paris: Vrin, 2007.

GILSON, É. *Jean Duns Scot*: introduction à ses positions fondamentales. Paris: Vrin, 1952.

SONDAG, G. *Duns Scot* – La métaphysique de la singularité. Paris: Vrin, 2005.

WILLIAMS, T. (org.). *The Cambridge Companion to Duns Scot*. Nova York: Cambridge University Press, 2003.

WOLTER, A.B. *The Philosophical Theology of John Duns Scotus*. Ithaca: Cornell University Press, 1990 [org. por McCord Adams].

_____. *The Transcendentals and their Function in the Metaphysics of Duns Scotus*. São Boaventura, NY: The Franciscan Institute, 1946.

Guilherme de Ockham (1285-1347)
Obras
Court traité du pouvoir tyrannique sur les choses divines et humaines. Paris: PUF, 1999.

GAL, G. et al. (orgs.). *Opera philosophica et theologica*. 17 vols. São Boaventura, NY: The Franciscan Institute, 1967-1988.

OFFLER, H.S. et al. (orgs.). *Opera politica*. Vols. 1 a 3. Manchester: Manchester University Press, 1956-1974. • Vol. 4. Oxford: Oxford University Press, 1997.

Somme de logique. 4 vols. Mauvezin: TER, 1988-2008, 4 volumes publicados.

Estudos
ADAMS, M.M. *William Ockham*. 2 vols. Notre Dame [Indiana]: University of Notre Dame Press, 1987 [2. ed. rev., 1989].

BIARD, J. *Guilhaume d'Ockham et la théologie*. Paris: Cerf, 1999 [Initiations au Moyen Âge].

_____. *Guilhaume d'Ockham* – Logique et philosophie. Paris: PUF, 1997 [Philosophies].

PANACCIO, C. *Ockham on Concepts*. Aldershot: Ashgate, 2004.

_____. *Les mots, les concepts et les choses* – La sémantique de Guilhaume d'Occam et le nominalisme d'aujourd'hui. Montreal/Paris: Bellarmin/Vrin, 1991.

SPADE, P.V. (org.). *The Cambridge Companion to Ockham*. Nova York: Cambridge University Press, 1999.

A filosofia moderna

Continuidade e transformação da filosofia no Renascimento

Obras

BRUNO, G. *Oeuvres completes*. Paris: Les Belles Lettres, 2006 [org. de G. Aquilecchia].

Estudos

FERGUSON, W.K. *La Renaissance dans la pensée historique*. Paris: Payot, 1950.

KRISTELLER, P.O. *Renaissance Thought and its Sources*. Nova York: Columbia University Press, 1979.

MAGNARD, P. (org.). *Marcile Ficin* – Les platonismes à la Renaissance. Paris: Vrin, 2001.

RICO, F. *Le Rêve de l'humanisme*: de Pétrarque à Erasme. Paris: Les Belles Lettres, 2002.

SCHMITT, C.B. *Aristote et la Renaissance*. Paris: PUF, 1992.

Thomas Hobbes (1588-1679)

Obras

MOLESWORTH, W. (org.). *Thomae Hobbes Malmesburiensis Opera Philosophica Quae Latine Scripsit Omnia In Unum Corpus Nunc Primum Collecta*. Londres: John Bohn, 1839-1845 [reed., 5 vols. Aalen: Scientia Verlag, 1966].

_____. *The English Works of Thomas Hobbes of Malmesbury Now First Collected*. Londres: John Bohn, 1839-1845 [reed., 11 vols. Aalen: Scientia Verlag, 1966].

Uma tradução francesa das *Oeuvres* de Hobbes está em curso de publicação pela Librairie J. Vrin. Paris.

Estudos

BERNHARDT, J. *Hobbes*. Paris: PUF, 1989.

HEGEL, G.W.F. *Leçons sur l'histoire de la philosophie* (1825-1826). Vol. 6. Paris: Vrin, 1985, p. 1.556-1.568.

OAKESHOTT, M. *Hobbes on Civil Association* (1975). Indianápolis: Libery Fund, 2000.

STRAUSS, L. *La philosophie politique de Hobbes* (1936). Paris: Belin, 1991.

Referências

VILLEY, M. *La formation de la pensée juridique moderne* (1961-1966). Paris: PUF, 2003, p. 559-618.

VOEGELIN, E. *La nouvelle science du politique*: une introduction (1952). Paris: Seuil, 2000, p. 191-258.

WEBER, D. *Hobbes et le corps de Dieu* – "Idem esse ens & corpus". Paris: Vrin, 2009.

_____. *Hobbes et l'histoire du salut* – Ce que le Christ fait à Léviathan. Paris: Presses de l'Université Paris-Sorbonne, 2008.

_____. *Hobbes et le désir des fous* – Rationalité, prévision et politique. Paris: Presses de Université Paris-Sorbonne, 2007.

René Descartes (1596-1649)

Obras

ADAM, C. & TANNERY, P. (orgs.). *Oeuvres*. 12 vols. Paris: Cerf, 1897-1913 [Paris: Vrin, 1964-1974].

ALQUIÉ, F. (org.). *Oeuvres philosophiques*. 3 vols. Paris: Garnier, 1963-1973.

Estudos

Para orientar a escolha na imensa bibliografia de Descartes, devemos consultar: SEBBA, G. *Bibliografia cartesiana* – A critical Guide to the Descartes Literature 1800-1960. Haia: Nijhoff, 1964. • ARMOGATHE, J.-R. & CARRAUD, V. *Bibliographie cartésienne* (1960-1966). Lecce: Conte, 2003.

Sobre a vida de Descartes: GAUKROGER, S. *Descartes*: An Intellectual Biography. Oxford: Clarendon Press, 1995.

Sobre a justificação do conhecimento: FRANKFURT, H.G. *Demons, Dreamers and Madmen* – The Defense of Reason in Descartes' Meditations. Indianápolis, NY: Bobbs-Merril, 1970 [em francês: *Démons, rêveurs et fous*. Paris: PUF, 1999].

Sobre a metafísica: GUEROULT, M. *Descartes selon l'ordre des raisons*. 2 vols. Paris: Aubier, 1953. • BEYSSADE, J.-M. *La philosophie première de Descartes*. Paris: Flammarion, 1979. • MARION, J.-L. *Sur la théologie blanche de Descartes*. Paris: PUF, 1981.

Sobre o pensamento científico: GARBER, D. *The Metaphysical Physics of Descartes*. Chicago: University of Chicago Press, 1992 [em francês: *La physique métaphysique de Descartes*. Paris: PUF, 1999].

Sobre a moral e a teoria das paixões: RODIS-LEWIS, G. *La morale de Descartes*. Paris: PUF, 1957. • KAMBOUCHNER, D. *L'Homme des passions*. 2 vols. Paris: Albin Michel, 1955. • KAMBOUCHNER, D. *Descartes et la philosophie morale*. Paris: Hermann, 2008.

As reformas
Obras

BAYLE, P. *Oeuvres diverses*. Trévoux: [s.e.], 1727 [reed., 9 vols. Hildesheim: Olms, 1964-1969].

_____. *Dictionnaire Historique et Critique* [1. ed., Rotterdam: Reiner Leers, 1697; 5. ed., Amsterdã: P. Brunel, 1740].

LA BOÉTIE, É. De la servitude volontaire (1548). In: GOULART, S. (org.). *Mémoires de l'Estat de France sous Charles neufiesme*. Genebra: [s.e.], 1577.

Estudos

GARRISON, J. *L'Édit de Nantes et sa révocation* – Histoire d'une intolérance. Paris: Seuil, 1985.

GRANDJEAN, M. & ROUSSEL, B. (orgs.). *Coexister dans l'intolérance*. Genebra: Labor et Fides, 1998.

GUGGISBERG, H.R.; LESTRINGANT, F. & MARGOLIN, J.-C. *La liberté de conscience (XVIᵉ-XVIIᵉ siècle)*. Genebra: Droz, 1991.

LAPLANCHE, F. *Bible, sciences et pouvoirs au XVIIᵉ siècle*. Nápoles: Bibliopolis, 1997.

LAURSEN, J.C. & NEDERMAN, C.J. (orgs.). *Difference and Dissent* – Theories of Toleration in Medieval and Early Modern Europe. Lanham: Roeman & Littlefield, 1996.

MÉCHOULAN, H. et al. (orgs.). *La formazione storica dell'alterità* – Studi di storia della tolleranza nell'età moderna offerti a A. Rotondò. 3 vols. Florença: Olschki, 2001.

STANKIEWICH, W.J. *Politics and Religion in Seventh-Century France* – A Study of Political Ideas from the Monarchomachs to Bayle, as Reflected in the Toleration Controversy. Berkeley: University of California Press, 1960.

Referências

Blaise Pascal (1623-1662)
Obras
LAFUMA, L. (org.). *Oeuvres complètes*. Paris: Seuil, 1963 [L'Intégrale].

Estudos
ADORNO, F.P. *Pascal*. Paris: Les Belles Lettres, 2000.

AUERBACH, E. *Le culte des passions* – Essai sur le XVIIᵉ siècle français. Paris: Macula, 1998.

BATTISTA, A.-M. *Politica e morale nella Francia dell'età moderna*. Gênova: Name, 1998.

BÉNICOU, P. *Morales du grand siècle*. Paris: Gallimard, 1948.

BOUCHILLOUX, H. *Pascal* – La force de la raison. Paris: Vrin, 2004.

GOLDMANN, L. *Le Dieu caché*. Paris: Gallimard, 1959.

KEHOANE, N. *Philosophy and the State in France* – Renaissance to Enlightenment. Princeton: Princeton University Press, 1980.

LAZZERI, C. *Force et justice dans la politique de Pascal*. Paris: PUF, 1993.

PÉCHARMAN, M. *Pascal, qu'est-ce que la vérité?* Paris: PUF, 2000.

Baruch Spinoza (1632-1677)
Obras
Oeuvres, I: *Court Traité*; *Traité de la reforme de l'entendement*; *Lês Principes de la philosophie de Descartes*; *Appendice contenant les Pensées métaphysiques*. II: *Traité théologico-politique*. III: *Éthique*. IV: *Traité politique*; *Lettres, notices*. Paris: Flammarion, 1964-1966 [GF].

Estudos
BAYLE, P. *Écrits sur Spinoza*. Paris: Berg International, 1983.

GIANCOTTI-BOSCHERINI, E. *Lexicon spinozarum*, Haia: Nijhoff, 1972.

MACHEREY, P. *Introduction à* l'Ethique *de Spinoza*. 5 vols. Paris: PUF, 1994-1998.

MOREAU, P.-F. *Spinoza et le spinozisme*. Paris: PUF, 2003.

NADLER, S. *Spinoza*: A Life. Cambridge, Mass.: Cambridge University Press, 1999.

John Locke (1632-1704)
Obras

Essai sur l'entendement humain [1.I-II. Paris: Vrin, 2001; 1.III-IV, 2. ed. corrigida e aumentada, 2006].

Morale et loi naturelle. Paris: Vrin, 1990.

Second Traité du gouvernement. Paris: PUF, 1994.

The Clarendon Edition of the Works of John Locke. Oxford: Clarendon Press, 1975 [30 vols. previstos].

Estudos

AYERS, M. *Locke:* Epistemology and Ontology. 2. ed. Londres: Routledge, 1993.

MACKIE, J.L. *Problems from Locke*. Oxford: Oxford University Press, 1976.

WOLTERSTORFF, N. *John Locke and the Ethics of Belief.* Cambridge: Cambridge University Press, 1996.

YOLTON, J.W. *A Locke Dictionary*. Oxford: Blackwell, 1993.

Nicolas Malebranche (1638-1715)
Obras

BARDOUT, J.-C. (org.). *De la recherche de la vérité*. 3 vols. Paris: Vrin, 2006.

Oeuvres complètes. Paris: Vrin [Bibliothèque des Textes Philosophiques – 22 vols. publicados desde 1958].

Estudos

ALQUIÉ, F. *Le cartésianisme de Malebranche*. Paris: Vrin, 1986.

BARDOUT, J.-C. *Malebranche et la métaphysique*. Paris: PUF, 1999.

GUEROUT, M. *Étendue et psychologie chez Malebranche*. Paris: Vrin, 1986.

_____. *Malebranche*. 3 vols. Paris: Aubier, 1955-1959.

MOREAU, D. *Malebranche*: une philosophie de l'expérience. Paris: Vrin, 2004.

PINCHARD, B. (org.). *La légèreté de l'être* – Études sur Malebranche. Paris: Vrin, 1998.

ROBINET, A. *Système et existence dans l'oeuvre de Malebranche*. Paris: Vrin, 1965.

Referências 579

A ciência da natureza humana
Obras

HUME. *Traité de la nature humaine*. 3 vols. Paris: Flammarion, 1991-1995 [GF].

LEIBNIZ. *Nouveaux essais sur l'entendement humain*. Paris: Flammarion, 1990 [GF – org. por J. Brunschwig].

LOCKE. *Essai sur l'entendement humain* [1.I-II. Paris: Vrin, 2001; 1.III-IV, 2. ed. corrigida e aumentada, 2006].

MALEBRANCHE. *De la recherche de la vérité*. 22 vols. Paris: Vrin, 1958ss. [Bibliothéque des Textes Philosophiques].

MONTAIGNE, *Essais*. 3 vols. Paris: Imprimerie Nationale, 1998 e 1999 [org. por A. Tournon].

ROUSSEAU, J.-J. *Discours sur l'origine et les fondements de l'inégalité parmi les hommes*. Paris: Flammarion, 2008 [GF – org. por B. Bachofen e B. Bernardi].

SPINOZA. *Éthique*. Paris: Flammarion, 1965 [GF].

Estudos

DELEUZE, G. *Empirisme et subjetivité*. Paris: PUF, 1953.

POPKIN, R. *The History of Scepticism from Savonarola to Bayle*. Oxford: Oxford University Press, 2003.

Gottfried Wilhelm Leibniz (1646-1716)
Obras

AKADEMIE DER WISSENCHAFTEN (org.). *Sämtliche Schriften und Brief*. Darmstadt: Akademie-Verlag, 1923ss.

Essâis de Théodicée. Paris: Flammarion, "GF", 1969.

FICHANT, M. (org.). *Discours de métaphysique suivi de Monadologie, et autres textes*. Paris: Gallimard, 2004 [Folio Essais].

FRÉMONT, C. (org.). *Discours de métaphysique, et autres textes (1663-1689)*. Paris: Flammarion, 2001 [GF].

_____ . *Príncipes de la nature e de la Grace* – Monadologie et autres textes (1703-1716). Paris: Flammarion, 1996 [GF].

_____. *Système nouveau de la nature e de la communication des substances, e autres textes (1690-1703)*. Paris: Flammarion, 1994 [GF].

Nouveaux essais sur l'entendement humain. Paris: Flammarion, 1966 [GF].

Recherches générales sur l'analyse des notions e des vérités XXIV thèses métaphysiques et autres textes logiques et métaphysiques. Paris: PUF, 1998.

Estudos

BELAVAL, Y. *Études leibniziennes.* Paris: Gallimard, 1976.

_____. *Leibniz*: initiation à sa philosophie. Paris: Vrin, 1962.

_____. *Leibniz critique de Descartes.* Paris: Gallimard, 1960 [Tel].

DELEUZE, G. *Le Pli* – Leibniz et le baroque. Paris: Minuit, 1989.

FICHANT, M. *Science et métaphysique dans Descartes et Leibniz.* Paris: PUF, 1998.

George Berkeley (1685-1753)
Obras

BRYKMAN, G. (org.). *Oeuvres.* 4 vols. Paris: PUF, 1985-1996.

LUCE, A.A. & JESSOP, T.E. (orgs.). *The Works of George Berkeley* – Bishop of Cloyne. 9 vols. Edimburgo: Nelson, 1948-1959.

Estudos

ATHERTON, M. *Berkeley's Revolution in Vision.* Ithaca/Londres: Cornell Univeristy Press, 1990.

BERLIOZ, D. (org.). *Berkeley* – Langage de la perception et art de voir. Paris: PUF, 2003.

BRYKMAN, G. *Berkeley et les philosophes du XVIIᵉ siècle*: perception et scepticisme. Sprimont: Mardaga, 1999.

PAPPAS, G. *Berkeley's Thought.* Ithaca/Londres: Cornell Univeristy Press, 2000.

A filosofia natural no século XVII: Galileu, Huygens, Newton
Obras

COHEN, I.B. & KOIRÉ, A. (orgs.). *Isaac Newton's philosophiae naturalis principia mathematica.* 2 vols. Cambridge: Harvard Univeristy Press, 1972.

COPERNIC, N. *Des révolutions des orbes celestes.* Paris: Diderot, 1998.

GALILEO, *Della misura delle acque correnti.* Roma: [s.e.], 1628 [traduzido por Saporta em 1664, conheceu muitas edições até o século XIX].

Referências 581

_____. *Discorsi*. [s.l.]: [s.e.], 1638.

HUYGENS, C. *Horologiu Oscillatorium*. [s.l.]: [s.e.], 1673.

LE DE FONTENELLE, B. *Théorie des tourbillons cartésiens*. Genebra: Slaktine, 1968 [Oeuvres Complètes, I].

NEWTON, I. Principia Mathematica Philophiae Naturalis – Livro II: Scholium generale. 3. ed. [s.l.]: [s.e.], 1726]. In: COHEN, I.B. & KOIRÉ, A. (orgs.). *Isaac Newton's Principia Mathematica Philosophiae Naturalis*. 2 vols. Cambridge: Harvard Univeristy Press, 1972.

Estudos

DUHEM, P. *La Théorie Physique*: son sujet, sa structure. Paris: Chevalier & Rivière, 1916 [reed., Paris: Vrin, 1989].

KOIRÉ, A. *Des révolutions des orbes celestes*. Paris: Diderot, 1998.

LERNER, M.-P. *Le monde des sphères*. 2 vols. Paris: Les Belles Lettres, 2000-2001.

ROSSI, P. *La naissance de la science moderne en Europe*. Paris: Seuil, 1999.

David Hume (1711-1776)
Obras

Abregé du Traité de la nature humaine. Paris: Aubier Montaigne, 1971.

Dialogues sur la religion naturelle. 2. ed. Paris: Vrin, 1997.

Enquête sur l'entendement humain. Paris: Flammarion, 1983 [GF].

Traité de la nature humanine. 3 vols. Paris: Flammarion, 1991-1995 [GF].

Estudos

ARDAL, P.S. *Passion and Value in Hume's Treatise*. Edimburgo: Edinburgh University Press, 1966.

GARRETT, D. *Cognition and Commitment in Hume's Philosophy*. Oxford: Oxford University Press, 1997.

PASSMORE, J. *Hume's Intentions*. 3 ed. Londres: Duckworth, 1980.

STROUD, B. *Hume*. Londres: Routledge, 1977.

WAXMAN, W. *Kant and the Empiricists* – Understanding Understanding. Nova York: Oxford University Press, 2005.

Jean-Jacques Rousseau (1712-1778)
Obras

Oeuvres completes. 5 vols. Paris: Gallimard, 1959-1995 [Bibliothèque de la Pleiade].

Pela editora Flammarion [GF], um conjunto de novas edições, apresentadas e anotadas, está em curso.

Estudos

AUDI, P. *De la véritable philosophie* – Rousseau au commencement. Paris: Le Nouveau Commerce, 1994.

BACHOFEN, B. *La condition de la liberté* – Rousseau critique des politiques. Paris: Payot, 2002.

BERNARDI, B. *La fabrique des concepts* – Recherches sur l'invention conceptuelle chez Rousseau. Paris: Honoré Champion, 2006.

DERATHÉ, R. *J.-J. Rousseau et la science politique de son temps.* Paris: PUF, 1950 [reed., Paris: Vrin, 1995].

GOLDSCHMIDT, V. *Anthropologie et politique*: les principes du système de Rousseau. Paris: Vrin, 1983.

MASTERS, R.D. *La philosophie politique de Rousseau* (1968). Lyon: ENS, 2002.

Immanuel Kant (1724-1804)
Obras

Critique de la raison pure (1781; 1784). Paris: Flammarion, 2001 [GF].

Critique de la raison pratique (1788). In: ALQUIÉ, F. (org.). *Oeuvres philosophiques de Kant.* Vol. II. Paris: Gallimard, 1985 [Bibliothèque de la Pleiade].

Métaphysique des moeurs. 2 vols. Paris: Flammarion, 1994.

Estudos

HEIDEGGER, M. *Kant et Le problème de la métaphysique* (1929). Paris: Gallimard, 1953.

RAWLS, J. *Leçons sur l'histoire de la philosophie morale* (2000). Paris: La Découverte, 2002.

RENAUT, A. *Kant aujourd'hui.* Paris: Flammarion, 1999 [Champs].

Referências

A economia política
Obras
MARX, K. *Oeuvres*. Paris: Gallimard, 1965-1968 [Bibliothèque de la Pleiade].

QUESNAY, F. *Physiocratie*. Paris: Flammarion, 1991 [GF].

RICARDO, D. *Des principes de l'économie politique et de l'impôt*. Paris: Flammarion, 1992 [GF].

SMITH, A. *Recherches sur la nature et les causes de la richesse des nations*. Paris: Flammarion, 1991 [GF].

Estudos
SRAFFA, P. *Production de marchandises par des marchandises*. Paris: Dunod, 1970.

Iena – Pós-kantismo e Romantismo
Obras
FICHTE, J.G. *Doctrine de la science*. Paris: Librairie Générale Française, 2000.

_____. *Oeuvres choisis de philosophie première*. Paris: Vrin, 1990.

J.G. Fichtes sämtliche Werke. 8 vols. Berlim: Veit, 1845-1846 [reed., Berlim: Gruyter, 1971].

F.W.J. von Schellings sämtliche Werke. 14 vols. Stuttgart/Augsburgo/Cotta: [s.e.], 1856ss.

SCHELLING, F.W.J. *Inrtroduction à esquisse d'un système de philosophie de la nature*. Paris: Librairie Générale Française, 2001.

_____. "Recherches philosophiques sur l'essence de la liberte humaine". *Oeuvres métaphysiques (1805-1821)*. Paris: Gallimard, 1980.

Estudos
BAILLY, J.-C. *La légende dispersée* – Anthologie du Romantisme allemand. Paris: Union Générale d'Éditions, 1976 [reed., Christian Bourgois, 2001].

BOURGOIS, B. *L'Idéalisme de Fichte*. Paris: Vrin, 1995.

LACOUE-LABARTHE, P. & NANCY, J.-L. *L'Absolu littéraire*. Paris: Seuil, 1978.

TILLIETTE, X. *Schelling, une philosophie en devenir*. 2 vols. Paris: Vrin, 1970.

Georg Wilhelm Friedrich Hegel (1770-1831)

Obras

Encyclopédie des Sciences Philosophiques. Paris: Vrin, 1970-2004.

Phénoménologie de l'Esprit. Paris: Vrin, 2006.

Principes de la philosophie du droit. 2. ed. Paris: PUF, 2003.

Science de la logique. Paris: Aubier, 1972-1981.

Estudos

BOURGOIS, B. Études hégéliennes: raison et décision. Paris: PUF, 1992.

FULDA, H.F. G.W.F. Hegel. Munique: Beck, 2003.

KERVÉGAN, J.-F. Hegel et l'hégélianisme. Paris: PUF, 2005 [Que sais-je?].

MABILLE, B. Hegel – L'épreuve de la contingence. Paris: Aubier, 1999.

Arthur Schopenhauer (1788-1860)

Obras

HÜBSCHER, A. (org.). Zürcher Ausgabe – Werke in zehn Bänden. Zurique: Diogenes, 1977.

Estudos

HAMLYN, D.W. Schopenhauer. Londres: Routledge & Kegan Paul, 1980.

JANAWAY, C. Self and World in Schopenhauer's Philosophy. Oxford: Clarendon Press, 1989.

MALTER, R. Arthur Schopenhauer – Transzendentalphilosophie und Metaphysik des Willens. Stuttgart-Bad Cannstatt: Frommann-Holzboog, 1991.

WELSEN, P. Schopenhauers Theorie des Sujekts. Würzburg; Königshausen & Neumann, 1995.

John Stuart Mill (1806-1873)

Obras

ROBSON, J.M. et al. (orgs.). Collected Works of John Stuart Mill. 33 vols. Londres: Routledge, 1963-1991.

Referências 585

Estudos

BERGER, F.R. _Happiness, Justice and Freedom_ – The Moral and Political Philosophy of John Stuart Mill. Londres: University of California Press, 1984.

CRISP, R. _Mill on Utilitarism_. Londres: Routledge, 1997.

KAHAN, A.S. _Aristocratic Liberalism_: the Social and Political Thought of Jacob Burckhardt, John Stuart Mill, and Alexis de Tocqueville. Oxford: Oxford University Press, 1992.

RILEY, J. _Mill on Liberty_. Londres: Routledge, 1998.

RYAN, A. _J.S. Mill_. Londres: Routledge, 1975.

SKORUPSKI, J. _Why Read Mill Today?_ Londres: Routledge, 2006.

WEST, H. _An Introduction to Mill's Utilitarian Ethics_. Cambridge: Cambridge University Press, 2004.

Søren Kierkegaard (1813-1855)
Obras
Oeuvres completes. 20 vols. Paris: l'Orante, 1984-1986.

Estudos

CLAIR, A. _Kierkegaard_ – Penser le singulier. Paris: Cerf, 1993.

COLETTE, J. _Kierkegaard et la non-philosophie_. Paris: Gallimard, 1994.

FARAGO, F. _Comprendre Kierkegaard_. Paris: Armand Colin, 2005.

NICHOLETTI, M. & PENZO, G. (orgs.). _Kierkegaard_ – Filosofia e teologia del paradosso. Bréscia: Morcellina, 1999.

PIEPER, A. _Søren Kierkegaard_. Munique: Beck, 2000.

SLÖK, J. _Kierkegaard, penseur de l'humanisme_. Paris: l'Orante, 1995.

Friedrich Nietzsche (1844-1900)
Obras
COLLI, G. & MONTINARI, M. (orgs.). _Briefwechsel_ – Kritische Gesamtausgabe [KGB]. Berlim: Gruyter, 1975-2004.

_____. _Werke_ – Kritische Gesamtausgabe [KGW]. Berlim: Gruyter, 1967.

Estudos

CAMPIONI, G. *Les lectures françaises de Nietzsche*. Paris: PUF, 2001.

JANZ, C.P. *Friedrich Nietzsche*: Biographie. Munique/Viena: Carl Hanser, 1978-1979.

MONTINARI, M. *Che cosa há detto Nietzsche*. Milão: Adelphi, 1999.

MÜLLER-LAUTER, W. *Nietzsche* – Physiologie de la volonté de puissance. Paris: Allia, 1998.

A filosofia contemporânea
A ciência da sociedade
Obras

ARENDT, H. *Condition de l'homme moderne*. Paris: Calmann-Lévy, 1994 [Agora Pocket].

COMTE, A. *Discours sur l'ensemble du positivisme*. Paris: Flammarion, 1998 [GF].

_____. *Les règles de la methode sociologique*. Paris: PUF, 1990 [Quadrige].

HEGEL. *Principes de la philosophie du droit*. Paris: PUF, 2003 [Quadrige].

SIEYÈS. *Essai sur les privilèges et autres textes*. Paris: [s.e.], 2007.

Estudos

ARON, R. *Les étapes de la pensée sociologique*. Paris: Gallimard, 1976 [Tel].

COLLIOT-THÉLÈNE, C. & KERVÉGAN, J.-F. (orgs.). *De la societé à la sociologie*. Lyon: ENS-LSH, 2002 [Theoria].

KARSENTI, B. *Politique de l'esprit* – Auguste Comte et la naissance de la Science Sociale. Paris: Hermann, 2006.

KAUFMANN, L. & GUILHAUMOU, J. (orgs.). *L'Invention de la societé* – Nominalisme politique et science sociale au XVIIIe siècle. Paris: l'EHESS, 2003 [Raisons Pratiques].

NISBET, R. *La tradition sociologique*. Paris: PUF, 1993 [Quadrige].

SKINNER, Q. *Les fondements de la pensée politique moderne*. Paris: Albin Michel, 2001.

TÖNNIES, F. *Communauté et societé*: catégories fondamentales de la sociologie pure. Paris: PUF, 1977 [Les Classiques des Sciences Humaines].

Referências

Edmundo Husserl (1859-1938)
Obras

Cartesianische Meditationen. Haia: Nijhoff, 1991 [Husserliana 1 – Em francês: *Méditations cartésiennes*. Paris: PUF, 1994].

Die Krisis der europäischen Wissenschaften und die transzendentale Phänomenologie. Haia: Nijhoff, 1976 [Husserliana 6 – Em francês: *La crise des sciences européennes et la phénoménolgie transcendentale*. Paris: Gallimard, 1989].

Erfahrung und Urteil – Untersuchungen zur Genealogie der Logik. Hamburgo: Meiner, 1999 [em francês: *Expérience et jugement*. Paris: PUF, 1970].

Formale und transzendentale Logik. Haia: Nijhoff, 1974 [Husserliana 17 – Em francês: *Logique formelle et logique transcendentale*. Paris: PUF, 1957].

Ideen zu einer reinen Phänomenologie und phänomenologischen Philosophie –Erstes Buch. Haia, Nijhoff, 1976 [Husserliana 3 – Em francês: *Idées directrices pour une phénoménologie*. Paris: (s.e.), 1985].

Logische Untersuchungen. Haia: Nijhoff, 1975-1984 [Husserliana 18-19 – Em francês: *Recherches logiques*. Paris: PUF, 1959-1963].

Estudos

BENOIST, J. *Autour de Husserl*. Paris: Vrin, 2002.

BENOIST, J. (org.). *Husserl*: "Les Cahiers d'Histoire de la Philosophie". Paris: Cerf, 2008.

BERNET, R. *La vie du sujet* – Recherches sur l'interprétation de Husserl dans la phénoménologie. Paris: PUF, 1994.

HOUSSET, E. *Husserl et l'énigme du monde*. Paris: Seuil, 2000.

O empirismo filosófico francês. Biran, Bergson, Deleuze
Obras

BERGSON, H. *Matière et mémoire* (1896). Paris: PUF, 2008 [Quadrige – Org. por C. Riquier].

_____. *Essai sur les données immédiates de la conscience* (1889). Paris: PUF, 2007 [Quadrige – Org. por A. Bouaniche].

_____. *L'Évolution créatrice* (1907). Paris: PUF, 2007 [Quadrige – Org. por A. François].

_____. *La pensée et Le Mouvant* (1934). 6. ed. Paris: PUF, 1998 [Quadrige].

DELEUZE, G. *Empirisme et subjectivité* – Essai sur la nature humaine selon Hume (1953). Paris: PUF, 2003.

_____. *Nietzsche et la philosophie* (1962). Paris: PUF, 1997.

_____. *Différence et répétition* (1968). Paris: PUF, 1989.

As obras completas de Maine de Biran foram publicadas em 18 volumes sob a direção de F. Azouvi pela Librairie J. Vrin. Podemos nos reportar, num primeiro momento, às duas obras seguintes: vol. 3: *Mémoire sur la décomposition de la pensée*; vol. 4: *De l'aperception immédiate*.

Estudos

DESCOMBES, V. *Le même et l'autre* – Quarante-cinc ans de philosophie française (1933-1978). Paris: Minuit, 1979.

JANICAUD, D. *Ravaissons et la métaphysique*. Paris: Vrin, 1997.

MONTEBELLO, P. *La décomposition de la pensée* – Dualité et empirisme transcendentale chez Maine de Biran. Grenoble: Jerôme Millon, 1994.

WAHL, J. *Les philosophies pluralistes d'Angleterre et d'Amérique* (1920). Paris: Les Empêcheurs de Penser en Rond, 2005.

_____. *Tableau de la philosophie française*. Paris: Gallimard, 1962.

A alma desnuda: da psicologia à psicanálise
Obras
ARISTOTE. *De l'âme*. Paris: Flammarion, 1993 [GF].

CASTORIADIS, C. *L'Institutution imaginaire de la societé*. Paris: Seuil, 1975 [Points Essais, 1999].

FREUD, S. *Essais de métapsychologie*. Paris: Gallimard, 1990.

LACAN, J. *Séminaire XI*: Les quatre concepts fundamentaux de la psychanalise. Paris: Seuil, 1973.

LEIBNIZ, G.W. *Nouveaux essais sur l'entendement humain*. Paris: Flammarion, 1966 [GF].

PLATON. *Phédon*. Paris: Les Belles Lettres, 1967.

Referências   589

Estudos

CANGUILHEM, G. "Qu'est-de que la psychologie?" *Études d'histoire et de philoso-phie des sciences.* Paris: Vrin, 1970.

VAYSSE, J.-M. *L'Inconscient des modernes.* Paris: Gallimard, 1999.

Martin Heidegger e seus herdeiros
Obras
DERRIDA, J. *Glas.* Paris: Galilée, 1974.

GADAMER, H.G. *Wahrheit und Methode* – Grundzüge einer philosophischen Hermeneutik. Tübingen, J.C.B. Mohr (Paul Siebeck), 1960 [reed., 1986].

HEIDEGGER, M. "Das Ge-Stell". *Bremer und Freiburger Vorträge.* Frankfurt am Maim: Klostermann, 1994, p. 24-45 [Heidegger Gesamtausgabe, vol. 19].

_____. *Beiträge zur Philosophie (Vom Ereignis)* (1936-1938). Frankfurt am Main: Klostermann, 1989 [Heidegger Gesamtausgabe, vol. 65].

_____. "Vom Wesen der Wahrheit" (1930). *Wegmarken, Heidegger Gesamtausgabe.* Vol. IX. Frankfurt am Main: Klostermann, 1976, p. 177-202.

_____. "Die Frage nach der Technik". *Vorträge und Aufsätze.* Pfullingen: Neske, 1954, p. 13-44.

_____. "Der Ursprung des Kunstwerkes". *Holzwege.* Frankfurt am Main: Kloster-mann, 1950, p. 7-69.

_____. *Sein und Zeit.* Tübingen: Niemeyer, 1927 [reed., 1953 e 2001].

A tradução francesa das obras de Heidegger está disponível pela Gallimard na cole-ção Bibliothèque de Philosophie.

Estudos
BEAUFRET, J. *Dialogue avec Heidegger.* Vol. III: Approche de Heidegger. Paris: Minuit, 1974.

Ludwig Wittgenstein (1889-1951)
Obras
Le cahier bleu et Le cahier brun. Paris: Gallimard, 1996 [Bibliothèque de Philosophie].

Remarques sur les fondements des mathématiques. Paris: Gallimard, 1983 [Biblio-thèque de Philosophie].

Tractatus Logico-Philosophicus. Paris: Gallimard, 2001 [Tel].

Estudos

HACKER, P.M.S. *Wittgenstein's Place in Twentieth Century Analytic Philosophy.* Oxford: Blackwell, 1996.

KENNY, A.J.P. *Wittgenstein.* Londres: Allen Lane, 1973.

MONK, R. *Wittgenstein*: The Duty of Genius. Londres: J. Cape, 1990 [*Ludwig Wittgenstein*: le devoir du génie. Paris: Odile Jacob, 1993].

SCHROEDER, S. *Wittgenstein.* Cambridge: Polity Press, 2006.

Jean-Paul Sartre (1905-1980)
Obras

La critique de la raison dialectique (1960). Paris: Gallimard, 1985 [precedido de *Questions de méthode*].

La transcendance de l'ego (1937). Paris: Vrin, 1988.

L'Être et Le néant (1943). Paris: Gallimard, 1976 [Tel].

L'Idiot de la famille. 3 vols. Paris: Gallimard, 1971 e 1972.

Situations. 9 vols. Paris: Gallimard, 1947-1972.

Estudos

CABESTAN, P. *Dictionnaire Sartre.* Paris: Ellipses, 2009.

CABESTAN, P. & TOMÉS, A. *Sartre.* Paris: Ellipses, 2002.

COHEN-SOLAL, A. *Sartre.* Paris: Gallimard, 1985.

COOREBYTER, V. *Sartre avant la phénomélogie.* Bruxelas: Ousia, 2005.

NOUDELMANN, F. & PHILIPPE, G. (org.). *Dictionnaire Sartre.* Paris: Champion, 2004.

SIMONT, J. *Jean-Paul Sartre*: un demi-siècle de liberte. Bruxelas: De Boeck Université, 1998.

Maurice Merleau-Ponty (1908-1961)
Obras

La structure du comportement. Paris: PUF, 1942.

Le visible et l'invisible. Paris: Gallimard, 1964 [NRF].

L'Oeil et l'esprit. Paris: Gallimard, 1964 [NRF].

Referências 591

Phénomélogie de la perception. Paris: Gallimard, 1945 [NFR].

Sens et non-sens. Paris: Nagel, 1948.

Estudos

BÁRBARAS, R. *Le tournant de l'expérience* – Recherches sur la philosophie de Merleau-Ponty. Paris: Vrin, 1998.

BIMBENET, É. *Nature et humanité* – Le problème anthropologique dans l'oeuvre de Merleau-Ponty. Paris: Vrin, 2004.

SAINT AUBERT, E. *Le scénerio cartésien* – Recherches sur la formation et la cohérence de l'intention philosophique de Merleau-Ponty. Paris: Vrin, 2005.

Pesquisas epistemológicas

Obras

BACHELARD, G. *Le nouvel esprit scientifique*. Paris: PUF, 1934.

BERGSON, H. *Durée et simultanéité* (1922). Paris: PUF, 2009 [Quadrige].

CARNAP, H. *Der logische Aufbau der Welt*. Berlim/Schlachtenser: Weltkreis Verlag, 1928 [em francês: *La construction logique du monde*. Paris: Vrin, 2002].

FRIEDMAN, M. *Reconsidering Logical Positivism*. Cambridge: Cambridge University Press, 1999.

MEYERSON, É. *La déduction relativiste*. Paris: Payot, 1925.

POPPER, K.R. *Logik der Forschung*. Viena: J. Springer, 1935 [em francês: *La logique de la découverte scientifique*. Paris: Payot, 2008].

WHITEHEAD, A.N. *The Concept of Nature*. Cambridge: Cambridge University Press, 1920 [em francês: *Le concept de nature*. 2. ed. Paris: Vrin, 2006].

Estudos

BOYD, R. et al. (orgs.). *The Philosophy of Science*. Cambridge, Mass.: MIT Press, 1991.

BRUNSCHVICG, L. *L'Expérience humaine et la causalité physique*. Paris: Alcan, 1922.

CAPEK, M. *The Philosophical Impacto f Contemporary Physics*. Princeton: Van Nostrand, 1961.

CHALMERS, A.F. *What is this Thing Called Science?* Santa Lúcia: University of Queensland Press, 1976 [em francês: *Qu'est-ce que la science?* – Popper, Kuhn, Lakatos, Feyeraband. Paris: La Découverte, 1987].

SCHLICK, M. *Raum und Zeit in der gegenwärtigen Physik*. Berlim: J. Springer, 1920 [em francês: *Espace et temps dans la physique contemporaine*. Paris: Gauthier-Villars, 1929].

Michel Foucault (1926-1984)
Obras
Histoire de la folie à l'âge classique. Paris: Gallimard, 1961.

Les mots et les choses. Paris: Gallimard, 1961.

Surveiller et punir. Paris: Gallimard, 1975.

La volonté de savoir. Paris: Gallimard, 1976.

L'Herméneutique du sujet. Paris: Seuil/Gallimard, 2001 [curso no Collège de France do ano de 1982].

Estudos
GROS, F. *Michel Foucault*. Paris: PUF, 1996 [Que sais-je?].

Filosofia política: poder e democracia
ARENDT, H. *Du mensonge à la violence*. Paris: Calmann-Lévy, 1972.

BALIBAR, É. *La crainte des masses*. Paris: Galilée, 1997.

HABERMAS, J. *L'Espace public* (1962). Paris: Payot, 1997.

_____. *Théorie de l'agir communicationnel* (1981). Paris: Fayard, 1987.

HAYEK, F.A. *Droit, législation et liberté* (1973, 1976, 1979). Paris: PUF, 1995.

JAUME, L. *La liberté et la loi*. Paris: Fayard, 2000.

LEFORT, C. *Le temps présent*. Paris: Belin, 2007.

NUSSBAUM, M.C. *Frontiers of Justice*. Cambridge, Mass.: Harvard University Press, 2006.

RANCIÈRE, J. *Aux bords du politique*. Paris: Gallimard, 2004.

RAWLS, J. *Théorie de la justice* (1971). Paris: Seuil, 1987.

SCHMITT, C. *La notion de politique* (1932). Paris: Flammarion, 1992.

Referências 593

As filosofias do vivo

CANGUILHEM, G. "Machine et organisme". *La connaissance de la vie*. Paris: Hachette, 1952.

DEBRU, C. & NOUVEL, P. *Le possible et les biotechnologies*. Paris: PUF, 2003.

DUCHESNEAU, F. *Les modeles du vivant*: de Descartes à Leibniz. Paris: Vrin, 1998.

_____. *Philosophie de la biologie*. Paris: PUF, 1997.

FOX KELLER, E. *Le siècle du gene*. Paris: Gallimard, 2003.

HULL, D.L. & RUSE, M. *The Philosophy of Biology*. Oxford: Oxford University Press, 1998.

JACOB, F. *Le jeu des possibles*. Paris: Fayard, 1981.

JONAS, H. *Le phénomène de la vie* – Vers une biologie philosophique. Paris/ Bruxelas: De Boeck, 2001.

KAY, L.E. *Who Wrote the Book of Life?* Stanford: Stanford Univeristy Press, 2000.

JABLONKA, E. & LAMB, M.J. *Epigenetic Inheritance and Evolution* – The Lamarckian Dimension. Oxford: Oxford University Press, 1995.

MAYR, E. *Qu'est-ce que la biologie?* Paris: Fayard, 1998.

PRADEU, T. & LUDWIG, P. *L'Individu*. Paris: Vrin, 2008.

Neurociências e pesquisas cognitivas

CHURCHLAND, P. *Matter and Consciousness*. Oxford: Oxford University Press, 1984 [em francês: *Matière et conscience*. Seyssel: Champ Vallon, 1996].

DAVIDSON, D. *Essays and Events* [em francês: *Actions et événements*. Paris: PUF, 1993].

DENNETT, D. *Consciousness Explained*. Nova York: Littlebrown, 1991 [em francês: *La concience expliquée*. Paris: Odile Jacob, 1993].

FODOR, J. *The Language of Thought*. Cambridge: MIT Press, 1975.

JEANNEROD, M. *Le cerveau-machine* – Physiologie de la volonté. Paris: Fayard, 1983 [Le Temps des Sciences].

KIM, J. *Mind in a Physical World*. Cambridge: MIT Press, 1998 [em francês: *L'Esprit dans un monde physique*. Paris: Syllepse, 2005].

NAGEL, E. *The Structure of Science*. Londres: Routledge, 1960.

RYLE, G. *The Concept of Mind*. Londres: Hutchinson's University Library, 1949 [em francês: *La notion d'esprit*. Paris: Payot, 1978].

SEARLE, J.R. *The Rediscovery of the Mind*. Cambridge: MIT Press, 1992 [em francês: *La redécouverte de l'esprit*. Paris: Gallimard, 1995].

WITTGENSTEIN, L. *Philosophische Untersuchungen*. Oxford: Blackwell, 1953 [em francês: *Recherches philosophiques*. Paris: Gallimard, 2005 (Bibliothèque de Philosophie)].

As descobertas filosóficas negativas da física contemporânea

BALIBAR, F. *Galilée, Newton lus par Einstein*: espace et relativité. Paris: PUF, 2007.

FEYNMAN, R. *La nature de la physique*. Paris: Seuil, 1980.

KLEIN, É. *Les tactiques de Chronos*. Paris: Flammarion, 2004.

LECOURT, D. (org.). *Dictionnaire d'Histoire e de Philosophie des Sciences*. Paris: PUF, 1999.

LÉVY-LEBOND, J.M. *De la matière*: quantique, relativiste, interactive. Paris: Seuil, 2006.

_____. *Aux contraires* – L'exercice de la pensée et la pratique de la science. Paris: Gallimard, 1996.

WEINERT, F. *The Scientist as Philosopher* – Philosophical Consequences of Great Scientific Discoveries. Berlim: Springer-Verlag, 2005.

As etapas da filosofia matemática contemporânea

CAVAILLÉS, J. *Sur la logique et la théorie de la science*. Paris: Vrin, 1947.

CAVEING, M. *Le problème des objets dans la pensée mathématique*. Paris: Vrin, 2004.

FREGE, G. *Les fondements de l'arithmétique* (1884). Paris: Seuil, 1969.

LE LIONNAIS, F. (org.). *Les grands courants de la pensée mathématique* (1948). Paris: Hermann, 1998.

PATRAS, F. *La pensée mathématique contemporaine*. Paris: PUF, 2001.

VUILLEMIN, J. *La philosophie de l'algèbre*. Paris: PUF, 1962.

ÍNDICE ONOMÁSTICO*

Abraão 133
Abu Bishr Mattâ b. Yûnus 133, 137, 141
Academos 43
Adriano II 160
Agostinho (santo) 99, 123, 126-129, 150s., 152, 156, 251, 256, 433, 444, 450
Agricola, R. 180
Agripa 93
Alberto o Grande 163, 187
Alcebíades 32, 113
Alcinos 100s.
Alembert, J.R. 305, 402
Alexandre d'Aphrodise 83, 96, 101s., 108n., 133, 138, 144, 147, 181, 183, 187s.
Alexandre o Grande 45, 90, 276
Ambrósio (santo) 126s.
Amintas II da Macedônia 44
Âmirî, al 141
Ammonios Saccas 105, 106n.
Anaxágoras 14, 16, 19, 29, 31, 58
Anaximandro 13, 15, 16, 18s, 58
Anaxímenes 13, 16, 19, 22, 67
Andronicus de Rhodes 45, 96
Antígona da Macedônia 81
Antíoco d'Ascalon 96, 99
Antipater de Tarso 82
Antiphon 16, 30
Antístene 32
Apel, K.-O. 329, 338
Apolo Lícia 45
Apolônio de Perga 71, 72
Apuleio 100s., 128, 129

---

* O "n." seguido do número de página indica que o nome em referência se encontra em nota de rodapé.

Arcésilas de Pitane 43, 91s.
Arendt, H. 398, 501n.7, 505
Aristarco de Samos 71, 73, 302
Aristipo 69
Aristófanes 31
Ariston de Quios 81
Aristóteles 13, 17, 19, 20, 28, 28n.54, 35, **43-61**, 65s., 68, 70, 72, 74, 75n., 82, 84s., 86s., 90, 95s., 99-104, 106, 108, 110, 111, 113, 117, 124s., 129, 131-133, 135-138, 139s., 143-146, 148, 150-152, 154, 156, 163-166, 168, 171, 174, 176, 179-186, 187s., 190, 193, 196, 201s., 204s., 208, 257, 271, 292, 294, 296s., 300, 302, 303, 347, 428, 433, 438, 443, 444, 446, 452, 454, 520, 527, 530, 534, 540, 551
Arnaud, A. 245n., 252, 272, 274, 276
Aron, R. 400, 406, 470
Arquimedes 59, 71
Ashʿarî, A. al-Ḥasan al- 134, 134n.
Atenágoras 121, 123, 126
Atticus 101, 126
Auriol, Pierre d' 155
Averróis (Ibn Rushd) 135, 140, 142, **143-148**, 184, 188
Avicena (Ibn Sina) 141, 143s., 145

Bachelard, G. 543, 546
Bacon, F. 179, 235
Baconthorpe, R. 155
Baliani, J.B. 297
Barrès, M. 410
Basílio o Grande 122, 125
Bastiat, F. 341
Bataille, G. 493
Bayle, P. 222-234, 267, 283
Becket, S. 493
Bentham, J. 341, 374, 377, 494
Bergson, H. **422-431**, 469, 524, 543s.
Berkeley, G. 260s., **282-290**, 328, 334, 413
Bitriq, I. al- 132
Blanchot, M. 493
Bodin, J. 224n., 509, 512
Boécio 125, 127, 129
Bolzano, B. 413, 553
Bonald, L. (visconde de) 406, 407s., 410
Bonifácio VIII 152

Boyle, R. 233, 247, 297
Brentano, F. 355, 412s.
Broca, P. 524
Brouwer, J. 552, 555, 557
Bruni, L. 151, 181
Bruno, G. 186, 189, 190s., 301
Brunschvicg, L. 477, 543, 546
Buffon, G.L.L. (conde de) 264
Burckhardt, J. 391
Burlamaqui, J.-J. 322
Busch, W. 372

Calcidius 128, 129
Cálicles 30
Cantor, G. 413
Carlos I da Inglaterra 192
Carlos V o Sábio 152s.
Carnap, R. 375, 412, 485, 487-489, 543, 547, 553s.
Carnéades 91
Cassirer, E. 543, 546
Castelli, B. 293s.
Castoriadis, C. 440-442
Cavaillès, J. 551, 558s.
Cavalieri, B. 294
Cervantes, M. 258, 354
Chanut, P. 210
Christine de Loraine 293
Christine de Pisan 157
Christine de Suède 199, 210
Churchland, P. 526
Cícero 43, 88, 91n., 92, 98, 126s., 129, 152, 180
Cipriano 126
Cirilo de Alexandria 122
Cleante de Assos 81
Clemente de Alexandria 121s., 125s.
Cleómane de Esparta 81
Clerselier, C. 251
Collins, A. 290
Comte, A. 337, 400s., 404, 405, 407-409, 531
Condorcet, N.C. (marquês) 404s., 408
Connes, A. 560s.

Copérnico, N. 71, 73, 186, 189-191, 291, 377, 300-302, 349, 436, 444
Crates de Tebas 43, 80
Crisipo de Soles 81s., 85, 87, 98s.

Dante Alighieri 158s., 162, 187, 354
Darwin, C. 444, 518, 520
Davidson, D. 529
Deleuze, G. 265n., **442-431**, 515
Demócrito 16, 20, 27, 29s., 58, 74-77, 79, 89
Denys o Antigo 43
Derrida, J. 418, 457
Desanti, J.-T. 559
Descartes, R. 90, 179, **199-211**, 216, 228, 234, 238, 245n., 251-255, 257s., 259s., 262, 267, 270, 273, 275s., 283, 292, 297s., 299, 304, 321, 350, 376, 392, 398n., 413, 424, 434s., 437, 448, 481, 495, 524, 536-537
Diderot, D. 213, 321, 325, 524
Digges, T. 190
Dilthey, W. 413, 446, 448
Dimashqî, A.U. al- 133
Diodote 98
Diógenes da Babilônia 82
Diógenes de Apolônia 16, 19, 29
Diógenes de Oenoanda 75
Diógenes Laércio 17n., 20n., 28n., 30n., 75n., 77n., 78, 80n., 84n., 90n., 93n., 94n., 181, 388
Dion Crisóstomo 83
Dion 43
Dionísio o Areopogita 119, 124s., 153
Dionisos de Heracleia 81
Duhem, P. 292, 301
Duns Scoto, J. 155, **168-172**
Durkheim, É. 400, 409, 410s., 509

Eddington, A. 546
Eduardo II da Inglaterra 157
Einstein, A. 534s., 539, 543-545, 551
Empédocles 16, 19, 28, 30, 36, 58
Enesidemo 92-95
Epicuro 74-79, 81, 224, 318
Epifânio 120, 125
Epiteto 83, 98s., 103, 234

Índice onomástico 599

Erasístrato 66s.
Erenius 105
Espeusipo 43
Euclides 17n., 60, 69s.
Eudóxio de Cnido 49, 59, 70, 72
Eusébio de Cesareia 122, 126

Fârâbî, A. al- 139n., 141n., 143, 145
Feigl, H. 525
Felipe II da Macedônia 44
Felipe IV o Belo 152, 156, 162
Ferguson, A. 403
Feuerbach, L. 357
Feyerabend, P. 547
Fichte, J.G. 328, 334, 348-351, 353, 357, 365n., 368, 413, 436, 438
Ficin, M. 111, 119, 182-186, 187s.
Fílon de Alexandria 107, 121s.
Finetti, B. 554
Fink, E. 412
Flourens, P. 524
Fodor, J. 527
Foucault, M. 398n., 477, 483n., **490-497**, 499, 549
Fourier, C. 409
Fraassen, B. 547
Frege, G. 413, 415, 460-463, 484s., 550, 553, 560
Freud, S. 372, 437s., 439-441, 443s., 474, 476s., 479, 495

Gadamer, H.G. 456
Galiano 65, 67-69, 83, 97, 105, 132
Galileu (Galileu Galilei) 122, 190, 196, 199s., 205, 226s., 232, 291-298, 299, 301-305, 533s.
Gauchy, H. 152
Gauss, C.F. 413
Ghazâlî, al- 134, 145s.
Gibbon, E. 356
Gilles de Roma 152, 154, 154n., 156
Gödel, K. 557, 560s.
Goethe, J.W. 348, 353s., 374, 396, 437
Gordian III 105
Górgias 16, 30, 40n., 89
Graciano 155

Gregório de Nissa 124
Gregório de Rimini 168
Gregório o Taumaturgo 122, 322
Grothendieck, A. 556
Grotius, H. 227
Guilherme de Ockham 153, 160s., 168, **173-176**, 487

Habermas, J. 329, 332, 337, 338, 351, 499-503, 507
Hacking, I. 554
Hahn, O. 553
Harrân, T.b.Q. al- 133
Harûn al-Rashîd 131
Hayek, F. 508n.
Hébreu, L. 234
Hecateu 15
Hegel, G.W.F. 328, 330, 348s., **356-367**, 368, 373s., 382, 406s., 430, 436s., 473, 476, 509
Heidegger, M. 330, 412, 418, 443, **446-457**, 471
Heisenberg, W.K. 541
Helmholtz, H. 412
Hempel, C. 525
Henri de Gand 169
Heráclito 16, 19, 22-26, 28, 58, 89, 92
Herilus de Cartago 81
Hermes Trimegisto 182
Hermias 44, 125
Heródoto 15, 17, 28, 75n., 76n., 78n.
Herófilo 66s.
Herz, M. 333s.
Hesíodo 15-16, 113, 118
Heyting, A. 555
Hilário de Poitiers 127
Hilbert, D. 448, 551s., 555s., 560
Hiparco de Niceia 72
Hípias 16
Hipócrates 61-70
Hipólito 18n., 19n., 22n., 120
Hobbes, T. **192-198**, 224n., 227, 228, 237, 263s., 268, 283s., 297, 323, 324
Hoffmann, E.T.A. 355
Hölderlin, F. 351, 356, 456
Homero 15, 113, 118

Índice onomástico

Honneth, A. 508s., 511n.
Hortensius 127
Humboldt, W. **307-319**, 357, 362, 402, 424, 426
Hume, D. 261, 265, 307, 319, 403, 424, 553
Ḥunayn b. Isḥaq 132s.
Husserl, E. 330, 336, **412-420**, 429, 446, 448, 453, 470s., 478, 495, 551, 557s., 561
Huygens, C. 272, 298, 304-306

Ibn al-Khammâr 134
Ibn Bâjjah 140, 142
Ibn Miskawayh, A.A. 141
Ibn Zurᶜah 134
Iena **348-351**
Íon de Quios 28
Isócrates 43

Jamblique 22n.31, 29, 29n.64, 111, 113
James, W. 412, 428-429, 524
Jean Cassien (santo) 495
Jean Paul (Johann Paul Friedrich Richter) 354
Jean Petit (Johannes Parvus) 158
Jean Philopon (Jean de Alexandria) 125, 136, 181, 187
Jean Quidort (Jean de Paris) 160
Jean sem Medo 158
Jean Terre-Vermeille 157
João XXII 159s., 162
Justiniano 112
Justino 121, 122s., 126

Kant, I. 164-172, 207, 261, 268-270, 287, 301, 320, **328-338**, 348-351, 354, 356, 360, 364, 368-370, 371, 374s., 419, 425-429, 433s., 435s., 439s., 444, 455n.22, 457, 473, 476, 492, 495, 497, 499, 503, 510, 534, 545, 550s., 553s., 557, 558, 561
Kepler, J. 190, 293, 301-303, 304
Keynes, J.M. 345
Kierkegaard, S. **379-386**
Kim, J. 530
Kindî, al- (Alchindius) 131, 132-138, 141, 143
Klein, M. 479
Kleist, H. 355
Koiré, A. 300, 412

Kojève, A. 361
Kronecker, L. 413
Kuhn, T.S. 448, 547

La Forge, L. 251
La Mettrie, J.O. 524
La Ramée, P. 180
Lacan, J. 444, 476, 479, 549, 559
Lakatos, I. 547
Le Play, F. 409s.
Leão XIII 163
Lefort, C. 499s., 502, 502n.11, 511
Leibniz, G.W. 233, 252, 254, **271-281**, 287, 304, 321, 328,, 330, 372, 413, 436, 438, 455, 484, 539-540, 550
Lenau, N. 355
Leucipo 16, 20, 74s., 76n.4
Lévinas, E. 412
Lévi-Strauss, C. 476s., 549
Lewis, D. 527
Locke, J. 225, **243-250**, 260, 262s., 265, 268, 283, 286, 308, 317, 321, 323, 328, 373-374, 413, 435, 537
Lucrécio 75-77, 95, 181, 302n.29
Luís da Baviera 160, 162, 173
Luís de Orleans 158
Luís XIV 218, 251
Lukács, G. 509
Łukasiewicz, J. 485

Mach, E. 548, 553
Maciano Capella 129
Macrobe 129
Maestlin, M. 190
Maïmonide, M. 235
Maine de Biran (Pierre Gontier de Biran) **422-431**, 524
Malebranche, N. **251-256**, 260, 260n.11, 263s., 283s., 286, 288, 321, 328, 435
Malthus, T.R. 342, 346
Ma'mun, al- 131
Mandeville, B. 290, 403
Mann, T. 372
Mansur, A.D. al 130-131
Maquiavel, N. 150s., 152, 189, 191, 356

Índice onomástico

Marco Aurélio 83, 97-98, 103
Marinus 112
Marshall, A. 341, 345
Marsílio de Pádua 153, 161
Marty, A. 413
Marx, K. 341s., 345-347, 357, 400, 408, 473, 476
Maurício de Nassau 199
Maurras, C. 410
Maximiliano da Baviera 199
Meinong, A. 413
Melanchton (Philipp Schwarzerd) 180
Melisso de Samos 16, 26, 27
Menger, C. 341
Merleau-Ponty, M. 469, **472-481**, 533, 543, 544
Mersenne, M. 203, 297
Meternich-Winnebug, K. (príncipe de) 362
Meyer, L. 216, 234
Michel de Cesena 159
Mill, J.S. 341, **373-378**, 413, 426
Moisés 120, 122, 126-127, 182, 185, 236
Montaigne, M.E. 228, 229, 257s., 260n.9, 398n.1, 402
Montesquieu, C.S. (barão de) 270, 321, 323, 356, 400-402, 404
Moore, G.E. 464
Mu'âwiyah (Muawiya) 130
Musonius R. 83, 98

Nadîm, I. al- 131
Nagel, E. 525, 528n.12
Natorp, P. 413
Nemesius de Emese 124
Nero 102
Neumann, J. 489
Neurath, O. 488, 553
Newton, I. 189, 273, 291s., 298-300, 303-306, 309, 409, 534-536, 541, 546
Nicolau de Cusa 186
Nicolau I o Grande 160-161
Nietzsche, F. 329, 330, 372, 381, **387-396**, 430, 455s., 476, 509
Noel, É. (pai) 297
Novalis, F. (barão von Hardenberg) 348s., 355
Numenius de Apamea 101, 122, 126s.

Oldenburg, H. 233, 299n.17
Olimpiodoro 133
Olivi, P.J. 171
Oresme, N. 152s.
Orígenes 105, 121, 122, 125
Osiander, A. 300-302

Panetius 82
Paracelso 189
Pareto, V. 400
Parmênides 16, 19, 22s., 75, 89, 453
Pascal, B. **226-232**, 272, 296, 297s.
Patocka, J. 412
Paulo (São) 120
Peirce, C.S. 413, 553
Périer, F. 297
Perseu de Citium 81
Petrarca, F. 179s.
Peurbach, G. 300, 302
Philinos de Cos 67
Philolaos de Crotona 16, 22, 59
Philon de Larissa 92, 96
Picco de La Mirandola, J. 182, 185s., 187
Picot, C. 203
Pierre Lombard 164, 168
Pirron de Elis 89-93
Pitágoras 13, 16, 22, 28-29, 59, 95, 100, 113, 125
Place, U. 525
Platão 16, 22, 30, **32-43**, 44, 52s., 59-61, 70-72, 74, 82-85, 87, 89-91, 92, 95-97, 99-101, 103, 109s., 110-114, 116, 118s., 122-129, 131s., 138, 140, 143, 181-188, 190, 208, 283, 302, 371, 415, 432, 433, 440, 444, 457, 459, 496, 520, 560s.
Plotino 43, 101, **104-111**, 112, 114, 115, 119, 127, 128, 131, 136, 182, 186
Plutarco de Queroneia 75n.3, 97, 100s., 112
Poincaré, H. 305, 541, 544, 548, 553
Pomponazzi, P. 187-189
Popper, K. 359, 488, 547
Porfírio 100n.12, 105, 109, 111-112, 122, 127, 131, 133, 137, 138
Posidônio 82
Proclus 17n.10, **112-119**, 136, 154
Prodicos 16, 30
Psellus 114

Índice onomástico

Ptolomeu 66, 73, 81, 133, 300, 301-302
Putnam, H. 527, 547

Quesnay, F. 340
Quételet, A. 404, 410
Quine, W.O. 375, 488, 547
Qusṭâ b. Lûkâ 133

Rahman, A. al- (Ibn Khaldun) 130
Ramón y Cajal, S. 524
Rancière, J. 499, 502, 507, 511
Rashîd, H. al- 131
Ravaisson, F. 423n.3, 425
Rawls, J. 329, 338, 376, 500, 501, 503, 506, 508, 511
Regiomontanus (Johannes Müller von Königsberg) 302
Reichenbach, H. 543, 545
Riemann, B. 413, 550
Rienach, A. 412
Reinhold, K.L. 348
Ricardo, D. 340-347
Rickert, H. 413
Rimbaud, A. 439
Roberval, G.P. 297
Rousseau, J.-J. 268-270, **321-327**, 437, 501, 509
Roussel, R. 493
Russel, B. 375, 458, 460s., 462-464, 484-488, 543, 545, 551, 553
Ryle, G. 525

Sacrobosco, J. (John de Halifax) 302
Saint-Simon, C.H.R. (conde de) 409
Salutati, C. 181
Sartre, J.-P. 408n.33, **469-475**, 476, 478n.9, 480
Savigny, F.K. 357
Say, J.-B. 341s.
Schelling, F.W.J. 348s., 351-354, 356s., 368, 380, 437
Schilder, P. 479
Schiller, F. 348
Schlegel, A.W. 348s., 354
Schlegel, F. 355
Schleiermacher, F. 348, 355, 357
Schlick, M. 488, 543, 545, 553

Schmitt, C. 501, 507
Schopenhauer, A. **368-372**, 388s., 390
Sêneca 83s., 99, 103, 129
Sextus Empiricus 22n.33, 76n.9, 77n.11, 78n.16, 89, 92-94, 181
Shaftesbury, Ashley Cooper (conde de) 243, 290
Shakespeare, W. 258, 354
Sieyès, E.J. 404s., 408
Sijistani, al- 141
Simmel, G. 509
Simondon, G. 428, 514
Simplicianus 127
Simplicius 18n.13s., 19n.20, 20n.26, 28n.60, 72, 88
Sîrâfî, A.S. al- 141
Sismondi, J.C. 346
Smart, J.J.C.
Smith, A. 339-341s., 344s., 403
Sócrates 29s., 40, 43, 80, 86, 89, 92, 171, 379, 385, 432
Sófocles 30
Spencer, H. 426
Spherus de Borysthène 81
Spinoza, B. 191, 211, 213, **233-242**, 254, 262-268, 270, 272, 283, 350, 352, 408, 434, 438, 469
Sraffa, P. 344, 345
Stein, E. 412
Sterne, L. 354
Stillingfleet, E. 246
Stratford, J. 157
Strauss, D. 390
Strauss, L. 235n.4
Stumpf, C. 412
Suarez, F. 165-167
Sydney, Al. 323
Sylla 82
Syrianus 112

Taciano 120, 125
Taine, H. 426
Tales 13, 15, 16-18, 28, 58
Tarde, G. 409-410
Teófilo de Antioquia
Teofrasto 44, 133

Índice onomástico

Teógnis de Megara 388
Tertuliano 120, 125, 127
Tessália 67
Themison 67
Themistius 144, 181, 187
Theodoret 126
Tieck, L. 348
Tímon de Filionte 90, 94
Tocqueville, A. 378, 400
Tomás de Aquino (Santo) 140, 163-166, 188, 433
Torricelli (evangelista) 226, 294, 298
Trasímaco 30
Trémaugon, E. 153
Tschimhaus, W. 233
Tucídides 30
Turing, A.

Valla, L. 180
Varrão 126
Veit, D. 348
Vésale, A. 189
Veyne, P. 149
Victorinus (Marius) 129s.
Virgílio 301
Viviani, V. 296
Vuillemin, J. 559

Wackenroder, W.H. 348
Wagner, R. 372, 388-391
Wahl, J. 423, 428, 429
Wallis, J. 306
Walras, L. 341
Ware, G. 155
Weber, M. 333, 400, 406, 509
Weierstrass, C. 413
Wernicke, C. 524
Weyl, H. 546, 556
Whitehead, A.N. 428, 488, 515, 543, 544
Witt, J. 233
Wittgenstein, L. 330, 338, **458-468**, 487, 525, 530, 553, 555, 558n.6
Wolff, C. (barão de) 273, 328

Xenócrates 43, 83
Xenofonte 32, 40, 80
Xenófanes 15, 16, 19, 21, 28

Yaḥyâ b. Âdî 133, 137, 141
Yakûb Yûsuf, a. 143
Yuhannâ b. Haylân 137

Zenão de Eleia 16, 26, 59, 80-82, 83, 89, 99
Zenão de Tarso 82

ÍNDICE ANALÍTICO

absoluto 117s., 150, 154s., 171, 173, 232, 242, 349-353, 359, 366, 425
abstração 59, 140, 147, 170, 174, 308
abstrato 138, 147, 171s., 175, 259, 284, 315, 347, 375, 499, 531
absurdo 47, 59
ação 51, 54, 85-87, 90s., 134, 140, 155, 167, 198, 239, 266, 280s., 311, 313, 315, 350, 352, 363, 372, 403, 413, 427, 472-474, 494, 496, 503, 507, 531
acidente 49, 135, 168s., 173, 190, 381s., 444
afecção 78, 94, 147, 194, 228, 238, 241, 255, 267, 295, 313, 379, 403, 435, 440
alma 28, 33-35, 38s., 42s., 48, 51, 68, 76, 78s., 85, 104s., 108-111, 114s., 117, 123s., 128, 132, 136-140, 146-148, 165, 174, 176, 182-184, 187, 191, 194, 200, 202s., 210s., 239, 254, 259-261, 267, 276s., 281, 353, 384, 432-435, 437, 443s., 477, 479s., 527, 530
amizade 55s., 78
amor 28, 53, 127, 172, 232, 234, 236, 241, 255, 269, 281, 314s., 325, 372, 396
análise 87s., 93, 174, 201, 215, 460s., 463s., 466, 484-487, 496
analogia 51, 84, 144, 169, 194, 248, 276, 290, 409
anatomia 51, 64s., 67
angústia 381, 384, 443, 447, 454, 471
animal 28, 37, 46, 50s., 65, 138, 195s., 203, 489, 520
antropologia 124, 214, 216, 264-270, 321, 402s., 438, 473, 478s., 483, 491-493, 509
apetite 39, 42, 202, 433s.
argumentação 24, 47s., 56, 62, 69, 145, 165s.
arte 54, 56, 62, 64, 153, 179s., 198, 352-354, 371s., 389s., 391-393, 455s., 472, 481
ascese 106s., 111, 370, 393, 395, 496
astronomia 22s., 37, 60s., 69-71, 83, 189, 292, 301-304
ato 49, 53s., 77, 114, 138-140, 146s., 171, 174, 176s., 186, 197, 205s., 269, 311, 314, 316, 350, 352, 355, 370, 372, 382, 385, 413-419, 425, 428, 436, 475
atomismo 74s., 77s., 224, 244, 275, 536, 538s.
autonomia 40, 98, 102, 153, 159s., 166, 268s., 384, 471
autoridade 62, 134, 152, 165s., 198, 213, 219, 224, 230s., 319
axioma 47, 59s., 66, 70, 114, 208, 484, 488, 552

beatitude 159, 191, 211, 236s., 350
bem 38, 40, 53s., 78, 92, 106, 115, 117s., 132, 134, 171, 210, 216, 279, 281, 316, 318, 337s., 337s., 374, 377, 432, 510
Bíblia 120-122, 212-216, 237, 250, 300
biologia 468, 483, 513-516, 519-521, 528, 531

cálculo 42, 78, 189s., 272s., 340, 436, 484s., 488s.
capitalismo 341s., 345-347
categoria 46, 48, 50s., 77, 169, 173,, 369, 371, 420, 448, 523, 542, 545s.
causa 33, 48-50, 52s., 85, 106, 110, 114-116, 135, 137s., 145, 147s., 156, 166, 175, 206s., 254, 286, 292, 299s., 311, 318
causalidade 266, 276, 286, 288, 309s., 369
certeza 92, 169, 200, 204, 205, 245s., 425, 438, 555
ceticismo 77, 85-95, 175, 228s., 257, 284s., 319, 329, 376, 402, 480
cidadão 196, 222, 325, 500, 502, 505, 512
cidade 33, 40-43, 54-56, 140, 150-152, 399
ciência política 45, 54s., 141, 242, 398, 406
comportamento 236, 238, 316, 342, 403, 473, 478, 491, 493-495, 525
compreensão 57, 66, 108, 138, 147, 255s., 405-407, 443, 448-451, 456, 464-466, 468, 475
comunicação 153, 338, 380, 394, 466, 492, 505s.
comunidade 40, 61, 151, 153, 156, 188, 195, 198, 212, 339s., 388, 392, 399, 416, 419s., 454, 503s., 507
conceito 60, 87s., 92, 138, 169-175, 195, 214, 216s., 224, 231, 330, 332, 350, 359s., 364-366, 436, 443, 462, 464s., 484s.
concreto 105, 166, 173, 240, 256, 303, 365, 409, 454, 477, 481, 545
conexão 254, 287, 309, 311-313, 319, 430, 443, 524, 527
conhecimento 21, 27, 35, 37, 48, 54s., 59, 61, 87, 90-92, 108, 110, 121, 134-136, 145-148, 159, 169, 173s., 183, 186, 191, 194s., 199s., 201, 203-205, 207-209, 215, 226, 230, 232, 234, 249s., 252s., 255s., 258-263, 265s., 273s., 281-283, 285s., 290, 292, 310, 312, 330, 334, 349, 375s., 390, 392, 396, 413-417, 423s., 426s., 435, 437, 453, 462, 464s., 478, 483, 486, 489, 492, 542s.
consciência 195, 203, 222-225, 257-264, 267, 269, 289, 333, 335, 338, 361, 374s., 394, 413-419, 424-426, 430s., 434-439, 444, 470s., 476, 526, 530
constituição 41, 55s., 242, 361, 502
contemplação 40, 86, 107, 121, 123, 128, 265, 371
contingente 176s., 280s., 366, 470, 472, 476, 485s.
contrário 21, 23, 26, 113, 204, 430, 480
contrato 198, 227, 322, 501s., 520
corpo 34s., 37, 39, 48, 50, 52, 64, 67s., 74-79, 84s., 104, 109s., 117, 137, 140, 146-148, 156s., 162, 174, 183, 188, 192-194, 198, 201s., 204s., 209s., 232, 254s.,

Índice analítico 611

258-261, 263s., 267, 269, 276, 278, 282, 284, 288s., 314, 370, 393, 396, 418, 432-435, 444, 478-480, 494, 524, 527
cosmologia 17s., 20, 24, 35, 43, 48, 123, 137, 184, 186, 190s., 535s., 544
cosmos (mundo) 16, 18, 71, 84s., 100, 105, 107, 110, 124, 184
crença 76, 89s., 92, 145, 183, 217, 225, 244s., 267, 284, 308, 310, 312, 314, 316, 318s., 373, 376, 414s., 460-462, 526, 528, 530-539
cristianismo 119, 121, 159, 180, 182, 185, 191, 198, 227, 379s., 390, 395
criticismo 300, 331, 333, 335-338, 355, 368, 376, 417
cultura 64, 69s., 119, 178-180, 185, 211-213, 216, 222, 378, 388, 390, 443, 479, 490s., 493, 503s., 506, 509, 531

decisionismo 337, 501s.
dedução 38, 47, 56, 60, 70, 200s., 489
deliberação 162, 171, 195, 289, 501
democracia 56, 224, 242, 378, 495s., 498-512
demonstração 140s., 144s., 164, 169, 175, 200, 206s., 228, 232, 275, 310, 467
desconstrução 330s., 390, 434, 436-438, 440s., 443s., 445, 454, 457, 480, 482, 495s., 526, 528, 531
desejo 51, 78, 107, 125, 184, 195s., 210, 222, 229, 259, 262-264, 268, 314, 325, 374, 377, 381
determinismo 76, 85, 102, 115, 125, 134, 138, 370s., 440, 471, 473, 532, 540-542, 546, 561
Deus 21, 28, 35, 37, 39, 43, 53, 79, 85, 92, 101, 106-108, 111, 117-119, 121s., 124-126, 128, 131, 134s., 138, 141, 145s., 150, 154-156, 158, 164-167, 170, 172, 175s., 183, 185, 189-191, 193-195, 198, 200, 202, 211, 215s., 221, 225s., 236-241, 252-256, 261s., 270, 273-275, 277-283, 286-288, 290, 317s., 353, 381s., 385, 395, 427, 470
dever 232, 245, 280s., 325, 349
dialética 38, 45, 47, 56, 87, 92, 140, 144s., 165, 186, 359-361, 365, 382, 472-475
direito natural 176, 196, 198, 218, 223, 227s., 230, 232, 237, 324, 373
direito 149, 153, 155-157, 179, 195, 214, 222, 224s., 268, 378, 493s., 503, 505-507, 510, 520
dogma 68, 104, 143, 146, 220, 226, 238, 327, 393, 488s.
dor 78s., 90, 195, 209, 255, 258, 319, 394, 465, 525-528
doutrina 26, 28, 32, 93, 96, 107, 110, 123s., 134s., 140, 163-165, 175, 180, 182, 203, 209, 219-221, 229, 284
dualismo 110, 158s., 162, 209, 259s., 288s., 434, 440, 459

economia 54, 152, 339-347, 361, 498, 509
educação 39-43, 86, 191, 281, 325s.
elemento 18-20, 28, 36, 48-50, 59, 68, 84s., 277s., 311, 369s., 431, 439

emoção 69, 87, 145, 210s., 267, 289, 308, 471, 530
empirismo 201, 208s., 287, 329, 373, 375, 422, 424-431, 488, 545, 553s.
ente 167-170, 174s., 193, 195, 450, 455
entéléquia 277, 433, 439, 444
entendimento 229s., 234, 240, 245, 250, 253, 255, 259, 263, 265, 268, 280s., 310, 312, 331, 334s., 350s.
enunciado 23, 86s., 215, 288, 301, 333, 444, 464-467, 547, 551s., 554s.
epistemologia 37, 59s., 70, 73, 141, 201, 273, 374, 483s., 489s., 493, 513, 516, 544-550, 557-560, 562
escolástica 96, 148, 150s., 163s., 179, 185, 204, 206, 444
escolha 28, 138, 172, 210, 224, 230, 280, 333, 372, 382, 384s., 475
esforço 85, 98, 240, 262, 264, 280, 424s., 434, 437
espaço 26, 69, 84s., 193, 288, 310s., 319, 369-371, 426s., 534s., 537s., 540, 544s., 548
espécie 39, 41, 46, 50s., 53, 174, 444, 518-521, 530
espírito 85, 91, 107s., 123, 146, 166, 169, 174, 193, 201-203, 205-208, 210s., 260, 263-267, 269, 276, 282, 284, 286-290, 308, 310, 314, 317, 349, 351, 361, 363, 365s., 383, 434, 438, 477, 524s., 527-532
essência 52, 108, 137, 139, 146, 159, 166, 171s., 175, 185, 202s., 207s., 230, 261, 263, 359, 395, 432s., 459, 462, 495, 531
Estado 149s., 152, 196, 198, 213, 217s., 224, 231, 241, 325, 351, 364s., 392s., 407, 455, 493s., 498-500, 505s., 512
estética 90, 232, 369, 371, 385, 389, 392, 462, 472
eterno 49, 53, 101, 109, 114, 136, 140, 146s., 209, 354, 362, 394-396
ética 39, 43, 53, 79, 84s., 92, 110, 128, 152, 171, 176, 180, 187, 214, 225, 256, 338, 340s., 369, 371, 374, 376s., 385, 406, 462, 472, 496s., 504-506, 519
eu 78, 204-206, 350-353, 355, 379, 382, 384s., 392, 424s., 427, 436s., 439, 441s., 444, 448, 454, 470, 478s.
existência 60, 65, 137-139, 146s., 170, 175, 184, 189, 203-209, 260, 284-286, 311, 350, 379, 381-386, 389, 394, 413-416, 425, 433, 449-452, 454s., 461, 470-473, 476, 479, 487, 496s., 521
experiência 48, 61, 67s., 92, 111, 138, 147, 176, 201, 203, 205, 210s., 217, 265s., 280, 286, 288, 293, 297, 304, 311s., 314, 319s., 330, 374s., 381, 416-419, 422-425, 427, 429-431, 435, 438, 449-452, 455, 465, 477s., 481, 493, 528, 542, 544, 561
explicação 145, 191, 255, 276, 283s., 318, 370, 423, 448s., 452, 464
expressão 46, 111, 180, 238s., 276s., 511

faculdade 108, 138, 147, 169, 172, 228, 254, 258, 429
felicidade 54-56, 76, 78, 90, 140s., 151, 165, 210, 373s., 394
fenômeno 33-36, 77, 190, 193, 199, 202, 263, 265, 269, 276, 282s., 286, 288, 290, 295, 303, 306, 330, 336, 349, 369-371, 375, 389, 413, 416, 419, 427, 436, 444, 478, 562

Índice analítico 613

fenomenologia 413-421, 437s., 446, 448, 454, 457, 465, 469s., 476, 478s., 514, 536s., 556s.

filologia 214-216, 354, 502s.

finalidade 54, 115, 153, 166, 210, 279, 288, 370

finalismo 48, 50, 55, 68, 115, 152, 164, 166, 202, 208, 210, 279, 288, 370, 411, 443, 518, 523

finito 27, 84, 96, 148, 167, 169, 184, 188, 194, 205, 207, 238-240, 255, 284, 286, 289s., 334, 350, 353, 381, 452

finitude 264, 277, 330, 336, 353, 384, 416s., 426, 446, 453s., 492

Física 18, 47s., 54, 58, 72, 74, 77s., 83s., 92, 125, 128, 174, 190s., 201, 203, 207, 226, 273, 276-278, 288, 290, 292s., 304, 483s., 513, 533-543, 546, 548, 556s.

- Quântica 537-541, 543s.

forma 23, 33s., 38, 48-52, 54, 108s., 111, 116s., 131, 138-140, 175s., 186, 191, 275, 277s., 429, 514, 527

fundamento 42, 66, 88, 92s., 106, 140, 158, 170, 200, 205s., 209, 230, 351

gênero 34, 45s., 136, 154, 158, 289, 520s., 523

geometria 22, 59, 60s., 69-71, 73, 209, 238, 287, 292, 295, 300, 466, 483, 488, 545, 550

gnose 121, 244, 262, 396

governo 42, 56, 86, 151-156, 158, 162, 189, 191, 220, 223s., 317, 324, 407, 493s., 500s., 509s.

hábito 65, 211, 287-312, 392, 425, 429, 451

harmonia 22, 41, 105, 107, 110, 157, 172, 185, 254, 271, 273, 278s., 518

heliocentrismo 190, 300-303

hermenêutica 134, 185, 213-215, 448s., 452s., 456, 475, 554

história 57s., 178, 213s., 225, 277, 362-365, 376s., 382, 391-394, 450, 454, 456s., 473s., 490s., 492, 495, 504, 506, 531

homem 35, 37, 39, 50, 54s., 91, 125, 135, 138, 140, 145, 149, 151-153, 155, 158-160, 166, 171, 183-185, 188-191, 194-197, 204s., 209-212, 215s., 222, 225s., 229, 231, 234, 239, 257-259, 262, 265s., 268, 270, 278-281, 308, 316, 322s., 325s., 361, 363, 370-372, 374, 377, 381, 385s., 394-396, 438, 448s., 451s., 472, 474s., 478s., 489, 491-493, 530s.

humanismo 179-182, 187, 477

ideal 85s., 108, 126, 159, 180, 185s., 276, 334-336, 338, 348, 351-354, 368s., 371, 375, 413, 415, 435, 477s., 543

ideia 53, 107s., 110, 115, 123, 195, 201, 203, 205-213, 228, 245s., 253s., 260s., 265, 276, 280, 282-289, 308-316, 331, 371s., 432, 435, 462

identidade 33, 81, 108, 249, 284, 309, 313, 350, 352, 365, 370, 389, 435, 441-443, 454, 471, 494-496, 504s., 511, 524-527, 529, 531

igualdade 54, 196, 496, 498, 501s., 506s.
ilimitado 18, 22, 26, 75s., 114, 117, 202, 352
Iluminismo 179, 213, 216, 225s., 254, 290, 321s., 324, 373, 377, 401
ilusão 77, 91, 120, 311, 330s., 388, 391, 438
imagem 33s., 38, 40, 51, 78, 108, 123, 140, 147, 156, 187, 193, 196, 204, 308, 438, 443, 459, 462
imaginação 51, 138, 140, 147, 193, 208, 231, 267, 286s., 289, 308, 312, 316, 350, 353, 355, 374, 379, 381, 384, 417, 436, 440, 443
inato 202s., 208s., 248s., 299, 317, 354
inconsciente 50, 184, 263, 352, 433-436, 438-445, 474
indefinido 18, 20, 53, 202, 261, 264, 417, 460, 497, 535
indivíduo 42, 46, 50, 53s., 86, 107, 140, 171, 191, 197, 214, 230, 313, 317, 319, 323, 340, 382-384, 388, 391-395, 403, 405, 407s., 442s., 465s., 473, 494, 496, 499s., 510, 515-517, 521-523, 526, 528, 530s.
inferência 38, 87s., 174, 260, 266, 310, 312, 319, 375, 467
infinito 27, 34, 54, 93, 125, 174, 184, 186, 190s., 194, 206s., 278, 284, 350, 353, 383
instinto 261, 266, 388s., 393, 395, 445
instituição 14, 39, 62, 66, 85, 154, 159, 196s., 218, 317, 419, 494, 500s., 504, 508, 511s.
intelecto 20, 33, 37-39, 42s., 50s., 100, 102, 104, 106s., 115s., 140, 146s., 166, 169s., 188, 200, 433, 443
inteligência 107, 111, 123, 129s., 148, 184, 188, 191, 290, 318, 322, 359, 427, 466, 489, 528
inteligível 33-35, 109-111, 115s., 137, 139s., 169, 216, 334, 487
intenção 37, 176, 191, 252, 255, 286, 351, 413-420, 424, 462, 465, 470, 503, 531
intencionalidade 254, 350, 420, 459, 463, 465, 470, 531
interpretação 214s., 231, 248, 250, 292, 370, 396, 438, 449, 453
intersubjetividade 336, 338, 419
intuição 111, 200, 248, 260, 310, 350-353, 371, 417, 426, 438, 466, 555-558
irracional 27, 59, 70, 86, 123, 242, 244, 267, 331, 372, 434
islã 130s., 134-136, 141, 143, 147, 180, 185

julgamento 43, 57, 77, 102, 176, 206, 212, 229s., 254, 258, 280, 289, 316, 420, 486
jusnaturalismo 322, 324, 403
justiça 18, 54, 92, 134, 158, 171, 228, 230-232, 317, 337, 372, 377, 504, 510

legal 14, 154-156, 220, 503, 546
legislador 42, 140, 162, 188, 191, 325, 351s., 405, 501
legítimo 77, 162, 199, 221, 324, 378, 493, 497, 499-501, 509

Índice analítico 615

lei 25, 42s., 124, 143-145, 149s., 152, 154s., 171s., 176s., 197s., 202, 210, 227s., 230s., 265, 269, 275-277, 280, 283, 286-288, 290, 295, 299-301, 304-306, 318s., 323s., 337, 349, 351, 374, 493-495, 511s., 523, 525s., 529, 549-552
- divina 227, 231, 235-237, 239, 250
liberalismo 212s., 340s., 373, 376, 378, 498-501, 504-506, 508s., 511s.
liberdade 76, 86, 102, 134, 171s., 196, 211s., 215, 217, 219, 222s., 225, 228s., 232, 234, 239, 269, 280s., 323s., 349s., 358s., 363, 365s., 372-374, 376-378, 380, 382, 384s., 395s., 471-473, 475, 497s., 502, 508, 510, 519, 531s.
linguagem 46, 90, 155, 173s., 179s., 195, 201, 225, 284, 287, 322, 338, 354, 394s., 413, 420, 438, 457, 459, 467, 477, 480, 483s., 486s., 489, 492, 504, 547
livre-arbítrio 134, 211s., 314, 542
lógica 45, 59, 84, 87s., 128, 144, 170, 173-175, 180, 190, 194, 203, 273, 275s., 359s., 365s., 374s., 382, 413, 443, 459-463, 466, 483-489, 493, 547-550, 552-557
logos (razão, discurso) 23, 25s., 121, 124, 182, 457

mal 40s., 109s., 115, 123, 134, 167, 171, 278s., 316, 472
marxismo 341s., 345-347, 400, 408s., 472s., 480, 494
matemática 22, 36, 53s., 59s., 69-73, 199-204, 206s., 209, 226, 231, 278, 290, 294, 301-303, 306, 374s., 413, 459, 466s., 484s., 487-489, 549-562
matéria 48-54, 74, 84, 104, 109s., 116s., 125, 136, 140, 146, 175, 183, 186, 190, 202, 275, 279, 282-286, 318, 429, 535, 537-539
materialismo 25, 192, 265, 284, 472, 475, 525s., 529, 538
mecanismo 21, 202, 232, 251, 275, 277, 289, 293, 295-297, 299, 303-306, 342s., 394, 434, 514-517, 519, 522, 530s.
memória 14, 51, 137, 195s., 200, 289, 310, 375, 429s.
metafísica 21, 52, 101, 114, 138, 141, 146s., 166, 169, 171, 175, 186, 190s., 200, 202s., 205, 207, 259s., 273-277, 279, 285s., 288, 331, 335, 368-372, 375, 388s., 391, 427, 459-462, 479
método 52, 58s., 63s., 92, 99, 135, 146, 200, 203, 208, 216, 225, 253, 266, 274, 331, 360, 484, 486
misticismo 22, 58, 111, 124, 140, 149, 185, 198, 241, 351, 355, 372
mito 43, 57, 354, 389s., 393, 432s.
mônada 117, 125, 274s., 277s., 280, 416, 419, 441s.
moral 39, 74, 86, 90, 110, 150, 152, 171, 176, 179, 203, 210, 226-228, 249, 256s., 273, 283, 290, 315-317, 323-326, 332, 340, 343, 375, 377s., 392s., 520
morte 35, 79, 146, 196, 211, 226, 277s., 285, 382, 384, 395, 432s., 440s., 452, 474, 521, 524
motor 34, 49, 53, 102, 148
movimento 26, 35s., 48-50, 53, 71-73, 75s., 106, 108, 148, 174, 186, 190s., 193s., 196, 201s., 211, 254, 263s., 275, 277, 288, 290, 293-296, 299-305, 314, 318, 370, 535
mudança 20, 23s., 33, 49, 193, 212, 312

múltiplo 19, 53, 59, 114-117, 275
mundo 25, 35s., 43, 75s., 105, 107, 111, 115s., 123, 137-139, 145s., 155, 183, 188, 191, 201-206, 208-211, 216, 226, 258, 267-269, 273, 275, 277-280, 289, 301, 318, 350, 352, 369, 371s., 376, 399, 414-416, 419s., 427, 437, 449, 452, 462, 478, 481, 537

nação 15s., 43, 57, 113, 217, 339s., 405
necessidade 76, 228, 239, 279s., 314, 319, 350s., 353, 363, 365s., 384, 461, 465, 467, 470, 485
natureza 19l 25, 34-37, 48-50, 55, 60s., 68, 76, 85s., 92, 108s., 146, 154, 159, 169, 184, 188, 191, 193, 195-197, 201, 204, 209, 211, 226, 238s., 265-267, 270, 287, 292, 312, 351s., 354, 369, 374, 459, 473, 520, 523

objetivo 333-338, 351s., 363, 369, 416, 436, 545s.
objeto 78, 91, 111, 115, 123, 137, 184, 195, 201-203, 229, 259, 261s., 263s., 268s., 282, 285, 286s., 308, 311-313, 315s., 319, 330, 333-335, 338, 350, 352, 369s., 375, 413-417, 419s., 429s., 436s., 442, 459-461, 487, 490, 492
obrigação 268, 322-324, 325s., 378
observação 71, 89, 265s., 287, 289
ontologia 37, 170, 186, 190, 261, 284s., 288s., 317, 330, 337, 410, 442, 447, 453s., 457, 460, 479-481, 486s., 521s., 536, 543-546
opinião 33, 37, 78, 89-93, 128, 140, 204, 210, 231, 324, 505
ordem 198, 224, 227s., 230-232, 256, 267, 276-281, 287, 309, 318, 325s., 351, 480, 491, 503, 521
organismo 202s., 514-517, 519s., 526s., 531
órgão 64-66, 68s.
origem 106, 110, 116, 124, 160, 166, 171, 211, 219, 393, 415s., 420, 424, 536
outros 55s., 195, 230, 316, 322, 325, 417s., 472, 478s., 510, 532

paixões 57, 86, 124, 195, 210-212, 239, 258, 260, 266s., 314-316, 322-324, 363, 384, 434, 471s.
participação 33s., 116s.
particular 147, 231, 255, 323-325, 336
paz 158, 196, 198, 220, 224, 230s., 351
pecado 149, 155, 167, 226, 231, 270, 386
pensamento 50, 53, 85-87, 107s., 110, 123, 137, 140, 158, 170, 205s., 208, 210s., 216, 260s., 310, 376, 383
percepção 27, 48, 50s., 88, 90, 93, 110, 201s., 259, 263, 265, 280, 282, 284-287, 289s., 301, 308-315, 413, 415, 417, 420, 429, 433, 436, 443s., 477-479, 481, 515, 526, 531, 534
perfeição 86, 115, 138, 148, 154, 159, 171s., 175, 188s., 191, 207, 518, 560

Índice analítico   617

persuasão 57s., 87, 140, 145

physis (natureza) 18s., 30, 35-38, 48-50, 58-61, 457

poder 150, 152s.,155s., 159, 160-162, 171, 176, 196, 198, 210, 219, 221s., 224, 230s., 490, 493-495, 499-503, 505, 507-512

política 40-43, 54-57, 140s., 149-159, 162, 177, 179, 187s., 191, 196, 198, 212, 214, 216, 220, 222s., 225-227, 230-232, 323-326, 333, 339-343, 345, 361s., 375, 377, 405, 494, 496-501, 503, 505

positivismo 393, 458, 487, 525, 543, 545, 547, 552-555, 559

possível 50, 278, 459, 485

potência 53, 106, 114-116, 134, 139s., 146, 148, 150, 154-156, 170, 172, 174, 186, 190, 195-197, 204, 206, 352s., 396, 494, 512

povo 118, 221s., 224, 322, 339s., 505, 510s.

prática 51, 54, 176, 180, 188, 210, 226s., 263, 266, 332s., 336-338, 350, 433, 473-475, 507

prazer 78, 110, 209, 211, 229s., 256, 259, 266, 315s., 377, 440-443, 494-496

predicado 46s., 53, 276s., 444, 550

princípio 21, 47, 49s., 52-54, 70, 75-77, 84, 88, 106, 111, 114-116, 118, 123, 125s., 138, 155, 158s., 161, 164, 170, 176, 186, 191, 205, 207, 226, 232

produção 109, 228, 255, 339s., 342-344, 346, 474, 494

progresso 179, 208, 343, 346, 363, 373, 378, 393, 488, 499

protestantismo 186, 218-222

providência 86, 92, 125, 146, 158, 167, 182s., 189, 281, 290, 518s.

prudência 54s., 57, 78, 281

psicanálise 439s., 443s., 474-477, 479, 483

psicologia 50, 86, 141, 147s., 377, 412, 414s., 425s., 434s., 438, 444, 459, 465, 477s., 481-483, 489-492, 525, 527-530

racionalismo 144, 178

razão 27, 40, 54, 67s., 77, 85, 92, 121, 134, 167, 171, 188, 197, 210-212, 215s., 225s., 253, 257s., 262s., 266-269, 280s., 312, 314, 322, 328-331, 349, 363s., 369, 381, 421, 461, 473, 476s.

real 92, 166, 170, 203, 257, 259, 266s., 330, 359, 365, 427, 535, 554

realidade 22-24, 36-38, 46, 52, 88, 94, 107, 115-117, 170, 175, 183, 190s., 193, 203, 206, 210, 216, 286, 369-372, 396, 414, 416, 427, 440, 462-464, 467

- inteligível 33, 110s., 123, 145s., 148

realismo 335s., 459s., 477, 543, 546

reforma 186, 212-214, 217, 269

religião 135, 140, 144s., 156s., 161s., 180, 182, 187s., 191s., 198, 210, 213-216, 219-222, 226s., 244, 290, 316, 319, 325, 327, 382, 392s., 395, 460, 503s.

representação 57, 88, 91, 93, 170, 194s., 197, 252, 259s., 263, 268, 275, 313, 333-336, 338, 369, 370-372, 434s., 437, 439, 441-443, 459, 463-465, 467

618   História da Filosofia

responsabilidade 134, 379, 382
retórica 56s., 87, 135, 145, 179s., 211, 215
riqueza 179, 339-342, 344, 346s.
romantismo 349, 353-355, 373s., 383

sabedoria 216, 287, 290, 318, 433
saber 32, 180, 206, 225, 259, 264, 269s., 273s., 280s., 330, 349, 352, 365, 367, 407, 430, 437s., 481, 492-494
sensação 77, 79, 90, 139, 210, 255s., 308, 370, 375, 436
sensível 33s., 109s., 260, 281, 284-287
sentidos 38, 77, 88, 147, 194, 202, 204s., 208, 287, 310
sentimentos 210, 258-261, 263, 308, 310s., 313, 372, 392, 425, 434, 508
ser 52, 75, 85, 90, 104, 106s., 115-118, 123, 131, 146, 148, 157, 166s., 171, 183, 186, 207, 229, 257s., 261-263, 273-275, 286, 288s., 351, 353, 359, 369s., 425, 446-457, 470-472, 475s., 479-481
silogismo 47s., 56, 140, 145, 166, 174
símbolo 176, 486-489, 492s.
singular 171, 173s., 353
síntese 214, 291, 354, 360s., 384
sistema 274, 278, 282s., 301, 354, 364-366
soberania 149, 153, 158, 197s., 217s., 224, 324, 498, 505, 512
soberano 150, 155s., 162, 198, 221s., 230-232, 324, 493
sociedade 53, 69, 146, 151, 156, 158, 162, 213s., 217, 222s., 231, 237, 266s., 316, 322-326, 332, 340s., 345s., 361, 392, 398-410, 442, 452, 499, 501, 503-506, 509
sociologia 37, 398-411, 477, 483
sonho 91, 194, 531
subjetivo 336-338, 351-353, 363, 365, 370, 406, 416, 419, 439, 444s., 465
substância 46, 47, 52s., 60, 71, 137, 147, 155, 166, 171, 175, 205s., 209, 254, 263, 275-277, 283-286, 288s., 395, 434, 444
substrato 49, 76, 109, 116, 136, 285, 444, 526s., 530
sujeito 111, 147, 179, 186, 194, 201, 206, 258, 262, 265, 269, 274, 319, 333-336, 338, 349s., 352s., 355, 365-367, 369s., 372, 417, 419, 421, 424, 428s., 436-442, 444s., 455, 470, 478, 489, 492, 495-497

técnica 60, 343, 346, 363, 447s.
teleologia 146, 370, 394, 421
tempo 26s., 85, 106, 114, 174, 193, 288, 309, 311, 313, 319, 354, 369, 371, 384, 422, 426, 436, 449-454, 534-536, 540, 544s.
teologia 21, 52, 100-102, 106, 113s., 118, 122s., 126, 134s., 138, 146, 149, 163s., 166, 169, 172, 174s., 194, 213s., 216, 275, 283, 290, 318, 394
teoria 169, 173, 182, 184, 188, 190, 191s., 198, 201, 203, 212, 222s., 228

Índice analítico　　　　　　　　　　　　　　　　　　　　　　　　619

tortura, tormento, pena 513, 515-517, 519, 523
totalidade 107, 109s., 189, 265, 352, 354, 365, 367, 396
trabalho 341-347, 361, 363
tradição 23, 67, 113, 141-143, 180s., 184-187, 190, 204, 213, 393, 457
transcendente 280, 336, 352, 370, 408, 416, 429s., 433, 452, 472s.

Um 43, 53s., 104-106, 108, 110s., 115-118, 131, 135, 138, 186, 389
união 124, 185, 190, 196, 210, 255, 259, 434, 477-479, 481
unidade 115, 117s., 123, 134s., 148, 158s., 169s., 183, 186, 275s., 310, 350, 352, 354, 389, 425
Universal 117, 141, 170, 173, 216, 336
universo 18, 35, 49, 53, 71, 85, 146, 186, 191, 202, 211, 277, 278s., 283, 286, 290, 318, 535s., 544
utilitarismo 340s., 373, 378, 510s.

verdade 24, 77s., 88s., 91-93, 121s., 128, 134s., 140, 144s., 174-176, 184, 190, 200s., 208, 213-217, 225s., 229s., 232, 253, 309, 319, 332-335, 337, 365s., 374, 376, 390-392, 413-415, 424s., 428, 436-438, 452, 455-457, 459-467, 477, 485, 491-493, 495-497, 552, 560
vida 50, 63, 84, 86, 108s., 116, 150, 183, 188s., 202, 210s., 259, 261, 266, 383s., 391-394, 396, 419s., 423, 432s., 440s., 448-450, 470, 473, 477, 479, 481, 496s., 510, 514-517, 519, 521-523
virtude 54s., 57, 86, 92, 124s., 150, 165, 176, 188, 191, 210s., 255, 317, 372
vivo 34-36, 40, 53, 61, 260, 513-523
vontade 40, 51, 85, 134, 140, 148, 155, 171, 176, 196s., 212, 226, 228-232, 234, 254, 256, 264, 266-270, 279, 281, 286, 289, 313s., 323-325, 369-372, 393, 396, 413, 424s., 455, 466, 501s., 505, 508

Conheça estas e outras obras da Coleção.
www.vozes.com.br

COLEÇÃO COMPREENDER

Coleção *Compreender* oferece aos estudantes e professores de Filosofia a [opor]tunidade de conhecer a vida, o pensamento e as principais idéias dos grandes [filó]sofos de forma objetiva, clara, simples e abrangente. Apresentando filósofos como: [Pla]*tão, Kant, Schopenhauer, Hegel e Nietzsche*, entre outros. Um importante [ma]terial de apoio para os cursos de graduação, e principalmente em Filosofia.

CULTURAL

Administração
Antropologia
Biografias
Comunicação
Dinâmicas e Jogos
Ecologia e Meio Ambiente
Educação e Pedagogia
Filosofia
História
Letras e Literatura
Obras de referência
Política
Psicologia
Saúde e Nutrição
Serviço Social e Trabalho
Sociologia

CATEQUÉTICO PASTORAL

Catequese
Geral
Crisma
Primeira Eucaristia

Pastoral
Geral
Sacramental
Familiar
Social
Ensino Religioso Escolar

TEOLÓGICO ESPIRITUAL

Biografias
Devocionários
Espiritualidade e Mística
Espiritualidade Mariana
Franciscanismo
Autoconhecimento
Liturgia
Obras de referência
Sagrada Escritura e Livros Apócrifos

Teologia
Bíblica
Histórica
Prática
Sistemática

VOZES NOBILIS

Uma linha editorial especial, com importantes autores, alto valor agregado e qualidade superior.

REVISTAS

Concilium
Estudos Bíblicos
Grande Sinal
REB (Revista Eclesiástica Brasileira)

VOZES DE BOLSO

Obras clássicas de Ciências Humanas em formato de bolso.

PRODUTOS SAZONAIS

Folhinha do Sagrado Coração de Jesus
Calendário de mesa do Sagrado Coração de Jesus
Almanaque Santo Antônio
Agendinha
Diário Vozes
Meditações para o dia a dia
Encontro diário com Deus
Guia Litúrgico

CADASTRE-SE
www.vozes.com.br

EDITORA VOZES LTDA.
Rua Frei Luís, 100 – Centro – Cep 25689-900 – Petrópolis, RJ
Tel.: (24) 2233-9000 – Fax: (24) 2231-4676 – E-mail: vendas@vozes.com.br

UNIDADES NO BRASIL: Belo Horizonte, MG – Brasília, DF – Campinas, SP – Cuiabá, MT
Curitiba, PR – Fortaleza, CE – Juiz de Fora, MG – Petrópolis, RJ – Recife, PE – São Paulo, SP